제3판

무역결제론

강원진 저

박영사

| 제3판을 내면서 |

그동안 이 책을 애독하여 주신 여러분께 감사를 드린다.

이 책 제2판을 펴낸 후 최근의 무역환경변화에 따른 무역결제분야의 새로운 규범제정 및 개정이 있었다. 따라서 이와 같은 결제관습의 변화에 부응하고 미흡하였던 부분에 대하여 수정 또는 보완하여야 할 필요성이 있어 다음과 같은 내용들을 제3판에 반영하였다.

첫째, 국제상업회의소의 포페이팅통일규칙(URF 800)이 새롭게 제정되어 2013년부터 포페이팅거래의 준거규정으로 사용될 수 있도록 함에 따라 제11장에 이를 추가하였다.

둘째, 2013년 국제표준은행관행(ISBP 745)이 업데이트되어 이 책의 제2장 등 관련 내용을 수정 또는 보완하였다.

셋째, UCP 600 이후 업데이트된 은행간 대금상환통일규칙(URR 725)의 내용을 제5장에 반영하였다.

넷째, 제13장의 전자자금이체 부분을 보다 간결하게 수정하였고, 제15장의 트레이드카드 부분은 운영주체의 변화 등으로 관심에서 멀어져가는 현실을 반영하여 이를 모두 삭제하였다.

또한 이 외의 내용들에 대하여도 부분적으로 수정 및 보완이 이루어졌다.

끝으로 이 책 개정에 수고를 많이 하여 주신 박영사 편집부 전채린 대리님과 기획·마케팅부 최준규 과장님께 깊은 감사를 드린다.

2015년 5월 10일

저 자

| 개정판 머리말 |

　　그동안 이 책을 대학의 교과서와 외국환은행 및 무역업계의 실무서로 애독하여 주신 여러분께 감사를 드린다. 이 책을 펴낸 후 국제상업회의소에서 신용장통일규칙(UCP 600) 제 6 차 개정전문이 공식적으로 간행되고 새로운 관행이 2007년 7월 1일부터 신용장거래에 적용됨과 동시에 관련 추록인 신용장 서류심사를 위한 국제표준은행관행(ISBP 681) 및 전자적 제시를 위한 신용장 통일규칙의 추록(eUCP 버전 1.1)의 수정·보완이 있었다.

　　따라서 이와 같은 국제상관습의 변화에 부응하기 위하여 이 책을 개정하여야 할 필요성이 있었다. 이 책의 개정판에 반영된 내용은 다음과 같다.

　　첫째, 제 2 편의 신용장에 의한 결제 부분(제 2 장~제 6 장)에 UCP 600 및 관련 추록의 내용을 반영하여 전면적인 수정과 보완을 하였다.

　　둘째, 제 4 장 신용장의 종류 및 제 6 장 신용장거래의 실제에 제시되었던 모든 신용장 서식은 최근의 거래관행을 반영하여 모두 스위프트 메시지 형식으로 교체시켰다.

　　셋째, 제 6 장 신용장통일규칙 부분에 UCP 600 원문 및 번역 내용을 대체시켜 참조할 수 있도록 하였다.

　　넷째, 제14장 전자신용장 부분에 신용장통일규칙 추록인 eUCP를 버전 1.1로 대체시켰다.

　　그러나 이번 개정판에서 반영되지 못한 부분은 다음 기회에 보완하고자 한다. 이 책을 개정하는 동안 도움을 주신 박영사 편집부 우석진 차장님과 영업부 박노일 차장님께 깊은 감사를 드린다.

2007년 8월 10일

저 자

|머 리 말|

무역거래에서의 대금결제는 전통적으로 신용장(letters of credit), 화환추심 (documentary collection) 및 송금환(remittance) 방식이 주를 이루어 왔다. 그러나 특수한 교역환경에서 청산계정(open account)을 활용하거나, 금융 및 특수한 결제에서 국제팩토링(international factoring), 포페이팅(forfaiting), 에스크로 (escrow) 및 국제금융리스(international financial lease)에 의한 결제방식을 선택할 가능성과 필요성이 증대되고 있다.

또한 최근의 정보통신기술의 발달과 전자상거래의 확산으로 무역거래에서도 전자무역거래의 추진을 위하여 전자문서 또는 전자기록의 전자적 제시가 온라인상에서 이루어지고 이에 대한 심사 및 결제가 이루어질 수 있는 다양한 전자결제수단과 솔루션들이 개발되고 있다.

새로운 전자상거래환경에서 전자결제를 위한 노력들은 정보기술과 컴퓨터산업의 선도국인 미국을 중심으로 발전하여 왔다. 미국의 전자자금이체 (electronic fund transfers)시스템이나 전자수표(eCheck), 전통적인 스위프트 (SWIFT)시스템을 이용한 전자신용장(electronic letters of credit) 그리고 세계무역센터협회가 주축이 되어 개발한 온라인상에서의 전자무역결제를 위한 트레이드카드(TradeCard) 등의 국제전자결제시스템들이 지속적으로 기반구축이 되고 있으며, 또한 이와 같은 결제시스템들이 전자무역거래 환경에서의 활용가능성에 대한 기대가 커지고 있다.

이와 같이 국제무역결제환경의 변화와 새로운 관행의 등장은 기존의 전통적인 신용장이나 추심방식에 의한 화환제도나 송금환 방식만으로는 무역결제수단으로 활용하는 데 있어 한계가 있으며, 또한 국제거래당사자들의 다양한 욕구와 상관습을 충족시켜 줄 수 없게 되었다. 따라서 무역을 연구하는 학생들이나 관련업계에서도 다양한 무역결제수단의 특성과 유용성 및 취약점 등에 관하여 종합적인 연구 및 검토가 선행되어야 할 것이며, 나아가 실무적으로도 국제상거래에 적합한 결제수단 선택이 요망된다 할 것이다.

저자는 이미 「신용장론」과, 「전자결제시스템」이라는 제목으로 각론 성격의 책을 저술한 바가 있으나, 최근의 이러한 추세를 감안한 다양한 결제수단을 포괄하는 종합적인 전문적 지침서에 대한 저술의 필요성을 느끼면서도 실천에 옮기지 못하여 왔으나 이번에 「무역결제론」이라는 제목으로 그 의도를 이 책속에 담게 되었다.

따라서 이 책은 다음과 같은 점에 특징을 두어 저술되었다.

첫째, 국제상거래의 형태나 특수한 거래환경에서 이미 정형화되어 있거나 향후 활용가능성이 있는 무역결제수단들을 총망라하여 종합적인 검토가 이루어질 수 있도록 하였다.

둘째, 전통적인 결제수단인 신용장, D/P 및 D/A 등 화환추심, 송금환 이외에 청산계정, 국제팩토링, 포페이팅, 에스크로 및 국제금융리스에 의한 결제와 전자무역거래에서의 활용가능성이 있는 전자수표와 전자자금이체, 전자신용장 및 트레이드카드시스템 등에 관하여 결제수단을 중심으로 고찰하였다.

셋째, 유엔 및 국제상업회의소 등에서 제정한 무역결제법이나 국제규칙 등을 해당 장에서 해설하고, 동 법규를 동시에 같은 장에서 쉽게 살펴볼 수 있도록 하였다.

이 책을 저술하면서 저자는 국내외의 여러 학자들의 기존 연구와 인터넷에 공개되고 있는 자료들에 많은 도움을 얻었다. 그러나 저자의 부족한 탓으로 내용에서 미흡한 부분이 많이 있을 것으로 생각된다. 이에 대하여 독자 여러분들의 기탄없는 충고를 기대하며, 저자도 앞으로 보다 알찬 정보와 내용을 축적하여 개정판에서 보완하고자 한다.

아무쪼록 이 책이 무역결제와 관련된 교과목의 연구나 학습 및 실무지침서로 활용되어, 애독하는 분들에게 작은 보탬이 된다면 저자로서는 큰 보람이 될 것이다.

이 책을 출간하는 과정에 편집을 위하여 정성을 다하여 주신 박영사 편집부 우석진 차장님과 영업부 박노일 차장님께 감사를 드린다.

2004년 2월 5일

저 자

|차 례|

[PART 1   무역결제의 기초]

Chapter 1   무역결제의 기본 개념

[PART 2   신용장에 의한 결제]

Chapter 2   신용장의 기본원리

Chapter 3　신용장의 법률관계

| Chapter 4 | 신용장의 종류 |

Chapter 5	신용장거래의 실제

Chapter 6 신용장통일규칙

[PART 3 화한추심에 의한 결제]

Chapter 7 D/P · D/A방식에 의한 결제

[PART 4 송금환 및 청산계정에 의한 결제]

Chapter 9	송금환에 의한 결제

Chapter 10 청산계정에 의한 결제

[PART 5 금융 등 특수방식에 의한 결제]

Chapter 11 │ 국제팩토링과 포페이팅에 의한 결제

Chapter 12 에스크로와 국제금융리스에 의한 결제

[PART 6 전자무역거래에서의 국제전자결제]

Chapter 13 전자수표와 전자자금이체

| Chapter 14 | 전자신용장 |

INTERNATIONAL TRADE PAYMENT SYSTEMS

무역결제의 기초

Chapter 1   무역결제의 기본 개념

무역결제의 기본 개념

1. 무역결제의 의의

무역거래에서 매도인의 물품인도에 대한 매수인의 대금지급은 쌍무적 의무이므로 매매당사자는 무역계약시 대금결제조건에 대하여 약정하게 된다. 영국 물품매매법(Sale of Goods Act: SGA)에 따르면 물품매매계약은 매도인이 대금이라는 금전의 대가를 받고 매수인에게 물품의 소유권을 이전하거나 이전하기로 합의하는 계약을 말하는 것으로 정의되고 있다.[1] 이처럼 매매계약은 매도인이 물품인도의무를 부담하고, 매수인은 대금지급의무를 부담하는 쌍무적 채무부담과 함께 그 대가의 보상으로 금전지급을 원칙으로 하는 것이 일반적이다.

대금결제(settlement)란 물품인도에 따른 대금지급의 과정(process of making payment)을 말한다. 만일 결제가 약정된 기간 내에 완료되지 않으면 채무불이행의 당사자는 이의를 제기하게 되고 계약위반에 대한 구제를 신청하게 된다.[2]

무역결제는 무역거래에서의 대금결제를 말한다. 무역결제는 결제방식이 다

---

[1] The Sale of Goods Act, 1979, Ⅱ-2(1), "A contract of sale of goods is a contract by which the seller transfers or agrees to transfer the property in goods to the buyer for a money consideration called the price"; 또한 미국 통일상법전(Uniform Commercial Code: UCC) §2-106(1)이나 한국 민법 제563조에서도 그 뜻을 같이하고 있다.

[2] Ronald A. Anderson & Walter A. Kumpf, *Business Law*, 6th ed., South-Western Publishing Co., 1961, pp. 628~629.

양하지만, 전통적으로 신용장(Letter of Credit: L/C) 및 화환추심(documentary collections)과 같은 환어음에 의한 결제인 화환제도가 중심이 되어 왔다. 화환제도는 운송물품에 대한 권리증권(document of title)을 물적담보로 은행에 제공하여 매도인은 대금을 할인하여 자금에 충당할 수 있고, 은행은 만일의 대금상환 불능시 담보물처분권을 행사하여 어음변제에 충당할 수 있는 강점이 있다. 그 중에서도 대금지급확약기능과 금융기능을 동시에 가진 신용장은 매매당사자간에 공히 유용성이 크기 때문에 화환제도의 대표적 무역결제수단으로 이용되고 있다.

그러나 무역대금결제는 계약자유의 원칙에 따라 매매당사자간 편리한 조건을 임의로 정할 수 있기 때문에 무역계약을 체결할 때 대금결제조건(terms of payment)으로 ① 무역결제의 유형, ② 무역결제의 시기, ③ 무역결제의 장소, ④ 무역결제통화 등 거래의 특성을 종합적으로 고려하여 약정하는 것이 중요하다.[3]

2. 무역결제의 유형

무역대금의 결제방식은 ① 신용장(letter of credit)에 의한 결제, ② 화환추심(documentary collection)에 의한 결제, ③ 송금(remittance)에 의한 결제, ④ 청산계정(open account)에 의한 결제, ⑤ 금융 등 특수방식에 의한 결제, 그리고 ⑥ 국제전자결제(international electronic payment) 등으로 대별할 수 있다.

신용장은 "은행의 조건부 지급확약"(conditional bank undertaking of payment)[4]을 말한다. 신용장에 의한 결제는 신용장 발행은행이 신용장조건에 일치하는 서류와 상환으로 수익자(beneficiary)인 수출자에게 대금지급을 확약하는 방식이다. 따라서 신용장에 의한 결제는 금융적 불편이나 신용위험을 대폭 감소

---

3) A. G. *Guest, Benjamin's Sale of Goods*, Sweet & Maxwell Ltd., 1987, p. 391.

4) International Chamber of Commerce(ICC), *Guide to Documentary Credit Operations* ICC Publishing S.A., 1985, p. 6.

시킬 수 있는 편리성 때문에 무역대금결제수단으로 많이 이용되고 있다.

화환추심[5]에 의한 결제는 어음지급 서류인도조건(Documents against Payment: D/P)과 어음인수 서류인도조건(Documents against Acceptance: D/A)방식이 있다. 이는 은행이 대금지급에 대한 확약은 없고 오직 수입자의 신용에 맡겨 매매계약서[6]를 근거로 화환서류에 대하여 대금을 추심하는 방식이다. 이 방식은 수출자에게는 결제상의 위험이 크기 때문에 본·지점 및 현지법인간의 거래나 신용이 두터운 거래처 사이에 선별적으로 이용되고 있다.

송금방식에 의한 결제는 계약물품을 선적하기 전에 수입자가 수출자 앞으로 대금을 송금하여 주는 방식으로 수출자의 입장에서는 대금결제에 대한 위험을 줄일 수 있다. 그러나 수입자에게는 물품인도를 받기 전에 대금전액을 송금하여 준다는 것은 금융비용 부담 등 자금부담면에서 보면 상대적으로 불리한 결제방식이라고 할 수 있다. 송금방식으로는 전신송금환(Telegraphic Transfer: T/T), 우편송금환(Mail Transfer: M/T), 송금수표(Demand Draft: D/D) 등과 같은 지급수단이 이용되고 있다. 또한 수입지에서 현품과 대금을 교환하는 현품인도지급(Cash on Delivery: COD), 수출지에서 결제서류와 교환하여 대금지급이 이루어지는 서류상환지급(Cash against Documents: CAD) 방법이 있다.

청산계정방식에 의한 결제는 매매당사자간에 매거래시에 물품대금을 결제하지 않고, 장부상에 상쇄하고 일정 기간마다 그 차액만을 청산하여 결제하는 방식이다.

금융 등 특수방식에 의한 결제는 팩토링회사(factor)가 판매자가 구매자에게 물품이나 용역을 제공함에 따라 발생하는 외상매출채권 관련 신용위험의 인수, 전도금융의 제공, 회계처리업무 등을 대행하는 무신용장방식의 금융서비스인 국제팩토링(international factoring)에 의한 결제방식과, 수출환어음, 약속어음

---

5) 추심이라 함은 환어음·약속어음·수표 등 금융서류 또는 송장·운송서류 등의 상업서류를 인수 또는 지급받기 위하여, 인수인도(어음인수서류인도) 또는 지급인도(어음지급서류인도)로 상업서류를 인도하기 위하여, 또는 기타의 조건으로 서류를 취급함을 의미한다; ICC, Uniform Rules for Collections(URC 522), 1995 Revision, Article 2.

6) 일반수출계약서와 구별하여 선수출계약서라고도 한다.

과 같은 일련의 기한부 신용수단을 상환청구권 없이(without recourse), 즉 무소
구 조건으로 고정이자율로 할인·매입하는 수출무역금융의 한 형태인 포페이팅
(forfaiting)에 의한 결제방식, 전자상거래에서 판매자와 구매자사이에 체결된 거
래를 중계하고 대금결제를 보호하는 서비스로 계약에 정한 조건이 성취될 때 비
로소 대금결제가 완전히 이루어지는 에스크로(escrow)에 의한 결제방식, 기업
의 설비자금조달을 위한 수단으로 자산의 임대인과 임차인간에 국제간에 물품
의 이동시 그 이동의 대가로 리스료를 지급하는 식의 국제금융리스(international
financial lease)에 의한 결제방식이 있다.

국제전자결제는 물품이나 서비스의 대가를 전자적 수단을 통하여 국제간에
지급 및 결제하는 것을 말한다. 전자무역거래를 위한 전자결제시스템(Electronic
Payment Systems)은 전자결제수단, 운영네트워크 그리고 이와 관련된 모든 제도
적 장치가 함께 연동되어야 한다. 국제간 전자무역거래에 보편적으로 사용가능
한 전자결제시스템은 현재 정착되지 못하고 있는 실정이다. 그러나 관련 기술 및
국제간의 제도적인 인프라 구축의 발전에 따라 국제전자결제시스템으로 활용 가
능한 유형으로는 전자수표(eCheck), 전자자금이체(Electronic Fund Transfers) 및
전자신용장(Electronic Letter of Credit) 등을 들 수 있다.

3. 무역결제의 시기 및 장소

3.1 무역결제의 시기

(1) 물품매매계약법에서의 대금결제시기

물품매매계약에서는 매도인이 매수인에게 물품에 대한 소유권을 이전하고
매수인으로부터 대금을 지급받게 된다. 영국 물품매매법에서 대금결제 시기는
"당사자간에 다른 약정이 없는 한, 물품의 인도와 지급은 동시이행조건이다. 즉
매도인은 대금과 상환으로 물품의 점유권을 매수인에게 이전할 수 있어야 하고,

매수인은 물품의 점유와 상환으로 대금을 지급할 수 있어야 한다"[7]고 규정하고 있다.

그러나 비엔나협약으로 일컬어지는 국제물품매매계약에 관한 유엔협약 (United Nations Convention on Contracts for the International Sale of Goods: CISG) 에서는 "매수인의 대금을 어느 특정한 기일에 지급할 필요가 없는 때에는 매도 인이 계약에 정하는 바에 따라 물품 또는 그 물품을 처분할 수 있는 서류를 매수 인의 처분(buyer's disposal)에 맡겨진 경우에 매수인은 대금을 지급하여야 한다"[8] 고 규정하고 있다. 이 협약의 취지는 물품인도와 대금지급은 동시이행관계가 아 니라 물품을 매수인의 임의처분상태에 둔 때에 대금지급이 이행되어야 하는 관 계로 보고 있다. 즉 CISG는 소유권이전시기에 관하여 침묵을 지킴으로써 물품의 소유권과 대금지급의 동시이행이라는 구성을 포기하는 대신, 당사자의 이익을 가장 균형적으로 고려할 수 있는 방법으로 물품 또는 서류의 제공과 대금의 지 급을 동시에 이루어지도록 한 것이다.

매도인은 물품 또는 서류를 인도함에 있어 대금의 지급을 인도의 조건으로 할 수 있으며, 계약이 물품운송이 포함된 경우에는 대금지급과 상환으로 물품 또 는 서류를 인도한다는 조건을 붙여 물품을 발송할 수 있는데,[9] 이 경우에 대금이 지급될 때까지는 물품의 처분권은 매도인에게 유보된다고 할 것이다.[10]

(2) 결제관습에서의 대금결제시기

1) 환어음에 의한 결제

신용장방식과 추심결제방식인 D/P·D/A조건은 보통 환어음(draft)에 의해 결제가 이루어진다. 수출자는 계약물품을 선적한 후 대금결제를 위해 요구서류 를 준비하여 환어음을 발행한다. 이 때 발행되는 환어음은 일람출급환어음(sight

---

7) SGA, 1979, §28; UCC, §2-310.

8) CISG, 1980, Article 58(1).

9) CISG, 1980, Article 58(1), (2).

10) 이태희, "국제물품매매계약에 관한 UN협약상의 당사자의 의무", 삼지원, 1991, 128~ 129면.

draft; sight bill of exchange)과 기한부환어음(usance draft; usance bill of exchange)
이 있다. 환어음의 지급기일(tenor of draft)은 일람출급 또는 기한부환어음에 의
하여 결정된다.

일람출금환어음이란 매도인이 발행한 환어음이 환어음지급인(drawee)[11]에
게 제시되면 이를 일람함과 동시에[12] 환어음금액을 지급하는 것으로 무역거래
에서 결제가 이루어지는 기간은 그 결제기간에 소요되는 우편일수(mailday) 이
내이므로 비교적 신속히 이루어지게 된다. 일람출금환어음 요구문언은 보통 "⋯
drafts drawn at sight ⋯"으로 표현된다.

한편 기한부환어음은 매도인이 발행한 환어음이 환어음지급인에게 제시되
면 지급인이 그 환어음을 인수(acceptance)하여 일정 기간 지급유예를 받고 만기
일(maturity)에 지급하는 것으로, 여기에는 "at 30 days after sight"와 같이 일람
후 30일 되는 날에 지급이 이루어지는 일람후정기출급, "at 30 days ofter date of
B/L"과 같이 선화증권일자[13] 다음 날로부터 만기일에 지급이 이루어지는 일자후
정기출급, "on May 30, 20××"처럼 특정일에 지급이 이루어지는 확정일출급(on
a fixed date)이 있다.

---

11) 신용상거래에서는 "drafts drawn on ×× bank"와 같이 on 뒤에 은행을 지급인(drawee)
으로 명시하고, D/P·D/A 거래시에는 수입자를 지급인으로 표시한다.

12) 일람출급환어음의 결제기간은 국가마다 그 나라의 어음법 내지 관계법규에 따라 상이하
다. 미국의 통일상법전(Uniform Commercial Code: UCC)상에는 신용장에 의한 지급거
절은 서류수령익일부터 제7영업일의 말일을 초과하지 아니하는 범위 내에서 상당한 기간
을 향유할 수 있다고 규정하고 있다; UCC, §5-108(b). 또한 영국의 환어음법(Bills of
Exchange Act, 1882) 제14조에서는 소위 은혜일(days of grace)을 3일간으로 하여 일람
출급 이외의 어음에 인정하고, 어음의 지급기일에 3일을 가산하여 그 은혜일의 말일을
어음지급일로 규정하고 있다. 한국의 어음법 제74조에는 은혜일을 인정하고 있지 않다.
그러나 한국의 외국환 은행들의 신용장거래와 관련한 환어음(draft; Bill of Exchange)결
제는 환어음 도착 후 제7은행영업일 이내에 발행의뢰인이 이를 결제하지 못하면 은행이
대지급하여 결제토록 하고 있다; 은행감독원통첩, "회계처리기준", 「금융기관경영지침」
및 한국외환은행 실무교본, 1988, 86면, 93면.

13) 신용장거래에서 운송서류일자의 해석기준에 대해서는 2007년 개정 신용장 통일규칙
(Uniform Customs and Practice for Documentary Credits: UCP 600), Article 19~27
참조.

매매계약시에 주의하여야 할 사항은 일람출급 또는 기한부방식의 구분은 물론, 특히 기한부환어음의 경우에 지급을 유예하여 주는 기간 동안의 이자(usance interest)는 매도인과 매수인 사이에 어느 편에서 부담하는가를 약정하는 일이다. 예컨대 "Usance interest(or Discount charge) to be covered by buyer"와 같이 약정하여야 수입자가 신용장발행을 의뢰할 때 동 기간의 이자부담자는 "buyer"라고 신용장에 명시하도록 요구하게 되는 것이다.

2) 선지급(payment in advance)

선지급이란 물품의 선적 또는 인도되기 전에 미리 대금을 지급하는 방식이다. 선지급은 주문과 함께 송금수표나 우편송금환 또는 전신송금환 등에 의해 송금되는 단순송금방식(remittance basis), 수출자가 신용장수령과 더불어 미리 대금부터 결제받을 수 있는 선대신용장(red clause L/C), 그리고 주문과 동시에 현금결제가 이루어지는 주문시지급(Cash with Order: CWO) 등과 같은 방법이 있는데, 이 경우 수출자는 대금을 미리 받고 물품을 선적하게 되므로 매우 유리한 지급조건이다.[14]

3) 동시지급(concurrent payment)

동시지급이란 물품을 인도하거나 물품을 화체하는 서류를 인도받음과 동시에 대금지급이 이루어지는 방식이다. 이에는 매도인이 비용과 위험을 부담하고 수입지에서 현품과 교환하여 대금지급이 이루어지는 현품인도지급(Cash on Delivery: COD),[15] 선화증권을 포함한 계약시 요구된 서류와 교환하여 대금지급이 이루어지는 서류상환지급(Cash against Documents: CAD)이 있는데,[16] COD방식은 매수인에게는 매우 유리한 방식이라고 할 수 있다. 이와 같이 동시지급이 이루어지기 위해서는 COD방식은 수입지에 매도인의 지점이나 대리인 또는 지

---

14) 지급시기가 혼합된 지급방식으로는 누진지급(progressive payment)과 할부지급(instalment payment)이 있는데, 이는 물품대금의 주문과 동시에 대금의 일부를 지급하고 선적시 또는 물품도착후 일정 기간에 걸쳐 나누어 누진적으로 지급하는 결제방식이다.

15) 보석 등 귀금속류의 거래에 사용되고 있다.

16) COD와 CAD을 통칭하여 대금교환도조건이라고 한다.

정은행이 있어야 하고, CAD방식은 수출지에 역시 매수인의 지점이나 대리인 또는 지정은행이 있어야 거래가 가능하기 때문에 계약시에 이와 같이 동시상환지급이 가능한가를 고려하여야 한다.

4) 후지급(연지급; deferred payment)

후지급으로서의 연지급이란 물품선적 후 또는 서류 인도 후 일정한 기간이 경과된 이후에 대금지급이 이루어지는 것으로 외상거래방식이다. 보통 기한부신용장(usance L/C)이나 D/A거래와 같이 1년 이내의 기간에 지급되는 것을 단기연지급, 1년 이상의 거래를 중장기연지급이라고 한다. 후지급의 대표적인 예는 외상판매(sales on credit), 위탁판매(sales on consignment) 및 청산계정(장부결제; open account) 등이 있다.

3.2 무역결제의 장소

매수인이 대금결제 또는 지급을 이행하는 장소는 특약이 없는 한 매도인의 영업장소이다. 영국 SGA에서는 대금지급장소에 대한 명문규정은 없으나, CISG에서는 "대금지급은 매도인의 영업장소 또는 대금지급을 물품 또는 서류의 교부와 상환으로 행하여야 하는 때에는 교부가 행하여지는 장소에서 지급하여야 한다"[17]고 규정하고 있다. 이것은 일반적인 계약관행에도 부응하는 원칙이라고 할 수 있다.

미국 통일상법전(Uniform Commercial Code: UCC)[18]에서도 대금의 지급은 매수인이 물품을 수령한 때와 장소에서 행하여야 하며, 발송지가 인도장소일 때도 같다고 정하고 있다.

한국 민법[19] 역시 영업에 관한 채무의 변제는 채권자의 현 영업소에서 행하여야 한다고 하여 채권자의 주소를 채무이행지로 하는 이른바 지참채무

---

17) CISG, 1980, Article 57(1); 계약 이후에 매도인의 영업장소변경에 따른 지급비용증가도 매도인이 부담한다.

18) UCC, §2-310.

19) 한국 민법 제467조.

(bringschuld)의 입장을 취하고 있어 영미법의 견해와 별 차이가 없다고 할 수 있다.

실제 무역거래에서 매매당사자간에 대금지급장소에 관하여 명시적인 특약[20]이 없으면 FCA나 FOB 매매계약에서는 매도인의 소재지에서 지급될 수 있으나 서류의 제공을 지급조건으로 하는 CIF 매매계약에서는 서류의 제공 장소인 매수인의 소재지가 지급장소가 된다. 또한 DAP 매매계약처럼 목적지인도규칙으로 거래가 이루어질 경우에는 물품이 인도되는 도착지, 즉 매수인의 소재지에서 대금이 지급된다.[21]

그러나 오늘날 무역대금결제는 주로 신용장방식의 환어음매입(negotiation)에 의하여 물품선적 또는 물품인도 후 은행의 여신행위에 의하여 수출자는 수출지에서 대금을 받고 수입자는 수입자소재지에서 서류인도와 동시에 지급이 이루어지는 형태를 취하고 있다.

4. 무역결제의 통화

통화(currency)는 국가마다 고유의 통화를 사용하고 있기 때문에 무역거래에서는 매매당사자간 어느 나라의 어떠한 통화를 사용할 것인지에 대하여 결제조건에 약정해 두어야 한다. 예컨대 달러(Dollar)라고만 표시했다면 달러를 쓰는 나라가 미국을 위시하여 캐나다·오스트레일리아·싱가포르·홍콩 등 여러 나라가 있고, 그 대외가치도 서로 달라 가격 채산시에 문제가 된다. 그러므로 미국달러는 USD(또는 U$), 캐나다달러는 CAD(또는 C$), 오스트레일리아 달러는 AUD(또는 A$), 싱가포르 달러는 SGD(또는 S$), 그리고 홍콩달러는 HKD(또는 H.K.$)과 같이 국가별 통화단위를 명확히 표시하여야 한다.[22]

---

20) 예컨대 환어음에 의한 결제방식과 같이 명시하는 경우이다.

21) Clive M. Schmitthoff, 임홍근 역, *Legal Aspects of Export Sales*, 삼영사, 1974, 19면.

22) 국제표준화기구(ISO)의 국별 통화코드(currency code) 기준에 의거 외국환은행이 고시하고 있는 주요국별 통화는 다음과 같다.
미국 USD(US Dollar), 일본 JPY(Yen), 유럽연합 EUR(Euro), 영국 GBP(Great Britain

또한 무역거래에 사용되는 통화는 안정성(stability)과 교환성(convertibility) 및 유동성(liquidity)이 있는 통화를 고려하여야 한다.

Pound), 스위스 CHF(Swiss Franc), 캐나다 CAD(Canadian Dollar), 호주 AUD(Australian Dollar), 스웨덴 SEK(Swedish Krone), 덴마크 DKK(Danish Krone), 노르웨이 NOK (Norwegian Krone), 뉴질랜드 NZD(New Zealand Dollar), 홍콩 HKD(Hong Kong Dollar), 태국 THB(Baht), 싱가포르 SGD(Singapore Dollar), 인도 INR(Indian Rupee), 인도네시아 IDR(Rupiah), 말레이시아 MYR(Malaysian Ringgit), 사우디 SAR(Saudi Riyal), 아랍에미레이트 AED(UAE Dirham), 쿠웨이트 KWD(Kuwaiti Dinar), 바레인 BHD(Bahraini Dinar), 중국 CNY(Yuan Renminbi), 대만 TWD(New Taiwan Dollar), 파키스탄 PKR(Pakistan Rupee), 방글라데시 BDT(Bangladesh Taka), 필리핀 PHP(Philippine Peso), 피지 FJD(Fiji Dollar), 에집트 EGP(Egyptian Pound), 멕시코 MXN(Mexican Peso), 브라질 BRL(Brazilian Real), 브르네이 BND(Burnei Dollar), 이스라엘 ILS(New Israeli Sheqel), 요르단 JOD(Jordanian Dinar), 터키 TRL(Turkish Lira).

INTERNATIONAL TRADE PAYMENT SYSTEMS

PART
2

신용장에 의한 결제

신용장의 기본원리

1. 신용장의 개념

1.1 신용장의 의의

신용장(Letter of Credit: L/C)은 발행은행(issuing bank)이 신용장조건에 일치하는 제시에 대하여 대금지급할 것을 확약한 것이다.[1] 신용장의 구체적 정의에 대해서는 화환신용장통일규칙(Uniform Customs and Practice for Documentary Credits: UCP)과 미국 통일상법전(Uniform Commercial Code: UCC)에서 규정하고 있는 내용을 살펴보기로 한다.

(1) 신용장통일규칙상의 정의

신용장의 정의에 대해서 UCP 600 제 2 조에서는 다음과 같이 규정하고 있다.[2]

"신용장이란 그 명칭이나 기술에 관계없이 일치하는 제시를 인수·지급하기 위한 발행은행의 취소불능적인 그리고 분명한 확약을 구성하는 모든 약정을 말한다."

"Credit means any arrangement, however named or described, that is irrevocable

---

1) M. A. Davis, *The Documentary Credits Handbook, Woodhead-Faulkner*, New York, 1989, p. 3.

2) ICC, Uniform Customs and Practice for Documentary Credits(이하 UCP라 칭함), 2007, Revision, ICC Publication No. 600(이하 UCP 600이라 칭함), Article 2.

and thereby constitutes a definite undertaking of the issuing bank to honour a complying presentation."

이와 같이 신용장의 정의를 한 마디로 표현하면 "은행의 조건부 지급확약" (conditional bank undertaking of payment)[3]이라고 말할 수 있다. 여기에서 조건부 지급확약이란 신용장조건, 신용장통일규칙의 적용 가능한 규정 및 국제표준은행관행을 종합적으로 고려하여 일치하는 제시에 대한 발행은행의 취소불능적인 확약을 말한다.

(2) 미국 통일상법전상의 정의

한편 신용장의 정의에 대하여 미국 통일상법전에서는 다음과 같이 규정하고 있다.[4]

"신용장이란 발행의뢰인의 요청이나 계산에 따라, 또는 금융기관인 경우에는 스스로 또는 자신의 계산에 따라 발행인이 수익자에게 금전적 가액의 지급이나 교부로써 서류의 제시를 인수·지급하겠다는 제5-104조의 요건을 충족하는 분명한 확약을 말한다."

"'Letter of credit' means a definite undertaking that satisfies the requirements of Section 5-104 by an issuer to a beneficiary at the request or for the account of an applicant or, in the case of a financial institution, to itself or for its own account, to honor a documentary presentation by payment or delivery of an item of value."

UCC의 정의에서도 UCP처럼 신용장은 "조건부약속"(conditional promise)을 의미하고 있다. 여기에서 제5-104조의 요건이란 형식적 요건(formal requirements)으로 신용장의 확인, 통지, 양도, 변경 또는 취소는 서명에 의하거나 또는 당사자의 합의 또는 금융기관의 표준관습에 따라 인증되어 있는 어떠한 기록의 형식으로 발행할 수 있는 것을 말한다. UCC에서는 은행 이외의 자도 신용장을 발행할 수 있도록 규정하고 있다.

그러나 신용장은 보증서(Letter of Guarantee)와 구별하여야 한다. 신용장이나

---

3) ICC, *Guide to Documentary Credit Operation*, ICC Publishing S. A., 1985, p. 6.

4) UCC, §5-102, Definitions(a)(10).

보증서는 매매계약 또는 보증계약과 관련하여 보증채무라는 점에서는 동일하다. 보증채무는 주된 채무와 동일한 내용을 가지는 종된 채무이며, 주된 채무를 담보하는 작용을 한다. 신용장은 매매당사자의 주된 채무와 독립된 채무인 데 반하여, 보증서는 주채무에 부종된 채무이다. 따라서 보증서는 주채무자가 그 채무를 이행하지 아니할 때에 비로소 채무를 이행하면 되지만, 신용장은 독립된 확약이기 때문에 신용장조건에 따라 지급의무를 이행하여야 하는 것이다.

1.2 신용장의 기원

신용장의 기원에 대해서는 고대 그리스시대 혹은 로마시대 등 여러 설이 있으나 12세기에 신하의 자금조달을 위해서 법왕이나 왕후 등에 의하여 신용장이 사용되었다고 한다.[5]

상인이 신용상의 서장(書狀)발행인으로 등장한 것은 13세기경 유태인(Jew)과 롬바르드(Lombard) 상인에 의하여 비롯되었다고 하지만 입증할 만한 확실한 기록이 없다.

기록에 의한 최초의 신용장은 〈서식 2-1〉의 예와 같이 1654년의 것으로[6] 영국의 토마스(Thomas)가 파리에 출장가는 존(John)을 위하여 파리의 상인 윌리암(William) 앞으로 발행한 것인데, 그 내용은 존에게 1회 또는 수회로 분할하여 2,000 Crowns 한도로 그의 요구 및 상황에 따라 영수증 또는 환어음을 인수하여 지급하고 이를 발행인인 토마스계정으로 산입하여 둘 것이며 지급인인 윌리암이 그러한 행위에 대하여 담보한다는 것이다.

그러나 〈서식 2-2〉와 같이 1835년 중세의 신용장은 초기의 신용장에 비하여 좀 발전된 것이지만, 오직 정해진 기일 이내에 신용장의 제시만으로도 지정한도 내의 요구금액을 지급하여 줄 것을 의뢰하여 그 책임은 발행인에게 있음을

---

5) William F. *Spalding, Banker's Credits*, 3rd ed., 1930, p. 3; 小峯 登, 「信用狀統一規則(上卷)」, 外國爲替貿易研究會, 1977, 4面.

6) 1860년대의 영국 런던의 공증인이었던 마리우스(Marius)의 저서에서 볼 수 있다; Herman N. Finkelstein, *Legal Aspects of Commercial Letters of Credit*, Columbia University Press, New York, 1930, p. 330.

서식 2-1   최초의 신용장(1654년)

Laus Deo, in London this 29 of February 1654

Mr. M. William

Sir, My last unto you was of the 12th of January, wherein I wrote you what needful in answer to yours of the seventh of the same month; this serves chiefly to desire you to furnish and pay unto Mr C. John English Gentleman, to the value of two thousand Crowns at one or more times according as he shall have occasion, and desire the same of you, taking his Receipt, or Bills of Exchange for the monies which you shall so furnish him with, and put it to my account, and this my letter of credit shall be your sufficient warrant for so doing, Vale.

Yours,

P. Thomas

To Mr. M. William, Merchant of Paris

서식 2-2   중세의 신용장(1835년)

Boston, Nov. 4, 1835

I hereby authorize Mr. William P. Endicott of barque Palinure to value on Messers. T. Wiggin & Co., London, at six months' sight at any place in India, for account of Ebenezer Breed, Esq., of Chalestown, for any sums, not exceeding in all fifteen thousand pounds sterling.

And I hereby engage, as the authorized agent of Messrs. T. Wiggin & Co., that the bills of Mr. Endicott Shall be duly honored when presented, if drawn twelve months from the date of this letter.

In case of any accident, by which Mr Endicott may be prevented from using this credit, I hereby authorize Captain Robert Henderson, Jr., of said barque, to use the same for account of Mr. Breed, for £15,000 sterling.

Robert Hooper, Jr.,

Agent, to T. Wiggin & Co.

확약하는 일종의 어음형식을 취하고 있다.

이와 같은 신용장은 오늘날의 여행자신용장(travellers letters of credit)과 같은 기능을 가지고 있어서 발행의뢰인이 수익자이고 또한 매수인 자신이기도 하여 그가 신용장을 가지고 구매지 또는 행선지의 상인에게 제시함으로써 물품구입과 자금조달 등의 목적에 사용할 수 있었다.

그런데 은행이 신용장발행인으로 등장한 것은 19세기에 들어서면서 어음인수 또는 증서발행을 주업무로 하는 "Merchant Bank"에 의하여 시작되었지만 여행자신용장의 기능을 탈피하지 못하였다.[7] 오늘날과 같은 신용장은 20세기 초인 1920년대로 환어음에 서류를 요구하는 관행, 이른바 화환신용장(documentary credit)이 상거래에 이용되면서부터 보편화되었다.

1.3 신용장의 유용성

신용장은 국제매매 당사자간에 공신력이 있는 은행이 개입하여 신용을 바탕으로 한 지급기능과 금융기능을 수행함으로써 국제무역을 원활하게 수행할 수 있도록 하고 있다. 신용장은 매매당사자간에 다음과 같은 여러 가지 이점이 있기 때문에 그 유용성은 매우 크다고 할 수 있다.

(1) 수출자의 이점

첫째, 수입자의 신용위험(credit risk)이 발행은행의 신용으로 대금지급약속이 되기 때문에 대금회수의 확실성이 보장된다.

둘째, 신용장을 담보로 수출물품을 제조·가공하는 데 따른 원자재조달을 위한 금융을 은행측으로부터 수혜할 수 있다.

셋째, 신용장발행은 수출자에게 계약이행을 확실하게 보장하여 준다.

넷째, 물품을 선적한 후 신용장조건에 일치되는 수출환어음(서류) 매입을 통하여 수출대금을 즉시 확보할 수 있다.

---

7) 영국에서 화환신용장에 관한 판례의 효시는 1828년의 Graham v. Mahoney사건이라고 한다. [1828] Irish L. R.(First Series), p. 385; 小峯 登, 前揭書, 10面.

(2) 수입자의 이점

첫째, 은행의 신용을 이용하기 때문에 매매계약시 가격 및 결제조건 등을 유리하게 체결할 수 있다.

둘째, 수입물품 선적시 대금을 지급하지 않고 수입환어음(서류)이 도착한 후에 지급하거나 무역금융을 이용하여 수입대금을 결제할 수 있다.[8]

셋째, 신용장상에 선적기일(shipping date)과 유효기일(expiry date)이 명시되어 있어 계약물품의 선적 및 서류도착 시기를 예상할 수 있다.

2. 신용장의 특성과 거래원칙

신용장거래에서의 본질적 특성은 독립·추상성의 원칙,[9] 완전성과 정확성의 원칙 및 서류거래의 원칙이 존중되고 있다. 이는 은행으로 하여금 보다 적극적인 신용장의 기능, 즉 지급기능과 금융기능을 수행하게 함으로써 원활한 거래를 도모할 수 있도록 하기 위한 것이다.

그러나 무역대금결제와 관련하여 이러한 신용장의 특성과 거래관행을 악용하여 사기행위를 하는 거래당사자도 있으므로 세심한 주의를 기울여야 한다.

여기에서는 위의 세 가지 원칙 및 실용장 서류심사와 관련하여 엄밀일치의 원칙과 국제표준은행관행에 대하여 살펴보기로 한다.

2.1 독립·추상성의 원칙

(1) 신용장의 독립성

신용장의 독립성(independence)이란 신용장은 매매당사자간의 근거계약(underlying contract)이나 기타 계약과 별개의 독립된 거래로 간주하는 원칙을 말

---

8) L/G와 T/R제도를 이용하여 물품을 적기에 수입통관할 수도 있다.

9) 강원진, "신용장거래에서의 사기행위에 관한 연구", 「무역학회지」 제17권, 한국무역학회, 1992, 359~364면.

한다. 신용장통일규칙에서는 "신용장은 그 성질상 그것이 근거가 되는 매매계약 또는 기타 계약과는 별개의 거래이다. 은행은 그러한 계약에 관한 어떠한 참조 사항이 신용장에 포함되어 있다 하더라도 그러한 계약과는 아무런 관계가 없으며 또한 구속되지 아니한다. 따라서 신용장에 의하여 인수·지급, 매입하거나 또는 모든 기타 의무를 이행한다는 은행의 확약은 발행의뢰인이 발행은행 또는 수익자와의 관계로부터 야기되는 클레임 또는 항변에 지배받지 아니하는 조건으로 한다. 수익자는 어떠한 경우에도 은행 상호간 또는 발행의뢰인과 발행은행간에 존재하는 계약관계를 원용할 수 없다"고 규정하고 있다.[10]

또한 미국 통일상법전에서도 "발행인은 근거계약, 거래약정 또는 거래의 이행 또는 불이행, 타인의 작위 또는 부작위에 대하여 아무런 책임을 부담하지 아니 한다"고 하여 UCP 와 같은 취지의 규정을 두고 있다.[11]

이처럼 은행은 어떠한 경우에도 매도인(seller)과 매수인(buyer) 사이의 매매계약 또는 기타 신용장발행에 근거가 되는 계약상의 이유에 의한 항변으로 권리침해를 당하거나 책임과 의무를 지지 아니한다. 매매계약으로부터 은행과 고객간의 신용장약정(credit agreement)의 독립은 근거계약에 관계없이 서류가 정상적이라면 은행은 고객에 대하여 상환을 요구할 수 있으므로 결국 은행을 보호하게 된다.[12]

신용장의 독립성은 신용장의 본질을 규정하는 가장 중요한 조건으로 간주되고 있으며 신용장거래가 매매계약으로부터 독립성이 있기 때문에 은행은 제시된 서류를 발행한 운송인·검사소·수출자 등에 직접 가서 일일이 확인을 하지 않더라도 지급·인수 또는 매입을 함으로써 원활하게 처리할 수 있는 것이다.

따라서 신용장 문면에 만일 물품의 명세(description)가 "as per sales note No. … dated …" 등과 같이 매매계약서의 일자나 번호가 명시되어 있다 하더라

---

10) UCP 600, Article 4.

11) UCC, §5-108(f).

12) Harvard University, "Fraud in the Transaction: Enjoining Letters of Credit During the Iranian Revolution", *Harvard Law Review*, Vol. 93, No. 5, March 1980, p. 1001.

도 은행은 실질적인 조사의무는 없으며 제시된 서류의 문면에 이러한 문언이 기재되어 있다면 족하다고 할 수 있다.

(2) 신용장의 추상성

신용장의 추상성(abstraction)이란 매매계약서에 언급된 물품이야 어떠하든, 또 실제로 매수인에게 도착된 물품이야 어떻게 되었든 간에 은행은 신용장에서 요구하는 서류만을 가지고 대금지급 여부를 판단한다는 것이다.[13]

신용장통일규칙에 의하면 "은행은 서류로 거래하는 것이지, 그 서류와 관련될 수 있는 물품, 서비스 또는 이행으로 거래하는 것이 아니다"라고 규정하고 있다.[14] 은행은 매매계약물품에 대해 요구되는 전문적인 지식이 사실상 부족하기 때문에 신용장내용과 서류상의 문면만을 기준으로 그 일치성 또는 정당성 여부를 판단하여 지급이행을 행한다는 것은 당연하고 합리적인 관행이라고 할 수 있다.

신용장거래시 독립·추상성의 보호를 가장 필요로 하는 자는 지급·인수·매입은행이다. 그 이유는 이들 은행이 수익자로부터 제시된 환어음 및 서류가 신용장조건에 완전히 합치되어 지급·인수·매입을 행하여도 신용장발행의뢰인이 수익자의 매매계약 위반을 이유로 발행은행으로 하여금 그 환어음 또는 서류에 대한 지급·인수 또는 상환을 거절시킬 우려가 있다고 하면, 이들 은행은 신용장 거래를 안심하고 행할 수 없기 때문이다.[15] 신용장의 독립·추상성에 의하여 발행은행은 매매계약상의 항변으로부터 보호되지만, 그 반면 수익자에 대하여는 독립·추상성의 의무를 부담하게 된다. 신용장의 독립·추상성에 따라 가장 유리한 자는 수익자라 할 수 있다. 수익자는 매매계약으로부터 독립된 별개의 청구권을 가지므로 신용장거래조건에 일치되면 선적 후 즉시 수출대금을 회수할 수 있게

---

13) Herman N. Finkelstein, *Legal Aspects of Commercial Letters of Credit*, Columbia University Press, New York, 1930, p. 180.

14) UCP 600, Article 5.

15) 小峯 登, 「1974年 信用狀統一規則(上卷)」, 外國替貿易硏究會, 1974, 93面.

되며 매매계약에 따른 항변으로 신용장에 의한 청구권을 부인받지 않는다.[16)]

또한 발행은행 역시 독립·추상성의 원칙에 따라 보호를 받게 된다. 발행은행은 수익자 또는 관계은행에 대하여 인수, 지급 또는 상환하는 입장에 있으며, 특히 취소불능신용장에서는 인수·지급의 채무를 확약하고 있는 것이다. 만일 매수인이 수익자인 매도인에게 매매계약위반을 이유로 그 상환 또는 어음의 인수·지급을 거절할 수 있다고 한다면, 발행은행도 매수인의 매매계약상의 항변을 이유로 수익자 또는 관계은행에 대하여 손해배상을 청구하지 않을 수 없을 것이다. 결국 발행은행도 매도인과 매수인간 매매계약상의 분쟁에 개입하게 되는 것이다.

미국의 Dulien Steel Products v. Bankers Trust Co. 사건[17)]에서는 "발행은행이든 확인은행이든 신용장조건 및 서류제시조건의 범위를 넘어야 할 하등의 의무도 없고, 또한 수익자 등 기타 당사자와의 논쟁에 끼어들 의무도 없다"고 판시하였다.

이 사례는 신용장거래에서 추상성의 원칙적용을 강조한 것이다.

2.2 완전·정확성의 원칙

(1) 신용장발행지시의 완전 · 정확성

신용장거래는 신용장발행의뢰인의 신용장발행의뢰와 그 지시에 의하여 시작되고 또한 그 지시를 중심으로 이루어진다. 발행의뢰인은 신용장발행은행에서 작성된 소정의 신용장거래약정서에 필요사항을 작성하고 서명한 다음 발행은행에 제출하여야 한다. 일단 이 약정서에 지시한 사항이 발행은행에서 이행되는 경우에는 발행의뢰인은 이에 대한 책임을 부담하기 때문에 지시내용이 객관적으로 완전·정확하게 기재될 필요가 있다.

---

16) Herman N. Finkelstein, *op. cit.*, p. 180.

17) [1960] 189. F. Supp. 922, 923; Henry Harfield, *op. cit.*, pp. 71~72; Boris, Kozolchyk, *Commercial Letters of Credit in the America*, Mattew Bender & Company, 1976, p. 275.

신용장의 완전성과 정확성의 원칙(doctrine of completeness and preciseness)이란 신용장발행을 위한 지시, 신용장 그 자체, 신용장에 대한 여하한 조건변경, 지시 및 그 조건변경 자체는 완전하고 정확하지 않으면 안 된다는 것을 의미한다.

완전성이란 신용장 자체로서 효력발생에 결격사유가 없어야 함을 뜻한다. 따라서 신용장은 너무 지나치게 상세한 명세를 삽입하는 것은 혼란과 오해를 초래할 염려가 있으므로 신용장발행은행은 발행의뢰인을 설득하여 이를 억제하도록 하고 있다.[18]

신용장거래에 따른 분쟁은 기본적으로 신용장 자체의 완전성과 정확성이 결여된 상태로 발행된 신용장에 기인되는 경우가 많다. 먼저 신용장발행의뢰인은 발행은행에 대해서 완전한 지시를 할 필요가 있다. 이를 위해 발행의뢰인은 신용장의 사용자인 수익자가 신용장을 유효하게 사용할 수 있도록 가능한 한 모든 사항에 대하여 지시하여야 한다. 실제 매매당사자간의 매매계약에서는 주로 일반적인 조건, 예를 들면 신용장발행시기·결제기간 등에 한정되어 합의를 하기 때문에 구체적으로 신용장의 제조건을 합의하지 못하는 경우가 허다하다. 따라서 발행의뢰인의 신용장발행지시는 불완전할 수밖에 없고, 추후에 다시 조건변경을 통하여 이를 보완하는 경우가 많다. 신용장조건변경은 신용장 자체가 발행은행이 수익자에게 조건부확약을 구성하기 때문에 특히 수익자가 필요로 한다. 신용장조건변경은 주로 신용장금액 및 수량, 선적기일, 유효기간, 양도문언의 삽입과 같은 신용장조건의 추가 및 분할선적과 관련된 것들이 대부분이다.

또한 정확성이란 신용장발행의뢰인은 신용장발행 지시를 함에 있어 어떤 의문을 야기시킬 수 있는 불명확한 점이 있어서는 안 된다는 것을 의미한다. 신용장은 외부영향을 받지 않고 그 자체만으로 해석되어야 한다. 신용장은 그것에 근거해서 행동하여야 하는 자에 의하여 적절하게 이해되어야 하기 때문에 일반적으로 신용장의 용어가 정확하고 모호한 점이 없어야 한다는 것은 매우 중요하다.

---

18) 신용장의 물품명세란을 보면 상세한 규격 등 명세에 대하여는 보통 "…other details as per sales Note No. 15 dated May 15, 20××"와 같이 기재하고 있다.

국제상업회의소 은행위원회에 질의한 사례[19]에서 신용장은 "E.E.C Countries"
라는 문구가 있는 원산지증명서(Certificate of Origin)를 요구하고 있었다. 수익자
는 매입은행을 통하여 이러한 원산지증명서를 제시하였으나, 그가 제시한 상업
송장에는 "Countries"가 생략된 "E.E.C"라는 문구만 있었기 때문에 발행은행은
이러한 서류제시에 대하여 불일치를 이유로 거절하였다. 국제상업회의소 은행위
원회는 "E.E.C Countries"에서의 "Countries"란 문구는 중요하지 않은 것으로 간
주하였다. 그러나 발행은행은 1993년 신용장통일규칙 제5조에 따라 신용장을
정확하게 발행하지 못했고, 따라서 그러한 불명확한 조건의 원인제공자로서 그
결과를 부담하여야 한다는 결론을 내리면서도 발행은행의 불일치주장은 정당화
될 수 없다고 하였다.

발행의뢰인의 불완전하고 부정확한 지시로 인하여 발생하는 문제 가운데, 특
히 신용장조건상에 수익자가 제시하여야 할 서류를 구체적으로 명시를 하지 않아
발생되는 비서류적 조건(non-documentary conditions)에 대한 문제가 야기된다.

Statni banka skoslovensk v. Arab Bank Ltd. 사건[20]에서 발행의뢰인의 지시
에 따라 발행은행(피고은행)이 발행한 신용장에는 난외에 있는 주의(nota bene)
사항에 "출항일과 지정된 운송선박은 송화인에 의하여 전신으로 발행의뢰인에게
통지되어야 한다"는 조건이 있었다. 발행은행이 주의서에 이러한 표현을 사용한
것은 수익자로부터 운송선박명과 출항일을 통지한 것을 증명하는 서류를 요구하
기 위한 것이었지만, 신용장은 그러한 사실을 증명하는 서류를 요구서류란에 요
구하지 않고 있었다. 그 후 지정은행(원고은행)은 이러한 사실을 증명하는 서류
를 제시하지 않고 발행은행에게 대금지급을 요구하였으나, 발행은행은 이를 이
유로 지급거절하였다.

베이루트의 상사법원이 원고은행은 제시서류 중 선적일자 및 선박명에 대한

---

19) Charles del Busto, *Case Studies on Documentary Credits under UCP 500*, ICC
   Publishing S. A., 1995. Case 2, pp. 10~11, pp. 105~106.

20) [1967] Tribunal de Commerce de Bayrouyh, Feb. 4; Megha, *U.C.P. 1962* and After,
   pp. 8~10; 小峯 登, 前揭書, 122~123.

통지를 증명할 전신의 사본을 포함하고 있지 않았기 때문에 신용장조건을 위반하였다는 결론을 내렸으나, 최고법원에서는 이러한 문언은 단순한 정보 이외에는 신용장발행조건으로 보지 아니한다고 판시하였다.[21]

따라서 신용장에서 신용장이 조건과의 일치성을 표시하기 위하여 서류를 명시하지 아니하고 조건(condition)만을 포함하고 있는 경우, 은행은 그러한 조건을 명시되지 아니한 것으로 보고 이를 무시하여야[22] 하기 때문에 발행은행의 지급거절은 정당화될 수 없다.

(2) 신용장발행의 완전 · 정확성

1) 지시준수의 완전 · 정확성

신용장발행은행이 발행의뢰인으로부터 원활하게 대금상환을 청구하기 위해서는 발행의뢰인과의 신용장발행 약정에 의하여 신용장발행·변경과 관련된 지시사항을 발행은행은 발행의뢰인의 대리인으로서 엄격히 준수할 필요가 있다. 이 경우 신용장 또는 조건변경서상의 발행의뢰인의 지시가 완전하게 삽입되어 있다면, 발행의뢰인으로부터 수익자에 이르는 일련의 단계에서 대금결제메커니즘상 문제발생 가능성을 최소화할 수 있다.

지시의 관점에서 보면 피지시인인 발행은행은 지시인인 발행의뢰인의 지시를 충실히 준수할 의무가 있기 때문에 발행은행은 신용장거래약정서에 발행의뢰인의 지시를 충실히 삽입하고, 발행은행의 책임자가 서명하여서 완전·정확한 신용장을 발행하도록 노력하여야 한다. 본래 신용장발행은 발행의뢰인의 비용부담과 위험으로 하기 때문에 발행은행은 발행의뢰인의 지시를 위반하여서는 아니된다.[23]

발행의뢰인의 지시에 대하여 발행은행이 보완 또는 수정을 할 필요가 있을 경우에는 반드시 지시인인 발행의뢰인의 승낙을 받고 이를 행할 필요가 있다. 또

---

21) [1972] Revue Judiciaire Libanaise; H. C. Gutteridge and Megrah, Maurice, *The Law of Bankers Commercial Credits*, Europa Publications Ltd., 1984, p. 60.

22) UCP 600, Article 14-h; UCC, 1995, §5-108(g).

23) 伊澤孝平,「商業信用狀論」, 有斐閣, 1986, 292面; 小峯 登, 前揭書, 116面.

한 신용장 또는 조건변경서를 발행한 후에는 그 사본을 반드시 발행의뢰인에게 교부하여 지시대로 바르게 발행되었는지를 확인하는 과정을 거치도록 하여야 한다.[24] 만일 발행은행이 실수로 신용장에 발행의뢰인의 지시와 다른 조건을 기재하면 그것이 그대로 수익자에 대하여 유효하게 되고, 그로 인하여 발행의뢰인에게 손해를 발생시키게 된다면 발행은행은 발행의뢰인에 대하여 지시위반의 책임을 부담하게 될 것이다.[25] 경우에 따라서는 발행은행이 발행의뢰인의 편의를 도모하기 위해서 의도적으로 발행의뢰인의 지시와 다른 조건으로 신용장을 발행하는 경우에도 발행은행은 지시위반의 책임을 부담하여야 할 것이다.

이러한 신용장발행 지시위반과 관련하여 발생되는 손해배상 책임문제에 대하여 일본의 伊澤孝平은 발행은행이 발행의뢰인의 지시를 준수하지 않아 발행의뢰인에게 손해를 초래한 경우에 대하여 "채무불이행에 관한 소정의 일반원칙에 따라 발행은행은 손해배상책임을 부담하게 되며, 채무불이행의 유무는 발행의뢰인의 지시문언을 표준으로 판단하여야 하는 것으로, 발행의뢰인의 위임에 합치 여부를 표준으로 삼는 것은 아니다"라고 지적하고 있다.[26]

그러나 신용장거래에서 발행은행의 입장에는 발행의뢰인의 지시를 준수하는 것도 중요하지만, 이는 어디까지나 완전·정확한 신용장이나 조건변경서를 발행하는 것이 전제가 되어야 한다. 또한 발행은행이 발행한 신용장이나 조건변경서에 대하여 거래당사자간 해석이 모호하거나 불가능한 경우가 있어서는 안된다.

구미의 법원은 모호한 내용을 조건으로 하는 신용장에 대해서는 발행은행

---

24) 신용장발행은행은 신용장사본에 다음과 같은 문언을 부가하여 발행의뢰인에게 교부하여 주의를 환기시키고 있다.
"To Applicant: please examine the contents hereof carefully, and if found incorrect, advice us at once."

25) Laudisi v. American Exchange National Bank, [1924] 239 N. Y. 234; Siminin v. Banque Populaire de Saone-et-Loire Dijon, [1954] 14 Mai(Boris, Kozolchyk, *Commercial Letter of Credit in the Americas*, New York, 1976, pp. 231~232).

26) 伊澤孝平, 前揭書, 315面.

에게 불리하게 해석하여 판결[27]을 내리고 있기 때문에 발행은행으로서는 자신의 방어를 위해서도 항상 완전·정확한 신용장이나 조건변경서를 발행하는 것이 필요하다.[28]

2) 과도한 명세에 대한 제지

신용장발행의뢰인은 신용장의 서류거래성에 따른 불이익을 방지하기 위하여 과도한 명세를 신용장이나 조건변경서에 삽입하려고 발행은행에 대하여 지시하는 경우가 종종 있다. 왜냐하면 발행의뢰인은 신용장당사자 중 독립·추상성의 원칙에 의하여 가장 불리한 입장에 있는 자이기 때문이다. 따라서 발행의뢰인으로서는 수익자가 제시하여야 하는 서류나 기타의 점에 대해서 가능한 한 자세한 명세를 부가하여 최대한 그의 경제적 목적을 달성하려고 할 것이다.

이에 대하여 UCP 600 제4조에서는 "발행은행은 신용장의 구성요소 부분으로서 근거계약의 사본, 견적송장 및 기타 유사한 것을 포함시키고자 하는 모든 시도를 제지하여야 한다"고 규정하고 있다.

Hibernia Bank & Trust Co. v. J. Aron & Co. 사건[29]에서 신용장은 신용장상에 부가된 계약조건에 따르는 것으로 한다는 조건이 기재되어 있었다. 여기에서 언급된 계약이라고 하는 것은 발행의뢰인과 발행의뢰인으로부터 물품을 구입하는 구매자간의 계약으로 수익자는 해당 계약의 당사자도 아니고, 수익자는 그 계약조건에 대해서도 아무것도 모르고 있었다. 또한 당해 계약서의 사본도 신용장상에 첨부되어 있지 않았다. 이에 대하여 법원은 이러한 신용장조건은 수익자를 구속하는 것이 아니고, 설령 이러한 조건이 신용장상에 기재되어 있어도 이러한 조건은 발행의뢰인에게만 해당될 수 있다고 하였다.[30]

이와 같이 발행의뢰인이 신용장상에 과도한 명세를 포함시킨다고 해서 반드

---

27) United States v. Sun Bank of Miami, [1980] 609 F. 2d 835(5th Cir.) ; East Girard Sav. Ass'n v. Citizens Nat'l Bank, [1979] 593F. 2d 598(5th Cir.).

28) 朝岡良平,「實務家のための信用狀統一規則」, 金融財政事情研究會, 1985, 59面.

29) [1928] 134 Misc. 18, 19, 233 N.Y. Supp. 486, 488.

30) Herman N. Finkelstein, *op. cit.*, pp. 217~218.

시 그의 경제적 목적을 달성할 수 있다고 장담할 수 없고, 오히려 신용장거래에 있어 오해와 혼란을 야기시키게 되기 때문에 실용장의 물품명세에 과도한 명세를 포함시키지 않도록 하여야 한다.

3) 유사신용장에 의한 신용장발행 · 통지 · 확인지시의 제지

유사신용장(similar credit)[31]이란 이전에 발행된 신용장을 참조하여 발행·통지되는 새로운 신용장을 말한다. 거래당사자간에 동종의 매매계약이 지속적으로 반복되는 경우, 이러한 매매계약에 근거하여 발행되는 신용장상에는 거의 동일조건이 존재하기 마련이다. 따라서 이 경우 신용장발행과 관련되어 수반되는 수고나 비용 등을 절약할 의도로 발행의뢰인은 발행은행에 대하여 또는 발행은행은 통지은행에 대하여 이전에 발행된 신용장을 이용하여 신용장을 발행·통지·확인하는 경우가 있어 왔다. 이러한 지시를 받은 은행은 이전의 신용장을 참조하여 신용장을 발행하여 수익자에게 통지하고, 또한 확인이 필요한 때는 여기에 확인을 부가하여 수익자에게 통지하게 된다. 물론 이 방식에 의할 경우, 새로운 신용장내용 가운데 참조될 이전의 신용장과 다른 점에 대해서만 지시를 하기 때문에 신용장전체를 전송할 필요가 없어 노력과 경비가 절약되는 이점이 있을 수 있다.

그러나 이전의 신용장에 조건변경이 행해져 있는 경우에는 지시를 받은 은행은 이러한 조건변경된 내용도 포함시켜 새로운 신용장을 발행·통지·확인하여야 할지에 대하여 의문을 가질 수 있고, 또한 부차적인 문제로써 그렇게 하여 신용장이 발행된 경우 그 기준을 최초의 원신용장으로 보아야 할 것인지 아니면 조건변경된 신용장으로 보아야 할 것인지에 관해서도 논란이 발생될 수 있다. 이론적으로 보면 이전에 발행된 신용장을 참조하는 경우에는 여기에 변경사항이 있을 때는 이를 포함한 최종내용이 새로운 신용장이 되어야 할 것이다.

---

31) 이미 발행된 신용장을 참조로 하여 발행통지되는 새로운 신용장(fresh credit)을 말한다. 예컨대 "…Refer to our Previous Credit No. 333 except credit amount US$150,000, Credit No. 555…"의 경우 새로 발급된 신용장금액 US$150,000 및 신용장번호 555를 제외하고는 이미 발급되었던 신용장번호 333과 내용이 유사하다는 신용장을 의미한다. 제4장 신용장의 종류에서 구분하고 있는 유사신용장과는 구별하여 이해하여야 한다.

그러나 현실적 문제로서는 피지시은행이 이전의 신용장을 참조하도록 지시를 받은 경우, 은행은 주의를 기울여 신용장에 조건변경이 행해져 있는지를 확인하여야 하고, 또한 변경사항을 확인하여 새로운 신용장의 통지서를 작성하려고 할 경우 원신용장 및 변경내용 누락 가능성이 있다. 따라서 유사신용장에 의한 신용장의 발행이나 통지 및 확인을 지양하는 것이 혼란을 방지할 수 있다.

2.3 서류거래의 원칙

신용장거래의 대상은 물품이나 서비스 그 자체나 계약의 이행이 아니고 서류(document)이다. 따라서 신용장통일규칙에서도 "은행은 서류로 거래하는 것이지, 그 서류와 관련될 수 있는 물품, 서비스 또는 이행으로 거래하는 것이 아니다"라고 규정하고 있다.[32]

은행이 신용장조건에 일치하는 서류와 상환으로 대금을 지급하여야 할 의무는 해당 물품이나 서비스 또는 계약이행이 실제 내용과 일치하지 않는다는 통지에도 아무런 영향을 받지 않는다. 또한 발행은행이 서류접수 후 즉시 그것이 문면상 신용장조건에 일치하지 않는 경우에 그러한 서류를 수리할 것인가 아니면 이를 거절하고 문면상 신용장의 조건과 일치하지 않는다는 클레임을 제기할 것인가의 여부는 서류만을 근거로 하여 결정하여야 한다. 서류의 수리 또는 거절 여부를 결정하는 데 있어 "서류만을 근거로 하여"(on the basis of documents alone)라는 말은 발행은행이 신용장발행의뢰인에게 그 불일치에 관한 권리포기 여부를 교섭할 수는 있으나 독자적으로 결정하여야 한다는 의미를 가진다.

은행은 서류가 일반적 상태성의 형식을 구비하고 있는지 또는 그 서류가 과연 법률상 완전유효한 것이라든지 위조·변조가 없다는 것까지 보장할 수는 없다. 따라서 신용장거래에서 은행은 서류의 이면에 있는 물품을 알 수 없기 때문에 오직 서류의 문면만을 점검하고[33] 서류로 거래를 행하고 있는 것이다.

---

32) UCP 600, Article 5.

33) ICC, *Case Studies on Documentary Credits*, Problems, Queries, Answers, ICC Publishing S. A., 1989, p. 60.

2.4 엄밀일치의 원칙과 국제표준은행관행

(1) 엄밀일치의 원칙

신용장거래시 은행이 서류를 심사하고 수리여부를 결정하는 데 있어 논란대상이 될 수 있는 것은 제시된 서류에 대하여 은행이 어떤 기준에 의하여 어느 정도의 주의를 기울여 검토해야 될 것인가 하는 점이다. 은행의 서류수리 원칙에 관해서는 전통적으로 법원의 판례에 의한 법률원칙으로 엄밀일치의 원칙(doctrine of strict compliance)과 상당일치의 원칙(doctrine of substantial compliance)이 양분되어 왔다.

엄밀일치의 원칙이란 은행은 신용장의 조건에 엄밀히 일치하지 않는 서류를 거절할 수 있는 권리를 가지고 있다는 법률원칙이다. 다시 말하면 은행은 제시된 서류가 신용장조건에 일치된 것으로 판명된 서류에 한하여 지급이행할 수 있다는 원칙을 말한다.[34] 국제상거래상의 지급도구인 신용장은 형식적인 엄밀일치성을 생명으로 하기 때문에 서류는 신용장조건에 엄밀하게 일치하여야 하는 것을 기본으로 삼고 있다.[35]

서류수리와 관련된 신용장거래분쟁에서 많은 판례들은 신용장조건과 엄밀일치의 원칙적용 또는 상당일치의 원칙적용에 있어서 대립되고 있는 실정이다.[36] 다수 법정은 엄밀일치의 원칙적용이 지지되어 왔다.

그 대표적인 예로 Equitable Trust Co. of New York v. Dowson Partners Ltd. 사건[37]에서 "여하튼 서류에 관한 한 거의 같다든가, 괜찮을 것이다라는 인식은 전혀 통하지 않는다"(There is no room for documents which are almost the same

---

34) Clive M. Schmitthoff, *Export Trade*, 9th ed., Stevens & Sons, 1990, pp. 404~405.

35) Kurkela, Matti, *Letters of Credit under International Trade Law*, Oceana Publications, Inc., 1950, p. 298; E. P. Ellinger, *Documentary Letter of Credit*, University of Singapore Press, 1970, p. 279; ICC Documents, 470/328, 470/390, April 14, 1978.

36) Stanly F. Farra and Henry, Landau, "Letters of Credit", *The Business Lawyer*, Vol. 40, May 1985, p. 1177.

37) [1927] 27 Ll. L. Rep. 49; H. C. Gutteridge and Maurice, Megrah, *The Law of Banker's Commercial Credits*, Europa Publications Ltd., London, 1984, p. 117.

or which will do just as well)라고 판시하였다. 이처럼 동 원칙을 적용한 판례는
이 밖에도 많이 찾아볼 수 있다.[38]

신용장통일규칙 제2조의 "신용장이란 그 명칭이나 기술에 관계없이 일치하
는 제시를 인수·지급하기 위한 발행은행의 취소불능적인 그리고 분명한 확약
을 구성하는 모든 약정을 말한다"는 취지 또는 제18조의 "상업송장(commercial
invoice)상의 물품, 서비스 또는 이행의 명세는 신용장에 보이는 것과 일치하여
야 한다"[39]라는 취지는 본질적으로 엄밀일치의 원칙이 적용됨을 시사하고 있는
것이다.

엄밀일치의 원칙적용은 서류를 심사하는 자의 태도에 따라 은행은 방어적
인 입장에서 행동하기 쉽기 때문에 채무불이행을 원하는 은행의 안전한 피난처
가 되기 쉽다. 이 원칙적용은 신용장발행은행으로 하여금 신용장조건 범위 내에
서 주관적 판단을 허용하고, 신의성실에 의한 엄밀일치서류에 대한 지급을 통하
여 발행의뢰인으로부터 상환청구권을 갖게 되어 발행은행 자신을 보호하게 된다
고 보아야 할 것이다.[40]

한편 원활한 국제상거래를 위하여 엄밀일치의 원칙적용을 완화하는 시도
가 이루어져[41] 상당일치를 옹호하는 판결들도 많다.[42] 미국의 판례 중 Talbot

---

38) Marino Industries, Corp. v. Chase Manhattan Bank, N.A., [2nd Cir. 1982]34 UCC Rep.
   Serv. (Callaghan) 637; Bank of Italy v. Merchants National Bank, [1923] 236 N.Y.
   106; Bank Melli Iran v. Barclays Bank, [1951] 2 T.L.R. 1057; S.H. Rayner & Co. v.
   Hambrog Bank Ltd., [1943] 1 K.B. 37; Soproma S.P.A. v. Marine & Animal by
   Products Corporation, [1966] Lloyd's Rep. 367; The London and Foreign Trading
   Corporation v. British and North European Bank, [1921] 9 Ll. Rep. 116; H. C.
   Gutteridge and Maurice, Megrah, *op. cit.*, p. 150; 한국대법원 1985. 5. 28. 선고, 84 다
   카 696, 697 판결.

39) UCP 600, Article 18-c.

40) Robert M. Rosenblith, "Letter-of-credit Practice: Revisiting Ongoing Problems",
   Uniform Commercial Code Law Journal, Vol. 24, No. 2, Fall 1991, pp. 121~122.

41) C. D. Jahn, Johannes, Zahlung und Zahlungssicherung im Aussenhandel, Walter de
   Gruyter & Co., Berlin·New York, 1976, 강갑선 역, 「무역결제론」, 법문사, 1977, 128면.

42) Flagship Cruises Ltd. v. New England Merchant National Bank of Boston [1978] 1st
   Cir.: S.P.A. Soproma v. Marine & Animal by Products Corporation Ltd., [1966] 1

v. Bank of Hendersonille 사건[43]에서 신용장조건의 물품명세는 "101 No. 418 Alam Units consisting of Part 301, 12 Siren and Remote Swith"이었으나, 제시된 상업송장상의 물품명세에서는 "Dialer ME-310"이라고 부가하면서 "It covers 101 No. 418 A1am Units Consistency of Part 301"이라는 약간 다른 표현으로 기술하였다. 이에 대하여 담당한 법원은 그 기재의 일치성을 인정하는 것으로 판시하였다.

상업송장은 매도인이 매수인에게 공급하는 물품에 대한 물품명세서 및 청구서와 같은 것으로[44] 그 물품이 매수인이 제시한 매수조건과 일치하는지의 여부를 가리는 주요한 자료이므로 다른 서류보다 더 엄밀하게 신용장과 일치될 것이 요구되지만, 서류가 신용장조건과 문언대로 엄밀하게 일치되어야 한다고 하여 문구 하나도 틀리지 않게 완전히 일치하여야 한다는 뜻은 아니다.

이에 대하여 한국 대법원의 판례에서도 "문구에 약간의 차이가 있더라도 은행이 상당한 주의(reasonable care)를 기울이면 그 차이가 경미한 것으로서 문언의 의미에 차이를 가져오는 것이 아니고, 또 신용장조건을 전혀 해하는 것이 아님을 문언상 알아 차릴 수 있는 경우에는 신용장조건과 합치하는 것으로 보아야 할 것이다"라고 하고 있다.[45] 그러나 상업송장의 기재가 신용장에서 요구하는 사항보다 부가적인 표현으로서 신용장의 기재를 해하는 것이 아니라면 용인될 수 있지만, 신용장에서 요구하는 조건을 결여한 것이거나 신용장의 기재와 어긋나는 것이라면 용인될 수 없으므로 거절하여야 한다.[46] 엄밀일치의 원칙과 상당일

Lloyd's Rep. 367; Laudisi v. American Exchange National Bank, [1924] 239 N. Y. 234, 146 N. E. 347; Transamerica Delaval Inc. v. Seymour, [1955] 2 Lloyd's Rep. 147; 한국대법원 1979. 5. 8. 선고, 78 다 2006 판결.

43) [1973] Tenn. App. 496. S. W. 2d, 548; H. C. Gutteridge, and Megrah, Maurice, *op. cit*, p. 171.

44) "The function of commercial invoice are to describe the merchandise and to Indicate price or prices and other details of the transaction"; Charles N. Henning, *International Finance*, Harper & Brothers, Publishers New York, 1958, p. 64.

45) 한국대법원 제1부, 1985. 5. 28. 판결, 84 다카 696, 697 판결문 참조.

46) 이재홍, "신용장조건에 불합치한 선적서류", 판례월보 제181호, 판례월보사, 1985, 76면.

치의 원칙적용에 관련된 판례를 미국의 법정에서 찾아보면 상당일치보다는 엄밀
일치의 지지하는 편이 우세하다.[47]

(2) 국제표준은행관행

1993년 개정 신용장통일규칙(UCP 500)의 제13조에서는 서류심사기준에 관
하여 "규정된 서류의 문면상 신용장의 제조건과의 일치성은 본 규칙에 반영되어
있는 국제표준은행관행(International Standard Banking Practice: ISBP)에 따라 결
정 된다"라고 규정하여 은행의 서류심사기준을 국제표준은행관행이라는 개념으
로 새롭게 제시하였다는데 의의가 있었다. 그러나 UCP 500에서 규정하고 있는
국제표준은행관행이라는 서류심사기준은 모호하고 매우 추상적이었다.

UCP 500상에는 ISBP 에 대한 구체적 정의가 없으나 UCP 500을 개정하면서
국제상업회의소 은행위원회의 개정이유에 대한 주석을 보면 신용장 표준은행관
행이란 "결코 독단적이지 않고, 태만하지 않고 또한 부정직하지 않고, 가장 정직하
고, 숙련되고 예견 가능한 관행을 구현하는 규범을 말한다"라고 정의하고 있다.

따라서 은행에서 모든 서류심사를 담당하는 자는 항상 "정직하고 사려 깊
은 은행원은 이러한 상황하에서 어떻게 행동할 것인가?"(What would an honest,
Knowledgeable banker do under the circumstances?)[48]를 생각하여야 한다는 ICC 은
행위원회의 취지를 고려하여 볼 필요가 있다. 은행원들은 그들의 업무처리지침,
연수교재 및 국제상업회의소의 교육 및 무역관련 간행물, 예컨대 국제상업회의
소 은행위원회의 의견 및 결정자료 등을 통하여 국제표준은행관행을 검토하여
왔다. 그러나 이와 관련된 은행업무는 다분히 은행의 재량권을 남용할 수 있는
문제의 소지가 있다 할 것이다.

1993년 개정 UCP 500에서 반영된 ISBP는 서류심사기준에 대한 상징적 의
미를 부여한 것에 불과하였으므로 이 결과 신용장에 의한 서류심사기준을 UCP

---

47) Robert M. Rosenblith, "Current Development in Letters of Credit Law", *Uniform
Commercial Law Journal*, Vol. 21, Fall 1988, p. 175 ; John F. Dolan, *The Law of Letters
of credit*, 2nd ed., Warren, Gorham & Lamont, Inc., 1991, Sec. 6-4.

48) ICC Document No. 470/-37/4, May 27, 1991.

속에 반영된 조항만으로 실무적용상 발생되는 문제점들을 해결하는데 어려움이 많았다. 또한 UCP 500을 적용하면서 각국의 국내위원회 및 은행들은 제시된 환어음, 상업송장, 운송서류, 보험서류 및 기타서류의 서류심사와 관련하여 해결할 수 없는 의문점들에 관하여 ICC 은행위원회에 질의를 하여 은행업무를 처리하여 왔으나, 이 또한 질의사항의 증가추세 등으로 번거로움이 많아졌다.

ICC 은행위원회는 ISBP를 UCP 500에 도입하면서 UCP의 적용에서 은행이 발견한 불일치는 최초의 서류제시에서 거절되는 비율이 60~70%를 점하고 있다고 밝히고 있다. 이러한 거절은 무역거래의 지연과 비용이 발생되는 분쟁 및 법정소송으로 이어지고 있으며, 이는 곧 신용장의 신뢰성을 떨어뜨리고 신용장의 사용을 감소시키는 요인이 되어 왔다. 따라서 이와 같은 문제점을 해결하고 신용장의 서류심사 기준을 보다 구체적으로 마련하기 위하여 2000년 5월 국제상업회의소의 은행위원회는 UCP 500에 준거하여 간행된 화환신용장하에서의 서류점검을 위한 ISBP 특별팀을 설립하였다.

화환신용장에서 서류심사를 위한 구체적인 지침인, "화환신용장하에서의 서류심사를 위한 국제표준은행관행"(International Standard Banking Practice for the Examination of Documents under Documentary Credits: ISBP)은 ICC 은행위원회의 특별팀의 작업에 의한 2년 6개월간의 산물로, 2002년 10월 30일 로마 총회에서 승인되었다. ISBP는 ICC의 화환신용장 통일규칙 UCP 500의 실제적인 추록이다. ISBP는 UCP를 개정한 것이 아니다.[49] ISBP는 UCP의 규정과 ICC 은행위원회 전문가의 의견에 근거하여 실례를 들어 상세하게 설명하고 있으며 실무자의 일상 업무간에 필요한 갭을 메우게 된다. 국제상거래에서 ISBP는 은행이나 법률가 및 무역업자들에게는 신용장 서류심사를 위한 국제표준은행 관행으로 이에 대한 이해 및 검토는 필수적이라고 할 수 있다.

"ISBP 645"의 구성 내용에서는 국제표준은행관행의 일반원칙,[50] 환어음, 상

---

49) ICC, *International Standard Banking Practice for the Examination of Documents under Documentary Credits(ISBP)*, Introducting, ICC Publication No. 645, ICC Publishing S. A., 2003.

50) 이와 관련된 논문은 강원진, "신용장서류심사를 위한 ICC 국제표준은행관행의 일반원칙

업송장, 운송서류, 보험서류 및 원산지증명서에 관하여 200항목에 걸쳐 구체적인 지침을 제시하고 있었다.

그러나 ISBP는 UCP 600이 제정되면서 2007년 4월 은행위원회의 승인을 받고 UCP 600에 반영된 일부 내용을 감안, 이를 다시 185항으로 "ISBP 681"로 업데이트하여 UCP 600과 함께 적용하도록 하였다. ICC 은행위원회는 2013년 4월 기존 ISBP에서의 서류종류를 확대하여 이를 "ISBP 745"로 업데이트하고 "UCP 600하의 서류심사를 위한 국제표준은행관행"(International Standard Banking Practice for the Examination of Documents under UCP 600)으로 제시하였다.

"ISBP 745"에서는 기존의 "ISBP 681"에서 규정되었던 185개항을 각 항목별 체계를 A부터 Q까지 배열하여 298개항(예비적 고려사항 7개항 포함)으로 확대하였다.[51]

"ISBP 745"에서 새롭게 반영된 주요내용은 ISBP의 적용범위를 비롯하여 비유통해상화물장(Non-Negotiable Sea Waybill), 포장명세서(Packing List), 중량명세서(Weight List), 수익자증명서(Beneficiary's Certificate)와 분석(Analysis Certificate), 검사(Inspection Certificate), 위생(Health Certificate), 검역(Phytosanitary Certificate), 수량(Quantity Certificate), 품질(Quality Certificate) 및 기타증명서(Other Certificates)와 같은 서류들의 심사기준이다.

특히 적용범위에서 "ISBP는 UCP 600과 관련하여 해석되어야 하며 단독으로 해석되어서는 아니 된다"[52]고 규정하고 있다. ISBP는 신용장통일규칙이 아니고 다만 UCP 600의 추록으로 UCP를 보충하는 역할을 하기 때문에 반드시 UCP 600과 병행하여 해석할 것을 강조하고 있다.

"ISBP 745"의 구성내용은 다음과 같다.

에 관한 고찰", 「국제상학」 제18권 제3호, 한국국제상학회, 2003, 143~168면 참조.

51) ICC, *International Standard Banking Practice for the Examination of Documents under UCP 600*, Publication No. 745E(이하 ISBP 745라 한다), ICC Services, 2013, pp. 1~97.

52) ISBP 745, Para. i.

적용범위(i~vii)

일반원칙(A1~41)

환어음과 만기일 계산(B1~18)

송장(C1~15)

적어도 두 가지 다른 운송방식을 표시하는 운송서류(D1~32)

선화증권(E1~28)

비유통해상화물운송장(F1~25)

용선계약선화증권(G1~27)

항공운송서류(H1~27)

도로, 철도 또는 내수로 운송서류(J1~20)

보험서류 및 담보범위(K1~23)

원산지증명서(L1~8)

포장명세서(M1~6)

중량명세서(N1~6)

수익자증명서(P1~4)

분석, 검사, 위생, 검역, 수량, 품질 및 기타증명서(Q1~11)

신용장 서류심사는 지정은행, 확인은행(있는 경우) 및 발행은행은 서류가 문면상 일치하는 제시(complying presentation)를 구성하는지 여부를 결정하기 위하여 서류만을 기초로 하여 제시를 심사하여야 한다.[53]

여기에서 일치하는 제시란 신용장조건, 본 규칙의 적용가능한 규정 및 국제표준은행관행에 따른 제시를 의미한다. 서류심사기간은 제시가 일치하는 경우 제시기일과 관계없이 제시일 다음날로부터 최대 제5은행영업일을 갖는다.[54]

신용장 문맥을 읽을 때, 서류의 데이터, 서류의 자체 및 국제표준은행관행은 서류의 데이터 또는 신용장과 동일성을 요하지 않지만 서류의 데이터, 모든 기타

---

53) UCP 600, Article 14-a.

54) UCP 600, Article 14-b.

규정된 서류 또는 신용장과 상충(conflict)되어서는 아니 된다[55]라고 하여 서류 상호간 동일성을 요하지 않으나 상충되어서는 아니 됨을 강조하고 있다.

국제표준은행관행은 UCP와 ICC 은행위원회의 의견 및 결정과 서로 일치된다. ISBP 는 UCP 중에 반영된 관행들이 어떻게 서류취급자들에게 적용되는가를 설명하고 있다. 물론 일부 국가의 법은 여기에 언급된 것과 다른 관행을 강요할 수 있음을 인식하여야 한다.

그러나 어떠한 단일의 간행물도 모든 조건 또는 화환신용장과 관련하여 사용되어지는 서류 또는 UCP 해석 및 그것이 반영하는 표준관행을 기대할 수는 없다. UCP 조항의 적용가능성을 수정하거나 영향을 주는 어떠한 조건은 국제표준은행관행에 영향을 미칠 수 있다는 점에 유의할 필요가 있다. 또한 합의된 관행에 따라 요구사항이 UCP에 내재하고 있는 것과 같이 화환신용장의 조건에 ISBP 의 원용은 억제되도록 권고하고 있다.

이와 같이 국제표준은행관행의 도입은 신용장발행은행의 입장에서는 서류상 본질적인 중요한 하자사항이 아님에도 불구하고 자구 하나하나의 엄밀일치만을 고집하여 서류상의 하자만을 지적하고, 지급거절 또는 지급유보 상태임을 먼저 통지하는 바람직하지 못한 관행을 예방할 수 있음은 물론 사소한 시비를 모두 법정의 판결로 해결하려는 시도를 감소시킬 수 있을 것이다.

3. 신용장거래원칙의 악용과 사기행위

3.1 사기의 원칙과 성립요건

신용장거래는 본질적으로 매매계약 및 기타계약과는 별개의 독립된 거래이며,[56] 관계은행은 신용장조건과 서류상의 문면만을 통하여 지급여부를 결정하게

---

55) UCP 600, Article 14-d.
56) UCP 600, Article 4-a.

된다. 은행은 어떠한 경우에도 매매계약 또는 기타 신용장에 근거가 되는 계약상의 이유에 의한 항변으로 권리침해를 당하거나 책임과 의무를 부담하지 아니한다. 그러므로 신용장조건과 일치하여 지급·인수·매입한 은행은 발행은행으로부터 독립·추상성에 따른 보호를 받게 되며, 수익자의 경우에도 신용장조건에 일치하는 서류를 제시하여야만 신용장의 권리를 주장할 수 있다.

더욱이 신용장통일규칙은 면책약관(disclaimer clauses)에서 은행은 서류 자체에 관하여 모든 서류의 형식(form), 충분성(sufficiency), 정확성(accuracy), 진정성(genuineness), 위조(falsification) 또는 법적 효력(legal effect)에 대하여 또한 서류상에 명기되거나 부기된 일반 및/또는 특별조건(general and/or particular conditions)에 대하여 아무런 의무나 책임을 부담하지 아니한다고 규정하고 있다.[57]

따라서 거래상의 내용이야 어떠하든 수익자는 신용장문면에 일치되는 서류를 가령 위조하여 제시하였다 하더라도 이를 모르는 매입은행은 동 서류를 매입할 것이고, 발행은행도 지급할 수 있다는 결론이 나온다.

신용장거래의 독립·추상성이라는 특성을 악용하여 부당하게 대금을 받아내는 악질적인 신용장수익자의 사기 내지 기망의 경우 독립추상성의 예외가 인정되어 거래상의 사기(fraud in transactions)에 대하여 영미법에서 일찍부터 이른바 "사기의 예외 적용 원칙"(fraud rule)이 인정되어 왔다.[58]

이 원칙에 의하면 발행은행의 지급거절은 서류가 신용장조건과 일치한다 하더라도 수익자의 사기라는 것을 알고 있는 경우 대금지급거절이 될 수 있다는 점이다.

사기가 성립되기 위해서는 부실표시(false representation) 또는 허위로 조작되거나 상대를 속이려는 의도가 있어야 한다.[59] 신용장거래에서의 사기는

---

57) UCP 600, Article 34.

58) 오병선, "국제 L/C 및 L/C 거래에 있어서의 지급거절과 Fraud Rule", 중재 통권 제121호, 1982. 2, 5면; 대륙법에서는 신의칙 내지 권리남용이론에 의하여 사기 예외 적용 원칙을 인정하고 있다; 유중원, 「신용장-법과 관습(상)」, 청림출판, 2007, 334면.

59) Edward L. Symons, "Letter of Credit: Fraud, Good Faith and The Basis for Injunctive

신용장에 요구된 서류를 수익자가 위조·변조하는 서류상의 사기(fraud in the documents)가 많다.

수익자가 사기를 행한 경우에 신용장거래의 본질인 독립·추상성 및 서류거래성을 어느 정도까지 관철하는 것이 허용되느냐가 신용장 거래당사자 간에 문제시 된다.

3.2 신용장 자체의 사기

신용장은 발행은행이 다양하고 신용장상 요구조건도 각국 또는 각 은행의 관행에 따라 일정하지 않다. 더구나 은행이 발행한 신용장이라 하더라도 지급확약에 대한 신뢰성이 의문시될 수 있다.

신용장발행의뢰인과 발행은행의 신용상태(credit standing)나 의문시되는 사항에 대하여 미리 신용조회하는 것을 간과함으로써 야기된 대표적 사기사례를 살펴보기로 한다.

한국의 J 사는 1982년 11월 2일 홍콩의 Marble Trading & Company로부터 Overseas Chinese Finance(H.K.) Co.가 발행한 US$126,000 상당의 Cotton Terry Bath Towels 1,500세트에 대한 180일 기한부신용장을 외국은행 서울지점인 M 은행을 통하여 수령하였다. J 사는 한국의 K 사를 수출창구로 하여 대행수출을 위탁하고 K 사 명의로 12월 2일과 12월 30일에 분할로 당해 물품을 사우디 제다(Jeddah, Saudi Arabia)로 각각 선적한 후 한국의 S 은행에 수출환어음을 매입(negotiation)하였다. S 은행은 동 매입서류를 발행은행에 직접 송부하고 인수통지를 기다렸으나 매입일로부터 2개월이 경과하여도 회신이 없었고, 수차에 걸쳐 인수통지를 촉구하였으나 아무런 답신이 없을 뿐더러 서류도 되돌려 보내 주지 않았다. 나중에 알고 보니 Marble Trading & Company는 가공의 금융회사인 Overseas Chinese Finance(H.K.) Co. 와 합작으로 가짜 신용장을 발행하여 서류만 수취하고 도주하여 버린 사기사건이었다.[60]

Relief", *Tulane Law Review*, Vol. 54, 1980, p. 345.

60) 한국무역협회, "신용장당사자의 의무와 책임-홍콩수출사건을 중심으로-", 무역 제20호

이 사건은 신용장발행의뢰인과 발행은행의 공모에 의하여 사기거래를 진행시
킨 후 도주하였기 때문에 한국 내에서는 수익자와 매입은행 등 관계당사자 사이에
다툼이 있었고, 결국은 국내의 업체만 어처구니없이 손해를 당한 사건이었다.

이는 발행은행과 통지은행간 환거래약정(correspondent agreement)이 되지 않
았음을 신용장 문면에 명시하였는데도 당사자 중 아무도 이의를 제기하거나 조회
를 하여 보지 않았기 때문에 안이한 업무처리로 자초한 사기였다고 할 것이다.

3.3 운송서류와 환어음의 위조·변조

(1) 운송서류의 위조 · 변조

운송서류(transport documents) 중에서 가장 대표적인 것은 선화증권(bill of
lading)으로 악의의 수출자가 위조·변조에 의해 서류사기(documentary fraud)를
행하는 전형적인 대상도 선화증권이 많다.

다음 사례는 위조선화증권(forged bill of lading)을 이용하여 DM350,000 상
당의 중고차량에 대한 수출대금을 편취한 사건이다.[61]

1981년 가을 카이로(Cairo)의 수입자는 벨기에(Belgium) 수출자와 다량의
중고차를 구매하기로 합의하였다. 동년 10월 3일 벨기에 수출자는 수입자에 들
러 독일국적을 가진 사람을 소개하면서 그가 실제 차량공급자라고 하면서 견적
송장(pro-forma invoice)을 제시하였다. 다음 날 수입자는 거래은행인 Cairo Bank
에서 DM350,000 상당의 신용장을 Liechtenstein 소재 상사를 수익자로 하여 발
행하여 주었다.

신용장상의 요구서류는 단지 무사고 선화증권(clean bill of lading)과 수익자
의 송장(beneficiary invoice) 두 가지였다. 신용장을 수령하자마자 독일의 물품공
급자는 송장을 작성하고 9개월 전 도산한 Middle Eastern Shipping Company
의 선화증권을 위조하였다. 독일공급자는 차량도 없을 뿐더러 선적이행할 아무

1983. 6, 17~22면.

61) ICC, *Guide to the prevention of International Trade Fraud*, ICC Publishing S. A., 1985,
p. 6.

런 뜻이 없었다. 위조된 선화증권상에는 12월 8일 Hamburg 에서 선적되었고, Lisbon에서 화물을 실제 양륙하는 것으로 되어 있었다. 서류는 Zurich 은행에 제시되었고 즉시 대금지급이 이루어졌다. 카이로의 수입자는 결국 DM350,000 상당의 금액을 사기당하였다. 이 사건에서 수익자는 가짜 선화증권으로 수출환어음을 매입은행으로부터 매입하였고, 발행은행도 매입은행에 지급하게 됨으로 인하여 결국 수입자가 선의의 피해를 당한 사건이었다.

신용장거래에서 발행은행은 수익자에 대하여 진정한 선화증권과 상환으로 지급의무를 지고 있으므로 제공된 선화증권의 위조 또는 변조된 것이라는 것이 명백한 경우에는 원칙적으로 지급을 거절할 수 있다. 그리고 은행의 과실 없이 위조·변조의 사실을 발견하지 못하고 지급하였을 경우에는 은행의 면책으로 인정하여 매수인에 대해서 손실보상을 청구할 수 있다.[62]

또한 Guaranty Trust Co. of N. Y. v. Hannay & Co. 사건[63]에서는 매입은행이 서류가 첨부된 환어음을 매입하여 Liverpool 에 있는 자신의 거래은행, 즉 피고 Hannay & Co.의 거래은행인 발행은행에 제시하고 지급받았다. 그러나 후에 선화증권이 위조로 판명되었다. 이 사기에 대하여 발행은행은 지급된 금액을 반환받기 위하여 미국법정에 소송을 제기하였다. 미국법정은 본 건은 영국법에 의해 결정될 것이라고 판결하였으므로[64] 매입은행은 영국에서 소송을 제기하였다. 영국법정에 의하면 은행에 제시된 서류가 진정하다는 것을 은행에 제시하는 자가 보증하는 것은 아니라고 판시하여 결국 발행은행이 승소하게 되었다.

한편 운송서류의 위조와 관련하여 국제상업회의소(ICC)의 견해를 살펴보면 국제상업회의소의 은행기술실무위원회(Commission on Banking Technique and Practice)는 방글라데시의 어떤 은행의 "환어음이 취소불능화환신용장하에서 정히 매입되었으며, 매입은행(negotiating bank)은 상환(reimbursement)을 받았고 발행은행은 매입은행으로부터 서류를 받자마자 해당 선화증권(bill of lading)이

---

62) 小峯 登, 前揭書, 475~476面.

63) H. C. Gutteridge, Maurice, Megrah, *op. cit.*, p. 181; [1918] 2 K.B. 623.

64) *Ibid.*, p. 181; 210 Fed. Rep. 810.

위조되었다고 텔렉스로 알렸는데, 매입은행이 대금을 돌려 줄 책임이 있는지의 여부에 대하여 알고 싶다"는 요청에 대하여 동 위원회는 "위조된 것으로 판명된 선화증권을 송부한 매입은행은 보호되나, 단 매입은행이 위조한 당사자이거나 서류의 제시 전에 위조된 것을 인지하였거나 상당한 주의(reasonable care)를 하지 않은 경우, 예컨대 서류의 문면상 위조된 것이 명확한 경우는 예외이다"라는 견해를 밝히고, 이러한 결정은 여러 법원의 판결과 일치함을 주지시켰다.[65]

(2) 환어음의 위조 · 변조

신용장거래에서는 서류에 첨부된 환어음이 위조서명(forged signature)되어 있거나 또는 물리적으로 변조되는 수가 있다. 환어음지급은행(drawee bank)이 이 사실을 알고 있을 경우에는 설령 환어음소지인이 선의의 유상취득자(bona-fide purchaser for value)일지라도 동 은행은 지급을 거절할 권리가 있다. 신용장에 의거 발행된 환어음이 위조된 경우, 신용장발행은행은 지급거절할 권리를 보유한다.[66] 또한 제시된 환어음이 위조일 때에 지급거절권이 있다 하여도 발행은행이 위조사실을 검증하는 것은 어렵다. 즉 외관상 환어음이 요건을 갖추고 있어 위조인 줄 모르고 지급해 버릴 가능성이 크다. 그러나 지급 후 위조로 판명되었을 때는 신용장발행의뢰인으로부터 보상을 받을 수 없어, 결국 환어음의 위조에 의한 손해는 환어음지급인이 부담하게 된다.[67]

한편 매입은행의 입장은 위조환어음의 지급을 발행은행의 거절에 기인한 손해는 발행은행에 대하여 보상을 청구할 수 없기 때문에 거래약정서상의 특약에 의거 수익자로부터 보상받는 방법을 사용하고 있다.

Maurice O'Meara Co. v. National Park Bank 사건[68]에서는 수익자가 위조 서류를 작성하여 은행에 제시하였다. 이 사건을 담당했던 카도죠(Cardozo) 판사는

65) ICC Documents 470/371, 470/373, December 9, 1980.

66) A. G. Davis, *The Law Relating to Commercial Letters of Credit*, London, Sir Isaac Pitman & Sons Ltd., 1963, p. 145.

67) 小峯 登, 前揭書, 486面.

68) [1925] 239 N.Y. 386.

"이러한 경우에는 은행과 선의의 환어음소지자간의 분쟁이 아니고, 유가증권을 위조하여 대금을 청구하는 자 사이의 분쟁이다. 따라서 은행은 제시된 서류들이 위조되었다는 사실을 알고 있으면 대금지급을 하지 않아도 된다"고 판시하였다.

그러나 은행이 기한부환어음(usance bill)을 인수하고 만기일(due date) 이전에 서류가 위조되었다는 것을 발견하여도 그 어음 선의의 소지인에게 만기일에 대금지급을 거절할 수는 없다.

3.4 독립·추상성의 원칙과 사기적용에 따른 문제

신용장거래에서 독립·추상성의 원칙이 배제되어 수익자의 사기를 인정한 사례와 독립·추상성의 원칙을 적용하여 사기로 인정하지 않은 사례를 검토하기로 한다.

먼저 전자의 경우 Sztejn v. Henry Schroder Banking Corporation사건[69]에서는 1941년 1월 7일 미국의 수입자 Sztejn과 인도의 수출자 Transea Traders Ltd. 간에 강모(bristle)의 매매계약을 체결하고 동 매매대금의 지급을 위하여 미국은행인 Henry Schroder Banking Corporation을 통하여 취소불능신용장을 발행하여 주었다. 그러나 Transea는 계약과는 달리 암소털과 쓰레기를 선적하고 서류상으로는 신용장에서 요구하는 상업송장과 선화증권 등을 갖추어 인도 소재의 Chartered Bank에게 추심의뢰하여 이 서류가 신용장발행은행인 Henry Schroder에게 제시되자 Sztejn은 서류가 실제 선적된 물품을 나타내지 않는 허위서류라는 이유로 환어음의 무효선언과 발행은행의 지급금지명령(injunction)을 법원에 신청하여 소송을 제기하였다. 이에 대하여 Chartered Bank는 제시된 서류들은 외관상 신용장의 요구하는 조건에 부합하기 때문에 신용장거래는 서류상의 일치 여부를 근거로 판단하여야 한다고 항변하였다.

이 사건에서 법원은 "지급을 위하여 환어음과 결제서류가 발행은행에 제시

---

69) [1941] 31 N. Y. Supp.(2d) 631, 634; H. C. Gutteridge, and Maurice, Megrah, *op. cit.*, pp. 186~187; 박대위, 「무역사례 II」, 법문사, 1987, 252~253면; Harvard University, *op. cit.*, p. 1002.

되기 전에 매도인의 사기사실이 은행에 통지되었을 경우, 신용장발행은행의 책임에 관한 독립·추상성의 원칙이 이 같은 파렴치한 매도인을 보호하기 위하 확대 적용될 수 없다"[70]고 판시하였다.

이 판결은 신용장거래에서 독립·추상성의 원칙이 배제된 사례로 신용장의 독립·추상성의 원칙은 해당 서류가 사기에 의하여 작성된 것임이 명백히 입증된 경우에는 예외적으로 그 적용이 인정되어야 한다는 것이다.

Sztejn 사례를 감안하여 당시에 미국은 통일상법전 제5-114조가 명문화되고 그 후 이 규정을 보완하여 UCC 제5-109조에 사기 및 위조(fraud and forgery)라는 규정을 설정하여 오늘에 이르기까지 독립추상성의 원칙 예외적용기준인 fraud rule을 인정하고 있다.[71]

한편 후자의 경우 독립·추상성의 원칙이 인정되어 사기로 입증되지 않는 사례를 보면 Discount Records Ltd. v. Barclay's Bank Ltd. and Barclay's International Ltd.사건[72]에서 1974년 5월 영국의 매수인은 프랑스의 매도인에게 레코드와 카세트를 주문, Barclay's Bank에 취소불능신용장 발행을 요청하였다. 도착된 물품절반은 계약물품이었고, 절반 가량은 빈 상자와 쓰레기, 그리고 주문하지 않은 물품이 포함되어 있었다. 그러나 매도인은 신용장에 일치되도록 서류를 준비하여 수출환어음을 매입하였다. 매수인은 발행은행을 상대로 지급금지명령을 법원에 신청하였으나 확증적 사기가 존재하지 않았고, 단지 사기의 주장만 있을 뿐이라는 이유로 매수인의 신청을 기각하였다.

---

70) "···where the seller's fraud has been caned to the bank's attention before the draft and documents have been presented for payment, the principle of the independence of the bank's obligation under the letter of credit should not be extended to protect the unscrupulous seller", Harvard University, *op. cit.*, p. 1002.

71) Michael, Stern, "The Independence Rule in Stand by Letters of Credit", *The University of Chicago Law Review*, Vol. 52, No. 1, Winter 1985, pp. 227~228; 현재의 UCC는 제5-109조(1995개정)에 Fraud Rule에 관련된 규정이 있다.

72) [1975] 1 Lloyd's Rep. 444; 유사한 판례로는 United City Merchants(Investment) Ltd. v. Royal Bank of Canada, [1979] 1 Lloyd's Rep. 267; Merchant Corp. of America v. Chase Manhattan Bank, N. A., [1968] 5 UCC Rep. Serv. 196(N. Y. Supp. Ct Man. 5) 등을 참조.

이 사건을 담당하였던 메가리(Megarry)판사는 "이 사건에서 특별히 중요한 이유가 없는 한 법원이 취소불능신용장거래나 국제금융거래에 자주 개입하는 것을 삼가는 것이 바람직하다. 그 이유는 법원이 자주 이러한 거래에 관여하는 것은 신용장에 주어진 정당한 신뢰도를 해치기 때문이다"라고 판시하였다. 이 사건은 신용장거래에서 독립·추상성의 원칙이 강조된 사례로 볼 수 있다.

앞의 사건을 검토하여 볼 때 신용장의 문면과 제시된 서류가 일치되지만, 수익자의 사기로부터 매수인(발행의뢰인)을 보호하기 위하여 신용장대금을 지급하지 않는다면 신용장거래의 특성인 독립·추상성의 원칙이 침해되는 결과가 되어 궁극적으로는 신용장의 유용성은 상실되고 말 것이다.

한편 신용장거래의 독립·추상성만을 고집하여 사기행위임에도 불구하고 은행의 지급약속에 따른 이행만을 강행한다면, 파렴치한 매도인의 사기를 조장하게 되어 이를 확대적용할 수도 없는 문제에 봉착하게 된다.

발행은행의 입장에서는 발행은행에 제시된 서류는 수익자에게 지급한 대금의 담보로 이용된다. 따라서 은행은 수익자가 제시한 서류가 사기에 의하여 아무런 가치가 없음에도 불구하고 대금을 지급하게 되는 위험에 빠지게 되어 막대한 손실을 입을 우려가 있다. 이러한 문제가 자주 발생하게 되면 발행은행은 발행의뢰인으로 하여금 충분한 담보 등을 요구하게 되어 결국은 발행의뢰인에게 과중한 금융상의 부담을 주게 되는 문제가 발생된다.[73]

지금까지 고찰한 바와 같이 신용장의 본질적 특성은 국제무역결제의 원활화를 도모하기 위하여 신용장거래관행으로 받아들여지고 있기 때문에 신용장은 그 유용성이 크다고 할 수 있다.

그러나 발행은행은 어디까지나 신용장조건을 충족할 경우에 지급이행한다는 소위 조건부지급확약을 하고 있다는 점과 거래상 또는 서류상의 사기행위가 있게 되면 선의의 피해자가 발생할 수 있기 때문에 신용장은 절대적인 지급수단이 될 수는 없는 무역결제수단으로서의 한계성을 가지고 있다.

---

73) H. C. Gutteridge, and Maurice, Megrah. *op. cit.*, p. 18.

신용장의 법률관계

1. 신용장학설의 발생동기

신용장거래는 제1차 세계대전 이전까지는 그다지 활발하게 이루어지지 않았으나, 그 이후 국가간 물품운송이 많아지면서 신용장거래가 급격히 증가하게 되고 신용장에 관한 분쟁이 법정으로 밀려오게 되었다. 이에 대한 법률적 해결을 위해서는 우선 신용장의 법률적 성질을 규명하는 것이 필요하였다. 판례법국가인 영국과 미국의 법정에서도 새로운 법률문제가 일시에 도래하였으므로 학설 또한 분분하게 되어 판례에 의한 통일을 기할 수 없었다.

제1차 세계대전 이전의 신용장거래는 양적으로 규모가 작았고, 거래의 범위도 협소하여 법률문제가 야기되어도 당사자간에 적절한 해결점을 찾을 수 있었다. 그러나 전후의 신용장거래는 양적으로 증가하였고, 거래관계가 거의 없는 당사자 사이에 행하여지게 되어 상호신뢰하에 분쟁을 해결하는 것이 곤란하였다. 이 결과 다수의 신용장사건이 법정으로 몰려들게 되어 법적 판단이 더욱 필요로 하게 되었다.[1]

---

1) 伊澤孝平,「商業信用狀論」, 有斐閣, 1986, 133~134面.

2. 영미법계와 대륙법계의 학설

2.1 논의의 초점

신용장 자체를 법률적인 틀에서 개념을 정립하고 법률적 성질을 고찰한다는 것은 어려운 일이다.

영미법계와 대륙법계의 법체계는 독특한 체계를 형성하고 있어서 신용장의 법률적 성질에 대한 해석도 각기 다르다. 계약 또는 약속의 당사자를 구속하는 근거에 대하여 영미법계의 사상은 당사자간의 관계에서 구하는 이른바 "관계이론"[2)]에 의하여 설명되고 있다. 따라서 신용장발행은행과 수익자(수출자)와의 관계에 주안점을 두고, 발행은행과 발행의뢰인(수입자) 사이의 관계는 거의 논하지 않고 있다. 그 이유는 발행은행과 발행의뢰인 사이의 관계는 계약법의 일반이론으로 설명할 수 있다고 보기 때문이다.[3)]

그러나 대륙법계의 사상은 당사자의사의 합치에서 구하는 "의사이론"에 의하여 설명되고 있고, 신용장발행은행과 발행의뢰인, 발행은행과 수익자와의 관계를 함께 논하고 있다.

특히 영미법계에서는 신용장이 어느 범주에 속하는 법률행위인지에 대한 논의보다는 수익자의 권리는 계약에 의해 발생되어 그 계약이 유효하게 되는 약인 (consideration)[4)] 제공에 대한 논의가 이루어지고 있다.

---

2) 木下 毅,「英美契約法の 理論」, 東京大學出版會, 1979, 15面.

3) 발행은행과 발행의뢰인, 발행은행과 수익자 사이의 일정한 관계가 존재하는 한 그 관계를 도외시하는 것은 정당하지 않다; 伊澤孝平, 前揭書, 134面.

4) Consideration 이란 약인 또는 대가로 해석되는데, 이는 약속자(promiser)의 특정약속의 대가로서 수약자(promisee)가 제공하는 행위나 약속을 한다. 즉 수약자가 약속자에게 경제적 가치가 있는 물건을 주거나, 이로운 행위를 하거나, 약속자에 대한 채권을 포기하거나, 수약자의 불이익을 수락하는 경우, 이러한 물건·행위·채권 및 불이익을 말한다. 이처럼 약인은 영미법상의 계약이론으로 물품매매계약에 있어서의 대금지급이나 그 약속 또는 대금지급에 대한 물품인도나 그 약속 등과 같이 계약상의 약속의 대가로 제공되는 행위, 즉 금전·재산권의 양도, 행위의 금지 또는 행위 및 행위의 금지에 관한 법률관계의 변동 등을 말하며, "대가의 상호교환"(bargained for exchange)이라고 할 수 있다.

2.2 약인에 관한 논의

영미법에서는 요식계약(formal contract) 이외의 단순계약(simple contract)에서는 약인이 존재하지 않고서는 계약이 유효하게 성립되지 않는다. 따라서 신용장거래에서 약속의 구속력을 인정받기 위해서는 약인이 신용장수익자로부터 제공되어야 한다는 점이다. 신용장은 발행은행이 수익자(수출자)에게 청약(지급약속)하기 때문에 계약이 성립되기 위해서는 수익자가 발행은행에 약인을 제공하여야 한다.

(1) 약인의 제공자

약인을 제공하는 자는 누구인가에 대한 문제로 영국법에서는 반드시 수약자(promisee)가 제공하여야 하며, 약인은 발행은행과 수익자 사이의 계약에서는 제3자인 발행의뢰인에 의하여 제공될 수 없고 반드시 수익자가 제공하여야 하는 것으로 보고 있다.[5]

그러나 미국법에서는 수약자에 의하여 제공될 것을 요하지 않고 제3자가 약인을 제공하여도 무방하다. 그러므로 신용장발행의뢰인이 제공한 약인에 의해서도 발행은행과 수익자간에는 유효한 계약이 성립될 수 있다는 것이다.[6]

(2) 약인의 내용

신용장거래에서 약인의 내용은 무엇인가에 대한 논의이다.

첫째, 신용장발행의뢰인이 발행은행에 대하여 수익자에게 지급할 금액과 이에 따른 수수료를 보상할 것을 약속하는 것을 약인으로 간주한다는 주장이 있다.[7] 그러나 발행의뢰인은 신용장이 일단 발행되면 동 거래의 당사자가 되지 못

---

5) H. C. Gutteridge, and Maurice, Megrah, *The Law of Banker's Commercial Credits*, Europa Publications Limited, London, 1984, p. 27.

6) *Ibid*, p. 27, Note 17.

7) Lazar Sarna, *Letter of Credit-the Law and Current Practice*, Caswell Publication, 1984, p. 23; William E. McCurdy. "Commercial Letters of Credit", *Harvard Law Review* Vol. 35, 1921, p. 574; 최봉혁, "신용장의 법적 성질에 관한 고찰",「무역학회지」, 1990, 405

하고 제3자의 입장에 놓이게 되기 때문에 영국법에서는 이를 유효한 약인으로 간주하지 않는다.

둘째, 수익자가 발행의뢰인에게 물품을 인도하는 것을 약인으로 간주한다는 것이다. 그러나 수익자와 발행의뢰인 사이의 계약은 신용장이 발행되기 이전에 성립된 것이므로 약인으로 간주할 수 있다 하더라도 이 약인은 과거의 약인[8]이 되기 때문에 유효하지 못하다. 또한 발행은행은 매매계약상의 당사자가 아니므로 발행은행의 지급약속에 대한 약인으로 볼 수 없다.[9]

셋째, 수익자가 발행은행에 서류를 제공하는 것을 약인으로 간주한다는 것이다. 이것은 신용장의 추상성을 고려했다는 점에서 일리가 있다고 할 수 있다.[10] 그러나 이 경우에는 서류의 제공이 있기 전에는 언제든지 취소할 수 있다는 논리가 성립되기 때문에 취소불능신용장에는 적용이 불가능하다.

넷째, 신용장은 발행은행이 수익자에게 행하는 청약이며, 이러한 청약은 수익자가 신용장의 내용을 승낙하고, 이에 대한 대가로 약인을 제공하는 것으로 이루어진다는 것이다. 이 때 수익자는 자신이 보유하고 있는 권리를 행사하지 아니하고 권리행사를 유보하는 것이 바로 약인의 제공으로 간주한다는 이론이다. 따라서 종래의 신용장에 관한 이론에 의하면 약인이란 어떤 이익을 공여하는 것으로만 생각하여 물품이나 서류의 제공에 초점을 맞추고 있으나, 권리행사유보 이론에 의하면 어떤 권리를 보유한 자가 권리의 행사를 유보하게 되면 불이익을 입게 되는데, 이같이 손해를 부담하는 것이 바로 약인의 제공이라고 주장하는 이론이다.[11]

~406면.

8) 약인이란 약속자의 약속에 대하여 교환적으로 제공되는 것이므로 수약자에게 약속 이전에 제공한 것을 약인이라고 할 수 없다; 伊澤孝平, 前揭書, 139面의 註 10; Lazar Sarna, *op. cit.*, p. 24.

9) 매매계약을 원용한 이 주장은 신용장계약과는 상관이 없는 계약으로 신용장의 독립·추상성을 무시한 이론이다.

10) H. C. Gutteridge, and Maurice, Megrah, *op. cit.*, p. 20.

11) E. P. Ellinger, *Documentary Letters of Credit*, University of Singapore Press, 1970, pp. 92~104.

약인이론은 소송제기의 요건으로써 그 필요성이 인정되는 것이기 때문에 오늘날에서와 같이 소송형식을 지양하고 통일된 소송절차로 사권을 규제하려는 경우, 그 존재의의는 미미하다. 특히 미국 통일상법전[12]에서는 "신용장의 발행, 변경, 양도 또는 취소, 통지 또는 확인에 있어서는 어떠한 약인을 요구하지 아니한다(Consideration is not required to issue, amend, transfer, or cancel letter of credit, advice, or confirmation)"고 명문화되어 있다는데 주목할 필요가 있다.

3. 영미법계의 학설

여기서는 신용장의 법률적 성질에 관한 학설을 영미법을 중심으로 ① 상관습설, ② 보증설, ③ 청약·승낙설, ④ 계약설, ⑤ 금반언설, ⑥ 권리유보설에 관하여 살펴보기로 한다.

3.1 상관습설

상관습설(mercantile usage theory)은 상관습을 토대로 이루어진 학설로 취소불능신용장은 어음, 수표 등의 유통증권(negotiable instrument)에는 약인이 필요 없는 것과 마찬가지로 신용장도 이 범주에 포함시켜 상관습에 의해 발생된 새로운 유형의 하나로 간주하여 약인이 필요 없는 요식계약(formal contract)으로 인정되어야 한다는 설이다.[13] 즉 어느 특정인이 숙고하여 이루어 놓은 약속은 그 작성된 날인증서(speciality; deed; bond)와 동일한 효력을 가진다고 해석하는 것이다. 따라서 약인은 신용장계약이 성립되는 필수적 요건이 못된다. 즉 취소불

---

12) UCC, §5-105.

13) Ellinger는 "mercantile specialty"라는 개념을 포괄적으로 표현하여 상관습설(mercantile usage theory)이라고 부르고 있다; E. P. Ellinger, *op. cit.*, pp. 105~108; Herman N. Finkelstein, *Legal Aspects of Commercial Letters of Credit*, Columbia University Press, 1930, pp. 289~295; Boris Kozolchyk, *Commercial Letters of Credit in the Americas*, Matthew Bender & Company, 1976, pp. 590~591.

능신용장에서 은행의 약속은 취소불능성을 명확히 하고 있고 상인들도 이를 확신하고 있으므로, 이와 같은 상관습의 원칙을 인정하여야 한다는 점이다. 이러한 주장은 상관습에 의하면 신용장 발행은행과 발행의뢰인 사이의 신용장계약에 대하여 수익자도 당사자가 되며, 근대적 신용장도 수세기 동안 구식의 신용장과 큰 차이 없이 사용되어 왔기 때문에 이를 뒷받침하고 있다.[14] 신용장은 상관습법 (lex mercatoria)의 발전을 통하여 통일화되고 또 위력을 넓히게 된 것이며, 실제 상관습과 부합된다는 점에서 상관습설이 가장 많은 지지를 받고 있다.[15]

이처럼 취소불능신용장을 새로운 형태의 상업적 날인증서의 관행으로 보는 것은 당사자의 권리를 간단명료하면서도 만족하게 설명할 수 있고, 과거의 판례와도 조화를 이룰 수 있으며, 또한 장래의 발전에 대해서도 보다 많은 신뢰를 가질 수 있는 것이어서 은행과 상인 간에 보다 확신을 가지고 신용장거래를 진전시킬 수 있는 것으로 생각되기 때문이다.

그러나 신용장 자체가 어음·수표가 갖는 형식상의 통일성을 갖추지 못하고 있는 점과 영미법의 추세가 약인을 완화하는 방향이기는 하지만, 약인원칙은 입법의 도움 없이는 약인의 폐지를 선언할 수 없기 때문에 약인이 불필요한 것은 아니라는 점에서 비판을 받고 있다. 따라서 신용장이 특수한 취급을 받기 위해서는 어음에 필적하는 요식성을 가져야 한다.

3.2 보증설

보증설(guarantee theory)은 1813년 미국에서 제시된 것으로[16] 발행은행은 매수인의 대금지급채무를 매도인에게 보증하는 것에 지나지 않는다는 설이다.

---

14) R. J. Trimble, "The Law Merchant and the Letter of Credit", *Harvard Law Review*, Vol. 61, 1948, pp. 891~1002; Russell v. Wiggin 21 [1842] Fed. Cas 68 at p. 74; Kingdom of Sweden v. New York Trust Co., 97 [1949] N.Y.S. 779.

15) E. P. Ellinger, *op. cit.*, p. 105; Matti, Kurkela, *Letters of Credit Under International Trade Law*; Ocean Publications, New York, 1985, p. 27.

16) *Ibid.*, p. 47; Walsh & Beekman v. Bailie 10 Johns(N.Y.) 180 [1813].

보증은 어떤 채무나 의무의 이행에 대한 약속이지만,[17] 이 설에 의하면 발행은행의 이러한 보증은 절대적인 것이 아니고 매수인이 대금지급의무를 이행하지 못했을 때 한하는 조건부보증이며, 발행은행의 보증채무는 1차적, 기본적인 것이 아니고 2차적, 즉 부차적이 되는 것으로 보고 있다.[18]

그러나 이 설은 취소불능신용장이 사용되고 있는 현실에 비추어 볼 때 지지를 받지 못하고 있다. 왜냐하면 신용장발행은행의 인수·지급에 대한 확약은 절대적인 것으로 발행은행의 채무는 독립된 기본적인 채무이지 부차적인 채무가 아니기 때문이다. 보증계약의 경우에 채권·채무관계에서의 보증내용 변경사항에 대해서는 보증인이 채무면제가 되지만, 취소불능신용장거래에서는 신용장조건 변경사항에 대하여도 발행은행은 그 채무를 이행하여야 한다.

3.3 청약·승낙설

청약·승낙설(offer and acceptance theory)은 수익자에 대한 신용장의 발행은 청약(offer)이며, 수익자가 서류와 환어음을 발행은행에 제시하는 것을 승낙(acceptance)하는 것으로 보는 설이다.[19]

이 설은 발행은행의 편무계약청약과 발행은행의 쌍무계약청약으로 구분된다. 전자는 신용장의 발행은 수익자에 대한 편무계약의 청약으로서 수익자는 그 청약조건을 이행함으로써 승낙하게 되고 발행은행이 수익자에 대한 채무가 발생한다는 설이고, 후자는 발행은행이 수익자에 대하여 일정한 조건 아래 수익자가 발행하는 환어음을 인수·지급하도록 청약하고 수익자는 이 청약에 대하여 서류

---

17) *Ibid.*, p. 48.

18) A. G. Davis, *The Law Relating to Commercial Letters of Credit*, Sir Isaac Pitman & Sons Ltd., 1963, pp. 67~68.

19) H. C. Gutteridge, and Maurice, Megrah, *op. cit*, pp. 30~31. Philip W. Thayer가 주장하고 A. G. Davis가 명명한 매도인청약설(the seller's offer theory)이 있는데, 이 설은 매도인이 선적서류를 양도하겠다는 청약을 하면 이것이 약인이 되어 발행은행이 승낙함으로써 신용장대금지급을 한다는 계약이 이루어진다는 것으로 무담보신용장(clean credit)의 경우에 적용할 수 없는 점과 매도인측이 모르는 발행은행측에 청약한다는 점이 비판대상이 된다.

등을 발행은행에 양도하는 것을 약인으로 하여 승낙한다는 설이다.[20]

그러나 청약·승낙설은 수익자의 환어음과 서류를 제공받기 전까지는 은행은 그 청약을 철회하여 신용장을 취소할 수 있으므로 취소불능신용장의 경우에는 모순이 생긴다. 왜냐하면 취소불능신용장에서는 은행이 일단 신용장을 발행하면 수익자의 동의 없이 신용장 유효기간 내에서는 일방적으로 그 조건을 변경하거나 취소할 수 없기 때문이다.

3.4 계약설

계약설(contract theory)은 신용장발행은행은 신용장발행과 동시에 계약상의 의무로서 발행의뢰인과는 별개로 수익자에 대하여 어음의 인수·지급의 의무를 부담한다는 설이다. 앞에서 고찰한 보증설과 청약·승낙설도 넓은 의미에서 계약설의 일종으로 볼 수 있다.[21]

계약설은 다음과 같이 구분할 수 있다.[22]

첫째, 쌍무계약설(bilateral contract theory)로 신용장은 수익자를 위하여 발행은행과 발행의뢰인 사이에 약정한 계약상의 권리를 의미하며, 그 권리를 수익자에게 전달해 주는 것이라는 설이다.[23]

그러나 이 설은 수익자의 권리가 제3자를 위한 계약에서 발생한다면, 발행은행은 발행의뢰인보다는 수익자와 계약하여도 된다는 모순이 생긴다.

---

20) Banco Nacional Ultramarino v. First National Bank of Boston, 286 F. 169 [1923]; Moss v. Old Colony Trust Co., 140 N. E. 803 [1923].

21) Herman N. Finkelstein, *op. cit.*, pp. 279~280.

22) Finkelstein은 계약설에 William E. McCurdy가 주장한 경개설(novation theory)도 포함시키고 있다. 즉 발행의뢰인이 발행은행과 체결한 신용장계약은 신용장발행과 동시에 수익자에게 신용장의 권리가 이전되고 발행의뢰인에 대한 발행은행의 항변을 단절시키기 위하여 미리 약정된 경개가 이루어진다는 것이다. 이는 실무에도 합치하지 않을 뿐 아니라 신용장거래관행과는 달리 경개를 행할 때에는 양수인은 채무자에게 경개사실을 통지하거나 동의를 얻어야 한다는 점에서 비판을 받고 있다.

23) Sovereign Bank of Canada v. Bellhouse Dilon, 23 Queb K.B. 413 [1914]; Gelpcke v. Quentell, 74 N. Y. 599 [1878].

둘째, 계약이전설(assignment theory)로 계약 자체는 발행은행과 발행의뢰인 간에 체결되지만, 계약의 이익은 계약체결과 동시에 수익자인 매도인에게 이전된다고 보는 설이다.

그러나 이 설은 당사자의 의도에 위배될 뿐만이 아니라 실무적으로 수출자와 수입자는 은행에 대하여 독립된 채무를 부담하기 때문에 발행의뢰인의 권리가 수익자에게 이전된다면 발행은행은 발행의뢰인에 의하여 대항할 수 있는 항변권을 수반하게 되어 모순이 발생하게 된다.

3.5 금반언설

금반언(estoppel)이란 어느 특정인이 자기의 말이나 행위로써 타인으로 하여금 특정한 사실을 믿게 하고 나중에 종전의 입장을 번복할 수 없다는 법률원칙으로 이와 같은 원칙을 신용장에 적용하는 설을 금반언설(estoppel theory)이라고 한다.

즉 취소불능신용장을 발행한 은행은 발행의뢰인으로부터 수익자가 발행하는 환어음을 결제하기 위하여 이에 상당하는 자금을 수령하고 있다는 사실을 표시하고 있으므로 발행은행은 신용장발행 후 수익자를 위한 자금이 위탁되어 있다는 사실을 부정할 수 없다는 것이다.[24]

그러나 이 설은 신용장자체가 조건부 지급약속에 대한 발행은행의 독립적 채무이지 일정한 상태에 있다는 것을 표시한 것이 아닌 것처럼 금반언의 원칙 또는 현재의 사실의 표시에 적용되는 것이지 미래의 약속에 대하여 적용되지 않는다는 이유로 비판을 받고 있다.

---

24) A. G. Davis, *op. cit.*, p. 68; H. C. Gutteridge and Maurice, *op. cit.*, p. 32; 이 설은 신탁설(trustee theory)이라고도 한다. Johanness v. Munroe, 84 Hun., 594, 32 N.Y. Supp. 863 [1895]; 9 App. Div. 409, 41 N. Y. Supp. 586 [1896]; 158 N. Y. 641, 53 N. E. 535 [1899].

3.6 권리유보설

권리유보설(forbearance theory)이란 발행은행이 수익자에게 신용장을 발행하는 행위는 발행은행이 수익자에게 신용장계약을 체결하기 위한 청약으로 간주하고, 청약에 대한 수익자의 승낙과 이에 대한 대가로 수익자가 약인을 제공해야 한다는 계약법상의 일반원칙이 신용장거래에서 모두 만족되고 있음을 입증한 이론이다.[25]

일반 매매계약에 있어서 피청약자가 승낙을 할 경우에는 명시적인 의사표시를 하여야 하는 데 비하여, 신용장거래는 관행상 매도인이 청약을 받을 경우, 즉 신용장을 수령할 경우 신용장조건을 검토한 후 이의 수령을 거절하거나 또는 반대의사표시도 하지 않은 채 침묵을 지키는 것이 일반적이다. 이와 같이 명시적인 반대의사를 표명하지 않은 채 침묵을 지키는 것을 승낙의 의사표시로 간주할 수 있다는 것이다. 또한 매도인이 약인을 제공하여야 하는 것을 기정사실로 전제하되 물품을 인도하거나 결제서류를 인도하는 형태로 약인이 제공되는 것이 아니라 매도인이 갖고 있는 물품처분에 관한 권리 및 매수인에 대한 지급청구권 등의 권리를 행사하지 않고 유보시킴으로써 불이익을 감수하는 형태로 약인이 제공된다고 주장하고 있다.[26] 따라서 청약·승낙·약인은 신용장이 성립되기 위한 불가분의 관계에 있다는 것이다.[27]

신용장은 매도인의 의사표시에 의하여 승낙되는 청약으로 간주할 수 있는데, 수익자가 신용장을 수령하면 이는 발행의뢰인에 대한 지급청구권이 유보되며, 계약을 이행할 의무를 부담하기 위하여 보통은 침묵을 지키게 된다.

그러나 엘링거(Ellinger)는 이 설에도 다음과 같은 몇 가지 약점이 있음을 지적하고 있다.[28]

---

25) 최봉혁, 전게논문, 421~422면에서 재인용; E. P. Ellinger가 주장한 이론이다. Ellinger는 이 때의 신용장계약을 단순계약으로 간주하고 있다.

26) E. P. Ellinger, *op. cit.*, pp. 92~104.

27) C. J. Hamson, "The Reform of Consideration", *Law Quaterly Review*, Vol. 54, 1938, p. 233.

28) E. P. Ellinger, *op. cit.*, pp. 103~104.

첫째, 사실의 문제로써 언제 권리가 유보되는가 하는 시점이 명확하지 못하다는 점이다. 즉 신용장이 수익자의 사무실에 도착하였으나 수익자가 부재중이거나 실수로 다른 서류에 섞여 들어가서 사장되는 경우, 매도인이 신용장을 수령하였다 하더라도 이를 승낙하였다고 볼 수는 없는 것이다.[29] 이러한 경우 과연 권리가 유보되었는지의 여부를 감지하기가 어렵다.

둘째, 취소가능신용장과 취소불능신용장의 차이점을 극복하기가 어렵다는 점이다. 취소가능신용장의 경우 언제든지 취소가 가능하기 때문에 신용장을 수령하였다 하더라도 수익자가 과연 지급청구권을 가지고 있느냐 하는 것은 의문이다.[30]

셋째, 취소불능성의 개시시점이 모호하다는 점이다. 법적으로나 실무적으로 취소불능성은 신용장이 도착할 때부터 개시된다. 그러나 수익자가 침묵을 지키고 있으면 승낙을 한 것인지, 또는 거절할 의사를 표명할 것인지가 바로 파악되지 않기 때문에 취소불능성의 개시시점이 불분명해진다.

4. 대륙법계의 학설

독일·프랑스·이탈리아 등 대륙법계에서는 영미법계와 달리 약인이 제공되는 것과 관계없이 당사자의 의사가 합치되면 계약이 성립하는 것으로 보고 있다. 제2차 세계대전 이전에 독일의 문헌에서는 신용장을 법적으로 평가하는 작업이 시도되기는 하였으나 울메르(Ulmer)의 지시설(Theorie der Anweisung)을 제외하고는 오늘날의 논의에서는 별로 의미가 없는 것이 되고 있다. 왜냐하면 신용장거래의 진전이 1930년대의 베르린신용장거래에 관한 규정(Das Regulativ des

---

29) 그러나 법률행위상의 대리할 수 없는 실무자가 장기간을 두고 신용장을 수령해 온 경우, 특별대리의 수권이 있는 것으로 볼 수 있기 때문에 이 때는 승낙된 것으로 간주하여야 할 것이다.

30) 매도인이 지급청구권을 갖고 있지 않으면 권리의 유보가 일어날 수 없기 때문이다.

Akkeditivgeschäts)과 신용장통일규칙에 비교하여 볼 때 엄청난 변화를 보여 왔기 때문이다.[31]

　대륙법계의 신용장의 법률관계에 대한 학설은 독일법을 중심으로 ① 청부계약 및 채무약속 병존설, ② 청부계약·제3자를 위한 계약 및 채무약속 병존설, ③ 지시설, ④ 신탁설, ⑤ 신용위임설에 관하여 살펴보기로 한다.[32]

4.1 청부계약 및 채무약속 병존설

　청부계약 및 채무약속 병존설(Theorie der Werkvertrag und Schu1dversprechen)이란 신용장발행의뢰인과 발행은행과의 관계는 사무처리를 목적으로 하는 청부계약이며, 발행은행과 수익자의 관계는 계약인 채무약속이라는 설이다.[33]

　발행의뢰인과 발행은행의 관계에서는 근본적으로 발행은행은 결제서류와 교환으로 대금지급을 하여야 하는데, 무화환신용장인 경우에는 독일민법의 위임에 관한 규정이 적용되어야 하고, 화환신용장인 경우에는 사무처리를 목적으로 하는 규정을 적용하여야 한다는 것이다.

　한편 수익자와 발행은행의 관계에 대하여는 신용장의 확인유무에 따라 두 가지로 구분하여 설명하고 있다. 확인신용장의 경우에는 독일민법상의 원인관계의 존재 여부에 의하여 효력이 좌우되지 않는 추상적 급부인 이른바 추상적 채무약속이 은행에 의하여 행해진 것으로 보아야 하기 때문에 은행은 원인행위와는 분리된 독립된 채무를 수익자에게 부담하여야 한다[34]고 하고 있으나, 미확인신용장의 경우에는 은행은 수익자에 대하여 하등의 책임도 부담하지 않는다고 하고 있다.

---

31) 임홍근, 「하환신용장의 법적 구조」, 삼지원, 1991, 81면.
32) 프랑스에서는 위임설, 보증설, 채권양도설, 별도서면에 의한 인수설, 특수계약설, 제3자를 위한 계약설, 지시설, 사전인수설이 있고, 이탈리아에서는 지시설, 제3자를 위한 계약설, 위임설, 신용공여의 특수형태설이 있다. 伊澤孝平, 前揭書, 169~208面.
33) 이 설을 Mörung, Sippell 및 Jacoby 등이 지지하고 있다; 伊澤孝平, 前揭書, 171~172面.
34) Ellinger는 이것을 추상적 채무약속설(an abstraktes Schuldversprechen, i.e. an abstract promise)이라고 하고 있다. E. P. Ellinger, *op. cit.*, p. 72.

그러나 이 설은 발행의뢰인과 발행은행, 수익자와 발행은행 사이의 관계를 별개로 구분하기 때문에 수익자와 발행은행의 양자간의 법률관계를 무시하고 있다는 것과 발행의뢰인이 발행은행에 대한 사무처리를 목적으로 하는 청부계약이 처음부터 무효이거나 후에 무효가 되는 경우, 발행은행이 신용장상의 지급으로 인하여 발생한 손해를 발행의뢰인에게 보상할 수 있는 이유를 설명할 수 없다.[35]

4.2 청부계약·제3자를 위한 계약 및 채무약속병존설

이미 언급한 청부계약 및 채무약속병존설이 신용장발행의뢰인의 신용장 발행의뢰와 이에 근거한 신용장발행에 의하여 수익자에게 발생하는 권리관계를 분명히 할 수 없고, 또한 미확인신용장의 경우에 수익자의 권리내용을 분명히 할 수 없기 때문에 이 학설이 나왔다.[36] 청부계약·제3자를 위한 계약 및 채무약속병존설(Theorie der Werkvertrag, Vertrag zu Gunsten eines Dritten und Schuldversprechen)에서 발행의뢰인과 발행은행과의 관계는 사무처리를 목적으로 하는 청부계약으로 발행은행은 발행의뢰인의 대금지급채무를 발행의뢰인의 이행보조자의 지위에서 변제한다.

한편 수익자와 발행은행의 관계는 확인신용장의 경우에는 독일민법상의 추상적 채무약속이 발행은행에 의하여 행하여진 것으로 보아야 하고, 미확인신용장의 경우에는 수익자와 발행은행 사이에 계약관계는 존재하지 않지만 발행의뢰인과 발행은행 사이의 청부계약이 제3자(수익자)를 위하여 하는 계약이므로 신용장발행계약이 발행의뢰인과 발행은행 사이에 체결됨과 동시에 수익자에 의해 발행은행에 대한 직접청구권이 발생한다. 따라서 제3자를 위한 계약이므로 발행의뢰인이 신용장발행계약을 해약하면 수익자의 청구권은 소멸된다.

그러나 이 설은 미확인신용장에서도 발행은행에 대한 청구권이 수익자에 있다고 하는 것은 신용장거래의 목적에 합치되나 확언을 추상적 채무약속으로 보면 발행의뢰인의 신용장발행위탁과 확인 또는 취소불능신용장과의 관련성을 전

35) 伊澤孝平, 前揭書, 171面.
36) 이 설은 Gierke, Wolff 및 Reichardt가 지지하고 있다; 伊澤孝平, 上揭書, 172面.

혀 고려하지 않는 것이 된다. 또한 미확인신용장에서도 수익자가 발행은행에 대하여 직접청구권을 갖는다는 것은 신용장거래의 실정에 위배된다는 등의 이유로 비판을 받고 있다.

4.3 지시설

지시설(Theorie der Anweisung)이란 신용장제도의 본질을 지시라고 풀이하는 것으로 대륙법상의 다수설로 보고 있다. 신용장은 독일민법[37]에서 규정한 협의의 지시가 아니라 광의의 지시이며, 승낙은 지시의 인수라고 본다.[38] 지시에는 지시인·피지시인 및 수령인 3 당사자를 필요로 하며, 지시증권의 교부가 지시의 성립요건으로 되어 있다. 그리고 지시를 인수하는 자는 수익자에게 추상적 채무를 부담한다. 지시인은 지시하는 행위에 의하여 피지시인 및 수령인에 대하여 일정한 의사표시를 하는 것이지만, 의사표시의 결과 피지시인은 자기의 명의로 지시인의 계산에 의하여 수령인에 대해 일정한 급부를 할 수 있게 되며, 다른 한편으로는 수령인은 자기의 명의로 지시인의 계산에 의해서 급부를 수령할 수 있게 된다.

지시설에 의하면 신용장은 수익자에게 지시서를 교부하는 것이 아니고 발행의뢰인이 직접 발행은행 앞으로 신용장을 발행하라는 뜻의 서면을 교부하는 것이기 때문에 지시의 요건이 결여되어 있으나, 신용장을 광의의 지시의 개념으로 보아 독일민법상의 추상적 채무가 발행은행에 발생한다고 보는 것이다.

그러나 이 설의 한계점은 신용장은 독일민법상 지시의 구성요건을 결여하고 있기 때문에 민법상의 추상적 채무발생규정을 적용할 수 없고, 피지시인이 지시를 인수 또는 급부하지 않는 한 지시인은 피지시인에 대하여 이를 철회할 수 있다는 것이다. 신용장발행의뢰인은 원칙적으로 신용장을 철회할 수 있는 권리가

---

37) 독일민법 제783조～제784조; 지시란 갑(지시인: Der Anweisende)이 을(피지시인: Der Angewiesene)에 대하여 갑의 계산으로 제3자 병(지시수령인: Anweisungsempfänger)에게 금전, 유가증권 기타의 대체물을 급부할 권한을 부여하는 일방적 의사표시이며 서면에 의하는 것을 말한다.

38) 伊澤孝平, 前揭書, 175～176面. 이 설은 Ulmer가 이론적 구성을 하였다.

없다. 즉 독일민법에 의하면 피지시인이 지시를 인수한 때에는 지시수령인에 대하여 급부할 의무가 있고, 인수 전에는 지시수령인에 대해 하등의 의무를 지지 않으므로 신용장거래는 지시의 일종으로 볼 수 없다.

4.4 신탁설

신탁설(Treuhandvertrag theorie)이란 신용장발행은행이 발행의뢰인 및 수익자의 신탁자로서 매매대금의 지급 및 선화증권의 수령을 행한다는 설이다.[39] 즉 수익자 및 발행의뢰인은 공동으로 또는 각자가 은행에 대해 양자간의 급부의 매개를 이행하여야 하는 중개자로서의 역할을 인수하여야 할 뜻을 신청하고 은행이 이를 승낙함으로 이들 사이에 계약관계가 형성한다는 것이다. 따라서 은행은 소위 수익자와 발행의뢰인 양자의 중개자로서 지위를 갖는다. 은행은 이들의 수탁자이며, 이들 양자의 이익을 옹호할 의무가 있고, 그 임무를 수행함에 있어 양자에게 도움이 되어야 한다.

그러나 신탁설은 발행의뢰인만이 은행과 신용장발행에 대한 수속을 하는 것이지만, 신용장발행의뢰를 행하는 데 수익자로부터 명시적 위임을 부여받아 행하는 것은 아니다. 은행 또한 수익자와 발행의뢰인 양자의 급부를 중개하는 중개인이 아니고 오직 대금지급을 하는 데 노력하는 자이며, 신용장발행의뢰인을 위하여 대금지급매개자로서 존재하는 것이다.

4.5 신용위임설

신용위임설(Theorie der Kreditauftrag)이란 신용장을 독일민법에 규정한 신용위임이라고 보는 설이다. 신용위임이라고 하는 것은 자신의 명의와 비용으로 제3자에게 신용을 부여하여야 할 것을 타인에게 위탁하는 자는 그 수탁자에 대해 신용의 공여로 생기는 제3자의 채무에 대하여 보증인으로서 그 책임을 부담한다는 것이다.[40]

---

39) 독일의 Jacobsohn이 주장한 설이다; 伊澤孝平, 前揭書, 181面.

40) 伊澤孝平, 上揚書, 190面.

따라서 신용장발행의뢰인은 위탁자로서 발행은행에 대하여 발행은행의 비용과 명의로 제3자인 수익자에게 신용을 공여하고, 그 신용공여에 대하여 채권을 취득한 경우에는 제3자의 채무에 대하여 발행의뢰인은 보증인으로서 책임을 부담하게 된다는 주장이다.

그러나 이 설은 신용장거래의 실정에 합치되지 않는다는 비판을 받고 있다. 그 이유는 발행은행이 자기의 계산으로 행동하는 것이 아니라 발행의뢰인의 계산으로 지급하는 것이며, 발행은행의 지급이행에 있어 수익자로부터 하등의 채권도 취득하는 것이 없다. 왜냐하면 발행은행은 수익자에 대하여 신용을 공여하는 것은 아니기 때문이다.

5. 신용장의 당사자

신용장거래에 관계되는 자를 총칭해서 당사자(parties) 또는 관계당사자(parties concerned)라고 한다. 관계당사자는 모든 신용장에 일정하게 등장하는 것이 아니고 신용장의 종류별 또는 발행은행의 사정에 따라 다르다. 여기에서는 신용장의 조건변경 또는 취소에 관계되는 기본당사자[41]와 기타 당사자로 구분하여 살펴보기로 한다.

5.1 기본당사자

(1) 발행은행(issuing bank)

신용장발행의뢰인의 요구에 응하여 수익자 앞으로 신용장이 발행하는 은행을 발행은행(issuing bank)[42]이라고 한다.

---

41) UCP 600, Article 10-a; "Except as otherwise provided by article 38, a credit can neither be amended nor cancelled without the agreement of the issuing bank, the confirming bank, if any, and the beneficiary."

42) 미국 통일상법전(제5편 제102조 9항)에 규정된 바와 같이 미국에서는 은행 이외의 자도

발행은행은 보통 발행의뢰인의 주거래은행이 되며 수익자에 대하여 지급 등을 확약하는 자로 환어음지급에 있어서 최종적인 책임, 즉 상환의무를 부담하게 된다. 발행은행은 개설은행(opening bank) 또는 신용공여은행(grantor)이라고도 하지만, UCP상에는 "issuing bank"로 사용되고 있다.

(2) 확인은행(confirming bank)

발행은행으로부터 수권되었거나 요청받은 제3은행이 신용장에 의하여 발행된 어음의 지급·인수 또는 매입을 추가로 확약하는 은행을 확인은행(confirming bank)이라고 한다. 신용장의 확인은 발행은행과는 독립적인 확약이며 발행은행에 대한 확인은행의 여신행위라고 할 수 있으므로 발행은행의 확인요구에 대하여 반드시 응할 필요는 없다. 수출자는 수입자의 거래은행이 정치·경제적으로 결제상의 위험이 있다고 판단되면 보통 수출자 소재지의 제3은행을 확인은행으로 하는 이른바 확인신용장(Confirmed L/C) 발행을 요청하게 할 수 있다.

(3) 수익자(beneficiary)

신용장이 발행되어 수혜를 받는 당사자를 수익자(beneficiary)라고 한다.[43]

수익자는 매도인(seller), 수출자(exporter) 이외에도 신용장의 사용자이므로

신용장을 발행할 수 있으므로 UCC 적용과 관련된 신용장거래에서는 발행인(issuer)으로, 그 외 신용장통일규칙(UCP 600)이 적용되는 신용장거래에서는 은행이 신용장을 발행하는 관행을 고려하여 발행은행(issuing bank)으로 그 용어를 혼용하고자 한다. 아울러 저자는 신용장거래에서 개설은행(opening bank)이라는 표현은 발행은행(issuing bank)으로 하여야 현재의 관행에 부합된다고 본다. 왜냐하면 "opening bank"라는 용어는 구용어로 "1974년 제3차 개정 신용장통일규칙(UCP 290)" 때부터 "issuing bank"로 새롭게 사용하였다(General Provisions and Definitions (b) 및 A. Form and Notification of Credits Article 2 이하 UCP 전문에서 "issuing bank"로 사용). 그 이후 및 현행 UCP 600 용어의 정의(제2조)와 모든 UCP 조항에서 "issuing bank"라는 용어로 통일되고 있으며, eUCP에서도 "issuing bank"라는 용어로 사용되고 있기 때문이다. "issuing"이라는 단어가 "발행"이 아닌 "개설"로 번역하는 사전은 찾아보기 어렵다.

43) 미국 통일상법전에서는 "신용장조건에 따라 이와 일치하는 제시를 인수·지급되도록 청구할 수 있는 자를 말한다. 그러한 용어는 양도가능신용장에 따라 환어음의 발행권을 양도받은 자를 포함한다"라고 정의하고 있다; UCC, §5-102(3).

사용자(user), 환어음을 발행할 수 있으므로 어음발행인(drawer), 신용을 수혜하고 있기 때문에 신용수령인(accreditee), 신용장을 수익자 앞으로 발행된다는 점에서 수신인(addressee) 또는 물품을 선적하는 자라고 하여 송화인(shipper)이라고 할 수 있지만 신용장거래에서는 "beneficiary"로 통용되고 있다.

5.2 기타 당사자

(1) 발행의뢰인(applicant)

수입자는 매매계약조건에 따라 자기의 거래은행을 통하여 신용장이 발행되도록 요청하게 된다. 이 경우 수입자를 신용장거래에서는 발행의뢰인(applicant)이라고 한다. 발행의뢰인은 매수인(buyer), 수입자(importer)란 명칭 외에도 지급의무가 있다는 점에서 채무자(accountee; for account of), 신용장발행을 하도록 하여 주는 자라고 하여 개설인(opener)이라고도 한다.[44]

(2) 통지은행(advising bank)

신용장발행은행이 신용장을 발행하게 되면 그 내용을 수출자인 수익자에게 알리기 위하여 수익자 소재지에 있는 발행은행의 본·지점이나 환거래은행(correspondent bank)을 경유하여 통지하게 되는데, 이 때 통지를 행하는 은행을 통지은행(advising bank; notifying bank; transmitting bank)이라고 한다.

발행은행으로부터 통지은행으로의 신용장통지는 발행의뢰인의 요청에 따라 전송(teletransmission)이나 우편(mail) 중 어느 한 가지 방법을 이용하게 된다.[45]

---

44) UCP 600에는 발행은행·확인은행(있는 경우)·수익자만을 신용장조건변경 또는 취소할 수 있는 당사자로 규정하고 있어 발행의뢰인이 제외된 것 같지만 발행의뢰인의 요청에 따라 발행은행이 일단 신용장을 발행하게 되면 발행은행은 발행의뢰인의 의사가 포함되어 있는 것으로 보아야 할 것이다.

45) 발행은행측이 신용장을 수익자에게 직접 통지하는 경우에는 그 진위여부를 확인하는데 어려움이 있으므로 통지은행을 경유하도록 하여야 한다. 한국의 무역금융규정에서도 외국환은행들은 모든 신용장에 신용장 통지번호를 부여하도록 하여 은행경유를 의무화하고 있다.

(3) 매입은행(negotiating bank)

수익자는 신용장조건에 따라 선적을 완료한 후 결제서류를 준비하고 수출환어음을 발행하여 자기의 거래은행에 환어음의 매입을 의뢰하게 되는데, 이 때 환어음을 매입하는 은행을 매입은행(negotiating bank)이라고 한다. 매입은행은 발행은행 등으로부터 상환받을 수 있는 기간까지의 환가료(exchange commission)를 공제하기 때문에 어음금액을 할인하여 수익자에게 매입대금을 지급하게 된다. 그러한 의미로 볼 때 매입은행은 곧 할인은행이라고도 할 수 있다. 특히 환어음의 매입을 수익자거래은행 이외의 특정은행으로 지정되어 있는 매입제한신용장(restricted credit)의 경우 수익자의 거래은행은 매입제한은행에 재매입(renegotiation)을 의뢰하게 된다. 이 때의 매입은행을 특히 재매입은행(renegotiating bank)이라고 한다.

(4) 지급은행(paying bank)

수익자가 발행한 서류에 대해서 직접 대금을 지급하여 주는 은행으로서 대금을 지급하도록 수권받은 은행을 지급은행(paying bank)이라고 한다. 지급은행은 발행은행의 예치환거래은행(depositary correspondent bank)으로서 예치환거래약정을 하고 발행은행의 예금계정(deposit account)을 설정하여 신용장조건과 일치되는 서류에 응하여 지급시마다 발행은행의 예금계정에서 당해 금액을 차감하면서 지급을 행하기 때문에 지급과 동시에 상환을 받게 된다. 그러나 지급에 대한 최종적 책임은 지급은행이 아니고 발행은행이 부담하게 된다.

(5) 인수은행(accepting bank)

수익자가 발행하는 환어음이 기한부어음(usance bill)일 경우에는 은행이 지급에 앞서 인수(acceptance)를 하게 된다. 이 때에 은행은 환어음의 만기일에 가서 그 환어음을 지급하게 되는데, 이처럼 기한부어음을 인수하는 은행을 인수은행(accepting bank)이라고 한다.

일단 은행에서 인수한 환어음은 은행의 무조건 지급채무가 추가되므로 국제금융시장에서 유리하게 유통된다.

(6) 상환은행(reimbursing bank)

신용장의 결제통화가 수출 또는 수입 양국통화가 아니고 제3국 통화인 경우나 발행은행의 자금운영을 목적으로 제3국에 소재하는 은행 중 발행은행의 예치환거래은행을 이용하여 신용장조건에 따라 대금을 결제하게 되는데, 이 은행을 결제은행(settling bank)이라 하고 수익자가 발행한 환어음을 매입한 매입은행과도 환거래계약을 체결하고 있으므로 매입은행에 어음대금을 상환하여 주는 은행이라고 해서 상환은행(reimbursing bank)이라고 한다. 보통 발행은행에 대한 결제은행이 매입은행에 대해서는 상환은행이 된다.

6. 신용장거래의 과정

신용장거래의 과정을 신용장당사자를 중심으로 [그림 3-1]을 참조하여 설명하면 다음과 같다.
① 거래당사자인 수출자와 수입자간에 매매계약을 체결한다. 이 때 계약내용 중 대금결제조건은 취소불능화환신용장 방식을 채택하는 것으로 한다.
② 수입자(발행의뢰인)는 자기가 거래하는 은행에 신용장발행을 의뢰한다.
③ 발행은행은 발행의뢰인의 요청과 지시에 따라 신용장을 발행하고 전송(teletransmission)으로 통지은행 앞으로 송부하면서 수출자, 즉 수익자에게 통지해 줄 것을 요청한다.
④ 통지은행은 수익자에게 신용장 도착을 통지하고 이를 전달한다.
⑤ 수익자는 계약물품을 제조·가공하거나 완제품을 공급받아 수출통관수속을 마치고 지정 운송인(carrier)에게 물품을 인도하거나 선적완료하고 운송서류(transport documents)를 발급받는다.[46]

---

46) 가격조건이 CIF나 CIP규칙인 경우 수익자는 보험회사에 적화보험을 부보하고 보험서류

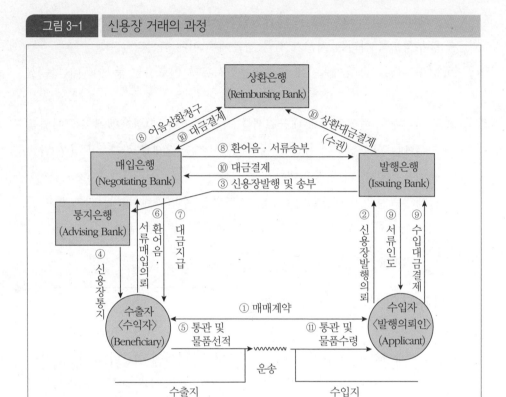

그림 3-1　신용장 거래의 과정

⑥ 수익자는 신용장에서 요구하는 서류를 준비하고 환어음(Bill of Ex-
change; Draft)을 발행하여 매입은행(negotiating bank)에 수출환어음매입
(Negotiation: NEGO)을 의뢰한다.

⑦ 매입은행은 신용장조건과 수익자가 제시한 서류를 심사하고 수익자에게
대금을 지급한다.[47]

⑧ 매입은행은 매입한 환어음과 서류를 신용장상의 지시에 따라 보통 발
행은행 앞으로 송부하여 대금결제를 요청하지만 경우에 따라 상환은행

─────────────

를 교부받는다.

47) 수익자가 받는 대금은 선적 이후에 신용장상의 서류를 담보로 한 매입은행의 여신행위
이다.

(reimbursing bank) 앞으로 대금상환청구를 하고, 서류를 발행은행 앞으로 송부하도록 하라는 지시가 있을 경우에는 이에 따른다.

⑨ 발행은행은 발행의뢰인에게 수입관련서류를 인도함과 동시에 대금을 결제받는다.

⑩ 발행은행은 매입은행에 대금결제를 직접 하거나, 상환은행에 수권하였을 경우에는 상환청구에 응하여 상환은행이 대금결제를 한다. 이 경우 발행은행은 상환에 따른 상환대금을 결제한다.

⑪ 발행의뢰인은 발행은행으로부터 인도받은 수입관련서류를 가지고 수입지의 세관에서 통관수속을 완료하고 계약물품을 수령한다.

7. 신용장당사자간의 법률관계

신용장거래에서는 앞에서 고찰한 여러 당사자 사이에 이른바 화환신용장통일규칙이 정하는 바에 따라 각자의 권리와 의무가 있다. 여기에서는 ① 발행의뢰인과 수익자, ② 발행의뢰인과 발행은행, ③ 발행은행과 수익자, ④ 발행은행과 지정은행, ⑤ 발행은행과 상환은행, ⑥ 지정은행과 상환은행, ⑦ 통지은행의 지위를 중심으로 살펴보기로 한다.

7.1 발행의뢰인과 수익자

(1) 법률관계의 기초

신용장발행의뢰인(applicant)인 수입자와 수익자(beneficiary)인 수출자와는 매매계약상의 매매당사자이지 신용장당사자로 간주할 수 없지만, 매매계약시 대금결제수단을 신용장방식으로 하고 계약체결 후 어느 시점까지 신용장을 발행하기로 약정하였을 경우에는 당사자간에 신용장거래와 관련된 법률관계가 성립된다. 따라서 매매계약상에 신용장에 의한 대금결제조건을 약정한 경우에는 발행

의뢰인은 수익자에 대하여 약정된 기간 내에 매매계약조건에 일치하는 신용장을 제공하여야 한다.[48]

이와 같은 신용장발행은 수익자가 매매계약을 이행하기 위한 정지조건(condition precedent)이 된다. 이 경우의 계약은 신용장발행과 함께 존재하게 되고, 신용장발행이 있기까지는 아무것도 존재하지 아니하는 것으로 본다. 그러나 이러한 해석은 당사자의 의사가 의심할 여지없이 확정되는 때에만 고려할 수 있다.[49] 만약 신용장발행에 앞서 수익자에게 어떠한 의무가 전제되는 경우에는 그것은 매매계약이행에 대한 정지조건이 되지 않는다.[50]

발행의뢰인이 은행을 통하여 신용장을 제공하였다 하더라도 발행의뢰인은 매매계약에 따라 수익자에 대하여 부담할 대금지급채무를 면제받는 것은 아니기 때문에 신용장발행은 대금지급에 관한 발행의뢰인의 주채무에 갈음하는 절대적인 지급수단이 될 수 없다. 다만 신용장이 발행되면 수익자는 우선 지정은행을 통하여 발행은행에게 대금지급을 청구하여야 하며, 발행의뢰인에게 직접적으로 대금지급을 청구할 수 없다.[51] 그러나 발행은행으로부터의 대금회수가 불가능한 경우에 있어서는 수익자는 매매계약에 따라서 발행의뢰인에게 직접적으로 대금지급을 청구할 수 있을 것이다.

(2) 발행의뢰인의 의무

1) 신용장발행시기

매매계약에 신용장에 의한 대금결제조건이 약정된 경우에는 신용장발행의뢰인은 매매계약과 일치한 신용장을 발행하여야 한다. 이 경우 발행의뢰인은 신용장발행시기가 매매계약상에서 특정하여 명시된 경우에는 발행의뢰인은 그 기

---

48) H. C. Gutteridge & Maurice, Megrah, *op. cit.*, p. 35.

49) Clive M. Schmitthoff, *Schmitthoff's Export Trade*, 8th ed., Stevens & Sons, London, 1986, p. 352.

50) Knotz v. Fairclough, Dodd & Jones, Ltd., [1952] 1 Lloyd's Rep. 226.

51) Soproma S.P.A. v. Marine & Animal By Products Corporation Ltd., [1966] 1 Lloyd's Rep. 367.

간 내에 신용장이 발행되도록 조치하여야 한다. 그러나 매매계약상에 신용장발행시기가 명시되지 않은 경우에는 발행의뢰인은 늦어도 수익자가 물품선적 전에 신용장을 이용할 수 있도록 "상당한 기간 내"(within a reasonable time)에 신용장을 발행하도록 하여야 한다.[52] 여기에서 상당한 기간 내의 기간은 최초선적일을 감안하여 정하는 것이지 계약성립일로부터 기산하는 것이 아니다.[53]

특히 취소불능신용장을 발행하기로 한 경우에는 수익자로서는 늦어도 물품선적 전에 신용장발행통지를 받을 필요가 있기 때문에 통상적으로 발행의뢰인은 매매계약이 체결된 다음 가능한 한 신속하게 신용장을 발행하여야 한다. 만일 신용장이 물품선적일 이후에 발행되거나 매매계약과 불일치한 내용으로 발행되었더라도 수익자가 이러한 하자에 관한 권리를 포기한 경우에는 신용장이 정당하게 발행된 것으로 볼 수 있다.

2) 신용장발행내용

발행의뢰인은 매매계약에서 신용장발행내용에 대한 명확한 약정을 하여야 한다. 이를 위하여 발행의뢰인은 매매계약서상 발행될 신용장의 종류, 발행장소, 발행은행, 신용장금액, 신용장 통화단위 등을 명시할 필요가 있다. 이러한 신용장발행내용을 명시한 경우에는 발행의뢰인은 약정된 내용대로 신용장을 발행하여 주어야 한다. 예컨대 발행의뢰인이 확인신용장을 발행하기로 약정해 놓고 취소가능신용장을 발행하거나[54] 또는 취소불능확인신용장을 발행하게 하는 것은 계약위반에 해당된다.[55] 만약 매매계약상에 신용장발행내용에 관한 약정이 불명확한 경우에는 일반적으로 무역관습이나 양 당사자간의 거래관행에 따른 신용장을 다음과 같이 제공할 필요가 있다.

첫째, 매매계약에서 "신용장의 종류"에 관한 명시적인 규정이 없는 경우에는

---

52) Pavia v. Thurmann-Nielson, [1951] 2 Lloyd's Rep. 328.
53) Clive M. Schmitthoff, *op. cit.*, p. 353.
54) Panoutsos v. Raymond Hadley Corporation of New York, [1917] 2 K.B. 473.
55) Soproma S.P.A. v. Marine & Animal By Products Corporation Ltd., [1966] 1 Lloyd's Rep. 367.

발행의뢰인은 취소불능신용장을 제공하여야 한다. 이와 관련하여 신용장통일규칙에서도 신용장의 취소가능성에 관한 구분이 없는 경우에는 신용장은 취소불능한 것으로 간주하도록 하고 있다.

둘째, 매매계약상에 신용장의 "발행장소"에 관하여 명시적인 규정이 없는 경우에는 발행의뢰인이 신용장의 발행장소에 관한 선택권을 가진다.

셋째, 매매계약상에 신용장의 "발행은행"에 관한 명시적인 지정이 없는 경우에는 발행의뢰인은 국제적으로 신뢰성 있는 외국환은행을 통하여 발행한 신용장을 제공할 필요가 있다.

넷째, 매매계약상에 신용장의 "금액과 통화단위 또는 서류"의 종류에 관한 명시적인 지정이 없는 경우에는 발행의뢰인은 매매계약에 기재된 송장가액과 통화단위에 일치하고 매매계약에서 요구된 서류를 명시하여 신용장을 발행하여야 한다. 그러나 이와 같은 방법은 양당사자간 분쟁의 소지가 많기 때문에 무엇보다도 매매계약 당시에 구체적인 내용을 약정하여 두는 것이 바람직하다.

3) 발행은행의 지급불능

발행은행이 지급불능이 되거나 기타의 이유로 발행은행을 통한 대금지급이 어렵게 될 경우에는 수익자는 발행의뢰인에게 다른 은행의 신용장을 요구하거나 다른 방법으로 대금지급을 요구할 것이다. 이 경우 발행은행이 지급불능될 때까지 물품선적이 이루어지지 않았다면 수익자는 물품선적을 유보할 수 있다. 그러나 수익자가 신용장조건에 일치한 서류를 제시하였음에도 불구하고 발행은행이 파산되거나 지급 또는 인수를 거절하여 대금지급을 받지 못하게 되었다면, 수익자는 물품을 다른 자에게 재매각하고 발행의뢰인에게 손해배상을 청구할 수 있다. 신용장에 의한 매매계약에서 발행은행이 지급불능이 된다 하더라도 매매당사자간의 채무관계에는 변함이 없다.

그러나 발행은행이 기한부환어음을 인수하고 환어음만기일 이전에 동 은행이 지급불능이 된 때에는 수익자는 먼저 파산은행의 청산과정에서 대금청구권을 주장하여 신용장대금을 지급받아야 한다. 이 경우 기한부환어음이 만료되기 이

전에 발행의뢰인이 발행은행에 결제자금을 일반계정과는 별도로 선지급하였을
경우에는 파산은행의 청산인은 그 자금을 일반채권자를 위하여 전용할 수 없으
며, 환어음의 선의의 소지인은 그 자금배분에 있어서 일반채권자보다 우선하여
지급받을 수 있다.[56] 만약 수익자가 환어음만기일에 파산은행의 청산인으로부터
물품대금의 일부만 변제받는다면, 그 차액에 대해서는 매매계약에 의하여 발행
의뢰인으로부터 변제받을 수 있다.[57] 발행의뢰인이 발행은행에 결제자금을 미리
선지급하지 아니하여 파산은행으로부터 신용장대금을 지급받을 수 없을 때에는
수익자는 매매계약에 따라 발행의뢰인에게 직접 대금지급을 청구할 수 있다. 그
러나 발행의뢰인이 이미 발행은행에 신용장대금을 상환한 경우에는 수익자는 발
행의뢰인에게 대금지급을 청구할 수 없다.[58]

4) 불가항력사태

매매계약에서 신용장발행을 약정한 후 발행의뢰인이 신용장을 발행하기 전
후하여 불가항력적인 사태가 발생한 경우, 이는 신용장거래에 직접적인 영향을
미친다. 먼저 신용장이 발행되기 전에 정부당국에 의한 신용장발행금지 등 발행
의뢰인의 귀책 없는 객관적인 사유가 발생한 경우 발행의뢰인은 매매계약에 따
른 신용장발행의 의무로부터 면제될 수 있으며, 이와 동시에 발행의뢰인에 대한
수익자의 의무도 소멸된다. 또한 발행의뢰인이 신용장을 발행하기 전에 수익자
측의 이행불능이 명백한 경우에도 신용장발행의무로부터 면제된다.

다음으로 신용장이 발행된 후에는 발행의뢰인이 이행불능된 사유로 인하여
계약이행이 불가능하더라도 수익자는 신용장에 따라 지급받을 권리를 상실하지
않는다. 그러나 만약 신용장이 발행된 후 발행의뢰인이나 발행은행의 귀책사유
에 의하여 매매계약에 반하는 위법성이 입증된다면, 해당 신용장은 수익자를 구
속하는 효력을 가지지 못한다. 이 경우 발행은행은 추상성의 원칙에 따른 보호를

---

56) Boris, Kozolchyk, *Commercial Letters of Credit in the Americas*, Matthew Bender Company, New York, 1976, pp. 330~331.

57) Henry Harfield, *op. cit.*, p. 242; H. C. Gutteridge & Maurice, Megrah, *op. cit.*, p. 35.

58) Boris, Kozolchyk, *op. cit.*, p. 334.

받을 수 없고, 수익자는 이로 인한 손해배상을 청구할 수 있다.[59]

(3) 수익자의 의무

1) 협조제공 및 지시부여

수익자는 발행의뢰인이 신용장을 발행할 수 있도록 계약에 약정된 최선의 협조를 다하고 또 필요한 지시를 하여야 한다. 매매계약 사항 중 결제서류의 종류나 성질, 선적방법과 항로 등에 관하여 의도적으로 결정을 미루어 온 사항이 있을 때에는 수익자는 발행의뢰인이 신용장을 발행할 때까지 이들 사항을 명시적으로 지정하여야 한다. 그리고 발행의뢰인이 신용장발행에 앞서 수익자의 재무상태가 악화됨을 알고 계약이행담보를 요구하는 경우에는 수익자는 이에 관한 충분한 담보를 발행의뢰인에게 제공하여야 한다.

2) 결제서류의 제시

수익자는 매매계약상에 약정된 신용장조건에 따라 지급, 인수 또는 매입할 때 제시하여야 할 결제서류를 지정된 은행에 하자 없이 적기에 제시하여야 한다. 매매계약상에 물품선적과 서류제시의 기간이 약정되어 있으면 그 약정된 기간 내에 선적을 완료하고 또 서류를 제시하여야 하는 것은 수익자의 주채무에 해당된다. 만약 수익자가 이러한 의무를 행하지 아니한 때에는 발행의뢰인은 매매계약을 해제하거나 계약불이행으로 인한 손해배상을 청구할 수 있다.

3) 신용장발행에 관한 권리주장

수익자가 매매계약상의 신용장조건에 따른 자신의 의무를 위반한 경우에는 신용장에 관한 매매계약상의 모든 권리를 포기한 것으로 본다. 또한 수익자는 신용장에 관한 발행의뢰인의 의무위반을 용인하는 의미로 이미 일정한 행위를 행한 경우에도 신용장에 관한 모든 권리를 포기한 것으로 본다. 그러나 신용장 유효기일이 개시되기 전에는 수익자가 신용장발행에 관한 권리를 주장하지 아니한

---

59) Boris, Kozolchyk, "Chapter 5-Letters of Credit", *International Encyclopedia of Comparative Law*, 1979, pp. 122~123.

경우에는 매매계약상의 신용장에 관한 권리포기를 구성한다고 볼 수 없기 때문에, 수익자는 신용장 유효기일이 개시되기 전까지는 항상 발행의뢰인에 대하여 신용장 발행에 관한 권리를 주장할 수 있다.[60]

7.2 발행의뢰인과 발행은행

(1) 법률관계의 기초

발행은행과 발행의뢰인의 법률관계는 신용장발행약정[61]에 의해서 기초된다. 신용장발행약정의 본질적 내용을 이루는 발행의뢰인의 지시는 발행의뢰인과 제3자와의 약정이 어떠한 것일지라도 그것과는 전적으로 독립된 것이다. 여기에서 발행은행의 의무는 발행의뢰인의 지시에 의하여 결정되는 것이다. 영국 및 미국의 다수견해와 은행관습에서는 신용장발행약정을 상사계약 중에서도 대리계약으로 해석하고 있다. 즉 발행은행은 발행의뢰인의 위임을 받은 지급대리인이라는 것이다. 그러나 발행은행은 신용장에 의하여 스스로 수익자에게 의무를 부담한다는 점에서 본인을 대리하여 제3자와 계약을 체결하는 단순대리인 이상의 지위에 있다.[62]

신용장발행약정의 구속력과 관련하여 영국이나 미국의 다수견해에 의하면, 발행은행이 발행의뢰인의 신용장발행의뢰에 서명 또는 승인하더라도 이로 인하여 양 당사자간에 즉시 쌍무적인 구속력은 발생하지 않으며, 오직 발행의뢰인의 의무만 먼저 성립될 뿐이다. 따라서 은행에 대해서는 신용장 발행약정은 실제로 수익자 앞으로 신용장이 발행·통지된 후, 즉 은행이 신용장발행사무에 착수 또는 완료한 때부터 구속력을 갖게 된다.

---

60) Ian Stach, Ltd. v. Baker Bosley, Ltd., [1958] 1 Lloyd's Rep. 127.

61) 발행은행과 발행의뢰인 간의 신용장발행약정에는 별도의 방식을 필요로 하지 않는다. 그러나 신용장발행약정을 서면으로 체결하는 것은 오늘날 거래상의 관례이다. 대체로 구두에 의한 신용장발행약정은 안전성을 이유로 거의 고려가 되지 않고 있는 실정이다. 발행의뢰인의 전화에 의한 발행약정은 특히 지속적 거래관계가 있는 경우에는 행하여 질 수 있으나 이는 반드시 서면에 의하여 확인되어야 한다.

62) E. P. Ellinger, *op. cit.*, p. 151.

영미법계에서는 일부 반론도 존재하지만, 은행관습이나 주요 판례에 의하면 발행의뢰인에 대한 발행은행의 채권은 그 은행이 신용장발행약정에 서명한 즉시 시작되고, 이 때부터 발행의뢰인에게는 구속력이 작용한다. 반면에 신용장발행 약정에 따른 발행은행의 채무는 신용장이 발행의뢰인의 관점에서 발행의뢰인 자신이나 수익자에게 발송된 때에야 비로소 시작되고, 이 때부터 발행의뢰인에게는 권리가 부여된다고 볼 수 있다.

대륙법계에서는 일반적으로 신용장발행약정은 그 발행은행과 발행의뢰인 사이에 체결되는 하나의 독립된 쌍무·낙성·유상·대리계약의 일종으로 보기 때문에 발행의뢰인뿐만 아니라 발행은행의 의무도 이러한 약정이 체결된 당시부터 발효되는 것으로 해석한다. 발행약정에 일정한 사유가 발생하면 당사자 일방이 약정된 기간 내에 정당한 통지에 의하여 이를 해제할 수 있는 해제조건이 적용 되는 계약이라고 본다. 따라서 발행은행은 발행의뢰인의 사망이나 지급불능 등의 중대한 사정변경을 입증하지 않는 한 약정된 신용장은 반드시 발행하여야 한다. 만약 발행은행이 이를 발행하지 아니한 경우에는 발행의뢰인은 쌍무계약위 반을 이유로 은행에 예치한 담보와 이자 그리고 위반의 결과로 물품의 매도인에게 배상하는 채무액과 제3의 은행에 새로운 신용장을 발행의뢰 하는 비용 일체의 손해배상을 청구할 수 있다.

(2) 발행의뢰인의 의무

1) 완전 · 정확한 신용장발행지시

발행의뢰인은 완전하고 정확한 신용장발행에 관한 지시를 할 의무가 있다.[63] 발행의뢰인의 지시가 완전하고 정확하다는 것은 원활하고 혼란이 없는 신용장거래의 기초가 된다. 그러나 다른 한편으로는 과실이나 오해를 피하기 위하여 발행은행은 과도한 명세를 삽입하려고 하는 발행의뢰인의 시도를 저지시켜야 한다.[64] 따라서 신용장의 목적을 달성하기 위하여 실제로 필요하지 않은 명세는

---

63) UCP 500, Article 5-b.

64) UCP 600, Article 4-b.

당연히 배제되어야 한다.

 이하에서는 신용장발행에 필요한 발행의뢰인의 지시사항은 신용장의 형식에 의해 다를 수 있지만, 중요한 것으로 몇 가지만을 살펴보기로 한다.

 ㈎ 수익자에 관한 지시   발행은행에 대한 지시의 범위 내에서 발행의뢰인은 수익자를 정확하게 표시하도록 주의를 기울여야 한다. 여기서 수익자라는 것은 그 자가 이익을 받을 수 있도록 신용장이 발행된 당사자이고, 동시에 신용장금액을 받을 권리를 획득하기 위하여 신용장조건에 따라야만 하는 당사자이기도 하다. 따라서 신용장금액이 클 경우에는 특히 신중한 발행의뢰인은 수익자의 신뢰성, 평판, 신용상태, 이행능력 및 재무기록을 만족할 수 없을 때는 매매계약을 체결하지 않을 것이다.[65] 특히 수익자의 지급능력과 신뢰성은 발행의뢰인에게는 중요한 의미를 지닌다. 왜냐하면 발행은행이 발행의뢰인에게 제공하고 있는 여신행위는 대체로 이에 의존하고 있기 때문이다. 그러므로 일정한 범위에서 수익자의 지급능력과 신뢰성은 단순히 발행의뢰인에 있어서만이 아니고, 발행은행에 있어서도 신용장거래의 전과정을 통하여 중요한 평가요소가 된다. 그러나 발행은행으로서는 신용장발행 전에는 수익자의 지급능력과 신뢰성에 대한 아무런 정보도 가지고 있지 않기 때문에 그러한 견지에서 볼 때, 발행은행은 발행의뢰인이 신뢰성 있는 수익자와 매매계약을 체결하였다고 신뢰하여야 한다. 또한 발행은행은 발행의뢰인에 대하여 수익자에 관한 정보를 파악할 의무가 없지만, 만일 수익자의 지급능력과 신뢰성에 대하여 중요한 위험사실을 인지하고 있는 경우에는 그러한 사실을 발행의뢰인에게 통지할 의무가 있다.

 ㈏ 신용장금액에 관한 지시   신용장금액은 환어음 발행한도액을 말하며, 발행은행이 인수 또는 지급을 할 수 있는 환어음금액의 최고한도액이 된다. 따라서 발행의뢰인은 신용장발행지시에서 기본거래가 되는 매매계약이나 기타 계약상 행하여진 약정에 따라 신용장금액을 정확하게 정하여야 한다. 대체로 신용장금액은 숫자와 문자 모두를 표시하여야 하고, 신용장통화는 국제표준화기구

---

65) Charles del Busto, *The New Standard Documentary Credit Forms for the UCP 500*, ICC Publishing S. A., 1993, p. 17.

(International Organization for Standardization: ISO) 통화코드에 따라서 표시되어야 한다. 예를 들면 USD(United States Dollar), GBP(Great Britain Pound) 등을 들 수 있다. 기타 통화코드의 지시에 있어서는 발행의뢰인은 발행은행에 문의하여 정확하게 표시하여야 한다.[66]

신용장금액을 정확하게 확정할 수 없는 경우에는 허용되는 범위에 관한 지시가 행하여져야 한다. 이 때문에 2007년 신용장통일규칙은 "약"(about), "대략"(approximately) 또는 이와 유사한 표현을 신용장 금액의 확정을 위해 이용할 수 있도록 하고 있다. 이러한 표현이 이용되는 경우에는 10%를 넘지 않는 과부족 또는 증감을 허용한다.[67] 만일 지급되어야 할 금액에 대한 이러한 종류의 허용오차가 개별적으로 근거거래에서 약정되어 있지 않은 경우에는 발행의뢰인은 특별한 지시를 부여함으로써 신용장 금액으로부터의 상당한 이탈을 금지할 수 있다.

또한 신용장통일규칙에서는 허용되는 과부족에 관한 중요한 원칙을 포함하고 있는데, 신용장이 수량을 규정된 포장단위 또는 개별 품목의 개수로 명시하지 아니하고 어음발행 총액이 신용장금액을 초과하지 아니하는 경우, 물품수량은 5%를 초과하지 아니하는 범위 내에서 과부족이 허용된다.[68] 그러나 그것이 적용될 수 있는 경우는 전체적으로서의 수량에 관한 것에 한정되고, 이 허용한도는 신용장금액을 초과해서 허용되는 것은 아니다. 만일 신용장 금액의 과부족 등에 관한 지시가 불명확한 경우, 발행은행은 발행의뢰인의 부담으로 신용장의 표시가액, 보험료, 가격상승분, 초과운임, 은행할인료와 이자 등을 가산하여 수익자에게 지급할 수 있다.[69]

㈐ 신용장의 유효기간에 관한 지시　　　모든 신용장은 지급, 인수 또는 매입을 위한 서류제시의 유효기간을 명시하고 있어야 한다.[70] 만일 이러한 명시가 없는

---

66) *Ibid.*, p. 20.; 제1장 각주 22 참조.

67) UCP 600, Article 30-a.

68) UCP 600, Article 30-b.

69) Boris, Kozolchyk, *Commercial Letters of Credit in the Americas*, Matthew Bender Company, New York, 1976, pp. 229~230.

70) UCP 600, Article 14-c.

경우에는 불완전한 신용장으로 간주되어 유효하지 않은 신용장이 발행되는 것으로 볼 수 있다. 따라서 발행의뢰인은 거래이행상의 장애가 발생되지 않도록 신용장거래약정서 작성시 반드시 신용장의 유효기간을 지시하여야 한다. 유효기간이 기재되어 있지 않은 예비통지신용장에서는 은행은 수익자에 대해 발행은행의 의사표시가 구속력이 없음을 명확하게 언급하여야 하고, 그렇지 않은 경우 발행은행은 손해배상의무를 부담할 수도 있다.

유효기간의 설정과 관련하여 유의하여야 할 점은 유효기간은 거래상황에 부합되게 적절히 정하여야 한다는 것인데, 만일 이것이 너무 짧을 경우에는 번거로운 연장절차가 필요하고, 너무 긴 경우에는 불필요한 은행수수료가 발생할 수 있다. 대체로 물품의 선적기간을 고려하여 이 기간보다 조금 늦게 설정하여 그 동안 수익자가 서류를 신용장 유효기간 전의 적절한 때에 은행에게 제시할 수 있는 기간이면 족하다. 이러한 유효기간의 개념은 때때로 수익자의 입장에서는 불이익한 결과를 초래할지도 모른다는 오해의 원인이 되어 왔다. 그러나 유효기간에 있어서는 신용장에 근거한 대금청구권의 최종행사기간은 문제가 되지 않는다. 왜냐하면 신용장통일규칙상 유효기간의 개념은 오로지 지급, 인수 또는 매입을 위한 서류의 제시기간으로써만 원용될 수 있기 때문이다.

(라) 물품명세에 관한 지시   신용장거래에 있어서 은행은 서류로 거래하는 것이지, 그 서류와 관련될 수 있는 물품, 서비스 또는 이행으로 거래하는 것은 아니다.[71] 특히 여기에서 유의하여야 할 점은 기술적 표현 또는 과도하게 상세한 표현에 의한 지시를 피하는 일이다. 이 필요성은 은행이 물품이나 이행 자체를 그 종류, 수량 또는 상태에서가 아니라 서류에 작성된 것에 관해 부여된 지시와의 일치성에 대해서만 심사하여야 한다는 원칙으로부터 생겨나는 것이다.[72] 명시된 물품의 수량에 관해서는 허용되는 수량차에 대해서는 신용장통일규칙에 규정된 바를 유의하여야 한다. 여기에서의 과부족은 5%까지는 허용되지만, 물품의 수량을 신용장에 포장단위 또는 개개의 품목의 수로 명시하고 있는 경우에는 허

---

71) UCP 600, Article 5.

72) UCP 600, Article 14.

용되지 않는다.[73)]

(마) **운송의 제형태에 관한 지시**　발행의뢰인이 물품운송의 방법, 장소 및 시기에 관해서 발행은행에게 부여해야 할 지시는 중요하다. 대체로 CIF 규칙에서는 선적항 또는 선적이 가능한 제항구와 목적항 그리고 선적기간이 지시되어야 한다. 특히 목적항은 신용장거래약정서에 명시된 운송방법에 의해 물품이 도달되어야 할 곳이다. 만일 수익자가 제시한 서류가 신용장조건과 일치하지 않는 목적항을 명시하고 있다면, 은행은 물품이 발행의뢰인의 주소지 혹은 거주지에 발송되고 있는지를 확인할 의무가 없고 또한 그와 같은 입장에 있지도 않기 때문에 발행의뢰인에게는 문제를 초래할 수 있다.

신용장통일규칙은 운송의 제문제에 대해서 특별한 고려를 하고 있다. 즉 지급·인수·매입을 위하여 제시되어야 할 서류를 정확히 명시하는 것은 발행의뢰인의 의무사항이기 때문에 특히 제시되어야 할 운송서류의 선택에 관하여 결정적인 의미를 가지는 것이다. 그러나 이와 관련하여 서류발행자의 등급구분을 표시하는데, "일류의"(first class), "저명한"(wellknown), "자격 있는"(qualified), "독립적인"(independent), "공인된"(official), "유능한"(competent), "국내의"(local) 및 이와 유사한 용어는 사용하여서는 아니 된다.[74)]

(바) **보험에 관한 지시**　발행의뢰인은 신용장발행지시에 있어 부보의 종류와 범위를 정확히 나타내어야 한다. 만일 CIF 규칙에서 매도인이 협회적화약관(ICC) "C" 이상으로 부보하기를 원하는 경우에는 발행의뢰인은 경우에 따라서는 담보범위, 보험료 등을 고려하여 협회적화약관 "B" 또는 "A"에 대한 부보를 지시하여야 한다. 또한 은행은 특정위험이 부보되어 있지 않음으로써 수반되는 위험에 대해 어떠한 책임도 부담하지 않고, 전위험의 표시 혹은 약관이 포함되어 있는 보험서류를 수리하기 때문에 발행의뢰인으로서는 특정위험이 담보되지 않아 피해를 입지 않으려면 협회적화약관 "A"의 보험서류를 지시할 필요가 있다.

신용장의 보험서류상에 명시되어야 할 부보의 최저금액은 신용장에 아무런

---

73) UCP 600, Article 30-b.

74) UCP 600, Article 3.

표시가 없는 경우, 보험담보의 금액은 적어도 물품의 CIF 또는 CIP 가격의 110%
이어야 한다. 따라서 부보금액에 대해서도 발행의뢰인의 지시가 필요하다. 만일
CIF 또는 CIP 가격이 서류로부터 결정될 수 없는 경우에는, 보험담보금액은 지
급이행 또는 매입이 요청되는 금액 또는 송장에 표시된 물품총가액 중에서 보다
큰 금액을 기초로 하여 산정되어야 한다.[75] 마찬가지로 발행의뢰인의 특별한 지
시는 보험서류는 보험담보의 금액을 표시하여야 하고 신용장과 동일한 통화이어
야 한다.[76]

경우에 따라서는 소위 면책비율(franchise)에 대한 지시도 필요하다. 이것은
보험회사가 보험의 피보험이익에 약정된 비율 이하의 소손해(petty claim)가 발
생한 경우에는 담보하지 않는다는 것이다. 발행의뢰인은 보험이 면책비율을 고
려하지 않고 설정되어야 할 때는 명시적으로 이를 지시하여야 하고, 적절한 지시
가 없는 때는 은행은 면책비율의 적용을 받는다는 것을 표시하고 있는 보험서류
를 수리한다.[77]

(사) 제시서류에 관한 지시　　발행의뢰인의 입장에서 보면 상업신용장은 은행
을 매개로 하여 매매대금을 지급하는 제도이지만, 이 경우 매수인의 최대관심사
는 자신의 지시와 같은 서류를 입수하는 데 있다고 할 수 있다. 따라서 수익자에
의하여 제시되어야 할 서류표시는 신용장거래의 본질에 따라 발행의뢰인에 의해
부여되어야 할 지시의 중요한 핵심을 구성한다. 즉 발행의뢰인이 제시되어야 할
서류를 적절히 선택하여 지시하게 되면, 수익자는 매매계약상의 의무를 정확하
게 이행함으로써만 신용장대금을 청구할 수 있기 때문에 발행의뢰인으로서는 이
러한 지시를 목적달성을 위한 안전장치로 이용할 수 있는 것이다.

제시서류의 선택이 발행의뢰인의 의무범위에 속하는 것임에도 불구하고, 신
용장통일규칙은 다양한 종류의 서류와 그 내용에 관해서 규정을 하고 있다.[78]

---

75) UCP 600, Article 28-f-ii.
76) UCP 600, Article 28-f-i.
77) UCP 600, Article 28-j.
78) UCP 600, Article 17~28.

수익자가 필수적으로 제시하여야 하는 서류는 상업송장, 운송서류 및 보험서류이다.

2) 담보제공

발행의뢰인은 발행은행이 담보제공을 요구하는 경우에는 적절한 담보를 제공할 의무가 있다. 발행은행의 입장에서 발행의뢰인의 요청에 의한 취소불능신용장의 발행은 자금대출과 같은 성격을 가지게 되는데, 그 이유는 발행은행이 지급을 확약하고 있는 이상 발행의뢰인이 파산 등을 사유로 지급불능상태에 이른다 하더라도 신용장조건에 일치하는 서류가 제시되는 한 발행은행으로서는 대금상환을 이행하여야 하기 때문이다. 따라서 발행은행은 거래처인 발행의뢰인의 신용에 대하여 충분한 조사를 행한 후에 담보에 관한 약정을 하며 보증인의 보증을 구하게 된다.

대체로 발행은행은 신용장발행약정에 있어서 은행이 가지는 상환청구권 및 기타 청구권을 확보하기 위하여 발행의뢰인에게 각종 담보를 제공할 의무를 부담시키는 약관을 마련하고 있다. 즉 수입자는 발행은행에 소정액의 현금 또는 담보물을 예치하거나 폐쇄계정(blocked account)에서 이체하거나 또는 화물의 권리증권을 포함한 동산질(pledge) 또는 저당증서(letter of hypothecation) 등을 제출하는 방법으로 신용장발행의 담보이익을 제공하여야 하는 것이다.[79)]

은행이 취득하는 담보권에 관한 법률상의 성질 및 효과는 당사자간의 계약 등에 의하여 명확한 합의가 있을 때에는 이에 따라서 결정되는 것이나, 그렇지 않을 경우에는 신용장거래에서 지배적인 상관습을 따라야 한다. 담보권을 크게 두 가지로 구별하게 되면 물적 담보와 인적 담보로 구분할 수 있으며 발행은행은 이에 대한 여러 요건을 고려하여야 하는데, 발행의뢰인의 인적 담보에만 의존하고 신용장을 발행하는 경우는 거의 없고 물적 담보를 취득하거나 현금담보를 요구하게 되는 것이다. 이에 따른 현금담보율은 발행의뢰인의 신용 등에 따라 상이할 수 있으며, 그 징수방법도 신용장 발행시 마다 담보하는 개별적인 담보로서

---

79) Boris, Kozolchyk, *op. cit.*, p. 121; H. C. Gutteridge & M. Megrah, *op. cit.*, p. 214.

징수하는 경우와 포괄적인 담보로서 징수하는 경우가 있다.[80]

3) 수수료 및 이자지급

발행의뢰인은 발행은행에게 그 지시에 따라 신용장을 발행한 용역과 신용을 공여한 대가에 상당하는 은행수수료와 이자를 지급하여야 할 의무를 부담한다. 이와 관련하여 타 은행에게 서비스를 이행하도록 지시하는 은행은 그 지시와 관련하여 타 은행이 부담한 모든 수수료, 요금, 비용 또는 경비에 대한 부담의무를 진다. 신용장에 비용이 수익자의 부담이라고 명시하고 있고 그 비용이 대금으로부터 징수 또는 공제될 수 없는 경우, 발행은행은 비용지급에 대하여 부담하는 의무를 부담한다고 규정하고 있다.[81] 여기에서 은행수수료란 발행의뢰인의 지시를 이행할 목적으로 신용장을 발행·변경·확인·통지하거나, 또는 수익자의 환어음을 지급·인수·매입하는 사무처리의 모든 경비를 포함한다.

4) 신용장대금상환

발행의뢰인은 발행은행에 대해서 신용장대금의 상환의무를 부담하여야 한다. 이 의무는 발행은행이 신용장조건과 문면상 일치한 서류와 상환으로 지급, 인수 또는 매입하는 경우 신용장대금의 지급에 대해서 의무가 있음을 전제로 한다. 그리고 다른 약정이 없는 한 발행의뢰인의 대금상환의무는 발행은행의 청구와 즉시 이행되어야 한다. 그러나 발행의뢰인이 대금상환을 거절한 경우에는 발행은행은 이를 충당하기 위하여 사전에 예치된 현금 또는 담보물을 처분할 수 있다.

특히 발행은행이 지시받은 대로 지급 또는 인수를 완료한 후 발행의뢰인이 지급불능되거나 일방적으로 신용장취소를 지시한 경우에는 발행은행은 대금을 상환받기 위하여 자신의 점유하에 있는 물품이나 서류의 처분에 있어서 그 발행의뢰인의 일반채권자보다 우선변제권을 갖게 된다. 그러나 만약 수익자가 발행

---

80) Boris, Kozolchyk, "Chapter 5, Letter of Credit", Commercial Transaction and Institutions, *International Encyclopedia of Commercial Law*, J.C.B. Mohr, Tubingen, and Sijithoff & Norodhoff, Alphen a/d RIJN, 1979, pp. 52~53.

81) UCP 600, Article 37-c.

한 기한부어음이 발행은행에 의해 인수되고 어음만기일 이전에 발행은행이 파산하면 발행의뢰인은 발행은행이 신용장발행약정서의 의무를 다하지 못하였으므로 신용장거래계약의무는 부담하지 아니한다.

(3) 발행은행의 의무

1) 신용장발행

발행은행은 신용장발행약정에 따라서 적기에 신용장을 발행할 의무를 부담한다. 특히 취소불능신용장을 약정한 경우에는 발행은행은 발행한 신용장을 수익자에게 통지하여야 할 의무를 발행의뢰인에 대해서도 부담한다. 다만 취소가능신용장을 약정한 경우에는 발행은행은 발행의뢰인에 대하여 이러한 통지의무를 부담하지 아니한다. 만약 발행은행이 신용장발행의무를 이행하지 아니하면 발행의뢰인은 신용장발행계약을 해제하고, 불이행이 은행측의 고의나 과실에 기인한 때에는 손해배상도 청구할 수 있다. 다만 신용장발행계약의 해제는 그 발행기간을 정한 때에는 상당한 기간을 정하여 그 이행을 최고(催告)한 후에, 그리고 발행기간을 정한 때에는 이 기간이 경과하면 그 이행의 최고함이 없이 각각 이를 행사할 수 있다. 그러나 은행은 신용장통지 등의 지연, 분실, 훼손 또는 기타 오류, 그리고 전문용어의 번역이나 해석상의 오류 등에 대해서는 면책되며, 또 은행은 타 은행을 이용하여 자신이 전달한 지시가 도착되지 아니한 데 대해서도 면책된다.[82]

2) 신용장발행지시의 준수

발행은행은 발행의뢰인의 신용장발행지시를 엄격히 준수할 의무를 부담한다. 발행은행은 그 발행의뢰인의 대리인으로서 본인에 대한 지시를 엄격히 준수하여야 하며, 명확한 지시에 대해서는 은행의 독자적인 판단으로 이를 위반할 수 없다. 발행의뢰인의 지시가 명확한 경우 은행은 오직 자신의 위험부담으로만 이와 같은 지시를 이탈할 수 있다.[83]

---

[82] UCP 600, Article 35.

[83] Clive M. Schmitthoff, *Schmitthoff's Export Trade*, 9th ed., London, 1990, p. 232.

발행의뢰인의 신용장발행 지시는 완전하고 명확하여야 하지만, 불명확하고 불완전한 지시에 대해서는 은행은 그 책임이 면제된다. 예컨대 신용장발행지시에 지급, 인수 또는 매입을 위한 서류의 종류나 명세를 명확히 지정하지 아니한 경우에는 은행은 지정되지 아니한 서류에 대하여 결코 심사하지 아니한다. 그러나 불명확한 지시를 받은 은행은 수익자에게 사전통지할 때 그 통지가 통지은행의 책임 없이 단순한 정보로서 제공된다는 것을 밝혀야 할 의무는 있다. 왜냐하면 은행의 사전통지가 신용장이 아님을 밝혀야 선의의 수익자가 보호받을 수 있기 때문이다.

3) 서류심사

신용장발행은행은 발행의뢰인의 지시에 따라 서류의 명세와 그 정규성(regularity)을 심사하여야 할 의무가 있다. 서류심사에 관한 은행의 의무는 제시된 서류의 문면상 일치성만을 확인하는 것을 의미한다. 따라서 은행은 문면상 신용장조건과 일치하는 서류를 수리하는 한 비록 해당 서류가 위조 또는 변조되었다 하더라도 이에 책임을 부담하지 않는다. 부연하자면 신용장거래에서 서류를 심사할 의무가 있는 은행에게 서류에 대한 엄격한 심사의무를 지우고 있지만, 이러한 의무는 서류가 문면상 신용장조건에 일치하는가를 대조하는 이른바 "형식적 심사의무"를 의미하는 것이지, 서류의 내용이나 그 효력에 관한 "실질적 심사의무"를 의미하는 것은 아니다.

4) 기타 유의사항의 지적

발행은행은 수익자의 지급능력과 신뢰성에 관한 정보를 발행의뢰인에게 제공하여 충고할 의무는 없지만, 은행이 수익자의 지급능력이나 신뢰성을 의문시하는 사실을 알았다면 발행의뢰인에게 이것을 지적할 의무는 있다. 그리고 발행은행의 의무는 유효한 신용장을 발행하는 것에 있기 때문에 발행의뢰인의 지시가 그것을 준수하여도 유효한 신용장이 발행되지 않도록 하는 것이라면 은행은 발행의뢰인에 대해서 그 지시의 하자를 지적할 의무가 있다.

이와 같은 지적의무는 예를 들면, 발행의뢰인이 신용장유효기일을 설정해 두고 있지 않든가, 의도적으로 유효기일이 없는 신용장발행을 요구하는 경우에 존재한다. 만약 유효기일이 없는 신용장이 채무를 발생하지 않음을 발행은행이 발행의뢰인에게 지적하지 않았다면 발행은행은 그로 인한 손해에 대하여 책임이 있다.

7.3 발행은행과 수익자

(1) 법률관계의 기초

발행은행과 수익자간의 법률관계는 이들 사이에 존재하는 신용장에 기초한다. 취소불능신용장의 주된 목적은 불확실한 수입자의 대금지급채무에 확실한 은행의 지급확약을 첨가함으로써 궁극적으로는 수출자로 하여금 확실한 대금청구권을 보장하는 데 있다. 따라서 취소불능신용장이 발행된 경우의 발행은행과 수익자간의 법률관계는 오로지 신용장조건에 기초하여 해석된다. 이러한 당사자간의 법률관계는 발행의뢰인과 발행은행간의 수입거래약정서나 발행의뢰인과 수익자간의 매매계약과는 별개의 독립적인 것이다. 즉 취소불능신용장의 수익자는 발행은행에 대하여 조건부청구권을, 또 발행은행은 수익자에 대하여 조건부 지급확약을 하는 것이라고 할 수 있다. 신용장조건이 이행되는 한 발행은행의 확약은 절대적인 구속력을 갖게 된다.

그러나 만약 취소가능신용장이 발행되는 경우에는 수익자는 신용장 자체에 의해서는 발행은행으로부터 어떠한 구속력 있는 확약을 받지 못한다. 그리고 취소가능신용장에서는 발행은행이 사전에 수익자에게 통고하지 않고 그 조건을 변경하거나 취소할 수 있기 때문에 수익자는 이러한 신용장을 신뢰하여 물품을 선적하게 되면 자신도 모르는 사이에 신용장조건이 변경되거나 취소될 위험성이 있다. 그러나 발행은행은 취소가능신용장을 발행하였다 하더라도 이를 변경하거나 취소하는 통지가 도달하기 전에 지정은행을 통하여 지급, 연지급약정, 인수 또는 매입된 환어음에 대해서는 지급확약의무를 부담한다.

(2) 발행은행의 의무

1) 신용장발행 및 통지

발행은행은 발행의뢰인으로부터 지시받은 신용장을 수익자에게 발행 및 통지하여야 할 의무를 부담한다. 만약 수익자가 약정된 기간 내에 신용장을 통지받지 못하면 발행의뢰인에게 그로 인한 손해배상을 청구할 수 있고, 또한 발행의뢰인은 신용장발행약정에 따라 발행은행에게 이 불이행에 대한 손해배상을 청구할 수 있다.

발행은행과 수익자간의 법률관계는 신용장이 수익자에게 통지되었을 때 발생한다. 따라서 신용장에 의한 수익자의 권리는 발행은행의 통지를 수령한 때부터 발생하며, 그러한 통지가 있기 전까지는 발행은행과 수익자간에 아무런 관계가 존재하지 않는다. 수익자의 입장에서 보면, 신용장이 발행되기 전까지는 발행은행을 상대로 그 의무불이행에 따른 손해배상을 청구할 수 없다. 발행은행이 신용장을 발행하여 통지하여야 할 의무는 수익자에 대하여 부담하는 것이 아니라 발행의뢰인에 대하여 부담하는 것이다.[84] 그러나 신용장에 따른 발행은행의 모든 의무는 신용장이 발행된 때부터 유효하게 된다.[85]

2) 지급확약

발행은행은 수익자가 신용장조건을 이행한 때에는 매매계약의 이행 여부와 관계없이 신용장에서 확약한 의무를 이행하여야 한다. 다만 신용장에 명시된 서류 또는 환어음이 신용장유효기일과 서류제시기일 내에 지정은행이나 발행은행에 제시되어야 대금지급이 이루어질 수 있다. 발행은행의 지급의무와 수익자의 청구권은 지급확약문언을 근거로 발생하게 된다.

수익자의 청구권은 서류와 환어음이 신용장조건과 엄격히 일치하고 신용장유효기일 내에 지정은행이나 발행은행에 제시되면 절대적인 것이 된다. 따라서 수익자의 청구권에 따른 발행은행의 항변권은 신용장거래의 원활한 이용을 위하

---

84) 伊澤孝平, 前揭書, 375面.

85) American Steel Co. v. Irving National Bank, [1920] 266 F. 41.

여 상당히 제한되고 있다. 또 발행은행은 신용장을 발행한 후에는 비록 신용장발행의뢰인이 파산·지급불능 등에 의하여 신용장발행약정상의 내용을 위반했다고 하더라도 이를 이유로 수익자의 청구권에 대항할 수 없다.

3) 발행은행의 지급불능

신용장거래는 수익자가 발행은행의 지급확약을 신뢰하여 거래하는 것이지만, 신용장발행은행이 파산되면 수익자는 발행은행에 대하여 지급 청구할 수 없게 된다. 물론 이러한 경우에도 확인이 부가된 신용장인 경우에는 수익자는 확인은행 앞으로 대금지급을 청구할 수 있지만, 확인이 부가되지 않은 신용장인 경우에는 사정이 다르다. 즉 신용장에 의한 지급조건은 매매계약상의 한 조건에 불과하기 때문에 발행은행이 파산되어 은행을 통한 대금회수가 불가능하게 되었다면, 수익자는 매매계약에 따라 발행의뢰인에게 물품인도에 대한 대금청구권이 그대로 남게 된다.

만약 발행의뢰인이 신용장발행시에 발행은행에 미리 선지급한 결제자금을 발행은행이 수익자에게 선지급한 다음 발행은행이 파산되었더라도 수익자는 선의의 소지인으로서 선지급된 자금으로 수출대금을 결제한 것으로 본다. 또 발행의뢰인이 신용장발행담보금을 예치한 다음 이를 수익자에게 지급하기도 전에 발행은행이 파산되었다면, 수익자는 발행의뢰인에 대한 대금청구권을 갖게 되고 발행의뢰인은 파산은행을 상대로 담보금상환청구를 하여야 한다.

(3) 수익자의 의무

수익자는 발행은행에 대하여 매매계약상의 대금결제에 대한 권리뿐만 아니라 매매계약으로부터 독립추상화 된 일방적 청구권을 보유하며, 신용장조건을 이행하고 조건부청구권을 갖는다. 또한 수익자는 발행은행에게 신용장조건에 일치하는 서류의 제시의무가 있으며, 신용장문언의 준수의무가 있다.

특히 수익자가 발행은행에 대해서 신용장에 따른 지급을 청구하기 위하여 환어음을 제시할 때에는 수익자는 이후 신용장의 모든 관계당사자에게 신용장제조건에 엄밀히 일치하는 서류와 환어음을 제시한다는 것을 담보하여야 할 책임이 있다. 구체적으로 수익자는 신용장상에 명시된 물품을 선적기일까지 선적하고, 또 신용장상에 명시된 서류와 환어음을 준비하여 신용장유효기일 내에 지정은행에 지급, 인수 또는 매입을 위하여 제시하여야 한다. 이러한 담보를 위반한 경우에는 수익자는 결코 신용장에 따른 어떠한 청구권도 갖지 못한다.

수익자는 제시서류와 환어음에 대하여 다음과 같은 것을 담보하여야 한다.

첫째, 수익자는 선화증권과 같은 권리증권에 대해서는 서류가 진본이며, 서류의 효력 또는 가치를 해하는 어떠한 사실도 알지 못하며, 그 매입이나 양도가 서류 또는 그 대표된 물품의 권리에 관하여 합법적이고 전적으로 유효하다는 것을 담보하여야 한다.

둘째, 수익자는 환어음에 대하여 그 증권에 대한 정당한 권리를 가졌거나 지급 또는 인수하도록 수권되었으며, 그 증권이 변조되지 않았다는 것을 담보하여야 한다.

그러나 만약 발행은행이 신용장을 발행할 때, 서류나 환어음에 관한 제조건을 불명확하게 기재하였을 경우에는 제시된 모든 서류는 각 사정에 따라 당사자들이 기대한 상업적 목적에 상당히 적합한 것이어야 한다. 그리고 신용장에 명시적 규정이 없다 하더라도 제시된 모든 서류는 반드시 진본이며 법률적으로 정당한 것이어야 하고, 비록 사기가 개입되지 않았다 하더라도 제시된 모든 서류는 물품에 대한 여하한 부실표시도 포함하여서는 아니 된다. 신용장상의 물품명세가 다소 불명확하다 하더라도 제시된 서류상의 물품명세는 물품에 관하여 명확하게 기재하고 있어야 한다.

7.4 발행은행과 지정은행

지정은행(nominated bank)이 지급은행 또는 인수은행인 경우, 미국법의 해석에 의하면 발행은행과 지급·인수은행간에는 대리관계가 있는 것으로 보고 있으며, 발행은행으로부터 지급 또는 인수를 수권받은 은행은 수익자와의 관계에 있어서는 어떠한 의무도 부담하지 않는 것으로 해석하고 있다.[86] 이에 따라 지

---

86) E. P. Ellinger, *op. cit.* p. 219; 임홍근, "하한신용장의 법적 구조에 관한 비교적 연구", 서

급·인수은행은 수익자로부터 신용장조건에 부합하는 환어음 또는 서류를 제시 받는 경우, 동 은행은 이에 대해 지급 또는 인수할 권리를 가지게 된다.

독일법의 해석에 의하면 이들 은행간의 법률관계를 사무처리를 목적으로 하는 도급계약으로 보고 있다.[87] 이에 따르면 지급·인수은행은 수익자가 제시한 서류를 심사하여 신용장과 일치하고 있을 경우에는 이를 수령하여 지급 또는 인수를 행하여야 한다. 그러나 동 은행은 수익자와의 관계에서는 계약상 아무런 의무를 부담하지 않는다.

만일 발행은행과 이들 은행과의 법률관계를 도급계약이라고 해석한다면, 지급·인수은행으로서는 지급 또는 인수를 행함에 있어 발행은행의 지시를 준수하여야 한다.[88] 비록 통지서가 수익자와의 관계에서 허용되지 않는 것이라 하여도 또 발행은행이 신용장과 일치하는 서류수령을 금지하고 있다든지 신용장과 일치하고 있는 서류제시에도 불구하고 유보부지급을 지시한 때에도 타당하다. 그러나 동 은행이 자신의 일반적인 의무나 발행은행의 특별한 지시를 위반하면, 동 은행은 발행은행에 대해서 손해배상의무를 부담하게 된다. 그리고 발행은행은 수익자에 대한 동 은행의 의무를 위반하여 지급·인수은행으로 하여금 수익자에게 지급을 하지 않도록 지시를 부여할 수 있지만, 이러한 지급·인수은행의 지정은 수익자나 경우에 따라서는 확인은행이 개입하는 경우에는 확인은행의 동의 없이는 철회될 수 없다.[89]

지정은행이 매입은행의 경우에는 매입을 통하여 이들 은행간의 계약이 성립하게 되는데, 매입은행은 환어음소지인으로서 수익자에 대해 일정한 계약관계를 갖고 환어음지급인인 발행은행에 대해 일정한 계약관계를 가진다.[90] 따라서 동

서울대학교 대학원 박사학위논문, 1991, 175면.

87) Nielson, *Grundlagen des Akkreditivgeschäts*, 1985, S. 65.

88) Nielson, a. a. O., S. 75~76.

89) 橋本喜一, 「荷爲替信用狀の法理槪論」, 九州大學出版會, 1994, 151~152面.

90) Second National Bank of Toledo v. M. Samuel & Song, Inc., [1926] 12 F. 2d 963, p. 965; Banco National Ultramarino v. First National Bank of Boston, [1923] 289 F. 169, pp. 173~174.

은행이 신용장조건과 일치하게 발행된 화환어음을 매입한 경우에는 발행은행에 대해 대금상환청구권을 가지게 된다. 그러나 환어음소지인으로서 매입은행은 상당한 주의를 다하여 지급 또는 인수를 위해 발행은행에게 정당한 제시를 하여야 하기 때문에[91] 만일 불일치한 환어음에 대하여 매입을 행한 경우에는 발행은행으로부터 이러한 청구권을 갖지 못한다. 이 경우 매입은행이 환어음의 피배서인으로서 신용장수익자에게 소구권을 행사할 수 있다는 것은 영미법과 대륙법 모두 일치된 견해이다.[92]

특히 발행은행의 대금상환에 있어 상환은행이 개입하는 경우라면, 발행은행에 의해 상환은행이 지정되면 지정은행은 우선 상환은행에 대해서 대금상환을 청구하여야 한다. 만일 상환은행이 동 청구에 응하지 않을 때에는 발행은행의 대금상환의무는 면제되지 않기 때문에 발행은행은 지정은행에 대해서 대금상환청구금액을 비롯한 제비용을 부담하여야 한다.

7.5 발행은행과 상환은행

독일법의 해석에 의하면 이들 은행간에는 사무처리를 목적으로 하는 도급계약의 성질을 가지는 것으로 보고 있다. 따라서 상환은행이 발행은행으로부터 대금상환사무를 인수하게 되면, 동 은행은 지정은행에 대해서가 아니라 발행은행에 대해서 지급할 것이 의무화된다. 만일 동 은행이 지정은행의 청구에 응하지 않게 되면 발행은행에 대해 손해배상의무를 부담하게 된다. 여기에는 발행은행에 의해 상환되어야 할 금액의 이자에 상당하는 손해금이 포함되지만 이에 한정되지 않는다.[93]

미국법의 해석에 의하면 발행은행과 지급·인수은행간의 법률관계에서 발행은행과 상환은행간에는 대리계약으로 볼 수 있다. 왜냐하면 상환은행은 발행은

91) E. P. Ellinger, *op. cit.*, p. 271.
92) Boris, Kozolchyk, *op. cit.*, p. 546; H. C. Gutteridge and Maurice, Megrah, *op. cit.*, p. 84; A. G. Davis, *op. cit.*, pp. 102~103.
93) 橋本喜一譯, 前揭書, 155~156面.

행으로부터 대금상환수권에 따른 일정액의 수수료를 받고 대금상환을 위한 지시 내지 수권은 본인의 위임과 같고, 또한 상환은행은 상환수권에 의해서도 지정은행이나 수익자에 대해서 아무런 의무를 부담하지 않는다는 점에 단순대리인의 지위에 있다고 할 수 있기 때문이다.

대체로 발행은행이 동 은행의 예치환거래은행인 상환은행에 대해서 대금상환사무처리를 상환수권서의 내용에 따라서 행할 것을 지시 또는 수권하는 경우, 상환은행으로서는 이러한 발행은행의 요청을 승낙할 수도 있지만 또한 이를 거절할 수도 있다. 왜냐하면 상환은행은 신용장거래당사자가 아니고,[94] 또 동 은행이 발행은행을 위해서 지급편의를 제공함에 있어 발행은행 이외의 모든 신용장관계당사자로부터 독립하여 행동하기 때문이다. 따라서 동 은행이 지정은행에 대해 상환확약을 발행하고 있지 않는 한 상환수권서에 근거해서 지급을 행할 것을 강제받지 않는다.

상환은행이 발행은행의 상환수권에 대한 요청을 승낙한 때에는 상환수권에 따른 일정한 권리를 가지고 의무를 부담하게 된다. 만일 상환은행이 발행은행으로부터 부여받은 상환수권의 범위를 넘어서 행동한 경우에는 발행은행은 동 은행에 대해서 상환금의 반환 및 제비용을 청구할 수 있는 것으로 해석된다.

실제 상환은행은 발행은행과의 환거래계약을 존중하여 일시적인 잔고부족이나 신용한도초과에 대해서는 상호대화에 의하여 처리하거나, 다른 한편으로는 경제적 이해관계를 존중하여 가까운 장래에 회복을 전망하는 경우는 잔고부족 등을 인정하여 대금상환을 실행하는 경우도 있을 수 있다.

그러나 발행은행이 신용불안에 처해 있는 경우에는 신용한도 사용이나 예금부족을 인정하지 않는 방침을 동 은행의 각 지점에 통지할 수도 있다. 특히 상환은행으로서는 발행은행의 재무상황이 급격히 악화하는 경우에는 어음의 인수 전이라면 신용한도약정에 의하여 일방적으로 어느 때라도 해당 계약을 파기하여 인수를 거절할 수 있다.

---

94) Charles del Busto, *Case Studies on Documentary Credits Under UCP 500*, ICC Publishing S. A., 1995, p. 120.

인수 이후는 비록 발행은행이 파산하였다고 하여도 어음지급을 이행하여야 한다. 만일 신용장이 단순지급 혹은 무조건지급을 요구하고 있는 경우, 최종적으로 환어음의 지급거절을 결정하는 자는 발행은행이다. 신용장통일규칙에서 규정된 기간 내에 클레임을 제기하는 것은 발행은행의 의무에 속하지만, 그 규정에 명시된 대로 발행은행이 클레임을 제기하는 상대방은 상환은행이 아니라 지정은행이다.

따라서 상환은행이 발행은행으로부터의 상환수권에 근거하여 지정은행의 청구에 대해서 대금상환을 실행한 경우에는 발행은행은 서류상의 불일치를 이유로 상환은행에 대해서 상환금의 회수를 강요할 수 없다. 왜냐하면 이는 발행은행의 지급담당자로서 상환은행이 대금상환을 실행하였다면 최초의 지시는 이미 완료하였다고 볼 수 있고, 새롭게 지정은행으로부터의 자금반환지시 또는 승낙 없이는 대금을 발행은행에 반환할 필요는 없기 때문이다.

7.6 지정은행과 상환은행

지정은행과 상환은행간에는 아무런 법률관계가 존재하지 않는다. 따라서 상환은행은 지정은행으로부터 대금상환청구를 받는다 하더라도 이에 응할 권리는 있지만 의무를 부담하는 것은 아니다. 여기에서 의무는 상환은행이 상환기능을 인수한 것을 지정은행에게 통지하거나 혹은 상환수권서에 연서하여 지정은행에게 그 사본을 교부함으로써 기초되는 것이 아니다.[95]

그러나 만일 상환은행이 발행은행의 요청에 의해 독립된 의무를 인수하여 지정은행에게 상환확약을 발행한 경우라면, 상환확약상의 특정조건에 일치하는 청구가 지정은행에 의해 제시된다면 동 은행은 반드시 이에 응할 의무를 부담하게 된다. 왜냐하면 상환확약이란 상환은행이 발행은행의 상환수권서에 근거하여 제시된 지정은행의 청구에 응하겠다는 상환은행의 별개의 독립된 확약이라 할 수 있기 때문이다.[96]

---

95) 橋本喜一 譯, 前揭書, 155面.

96) URR, 1995, Article 2.

7.7 통지은행의 지위

통지은행(advising bank)은 신용장당사자 중에서 중간은행의 입장에서 가장 가벼운 책임을 지고 있다고 할 수 있으며, 보통은 발행은행과 환거래약정(correspondent agreement)을 맺고 있다. 발행은행의 요청에 따라 신용장의 통지은행, 확인은행 또는 지급은행 등의 역할도 겸할 수 있다.

(1) 발행은행과의 관계

발행은행이 발행한 신용장은 거의 대부분 통지은행을 통하여 수익자에게 전달되는 것이 일반적이다. 이 경우 발행은행과 통지은행간에는 위임 내지 대리관계[97]가 존재하기 때문에 통지은행도 발행은행과 마찬가지로 신용장통일규칙상 지시준수규정의 적용을 받아야 하는 것으로 생각할 수 있다.

특히 취소불능신용장이 발행되는 경우에는 발행은행은 수익자에 대하여 신용장을 통지할 의무를 부담하고 있기 때문에 당연히 발행의뢰인의 지시를 완전하고 정확하게 수익자에게 전달할 의무가 있다. 부연하자면 발행은행이 신용장 통지를 수익자소재지에 있는 지점 또는 타행에게 지시한 경우는 후자는 피지시인으로서 지시인인 발행은행이 지시한 대로의 신용장을 정확하게 수익자에게 통지할 의무가 있다.[98]

통지은행이 수익자에게 잘못된 지시를 하였을 때에도 신용장은 그대로 유효하게 된다. 그 결과 수익자가 해당 신용장을 사용하게 되면 발행은행은 조건불일치를 이유로 지급확약이행을 거절할 것이지만, 통지은행이 이와 같은 지시를 통지하였을 때에는 동 은행이 상당한 주의를 기울였다는 것을 증명하지 않는 한 부주의한 통지에 대한 책임을 면할 수 없다. 만약통지은행이 발행은행을 위하여 환어음의 지급 또는 인수를 하게 되면, 동 은행은 그러한 권한을 부여한 발행은행에 대해서 대금상환청구권을 가지게 된다.

---

97) Sound of Market Street v. Continental Bank International, [1984] 819 F. 2d. 384.

98) John F. Dolan, *The Law of Letters of Credit Commercial and Standby Credits*, Warren, Gorham & Lamont, 1991, 1. 03.

그러나 통지은행이 자신의 이익을 위하여 자신이 통지한 신용장을 매입하였을 경우에는 이는 동 은행의 계산과 위험으로 행동한 것이기 때문에, 만약 통지은행이 매입한 서류가 신용장조건과 불일치한 경우에는 발행은행에 의하여 지급거절 또는 인수거절될 수 있다.

(2) 수익자와의 관계

통지은행은 수익자와의 관계에서 발행은행의 지시에 따라 수익자에게 신용장을 통지하는 것이기 때문에 수익자에 대하여 신용장상의 채무를 부담할 의무는 없다. 실제 수익자 가운데는 통지은행에 지급, 인수 또는 매입을 의뢰하는 것으로 생각하여 통지은행에 이를 요구하는 경우가 많지만, 통지은행이 신용장에 확인을 부가하지 아니하는 한 이에 응할 의무가 없다.

그러나 확인신용장에서 통지은행이 발행은행의 요청에 의해 확인은행을 겸하게 될 경우에는 통지은행은 지급, 인수 또는 매입을 확약하게 되고, 수익자는 발행은행과는 별도로 확인은행으로부터 지급보장을 받게 된다.

통지은행은 수익자에게 신용장을 통지할 경우 수익자에게 전달하는 신용장의 내용에 관한 책임을 부담하지 않지만, 동 은행이 통지하는 신용장의 외견상의 진정성을 확인하기 위해서 상당한 주의를 다할 의무가 있다. 만약 통지은행이 상당한 주의를 기울이지 않아서 수익자가 잘못된 정보에 따라 제시한 서류가 발행은행에 의해 거절된다면, 수익자는 통지은행의 부주의에 대하여 소송을 제기할 수 있다.

(3) 발행의뢰인과의 관계

통지은행은 발행의뢰인과는 직접적인 법률관계는 없지만, 발행의뢰인의 지시 그 자체와의 관계에서 보면 적어도 취소불능신용장에 대해서는 통지은행은 지시중개인이라고 할 수 있을 것이다. 따라서 통지은행은 발행은행으로부터 완전하고 정확한 신용장지시가 전달되고 또 이를 수익자에게 통지하도록 의뢰 내지 지시받기 때문에, 수임자 내지 대리인으로서 위임자 내지 본인인 발행은행에 대한 의무로서 신용장지시를 완전하고 정확하게 수익자에게 통지하여야 한다.

통지은행이 행하여야 할 통지내용은 신용장의 내용에 관해서 발행의뢰인간에 약정한 모든 사항을 포함한다. 즉 신용장상의 모든 조건을 통지할 것을 요한다. 따라서 신용장금액, 제시서류의 종류 및 내용, 서류와 상환으로 어음의 인수 또는 지급이 이루어지는 장소, 신용장의 유효기일, 신용장의 종류 등에 관하여 통지하여야 한다. 만일 은행이 취소불능양도가능신용장을 발행하여야 할 것을 발행의뢰인과 약정하였음에도 불구하고 양도가능신용장을 매도인에게 통지하지 않았다면, 그 통지는 손해배상책임을 발생시키기에 충분한 과실이 있는 것으로 본 프랑스 판례가 있다.[99]

7.8 발행은행의 파산

(1) 발행은행의 파산시기와 법률문제

신용장발행은행의 파산시기에 따라 신용장거래 당사자의 법률관계는 달라지게 된다. 발행은행이 발행의뢰인으로부터 발행의뢰 전이나 발행의뢰서 접수 후 신용장발행 이전에 파산이 된다면 그다지 문제시될 것은 없으나 일단 신용장이 발행 후 어음인수 이전에 파산하거나 수익자발행어음을 인수 후 동 대금지급 이전에 파산이 될 경우에는 관계당사자간에 복잡한 법률문제가 발생하게 된다.

(2) 영미법상의 해석론

첫째, 수익자가 발행한 기한부환어음이 발행은행에 의하여 인수되고 환어음 만기일 이전에 발행은행이 파산하면 발행의뢰인은 발행은행이 신용장발행약정서의 의무를 다하지 못하였으므로 신용장거래계약의무는 부담하지 않는다.

발행의뢰인은 수익자에 대해서는 매매계약에 대한 지급의무는 존속하지만 신용장거래에 의한 의무는 약인의 상실로 책임을 부담하지 않게 되며, 이렇게 되면 발행은행은 발행의뢰인의 대리인 역할 밖에 하지 못하는 경우가 된다. 그러므

---

99) 伊澤孝平, 前揭書, 291面.

로 만약 수익자가 어음만기일에 파산은행의 청산인으로부터 물품대금의 일부만 변제받는다면, 그 차액에 대해서는 매매계약에 의해서 발행의뢰인으로부터 변제 받을 수 있는 것이다.[100]

둘째, 기한부환어음이 만료되기 이전에 신용장 발행의뢰인이 발행은행에 결제자금을 일반계정과는 별도로 선지급하였을 경우에, 만일 당해 환어음이 만기가 되기 전에 발행은행이 파산하면 그 환어음의 선의의 소지인은 그 은행으로부터 일반채권자와는 달리 당해 선지급금은 특별히 그 환어음을 결제하기 위하여 충당된 것이므로 우선적으로 지급되어야 한다.[101]

셋째, 발행의뢰인이 이미 신용장대금을 보상한 경우에는 수익자는 발행의뢰인에게 대금지급을 청구할 수 없다.[102]

(3) 대륙법상의 해석론

신용장발행 이전에 발행은행이 파산되면 발행의뢰인은 발행은행과의 사무처리계약을 해약할 수 있다.[103] 그러나 신용장이 파산개시에 이미 발행되어 있는 경우에 발행은행이 파산하면 발행의뢰인은 해약고지권을 갖지 못하며, 신용장발행 후에는 수익자에 대한 은행의 독립적인 신용장의무로서의 사무처리계약을 취소할 수 없다. 또한 이미 발행된 신용장이 취소불능인 경우에는 수익자에 대하여 존속하며, 수익자의 서류제시에 따라 발행의뢰인은 지급을 이행하여야 한다.[104]

---

100) Henry, Harfield, *op. cit.*, p. 242; H. C. Gutteridge, and Maurice, Megrah, *op. cit.*, pp. 36~37.

101) Boris, Kozolchyk, *Commercial Letters of Credit in Americas*, Matthew Bender Company, New York, 1976, pp. 330~331.

102) *Ibid.*, p. 334; UCC, §5-117.

103) 독일민법 제649조(위임, 청부인의 해약고지권) 및 제675조(위임, 유상의 사무처리).

104) 강갑선 역, 전게서, 243~249면.

8. 신용장거래와 은행의 면책

8.1 서류의 효력에 대한 은행의 면책

(1) 서류 자체 및 문면상의 조건

은행은 서류가 일반적 상태성의 형식을 구비하고 있는지, 또한 그 서류에는 의뢰인의 요구내용 기재 여부에 대한 형식적 심사이기 때문에 그 서류가 과연 법률상 완전하고 유효한지, 위조 또는 변조가 없다는 등에 관해서까지 보장할 수는 없다. 따라서 은행은 서류의 이면에 있는 물품을 알 수 없기 때문에 오직 서류의 문면만을 점검한다.[105] 신용장에 구체적으로 요구하지 않는 한 제공된 서류의 종류, 통수 및 서류의 기재사항이 상거래상 불충분하다 해도 그 점에 대해 은행은 조금도 책임을 부담하지 아니한다.

또한 서류의 정확성(accuracy)에 대해서는 서류의 기재내용이 사실관계를 바르게 표시하고 있을 것과 그 계산이 정확히 되어 있을 것으로 해석되나, 비록 부정확한 것이었다 해도 은행은 책임을 부담하지 않는다는 취지이다.

계산상위점에 관해서 파푸아 뉴기니아소재의 은행으로부터의 목재용적증명서의 계산내용명세까지 매입은행이 점검해야 할 의무가 있는지 여부에 대한 질의에 대하여 국제상업회의소는 "서류의 문면상 계산상위가 명확한 경우를 제외하고 계산의 명세를 점검할 필요는 없다"[106]는 회신을 하였다.

이와 같이 은행은 서류 자체에 관하여 모든 형식·충분성·정확성에 대하여 면책이 된다. 은행은 제시된 서류의 문면상에 인쇄되어 있는 일반적인 조건·약정문언이나 스탬프·부호 등에 의해 부가삽입된 일반적 내지는 특수한 조건·약정사항에 대해서도 책임을 부담하지 아니한다. 선화증권을 포함하는 운송서류

---

105) ICC, *Case Studies on Documentary Credits, Problems, Queries, Answers*, ICC Publishing S. A., 1989, p. 60.

106) ICC Documents 470/425, January 17, 1984.

(transport documents) 혹은 보험서류(insurance documents) 등에 인쇄되어 있는 일반약관이나 부가되어 있는 특수약관의 내용에 대해서 전문적 지식을 갖고 있지 않은 은행에게 점검의무를 부담시키는 것은 어려운 일이 되기 때문이다.

(2) 서류의 진정성과 위조 또는 변조에 대한 면책

서류의 진정성(genuineness), 위조(falsification) 혹은 법적 효력(legal effect)에 대해서는 신용장거래의 실무면에서 종종 관계당사자간의 쟁점이 되어 경우에 따라서는 신용장거래의 근간을 흔들리게 하는 사태를 초래할지도 모르는 문제이지만, 신용장통일규칙은 은행이 면책됨을 규정하고 있다.

미국 통일상법전에서도 발행은행은 근거계약, 약정 또는 거래의 이행 또는 불이행, 기타 자의 작위 또는 부작위, 표준관습 이외의 특수한 거래관행의 준수 또는 인식에 대하여 아무런 책임을 부담하지 아니한다고 규정하고 있다.[107]

그러나 은행은 진정한 것으로 보이는 서류에 대한 지급은 보호되지만,[108] 서류가 위조된 사실을 미리 알거나 은행측의 의무를 해태(negligence)한 경우에는 그렇지 않다.[109]

국제상업회의소는 방글라데시의 어떤 은행이 "환어음이 취소불능화환신용장하에서 어떤 은행에 의하여 정히 매입되었으며, 매입은행은 상환을 받았고, 발행은행은 매입은행으로부터 선적서류를 받자마자 해당 선화증권이 위조되었다고 텔렉스로 알렸는데, 매입은행이 이 대금을 돌려 줄 책임이 있는지의 여부에 대해 알려 주기 바란다"는 요청에 대하여 법원의 판결결과와 일치되는 견해를 밝히고, "위조된 것으로 판명된 선화증권을 송부한 매입은행은 보호되나, 단 매입은행이 위조한 당사자이거나 서류의 제시 전에 위조된 것을 인지했거나 상당한 주의를 하지 않는 경우, 예컨대 서류의 문면상 위조된 것이 명확한 경우는 예

---

107) UCC, Article 5-108(f).

108) Henry, Harfield, *Bank Credits and Acceptance*, The Ronald Company, New York, 1974, p. 80.

109) H. C. Gutteridge and Maurice, Megrah, *The Law of Banker's Commercial Credits*, Europe Publications Ltd., London, 1984, p. 179.

외이다"[110]라고 하였다.

따라서 환어음의 매입은행은 그 매입서류를 조사함에 있어서 제시된 서류가 신용장에 기재된 사항과 허위 또는 위조 등의 형식적 조사의무는 있으나 실질적 조사의무는 없기 때문에 서류검토를 게을리해서는 아니된다. 또한 신용장발행은 행이 스스로 수익자에 대하여 인수·지급을 행하여야 할 경우에는 허위의 사실을 알면서 인수·지급을 행하여서도 아니된다.

은행은 매도인의 기망행위를 알면서 지급하는 것은 신용장제도의 목적에 어긋날 뿐만 아니라 공서양속에 반하는 행위이다. 여기에 대해서 핀켈스타인 (Finkelstein)은 "위조된 서류(forged document)라고 하는 것은 발행은행의 신용장 조건을 충족하는 것이 아니기 때문에 위조된 것을 알면서 지급하는 것은 월권행 위이다"[111]라고 하고 있다. 또한 발행은행은 수익자에 대해서 진정한 증권과 상 환으로 지급의무를 지고 있는 데 불과하므로 제공된 증권이 위조 또는 변조된 것이라는 것이 명백한 경우에는 원칙적으로 지급을 거절할 수 있다. 또한 은행이 과실이 없이 위조·변조의 사실을 발견하지 못하고 지급했을 때에는 은행의 면책 으로 인정하여 매수인에 대해서 손실보상을 청구할 수 있다.[112]

(3) 서류에 기재된 물품의 실질상태에 대한 면책

은행은 서류에 표시되어 있는 물품의 명세(description)·수량(quantity)·중 량(weight)·품질(quality)·상태(condition)·포장(packing)·인도(delivery)·가치 (value)·존재(existence)에 대하여 아무런 의무나 책임을 부담하지 아니한다.[113]

---

110) ICC Documents 470/371, 470/373, December 9, 1980.

111) Herman N. Finkelstein, *Legal Aspects of Commercial Letters of Credits*, Columbia University Press, 1930, p. 239.

112) 小峯 登, 「1974年 信用狀統一規則」(上卷), 外國爲替貿易研究會, 1974, 475~476面. 114) 은행이 면책된 판례들은 다음과 같다.
Maurice O'Meara Co. v. National Park Bank, [1925] 39 A.L.R.; Gian Singh & Co., Ltd. v. Banque de I'Indochine, [1974] 2 Lloyd's Rep. 1; Discount Records Ltd. v. Barclays Bank Ltd. v. Barclays Bank, Ltd. & Another, [1975] 1 W.L.R. 315; The American Accord, [1979] 1 Lloyd's Rep. 267.

113) Stanley F. Farrar and Henry, Laudau, "Letters of Credit", *The Business Lawyer*, Vol. 40,

따라서 은행의 면책은 운송서류에 표시되어 있는 운송인의 부지약관(unknown clause)에 의한 면책과도 상통하는 점이 있다고 할 수 있다.

신용장통일규칙은 서류심사의 기준[114]으로 "지정은행, 확인은행(있는 경우) 및 발행은행은 서류가 문면상 일치하는 제시를 구성하는지 여부를 결정하기 위하여 서류만을 기초로 하여 제시를 심사하여야 한다"고 명시하고 있다. 국제상업회의소는 "서류의 일치(consistency)라는 말의 해석에 대하여 모든 서류가 같은 거래에 관련된 것이 분명하다는 것, 즉 서류가 문면상 다른 서류와 관계가 있다는 것과 모든 서류가 모순되어서는 안 된다는 것을 의미하는 것으로 해석하여야 한다"[115]고 하였다.

따라서 서류간의 일치 여부는 신용장조건을 전혀 해하는 것이 아님을 문면상 알아 차릴 수 있거나 상충되지 아니한 때에는 그 서류와 신용장이 일치 또는 합치되는 것으로 보아야 한다.

(4) 서류의 작성자 및 발행자에 대한 면책

신용장거래에서 은행은 매매계약, 운송계약 또는 보험계약상의 당사자는 아니다. 은행은 신용장당사자라는 범위 내에서 책임과 의무를 부담하지만 각 서류가 가리키는 기타 계약에서의 당사자에 관한 일에 대해서는 면책이라는 것을 분명히 하고 있다. 따라서 물품의 매매계약, 운송계약 또는 보험계약의 당사자가 아닌 은행은 물품의 송화인(shipper)·운송인·운송주선인·수화인 또는 보험자 또는 기타 당사자의 성실성(good faith), 작위 또는 부작위(acts and/or omissions), 지급능력(solvency), 이행(performance) 또는 신용상태(standing) 등에 관하여 아무런 의무나 책임을 부담하지 아니한다.[116]

신용장거래에서는 특히 송화인, 즉 매도인의 성실성이 문제가 될 경우가 많

1985, p. 1319.

114) UCP 600, Article 14-a.

115) ICC Documents 470/330, April 14, 1978.

116) UCP 600, Article 34.

다. 송화인이 불성실하여 약정물품을 선적하지 않았거나 때로는 사기행위를 하는 악덕상인이 나타나기 때문이다. 그렇다고 해서 은행이 신용장에 의한 환어음의 제시가 있는 때에 일일이 송화인의 성실성을 심사할 의무도 없고, 설령 송화인의 불성실성에 의한 매수인의 손해에 대하여도 책임을 부담하지 않는다. 따라서 신용장거래에서 은행은 서류의 작성 또는 발행자가 기재한 서류의 제시(representations)에 의해 거래하는 것이지 사실(facts)에 의해 거래하는 것은 아니다.[117]

8.2 송달 및 번역에 대한 은행의 면책

(1) 은행의 신용장 또는 서류송달중의 사고

신용장발행은행은 수익자 또는 거래은행에 대해서 신용장 자체, 신용장발행의 확인 또는 통지의뢰서, 조건변경통지서 및 전송확인 등의 많은 통보 내지 서신을 송부한다. 이 중 특히 중요한 것은 우송이다.[118]

이들 문서가 보통 우체국이나 통신담당기관 등의 송달기관으로 인도된 후 어떤 이유에 의해 분실 또는 멸실하여 배달불능이 되거나 또는 배달이 예정기간을 상당히 초과하게 되어도 은행은 이와 같은 사고에 대하여 일체의 책임을 부담하지 않는다. 배달불능 혹은 배달지연의 사유로는 ① 우체국이나 송달업자의 착오, ② 송달물의 폭주에 의한 혼란, ③ 송달관계자·관련수송기관 종업원 등의 파업(strike)이나 태업(sabotage), ④ 운송선박·차량·항공기 등의 사고·침몰·추락, ⑤ 천재지변이나 내란, 전쟁 등을 들 수 있다. 어느 경우에 있어서도 이들 사고는 발행은행이 통제할 수 없는 사고여서[119] 신용장통일규칙에서는 이들 사고에 기인한 손해에 대해서는 은행이 면책됨을 규정하고 있다.[120]

발행은행의 신용장통지의무에 관련하여 신용장의 발행은 의뢰인과 발행은

---

117) Henry, Harfield, *op. cit.*, p. 69.

118) 小峯 登, 前揭書, 493面.

119) 朝岡良平, 前揭書, 188面.

120) UCP 600, Article 35.

행간의 위임계약, 즉 의뢰인의 위임신청과 이에 대한 발행은행의 승낙의 결과로 이루어지는 것이기 때문에 제3자인 수익자를 위해 계약을 체결한 것으로 해석되지 않는다. 발행은행은 신용장이 매도인에게 도달되어 매도인으로 하여금 수익자가 되게 하는 것이 유효하게 된 후 비로소 신용장의 조건에 따라 매도인에 대해 신용장의 급부를 행할 의무를 부담하게 된다. 따라서 발행은행은 수익자와의 관계에 있어서는 신용장통지의 의무를 부담하고 있지 않기 때문에 신용장통지의 배달불능·배달지연 등에 대하여 책임이 없다.[121]

그러나 현행 신용장통일규칙 제35조에서는 신용장조건에 일치되는 서류가 지정은행, 확인은행, 발행은행간 송달중 분실된 경우 인수·지급, 매입 또는 상환하여야 한다고 규정하고 있다.

만일 발행은행으로부터 매입에 관해 특별히 지정되어 있지 않은 임의의 은행, 즉 자유매입신용장(freely negotiable credit)에 기초하여 매입을 행하여 당해 서류송달중에 지연 또는 분실, 멸실 등의 사고가 발생한 경우, 매입은행은 과연 면책을 주장할 수 있는지가 문제된다.

小峯 登은 환어음의 송달중에 사고가 발생했을 때는 임의의 매입은행의 책임이 된다[122]고 하고 있다. 발행은행이 신용장 속에서 상환을 행하기 위하여 필요불가결한 전제조건으로서 관련 환어음·서류를 발행은행에로의 도착·제시를 명기하고 있지 않는 한 임의의 매입은행이 송달한 서류의 분실·불착 등에 수반하는 위험은 모두 발행은행이 부담하는 것이며,[123] 더 나아가서는 발행의뢰인이 부담하여야 한다.

한편 한국의 경우, 우편물의 송달에 대한 책임제한은 "우편물의 손해가 발송인 또는 수취인의 과오로 인한 것이거나 당해 우편물의 성질, 결함 또는 불가항력으로 인하여 발생한 것일 때에는 그 손해를 배상하지 아니한다"라고 규정하고

---

121)H. C. Gutteridge, and Maurice, Megrah, *op. cit.*, p. 195.

122)小峯 登, 前揭書, 507面.

123)H. C. Gutteridge, and Maurice, Megrah, *op. cit.*, p. 195.

있다.[124] 또한 한국의 민사소송법 제163조와 제174조에 의하면 우편송달은 우편 집배인으로 하게 하며 발신주의를 채택하고 있다.

신용장에 근거한 지급, 인수 또는 매입을 행한 은행이 서류송달중에 사고가 발생하게 된 경우에는 면책되지만, 발행은행에 대해 상환을 청구할 때에는 분실 한 서류가 정확히 신용장조건에 합치하고 있었던 것이라는 점과 아울러 당해 서 류는 정규의 절차로 송달했음을 입증시켜야 한다. 일반적으로 은행간에서는 매 입한 서류를 해외로 송달할 때에는 이편분송[125]으로 나누어 송달기관에 발송위 탁을 하는 관행이 있어 이 경우 양편 공히 우연한 사고로 모두가 분실·멸실하는 예는 거의 없기 때문에 양편 공히 사고에 의해 불착되지 않는 한 발행은행에 대 한 입증은 비교적 용이하다.[126]

아무튼 이편분송이든, 일편전송이든 서류송달중 사고에 대한 상환청구는 당 시의 서류발송의뢰에 따른 접수증 등 증빙을 제시하여 의뢰인의 귀책사유가 없 음을 입증시켜야 한다.

(2) 전신교신중의 사고

1) 텔레커뮤니케이션에 의한 사고

오늘날 국제상거래는 전기적·전자적 통신수단의 발달에 따라 신용장거래에 서도 전신(Cable)·전보(Telegram)·텔렉스(Telex)·모사전신(Facsimile)·스위프트 (SWIFT) 등이 빈번히 사용되고 있다. 이들 통신수단을 총칭하여 제4차 개정 신 용장통일규칙에서부터는 텔레커뮤니케이션(telecommunication)이라는 용어[127]를 도입하였다.

제4차 개정 이전의 신용장통일규칙에 있어서 전신·전보·텔렉스라고 하는

---

124) 우편법 제79조.

125) 환어음매입은행은 신용장상에 서류의 우송방식 지시문언에 따라 이편분송이나, 모두 일 편전송으로 서류송부은행(보통 발행은행)으로 우송하고 있다.

126) 朝岡良平, 前揭書, 192面.

127) UCP 400, Article 18; UCP 500, Article 16.

표현은 최근 통신수단의 발달 및 고도화에 수반하여 스위프트[128]나 모사전신 등
이 등장하고 본격적으로 가동하고 있는 현상에 비추어 이들 전기적 혹은 전자적
통신수단을 총칭하는 용어로서 텔레커뮤니케이션[129]이라는 새로운 표현을 사용
하게 된 것이다.

신용장거래에서 신용장의 발행에 대한 통지 또는 조건변경 및 대금의 결제
등과 관련하여 전송방식이 이용되고 있다. 따라서 이와 관련한 사고도 전신의 송
수신하는 사이에 일어나는데, 즉 도착지연, 미착, 불착, 일부탈락, 글자의 일그
러짐, 문자변화 등의 사고가 있다. 텔레커뮤니케이션 사고의 원인으로서는 전
원·단말기·중계기기·중앙전산기시스템 등의 고장이나 통신회로의 이상·장애가
있다.

송신은행측에서 송신의 준비가 완료되어 있어도 통신회선이 폭주하고 있다
든가, 상대측 수신단말기가 다른 통신을 수신중인 경우에는 현실적으로 통신을
주고 받는다고 하는 것은 불가능하다. 또한 상대측에서 수신된 경우에도 시차나
휴일 등의 제약에 의해 즉시 처리가 된다고는 반드시 단정할 수 없다.

2) 텔렉스, 모사전신 및 스위프트에 의한 신용장거래의 효과

국제상업회의소의 은행위원회는 체코슬로바키아은행(Cze-choslovakian
bank)이 신용장의 발행과 관련하여 텔렉스통지의 효력에 대한 문의에서 동 위
원회는 "조건변경의 텔렉스통지는 텔렉스에 다른 별도의 표시가 없는 한 효력이
있는 조건변경증서로 간주되어야 한다"고 결정하였고,[130]

또한 오스트리아의 국제상업회의소 국내위원회가 표명한 견해로는 "전송

---

128) Robert C. Effros, "A Banker's Primer on the Law of Electronic Fund Transfers", *The Banking Law Journal*, November-December 1988, pp. 518~519.

129) 그러나 telecommunication 속에는 전화는 포함하지 않는다. F. M. Ventris, *Banker's Doc-umentary Credits*, First Supplement to Second Edition, Lloyd's of London Press Ltd., London, 1985, p. 21.

130) ICC Documents 470/355, 470/358, November 9, 1979; The Commission decided that a telex notification of amendment should be regarded as the operative amending instrument unless otherwise stipulated in the telex.

(teletransmission)이라는 표현 속에는 전화전달은 포함되는 것이 아니나 모사전신으로 보내어진 지시는 포함되는 것이기 때문에 신용장은 효력 있는 신용장증서를 구성하게 된다"[131]고 하였다.

또한 스위프트사용의 효과에 대해 함부르크의 Dresdner Bank A.G.의 견해를 요청받은 동 위원회는 "스위프트를 통하여 발행된 신용장을 통지하는 은행은 스위프트규칙에 따라 상응하는 통일규칙준수 문구가 수익자에게 송부되는 신용장통지에 포함되었는가를 확인하여야 한다"[132]는 견해를 밝혔다. 그러나 스위프트를 이용한 통신수단은 오늘날의 신용장거래에서 일정한 형식의 메시지형식, 즉 신용장발행시의 "MT700"과 같은 형식을 이용하고 있어 UCP 를 적용하는 신용장거래관습을 반영하는 것으로 인정되고 있다.

3) 수익자 앞으로의 전송에 대한 면책

신용장거래에 있어서 각 은행간에는 통지에 관한 전신·텔렉스·스위프트 등 전송의 발신·수신이 빈번하게 행하여진다. 그러나 이같은 전송의 송신중에 통신의 지연, 전문의 훼손 혹은 어구의 탈락, 지시와 다른 자구의 혼입 등의 사고가 발생하는 일도 있다. 그러나 은행이 정확히 명기한 전문을 지체없이 전신국에 제출하거나 또는 텔렉스로 정확히 발신한 때에는 송신중에 이러한 사고가 발생하더라도 은행은 책임을 부담하지 아니한다.[133] 그러나 은행에 의하여 고용되어 있는 전송담당자가 신용장을 발행 또는 통지함에 있어서 송신상 오류를 범하였을 경우, 은행에서 송신문을 검토하지 않았으므로 본래의 신용장발행 지시사항과 상위한 내용이 전달된 것을 간과하고 말았다면, 은행은 해태를 이유로 본 조항에 의하여 면책되지 않는다. 이것은 송신상의 오류라기보다는 중요한 서류의 심사의무를 이행하지 않은 것으로 보아야 한다.

---

131) ICC Documents 470/444, 470/452, April 23, 1985.

132) ICC Documents 470/479, 470/481, May 28, 1986; The commission considered that banks advising credits issued through SWIFT should ensure in accordance with SWIFT rules that the appropriate UCP incorporation clause was included in the credit advice sent to the beneficiary.

133) UCP 600, Article 35.

신용장발행의 통지가 지연되는 이유 중에 특히 발행은행이 지체없이 발신의 준비를 하였음에도 불구하고 전신국의 착오나 동맹파업 또는 전신의 폭주 혹은 검열 또는 직통의 전신경로가 없기 때문에 시간이 걸리는 등 상대방에게 전신이 도착하는 데에 늦어지는 일이 있다. 이 경우 발행은행은 발신에 과실이 없는 이상 발행의뢰인에게 보상을 청구할 권리가 있으며, 통지은행도 본래 지시의 주선을 행하는 입장에 있으므로 책임을 부담하여야 할 이유가 없다.[134]

또한 전문 중의 문자가 송신중에 훼손되는 바람에 판독할 수 없는 경우나 전신국측의 잘못으로 전문 중의 어구가 탈락하였다든지 하는 경우도 있다. 은행이 신용장의 발행, 확인, 통지 또는 변경의 지시를 받았을 경우, 그 지시내용이 불완전하여 유효한 신용장이라고 확정하기가 곤란하거나 지시문언이 불명료하여 해석상 혼란이 야기될 우려가 있다고 판단될 경우 은행은 단순히 참고자료로서 아무런 책임을 부담하지 않고 수익자에게 예비통지할 수 있다.

4) 발행은행 앞으로의 전송에 대한 면책

신용장통지은행이 수익자의 의뢰에 의하여 신용장의 선적기일(shipping date) 또는 유효기일(expiry date)의 연장 등 조건변경에 관한 전신을 발신하였지만, 송신중의 지연 또는 오자, 탈루 등이 발생하여 발행의뢰인의 동의를 얻지 못하였다고 하더라도 동 은행은 수익자에 대해서 책임을 부담하지 않게 된다.[135] 예컨대 지급, 인수 또는 매입은행으로부터 발행은행 앞으로 타전하는 경우가 상당히 있지만 그것이 송신중의 사고로 인하여 다른 당사자에게 손해를 입히더라도 이러한 은행은 발행은행에 대하여, 발행은행은 발행의뢰인에 대하여 각각 면책이 된다.

(3) 전문용어의 번역과 해석상의 오류에 대한 면책

은행은 신용장에 기재되어 있는 물품의 명세·품질·규격 등을 설명하는 전문용어에 대해서는 충분한 지식을 갖고 있지 않기 때문에 이를 정확히 번역하거

134)H. C. Gutteridge, and Maurice, Megrah, *op. cit.*, pp. 194~195.
135)UCP 600, Article 35.

나 해석하는 일은 곤란하다. 따라서 은행은 전문용어의 번역이나 해석상의 오류에 관하여 어떠한 의무 또는 책임을 부담하지 아니하며, 또한 신용장조건을 번역하지 아니하고 송달할 권리를 갖는다.[136]

또한 미국 통일상법전에도 "통지은행은 수익자에 대하여 통지의 요청에 대한 외관상 진정성을 검사할 의무를 부담하며, 통지내용이 부정확한 경우에도 발행된 대로 효력이 발생된다"[137]고 하고 있다.

일반적으로 영어권의 국가에서 영문으로 신용장이 발행되기를 바라고 있듯이 프랑스나 중동국가의 경우 그들의 언어를 사용할 것을 바라고 있다. 이러한 경우 수익자가 번역을 필요로 한다고 인정될 때는 신용장발행 의뢰인이 발행은행에 부탁하는 것이 지시사항을 올바로 알 수 있을 것이다.[138] 그렇지만 다양한 언어 등으로 신용장이 발행되어도 은행은 이들을 번역하지 않고 수익자에게 전달할 수 있으며, 고객의 요청에 못이겨 번역이나 해석을 하여 그것이 잘못되어도 책임을 부담하지 않는다.

그러나 지급은행이나 매입은행이 해석을 잘못하여 지급 또는 매입한 대금에 대해서는 발행은행으로부터 보상받을 권리가 유보되며, 또한 발행은행은 이에 대하여 아무런 책임을 부담하지 않는다. 반대의 경우, 즉 해석상의 상이로 발행은행이 지급, 인수 또는 매입은행에 지급이나 보상을 거절하면 지급 또는 매입은행은 수익자에게 상환청구를 할 수 있게 된다.

또한 신용장의 원본, 조건변경통지서, 부도통지서 등이 수익자나 또는 은행 간에 전달되어 이들의 통지와 서류 등에 사용되고 있는 언어가 자국어가 아닌 경우라 할지라도 은행은 이를 번역할 의무는 없고 원문 그대로 전달하여도 관계가 없으며, 코레스(correspondent)상의 과실에 대해서도 면책된다.[139] 따라서 번역하느냐 안 하느냐는 통지은행의 의향에 달려 있기 때문에 신용장통일규칙에서

---

136) *Ibid.*

137) UCC, Article 5-107(d).

138) F.M. Ventris, *op. cit.*, p. 22.

139) E. P. Ellinger, *op. cit.*, p. 169.

도 신용장조건을 번역하지 않고 통지할 권리를 갖는다고 규정한 것이다.

8.3 불가항력에 따른 은행의 면책

(1) 신용장거래와 불가항력의 범위

불가항력(Force Majeure)의 정의를 내리는 데는 실제로 어려움이 많다.[140] "Force Majeure"는 프랑스법에서 유래된 용어[141]로 "당사자의 통제를 넘어서는 모든 사건(every event beyond the control of the parties)"[142]을 말한다.

특히 계약당사자는 계약체결시에 미리 불의의 사태로 인하여 이행불능이 되는 경우를 대비해서 계약조항 가운데 불가항력조항을 삽입하여 당사자의 권리와 의무를 규율하는 것이 실무상 일반화되어 있다. 국제상거래에서 거래당사자들은 계약의 성질이나 거래의 특수성에 따라 불가항력이라는 용어와 관련하여 합리적으로 해석할 필요가 있다.

영국의 판례 중에 "Force Majeure"의 정의를 시도한 것으로는 1920년의 Lebeaupin 사건이 있다. 이 사건에서 "Force Majeure"라 함은 인간의 의사를 초월한 것으로서 인간의 힘으로 지배할 수 없는 사유를 의미한다. 이러한 "Force Majeure"는 계약의 불이행을 충분히 정당화하는 것이다. 따라서 전쟁, 홍수, 전염병의 발생 등은 "Force Majeure"의 예이며, 근로자의 파업도 이와 같다.[143]

불가항력조항은 상거래계약상 많이 이용되고 있지만 신용장거래에서도 은행의 면책조항을 두고, "은행은 천재, 폭동, 소요, 반란, 전쟁, 테러행위에 의하거나 또는 동맹파업 또는 직장폐쇄에 의하거나 또는 기타 은행이 통제할 수 없는 원인에 의한 은행업무가 중단됨으로 인하여 발생하는 결과에 대하여 아무런 의무 또는 책임을 부담하지 아니한다. 은행은 업무재개 후에도 업무중단 동안에 유

---

140) Barry N. Nioholas, Force Majeure and Frustration, *The American Journal of Comparative Law*, Vol. 27, p. 232.

141) A. G. Guest, *Benjamin's Sale of Goods*, Sweet & Maxwell, London, 1981, §665.

142) Clive M. Schmitthoff, *Export Trade*, 9th ed., Stevens & Sons, 1991, London, p. 164.

143) [1920] 2. K. B. 714. Lebeaupin v. Crispin & Co.

효기일이 경과된 신용장에 의한 인수·지급 매입을 행하지 아니한다"[144]고 규정하고 있다. 본 조항은 신용장거래에 있어서 발행은행 또는 중개은행이 보통의 주의를 기울이거나 노력을 해도 통제할 수 없는 불가항력에 의해 하는 수 없이 업무를 중단한 경우에 그 업무중단으로부터 발생한 결과에 대하여 아무런 의무나 책임도 부담하지 아니한다는 은행의 면책조항이다.

신용장통일규칙에 정한 불가항력의 내용은 다음과 같이 해석할 수 있다.[145] 천재(Acts of God)[146]라 함은 자연현상에 의한 재해로서 지진·태풍·홍수·폭설 등을 말한다. 폭동(riots)은 적법함과 위법함을 불문하고 3인 이상의 사람이 사적인 계획을 수행하기 위하여 집합하여 일반대중에게 공포를 줄 것 같은 폭력을 사용하는 행위 및 행동으로 일반대중의 평온한 생활에 대한 격렬한 교란이며, 소요(civil commotions)는 일반적인 목적을 위해 사람이 다수 집합하여 폭행 또는 강박을 행하는 것을 가리키나 국가권력의 탈취를 목적으로 한 모반(rebellion)[147] 혹은 그 전 단계인 반란의 정도에는 달하고 있지 않는 것을 말하며, 반란(insurrections)은 모반의 전제적 단계의 교란 또는 모반의 영역에 달하지 않은 전 단계의 교란을 가리키며, 전쟁(wars)은 국제법의 범위 내에서 온갖 가해수단을 이용하여 상대국의 저항력을 제압하는 것이 가능한 법적 상태를 가리키지만 일반적으로는 병력에 의한 국가간의 투쟁을 말한다. 또한 기타의 불가항력인 은행이 통제할 수 없는 기타 원인(any other causes beyond their control)이라 함은 은행의 경영에 있어 또는 신용장거래에 있어 중대한 영향을 미치는 여러 가지의 형태로 국가권력의 개입·지시·명령 등에 의한 은행업무활동의 중단도 본 조항의 불가항력에 포함한다. 그리고 동맹파업(strikes)은 은행근로자가 근

---

[144] UCP 600, Article 36.

[145] Clive M. Schmitthoff, *op. cit.*, pp. 163~168; 朝岡良平, 前揭書, 196~197面; ICC, *Force Majeure and Hardship*, ICC Publishing S.A., 1985, p. 8의 Force Majeure(exemption) Clause 등을 참조.

[146] 불가항력을 Acts of God이라고도 하나 Force Majeure보다는 좁은 의미의 개념이다.

[147] 모반(rebellion)이라 함은 헌법상 허용된 자유행동의 범위를 이탈한 국가기력에 반항하는 정치적 착란이다.

로조건의 유지개선을 목적으로 단결하여 은행업무를 거부하는 것이며, 직장폐쇄 (lockouts)는 은행경영자가 은행을 폐쇄하고 은행원의 근로를 거부하는 것이다. 그러나 가끔 발생하는 통화평가절하(currency devaluation) 이전에 정부가 은행에 대해서 일정 기간 동안 업무를 중단시키는 일이 있는데, 이는 면책사유에 포함되지 아니한다.[148]

이상과 같이 은행의 면책범위에 해당되는 불가항력을 살펴보았지만, 면책인정 여부의 문제는 거래의 성격이나 특수성에 따라 합리적으로 해석하여야 할 것이다.

(2) 은행업무중단중 신용장유효기일의 경과와 은행의 입장

1) 발행은행의 입장

은행업무의 중단중에 유효기일을 경과한 신용장에 대해서 신용장발행은행의 소재지에 불가항력사태가 발생하여 은행업무가 중단된 경우에는 서류송부은행에 대해 상환이 불가능하거나 곤란하게 된다.

신용장통일규칙은 기한경과 후의 신용장에 관하여 "은행은 업무가 재개되어도 업무중단 동안에 유효기일이 경과된 신용장에 의한 인수·지급 또는 매입을 이행하지 아니한다"[149]고 규정하고 있다.

그러나 발행은행은 불가항력사태가 상환실행을 불가능하게 한 것이기 때문에 수출지·선적지에 있어서 매입은행 또는 지급은행과 같이 신용장유효기간에 의한 제약·구속을 받는 것이 아니다. 따라서 일단 유효기일 내에 모든 서류가 신용장조건에 일치되게 제출되었다면 유효한 것으로 간주하여 불가항력사태가 소멸한 시점에는 신용장조건에 따라 상환을 실행해야 할 것이다.

2) 지급 · 인수 · 매입은행의 입장

지급·인수·매입은행도 불가항력으로 인한 은행업무의 중단 때문에 신용장의 유효기일이 경과해 버릴 경우에는 지급은행은 발행은행에 대하여 면책이 된

---

148) F. M. Ventris. *op. cit.*, p. 22.

149) UCP 600, Article 36.

다. 그러나 기한부환어음을 인수한 은행은 불가항력사유로 지급기일에 은행업무가 중단되었던 이유로 지급이 실행되지 않았던 경우는 업무재개시점에서 그 지급을 이행하여야 한다.

3) 확인은행의 입장

확인은행(confirming bank)의 입장은 면책에 대한 본질적 개념이 다르다. 확인은행이 발행은행의 요청에 따라 신용장에 확인을 추가한다고 하는 행위[150]는 그 국가의 정치·경제적인 위험을 고려하여 발행은행의 신용력 부족을 확인은행이 보완해 보강하는 것이다.

발행은행의 경영파탄에 의하여 확인은행이 인수·지급자금에 대해서 발행은행으로부터 상환을 받을 수가 없다고 해도 수익자에 대해 이미 지급·결제자금의 반환청구 또는 매입·결제된 어음의 매입원인무효청구를 행하는 것이 허용되지 않는다.[151] 발행은행이 불가항력원인에 의해 확인은행에의 보상이 불가능하게 된 경우에도 확인은행은 수익자에 대하여 지급·결제자금의 반환 내지는 매입·결제어음의 무효청구를 할 수 없다고 해야 할 것이다. 왜냐하면 신용장의 확인은행은 발행은행과는 별개로 독립하여 신용장거래상 채무를 부담하고 있다고 해석하여야 하기 때문이다.[152]

국제상업회의소 은행위원회는 "서류에 하자가 없고 서류가 유효기일 내에 그리고 신용장통일규칙에 기재된 제한시간 내에 확인은행에 제시된 경우 Australian Council이 지적한 사례에 있어서 확인은행은 서류를 제시한 은행에 상환청구권을 행사함이 없이 서류를 매입하여야 한다"[153]는 의견을 제시한 바 있다. 그러나 확인은행으로서 신용장의 유효기일 내에 지급·인수·매입을 확약하

---

150) SWIFT 메시지에 의한 MT700 형식의 신용장에서 ":49 confirmation instructions: WITHOUT"이라고 표시되어 있으면 미확인신용장을 의미하고 "CONFIRM" 또는 "MAY ADD"라는 표시가 있으면 확인신용장을 의미한다.

151) 朝岡良平, 前揭書, 198面.

152) UCP 600, Article 8.

153) ICC Document, 470/358, November 9, 1979.

고 있는 경우라도 확인은행의 업무중단이 불가항력으로 인한 것이라면 확인은행
도 면책되는 것으로 보아야 한다.

(3) 타지에서 불가항력사태가 발생한 경우의 은행의 면책

신용장거래에서 수익자소재지의 은행의 입장에서 볼 때, 발행은행 혹은 제3
국 결제지의 지급은행, 인수은행 또는 상환은행소재지에 불가항력사태가 발생한
경우, 관련은행은 면책이 될 수 있는가 하는 점이다.

이 경우 수익자소재지의 은행은 수익자의 환어음을 매입하지 않을 것이다.
가령 이에 응한다 하더라도 수익자가 담보 또는 각서를 차입하는 조건으로 보증
장부매입(under indemnity negotiation)을 행하고 있는 것이 현재의 관행이다.

발행은행의 경우에도 앞서 언급한 바와 같이 수출지의 매입은행으로부터 제
시된 환어음 또는 제시된 서류에 대해서 불가항력으로 인하여 지급, 인수를 현실
적으로 행할 수 없기 때문에 불가항력사태가 해소되기 전에는 지급은행이 곤란
하게 된다.

또한 결제지의 지급은행, 인수은행 및 상환은행(reimbursing bank)의 경우에
는 대금결제지가 전쟁으로 인해 폭력을 받는 바람에 일시 은행의 활동이 정지될
수도 있고, 외국환관리상 각국과의 결제업무가 일부 정지되는 일 등도 있다. 이
와 같은 불가항력사태의 경우에는 수출지의 은행 또는 발행은행에 대해서도 면
책이 된다.[154] 만일 불가항력사태의 완화나 해제가 되어 업무를 재개하게 된 때
에는 결제지의 은행도 역시 인수·지급을 하여야 한다. 왜냐하면 지급·인수은행
은 이 경우에 신용장유효기일과 관계없기 때문이다.[155]

실무상 수출지의 매입은행은 타지에서 불가항력사태가 발생한 경우에 앞으
로 닥칠지 모르는 지급거절 또는 지급불능 등의 문제를 고려하여 상당한 채권보
전책을 마련할 필요가 있다.

---

154) UCP 600, Article 36.
155) 小峯 登, 前揭書, 525~527面.

8.4 피지시인의 행위에 대한 은행의 면책

(1) 타은행이용에 따른 비용과 위험부담상의 면책

신용장거래는 관련당사자간에 이루어지는 거래이기 때문에 발행은행은 신용장에 기초한 거래가 지장 없이 실행되어 발행의뢰인의 의도한 관련당사자간의 서류송달·전송 등으로 대금결제를 원활히 수행되도록 상응한 노력을 기울일 책무가 있다. 그러므로 발행은행 자신의 조직·인원을 최대한으로 활용하는 것은 물론이거니와 때로는 거래관계를 갖고 있는 타은행의 협력·지원을 부탁하는 일이 있다. 신용장거래의 상대가 되는 은행, 즉 신용장거래에 관여하는 은행은 보통의 경우에 거의 해외에 소재하고 있다. 발행은행으로서는 가능한 한 다수의 해외지점을 설치하여 신용장거래를 포함하는 국제간 업무의 추진을 도모하는 것이 바람직하지만 채산성면이나 자국 또는 상대국정부의 점포인가 여부, 외국환거래법 등의 제약을 받기 때문에 세계의 전지역에 "현지법인이나 지점"[156]을 설치할 수는 없다.

따라서 자행의 해외지점이 설치되어 있지 않은 지역에 있어서는 그 지역에 소재하는 은행과 미리 국제거래에 대하여 포괄적인 약정을 맺어 두어 대외거래가 원활하게 지장 없이 행해지도록 대책을 수립하고 있다. 이러한 약정을 체결하고 있는 소위 환거래은행(correspondent bank)[157]은 신용장거래에서 차지하는 역할이 매우 크다. 실제로는 수익자소재지에 자행지점이 없거나 지점이 있더라도 타행의 서비스를 이용하게 될 경우가 있다.

신용장거래에 있어서 발행은행은 보통 외국에 있는 환거래은행 앞으로 신용

---

156) 현지법인이라 함은 해외투자에 의해 외국에서 금융기관을 법인형태로 설립한 금융기관을 말하며, 지점은 자국의 본사로부터 송금받은 영업기금을 가지고 독립채산제에 입각하여 외국에서 영업활동을 하는 것을 말한다.

157) 외국환은행이 외국의 은행과 외국환거래에 관하여 체결하는 약정을 환거래약정(correspondent agreement)이라고 하고, 이를 체결한 외국의 은행을 보통 "코레스 은행"이라고 부른다. 대외환거래계약은 당좌예금계정의 개설 여부에 따라 예치환거래(depository correspondent) 약정과 무예치환거래(non-depository correspondent) 약정으로 나누어진다.

장의 통지(advice) 또는 확인(confirmation)을 의뢰하거나 또는 지급, 인수 또는 매입을 수권하고 있다. 그러므로 타행의 서비스 이용은 불가피하게 되고, 이를 이용하는 이상 신용장의 통지, 확인 또는 인수수수료 등의 비용이 발생되는 경우도 있다.

따라서 신용장통일규칙은 "발행의뢰인의 지시를 이행하기 위하여 타은행의 서비스를 이용하는 은행을 발행의뢰인의 비용과 위험으로 이를 이행한다"[158]고 규정하고 있다. 즉 발행은행의 해외지점이나 환거래은행을 통하여 신용장의 지시를 행하는 경우와 발행한 신용장에 확인을 필요로 하는 경우에는 타은행의 서비스의 제공 혹은 채무의 인수에 따른 수수료는 발행의뢰인이 부담하는 것이 된다.

한국의 경우에 신용장거래에 발생되는 비용부담에 대해서는 미리 신용장발행의뢰인으로부터 차입하여 두고 있는 수입거래약정서에 의거 약정하여 두고 있는 것이 외국환은행들의 관행이다.

또한 신용장에서 지급, 연지급확약, 환어음의 인수 또는 매입하도록 발행은행으로부터 수권된 은행이 신용장조건대로 거래를 행한 경우, 이에 요구되는 이자·수수료 등의 제비용은 모두 발행의뢰인 부담이기 때문에 발행은행에 청구할 수가 있다.[159] 다만 신용장문언상에 이와 다른 조건이 명시되어 있는 경우, 예를 들면, "All banking charges outside of the United States are for account of the beneficiary"인 경우에는 당연히 수익자부담이 된다.[160]

특히 매입은행에 대한 수출환어음의 상환지연에 따른 소위 지연이자(delay

---

158) UCP 600, Article 37-a.

159) 外爲實務硏究會, "NACIBの銀行間補償規則と信用狀統一規則", 「金融法務事情」第1043號, 金融財政事情硏究會, 1983, 79面.

160) 한국의 외국환은행들의 신용장거래관련 수수료징수관행은 별도 합의가 없는 한 수익자가 부담하는 것으로는 통지은행으로부터 신용장을 통지받을 경우 통지수수료, 환어음매입(negotiation)시에 우편료(postage), 환가료(exchange commission), 대체료(in lieu of exchange), 이전에 매입한 대금의 상환지연과 관련된 지연이자(delay interest) 등이 있으며, 신용장발행의뢰인이 부담하는 것으로는 신용장발행의뢰시에 신용장발행수수료(L/C issuing commission), 전송료(teletransmission charge), 코레스료(Corres Charge) 등이 있다.

interest)에 대하여 "상환이 최초의 청구시에 신용장의 조건에 따라 상환은행에 의하여 상환받지 못한 경우, 발행은행은 발생된 모든 경비와 함께 이자손실의 책임을 부담하여야 한다"[161]고 규정하고 있다.

이와 관련하여 이미 국제상업회의소 은행위원회에서는 "발행은행이 매입은행에 상환을 늦게 한 경우에는 매입은행에 이자를 지급할 책임이 있고, 이자율은 지급이 이루어지는 지역에서 시행되고 있는 율이어야 한다고 결정하였고, 실제적으로 지연이 있었는가 하는 것은 각 사안별로 판단되어야 하며, 발행은행이 지급하여야 할 지연이자를 지급하지 않은 경우 매입은행은 수익자로부터 이자를 청구할 수 있다"[162]는 견해를 밝힌 바 있다. 또한 상환의 실행을 제3의 은행, 즉 상환은행에 수권·위임하는 경우도 있어 발행은행의 지시와 수권에 따라 행하는 상환은행의 행위도 발행의뢰인의 계산과 위험부담으로 한다.[163]

이와 같은 견해는 국제상업회의소 은행위원회에서도 "상환은행의 수수료부담에 관하여 동 위원회는 상환은행은 통일규칙 제21조(UCP 600 제19조)에 따라 발행은행의 대리인이므로 상환은행의 수수료는 발행은행이 부담하여야 한다"[164]는 의견을 밝혔다.

위의 견해를 종합하여 볼 때 신용장거래에서 정상적으로 제시된 수출환어음에 대하여 발행은행의 상환지연에 따른 이자는 발행은행이 부담하지만 궁극적으로는 발행의뢰인이 부담하여야 한다.

(2) 타은행의 지시불이행과 면책

1) 피지시인의 행위에 대한 면책

신용장발행은행이 타행의 서비스를 이용할 경우 전달된 지시사항이 제대로 이행되지 않아도 발행은행은 면책된다. 신용장통일규칙에서는 "발행은행 또는

---

161) UCP 600, Article 13-b-iii.

162) ICC Documents 470/336, 470/342, December 1, 1978.

163) 朝岡良平, 前揭書, 205～206面.

164) ICC Documents 470/487, 470/495, October 28, 1986.

통지은행이 타은행의 선택에 있어서 주도적 역할을 하였다 하더라도, 그 은행이 타은행에게 전달한 지시가 이행되지 아니하는 경우, 발행은행 또는 통지은행은 아무런 의무 또는 책임을 부담하지 아니한다"[165]라고 규정하여 지정은행의 불이행에 대한 발행은행의 면책조항은 대리인(발행은행)은 본인(발행의뢰인)에 대하여 대리인의 임무수행권이 위임된 복대리인(타은행)에 대한 책임을 부담한다고 하는 사실이 관례적으로 받아들여지고 있음에 비추어 특수한 조항이라 할 수 있다.[166]

또한 신용장이용이 발행은행의 소재지 외 특히 외국에서 이루어지는 경우에는 그 외국에 있는 타은행을 이행보조자로서 사용할 필요를 느낀다. 이 경우 이행보조자의 사용은 발행은행의 편의상의 임의조치라고 하는 것보다는 필요불가피한 조치이기 때문에 이 은행의 책임을 면제시키는 것이 필요할 것이다. 채권법의 일반원칙에 따르면 은행의 이행보조자인 타은행의 협력을 받은 은행 자신 측에 고의의 과실이 있는 경우에는 책임을 부담하여야 하는 것으로 보고 있다. 이는 발행은행의 의뢰자에 대한 위임계약 또는 청부계약, 기타의 계약상의 의무이행에 관한 문제이다. 이행보조자의 선정은 의뢰인을 위한 것이거나 또는 발행은행 스스로가 한 것이든 간에 이를 불문한다.[167]

2) 은행 자체의 과실과 면책 여부

만일 발행은행이 통지은행에게 신용장을 수익자에게 통지하여 줄 것을 지시하였으나, 통지은행의 과실로 적기에 통지하지 않았다면 통지은행은 발행은행에 대하여 책임을 져야 한다. 그러나 발행은행은 불성실한 타은행을 선정한 결과 거래에 지장이 발생하여 발행의뢰인에게 손해를 입힌 경우에는 타행에 대한 지시가 부정확하였던 이유로 면책이 되지 않는다.

이와 같은 견해는 국제상업회의소의 결정에서도 찾아볼 수 있다. 즉 국제상업회의소 은행위원회는 신용장발행은행이 통지은행을 선택한 경우와 신용장발

---

165) UCP 600, Article 37-b.
166) 한주섭, 「최신신용장론」, 동성사, 1987, 483면.
167) F. M. Ventris, *op. cit*, p. 23.

행의뢰인이 통지은행을 선택한 경우에 발행은행의 책임범위에 대한 질의를 받고 "발행은행 또는 발행의뢰인이 통지은행을 선택하였든 간에 통지은행의 착오에 대하여 발행은행이 어떠한 책임을 부담하는 것이 아니라는 원칙이 수립되어 있으나, 이러한 면책은 발행은행이 태만히 한 경우에는 적용되는 것이 아니다"[168] 라고 하였다. 또한 확인은행의 경우도 발행은행이 모든 절차를 밟아 확인을 요청하였음에도 불구하고 그런 요청을 받은 은행이 확인을 하지 않거나 지연시킨다 하더라도 발행은행은 발행의뢰인에 대하여 면책이 된다.

그러나 만일 확인요청을 받은 은행과 발행은행간에 확인에 대한 약정이 없어 확인을 못해 주는 입장에 있음에도 불구하고 발행의뢰인으로부터 확인수수료를 예납받았을 경우에는 발행은행은 발행의뢰인에 대하여 면책이 되지 아니한다.

(3) 외국의 법률·관습상의 의무와 책임에 대한 면책

발행의뢰인은 외국의 법률 및 관행에 의하여 부과되는 모든 의무와 책임에 구속되며 이에 대하여 은행에게 보상할 책임이 있다.[169] 이와 같은 의무 및 비용 부담은 외국간에 걸쳐서 거래를 행하는 한 회피할 수 없는 종류의 것이며, 당해 신용장거래에 대하여 지시·의뢰한 신용장발행의뢰인이 최종적으로 의무와 책임을 부담하여야 하는 것이 본 규정의 취지이다.[170]

그러나 외국에 있는 외국환은행으로부터 요구해 오는 통지, 확인, 인수 또는 매입수수료는 특히 수익자부담으로 명시되어 있지 않는 한 발행의뢰인이 부담하여야 한다. 또한 신용장발행 이후에 외국의 법률이 개정되어 거래가 불가능하게 된다든가 규제되어 관련은행에 손해가 발생하는 경우에도 이와 같은 손해는 신용장발행의뢰인이 부담하여야 한다.

---

168) ICC Documents 470/342, December 1, 1978; ICC, *Decision(1975~1979) of ICC Banking Commission*, ICC Publishing S.A., 1980, p. 30.

169) UCP 600 Article 37-d.

170) 그러나 벤트리스(Ventris)는 이 조항에 대한거래관행은 명확성의 결여로 논쟁의 여지가 있다고 하고 있다; F. M. Ventris, *op. cit.*, p. 22.

신용장의 종류

1. 신용장분류의 기준

　　신용장은 그 분류상 국제적으로 통일된 기준이 없다. 하나의 신용장이라 하더라도 관점에 따라 여러 가지로 칭할 수 있기 때문에 보편적인 분류방법이라고 단정하기는 어렵다. 가령 한 개의 화환신용장(documentary credit)이라 하더라도 취소불능신용장(irrevocable credit), 미확인신용장(unconfirmed credit), 일람불신용장(sight credit), 자유매입신용장(freely negotiable credit), 양도가능신용장(transferable credit) 등과 같이 얼마든지 거래성격에 따라 다르게 다양한 명칭을 붙일 수 있다.

　　다음 〈표 4-1〉에서와 같이 신용장의 종류를 일반적인 신용장, 특수목적을 위한 신용장, 그리고 유사신용장으로 대별하여 살펴보기로 한다.

2. 일반신용장

2.1 상업신용장(commercial credit)과 여행자신용장(traveller's credit)

　　상업신용장(commercial credit)이란 국제물품매매에 따른 무역대금의 직접적

표 4-1	신용장의 종류	
구 분	**관 점**	**신 용 장 의 종 류**
일 반 신용장	1. 신용장의 용도에 따라	• 상업신용장(commercial credit) • 여행자신용장(traveller credit)
	2. 요구서류 유무에 따라	• 화환신용장(documentary credit) • 무화환신용장(clean credit)
	3. 취소가능 여부에 따라	• 취소가능신용장(revocable credit) • 취소불능신용장(irrevocable credit)
	4. 제3은행의 확인 유무에 따라	• 확인신용장(confirmed credit) • 미확인신용장(unconfirmed credit)
	5. 양도허용 여부에 따라	• 양도가능신용장(transferable credit) • 양도불능신용장(non-transferable credit)
	6. 매입 · 지급 허용 여부에 따라	• 매입신용장(negotiation credit) • 지급신용장(straight credit)
	7. 대금지급기간에 따라	• 일람출급신용장(sight credit) • 기한부신용장(usance credit)
	8. 매입은행지정 유무에 따라	• 자유매입신용장(freely negotiable credit) • 매입제한신용장(restricted credit)
	9. 상환청구권 유무에 따라	• 상환청구가능신용장(with recourse credit) • 상환청구불능신용장(without recourse credit)
	10. 국내외 거래용도에 따라	• 원신용장(master credit) • 내국신용장(local credit)
	11. 상환지급지시에 따라	• 수령증상환지급신용장(payment on receipt) • 서류상환지급신용장(Payment against document credit)
	12. 대금상환방법에 따라	• 단순신용장(simple credit) • 상환신용장(reimbursement credit)
	13. 금융이용의 직 · 간접 여부에 따라	• 직접금융신용장(direct financing credit) • 간접금융신용장(indirect financing credit)
	14. 통지방법에 따라	• 우편신용장(mail credit) • 전송신용장(teletransmission credit)
특 수 신용장	15. 특수목적과 용도에 따라	• 전송신용장(teletransmission credit) • 보증신용장(stand-by credit) • 전대신용장(red clause credit) • 회전신용장(revolving credit) • 구상무역신용장(back to back credit) • 기타신용장(other credits)
유 사 신용장	16. 어음매입 · 지급수권 여부에 따라	• 어음매입수권서(authority to purchase) • 어음지급수권서(authority to pay) • 어음매입지시서(letter of instruction)

인 결제를 목적으로 이용되는 신용장을 총칭하는 것이다. 무역거래는 물품과 서비스(service)를 대상으로 이뤄지고 있으며, 이와 관련하여 후술하는 화환신용장(documentary credit)이나 무화환신용장(clean credit)도 모두 상업신용장 속에 포함된다.

여행자신용장(traveller's credit)이란 해외여행자의 현금휴대의 위험과 불편을 제거하여 주고 여행자가 여행지에서 필요한 금액을 쓸 수 있도록 하기 위하여 여행자의 의뢰에 의하여 발행은행이 국외의 자기 은행의 본·지점 또는 환거래은행에 대하여 그 여행자가 발행하는 일람지급환어음의 매입을 의뢰하는 신용장을 말한다.[1]

신용장거래상 상업신용장은 수입자가 발행의뢰인, 수출자가 수익자가 되지만, 여행자신용장의 경우에는 여행자 자신이 발행의뢰인과 수익자가 되는 점에서 상이하다. 발행은행은 여행자에게 신용장 외에도 서명감(letter of indication)을 함께 교부하여 준다. 오늘날은 해외여행자가 외국환은행에서 환전을 할 경우에 여행자신용장으로서 여행자수표(Traveller's Check: T/C)를 많이 이용하고 있다.

2.2 화환신용장(documentary credit)과 무화환신용장(clean credit)

화환신용장(documentary credit)이란 신용장발행은행이 수익자가 발행한 환어음(draft)에 신용장조건과 일치하는 운송서류(transport document), 보험서류(insurance document),[2] 상업송장(commercial invoice), 포장명세서(packing list) 등을 첨부할 것을 조건으로 하여 인수·지급할 것을 확약하는 신용장을 말하며, 국제물품매매와 관련된 대부분의 신용장이 여기에 속한다. 은행은 이러한 서류를 소지하게 됨으로써 물품에 대한 담보권을 가지게 되므로 안심하고 환어음에 대하여 지급, 인수 또는 매입할 수 있게 된다. 이 때 권리증권(document of title)으로서의 선화증권은 유통증권(negotiable instrument) 형식으로 발행되어야만 담

---

1) 여행자신용장은 "clean credit", "sight credit", "irrevocable credit"에 속하며, 신용장 발행 의뢰시 신용장금액을 전액 납입하여야 한다.

2) 보험서류는 매매계약에서 CIF나 CIP 규칙을 사용하는 경우 신용장에서 요구된다.

보물(collateral)로서 효력을 갖게 된다.

무화환신용장(clean credit)이란 일반적인 결제서류의 제시 없이도 대금지급을 확약하는 신용장으로[3] 여행자신용장(traveller's credit), 입찰보증(bid bond), 계약이행보증(performance bond), 은행의 지급보증서(letter of guarantee), 보증신용장(stand-by credit) 등이 여기에 속한다. 또한 무화환신용장은 운임(commission), 보험료(insurance premium), 수수료(commission) 등 무역외거래에 대한 지급확약시에도 사용된다.

2.3 취소가능신용장(revocable credit)과 취소불능신용장(irrevocable credit)

취소가능신용장(revocable credit)이란 발행은행이 신용장을 발행한 후 수익자에게 미리 통지하지 않고 언제든지 일방적으로 신용장을 취소하거나 그 조건을 변경할 수 있는 신용장이다. 모든 신용장은 취소불능 또는 취소가능의 어느 것인가를 명확히 표시하여야 하며 명시가 없을 경우에는 취소불능으로 간주한다. 이와 관련하여 UCP 600에서는 다음과 같이 규정하고 있다.[4]

"신용장은 취소불능의 표시가 없는 경우에도 취소불능이다."
"A credit is irrevocable even if there is no indication to that effect."

그러나 취소가능신용장이라 하더라도 발행은행은 신용장의 취소 또는 변경의 통지를 접수하기 이전에 신용장의 조건에 일치하는 지급, 인수 또는 매입을 하였거나, 또는 연지급(deferred payment)을 목적으로 서류를 인수한 은행에 대하여는 상환할 의무를 부담한다.[5]

---

3) "clean credit"와 구별하여 "documentary clean credit"이라는 것이 있는데, 이는 해외 본·지점간이나 서로 이해하고 신용 있는 거래처와의 거래시에 수출자가 물품을 선적하고 물품인수에 필요한 서류를 먼저 직접 송부하고 그 발송증빙과 무화환으로 발행된 어음만을 가지고 결제가 이루어지도록 확약하는 신용장을 말한다.

4) UCP 600, Article 3.

5) UCP 600, Article 8.

취소불능신용장(irrevocable credit)이란 신용장발행은행이 일단 신용장을 발행하여 수익자에게 통지하게 되면 신용장유효기간 내에는 발행은행이나 확인은행이 개입할 경우에는 확인은행 및 수익자 전원이 합의 없이는 취소하거나 조건변경을 할 수 없는 신용장을 말한다.

그러나 취소불능신용장이라 하더라도 "Shipment is subject to further instruction"이나 "Negotiation is subject to further instruction"이라는 문언이 있는 신용장은 나중에 선적지시 및 매입지시가 없으면 취소불능성이 아무런 의미가 없는 이른바 정지조건부 취소불능신용장은 엄밀한 의미에서 취소불능이라고 할 수 없다.

SWIFT 메시지에 의한 MT700 형식의 신용장에서 ":40A form of documentary credit: IRREVOCABLE"이라고 표시되어 있으면 취소불능신용장이다.

2.4 확인신용장(confirmed credit)과 미확인신용장(unconfirmed credit)

확인신용장(confirmed credit)이란 발행은행 이외의 제3의 은행이 수익자가 발행하는 어음의 지급·인수·매입을 확약하고 있는 신용장을 말한다.[6] 확인은행으로는 보통 수익자가 소재하고 있는 지역의 발행은행의 예치환거래은행(depositary correspondent bank)을 정하게 된다.

확인은행의 확인(confirmation)은 발행은행과는 별개의 독립된 것으로 수익자의 입장에서는 발행은행의 인수·지급과 관계없이 결제에 대한 확약을 받는 셈이 된다.

확인신용장에서의 확인문언의 예는 다음과 같다.

"We confirm the credit and thereby undertake that all drafts drawn and presented as above specified will be duly honored by us."

"We hereby add our confirmation to this credit."

---

6) 1962년 UCP 제2차 개정 전에는 영국계 은행은 취소불능신용장을 실질적으로 확인신용장과 같은 것으로 해석한 적이 있다.

한편 미확인신용장(unconfirmed credit)은 제3의 은행이 위와 같은 확약문언이 없는 신용장을 말한다.

전술한 바와 같이 SWIFT 메시지에 의한 MT700 형식의 신용장에서 ":49 confirmation instructions: WITHOUT"이라고 표시되어 있으면 미확인신용장을 의미하고, "CONFIRM" 또는 "MAY ADD"라는 표시가 있으면 확인신용장을 의미한다.

2.5 양도가능신용장(transferable credit)과 양도불능신용장(non-transferable credit)

양도가능신용장(transferable credit)이란 신용장상에 "transferable"이란 표시가 있어 최초의 수익자(first beneficiary)가 신용장금액의 전부 또는 그 일부를 제3자에게 양도할 수 있도록 허용하고 있는 신용장을 말한다.

신용장통일규칙에서는 다음과 같이 양도가능신용장을 규정하고 있다.[7]

"Transferable credit means a credit that specifically states it is "transferable." A transferable credit may be made available in whole or in part to another beneficiary("second beneficiary") at the request of the beneficiary("first beneficiary"). Transferring bank means a nominated bank that transfers the credit or, in a credit available with any bank, a bank that is specifically authorized by the issuing bank to transfer and that transfers the credit. An issuing bank may be a transferring bank. Transferred credit means a credit that has been made available by the transferring bank to a second beneficiary."

신용장양도의 필요성은 최초의 신용장수익자가 ① 무역업을 직접적으로 수행할 수 없거나, ② 거래은행에 무역금융수혜를 위한 거래한도가 부족하거나, ③ 쿼타(quota) 보유상사 앞으로 부득이 신용장을 넘겨 줄 필요가 있거나, ④ 기타 업무수행상의 번거로움을 덜기 위함에 있다.

---

7) UCP 600, Article 38-b; 신용장의 양도에 관하여 자세한 내용은 제5장 7. 신용장의 양도 부분을 참조바람.

양도가능신용장은 단 1회에 한하여 양도가 허용되며, 분할선적이 금지되어 있지 않는 한 최초의 수익자는 다수의 제2수익자에게 분할양도(partial transfer)할 수 있다. 양도된 신용장은 제2수익자의 요청에 의하여 이후의 어떠한 수익자에게도 양도될 수 없다. 따라서 양도권은 최초의 수익자만이 갖는다. 또한 신용장의 양도는 원신용장에 명시된 조건에 의해서만 가능하지만, 예외적으로 ① 신용장금액과 ② 단가의 감액, ③ 유효기일 및 서류제시기간이 정하여져 있을 경우에는 서류제시최종일의 단축, ④ 선적기일의 단축, ⑤ 보험금액은 원신용장에서 요구되는 금액을 한도로 증액을 허용하고 있다.[8] 또한 최초의 수익자는 신용장에 표시된 금액을 초과하지 않는 한 자기의 송장으로 제2수익자의 송장을 대체(substitution of invoices)할 권리를 가지며, 송장금액의 차액을 최초의 수익자가 향유할 수 있다.[9]

양도불능신용장(non-transferable credit)은 신용장상에 "transferable"이란 표시가 없는 신용장을 말하며, 이와 같은 신용장은 양도사유가 발생하여도 양도할 수 없다.

2.6 매입신용장(negotiation credit)과 지급신용장(payment credit)

(1) 매입신용장

매입신용장(negotiation credit)이란 환어음이 매입(negotiation)되는 것을 예상하여 매입을 허용하고, 환어음의 발행인(drawer)뿐만이 아니라 환어음의 배서인(endorser), 환어음의 선의의 소지인(bona-fide holder)에 대해서도 지급을 확약하고 있는 신용장을 말한다. 매입신용장에서 특히 매입은행이 지정되면 매입제한신용장(restricted credit)이고, 지정되지 않으면 자유매입신용장(freely negotiable credit)이다.

매입신용장은 수출지의 매입은행이 발행은행의 무예치환거래은행인 경우에

---

8) UCP 600, Article 38-d~g.

9) UCP 600, Article 38-h.

사용되며, 서류매입의뢰시에 환어음을 제시하여야 한다. UCP 500부터 매입신용장은 일람출급으로 사용하도록 하는 취지가 반영되었으므로 기한부로 신용장을 발행하고자 할 경우에는 인수신용장을 사용하는 것이 바람직하다.

스위프트(SWIFT) 메시지에 의한 MT700형식의 신용장에서 매입신용장의 예는 ":41D available with by name, address ： ANY BANK BY NEGOTIATION"과 같이 표기된다. 이는 모든 은행에서 사용(매입)가능한 자유매입신용장을 의미한다.

(2) 지급신용장

지급신용장(payment credit)이란 신용장에 환어음 요구 없이 신용장조건과 일치하는 서류에 대하여 지급할 것을 확약한 신용장을 말한다. 지급은행은 통지은행 또는 발행은행 또는 기타 지정은행이 될 수 있다. 지급신용장은 지급방식에 따라 일람지급신용장(sight payment credit)과 연지급신용장(deferred payment credit)으로 구분된다.

1) 일람지급신용장

일람지급신용장은 신용장이 일람지급(sight payment)에 의하여 사용가능한 경우의 신용장을 말한다. 지급신용장에서는 연지급(BY DEFERRED PAYMENT)을 허용하는 문언이 없으면 일람지급(BY SIGHT PAYMENT)으로 볼 수 있을 것이다.

지급신용장의 경우에도 신용장에 의해 발행된 환어음의 매입이 불가능한 것이 아니므로 수익자의 거래은행이 매입을 할 수는 있지만, 이 경우에는 수익자의 신용도에 따라 매입은행의 계산과 위험부담으로 매입이 이루어진다.

지급신용장의 특징은 대부분의 경우 수출지의 지급은행(통지은행)이 발행은행의 예치환거래은행일 때 주로 사용되며, 영국과 같이 신용장발행시 환어음을 반드시 필요로 하는 나라 이외에는 환어음발행을 요구하지 않는다.

SWIFT 메시지에 의한 신용장에서 지급신용장의 예는 ":41D available with by name, address ： ADVISING BANK BY PAYMENT"와 같이 표기된다. 이는 통지은행에서 사용(매입)가능한 지급신용장이다.

서식 4-1	매입신용장(negotiation credit)

(MT 700) ISSUE OF A DOCUMENTARY CREDIT

From : BANK OF AMERICA, NEW YORK
To : KOREA EXCHANGE BANK
     SEOUL, KOREA

:27   sequence of total : 1/1
:40A   form of documentary credit : IRREVOCABLE
:20   documentary credit number : 78910
:31C   date of issue : 15/07/01
:31D   date and place of expiry : 15/09/30 KOREA
:50   applicant : AMERICA INTERNATIONAL INC.
       310 FIFTH AVE, NEW YORK, NY10118
:59   beneficiary : SEOUL TRADING CO., LTD.
       15, 1-GA, SOGONG-DONG SEOUL, KOREA
:32B   currency code amount : USD100,000
:39A   pct credit amount tolerance : 10/10
:41D   available with by name, address : ANY BANK BY NEGOTIATION
:42C   drafts at : SIGHT
:42A   drawee : BANK OF AMERICA, NEW YORK, NY10015, U.S.A.
:43P   partial shipment : ALLOWED
:43T   transshipment : NOT ALLOWED
:44A   loading on board/dispatch/taking in charge : BUSAN, KOREA
:44B   for transportation to : NEW YORK, U.S.A.
:44C   latest date of shipment : 15/09/20
:45A   description of goods and/or services
       4000 PCS OF MEN'S SPLIT LEATHER JACKETS OTHER DETAILS AS PER SALES NOTE NO. E15 DATED
       MAY 1, 2015 CIF NEW YORK Incoterms®2010
:46A   documents required
       +SIGNED COMMERCIAL INVOICE IN TRIPLICATE
       +PACKING LIST IN TRIPLICATE
       +FULL SET OF CLEAN ON BOARD OCEAN BILL OF LANDING MADE OUT TO THE ORDER OF BANK
        OF AMERICA MARKED FREIGHT PREPAID AND NOTIFY ACCOUNTEE
       +MARINE INSURANCE POLICIES OR CERTIFICATES IN DUPLICATE ENDORSED IN BLANK FOR 110PCT
        OF INVOICE VALUE. INSURANCE POLICES OR CERTIFICATES MUST EXPRESSLY STIPULATE THAT
        CLAIMS ARE PAYABLE IN THE CURRENCY OF THE DRAFTS AND MUST ALSO INDICATE A CLAIM
        SETTLING AGENT IN NEW YORK. INSURANCE MUST INCLUDE INSTITUTE CARGO CLAUSES(B)
       +CERTIFICATE OF ORIGIN IN DUPLICATE
:47A   additional conditions
       ALL DOCUMENTS MUST BEAR OUR CREDIT NUMBER
       T/T REIMBURSEMENT NOT ALLOWED
:48   period for negotiation : DOCUMENTS MUST BE PRESENTED WITHIN 3 DAYS AFTER THE DATE OF BILL
       OF LADING BUT WITHIN THE CREDIT VALIDITY
:71B   charges : ALL BANKING COMMISSIONS AND CHARGES INCLUDING REIMBURSEMENT CHARGES
       OUTSIDE U.S.A. ARE FOR ACCOUNT OF BENEFICIARY
:49   confirmation instructions : WITHOUT
:53A   reimbursement bank : BANK OF AMERICA, NEW YORK, NY10015, U.S.A.
:78   instructions to the paying/accepting/negotiating bank
       DRAFTS MUST BE SENT TO DRAWEE BANK FOR YOUR REIMBURSEMENT
       AND ALL DOCUMENTS TO US BY COURIER SERVICE IN ONE LOT
:72   sender to receiver information : THIS CREDIT IS SUBJECT TO UCP(2007 REVISION) ICC PUBLICATION
       NO. 600

서식 4-2	지급신용장(payment credit)

(MT 700) ISSUE OF A DOCUMENTARY CREDIT

From : BANK OF AMERICA, NEW YORK
To : KOREA EXCHANGE BANK
     SEOUL, KOREA

:27   sequence of total : 1/1
:40A form of documentary credit : IRREVOCABLE
:20   documentary credit number : 78910
:31C date of issue : 15/07/01
:31D date and place of expiry : 15/09/30 KOREA
:50   applicant : AMERICA INTERNATIONAL INC.
     310 FIFTH AVE, NEW YORK, NY10118
:59   beneficiary : SEOUL TRADING CO., LTD.
     15, 1-GA, SOGONG-DONG SEOUL, KOREA
:32B currency code amount : USD100,000
:39A pct credit amount tolerance : 10/10
:41D available with by name, address : ADVISING BANK BY PAYMENT
:43P partial shipment : ALLOWED
:43T transshipment : NOT ALLOWED
:44A loading on board/dispatch/taking in charge : BUSAN, KOREA
:44B for transportation to : NEW YORK, U.S.A.
:44C latest date of shipment : 15/09/20
:45A description of goods and/or services
     4000 PCS OF MEN'S SPLIT LEATHER JACKETS OTHER DETAILS AS PER SALES NOTE NO. E15 DATED
     MAY 1, 2015 CIF NEW YORK Incoterms®2010
:46A documents required
     +SIGNED COMMERCIAL INVOICE IN TRIPLICATE
     +PACKING LIST IN TRIPLICATE
     +FULL SET OF CLEAN ON BOARD OCEAN BILL OF LANDING MADE OUT TO THE ORDER OF BANK
      OF AMERICA MARKED FREIGHT PREPAID AND NOTIFY ACCOUNTEE
     +MARINE INSURANCE POLICIES OR CERTIFICATES IN DUPLICATE ENDORSED IN BLANK FOR 110PCT
      OF INVOICE VALUE. INSURANCE POLICES OR CERTIFICATES MUST EXPRESSLY STIPULATE THAT
      CLAIMS ARE PAYABLE IN THE CURRENCY OF THE DRAFTS AND MUST ALSO INDICATE A CLAIM
      SETTLING AGENT IN NEW YORK. INSURANCE MUST INCLUDE INSTITUTE CARGO CLAUSES(B)
     +CERTIFICATE OF ORIGIN IN DUPLICATE
:47A additional conditions
     ALL DOCUMENTS MUST BEAR OUR CREDIT NUMBER
     T/T REIMBURSEMENT NOT ALLOWED
:48   period for negotiation : DOCUMENTS MUST BE PRESENTED WITHIN 3 DAYS AFTER THE DATE OF BILL
     OF LADING BUT WITHIN THE CREDIT VALIDITY
:71B charges : ALL BANKING COMMISSIONS AND CHARGES OUTSIDE U.S.A. ARE FOR ACCOUNT OF
     BENEFICIARY
:49   confirmation instructions : WITHOUT
:78   instructions to the paying/accepting/negotiating bank
     PAYMENT WILL BE DULY MADE AGAINST DOCUMENTS PRESENTED IN CONFORMITY OF THE TERMS
     OF CREDIT AND ALL DOCUMENTS TO US BY COURIER SERVICE IN ONE LOT
:72   sender to receiver information : THIS CREDIT IS SUBJECT TO UCP(2007 REVISION) ICC PUBLICATION
     NO. 600

PART 02

서식 4-3   인수신용장(acceptance credit)

(MT 700) ISSUE OF A DOCUMENTARY CREDIT

From : BANK OF AMERICA, NEW YORK
To : KOREA EXCHANGE BANK
    SEOUL, KOREA

:27   sequence of total : 1/1
:40A   form of documentary credit : IRREVOCABLE
:20   documentary credit number : 78910
:31C   date of issue : 15/07/01
:31D   date and place of expiry : 15/09/30 KOREA
:50   applicant : AMERICA INTERNATIONAL INC.
       310 FIFTH AVE, NEW YORK, NY, 10118
:59   beneficiary : SEOUL TRADING CO., LTD.
       15, 1-GA, SOGONG-DONG SEOUL, KOREA
:32B   currency code amount : USD100,000
:39A   pct credit amount tolerance : 10/10
:41D   available with by name, address : ADVISING BANK BY ACCEPTANCE
:42C   drafts at : 30 DAYS AFTER SIGHT
:42A   drawee : BANK OF AMERICA, NEW YORK, NY10015 U.S.A.
:43P   partial shipment : ALLOWED
:43T   transshipment : NOT ALLOWED
:44A   loading on board/Disp/taking charge : BUSAN, KOREA
:44B   for transportation to : NEW YORK, U.S.A.
:44C   latest date of shipment : 15/09/20
:45A   description of goods and/or services
       4000 PCS OF MEN'S SPLIT LEATHER JACKETS OTHER DETAILS AS PER SALES NOTE NO. E15 DATED
       MAY 1, 2015 CIF NEW YORK Incoterms®2010
:46A   documents required
       +SIGNED COMMERCIAL INVOICE IN TRIPLICATE
       +PACKING LIST IN TRIPLICATE
       +FULL SET OF CLEAN ON BOARD OCEAN BILL OF LANDING MADE OUT TO THE ORDER OF BANK
         OF AMERICA MARKED FREIGHT PREPAID AND NOTIFY ACCOUNTEE
       +MARINE INSURANCE POLICIES OR CERTIFICATES IN DUPLICATE ENDORSED IN BLANK FOR 110PCT
         OF INVOICE VALUE. INSURANCE POLICES OR CERTIFICATES MUST EXPRESSLY STIPULATE THAT
         CLAIMS ARE PAYABLE IN THE CURRENCY OF THE DRAFTS AND MUST ALSO INDICATE A CLAIM
         SETTLING AGENT IN NEW YORK. INSURANCE MUST INCLUDE INSTITUTE CARGO CLAUSES(B)
       +CERTIFICATE OF ORIGIN IN DUPLICATE
:47A   additional conditions
       ALL DOCUMENTS MUST BEAR OUR CREDIT NUMBER
       T/T REIMBURSEMENT NOT ALLOWED
:48   period for negotiation : DOCUMENTS MUST BE PRESENTED WITHIN 3 DAYS AFTER THE DATE OF BILL
       OF LADING BUT WITHIN THE CREDIT ALIDITY
:71B   charges : ALL BANKING COMMISSIONS AND CHARGES INCLUDING REIMBURSEMENT CHARGES
       OUTSIDE U.S.A. ARE FOR ACCOUNT OF BENEFICIARY
:49   confirmation instructions : WITHOUT
:53A   reimbursement bank : BANK OF AMERICA, NEW YORK, NY10015, U.S.A.
:78   instructions to the paying/accepting/negotiating bank
       DRAFTS MUST BE SENT TO DRAWEE BANK FOR YOUR REIMBURSEMENT AND ALL DOCUMENTS TO
       US BY COURIER SERVICE IN ONE LOT
:72   sender to receiver information : THIS CREDIT IS SUBJECT TO UCP(2007 REVISION) ICC PUBLICATION
       NO. 600

2) 연지급신용장

연지급신용장(deferred payment credit)은 신용장이 연지급에 의하여 사용가 능한 경우 연지급을 확약하고 만기일에 지급하는 신용장을 말한다. 독일 등 유럽 국가에서 환어음 발행에 따른 인지세 발생 등 부대비용을 절감하기 위한 유럽은 행들의 요구를 수용하여 1983년 UCP 400부터 환어음 없는 연지급신용장이 도 입 되었다(UCP 400 제3조a-i). 연지급신용장은 환어음의 인수에 상응하는 "연지 급확약"(deferred payment undertaking)에 의하여 수익자에게 만기에 지급을 보장 하여 인수신용장과는 달리 환어음 발행이 없는 일종의 기한부지급방식이다. 연 지급신용장에서는 수출자(수익자)가 수입자(발행의뢰인)의 신용을 믿고 물품대금 지급을 일정기간 유예하여 지급하는 형태를 취한다. 이와 같이 연지급신용장은 플랜트(plant) 수출 등과 같이 할부방식에 의해 장기간에 걸쳐 분할로 결제하는 방식의 거래의 경우 신용장발행의뢰인에게 금융편의를 제공하기 위하고자 할 때 에 유용한 수단이다.

연지급신용장은 그 기능면에서는 기한부신용장이라고 할 수 있으나, 환어음 의 발행 없이 발행은행이나 지정된 지급은행에서 신용장대금이 지급된다는 점에 서는 지급신용장이라고도 할 수 있다.

SWIFT 메시지에 의한 MT700형식의 연지급신용장에서 연지급을 허용하는 예는 다음과 같다.

":41D available with by name, address : ADVISING BANK BY PAYMENT AT 90 DAYS AFTER B/L DATE AGAINST PRESENTATION OF THE DOCUMENTS REQUIRED"

2.7 일람출급신용장(sight credit)과 기한부신용장(usance credit)

(1) 일람출급신용장

일람출급신용장(sight credit)이란 신용장에 의하여 발행되는 환어음이 지급 인(drawee)에게 제시되면 즉시 지급되어야 하는 일람출급환어음(sight draft) 또 는 요구불환어음(demand draft)을 발행할 수 있는 신용장을 말한다.

스위프트(SWIFT) 메시지에 의한 MT700형식의 일람출급신용장에서 매입을 허용하고 일람출급환어음 발행을 지시하는 예는 다음과 같다.

　":41D available with by name, address : ANY BANK BY NEGOTIATION"
　":42C drafts at : SIGHT"

(2) 기한부신용장

기한부신용장(usance credit)이란 신용장에 의해 발행되는 환어음이 지급인에게 제시된 후 일정기간이 경과한 후에 지급받을 수 있도록 환어음지급기일이 특정기일로 된 기한부환어음(usance draft)을 발행할 수 있는 신용장을 말한다.

기한부신용장에서는 환어음의 지급기일에 따라 일람후정기출급(at ××days after sight) ·일부후정기출급(at ××days after date of draft) ·확정일후정기출급(at ××days after date of B/L) 등으로 발행할 수 있다.

기한부신용장에 의한 거래는 위의 특정기간 동안의 대금결제에 따른 유예는 결과적으로 수입자인 신용장발행의뢰인이 받을 수 있으므로 보통 수입자가 요청하게 된다. 무역계약시에 매매당사자는 기한부환어음기간 동안의 이자(interest; exchange commission) 부담은 누가 할 것인가를 명시해 두어야 한다. 예컨대 "Usance interests(or Discount charges)are to be covered by applicant"와 같이 약정하되 만약 언급이 없다면 매도인(seller)부담이라는 점을 유의하여야 한다.

기한부신용장은 환어음발행 여부와 지급확약방식에 따라 위에서 살펴본 연지급신용장과 다음과 같은 인수신용장으로 구분할 수 있다.

(3) 인수신용장

인수신용장(acceptance credit)이란 신용장이 인수(acceptance)에 의하여 사용가능한 경우 수익자가 발행한 환어음을 인수하고 만기일에 지급하는 신용장을 말한다. 즉 환어음지급기간을 기한부로 한 환어음(usance draft)을 발행할 수 있는 신용장을 말한다.

기한부신용장[10]은 환어음발행과 지급확약방식에 따라 인수신용장(acceptance

10)UCP 500부터는 인수신용장에 의하여 기한부환어음 발행을 허용하고 있다.

credit)과 연지급신용장(deferred payment credit)으로 구분할 수도 있다.

인수신용장은 "BY ACCEPTANCE"(인수방식)에 의하여 사용가능한 신용장으로서 기한부환어음발행을 지시하고 동 환어음을 인수 후 만기일에 지급하는 특성을 가지고 있다.

SWIFT 메시지에 의한 MT700형식의 인수신용장에서 인수를 허용하고 기한부환어음 발행을 지시하는 예는 다음과 같다.

> ":41D available with by name, address : ADVISING BANK BY ACCEPTANCE"
> ":42C drafts at : 90 DAYS AFTER SIGHT"

기한부환어음의 인수형태는 "shipper's usance"와 "banker's usance"가 있다. "shipper's usance"는 usance 기간의 여신을 "shipper"가 공여하는 것으로[11] 발행은행을 지급인(drawee)으로 하고 발행은행에 수입환어음과 서류가 도착하면 동 인수사실 및 만기일(maturity)을 매입은행 앞으로 통지하고 발행은행이 만기일에 수입대금을 결제하는 방식이다.

한편 "banker's usance"는 usance 기간의 여신을 환어음 인수은행이 공여하는 것으로[12] 발행은행의 예치환거래은행(depositary bank) 또는 발행은행의 지점을 환어음 지급은행으로 하여 환어음의 인수 및 만기일에 지급을 동 은행이 담당하도록 하는 방식이다. 보통은 해외의 매입은행이 인수은행(acceptance bank)이 되어 발행은행 앞으로 서류송부시 만기일, 인수수수료 또는 할인이자(discount charge) 등이 명시된 인수통지서(acceptance advice)를 첨부하여 보내온다.

"banker's usance"의 어음인수은행은 해외은행인수(overseas banker's acceptance)와 국내은행인수(domestic banker's acceptance)로 구분할 수 있다.[13] 해외은행인수신용장과 국내은행인수신용장은 은행이 수입자에게 신용을 공여

---

11) shipper's usance를 seller's usance라고도 한다.
12) banker's usance를 buyer's usance라고도 한다.
13) 강원진, 「신용장론」, 제5판, 2007, 박영사, 338면.

| 표 4-2 | 지급, 인수 및 매입신용장의 비교 |

신용장 종류	확약방식	수익자 제시	환어음지급기간 (tenor)	은행지정 여 부	수출지 상대은행
지급신용장	by sight payment	서류	일람지급	지정	예치 환거래은행
	by deferredpayment	서류	연지급	지정	
인수신용장	by acceptance	환어음+서류	기 한 부	지정	예치 환거래은행
매입신용장	by negotiation	환어음+서류	일람출급	지정(매입제한) 또는 비지정(자유매입)	무예치 환거래은행

할 뿐 수출자와는 전혀 관계가 없으므로 발행은행은 매입은행에 일람출급 매입 (sight negotiation)을 지시한다. 반면에 무역인수신용장은 수출자가 신용을 공여하는 것이므로 발행은행은 매입은행에 만기에 대금을 지급할 것을 지시하게 된다.

이와 같이 인수신용장은 주로 발행은행이 예치환거래은행에서 인수편의 (acceptance facility)[14] 형태로 발행되며, 환어음이 요구되고 기한부신용장으로만 사용된다.

2.8 자유매입신용장(freely negotiable credit)과 매입제한신용장 (restricted credit)

자유매입신용장(freely negotiable credit)이란 신용장에 의해서 발행되는 환어음의 매입을 특정은행에 제한시키지 않고 어느 은행에서나 매입할 수 있는 매입신용장을 말한다.[15] 이와 같은 신용장은 수익자가 환어음매입시에 거래은행이나 유리한 은행을 자유로 선택할 수 있기 때문에 편리하다.

SWIFT 메시지에 의한 MT700형식의 신용장에서 자유매입을 허용하는 예는

---

14) 인수편의란 수입자가 기한부수입을 하고자 하는 경우 해외에 있는 예치환거래은행이 발행은행을 위해서 신용장대금을 대신 지급하여 주고, 환어음의 만기일에 대금을 발행은행으로부터 받는 신용공여형태를 말한다.

15) 자유매입신용장을 보통 또는 일반신용장(general credit) 또는 개방신용장(open credit)이라고도 한다.

다음과 같다.

":41D available with by name, address: ANY BANK BY NEGOTIATION"

매입제한은행의 명시가 없으면 자유매입신용장으로 볼 수 있지만, 다음과 같이 표시되는 경우도 있다.

"This credit is available with any bank by negotiation against presentation of following documents."
"This credit is freely negotiable by any bank."

매입제한신용장(restricted credit)이란 신용장발행은행이 그 신용장에 의하여 발행된 환어음의 매입을 특정은행으로 한정시키는 경우의 신용장을 말한다.[16] 또한 수출지에서 서류매입이 통지은행에 지정된 신용장을 지정신용장(nominated credit)이라 하여 매입은행이 지정 또는 제한되는 신용장과 같다고 볼 수 있다.

매입제한을 두는 이유는 발행은행이 해외의 본·지점에 환어음매입수수료 수익증대를 도모하기 위한 정책적인 점과 환거래은행간의 편의 때문이다.

SWIFT 메시지에 의한 MT700형식의 신용장에서 매입제한을 허용하는 예는 다음과 같다.

":41D available with by name, address: ADVISING BANK BY NEGOTIATION"

매입제한신용장의 매입제한문언의 예는 다음과 같이 표시되는 경우도 있다.

"Negotiations under this credit are restricted to ×××Bank."
"This credit is available through ×××Bank only."
"We hold special instructions regarding the reimbursement."[17]

---

16) 매입제한신용장을 특정신용장(special credit)이라고도 한다.
17) "We"는 통지은행을 말하는 것으로 상환방법은 통지은행만이 할 수 있도록 하는 상환제한 신용장(reimbursement restricted credit)의 표시방법이다.

2.9 상환청구가능신용장(with recourse credit)과 상환청구불능신용장(without recourse credit)

상환청구가능신용장(with recourse credit)이란 수익자가 환어음을 확인은행 이외의 은행에서 매입하였을 경우 그 환어음지급인이 지급불능이 되었을 때에 매입은행이 수익자, 즉 환어음발행인에 대하여 환어음금액을 상환청구[18]할 수 있는 신용장을 말한다.

환어음발행인에 대한 상환청구권 유무는 그 나라의 어음법에 의해 결정된다. 한국의 경우에는 상환청구가능·불능에 관계없이 상환청구권을 인정하고 있으나,[19] 영미법에서는 환어음상에 "without recourse"의 표시가 있는 것은 원칙적으로 상환청구권을 인정하지 않고 있다. 국제상업회의소(ICC)에서도 "without recourse"의 문언이 기재되어 있는 환어음은 매입하지 말 것을 권고하고 있다.[20]

상환청구불능신용장(without recourse credit)이란 환어음소지인의 상환청구에 대하여 환어음발행인이 상환의무를 부담하지 않는 신용장을 말한다. 상환청구불능신용장에는 "without recourse"의 표시가 반드시 있어야 한다.[21]

UCP 600 제13조 a항에서는 신용장이 "청구은행"이 다른 당사자("상환은행") 앞으로 상환청구를 받는 것으로 명시하고 있는 경우, 즉 상환신용장을 발행할 경우에는 다음과 같이 "은행간 대금상환에 관한 통일규칙"(URR 725)에 준거한다는 문언을 명시하도록 하고 있다.

"Reimbursement Authorisation is subject to the Uniform Rules for Bank-to-Bank Reimbursements under Documentary Credits, ICC Publication No. 725."

2.10 원신용장(master credit)과 내국신용장(local credit)

원신용장(master credit)이란 최초의 신용장수익자가 국외에서 수령한 수출신

---

18) 소구라고도 한다.

19) 한국어음법 제43조.

20) ICC Document 470/371, 470/373, December 9, 1980.

21) "without recourse"란 표시가 없는 신용장은 상환청구가능신용장으로 간주한다.

서식 4-4 취소불능내국신용장

한국외환은행

발행일자: 20××년 7월 10일

취소불능내국신용장	신용장번호 L0604-007-12345

발행신청인(상호·주소·대표자·전화)
서울 종로구 명륜동 1번지
서울무역주식회사
대표이사 홍 길 동
	결제통화 및 금액
	☒ 원 화 ₩66,035,200
	  (외화금액 U$60,032 @U$1,100)
	  다만, 환어음매입시 대고객 전신환매입률이 발행시와
	다를 경우 원화금액을 동 매입률로 환산한 금액으로함.
	☐ 외 화
	  다만, 발행신청인명의 거주자계정으로부터 수익자명
	의 거주자계정에 이체지급할 것을 조건으로 함.

수익자(상호·주소·대표자·전화) 서울 강남구 대치동 1번지 주식회사 한국피혁 대표이사 이 수 일	

물품인도기일	유효기일
July 20, 20××	July 25, 20××

당행은 귀하(사)가 금액의 범위 내에서 다음의 서류를 첨부하여 당행을 지급장소로 하고 신청인
을 지급인으로 한 송장금액 100% 해당액의 일람출급환어음을 발행할 수 있는 취소불능내국신용
장을 발행합니다. 이 신용장에 의하여 발행된 환어음은 "20××년 7월 10일 한국외환은행 내국
신용장번호 L0604-707-12345에 의함"이라고 표시하여야 합니다.
제출서류 :
☒ 물품수령증명서   1통
☒ 공급자발행 세금계산서 사본 1통
☐ 기 타

공 급 물 품 명 세

HS 부호	품명 및 규격	단위 및 수량	단 가	금액
4102-0201	Cow split leather	85,760 S/F	@U$0.70	US$60,032

분할인도 ☒ 허용함 ☐ 불허함	서류제시기간 물품수령증명서발급일로부터 3 영업일 이내
기타	용도

원수출신용장 등의 내용

종류 ☒ 수출 L/C, ☐ D/A, ☐ D/P, 외화표시물품 공급계약서,
     ☐ 내국신용장, ☐ 외화표시건설·용역공급계약서

신용장(계약서)번호 78910

| 1. 이 신용장에 의하여 발행된 환어음을 매입한
 은행은 반드시 매입일자와 동 금액을 이 신
 용장 뒷면에 기재하여야 합니다.
2. 물품수령증명서상의 수령인의 서명 또는 인
 감은 이 신용장 뒷면에 표시(첨부)된 물품매
 도확약서상의 것과 일치하여야 합니다.
3. 이 신용장에 관한 사항은 다른 특별한 규정
 이 없는 한 국제상업회의소 제정 화환신용장
 통일규칙 및 관례에 따릅니다. | 당행은 이 신용장에 의하여 발행되고 또한
이 신용장조건에 일치하는 환어음이 당행에
제시된 때에는 이를 이의 없이 지급할 것을
환어음의 발행인·배서인 기타 정당한 소지인
에게 확약합니다.

책임자 서명날인

　　　　　　　한국외환은행 종로지점 |

용장을 말한다. 즉 1차 내국신용장 발급의 근거가 되는 신용장을 의미한다.[22]

　내국신용장(local credit)이란 수익자인 수출자가 받은 수출신용장을 근거로 하여[23] 국내에서 수출물품 또는 수출용원자재를 조달하기 위하여 물품공급자를 수익자로 하여 수출자의 거래은행이 발급하는 신용장을 말한다.[24] 내국신용장은 은행의 지급기능 외에도 물품공급자에게 물품을 제조·가공하는 데 따른 무역금 융도 수혜받을 수 있어 국내에서의 물품공급자는 유용성이 크다고 할 수 있다. 그러나 내국신용장은 원신용장과는 독립적으로 완전별개로 보기 때문에 내국신용장의 지급확약은 원신용장 발행은행의 확약과는 별개이며, 단순히 원신용장 수익자에게 수출국 내에서 물품조달이나 금융편의를 위한 수단으로 사용되고 있다.

2.11 수령증상환지급신용장(payment on receipt credit)과 서류상환 지급신용장(payment against document credit)

　수령증상환지급신용장(payment on receipt credit)이란 신용장상에 수익자가 발행하는 어음 대신에 수익자가 서명한 수령증과 상환으로 지급할 것을 지시한 신용장을 말한다. 이와 유사한 것으로 현금신용장(cash credit)이 있는데, 이는 발행은행이 발행의뢰인 요청에 의하여 수출지 자행 본·지점 또는 환거래은행에 미리 결제자금을 송금 예치하여 두고 수출지의 동 은행이 서류를 첨부조건으로 하여 수익자가 수출지은행 앞으로 어음을 발행하거나 문서로 청구할 때 그 지급을 확약한 신용장이다. 이 신용장은 신용장발행은행을 지급인으로 하는 어음이 발행되지 않기 때문에 발행은행으로부터 대금지급을 받지 못하게 되면 어음상의 소구권을 행사할 수 없으므로 권리확보 등 이에 대한 대비를 하여야 한다.

　한편 서류상환지급신용장(payment against document credit)이란 신용장발행

---

22) 원신용장은 master credit 외에도 original credit, prime credit이라고도 한다.

23) 한국의 경우에는 수출신용장 외에 어음인수서류인도조건(D/A), 어음지급서류인도조건 (D/P)과 같은 선수출계약서를 근거로 하여 내국신용장이 발행되고 있다.

24) 내국신용장은 local credit 외에도 secondary credit, subsidiary credit, domestic credit, back to back credit, baby credit 등으로도 부른다. 미국에서는 back to back credit 처럼 내국신용장의 기능을 가진 matching credit 이라는 것도 있다.

은행이 수익자소재지의 자행 본·지점 또는 환거래은행에 대하여 수익자가 제시하는 서류와 상환으로 지급을 위탁하는 것이다. 이 신용장은 수령증을 요구하지 않고 서류의 제시를 요청하게 된다. 지급은행은 대금을 지급한 후 발행은행이나 상환은행에 상환청구하게 된다.

서류상환지급신용장의 지급지시 문언의 예는 다음과 같다.

"By request of the above mentioned principal and for account of the same we issue an Irrevocable Documentary Credit, valid until May 10, 20×× in Seoul, Korea available at sight for a maxim um of US Dollars 100,000 which please pay against presentation and delivery of the following documents."

2.12 단순신용장(simple credit)과 상환신용장(reimbursement credit)

단순신용장(simple credit)이란 지급신용장에서처럼 수출지 서류매입은행에 발행은행의 예금계정(depositary account)을 두고 서류매입시 이 계정에서 인출하여 수익자에게 지급하게 되는 신용장을 말한다.

상환신용장(reimbursement credit)은 수출지의 서류매입은행이 발행은행의 무예치환거래은행(non-depositary correspondent bank)인 경우에는 발행은행이 결제계정을 가지고 있는 예치환거래은행[25] 앞으로 대금상환을 청구하여야 하는데, 이처럼 매입은행이 별도로 상환청구를 하는 신용장을 말한다.[26]

2.13 직접금융신용장(direct financing credit)과 간접금융신용장 (indirect financing credit)

직접금융신용장(direct financing credit)이란 신용장발행의뢰인, 즉 수입자의 요청에 의해 수입국 소재지의 은행이 직접 금융에 의해 발행되는 신용장을 말한다.

---

25) 이와 같은 은행을 상환은행(reimbursing bank) 또는 결제은행(settling bank)이라고 한다.
26) 예를 들면 일본의 A은행이 한국의 B은행 앞으로 신용장을 발행하고 미국의 C은행 앞으로 상환청구하도록 하는 "reimbursement instruction clause"가 있는 신용장이다.

한편 간접금융신용장(indirect financing credit)은 신용장발행의뢰인 소재국이 아닌 제3국의 다른 은행의 금융편의에 의해 발행한 신용장을 말한다. 이는 간접적인 금융을 쓴다고 하여 이렇게 부르고 있다. 간접금융신용장은 수입지의 은행의 신용도가 낮은 경우에 제3국의 은행의 신용을 이용하게 된다. 예컨대 아프리카지역 수입자를 위하여 영국의 은행에서 신용장을 발행하는 경우이다.

또한 간접금융신용장의 유형으로 통과신용장(transit credit)이 있는데, 이는 수출입국간에 무역거래가 많지 않아 실제 물품이동과는 전혀 관계가 없는 제3국을 통하여 신용장을 발행하는 것으로 3각무역(triangle trade)처럼 제3국을 중개시켜 수출입대금을 결제하는 데 이용하는 것이다.

2.14 우편신용장(mail credit)과 전송신용장(teletransmission credit)

우편신용장(mail credit)이란 발행은행이 신용장을 발행하여 수익자 소재지 통지은행 앞으로 송부할 때 우송에 의하여 송부되는 신용장을 말한다. 우편신용장은 전송에 의해 통지되는 것보다 신용장발행은행의 위임서명권자에 의한 서명을 확인할 수 있어 신용장의 진정성을 검토하는 데 유리하다.

전송신용장(teletransmission credit)이란 신용장을 발행하여 송부방법을 우편 대신에 전송을 이용하여 통지되는 신용장을 말한다.[27] 전송신용장은 신용장발행 사실을 전신(cable), 스위프트(SWIFT), 모사전신(facsimile) 또는 가입전신(telex)과 같은 전송방법을 이용하여 통지할 수 있지만 안전성과 정확성을 고려하여야 한다. 신용장을 발행하여 긴급히 통지할 경우에는 신용장의 형식상 적격성과 구성요소가 갖추어진 이른바 "full cable"이나 "SWIFT" 방식에 의한 통지방법을 이용하게 된다.

---

27) 최근에는 SWIFT에 의한 신용장통지가 보편화되고 있다.

3. 특수신용장

3.1 보증신용장(stand-by credit)

보증신용장(stand-by credit)이란 신용장발행은행이 지급보증상대은행으로 하여금 특정인에게 금융지원 등 여신행위를 하도록 하고 채무의 상환을 이행하지 않을 경우에 지급을 이행하겠다는 확약으로서 현지금융조달을 위한 담보 또는 지급보증수단으로 사용되는 채무보증신용장을 의미한다.

보증신용장은 일반적인 물품대금의 직접적 결제를 목적으로 하는 화환신용장이 아니고 일종의 무화환신용장(clean credit)이다. 이에는 보통 해외현지법인이나 지점 또는 거래처의 대본사 물품수입과 관련 현지은행에 현지금융담보나 건설·용역 및 플랜트수출과 관련한 입찰보증(bid bond), 계약이행보증(performance bond), 하자보증(maintenance bond), 선수금환급보증(advance payment bond) 등에 대한 지급보증서(letter of guarantee)가 있다.

보증신용장은 은행의 지급확약이라는 점에서 화환신용장과 동일하다고 할 수 있으나 화환신용장은 수익자의 물품선적과 관련하여 상업송장, 운송서류, 보험서류(CIF 또는 CIP 규칙의 경우) 등 서류를 제시하여 대금지급이 이루어지는 것이 일반적이나, 보증신용장은 차입자나 수익자가 거래은행으로부터 채무불이행하였다는 사실증명서류 제시에 의하여 대금지급을 독립적으로 보증하고 있다는 점에서 차이가 있다.[28]

무역거래에서 보증신용장을 사용할 경우에 준거규정으로서 UCP 600을 적용할 수도 있으나 이는 화환신용장 위주로 규정되어 있어 이것보다 국제상업회의소가 제정한 "보증신용장통일규칙"(International Standby Practice: ISP98)을 사용하거나 또는 유엔 국제무역법위원회에서 협약으로 제정한 "독립적 보증서와 보증신용장에 관한 유엔 협약"(Convention on Independent Guarantee and Stand-by

---

[28] Henry Harfield, "The Increasing Domestic Use of the Letter of Credit", *U.C.C. Law Journal*, 1972, pp. 251~258.

Letters of Credit)을 준거로 하여 사용하는 것이 바람직하다.[29]

3.2 전대신용장(red clause credit)

전대신용장(red clause credit)이란 수출에 따른 물품의 생산·가공 등에 필요한 자금을 수익자에게 미리 융통해 주기 위하여 물품선적 전에 신용장금액을 수익자 앞으로 전대하여 줄 것을 수권하고 있는 신용장을 말한다. 발행의뢰인, 즉 수입자의 입장에서는 전대신용장이라 하고, 수익자의 입장에서는 선수금신용장(advance payment credit)이라고 할 수 있다.[30] 따라서 수익자가 신용장을 받으면 우선 대금을 수령하였다는 영수증에 환어음을 발행하여 매입은행에 제시하여 대금을 미리 받기 때문에 결제상의 위험은 전혀 없게 된다. 따라서 신용장조건에 따라 물품선적 후 요구하는 서류들을 송부하여 주어야 수입자가 현지에서 물품을 통관할 수 있다.

전대신용장은 수입자가 수출자의 신용을 믿지 못하면 발행해 주지 않게 되며 발행해 주더라도 전대하여 주는 조건이며 전대기간중의 이자(interest)는 보통 수익자가 부담한다.

전대신용장을 받은 수출자는 전대금액에 해당하는 무화환어음(clean draft)과 영수증(simple receipt)을 가지고 지정은행에서 매입을 하게 된다.

전대신용장의 자금전대 표시문언에 대한 예는 다음과 같다.

"We authorize the negotiating bank to pay US$1,000,000 to the beneficiary against presentation of the following documents:

1. Beneficiary's clean draft drawn at sight on accountee.

2. Beneficiary's receipt stating that the beneficiary have duly received US $1,000,000 for the delivery of LED Television sets from Busan, Korea to New York, U.S.A."

---

29) 보증신용장에 대한 보다 상세한 내용과 ISP98 및 유엔 협약에 대하여는 강원진, 「신용장론」, 제5판, 박영사, 2007, 381~443면을 참조 바람.

30) 전대신용장을 자금의 선지급수권조항을 적색으로 표시하였다는 기원에서 적색신용장(red clause credit) 또는 선대자금으로 상품을 집하·포장한다는 뜻에서 "packing credit", 자금을 선지급받는다 해서 "advance payment credit"이라고도 한다.

3.3 회전신용장(revolving credit)

동일한 거래처에 동일 종류의 물품으로 매매당사자간에 계속적인 거래관계가 이루어질 경우에 매거래시마다 신용장을 발행한다는 것은 비능률적이고 비경제적이다. 반면 거래예상금액 전액에 대하여 일시에 신용장을 발행한다면 많은 자금이 필요하여 과중한 자금부담이 된다. 이와 같은 경우에 일정한 기간 동안 일정한 금액의 범위 내에서 신용장금액이 자동적으로 갱신될 수 있도록 발행하는 신용장을 회전신용장(revolving credit)이라고 한다.[31]

동일신용장을 회전하여 사용하는 방법으로는 ① 환어음에 대한 지급통지가 있으면 회전되는 방법, ② 환어음이 결제되는 일정 일수를 정하여 그 기간 내 지급거절 통지가 없으면 회전되는 방법, ③ 일정한 기간, 즉 1년 후에 다시 그 금액이 회전되는 방법이 있다.

신용장금액을 갱신하는 경우에는 ① 누적적 방법(cumulative method), ② 비누적적 방법(non-cumulative method)이 있다. 전자는 갱신되기 전에 미사용잔액이 있을 경우에는 그 잔액이 그대로 누적되는 방법이고, 후자는 그 잔액이 누적되지 않는 방법이다.

회전신용장에서의 회전문언의 예는 다음과 같다.

"The amount of drawing made under this credit become automatically reinstated on payment by us. Draft drawn under this credit must not be exceeded to US$300,000 in any calendar month."

회전신용장에서 누적방법(a)과 비누적방법(b)의 표시문언의 예는 다음과 같다.

ⓐ "Any shipment not to exceed invoice value of US$50,000 per container. After a draft has been paid under this credit, the credit reverts to its original amount of US$50,000. Any unused portion of monthly availment may be used during any subsequent month."

---

31) self-continuing credit이라고도 한다.

ⓑ "Upon receipt by the beneficiary of notice from the Bank of America that a draft has been paid under this credit, a sum equal to the amount of such draft again becomes available under this credit. Notwithstanding anything contained in the foregoing clause, drawings under this credit are limited to US$50,000 in any calendar month."

3.4 구상무역신용장

구상무역(compensation trade)이란 수출입물품의 대금을 그에 상응하는 수입 또는 수출로 상계하는 수출입을 말한다.[32] 구상무역을 위한 신용장은 특수한 신용장으로 ① 동시발행신용장(back to back credit), ② 기탁신용장(escrow credit), ③ 토마스신용장(TOMAS credit)이 사용된다.

(1) 동시발행신용장(back to back credit)

동시발행신용장(back to back credit)의 원래의 의미는 원신용장을 근거로 하여 발행된 내국신용장(local credit)을 의미하였으나 무역협정이나 지급협정 이 체결되지 않거나, 경화(硬貨)가 부족한 동구권과 무역거래를 할 경우에 수출 과 수입을 연계하는 방식으로 사용됨에 따라 내국신용장으로서의 "back to back credit"과는 달리 새로운 제도의 구상무역신용장으로 변하게 되었다.

동시발행신용장은 한 나라에서 일정액의 수입신용장을 발행할 경우 그 신용 장은 수출국에서도 같은 금액의 신용장을 발행하여 오는 경우에만 유효하다는 조건이 부가된 신용장이다.

동시발행신용장 문언의 예를 보면 다음과 같다.

"This Letter of Credit Shall not be available unless and until standard prime banker's irrevocable letter of credit in favor of Seoul trading Co., Ltd., Seoul for account of Poland International Inc., Poland for an aggregate amount of US$300,000

---

32) 대외무역법에서는 구상무역을 연계무역으로 그 개념을 확대하여 물물교환(barter trade)·구상무역(compensation trade)·대응구매(counter purchase)의 형태에 의해 이 루어지는 수출입으로 규정하고 있다.

서식 4-5	보증신용장(stand-by credit)

Korea Exchange Bank

To Bank of America, New York   July 10, 20××

  Stand-by Letter of Credit

  Dear Sirs,

  We hereby issue our irrevocable stand-by letter of credit No. Kl23 up to an aggregate amount of US$1,000,000(US DOLLARS ONE MILLION ONLY) in your favor for account of Seoul Trading Co., Ltd., Seoul, Korea as security for your loan plus its interest extended to America International Inc., 310 Fifth Ave. New York, NY10118, U.S.A. for purchasing of General Items as per Sales Contract No. 345.

  The interest rate of the loan extended under this credit shall not exceed the rate of zero point seventy five percent per annum over six month LIBO rate.

  This credit is available against your sight draft drawn on us accompanied by your signed statement certifying that the borrower have defaulted in the repayment of your loan plus its interest and that in consequence the amount drawn hereunder represents their unpaid indebtedness due to you.

  Your loan statement as of end of every month should be presented to us. We hereby agree with you that drafts drawn by virtue of this credit and in accordance with its stipulated terms will be duly honored provided they are presented to us on or before December 31, 20××.

  This credit shall expire on December 31, 20××, after which date shall be null and void.

  Except as otherwise expressly stated herein, this credit is subject to the "Uniform Customs and Practice for Documentary Credits(2007 Revision) International Chamber of Commerce, Publication No.600."

                                        Very truly yours,
                                        Korea Exchange Bank

                                        Authorized Signature

서식 4-6　구상무역신용장(compensation trade credit)

Korea Exchange Bank

Poland International Co., Ltd.　　　　　　　　　　　　　August 1. 20× ×

　　Gentlemen:
We hereby issue our irrevocable letter of credit in your favor for account of ABC Co., Ltd. for a sum or sums not exceeding a total of US$100,000. available by your draft(s) drawn at sight on us for 100% of invoice cost, and accompanied by the following documents evidencing shipment(s) of 30 M/T of Aluminum Coil, other details are as per contract No.123 FOB Poland Incoterms®2010 from Poland to Busan, Korea.

Full set of clean on board ocean bills of lading made out to the order of Korea Exchange Bank, Seoul marked "Freight Collect" and "notify Seoul Trading Co., Ltd., Seoul."

Signed commercial invoice in quint duplicate.

Packing list in triplicate.

Certificate of origin in duplicate.

Partial shipments are permitted. Transhipment is prohibited.

Shipment must be effected on or before September 15, 20× ×

Draft(s) must be presented for negotiation on or before September 30, 20× ×

All drafts hereunder must be marked "Drawn under Korea Exchange Bank Seoul, Credit No.345 dated August 1, 20× ×

The amount and date of negotiation of each draft must be endorsed on the reverse hereof by the negotiation bank.

We hereby agree with the drawers, endorsers and bona fide holders of drafts drawn under and in compliance with the terms of this credit that the same shall be duly honored on due presentation and on delivery of documents are specified.

This Letter of Credit shall not be available unless and until standard prime banker's irrevocable Letter(s) of Credit in favor of Poland International Co., Ltd.

Poland for account of Seoul Trading Co., Ltd. Seoul, Korea for an aggregate amount of US$7,100,000 have been established pursuant to contract No.123 for the export of 30M/T of Aluminum Coil from Poland to Busan, Korea.

The export Letter(s) of Credits shall be mentioned effective until and not later than August 20, 20×× referring to Compensating Transaction Approval No.456 dated August 15, 20×× and shall be available against sight drafts accompanied by the usual commercial documents.

This Letter of Credit shall not be available, if beneficiary's Letter of Credit(for export) are established through banks other than those issuing and advising this credit. This credit is subject to the UCP 600.

　　　　　　　　　　　　　　　　　　　　　　　　　　Yours very truly,
　　　　　　　　　　　　　　　　　　　　　　　　　　Korea Exchange Bank

　　　　　　　　　　　　　　　　　　　　　　　　　　Authorized Signatur

서식 4-7   기탁신용장(escrow credit)

Bank of America

Korea Exchange Bank   Credit No. E543   July 20, 20× ×

Gentlemen:
By order of America International Inc. 310 Fifth Ave. New York, NY10118, U.S.A.
For account of same. We issue the following Irrevocable Credit
Beneficiary: Seoul Trading Co., Ltd., Seoul, Korea
Amount: US$2,000,000(US Dollars Two Million Only)
Valid until: August 30, 20× × at your bank
available at sight against surrender of the following documents:
1. Commercial invoice in triplicate.
2. Packing list in duplicate
3. Certificate of Origin in triplicate.
4. Certificate of Inspection of International Surveillance Co. stating that the goods of
   A l Grade and quality.
5. Insurance Policy covering of Insititute Cargo Clause(A) including W/SRCC for
   110% of invoice value.
7. Full set of clean on board bills of Lading made out to order, blank endorsed,
   marked Freight prepaid and Notify America International Inc., covering 50,000 sets
   of LED Television sets as per Sales Note No. 123.
Latest shipment date August 20, 20× × from Busan, Korea to New York, U.S.A.
Partial shipments and transhipment are allowed.
The entering in force of this credit is also subject to the presentation of the following
additional documents:
a) Confirmation of America International Inc. that they have duly placed orders for
   a total amount US$2,000,000 for LED Television sets with Seoul Trading Co., Ltd.
   and that these orders have been duly accepted by said suppliers.
b) Irrevocable undertaking of the beneficiary to use the funds of this letter of credit
   exclusively for the goods mentioned above.
*It is further condition of this credit that the proceeds of same remain blocked at your
bank in a special account in the name of the beneficiary for account of Seoul Trading
Co., Ltd.until fulfilment of clause b) above. Please advise the beneficiary of the opening
of our letter of credit, adding your confirmation.*
An additional copy of the invoice and B/L are required for our files. For the
reimbursement of your payments and commissions, please refer to our separate
letter. This credit is subject to the UCP 600.

Yours faithfully,
Bank of America

Authorized Signature

have been issued pursuant to contracts for the export of LED Television sets from Busan, Korea to Poland."

(2) 기탁신용장(escrow credit)

기탁신용장(escrow credit)이란 수출입의 균형을 유지하기 위한 구상무역에서 사용되는 신용장으로 수입자인 발행의뢰인이 신용장발행의뢰시 신용장조건으로 그 신용장에 의하여 발행되는 환어음의 매입대금은 수익자에게 지급되지 아니하고 수익자명의로 상호약정에 따른 매입은행·발행은행 또는 제3국의 환거래은행 등의 기탁계정(escrow account)에 기탁하여 두었다가 그 수익자가 원신용장 발행국으로부터 수입하는 물품의 대금결제에만 사용하도록 하는 조건의 신용장을 말한다. 동시발행신용장처럼 동액·동시발행조건이 아니므로 기탁신용장은 물품의 선택과 기일 등에서 훨씬 자유롭다.

(3) 토마스신용장(TOMAS credit)

토마스신용장(TOMAS credit)은 일본과 중국간의 구상무역거래에서 유래된 것으로, "TOMAS"란 명칭은 최초로 이 방식으로 거래를 성사시킨 일본상사의 전신약호(cable address)이다.

토마스신용장이란 수출자와 수입자 양측이 상호 일정액의 신용장을 서로 발행하기로 하되, 일방이 먼저 신용장을 발행할 경우 상대방은 이에 대응하는 신용장을 일정기간 후에 발행하겠다는 보증서를 발행하여야만 상대방측에 도착한 신용장이 유효하게 되는 신용장을 말한다.

이는 수출국의 수출물품은 확정되었지만, 그 대가로 수입할 물품이 결정되지 않았을 경우에 이용된다.

3.5 기타 신용장

기타 특수한 목적과 용도에 따라 이미 살펴본 신용장 외에도 수출상이 물품을 선적하기 이전에 창고증권(warrant) 또는 창고화물수령증(warehouse receipt)

을 담보로 환어음을 발행하여 수출대금을 결제받을 수 있도록 특혜를 주는 특혜
신용장(omnibus credit),[33] 위조어음을 방지하기 위한 목적으로 신용장여백에 환
어음용지가 인쇄되어 이를 사용할 수 있도록 하는 여백신용장(marginal credit),
신용장금액은 확정되었으나 상품의 명세가 구체적으로 명시되어 있지 않고 백
지위임상태로 발행하는 공백신용장(blank credit), 환어음면에 이자문구를 기
재하도록 요구하는 이자환어음부신용장(interest bill credit), 신용장이면에 배서
(endorsement)를 요구하는 배서신용장(notation credit)[34] 등이 있다.

4. 유사신용장

은행이 지급확약을 하지 않아 엄밀한 의미에서 신용장은 아니지만 신용장과
같은 기능을 가지고 신용장과 함께 무역결제의 수단으로 이용되고 있는 유사신
용장이 있다. 이에는 다음과 같이 ① 어음매입수권서, ② 어음지급수권서, ③ 어
음매입지시서가 있다.

4.1 어음매입수권서(Authority to Purchase: A/P)

어음매입수권서(authority to purchase)는 수입지의 은행이 수입자의 요청에
따라 수출지에 있는 자기의 본·지점 또는 환거래은행에 대하여 수출자가 수권서
(Letter of Authority: L/A)에 명시된 일정조건의 서류를 준비하여 수입자를 지급
인으로 하여 발행된 환어음을 제시하면 매입할 수 있는 권한을 부여한 통지서를
말한다.

어음매입수권서는 은행이 어음의 지급에 대하여 확약하는 것이 아니고 환어

---

33) omnibus는 호텔·철도 따위의 전용버스란 의미이지만, 고객에게 우대 내지 특혜를 준다
는 뉘앙스를 염두에 두고 사용한 것 같다.

34) 매입신용장은 배서가 요구되는 신용장이며, 인수신용장은 비배서신용장(non-notation
credit)이다. 인수신용장의 경우는 통지은행에서 매입이 계속 이루어져야 하므로 이중 매
입의 염려가 없기 때문이다.

음지급인이 수입자이므로 지급거절되면 어음발행인인 수출자는 상환청구에 응하여야 한다.

어음매입수권서의 성격을 나타내는 문언의 예는 다음과 같다.

"We are requested by mail by Bank of America to inform you that they have issued their irrevocable Authority to Purchase No.1234 in your favor for account of America International Inc., for any sum or sums not exceeding in all US$100,000 available by your drafts in duplicate on America International Inc., at sight accompanied by following documents."

4.2 어음지급수권서(Authority to Pay: A/P)

어음지급수권서(authority to pay)는 수입지의 은행이 수입자의 요청에 따라 수출지에 있는 자기의 본·지점 또는 환거래은행에 대하여 수출자가 일정한 조건하에 발행하는 환어음에 대하여 지급할 것을 지시하는 통지서이다.

어음매입수권서와 다른 점은 환어음이 수입자 앞으로 발행되는 것이 아니라 통지은행 앞으로 발행되는 일람출급환어음이며, 통지은행은 지급확약약정을 하지 않고 수출자에게 아무런 통지 없이 취소할 수 있다.[35]

어음지급수권서의 성격을 나타내는 문언의 예는 다음과 같다.

"We advise you that Bank of America have authorized us to pay your drafts for account of America International Inc. under their reference No.123 for a sum or sums not exceeding a total of US$100,000 on us at sight to be accompanied by following documents."

4.3 어음매입지시서(Letter of Instruction: L/I)

어음매입지시서(letter of instruction)는 수입지의 은행이 수출지에 있는 자기의 본·지점 앞으로 "수출자가 이러한 조건으로 이 금액 이내의 환어음을 발행하

---

35) "The authority given to us is subject to revocation or notification at any time, either before or after presentment of documents, and without notice to you"라는 문언을 기재하여 수출자에게 통지 없이 취소가능하도록 어음지급수권서상에 명시하고 있다.

였을 경우 귀 점에서 그 환어음을 매입하여 주기 바람"이라고 지시하는 것으로 기능면에서 어음매입수권서와 같지만 동일은행의 본·지점간에만 사용된다는 점이 다르다.

어음매입지시서의 성격을 나타내는 문언의 예는 다음과 같다.

"We beg to inform you that we are instructed by our head office to negotiate as offered, your documentary bills drawn at sight on Bank of America to the extent of US$100,000 for 100% invoice cost of merchandise."

신용장거래의 실제

1. 신용장의 발행과 거래약정

1.1 신용장발행의 의의

신용장은 신용장발행의뢰인(수입자)과 수익자(수출자)와의 매매계약에 근거하여[1] 발행의뢰인의 요청에 따라 발행은행이 수익자 앞으로 발행하는 것으로 신용장발행은 곧 발행은행이 수익자에게 대금지급의무를 부담하는 확약이 된다. 그러나 매매당사자의 계약에 근거하여 발행된 신용장이라 하더라도 신용장의 독립추상성의 원칙에 따라 매매계약과 독립된 청구권을 갖게 되므로 신용장조건에 일치되는 서류제시로 수익자는 발행은행의 인수·지급을 보장받게 되는 것이다. 신용장발행은 발행은행의 입장에서는 발행의뢰인을 위한 일종의 여신행위라 할 수 있으므로 대금지급에 따른 자금운용계획도 세워야 된다. 실제 신용장발행과 관련하여 발행은행은 발행의뢰인의 신용상태와 담보능력[2] 등을 고려하여 신용

---

1) 이를 근거계약(underlying contract) 또는 원인계약이라 한다.

2) 여기에서 담보(security)란 장래에 타인에게 주게 될 불이익을 보상하는 것을 말한다. 일반적으로는 특히 채무불이행에 대비하여 채권자에게 제공되어 채무의 변제를 확보하는 수단을 가리킨다. 이러한 담보는 물적 담보와 인적 담보로 분류되는데, 전자는 저당권·채권·양도담보를 말하며, 후자는 보증연대채무 같은 것이 있다. 저당권은 어떤 물건을 채권담보로 제공하는 것을 목적으로 하는 권리를 의미한다. 보통은 담보물건을 가리키며, 광의로는 양도담보까지도 포함된다.

장발행에 따른 거래약정서를 발행의뢰인과 체결하고 신용장을 발행하고 있다.[3]

1.2 신용장발행을 위한 거래약정

신용장발행은행과 발행의뢰인(수입자) 사이에는 일종의 신용장발행계약을 신용장거래약정서(Agreement for Commercial Letter of Credit)라는 소정의 서식에 의하여 체결하여 당사자간의 법률관계를 구성하고 있다. 신용장발행계약은 매매계약과는 별개의 독립된 것으로[4] 국가에 따라 이에 대한 법률적 해석이 다양하다.

영미법에서는 신용장발행계약을 상사대리계약으로 간주하고 있다. 이는 발행은행은 발행의뢰인의 위임을 받은 지급대리인이라는 것이다. 그 이유는 발행은행은 발행의뢰인으로부터 수수료(banking commission)를 받고 지급의무를 부담하기 때문에 발행의뢰인을 대리하여 제3자와 계약을 체결하는 단순대리인(mere agent) 이상의 지위에 있다.[5]

또한 독일법에서는 신용장발행의뢰인과 발행은행과의 계약관계는 청부계약(Werkvertrag)으로 보는 견해가 통설이며, 프랑스법에서는 민법상의 위임계약(Mandat Contrat)[6]으로 간주하고 있다.

신용장발행을 위한 거래약정서는 1922년 뉴욕은행 상업신용장회의(New York Bankers, Commercial Credit Conference)에서 제정된 신용장표준양식 중에 신용장거래약정서가 포함되어 있으며 미국의 체이스맨하탄은행(The Chase Manhattan Bank)을 필두로 다른 은행들도 이 표준양식을 기준으로 자행의 입장을 보완하여 서식을 제정 사용하고 있다.

---

3) 발행은행과 발행의뢰인 사이에 체결되는 거래약정서도 근거계약의 하나이다; 국가 또는 은행에 따라 포괄적 또는 개별적 방식으로 소정의 양식에 의해 약정하고 있다.

4) E. P. Ellinger, *Documentary Letters of Credit*, University of Singapore Press, 1970, p. 151; Henry Harfield, *Bank Credits and Acceptances*, 5th ed., The Ronald Press Company, 1974, p. 121.

5) 요하네스짜인 저, 강갑선 역, 「무역결제론」, 법문사, 1977, 40면.

6) 프랑스민법 제1984조 및 제1998조.

한국의 외국환은행들은 신용장을 발행할 경우에 은행여신거래 기본약관을 교부하여 약관내용준수 확약과 신용장통일규칙을 준거규정으로 설정하는 동시에 고객으로부터 신용장발행에 따른 모든 사항을 합의하는 이른바 신용장거래관계 약정서로서 "수입거래약정서"와 "수출거래약정서"를 받아 두고 있다.[7] 수입거래약정서는 신용장발행에 따른 여러 가지 비용과 위험부담을 포괄적으로 약정하기 위하여 신용장거래에 따르는 모든 채무와 제비용은 발행의뢰인이 부담하는 것을 명시하고 있으며, 신용장에 의하여 발행되는 환어음이 결제될 때까지 관련물품은 발행은행의 담보로서 소유권이 발행은행에 있고, 결제서류상의 부정확·불명확에 대한 면책, 통신송달상의 사고에 대한 면책 등을 규정하고 있다.

또한 수출거래약정서는 환어음 발행인인 수익자로부터 환어음매입에 따르는 담보문제, 사고에 따른 책임소재, 부도 또는 인수거절 되었을 경우의 처리, 그리고 제비용부담에 관한 약정 등을 주 내용으로 하고 있다.[8]

1.3 신용장발행의뢰와 수수료지급

신용장발행시 발행은행은 과도한 명세의 삽입을 제지하여야 하고, 모호한 뜻을 가진 용어사용의 제한, 국제적인 법률 및 관습의 적용을 받게 되는 점을 유의하면서 신용장발행의뢰서의 기재내용을 검토하여야 한다.[9]

한편 발행의뢰인은 신용장발행에 따른 신용장발행수수료(issuing charge),[10] 전송료(telecommunication charge) 또는 코레스비용(corres charge)[11] 등을 부담한

---

7) 한국의 경우는 1986년 10월 13일 전국은행연합회가 추진하여 새로운 "은행거래여신기본약관"을 채택하고, 1987년부터 자율적으로 신규약정분에 대해서 이를 채용토록 하고 있다. 이는 기본거래약정서에 해당할 내용을 서독식의 약관형식으로 하고, 이에 신용장거래에 대한 특수조항을 내용으로 하는 어음·서류매입시의 수출거래약정서, 신용장발행의뢰시의 수입거래약정서를 부속시켜 사용하고 있다.

8) 강원진, "신용장거래에서 은행면책약관의 운영방향에 관한 연구", 「국제상학」 제4권, 한국국제상학회, 1990, 217~218면.

9) 여기에 대해서는 본 장 2의 "신용장의 내용구성과 기재사항"편을 참조 바람.

10) 한국의 외국환은행에서는 3개월분의 기간수수료로 "term charge"를 징수하고 있다.

11) corres charge란 신용장의 발행 및 조건변경과 관련하여 해외거래은행이 청구하여 오는

서식 5-1	신용장발행신청서

취소불능화환신용장발행신청서
(Applcation for Irrevocable Documentary Credit)

1. Transfer: _2_ (1: Allowed / 2: Not-Allowed)

2. Credit Number: M0604-507ES-23456

3. Advising Bank: Korea Exchange Bank Tokyo Branch

4. Expiry Date (YY-MM-DD): 2015-08-31

5. Applicant: Seoul Trading Co., Ltd., 15, 1-Ga, Sogong-Dong, Seoul, Korea

6. Beneficiary: Marubeni Corp.

　　　　　　　Chiyoda-ku, Tokyo, Japan

7. Amount: USD10,000 (± %)

8. Drafts at: Sight

　− Usance인 경우: __(1: Bankers / 2: Shippers / 3: Domestic)

　− Settling Bank(:　　　　　　　　　　　)

9. Partial Shipment: _2_ (1: Allowed / 2: Not-Allowed)

10. Transshipment: _2_ (1: Allowed / 2: Not-Allowed)

11. Loading Port / Airport: Tokyo, Japan

12. Discharging Port / Airport: Busan, Korea

13. Latest Shipment Date (YY-MM-DD) : 2015-08-20

14. Documents Required:

　① Signed/Original/Commercial Invoice in _3_ Fold

　② Packing List in _2_ Fold

　③ Full set of Clean on Board Ocean Bills of Lading made out <u>to to the order of</u>
　　<u>korea Exchange Bank</u> marked Freight _2_ (1. Collect / _2._ Prepaid) and notify
　　_1_ (1. Applicant / 2. Other:　　　　　　)

　④ Air Waybill consigned to _____ marked Freight__(1. Collect / 2.
　　Prepaid) and notify__(1. Applicant / 2. Other:　　　　　　　　)

　⑤ Insurance Policy or Certificate, endorsed in blank for 110% of the invoice
　　value, expressly stipulating that claims are payable in Korea and it must
　　include _2_ (1. All Risk / _2._ Other: ICC(B))

　⑥ Certificate of Origin in _____ Fold

　⑦ Certificate of Analysis in _____ Fold

⑧ Other Document(s) Required:

15. Additional Conditions:

16. Description of Goods/Services:
   ① Price Terms: CIF Busan Incoterms®2010
   ② Country of Origin: Japanese
   ③ Commodity Description: 4,080 pcs of #8 Plastic Zipper

17. All banking charges outside Korea and reimbursement charges are for account of _1_ (1. Beneficiary / 2. Applicant)
18. Documents to be presented within 2 days after the date of shipment but within the validity of the credit.
19. Confirmation: _2_ (1. With / 2. Without / 3. May Add) at the expense of _____ (1: Beneficiary / 2: Applicant)
   Reimbursements under this Credit are subject to the Uniform Rules for Bank-to-Bank Reimbursements under Documentary Credits, ICC Publication No. 725. This Documentary Credit is subject to the Uniform Customs and Practice for Documentary Credits(2007 Revision, ICC Publication No. 600).

위와 같이 신용장 발행을 신청함에 있어서 따로 제출한 외국환거래약정서의 해당조항에 따를 것을 확약하며, 아울러 위 수입물품에 관한 모든 권리를 은행에 양도하겠습니다.

2015년 7월 2일

한국외환은행 앞   신 청 인 서울무역주식회사
                          대표이사 홍길동

                      주   소 서울특별시 중구 소공동 1가 15번지

다. 신용장거래와 관련하여 은행이 신용장발행의뢰인의 지시를 이행할 목적으로
타은행의 서버스를 이용할 때는 발행의뢰인의 비용과 위험으로 행하여야 한다.
그러나 상환은행의 수수료는 신용장발행은행의 부담으로 하도록 하고 있다.[12]

1.4 발행신용장의 송달방법

신용장을 발행하여 통지은행 앞으로 송달하는 방법에는 다음과 같이 우편
(mail)에 의한 방법과 전송(teletransmission)에 의한 방법 등 두 가지 방법이 있
다.[13] 오늘날의 신용장은 대부분은 전송방식 중 스위프트(SWIFT) 시스템에 의하
여 발행 및 통지가 이루어지고 있다.

(1) 우편에 의한 방법

수익자에 대한 신용장의 통지가 급하지 않은 경우 우편에 의한 방법이 이
용되며, 전신에 의한 방법에 비하여 통지은행을 보다 광범위한 대상에서 선택
할 수 있다. 우편신용장(mai1 credit)의 경우에는 신용장진위 여부에 대한 판단
이 서명에 의하여 확인되므로, 신용장발행은행의 서명이 환거래은행에게 배포
한 서명감(signature book)에 등재된 것이어야 한다. 발행신용장은 통지은행 앞
으로 등기로 우송하게 된다.

(2) 전송에 의한 방법

신용장은 전신신용장 자체를 원본으로 인정할 경우와 우편확인서를 원본으
로 인정할 경우가 있는데, 전송에 의한 방법에는 ① 정식전신(full cable)에 의한
방법, ② 암호(cypher)에 의한 방법, ③ 유사신용장(similar credit)에 의한 방법,
④ 약식전신(short cable)에 의한 방법, ⑤ 스위프트(SWIFT) 시스템에 의한 방법

일체의 수수료를 말하며, 이에는 통지수수료(advising commission)·상환수수료
(reimburse-ment commission)·지급수수료(payment commission)·확인수수료
(confirmation commiss-ion) 등이 있다.

12) UCP 600, Article 13-b-iv.

13) 한국외환은행, 「실무교본」, 1988, 19~20면.

이 있다.

1) 전신신용장 자체를 원본으로 인정할 경우

신용장을 전신으로 발행할 경우 동 전신 자체를 유효한 신용장원본으로 간주하고자 할 경우에는 신용장통일규칙의 적용표시를 다음과 같이 하여야 한다. 즉 "This credit is issued subject to Uniform Customs and Practice for Documenta-ry Credits, 2007 Revision, ICC Publication No. 600." 또한 전신에 의한 신용장을 원본으로 취급코자 하는 경우에는 동 전신신용장의 우편확인서 (mail confirma-tion)에 관하여 별도로 언급을 하지 않으면 우편확인서를 송부할 필요가 없다.

2) 우편확인서를 원본으로 취급할 경우

약식전신으로 신용장의 통지를 지시하고 우편확인서를 신용장원본으로 취급하도록 하고자 하는 경우에는 전신내용 중에 "Full details to follow" 또는 이와 유사한 용어나 우편확인서가 유효한 신용장임을 명백히 표시하여야 하며, 우편확인서상에 "This is the operative credit instrument confirming our pre-advice by cable of April 1"과 같이 표시하여야 한다.

3) 전신 · 전송신용장의 발행방법

(가) 정식전신신용장(full cable credit)에 의한 방법   통지은행이 암호(cypher)가 교환되어 있지 아니하고 이미 발행한 유사한 신용장도 없는 경우에 이용되는 것으로 보통 발행은행의 본·지점을 제외한 기타 환거래은행 앞으로 신용장을 발행할 경우에는 정식전신(full cable)을 이용하는 경우가 많다.

(나) 암호신용장(cypher credit)에 의한 방법   신용장을 정식전신에 의하여 발행할 경우에는 많은 전신료와 시간이 소요된다. 이와 같은 전신료 및 시간을 절약하기 위하여 환거래은행과 전보암호(cypher; private code words)를 서로 교환하여 필요한 사항만을 타전하면 통지은행은 암호에 동 타전된 사항을 대입하여 완전한 형식을 갖춘 신용장을 완성토록 하는 것이 암호신용장에 의한 방법이다.

㈐ 유사신용장(similar credit)에 의한 방법

신용장을 사전에 발행되었던 신용장과 유사하게 발행하기를 원하는 동일한 거래처의 요청에 의하여 유사신용장을 이용하고자 하는 경우 원신용장, 즉 앞서 사용하였던 신용장을 원용하여 참조하고 상이한 부분만을 전신으로 통보하는 방법이다. 이 때 이미 발행한 신용장에 조건변경을 한 사실이 있을 경우에는 별도의 명시가 없는 한 조건변경을 제외한 원신용장의 조건에 따라 통지하게 된다. 신용장통일규칙에서는 은행은 유사신용장의 발행을 억제하도록 하여야 한다고 규정하고 있다.

유사신용장에서 사용되는 표현방법은 다음과 같다.

"Similar to our Credit No. ××× dated ××× except ×××."
"Refer to our previous Credit No. ××× dated ××× except ×××."
"Repeat our Credit No. ××× dated ××× except ×××."

㈑ 약식전신신용장(short cable credit)에 의한 방법　　약식전신신용장에 의한 통지방법은 수입물품의 선적일자가 임박하여 수출자에게 신용장의 발행 여부만을 조속히 확인시킬 필요가 있을 경우 신용장번호, 수익자의 주소, 성명, 발행의뢰인, 금액, 선적기일 및 유효기일, 물품명 및 수량 등 주요 항목만을 간단히 통지하는 것이다. 따라서 통지은행의 입장에서 볼 때 이는 정식으로 통지할 수 있는 신용장으로 간주되지 아니하며, 단순한 예고통지(Pre-advice; Preliminary notification)에 불과하다. 이 방법은 신용장을 우편으로 발행하기에 앞서 또는 동시에 수익자에게 동 발행사실을 예고하기 위한 목적으로 주로 이용된다.

㈒ 스위프트(SWIFT)시스템에 의한 방법　　스위프트는 세계은행간 금융데이터 통신협회(Society for Worldwide Interbank Financial Telecommunication: SWIFT)로 안정성과 경제성 때문에 오늘날의 신용장은 대부분 스위프트 시스템 "MT 700"형식의 전송방식에 의하여 발행되고 있다.[14]

---

14) SWIFT 시스템에 관해서는 제6편 제14장을 참조 바람.

2. 신용장의 구성내용

전통적인 신용장의 형식은 국제상업회의소가 권고한 "화환신용장발행을 위한 표준양식"(Standard Forms for Issuing of Documentary Credit)[15]에 기본을 두어 발행 및 통지되어 왔다. 그러나 스위프트 시스템의 발전에 따라 현재의 신용장은 스위프트 "MT700"형식에 따라 발행되고 있으므로 이에 따른 구성내용을 검토할 필요가 있다.

무역거래에서 일반적으로 많이 사용되고 있는 취소불능화환신용장을 중심으로 그 구성내용을 ① 신용장 자체에 관한 사항, ② 환어음에 관한 사항, ③ 물품명세에 관한 사항, ④ 요구서류에 관한 사항, ⑤ 운송에 관한 사항, ⑥ 부가조건에 관한 사항, ⑦ 기타의 기재사항 등으로 크게 구분하여 살펴보기로 한다.[16]

2.1 신용장 자체에 관한 사항

① 신용장발행은행(issuing bank) From: ××× Bank

스위프트 메시지 형식(MT-700)에 의하여 발행 및 통지되는 신용장은 국제적으로 그 형식이 통일되어 있다. 일반적으로 메시지 형식 발신자는 발행은행이 되고 수신자는 통지은행이 된다. 따라서 신용장의 "we, our, us"는 발행은행을 가리키고, "you, your"는 수익자(beneficiary)를 의미한다. 그러나 전신으로 통지되는 신용장상의 "we"나 "you" 등은 인용내용 전후 관계를 참조하여 발행은행·통지은행·수익자를 구별하여야 한다.

② 신용장의 발행일자(date of issue) :31C

발행일자는 신용장의 지급확약 개시일이 되며 보통 연월일이 표기되어 있다.

---

[15] ICC Brochure No. 268, 1970; 여기에서는 우편에 의하여 발행된 신용장을 참조하기로 한다.

[16] 예시한 〈서식 5-2〉상의 신용장상의 번호는 다음에 설명되는 일련번호와 일치된다.

| 표 5-1 | 수입용도기호 |

구 분	기 호
정　　부　　용	G
일　　반　　용	N
수출산업용시설기재	M
수 출 용 원 자 재	E
가 공 무 역 용	B
군 납 용 원 자 재	A
기 타 외 화 획 득 용	S
특　수　거　래	X

③ 신용장의 종류(form of documentary credit) :40A

취소불능화환신용장(irrevocable documentary credit) 또는 취소불능매입신용장(irrevocable negotiation credit)과 같이 신용장의 종류를 표시한 것으로 대부분의 신용장은 irrevocable 이란 문언이 표시되어 있다. 이런 명시가 없어도 취소불능(irrevocable)으로 간주된다. 취소불능신용장은 신용장 관계당사자의 합의가 있어야만 신용장취소나 조건변경을 할 수 있다.

④ 신용장번호(credit number) :20

발행은행이 기준에 따라 부여한 번호이다. 수출신용장의 경우에는 신용장번호를 관련 서류상에 기재할 것을 요구하는 경우가 많다. 한국의 경우 신용장을 발행할 경우에, 즉 수입시에 신용장번호는 한국은행이 정하여 각 외국환은행이 공통으로 사용하고 있는 수입승인서 및 신용장 등의 번호기재요령에 따라 다음과 같이 기재하고 있다.

〈표 5-1〉에서의 번호기재요령에 따라 수입승인서번호 및 수입신용장번호를 부여하여 보자. 예를 들면 2015년 7월 들어 K 은행 본점에서 15번째 일람출급조건의 수출용원자재를 수입승인하고 동 월 13번째로 신용장을 발행하였다면, 수입승인서번호는 I0601-507ES-00159, 수입신용장번호는 M0601-507ES-00139와 같이 부여할 수 있다.[17]

---

17) 문서의 종류별 표시기호는 다음과 같다. ① 수출승인서: E, ② 수출신용장통지서: A, ③

표 5-2	수입결제방법기호	
구 분	기 호	비고
일 람 출 금 L/C	S	
기 한 부 L/C	U	
기 타 L/C	D	내국수입 Usance 포함
D/P	P	Non-Documentary
D/A	A	L/C, Deferred Payment
단 순 송 금	R	
무 상 거 래	N	

표 5-3	수입신용장번호 기재의 예

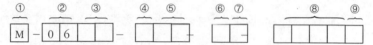

①: 수입신용장의 표시기호(M)
②: 외국환은행 고유번호(06)
③: 취급영업점번호
④: 연도 표시번호(취급연도의 끝자리수)
⑤: 월 표시번호(취급월의 2단위)
⑥: 수입용도기호(위의 〈표 5-1〉 참조)
⑦: 수입결제방법기호(위의 〈표 5-2〉 참조)
⑧: 일련번호(매월별로 새 번호로 바꿈)
⑨: 검색기호(Check Digit)

⑤ 유효기일 및 장소(date and place of expiry) :31D

　　신용장의 유효기일과 장소는 신용장의 지급확약방식, 즉 일람지급(sight payment)·연지급(deferred payment)·인수(acceptance) 및 매입(negotiation)을 위하여 제시되어야 할 최종기일과 제시장소를 표시하는 곳으로 "August 10, 20××
at the counters of ABC Bank, New York"이나 "August 10, 20×× in New York"처럼 표시된다. 신용장유효기일의 의미는 동 기간 이내에서 지급확약의 효

내국신용장: L, ④ 선수출계약서: P, ⑤ 외화표시물품공급계약서: F, ⑥ 수출실적확인서:
X, ⑦ 수입승인서: I, ⑧ 수입신용장: M, ⑨ 수출입승인서: C, ⑩ 수입원자재구입승인서: R.

력이 있고 제시장소가 특정되었을 때는 해당 은행에 신용장상 요구하는 서류의 제시(presentation)가 이뤄져야 한다는 사실을 유의하여야 한다.

⑥ 신용장발행의뢰인(applicant) :50

발행은행에 신용장발행을 의뢰한 자의 명칭 및 주소를 기재한다. 보통 신용장상에 "for account of ABC Inc." 또는 "accountee ABC Inc."처럼 표시되는 경우가 많다.

⑦ 수익자(beneficiary) :59

신용장을 받게 되는 수신인(addressee)으로 명칭 및 주소를 명확하게 표시해야 신용장송달이 신속·정확하게 이뤄진다. 신용장발행의뢰시에 수익자의 전화번호를 함께 주소란에 명시할 경우, 통지은행은 수익자에게 직접 신속하게 신용장통지를 할 수 있다.

⑧ 통지은행(advising bank) To: ×××× Bank

통지은행은 발행은행에서 보내는 신용장을 수익자에게 통지하여 주는 중간은행이다. 보통 발행은행의 수익자소재지의 환거래은행(correspondent bank)이 되는 경우가 많다.

⑨ 신용장 통화코드 및 금액(currency code and amount of credit) :32B

신용장금액은 신용장사용의 한도금액으로 동 금액 이내에서 수익자가 환어음을 발행할 수 있다. 신용장 통화코드 및 금액은 USD100,000와 같이 ISO가 정한 통화코드 다음에 금액을 표시한다.

⑩ 신용장금액 과부족허용 비율(percent credit amount tolerance) :39A

신용장금액의 사용에 있어 과부족 허용비율을 표시한다.

2.2 환어음에 관한 사항

⑪ 신용장사용가능은행 :41D

신용장사용가능은행을 표시한다.

⑫ 신용장확약방식 :41D

신용장확약방식은 일람지급(sight payment), 연지급(deferred payment), 인수 (acceptance) 또는 매입(negotiation) 중에서 허용되는 방식을 표시한다.

⑬ 환어음지급기일(tenor of the draft) :42C

환어음의 지급기일은 일람지급신용장(sight payment credit)의 경우, 특히 환어음발행이 요구된다면 "at sight"로 하고, 기한부신용장(usance credit)의 경우에는 "at" 다음에 결제기간, 예컨대 "at 30 days after sight"와 같이 유예기간을 표시한다.

⑭ 환어음 지급인(drawee) :42A

환어음의 지급인은 "⋯ drafts drawn on ⋯" 다음에 표시된다. 보통 발행은행이나 지정은행 등 은행명이 기재된다. UCP 600에서는 은행 앞으로 발행하도록 규정하고 있다. SWIFT 메시지에 의한 MT700형식의 신용장에서는 환어음 지급인으로 ":42A drawee: ABC Bank"와 같이 명시되는데 이 경우 ABC Bank가 지급인이 된다.

2.3 물품명세에 관한 사항

⑮ 물품/서비스 및/또는 이행의 명세(description of good and/or services and/or performance) :45A

물품명세는 물품명(name of commodity), 수량(quantity), 규격(specification), 단가(unit price), 가격조건(price terms) 등을 다음과 같은 요령으로 표시한다.

"4,000 pcs of Men's Split Leather Jackets as per Sales Note No-15 dated May 1, 20×× CIF New York Incoterms®2010."

상업송장상의 물품, 서비스 또는 이행의 명세는 신용장에 보이는 것과 일치하여야 하며[18] 가격조건은 Incoterms®2010에 정하고 있는 11가지 정형거래규칙 중에서 선택하여 올바르게 기재하여야 한다.

---

[18] UCP 600, Article 18-c.

2.4 요구서류에 관한 사항

⑯ 상업송장(commercial invoice) :46A

상업송장은 매수인에 대한 청구서·거래명세서·출화안내서·견적서이며 수익자가 신용장발행의뢰인 앞으로 작성한다. 상업송장에 기재된 물품명세는 신용장의 물품명세와 일치되어야 한다. 상업송장은 대금결제의 필수적 서류로 예외 없이 요구하고 있다. 상업송장상에 특정내용을 명시할 것을 요구할 경우에는 반드시 지시사항대로 상업송장상에 기재하여야 하며, 상업송장 요구통수를 제공하여야 한다. 보통 "Signed Commercial Invoice in triplicate"처럼 통수표시를 하는데, "original(1 fold), duplicate(2 fold), triplicate(3 fold), quadruplicate(4 fold), quintuplicate(5 fold), sextuplicate(6 fold), septuplicate(7 fold), octuplicate(8 fold) 등과 같이 요구한다.

⑰ 운송서류(transport document) :46A

운송서류는 물품의 선적·발송·수탁을 명시하는 인도의 증거서류를 포괄적으로 칭하는 것으로 해상선화증권, 항공화물운송장, 복합운송증권 등 운송방식에 따라 요구되는 운송서류의 종류가 다양하다. 예시된 신용장처럼 해상선화증권을 요구할 경우에는 보통 무사고선적 해상선화증권(clean on board marine bills of lading) 전통(full set)을 제시하도록 하고 있다.

무사고(clean)란 선적된 물품 및 포장이 깨어지거나 젖지 않고 외관상 완전한 상태로 선적되었음을 나타내는 것으로 사고문언(remarks)이 없는 것을 말하며, 전통(full set)이란 선화증권 원본 발행통수로 선화증권의 원본 3통(original, duplicate, triplicate)이 1조로 발행되었다면 3통 모두를 갖춘 것을 말하며, 3통은 각각 정식의 선화증권으로서 독립된 효력을 가지므로 그 중 1통이 사용되면 나머지는 자동무효가 된다.[19] 만일 선화증권 원본상에 원본 발행통수가 4통이면 4

---

19) 선박회사에서 선화증권을 발급하여 줄 경우에는 원본(original) 전통은 보통 3통을 1조로 발행하고 원본과 함께 사본(copy)은 non-negotiable로 10통 정도를 발행하여 주며, 원본은 수출환어음매입(negotiation)을 위하여 사용되지만, 사본은 은행이나 수출자의 보관 및 참조용으로 사용된다.

통이 전통이 된다.

또한 선화증권의 발행방식으로 수화인(consignee)을 지정하게 되는데, 예시의 신용장은 "to the order of Bank of America"와 같이 "Bank of America의 지시식"으로 발행할 것을 요구하고 있다. 이 방식 이외에도 수화인은 단순지시식으로 "to order", 송화인의 지시식으로 "to the order of shipper", 수입자의 지시식으로 "to the order of America International Inc."와 같이 기재하도록 신용장상에서 지시한다. 보통 선화증권 최초의 소지인이며 송화인인 신용장수익자는 "단순지시식"이나 "송화인의 지시식"의 경우에 선화증권원본 이면에 무기명배서(blank endorsement)를 하여 운송서류를 양도하고 있다.

운임지급에 관하여는 정형거래규칙이 CFR, CIF, CPT, CIP 중 어느 하나라면 "운임선지급"(freight prepaid)으로, FCA, FAS, FOB 중 어느 하나라면 운임후지급(freight collect)이라고 운송서류상에 표시하여야 한다. 또한 해상운임은 전자는 매도인이, 후자는 매수인이 부담하여야 한다.

화물도착통지처(notify party)는 화물이 목적항에 도착하였을 때 운송회사로부터 화물도착통지서(arrival notice)를 하여야 할 곳으로 보통 신용장발행의뢰인인 수입자나, 그 대리인명의의 명칭, 주소 및 전화번호 등을 기재하게 된다.

한편 항공운송의 경우에는 예시의 신용장처럼 수화인은 ××은행으로 발행한 "항공화물운송장"(Air Waybill)을 요구하게 되는 것이 일반적이다. 이는 비유통운송서류(non-negotiable transport document)이기 때문에 신용장거래에서 보통 신용장발행은행을 수화인(consignee)으로 정하여 발행한다. 기타 운임지급표시나 화물도착통지처 등은 해상선화증권의 그것과 같다.

⑱ 보험서류(insurance document) :46A

보험서류란 보통 보험증권(insurance policy), 보험증명서(insurance certificate), 통지서(declaration)를 총칭하는 것을 말한다.[20] 보험증권은 확정보험(definite insurance)에 대하여 발행되는 증권이며, 보험증명서 또는 보험확정통지서는 포

---

[20] 보험서류는 무역계약조건이 CIF나 CIP인 경우에 한하여 요구되며, 매도인은 적화물품에 대한 보험을 부보하고 보험서류를 제공할 의무를 부담하게 된다.

괄예정보험(open cover)에 근거하여 발행되는 부보증명서로 신용장거래에서는 대부분이 보험증권이나 보험증명서 중 어느 한 가지를 제시하도록 하고 있다. 그러나 보험중개업자(brokers)가 발행하는 보험인수증인 "Cover Note"는 신용장에서 특별히 허용하지 않는 한 수리 거절된다.[21]

예시된 신용장상의 보험서류는 송장금액에 대하여 110%를 부보하도록 부보범위(coverage)를 정하고 있다. 일반적으로 최소담보범위는 송장금액에 10%를 가산하여 부보할 것을 요구한다.[22] 또한 보험금 청구시 통화는 신용장금액에 명시된 동일한 통화를 기재하고 "신협회적화약관"(New Institute Cargo Clauses: ICC)을 참조하여 보험부보범위는 물품의 성질과 운송방식 등을 고려하여 적화보험조건, 즉 ICC(A), ICC(B), ICC(C) 중 어느 조건으로 부보할 것이며, 부가담보조건을 추가로 부보할 것인지에 대해서도 고려하여 선택하여야 한다.

⑲ 포장명세서(packing list) :46A

포장명세서는 선적화물의 포장 및 포장단위별 명세와 단위별 순중량(net weight), 총중량(gross weight), 용적(measurement), 화인(shipping marks) 및 포장의 일련번호 등을 기재한 명세서이다. 포장명세서는 상업송장의 기재사항과 부합되어야 한다. 또한 수출서류를 매입하기 위해서는 중량이나 용적 등은 운송서류상의 용적 및 중량과도 반드시 일치하여야 한다.

신용장에서 요구하는 서류로 언급된 것을 제외한 그 외의 서류로는 일반적으로 ⑳ 원산지증명서(certificate of origin), ㉑ 검사증명서(inspection certifi-cate), ㉒ 중량 및 용적증명서(certificate of weight and measurement) 등이 요구하는 경우가 많다.

2.5 운송에 관한 사항

㉓ 분할선적(partial shipment) :43P

운송물품에 대하여 분할선적의 허용 여부는 신용장에 지시하게 되는데, 보

---

21) UCP 600, Article 28-c.

22) UCP 600, Article 28-f-ⅱ.

통 허용(allowed), 금지(not allowed)를 명시하고 있다. 분할선적에 대하여 신용장상에 아무런 명시가 없으면 분할선적이 허용되는 것으로 간주된다.[23]

동일선박(same vessel)과 동일항로(same voyage)에 의한 선적은 본선선적을 증명하는 운송서류가 비록 다른 일자나 항구가 표시되어 있어도 분할선적으로 간주되지 않는다.[24] 또한 5월, 6월, 7월에 각 얼마씩 일정 기간의 할부선적(shipment by instalment)이 규정된 신용장의 경우에는 그 선적분이 허용된 기간 내에 선적되지 아니하면 당해 할부선적분은 물론 그 이후의 모든 선적분에 대해서도 신용장은 무효가 됨을 유의하여야 한다.[25]

㉔ 환적(transshipment) :43T

환적은 운송물품을 다른 운송방법으로 이전 및 재적재함을 의미한다. 환적의 표시방법도 분할선적처럼 허용 또는 금지로 표시된다. 그러나 신용장상 환적이 금지되더라도 운송인의 환적유보 인쇄약관이 있는 서류나 전항로가 단일운송증권으로 커버되는 경우 등 복합운송이 이뤄지는 대부분의 경우에는 환적이 발생할 가능성이 있으므로 은행은 그러한 운송서류를 수리하도록 함으로써 환적문제에 대한 시비는 많이 줄어들고 있다.

㉕ 본선적재/발송/수탁지(loading on board/dispatch/taking in charge) :44A

신용장에서 선적(shipment)이란 표현은 본선적재(loading on board), 발송(dispatch), 운송을 위한 인수(accepted for carriage), 우편수령일(date of post receipt), 접수일(date of pick-up) 또는 복합운송을 요구하는 신용장의 경우에는 수탁(taking in charge)의 뜻이 포함되어 있는 것으로 해석된다.[26] 따라서 적재지가 부산항이라면 "from Busan, Korea"로, 발송지가 인천공항이라면 "from Incheon Airport"로, 수탁지가 ABC 화물운송터미널이라면 "from ABC Cargo Transport Terminal"로 표시하면 된다.

---

23) UCP 600, Article 31-a; 분할어음발행(partial drawing)의 경우도 같다.

24) UCP 600, Article 31-b.

25) UCP 600, Article 32.

26) UCP 600, Article 19~25.

㉖ 선적기일(shipping date) :44C

선적기일은 물품의 최종선적, 즉 적재, 발송, 수탁 등을 위하여 최종적으로 허용되는 일자를 뜻한다.

"latest date of shipment: September 20, 20××"이라면 인도조건에 따라 9월 20일까지는 적재, 발송 또는 수탁을 완료하여야 한다는 의미이다. 만일 9월 20일이 공휴일이더라도 공휴일을 불문하고 적재, 발송 또는 수탁을 완료하여야 한다.[27]

㉗ 운송목적(for transpartation to) :44B

선적물품의 최종목적지를 기재하여야 한다. 즉 해상운송의 경우에는 "to New York, U.S.A", 항공운송의 경우에는 "to New York Airport", 복합운송의 경우에는 "to ABC Cargo Transport Terminal"과 같이 표시한다.

2.6 부가조건에 관한 사항 :47A

부가조건(additional conditions)에 대해서는 신용장에 따라 다르지만, 신용장 표준양식에 기재되지 못한 부가조건에 대하여 요구하게 된다. 즉 예를 들면 ㉘ 특정선박편의 지정(nomination)은 "Shipment must be effected by S.S. Arirang of ABC Line only", ㉙ 신용장양도의 허용은 "This credit is transferable", ㉚ 서류상에 신용장번호 등 기재사항의 지시는 "Each documents of presentation must be indicated the credit number of the issuing bank and the number of the advising bank", ㉛ 전신환(Telegraphic Transfer: T/T)에 의한 상환은 금지된다는 지시는 "T/T reimbursement not allowed"와 같이 요구할 수 있다.

2.7 기타의 기재사항

㉜ 은행수수료의 부담 :71B

신용장발행지 이외에서 은행업무와 관련하여 발생하는 수수료와 요금은 누

---

27) 그러나 신용장유효기일(expiry date)이 공휴일인 경우에는 서류제시는 그 익일로 자동연장 된다; UCP 600, Article 29.

가 부담하는가를 기재한다.

　㉝ 서류의 송달방법 :78

　서류의 분실 등에 대비하기 위하여 항공등기우편으로 두 번에 나누어(in two lots by registered airmail) 송부할 것인가, 아니면 한번으로(in one lot) 송부할 것인가를 기재한다.

　㉞ 상환지시(reimbursing instructions) :53A

　신용장발행은행은 상환(reimbusement)을 위하여 대금결제은행 및 대금결제방법에 대하여 다음 예와 같이 기재한다.

"Please reimburse yourselves for your payment and charges on ABC Bank, New York, under advise to us."

"Please debit our head office A/C with you at maturity."

"We Shall remit the proceeds according to your instructions."

　㉟ 신용장통일규칙 준거문언 :72

　신용장상에는 "This documentary credit is subject to the Uniform Customs and Practice for Documentary Credits(2007 Revision) International Chamber of Commerce Publication No.600"과 같이 준거문언을 명시함으로써 신용장관계당사자는 신용장통일규칙에 따른 구속력을 가지게 된다.

　이 밖에 서류 등을 위조·변조하여 동일한 신용장을 가지고 이중으로 매입할 가능성에 대비하여 매입은행은 신용장원본 이면에 매입일자 및 매입금액을 기재하도록 지시하고 있는데, 보통 다음과 같은 이중매입 방지문언이 기재된다.

"The amount and date each negotiation must be endorsed on the back hereof by the negotiating bank."

서식 5-2   신용장의 구성내용

(MT 700) ISSUE OF A DOCUMENTARY CREDIT

Advice Number : A0604-506-00123
From : BANK OF AMERICA, NEW YORK ①
To : KOREA EXCHANGE BANK ⑧
    SEOUL, KOREA

:27   sequence of total : 1/1
:40A form of documentary credit : IRREVOCABLE ③
:20   documentary credit number : 78910 ④
:31C date of issue : 15 JUNE 2015 ②
:31D date and place of expiry : 10 SEPTEMBER 2014 KOREA ⑤
:50   applicant : AMERICA INTERNATIONAL INC.
      310 FIFTH AVE, NEW YORK, NY10118 ⑥
:59   beneficiary : SEOUL TRADING CO., LTD.
      15, 1-GA, SOGONG-DONG, JOONG-GU, SEOUL 100-070, KOREA ⑦
:32B currency code amount : USD100,000 ⑨
:39A pct credit amount tolerance : 00/00 ⑩
:41D available with by name, address : ANY BANK BY NEGOTIATION ⑪⑫
:42C drafts at : SIGHT ⑬
:42A drawee : BANK OF AMERICA, NEW YORK, NY10015 U.S.A. ⑭
:43P partial shipment : ALLOWED ㉓
:43T transshipment : NOT ALLOWED ㉔
:44A loading on board/dispatch/taking in charge : BUSAN, KOREA ㉕
:44B for transportation to : NEW YORK, U.S.A. ㉗
:44C latest date of shipment : 31 AUGUST 2015 ㉖
:45A description of goods and/or services and/or performance ⑮
      4000 PCS OF MEN'S SPLIT LEATHER JACKETS OTHER DETAILS AS PER SALES NOTE NO. 4B016 DATED
      JUNE 5, 2014 CIF NEW YORK Incoterms®2010
:46A documents required
      +SIGNED COMMERCIAL INVOICE IN TRIPLICATE ⑯
      +PACKING LIST IN TRIPLICATE ⑲
      +FULL SET OF CLEAN ON BOARD OCEAN BILL OF LANDING MADE OUT TO THE ORDER OF BANK
        OF AMERICA MARKED FREIGHT PREPAID AND NOTIFY ACCOUNTEE ⑰
      +MARINE INSURANCE POLICIES OR CERTIFICATES IN DUPLICATE ENDORSED IN BLANK FOR 110PCT
        OF INVOICE VALUE. INSURANCE POLICES OR CERTIFICATES MUST EXPRESSLY STIPULATE THAT
        CLAIMS ARE PAYABLE IN THE CURRENCY OF THE DRAFTS AND MUST ALSO INDICATE A CLAIM
        SETTLING AGENT IN NEW YORK. INSURANCE MUST INCLUDE INSTITUTE CARGO CLAUSES(B) ⑱
      +CERTIFICATE OF ORIGIN IN DUPLICATE ⑳
      +INSPECTION CERTIFICATE IN DUPLICATE ㉑
      +CERTIFICATE OF WEIGHT AND MEASUREMENT IN DUPLICATE ㉒
:47A additional conditions
      SHIPMENT MUST BE EFFECTED BY STAR LINE ONLY ㉘
      THIS CREDIT IS TRANSFERABLE ㉙
      ALL DOCUMENTS MUST BEAR OUR CREDIT NUMBER ㉚
      T/T REIMBURSEMENT NOT ALLOWED ㉛
:48   period for negotiation : DOCUMENTS MUST BE PRESENTED WITHIN 3 DAYS AFTER THE DATE OF BILL
      OF LADING BUT WITHIN THE CREDIT VALIDITY
:71B charges : ALL BANKING COMMISSIONS AND CHARGES INCLUDING REIMBURSEMENT CHARGES
      OUTSIDE U.S.A. ARE FOR ACCOUNT OF BENEFICIARY ㉜
:49   confirmation instructions : WITHOUT ③
:53A reimbursement bank : BANK OF AMERICA, NEW YORK, NY10015, U.S.A. ㉟
:78   instructions to the paying/accepting/negotiating bank
      DRAFTS MUST BE SENT TO DRAWEE BANK FOR YOUR REIMBURSEMENT
      AND ALL DOCUMENTS TO US BY COURIER SERVICE IN ONE LOT ㉝
:72   sender to receiver information : THIS CREDIT IS SUBJECT TO UCP(2007 REVISION) ICC PUBLICATION
      NO. 600 ㉞

3. 신용장의 조건변경 및 취소

3.1 조건변경 및 취소의 요건

신용장의 조건변경(amendment)이란 이미 발행된 신용장조건을 다른 조건으로 바꾸고자 할 때 그 원신용장(original credit)의 내용을 수정하는 것을 말한다. 또한 취소(cancellation)라 함은 이미 발행된 신용장을 유효기간 내에 무효화하는 것을 말한다.[28]

취소가능신용장(revocable credit)은 수익자에게 사전의 통지 없이 언제라도 발행은행에 의하여 변경 또는 취소될 수 있다.[29] 그러나 취소불능신용장(irrevocable credit)은 발행은행, 확인은행(있는 경우) 및 수익자의 합의 없이는 결코 변경 또는 취소될 수 없다.[30] 이처럼 신용장의 조건변경이나 취소는 발행은행, 확인은행(있는 경우) 및 수익자의 소위 신용장관계당사자 전원의 합의에 의해서만 가능하다. 발행은행의 지급확약과 직접 관련이 없는 중간은행(intermediary bank), 즉 통지은행, 지급·인수·매입은행이나 단순한 수출전대은행은 여기서 의미하는 관계당사자에 포함되지 아니한다.[31]

신용장조건변경이나 취소당사자 중에 발행의뢰인이 제외된 이유는 신용장에서 대외적 채무자는 신용장발행은행 자신이고 발행은행과 발행의뢰인의 관계는 신용장거래계약에 근거를 두고 있기 때문이다.[32] 실제로 취소나 변경을 요구하는 자는 발행의뢰인이므로 별도의 합의가 필요 없다고 신용장통일규칙 제4차 개정시 국제상업회의소의 의견에서 밝히고 있다.[33]

---

28) 신용장취소에는 전액취소와 미사용잔액의 부분취소가 있다.

29) UCP 500, Article, 8-a.

30) UCP 600, Article 10-a.

31) 小峯 登, 「1974年 信用狀統一規則(上卷)」, 外國爲替貿易硏究會, 1974, 278面.

32) 東京銀行, 「貿易と信用狀」, 實業之日本社, 1987, 311面.

33) ICC, Documents 470/396.

3.2 조건변경의 효력발생

발행은행은 신용장조건변경을 발행한 당시부터 변경에 대한 취소불능의무를 부담한다. 확인은행은 그의 확인을 변경에까지 연장할 수 있으며, 또한 그가 변경을 통지한 당시로부터 취소불능의무를 부담한다. 그러나 확인은행은 그의 확인을 연장함이 없이 수익자에게 변경을 통지할 수 있으며, 또한 이러한 경우 동 은행은 지체 없이 발행은행과 수익자에게 반드시 통지하여야 한다.

신용장통일규칙에서는 "원신용장(또는 이미 승낙된 조건변경을 포함하고 있는 신용장)의 조건은 수익자가 조건변경에 대한 그 자신의 승낙을 그러한 조건변경을 통지해 온 은행에게 통보할 때까지는 수익자를 위하여 계속 효력을 갖는다. 수익자는 조건변경에 대하여 승낙 또는 거절의 통고를 행하여야 한다. 수익자가 그러한 통고를 행하지 아니한 경우, 신용장 및 아직 승낙되지 아니한 조건변경에 일치하는 제시는 수익자가 그러한 조건변경에 대하여 승낙의 통고를 행하는 것으로 본다. 그 순간부터 신용장은 조건변경된다"[34]라고 수익자의 승낙요건에 대하여 규정하고 있다.

4. 신용장의 통지

4.1 신용장통지의 의의

신용장의 통지(advice)란 신용장을 발행한 은행이 신용장발행내용을 수익자(beneficiary)에게 알리는 것을 말한다.

신용장을 통지하는 방법은 신용장발행은행이 직접 수익자에게 통지하는 방법, 신용장발행은행이 수익자소재지의 자기의 본·지점이나 환거래은행에 신용장발행사실을 알리고, 이들로 하여금 수익자에게 통지토록 하는 방법이 있다.

이 방법 중 전자는 신용장의 진정성을 파악할 수 없기 때문에 후자가 실제

---

34) UCP 600, Article 10-c.

거래에 대부분 이용되고 있다.

4.2 신용장의 통지방법

(1) 우편에 의한 신용장의 통지

우편에 의한 신용장통지란 신용장발행은행의 소정의 신용장양식을 이용하여 신용장조건을 명시하고 우편을 이용하여 발행은행이 통지은행 앞으로 보내는 신용장을 말한다.

이 경우 신용장발행은행의 서명은 보통 신용장의 아래 부분에 되어 있기 때문에 통지은행과 서명감이 교환되어 있다면 신용장의 진정성(authenticity)을 파악하는 데 용이하다.

그러나 오늘날의 신용장통지는 대부분 전송방식으로 이루어지고 있다.

(2) 전송에 의한 신용장의 통지

전송(teletransmission)에 의한 신용장통지는 발행은행이 신용장발행 메시지를 SWIFT시스템, 전신(cable), 텔렉스(telex) 등으로 통지하는 방법이다.

발행은행에서 통지은행 앞으로의 전송은 "full teletransmission"[35]에 의한 방법과 "short teletransmission"[36]에 의한 방법이 있다. 전자는 수익자가 사용할 수 있는 신용장으로 보통 신용장통지 내용상 "This is an operative credit instrument"라고 표시되어[37] 유효한 신용장으로 간주된다. 그러나 후자는 신용장 발행 내용의 일부만을 간단하게 기재하여 예비통지(preliminary advice)하는 것으로 나중에 우편에 의하여 완전한 신용장이 도착되기 전까지는 수익자가 사용할 수 없는 신용장이다. 그러나 전송에 의하여 "full teletransmission"으로 유효한 신용장을 받은 후 또다시 우편확인서(mail confirmation)를 송부하면 아니 된다. 만

---

35) "full cable" 또는 "full SWIFT" 방식이다.

36) 보통 "short cable"이라고 한다. 이 방식의 신용장은 보통 "Full details to follow", "Airmailing details"라는 문언이 명시된다.

37) full teletransmission에 의한 신용장은 "This credit is available",이나 "No mail confirmation will follow"란 문언이 전송된 내용에 명시되어 있다.

일 우편확인서가 송부된 경우에는 그 우편확인서는 아무런 효력이 없다.[38]

5. 신용장의 확인

5.1 확인의 의의

신용장의 확인(confirmation)이란 발행은행의 확약에 추가하여 일치하는 제시를 인수·지급 또는 매입하겠다는 확인은행의 분명한 확약을 말한다.[39] 확인은 발행은행의 신용상태가 좋지 않거나 발행은행 소재국의 정치·경제적 위험(country risk)이 있을 경우에 수익자(수출자)의 요청에 따라 신용장발행의뢰인(수입자)이 신용장발행을 의뢰할 때 발행은행보다 신용상태가 양호한 제3의 은행의 확약을 추가할 것을 지시함으로써 이루어진다. 따라서 발행은행은 이 지시에 따라 자기의 환거래은행에게 자기가 발행한 신용장에 확인을 추가할 권한을 부여하거나 또는 확인을 의뢰한다.

신용장의 확인은 확인은행이 수익자에 대하여 독립적인 채무를 부담하는 것을 의미한다.

5.2 확인의 특성

신용장의 확인에는 다음과 같은 세 가지 특성이 있다.

첫째, 취소불능신용장에 대하여 제3의 은행이 독자적으로 지급이나 인수 또는 매입을 확약하는 것이다. 그러므로 반드시 취소불능신용장만이 확인의 대상이 된다.

둘째, 확인이란 제3의 은행에 책임과 의무를 부과하는 것이므로 반드시 발행은행의 요청이나 의뢰에 따라 이루어진다.

---

38) UCP 600, Article 11-a.

39) UCP 600, Article 2.

셋째, 확인은행은 환어음의 발행인에 대하여 인정되는 소구권을 행사하지 않고 환어음의 매입을 확약한다.

따라서 확인신용장은 발행은행과 확인은행이 지급 등을 확약하게 되는 셈인데, 이들의 확약은 일차적인 것이므로 수익자에 대하여 별개의 직접적인 확약이 되는 것으로 수익자로서는 발행은행과 확인은행으로부터 이중의 보호를 받게 되는 유리한 입장에 서게 된다. 확인은행은 발행은행과는 별도로 확약을 했기 때문에 만약 발행은행이 지급불능이 되었을 경우에도 환어음의 지급, 인수 또는 매입 의무를 이행하여야 한다.

5.3 확인의 필요성

취소불능신용장을 발행한 은행이 국제적으로 명성이 높고 자본력이나 신용이 있는 경우 신용장을 수령한 수익자는 그 확약(undertaking)만으로 신용장거래를 행하게 된다.

그러나 수익자가 볼 때 발행은행이 잘 알려져 있지 않아 그 은행의 신용상태에 대하여 신뢰할 수 없거나 또는 그 은행이 소재지에서는 일류은행이지만 그곳의 외환사정이나 정치상황 등이 불안정하다면 신용장에 의한 결제라 하더라도 위험이 따르게 된다. 따라서 수출자는 수입자에 대하여 제3은행의 확인이 부가된 취소불능신용장을 요구하게 되며, 확인된 신용장을 수령할 수 있다면 발행은행의 확약보다는 오히려 신용 있는 확인은행의 확약에 의존할 수 있게 된다.

신용장확인은 일반적으로 수출자 소재지의 신용장통지은행이 확인하는 것이 보통이다. 이 경우 확인은행은 수출자가 소재하는 가까운 곳에 위치하고 또한 자기가 잘 알고 있는 은행이기 때문에 안심할 수 있다. 수익자는 확인은행으로부터 지급받은 자금의 반환 내지 상환청구를 받지 아니하는 매우 유리한 입장이 되는 것이다.

5.4 확인의 종류

확인은 확인문언에 따라 일람지급(sight payment)·연지급(deferred pay-ment)

의 확인, 인수(acceptance)의 확인 및 매입(negotiation)의 확인으로 구분된다.

(1) 지급 · 인수의 확인

확인은행(보통 통지은행이 됨)에서 지급이나 인수의 확인문언은 다음의 예와 같이 표시한다.

"At the request of our correspondent, we confirm their credit and also engage with you that payment will be duly made against documents presented in conformity with the conditions of this credit."

"We confirm this credit and hereby undertake that drafts drawn in confirmity whith the terms and conditions of this credit will be duly accepted on presentation and duly honored at maturity."

(2) 매입의 확인

취소불능의 매입신용장(negotiation credit)에서 매입을 확인하는 확인은행은 환어음발행인에 대하여 환어음매입대금에 대한 상환청구를 할 수 없다.

확인은행에서 매입의 확인문언은 다음의 예와 같이 표시한다.

"We have been requested to add our confirmation to this credit and we therefore undertake that any drafts drawn by you in accordance with the terms of the credit will be duly negotiated by us without recourse."

"At the request of our correspondent, we confirm their credit and engage with you that drafts drawn under and in compliance with its terms will be negotiated by us without recourse to you."

5.5 확인의 요청 및 실행

(1) 확인의 요청

신용장의 확인에 대한 요청은 일차적으로 발행은행이 발행의뢰인으로부터 받게 되며,[40] 발행의뢰인이 처음부터 취소불능확인신용장을 발행하는 경우에는

---

40) 확인수수료(confirming fee) 부담은 누가 할 것인가에 대하여도 매매계약을 체결할 때

신용장발행 신청서상에 그 뜻을 명기하면 된다.

국제상업회의소에서는 확인의뢰를 "We request you to notify the credit, □ without adding your confirmation, □ adding your confirmation, □ and authorize you to add confirmation"과 같이 세 가지 방법 중에서 하나를 선택하도록 권고하고 있다.

발행은행의 요청에 의하여 신용장을 확인하는 확인은행은 보통 수출국의 은행이 되는데, 통지 이전에 확인을 요청할 경우에는 미리 확인은행을 정해야 하며, 동 은행을 통하여 통지하는 경우 확인은행은 통지은행이 된다. 그러나 처음부터 확인은행을 수출지의 은행으로 하지 않고 수입지 또는 국제금융의 중심지 소재의 은행으로 할 것을 요청하는 경우에는 확인은행과 통지은행은 완전히 별개의 은행이 된다.

실무적으로 신용장의 확인을 요청할 때는 보통 "Please advise this credit to the beneficiary adding your confirmation."이라고 표시한다.

그러나 SWIFT 메시지 형식의 신용장에서 비확인신용장의 경우에는 ": 49 confirmation instructions : WITHOUT"과 같이, 확인신용장의 경우에는 ": 49 confirmation instructions : WITH(CONFIRM)", "MAY ADD"와 같이 명시되고 있다. 확인은행이 발행은행으로부터 신용장확인을 요청받거나 수권받았을 경우 그렇게 할 의사가 없을 때에는 확인거절의사를 즉시 발행은행에 통지하여야 한다.[41)

(2) 확인의 실행

발행은행으로부터 확인요청을 받은 은행은 확인을 일종의 여신행위로 볼 수 있기 때문에 발행은행으로부터 현금예치 등의 충분한 담보를 제공받거나 환거래약정(correspondent agreement)에 의하여 신용장거래에 관한 약정이 포함되어 있지 않으면 확인요청을 받은 은행은 신용장확인지시에 응하지 않게 된다.

당사자간에 미리 약정하여 두어야 한다.

41) UCP 600, Article 8-d.

일반적으로 발행은행과 확인은행간의 환거래약정 중에는 신용장의 확인에 관한 사항이 약정되어 있으며, 신용장확인에 대한 신용한도(credit line)를 설정하고 있으므로, 확인은행은 ① 발행은행의 지급능력에 대한 이상 여부, ② 발행은행의 소재국에 있어서 불가항력적인 사태가 발생하여 발행은행의 지급의무를 곤란하게 하는 위험성의 존재 여부, ③ 확인에 관한 약정유무, ④ 확인한도가 설정되어 있는 경우 한도 내 금액 여부, ⑤ 한도초과의 경우 임시허용의 여부, ⑥ 상환자금 공탁조건부 약정인 경우 공탁실행의 여부 등을 검토하여야 한다.

이상과 같은 조건을 검토한 후 확인은행에 의한 확인의 실행은 신용장상에 확인문언을 부기하거나 또는 별도의 확인통지서에 확인문언을 기재하여 수익자에게 통지한다.

5.6 확인요청의 거절과 조건부확인

(1) 확인요청의 거절

통지은행은 발행은행으로부터 신용장을 확인하도록 요청 또는 수권을 받았으나, 동 은행과의 환거래약정관계나 기타 거래사항에 비추어 확인할 의사가 없을 경우에는 즉시 발행은행에 이 사실을 통보하여야 한다. 그리고 발행은행이 확인의 요청 또는 수권에 별도의 지시가 없을 경우에는 수익자에게 확인을 추가하지 아니한 미확인신용장(unconfirmed credit)을 통지할 수 있다. 확인을 할 용의가 없는 경우에는 반환지시나 어느 특정은행으로 송부요청이 있으면 이에 따르되, 그렇지 않으면 수익자에게 확인 없이 단순한 통지를 하면 된다.

(2) 조건부확인

본래 신용장의 확인은 무조건 지급이나 인수 또는 매입에 대한 확인이라 하겠으나, 연지급조건의 거래나 회전신용장(revolving credit)과 같은 경우 신용장유효기일이 장기간이 되기 때문에 이러한 신용장에 대한 확인은 조건부로 하는 경우가 대부분이다. 예컨대 일정 기간에 대해서 또는 일정 금액에 대해서만 확인하는 방법으로, 확인은행으로서 채무부담행위를 최소로 줄이기 위하여 조건부로 확인하는 것이다.

(3) 확인은행의 매입권리

지급·인수신용장이거나 매입신용장이라도 매입제한신용장(restricted credit) 인 경우 매입이 자동적으로 제한 또는 지정되나, 통상의 매입신용장인 경우에는 확인을 할 때 매입을 제한할 권리가 있다고 할 수 있다.

확인은행은 발행은행과 독립된 채무를 부담하기 때문에 확인은행으로 매입 을 제한하는 것이 일반적이다.

6. 인 수

6.1 인수의 의의

인수(acceptance)는 그 효과면에서 확인의 경우와 별로 다를 바 없으나, 신 용장의 확인은 신용장에 의하여 발행되는 환어음의 매입, 인수 또는 지급을 포괄 적으로 확약하는 것인데 비하여, 인수는 기한부신용장에 의거 발행되는 환어음 을 제3은행이 대신 인수함으로써 만기에 대금지급을 확약하는 점이 다르다.

신용장발행은행이 발행한 기한부신용장에 의하여 발행된 환어음을 제3은행 이 인수하게 되면, 인수은행은 어음법상의 환어음에 대한 지급의무를 직접적으 로 부담한다. 즉 수출자가 인수된 환어음에 대하여 만기에 대금상환의 요구를 하 게 되면 인수은행은 즉시 이에 응하여야 한다.

6.2 인수의 실행

인수는 발행은행과 여신공여 등의 환거래약정을 체결하고 동 은행 앞 여 신한도(credit line) 이내에서 여유가 있는 경우에 실행할 수 있는데, 인수 (acceptance) 또는 동일한 의미가 있는 문자를 환어음(bill of exchange)의 전면에 다음과 같이 표시하고 지급인인 인수은행이 서명한다.

Accepted on May 15, 20× ×

Payable at ABC Bank

_____

(Authorized Signature)

환어음을 인수하게 되면 인수은행은 어음법상의 환어음에 대한 만기일에 어음지급의무를 부담하여야 한다. 환어음만기일에 수익자가 인수은행에 지급을 요청하면 지급을 이행하여야 한다.

7. 신용장의 양도

7.1 신용장양도의 의의

신용장의 양도(transfer)란 양도가능신용장(transferable credit)[42]상의 권리의 전부 또는 일부를 최초의 수익자, 즉 제1수익자(first beneficiary)의 요청에 의하여 제2수익자(second beneficiary)에게 양도하는 것을 말한다. 양도가능신용장을 수령한 수익자라 하더라도 반드시 양도의무를 부담하는 것이 아니고 수익자의 자유재량에 따라 양도권을 행사할 수 있는 것이다. 양도는 제1수익자가 단독으로 직접 제2수익자에게 양도하는 것은 인정되지 않으며, 반드시 특정은행을 통하여 양도수속을 행하여야 한다.

---

42) 양도가능신용장이라 함은 "양도가능"이라고 특별히 명시하고 있는 신용장을 말한다. 양도가능신용장은 수익자("제1수익자")의 요청에 의하여 전부 또는 일부가 다른 수익자("제2수익자")에게 사용가능하게 할 수 있다. 양도은행이라 함은 신용장을 양도하는 지정은행 또는, 모든 은행에서 사용될 수 있는 신용장에서, 발행은행에 의하여 양도하도록 특별히 수권되어 신용장을 양도하는 은행을 말한다. 발행은행은 양도은행이 될 수 있다. 양도된 신용장이라 함은 양도은행이 제2수익자가 사용할 수 있도록 한 신용장을 말한다; UCP 600, Article 38-b.

신용장양도에 대한 법리적 해석[43]에 대해서는 일치된 견해가 없다. 영국과 미국에서는 신용장은 유통증권(negotiable instrument)으로 간주할 수 없기 때문에 양도성이 없다고 보고 있으므로 배서라는 단순한 교부행위로 신용장의 급부청구권은 이전되지 않는다. 그러므로 신용장은 채권양도법에 의하여 적법한 절차를 통하여 양도가 가능하다고 한다. 독일 및 일본에서는 신용장의 양도를 채권양도[44]로 파악하기 때문에 채무자의 승낙이 있어야만 제3자에게 양도할 수 있다.

7.2 신용장양도의 필요성과 요건

(1) 양도의 필요성

신용장양도의 필요성은 신용장을 받은 최초의 수익자가 수출대행계약에 의해 대행자 앞으로 신용장을 양도하고자 할 경우, 거래은행에 충분한 담보력이나 신용한도가 부족하여 담보력이 있는 자를 이용할 경우, 쿼타품목(quota item)으로 쿼타보유자 명의로 수출하여야 할 경우 및 기타 번거로움을 덜고자 할 경우에 발생된다.[45]

(2) 양도의 요건

신용장을 양도하기 위하여는 다음과 같은 요건을 충족하여야 한다.

첫째, 발행은행에 의하여 신용장상에 "transferable"이란 문언이 명확하게 표시되어 있어야 한다.[46]

둘째, 신용장의 양도는 1회에 한한다. 분할선적(partial shipment)이 금지되어 있지 아니한 경우에는 분할양도가 가능하다. 1회란 뜻은 제1수익자가 제2수익자를 다수로 하여 양도하는 것은 가능하되 양수자(transferee)가 이를 다시 제3자

---

43) H C. Gutteridge, and Maurice, Megrah, *The Law of Banker Commercial Credits*, Europa Publications Ltd., London, 1984, pp. 167~168; 심영수, "신용장양도에 관한 연구", 중앙대학교대학원 박사학위논문, 1987, 5~6면 및 31~32면; 伊澤孝平, 前揭書, 655~656面.

44) 독일민법 제398조(채권의 이전, 채권양도).

45) 분할양도가 이뤄진 이후 신용장 조건변경내용의 권리와 의무는 제1수익자에게 있다.

46) UCP 600, Article 38-b.

앞으로 재양도하는 것이 금지되는 것을 의미한다. 따라서 양도의 권리는 제1수익자만이 갖게 되는 것이다.

셋째, 신용장양도는 원신용장(original L/C)의 조건과 동일하게 이루어져야 한다. 다만 신용장의 금액, 단가, 유효기일, 서류제시를 위한 기간의 단축, 선적기간 및 원신용장에서 요청된 부보금액을 담보하기 위하여 증가될 수도 있는 부보비율[47]에 대해서는 예외로 변경이 가능하다.

넷째, 제1수익자는 발행의뢰인의 명의 대신에 자신의 명의를 기재하여 신용장을 양도할 수 있다.

7.3 신용장양도의 방법

신용장의 양도는 신용장의 금액을 한 사람 또는 여러 사람에게 양도하느냐에 따라 전액양도와 분할양도의 방법으로 구분된다.[48]

(1) 전액양도

전액양도(total transfer)는 원신용장상의 제1수익자가 받은 신용장금액을 제2수익자에게 전액을 양도하여 주는 것을 말한다.[49]

원신용장 수익자로부터 양도·양수합의에 의하여 신용장전액 양도의뢰를 받으면 양도은행은 원신용장 이면에 다음과 같이 양도사실을 기재하고 서명한다.

---

47) 예컨대 원신용장금액이 CIF 가격으로 US$100,000에 대한 부보비율을 110%로 한다면, 부보금액은 US$110,000된다. 그러나 신용장양도시 원신용장금액을 CIF 가격으로 US$80,000로 한 경우, 부보금액은 US$88,000이 되기 때문에 수입자의 피보험이익에 대한 금액이 적어지게 된다. 따라서 원수익자는 신용장양도시 부보금액을 US$110,000까지 하기 위하여 부보비율을 "Invoice value plus 137.5%"까지 증가시키도록 요청을 할 수 있다.

48) 신용장양도의 절차는 ① 양도가능신용장 수취 → ② 제1수익자와 제2수익자간 양도합의서 작성 → ③ 지정양도은행에 양도신청 → ④ 양도수수료 납부 → ⑤ 양도통지서 발급 및 교부 → ⑥ 관련은행(발행은행·결제은행·통지은행)에 통보의 순으로 이루어진다.

49) 전액양도가 이루어진 이후 신용장의 조건변경 내용의 권리와 의무는 보통 모두 제2수익자가 갖지만 제1수익자는 양도가능신용장의 변경에 대하여 제2수익자에게 직접 통지허용 여부에 대한 지시의무가 있다.

서식 5-3 전액양도신청서

APPLICATION FOR ADVICE OF TOTAL TRANSFER

Korea Exchange Bank   Date: July 23, 20××
Seoul, Korea   Your Advice No. A0604−507−12345

Re: L/C No. 78910
for US $100,000
Favor Seoul Trading Co., Ltd.
Issuing Bank: Bank of America, New York

Gentlemen:

We hereby irrevocably transfer all of our rights under the above mentioned credit to LMN Co., Ltd.

The transferee (hereinafter called the "Second Beneficiary") shall have sole rights as beneficiary under the credit, including all rights relating to any amendment, whether increases or extensions of other amendments, and whether now existing or hereafter made.

The credit hereafter may be amended, extended or increased, without our consent or notice to us and you will give notice there of directly to the Second Beneficiary.

The original credit (including amendments to this date, if any) is returned herewith for your endorsement. We request you to notify the Second Beneficiary in such form as you deem advisable of this transfer of the credit and of the terms and conditions of the credit as transferred.

We agree to indemnity and hold you harmless against any and all losses, demages and expenses arising from your actions on this transfer.

Accepted by	Yours very truly,
LMN Co., Ltd.	Seoul Trading Co., Ltd.
(signed)	*(signed)*
Soo-il Kim	Gil-dong Hong
President	President
Authorized Signature &	Authorized Signature &
Name of Second Beneficiary	Name of First Beneficiary

서식 5-4 분할양도신청서

APPLICATION FOR ADVICE OF PARTIAL TRANSFER

Korea Exchange Bank
Seoul, Korea

Date: July 23, 20××
Your Advice No. A0604-507-12345

Re: L/C No. 78910   L/C Amount: US$100,000
Shipping Date: September 20, 20××
L/C Expiry Date: September 30, 20××
Favor: Seoul Trading Co., Ltd.
Issued by: Bank of America, New York

Gentlemen:

We hereby request you to transfer irrevocably all of our rights of the above mentioned credit to DEF Co., Ltd.

under the same terms and conditions of the credit with the following exceptions:

(1) The amount to be transferred: US$30,000

(2) The latest shipping date: August 20, 20××

(3) The expiry date: August 31, 20××

(4) The quantity to commodities: 1,200pcs of Men Split Leather Jackets

(5) Special instructions:

Any amendment to the credit hereafter made are to be advised to the First Beneficiary and then we will advice those amendments to the transferee(Second Beneficiary) on our responsibility. The original credit(including amendments to this date, it any) is attached here with for your endorsement.

We agree to indemnify and hold you harmless against any and all losses, damages and expenses arising from your actions on this transfer.

Accepted by
DEF Co., Ltd.

  (signed)

Sun-dal Kim
President

Authorized Signature &
Name of Second Beneficiary

Yours very truly,
Seoul Trading Co., Ltd.

  (signed)

Gil-dong Hong
President

Authorized Signature &
Name of First Beneficiary

"This credit is totally transferred to ABC Co. Ltd.[50] for US$300,000[51] on May 20, 20××[52] by CDE Bank××Branch.[53]"

(2) 분할양도

분할양도(partial transfer)란 원신용장 최초의 수익자가 받은 신용장 금액을 제2수익자인 여러 사람에게 분할하여 양도하여 주는 것을 말한다. 분할양도는 예컨대 제1수익자가 최초로 받은 원신용장의 금액이 US$100,000이라면 그 중 US$50,000은 제1수익자가 이행하고 나머지 US$50,000은 제2수익자인 A에게 양도하거나, 제1수익자가 받은 금액 US$100,000 중에서 제2수익자인 A에게 US$50,000, B에게 US$30,000, C 에게 US$20,000을 각각 분할하여 양도하는 것을 말한다. 이 때 A·B·C는 제 2·제 3·제 4 수익자가 아니고 모두 제2수익자로만 간주되며, 모두 1 회의 양도로 보는 것이다. 원신용장 수익자로부터 양도·양수합의에 의거 신용장분할양도의뢰를 받으면 분할양도취급은행은 신용장 원본 이면에 다음과 같이 기재하고 양도취급은행의 서명을 한다.

"This credit is partially transferred to ABC Co., Ltd. for US$100,000 on May 20, 20×× by CDE Bank××Branch."

7.4 신용장양도자의 권리

(1) 양도지시권

양도가능신용장에서 수익자의 권리는 양도지시권이지 양도권은 아니기 때문에 신용장양도는 환어음이나 선화증권처럼 배서만으로 양도의 효력이 발생하는 것이 아니고, 원수익자가 양도지시권을 행사하여 은행으로 하여금 양도의 수속을 완료시켜야만 양도가 성립되는 것이다.

---

50) 제2수익자, 즉 양수자이다.

51) 양도금액.

52) 양도취급일자.

53) 양도취급은행.

신용장에 "transferable"이란 표시가 있어도 원수익자가 반드시 신용장을 양도하여야 하는 것은 아니다. 따라서 원수익자는 양도의 필요가 없으면 스스로 신용장에 의거하여 지급, 인수 또는 매입을 받을 수 있다. 또한 은행은 오직 수익자와 발행의뢰인의 지시에 의해서 행동하기 때문에 은행으로 하여금 임의로 양도를 강요할 수 없다.

(2) 양도방법의 선택권

원신용장의 조건에 따라 1회 또는 분할선적이 허용되는 신용장의 경우에는 수회에 분할하여 제1수익자는 제2수익자에게 신용장양도의 권리를 갖는다.[54] 이 경우 특히 신용장금액, 단가의 감액 또는 유효기일, 서류제시기간, 선적기일 등은 단축할 수 있고, 각 양도부분의 보험금액은 원신용장의 부보비율만큼 증액할 수 있다.

(3) 송장 및 환어음의 대체권

제1수익자는 신용장에 규정된 금액을 초과하지 아니하는 금액에 대하여 제2수익자의 송장 및 환어음을 자신의 송장 및 환어음(있는 경우)으로 대체할 권리를 갖는다.[55]

제1수익자가 신용장발행의뢰인을 대체할 수 있는 권리에 따라 신용장발행의뢰인이 되면, 제2수익자는 송장을 제1수익자(신용장발행의뢰인) 앞으로 작성하게 되므로 제1수익자가 이 송장 및 환어음을 회수하고 자기가 원신용장발행의뢰인 앞으로 작성한 송장 및 환어음으로 대체하는 것을 "송장 및 환어음의 대체"(substitution of invoices and drafts)라고 한다. 신용장의 단가나 금액을 낮추어 양도할 경우에는 차액이 생기게 되는데, 이 차액에 대하여 제1수익자는 환어음을 발행할 수 있다. 이렇게 하는 것은 원수익자로 하여금 중개이익을 보장받게 하려

---

54) 신용장에서 별도로 규정하지 않는 한 양도가능신용장은 1회에 한하여 양도할 수 있다. 신용장은 제2수익자의 요청이었다 하더라도 그 이후의 어떤 제3수익자에게 양도될 수 없다. 따라서 신용장의 재양도는 금지된다; UCP 600, Article 38-d.

55) UCP 600, Article 38-h.

는 것이다.

(4) 대체서류에 대한 양도은행의 제시권

신용장이 양도되고 또한 제1수익자가 제2수익자의 송장 및 환어음과 대체하여 자기의 송장 및 환어음을 제시하여야 함에도 불구하고 이러한 요구를 받고도 즉각적으로 이에 응하지 않은 경우, 지급, 인수 또는 매입은행은 제1수익자에 대하여 이후 하등의 책임을 부담하지 아니하고, 양도은행은 제2수익자의 송장 및 환어음을 포함하여 신용장에 의거 제시된 서류를 발행은행에 제시할 권리를 갖는다.

(5) 양도지에서의 인수 · 지급 또는 매입요구권

제1수익자는 자신의 양도요청으로 신용장이 양도된 장소에서 신용장의 유효기일을 포함한 기일까지 제2수익자에게 인수·지급 또는 매입이 이루어져야 한다는 것을 표시할 수 있다. 이 경우에 있어서도 차후에 자기가 작성한 송장과 환어음(제시되는 경우)을 제2수익자가 작성한 송장과 환어음(제시되는 경우)과 대체하고, 자기에게 귀속된 모든 차액을 청구할 권리를 침해받지 아니한다.[56]

또한 양도가 이루어진 경우 제2수익자에 의한 또는 이를 대리하는 서류의 제시는 반드시 양도은행에 행하여져야 한다.

7.5 양도비용의 부담

양도실행에 있어서 양도수수료·요금 등 양도비용의 지급은 별도로 합의되지 않은 한 양도실현의 전제조건이므로 원칙적으로 비용의 부담자는 제1수익자이다.[57] 그러나 발행의뢰인 또는 제2수익자의 부담으로 정하는 것을 금하는 것이 아니므로, 그러한 경우에는 신용장에 그 취지가 명시되어 있으면 된다.

그러한 명시가 없는 경우에도 원수익자가 양도비용부담을 제2수익자에게

---

56) UCP 600, Article 38-j.

57) UCP 600, Article 38-c.

전가하려고 할 때에는 양도의뢰서에 제2수익자가 지급할 것이라는 문언을 기재할 수 있다. 단, 양도취급은행이 동의하지 않은 경우에는 원수익자가 양도비용을 지급하지 않는 한 양도는 실행되지 않으며, 제2수익자가 양도비용부담을 동의하더라도 제2의 수익자로부터 현실적으로 그 지급이 없는 한 은행은 양도통지를 하지 않는다.

7.6 양도의 취소 및 조건변경

양도된 신용장의 취소에 관하여는 신용장통일규칙에 아무런 규정이 없으나, 관계당사자인 발행은행, 수익자, 확인은행(있는 경우) 전원의 동의가 있으면 양도의 취소나 변경이 가능한 것으로 해석된다. 즉 원신용장의 취소나 조건변경은 관계당사자 전원의 동의가 있으면 이의 취소가 가능하므로, 양도된 신용장도 취소할 수 있다고 보는 것이다.

실무적으로는 신용장의 양도를 취소하기 위하여 제2의 수익자가 원수익자에게 직접 "transfer back"하는 방법이 있으나, 이는 신용장의 양도는 1회에 한한다는 규정에 위배되는 것이므로 관계당사자의 합의가 없을 경우에는 문제의 소지가 있을 수 있다. 따라서 이 경우에는 제1수익자와 제2의 수익자간에 합의된 양도취소동의서(application for cancellation of transfer)를 제시받아 당초 양도취급은행에서 동 사실에 관한 승인을 받은 후 제1수익자에게 재양도 취급하여야 한다.

양도를 위한 모든 요청은 조건변경이 제2수익자에게 통지될 수 있는지 여부 및 어떤 조건하에 통지될 수 있는지를 표시하여야 한다. 양도된 신용장은 그러한 조건을 명확하게 표시하여야 한다. 양도은행이 이와 같은 양도를 이행할 때에는 그 변경에 관련한 제1수익자의 지시를 제2수익자에게 통지하여야 한다.[58] 또한 신용장이 2인 이상의 제2수익자에게 양도된 경우, 1인 또는 2인 이상의 제2수익자가 조건변경을 거절한다 하더라도 양도된 신용장이 조건변경되어지는 기타 모든 제2수익자에 의한 승낙이 무효화되지는 아니한다. 조건변경을 거절한 제2수

---

58) UCP 600, Article 38-e.

익자에 대하여는, 양도된 신용장은 조건변경 없이 존속한다.[59]

7.7 신용장대금의 양도

신용장통일규칙 제39조에서는 "신용장이 양도가능한 것으로 명시되어 있지 아니하다는 사실은 적용 가능한 법률의 규정에 따라 그러한 신용장에 의하여 수 권되거나, 또는 될 수 있는 대금을 양도하는 수익자의 권리에 영향을 미치지 아니한다. 본 조는 단지 대금의 양도(assignment of proceeds)에 관련이 있으며 신용장에 따라 이행할 권리의 양도에 관한 것은 아니다"고 규정하고 있다. 이는 신용장 자체의 양도와는 별도로 신용장대금의 양도를 인정한 것이다.[60]

미국에서는 통일상법전의 규정[61]에 따라 대금의 양도는 채권양도로서 행하여지고 있는 상관습이다. 대금의 양도가 이루어진 경우에는 신용장조건을 이행해야 할 당사자는 원수익자이며, 대금을 청구하는 당사자는 양수인이 된다. 그 반면 신용장양도가 이루어진 경우에는 그 조건이행자나 대금청구의 당사자는 모두 양수인이 된다.

신용장대금의 양도는 신용장 자체의 양도와는 상이하며, 양수인은 대금에 관한 권리만 양수받을 뿐 당해 신용장에 따른 선적 또는 서류작성에 대한 의무는 원수익자에게 있다. 은행의 입장에서는 이의를 제기할 여지는 없으나, 양수인의 입장에서 대금회수는 전적으로 양도인의 신용장조건에 일치하는 서류제시 등의 의무에 따르기 때문에 대금회수가 완전히 보장된다고는 볼 수 없다.

---

59) UCP 600, Article 38-f.
60) 이 규정은 1974년 개정 UCP부터 제47조에 미국의 관습을 창조하여 신설된 것이다.
61) UCC, §5-114.

8. 은행간 대금상환

8.1 은행간 대금상환의 의의

신용장발행은행이 동 은행소재국 이외의 통화기준으로 신용장을 발행한 경우, 지정은행에 발행은행의 예금계정이 없을 때에는 발행은행의 예금계정을 유지하고 있는 제3의 은행을 지정하여 지정은행으로 하여금 그 은행에게 대금상환을 청구하도록 하는데, 여기에서 말하는 제3의 은행을 상환은행이라 하고 이러한 대금상환방식을 은행간 대금상환이라 한다.

상환은행은 신용장거래에서의 당사자는 아니지만 발행은행의 지급담당자로서 거래의 편의를 제공하게 되며,[62] 필요에 따라서는 신용장상의 결제통화에 관계없이 상환은행이 개입할 수 있다.

8.2 은행간 대금상환의 필요성

발행은행의 대금상환에 있어 상환은행이 개입되는 은행간 대금상환방식은 다른 대금상환방식에 비하여 많은 이점을 가지고 있다. 이에 따라 최근 발행은행의 대금상환에 있어 상환은행을 통한 방식이 크게 증대하고 있다. 즉 국제무역량의 증대에 따른 대량의 대금상환사무를 신속하고 또 효율적으로 처리하기 위하여, 외환의 과부족을 조정하기 위하여 국제금리 또는 환율동향 등을 고려하여 자금을 효율적으로 운용함으로써 은행의 수익성을 제고시키고자 한다. 또한 환율변동에 수반하는 환차손의 위험을 회피하기 위해 환포지션의 조정도 필요하기 때문에 상환은행의 필요성이 부각되고 있는 실정이다.

특히 신용장이 발행은행소재국의 통화와 다른 통화기준으로 발행된 경우, 당해 신용장에 근거하여 대금상환의 이행지를 발행은행소재국으로 하기보다는

---

[62] Dan Taylor, ICC Guide to Bank-to-Bank Reimbursements under Documentary Credits: A Practical Guide to Daily Operations, ICC Publishing S. A., 1997, p. 8.

신용장의 표시통화를 법화로 하고 있는 국가, 즉 그 통화에 강제통용력을 인정하고 있는 국가로 하는 편이 발행은행 및 지정은행 모두에 있어 유리할 것이다. 왜냐하면 외화자금의 조달 및 운용을 도모하기 위해 자행의 외화예탁금계정을 환거래은행에 집중시켜 두는 편이 좋을 것이기 때문이다.

이 때문에 발행은행이 외화기준신용장을 발행하는 경우에는 당해 통화국의 경제·금융의 중심지, 예를 들면 신용장이 미국 달러기준인 경우에는 뉴욕이나 로스앤젤레스 등에 소재하는 환거래은행을, 신용장이 영국 파운드기준인 경우에는 런던에 소재하는 환거래은행을 상환은행으로 지정하여 동 은행에 보유하고 있는 자행의 예금계정을 경유해서 대금상환을 행하는 것이 실무상 유리하므로 신용장상에 이 상환은행 앞으로 대금상환청구를 행하도록 하는 지시문언을 삽입하게 된다. 상환은행은 반드시 제3의 은행일 필요는 없고 발행은행 자신의 본·지점을 상환은행으로서 지정하는 경우도 물론 가능하다. 이 경우 지정된 발행은행의 본·지점은 통상의 상환은행과 동일한 권리 및 의무를 가지게 된다.

은행간 대금상환방식은 발행은행과 상환은행 모두에게 이점을 제공한다. 먼저 발행은행의 입장에서는 실제 발행은행의 결제계정이 마련되어 있는 은행 또는 발행은행에 결제계정이 마련되어 있는 은행의 수가 한정될 수밖에 없기 때문에 대금상환방법을 사용할 수 있는 신용장의 수도 한정된다.

이에 반하여 상환은행을 통한 대금상환은 특정 은행을 지정은행으로 하는 신용장의 대금상환에도 사용할 수 있다는 장점이 있다. 상환은행의 입장에서는 비교적 단순한 사무처리를 수탁함으로써 발행은행으로부터 결제자금의 예금을 수취할 수 있고, 또한 경우에 따라서는 상환수수료의 수입을 얻을 수 있는 이점이 있다.

8.3　은행간 대금상환통일규칙

(1) 제정배경

제5차 신용장통일규칙 개정작업을 완료한 국제상업회의소 은행위원회는

1993년 작업부회를 설치하고, 신용장거래에 있어 은행간 대금상환에 관한 새로운 통일규칙을 제정하는 작업을 개시하였다. 동 작업부회는 은행간 대금상환에 관한 전세계의 관행을 정확하게 반영시킬 것을 목표로 하여 1995년 봄에 은행간 대금상환의 현관행을 문서화하고 은행간 대금상환에 관한 모든 당사자에게 그들의 업무를 어떻게 행하여야 하는지, 또 그들이 거래하고 있는 상대방으로부터 무엇을 기대할 수 있는지를 충분히 이해시키기 위하여 1981년 미국의 국제은행업무협회가 마련한 은행간 대금상환에 관한 관습 및 절차를 참조하여 1995년 국제상업회의소는 은행간 대금상환통일규칙(URR 525)을 초안하였다. "URR 525"는 국제상업회의소에 의해 채택되어 1996년 7월 1일부터 적용할 수 있도록 하여 왔으나 새로운 UCP 600에 부응하여 이를 다시 2008년 4월 15~16일 "URR 525"를 업데이트한 "URR 725"를 승인하고, 2008년 10월 1일부터 발효되도록 하여 상환신용장을 발행할 경우에 적용할 수 있도록 하였다.

"URR 725"는 대체로 화환신용장거래하에서 은행간 대금상환과 관련하여 상환은행의 법적 성격, 대금상환에 따르는 발행은행의 의무와 책임, 지정은행의 구체적인 대금상환청구절차 등을 규정함으로써 대량의 은행간 대금상환사무를 신속·정확하게 처리할 수 있도록 하고 있다.

(2) 주요 내용

"URR 725"는 크게 4 개의 장으로 구성되어 있으며, 모두 17개의 조항을 두고 있다. 즉 A 장은 총칙과 정의(제1조~제3조), B 장은 의무와 책임(제4조~제5조), C 장은 수권, 조건변경 및 청구형식과 통지(제6조~제12조), D 장은 잡칙(제13조~제17조)으로 구성되어 있다.

1) URR 725의 적용

"URR 725"가 은행간 대금상환에 적용되기 위해서는 발행은행이 상환은행에 대하여 발행하는 상환수권서상에 "URR 725"가 삽입되어야 한다. 이와 관련하여 "URR 725"에서는 "URR 725"가 상환수권서의 본문에 삽입되어 있는 경우 모든 은행간 대금상환에 적용된다는 규정을 두고 있다.[63] 따라서 발행은행이 발행하는 상환수권서상에 대금상환은 "URR 725"에 따라서 행해진다는 취지를 "Reimbursement Authorisation is subject to the Uniform Rules for Bank-to-Bank Reimbursements under Documentary Credits, ICC Publication No. 725."라고 명시한 경우에 한하여 은행간 대금상환에 적용될 수 있다. 신용장거래와 관련하여 준거법으로 "UCP 600"이 적용된다고 하여 자동적으로 "URR 725"가 적용되는 것은 아니다. "UCP 600"에 준거되는 신용장에 "URR 725"가 보완적으로 적용되기 위해서는 상환수권서상에 "URR 725"의 준거문언을 삽입할 것과 신용장상에도 "URR 725"의 준거문언 삽입이 요구된다. 이와 관련하여 "URR 725"에서는 발행은행은 대금상환청구가 'URR 725'에 준거한다는 취지를 화환신용장상에 명시할 책임을 부담하며 UCP 600과 URR 725가 충돌하는 경우 UCP 600이 우선한다.[64]

적용대상과 관련하여 "UCP 600" 제13조는 대금상환을 행하는 자를 다른 당사자(상환은행)라고 기술하고 있다. 국제상업회의소 은행위원회에 의하면, URR은 세계은행(World Bank), 미주개발은행(Inter-American Development Bank) 등과 같은 비은행기관에 대한 대금상환청구의 경우에도 적용할 수 있는 것으로 하였다.

그러나 "URR 725"는 이와 같은 거래를 대상으로 하는 것은 아니다. 왜냐하면 이와 같은 거래의 대부분은 상업은행간의 표준적 은행간 대금상환과는 명확히 다르기 때문이다.

2) UCP와의 관계

"URR 725"는 "UCP 600" 제13조의 은행간상환약정을 보완하는 성격을 지니고 있으면서 신용장이 "UCP 600"에 준거하여 발행되어 있는 경우, 은행간 대금상환이라는 특별한 업무를 그 대상으로 한다. 왜냐하면 당초 1993년 신용장통일

---

63) URR 725, Article 1.

64) *Ibid.*

규칙 제5차 개정시에 제19조 은행간 상환약정을 보다 상세하게 규정하려 하였으나 규정하여야 할 사항이 너무 많아 이에 관해 별도의 통일규칙을 제정한 것이 "URR 525"이기 때문이다. 그러나 "UCP 600"과 현행의 "URR 725"가 상호 유사하게 공유하고 있는 조항은 일부분에 그치고 있다.

특히 "UCP 600"만으로써 화환신용장하에 따른 은행간 대금상환을 규율한다는 것 자체가 불가능에 가깝다. 따라서 신용장거래당사자들이 은행간 대금상환방식을 통해 대금상환을 행하고자 하는 경우에는 반드시 "URR 725"를 적극적으로 활용할 필요성이 생기게 된다. 또한 "URR 725"를 활용하는 경우에 있어서, 만일 "UCP 600"과 "URR 725"가 상호 충돌하는 경우에는 어느 조항을 우선 적용하여 문제를 해결하여야 하는지에 의문이 생길 수 있다. 이와 관련하여 "URR 725"의 제1조에서는 "UCP 600"이 "URR 725"에 우선한다고 규정하고 있다.

8.4 은행간 대금상환에 의한 대금결제

(1) 상환수권서의 발행

신용장발행은행이 화환신용장을 발행하고자 하는 경우에는 동 은행은 지급, 연지급, 인수 또는 매입이 지정된 은행을 기초로 하여 대금상환이 어떤 방식에 의해서 이루어질 것인가를 결정하게 된다. 만일 신용장이 발행은행소재국이 아닌 국가의 통화로 발행되었지만, 지정은행에 발행은행의 예금계정이 없을 때에는 발행은행이 지정한 제3의 은행인 상환은행을 통한 은행간 대금상환이 이루어지도록 하여야 한다. 이 경우 발행은행은 요구되는 정보를 상환수권서(reimbursement authorization)와 신용장에 명시할 책임이 있다.[65]

이에 따라 발행은행이 신용장상에서 은행간 대금상환에 관해서 적절한 지시를 행한 경우에는 동 은행은 신용장발행과 동시에 혹은 적절한 시기 내에 상환은행에 대해서 상환수권서를 발행하게 된다. 상환수권서는 텔렉스(telex), 스위프트(SWIFT) 또는 우편에 의해 발행될 수 있는데, 오늘날에 와서는 전송에 의한

---

65) URR 725, Article5 ; UCP 500, Article 13.

자동화된 메시지처리방식이 보편화되어 우편에 의해서 상환수권서를 발행하는 경우는 드문 편이다. SWIFT에 의해 상환수권서가 발행되는 경우에는 상환수권서는 "MT740" 메시지형식으로 발행될 필요가 있는데, 이는 상환수권서에 포함되는 모든 필요사항을 제공하여 주기 때문이다.

상환수권서상에 기재되어야 할 내용은 다음과 같다. 즉 "URR 725"의 준거문언삽입, 신용장 번호, 통화와 금액, 지급가능한 추가금액 및 허용범위가 있는 경우, 상환청구은행 또는 자유매입신용장의 경우에는 임의의 은행도 청구를 행할 수 있다는 취지의 문언 등이다. 이와 같은 문언이 없는 경우에는 상환은행은 어떠한 상환청구은행에 대해서도 지급할 것이 인정된다. 비용청구시에는 상환청구은행뿐만 아니라 상환은행의 비용도 포함된다. 그러나 만일 상환은행이 기한부 환어음에 대해 인수 및 지급하도록 요청받은 경우에는 위에서 언급한 정보에 추가하여 발행될 환어음의 만기, 환어음의 발행인, 인수수수료 및 할인수수료를 부담할 당사자도 명시하여야 한다.[66] 그리고 발행은행에 대한 상환청구 선통지에 관한 지시사항(계좌차기 포함)은 신용장에 명시되어야 하며 상환수권서에 포함되어서는 아니된다. 또한 상환수권서나 상환조건변경서에 따르지 않을 경우에는 발행은행에 통고하여야 한다.[67]

(2) 대금상환청구의 제시

상환청구은행은 대체로 발행은행 앞으로 환어음 및 서류를 발송하고 난 다음 신용장상에서 지정된 상환은행에 대해 대금상환청구를 제시하게 된다. 이 때 동 은행은 신용장상에 특별한 지시가 없는 한 단순히 상환신용장에 근거하여 동 은행이 발행하는 상환어음을 상환은행에 제시함으로써 대금상환이 가능하다. 이러한 상환청구은행의 대금상환청구는 신용장상에 명시된 지시가 특별히 그러한 청구를 금지하지 않는 한 전송에 의하여 이루어질 필요가 있는데, 만일 청구제시가 SWIFT에 의해 이루어진다면 "MT742" 메시지가 사용될 수 있다. 이 경우 상

---

66) URR 725, Article 1, 6-d~e.

67) URR 725, Article 6-f~g.

환청구은행으로서는 처음의 전송에 의해 송부한 대금상환청구에 대해서 우편확인서를 송부하지 않도록 하여야 한다.[68]

상환청구은행이 상환은행에 대해 대금상환청구를 제시함에 있어 최소한 다음과 같은 사항을 명시하여야 한다. 즉 신용장번호와 발행은행의 명칭, 만일 알고 있는 경우 상환은행의 참조번호, 상환청구원금과 추가금액 및 비용 등이다. 그리고 청구제시는 지급, 연지급, 인수 또는 매입에 대하여 상환청구은행의 사본에 의하여 행해져서는 아니 되고, 또 하나의 전송에 의해 중복된 청구를 포함하여서는 안 된다.[69] 상환은행이 기한부환어음을 인수하기로 되어 있는 경우에는 상환청구은행은 상환은행에게 대금상환청구서와 함께 기한부환어음을 송부할 필요가 있는데, 대부분의 소송에서는 기한부환어음의 인수에 대해 은행에게 어떤 법적인 요구를 하고 있는 실정이다. 이러한 요건은 신용장상의 대금상환지시란에 또는 상환확약상에서 정하여질 수 있다. 이 경우 청구는 위에서 열거한 것과 동일한 정보를 포함하고 있어야 하고, 또한 상환은행으로서는 물품에 대한 일반적 명세, 물품의 원산지, 목적지, 선적일 및 선적지 등을 요구할 수도 있다.

만일 어떤 이유에 의하여 적절한 기간 내에 상환은행이 청구에 응하지 아니하는 경우에는 은행간 대금상환하에서 제3의 당사자로부터 대금상환을 받는 약정은 발행은행과 상환청구은행간의 문제이기 때문에 상환청구은행으로서는 발행은행에 대해 직접적으로 대금상환을 청구하여야 한다. 또한 상환청구은행이 발행은행에게 이자청구를 한다면, 동 청구가 정당하게 이루어진 이상 이자청구에 대해 지급을 행하는 것은 발행은행의 책임이 된다.

(3) 대금상환청구의 처리

상환은행이 발행은행으로부터 상환수권서를 수령하는 경우에는 대체로 동 은행은 자동화된 시스템에 그 수권서상의 정보를 입력시키거나 또는 수작업에 의해 관련파일을 만들게 된다. 또한 동 은행은 각각의 상환수권서에 관리 및 보

---

68) URR 725, Article 10-a-i.

69) URR 725, Article 10.

관을 위해 참조번호를 부여하여 상환청구은행으로부터 청구를 제시받게 되면, 이에 관한 정보를 파악하기 위하여 상기와 같이 처리된 수권서를 참조하게 된다. 따라서 발행은행이 상환수권서상에 누락되거나 불명확한 지시사항을 명시하고 있다면, 상환은행으로서는 발행은행에게 누락되거나 불명확한 지시를 명확히 해줄 것을 요청할 필요가 있다.

상환청구은행은 신용장을 수령한 후 상환은행에게 발행은행의 상환수권서를 보유하고 있는지를 문의하는 경우가 있는데, 이 경우 상환은행은 대개 그러한 수권서를 보유하고 있는지 여부를 회답하고 또한 동 은행의 참조번호를 제공하면서 청구가 제시되는 경우 혹은 제시된다 하더라도 동 청구에 응할 아무런 의무가 없다. 왜냐하면 상환은행으로서는 동 은행이 청구에 응하기 전에 발행은행이 상환수권서를 취소할 것인지, 유효기간이 명시되는 경우 청구가 유효기간 전에 제시될 것인지 등을 모를 수 있기 때문에 동 은행의 이러한 언급은 필요하다.[70]

상환은행은 상환청구은행으로부터 대금상환청구를 제시받게 되면 발행은행으로부터 적절한 상환수권서를 수령하고 있는지, 대금상환청구가 적절하고 상환수권서의 조건을 충족하고 있는지, 발행은행의 예금잔고는 충분한지, 그리고 대금상환의 실행이 법령상 문제는 없는지 등을 검토하여 대금상환청구에 응할지 여부를 결정하여야 한다. 이러한 결정에 있어 동 은행으로서는 대금상환청구수령일 익일부터 3은행영업일을 초과하지 않는 상당한 시간을 향유할 수 있다.[71]

그러나 많은 수의 청구가 제시되거나 혹은 청구가 제시될 때 다른 요인이 청구에 응하는 것을 방해하지 않는 한 상환은행으로서는 상환청구은행의 청구를 즉시 처리할 수 있는 경우 동 은행은 그렇게 하여야 하고, 3은행영업일까지 그 처리를 유보하여서는 안 된다. 왜냐하면 과거에는 많은 수의 대금상환청구를 신속·정확하게 처리하는 것이 문제가 되었지만, 최근에는 대금상환사무에 대한 컴퓨터화가 진전되면서 발행은행으로부터 수령한 상환수권서의 내용을 컴퓨터에

---

70) Dan Taylor, *op. cit.*, pp. 41~42.

71) URR 725, Article 11-a-i.

입력하여 관리하고 대금상환청구내용과의 조회를 컴퓨터에 의해 처리시키는 방법을 이용하여 신속하게 처리할 수 있기 때문이다.

만일 상환수권서상에서 발행은행이 상환은행에게 차기사전통지를 요구하는 경우에는 상환은행으로서는 대금상환청구를 수령한 다음 날로부터 기산하여 3은행영업일을 초과하지 않는 상당한 시간에 차기사전통지의 일수를 이에 더한 시간을 누릴 수 있다.[72] 예를 들어 상환수권서상에서 발행은행 앞으로 3일 전의 차기사전통지를 요구하고 있는 경우에는 상환은행은 청구처리를 위해서 그 통지기간에 덧붙여 3일을 기다리게 된다. 이는 발행은행에게 서류심사로부터 서류거절절차를 완료하기까지의 시간으로서 최장 5은행영업일이 부여되어 있는 것[73]을 감안하면 합리적이라 할 수 있다.

또한 상환은행이 상환확약을 발행하지 않았고 상환일자가 장래에 예정된 경우 상환청구는 정해진 상환일 전 10은행영업일이 되기 전에 상환은행에 제시되어서는 아니된다.

상환은행은 지정은행과의 약정에 의한 경우 이외에는 지정은행 이외의 자에 대해서 지급을 행할 의무를 부담하지 아니한다. 그리고 상환은행은 발행은행의 지시에 근거해서 행동하는 데 지나지 않기 때문에 동 은행은 상환확약조건에 의해서 정하여져 있는 경우 이외에는 상환청구은행의 청구에 응할 의무를 부담하지 아니한다.[74]

---

72) *Ibid.*

73) UCP 600, Article 14-b.

74) 상환은행이 대금상환청구에 응하지 않는 가장 일반적인 이유로서는 발행은행이 상환은행에 있는 동 은행의 계정에 충분한 자금을 예치하지 않은 경우와 발행은행이 상환수권서에 유효기간을 설정하여 상환청구은행의 청구가 그 유효기간 이후에 이루어지는 경우이다.

9. 무역결제서류

9.1 무역결제서류의 의의

무역결제서류란 물품에 대한 대금청구서인 상업송장(commercial invoice)과 물품인도의 증거서류인 운송서류(transport documents) 등 무역대금결제와 관련하여 사용되는 모든 문서를 총칭하는 말이다.[75] 특히 신용장에 의한 무역대금결제는 물품거래가 아닌 서류거래에 의해 이루어지고 있으며, 대부분의 무역거래는 물품이 아닌 서류(document)라는 상징(symbol)에 의하여 대금결제가 이루어지고 있다.

지급신용장을 제외한 신용장방식과 추심방식인 D/P·D/A 거래에서는 무역서류에 수출자가 발행한 환어음(draft; bill of exchange)이 추가된다.

송금환방식이라 하더라도 대금은 물품선적 전에 선지급(payment in advance) 받더라도, 물품선적 후 수입통관 수속할 수 있는 서류를 수출자가 수입자에게 제공하여야 한다. 따라서 서류제공과 대금지급은 결제방식에 따라 얼마든지 그 선후가 뒤바뀔 수 있다.

---

75) ISBP745에서는 선적서류(shipping documents)라는 표현은 UCP600에서 정의되고 있지 않으므로 신용장에 사용하지 말도록 규정하고 있다. 신용장상에서는 "Documents" 또는 "Documents required" 등으로 표기하고 있다. 여기에서는 무역대금결제와 관련된 포괄적인 서류개념으로 보아서 무역결제서류라고 표시하고자 한다. 그렇다고 운송서류 (transport documents)가 모든 결제서류를 뜻하는 것은 아니라고 본다. 왜냐하면 신용장 통일규칙에서도 운송서류의 개념은 선화증권·항공화물운송장과 같이 실제 적재·발송·수탁 등 물품인도의 증거서류만을 의미하고 있기 때문에, 보험서류(insurance documents) 와 같은 서류가 운송서류로 부른다는 것은 모순이 될 수 있다. 한편 추심에 관한 통일규칙에 의하면 서류라 함은 금융서류(환어음·약속어음·수표·영수증)와 상업서류(송장, 운송서류, 권리서류, 이와 유사한 서류)를 의미한다고 하고 있다.

PART 02

무역결제서류

기본서류
  상업송장(Commercial Invoice)
  운송서류
    해상운송서류
      해상/해양선화증권(Marine/Ocean B/L)
      해상화물운송장(Sea Waybill)
    항공운송서류
      항공화물운송장(Air Waybill)
      항공화물수탁서(Air Consignment Note)
    육상운송서류
      철도화물수탁서(Railway Consignment Note)
      도로화물수탁서(Road Consignment Note)
    내수로운송서류(Inland Waterway Transport Document)
    복합운송서류
      복합운송선화증권(Multimodal Transport B/L)
      운송주선인협회국제연맹복합운송선화증권(FIATA Combined Transport B/L)
    기타운송서류
      우편수령증(Post Receipt)
      특사수령증(Courier Receipt)
  보험서류
    해상보험증권(Marine Insurance Policy)
    보험증명서(Certificate of Insurance)
    통지서(Declaration)

임의서류
  송장부속서류
    포장명세서(Packing List)
    중량/용적증명서(Certificate of Weight/Measurement)
  공용증명서류
    원산지증명서(Certificate of Origin)
    일반특혜관세원산지증명서(Generalized Systems of Preferences Certificate of Origin)
    영사송장(Consular Invoice)
    세관송장(Custome Invoice)
  품질증명서류
    검사증명서(Inspection Certificate)
    위생증명서(Health Certificate)
    검역증명서(Quarantine Certificate)
  기타부속서류
    차변표(Debit Note)
    대변표(Credit Note)

9.2 무역결제서류의 분류

무역결제서류는 기본서류로 상업송장·운송서류[76]·보험서류가 있고, 임의서류로 포장명세서·원산지증명서 등 필요에 따라 추가적으로 요구되는 여러 가지 서류가 있다.

9.3 상업송장

(1) 상업송장의 의의

상업송장(commercial invoice)이란 매도인, 즉 수출자가 매수인인 수입자 앞으로 발행하여 물품에 대한 대금청구서, 거래명세서, 견적서 그리고 선적안내서로 사용되는 상용문서이다.

상업송장은 대금청구서의 기능[77] 외에도 매매계약상 매도인의 의무이행 사실을 입증하는 중요한 서류이다. Incoterms®2010은 각 거래규칙별 매도인의 의무조항(A.1)에서 매도인은 매매계약조건에 일치하는 물품과 상업송장을 제공하여야 함을 규정하고 있다. 이는 상업송장이 일치증명(evidence of conformity)으로서의 주요한 기능을 수행하는 기본적인 서류이기 때문이다. 신용장통일규칙에서도 "상업송장상의 물품, 서비스 또는 이행의 명세는 신용장에 보이는 것과 일치하여야 한다"[78]고 규정하고 있는 것처럼 상업송장은 신용장과 서류의 일치성 판단의 근거가 된다.

상업송장은 신용장상의 수익자(beneficiary)명의[79]로 신용장발행의뢰인

---

76) 운송서류(transport documents)란 본선적재(loading on board), 발송(dispatching) 또는 복합운송의 경우 수탁(taking in charge)을 나타내는 서류를 총칭한다.

77) 상업송장의 기능에 대하여 Henning 교수는 다음과 같이 정의하고 있다.
"The functions of the commercial invoice are to describe the merchandise and to indicate price or prices and other details of the transaction", Charles N. Henning, *International Finance*, Harper & Brothers, Publishers, New York, 1958, p. 64.

78) UCP 600, Article 18-c.

79) 양도가능신용장에서 신용장양도가 이루어졌다면, 양수인(transferee)인 제2수익자(second beneficiary) 명의로 작성되어야 한다.

(applicant) 앞으로 작성되어야 한다.[80) 또한 서명이 요구되지는 않는다.[81)

상업송장은 매도인측의 입장에서는 무역대금결제의 주요 서류뿐만이 아니라 과세증빙자료, 통관수속절차상 세관에 제공하는 서류이므로 매수인측에서도 수입통관수속에 필수적인 서류가 되기 때문에 정확하게 작성되어야 한다.

(2) 상업송장의 종류

송장(invoice)은 그 용도에 따라 상거래용으로 작성되는 상업송장(commercial invoice)과 영사관용이나 세관용으로 작성되는 공용송장(official invoice)으로 대별할 수 있다.

상업송장은 무역계약을 이행하고 거래조건에 따라 작성되는 선적송장(shipping invoice), 가격계산을 기초로 사용되는 견적송장(pro-forma invoice), 견본을 송부할 때 작성되는 견본송장(sample invoice), 위탁매매시에 사용되는 위탁매매송장(consignment/indent invoice)이 있다.

공용송장은 수입지세관에서 수입물품에 대한 과세가격의 기준이나 덤핑유

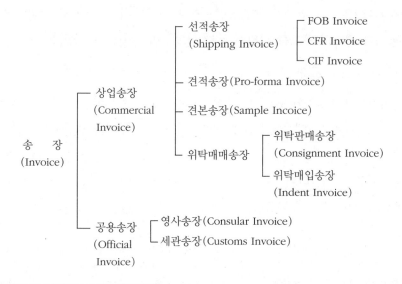

---

80) UCP 600, Article 18-a-ⅱ.

81) UCP 600, Article 18-a-ⅳ.

무의 확인 등을 목적으로 하는 세관송장(customs invoice)과 수입물품 가격을 높
게 책정하여 외화를 도피하거나 낮게 책정하여 관세를 포탈하는 것을 방지하기
위하여 수출국주재 수입국영사의 확인을 받도록 하는 영사송장(consular invoice)
이 있다.

9.4 운송서류

운송서류(transport documents)란 특정장소에서 특정장소까지 일정한 물품을
운송하는 증거로 적재(loading on board), 발송(dispatching) 또는 복합운송의 경
우 수탁(taking in charge)을 표시하는 서류를 말한다.

이에는 해상선화증권과 같은 해상운송서류, 항공화물운송장과 같은 항공운
송서류, 철도화물 또는 도로화물수탁서와 같은 육상운송서류, 내수로운송서류,
그리고 복합운송서류 등으로 구분된다.

(1) 해상선화증권

해상물품운송은 운송기간이 일반적으로 장기간에 걸치기 때문에 운송물품
의 수령이나 권리의 양도를 위하여 주로 선화증권이 이용되고 있다.

1) 선화증권의 의의

선화증권(Bill of Lading: B/L)은 해상물품운송계약에 따른 운송물의 수령 또
는 선적을 증명하고, 해상운송인에 대한 운송물의 인도청구권을 나타내는 유가
증권[82]이다.

계약물품을 운송하기 위해서는 송화인(shipper)이 선박회사나 그 대리점과
운송계약을 체결하고,[83] 물품을 해상운송인에게 인도하고 선화증권을 운송인으

---

[82] 유가증권이란 사법상의 재산권(채권·물권)을 표창한 증권으로서 권리의 발생·행사·이
전의 전후(어음·수표) 또는 그 중 일부(주권·운송증권·창고증권)를 위하여 사용되는 것
이다; 최기원, 「상법학신론(하)」, 박영사, 1989, 6면, 627면; 선화증권은 그 종류에 따라
유가증권에 해당되지 않는 것도 많이 있다.

[83] CFR·CIF·CIP 규칙에서는 매도인(송화인)이 선박지정 및 운임지급에 관하여 운송계약을

로부터 발급받아 매수인에게 교부하여야 한다.

선화증권의 주요한 기능은 증권의 소유자나 피배서인이 물품의 인도를 주장할 수 있는 권리증권(document of title)이며, 물품인도의 증거 및 운송계약의 증거가 된다.

2) 선화증권의 법적 성질

선화증권은 환어음을 매입(negotiation)하는 데 있어서 상업송장·보험증권과 더불어 기본이 되는 서류로 법률적 관점에서 다음과 같은 성질을 가지고 있다.

① 요인증권

선화증권은 화주와 운송인간의 운송계약에 의하여 화물의 선적 또는 수탁사실을 전제로 하여 발행되는 것이므로 법률상 요인증권이 된다. 따라서 화물의 선적 또는 선적을 위한 수탁 이전에 발행되는 선화증권은 당연히 무효가 된다.

② 요식증권

선화증권은 상법에 규정된 법정기재사항의 기재를 필요로 하는 요식증권이다.

③ 대표증권

선화증권에는 선적된 화물에 대한 권리가 화체되어 있으므로 선화증권의 인도는 화물의 인도와 동일하다고 할 수 있으며, 이러한 의미에서 선화증권은 물권적 효력을 갖는 물권증권이라고도 할 수 있다. 따라서 선화증권은 화물의 소유권을 대표하는 유가증권인 동시에 선화증권의 소지인은 선화증권과의 상환으로 선박회사에 화물의 인도를 청구할 수 있기 때문에 채권적 효력을 갖는 채권증권이며, 운송화물의 처분에는 반드시 선화증권을 사용하여야 하기 때문에 처분증권의 성질도 갖게 된다.

체결하지만, FCA·FOB 규칙은 매수인이 선박지정 및 운임지급 등에 관하여 운송계약을 체결한다. 실무적으로 선복예약은 물품선적시기에 맞추어 매수인과 협의하여 수출지에서 매도인이 수행하게 된다.

④ 문언증권

해상운송에 관한 선주 또는 화주의 권리와 의무이행은 선화증권에 기재된 문언에 따르게 되는 것이므로, 기재문언 이외의 사항에 대해서 어느 일방이 상대방에게 요구할 수는 없다. 따라서 여하한 사유에 대해서도 증권기재사항과 상이한 사항을 가지고 증권소지자에게 대항할 수 없다.

⑤ 유통증권

선화증권은 화물의 소유권을 대표하는 유가증권으로서 배서 또는 교부에 의하여 소유권이 이전되는 유통증권이다.

⑥ 지시증권

선화증권은 기명식, 지시식 또는 선택무기명식 등 어느 방식으로도 발행할 수 있으며, 기명식의 경우라 할지라도 선화증권의 발행인이 배서금지의 뜻을 기재하지 않는 한 배서에 의하여 양도할 수 있으므로 법률상 지시증권의 성질도 갖는다.

3) 선화증권의 종류

선화증권은 1924년의 "선화증권에 관한 통일규칙을 위한 국제조약(International Convention for the Unification of Certain Rules Relation to Bill of Lading)", 이른바 헤이그규칙에 의하여 통일성을 갖추게 되었다. 무역거래조건이나 운송계약조건에 여러 유형의 선화증권으로 구분할 수 있다.

① 선적선화증권과 수령선화증권

선적선화증권(shipped B/L)은 운송물품을 본선에 적재한 후에 발행한 선화증권이다. 선적선화증권은 선화증권상에 "Shipped in apparent good order and condition"이라는 문언이 기재되어 있다. 이 경우 선적선화증권상의 증권의 발행일자(date of issue)는 곧 본선적재일자가 된다.

선적선화증권은 선화증권의 성질과 법적 요건이 모두 갖추어진 운송서류이다. 선적선화증권과 결과적으로 효력은 같지만 구별하여야 할 것은 본선적재선화증권(on board B/L)으로 이는 수령선화증권(received B/L)양식, 즉 "Received the goods, or packages said to contain goods herein mentioned, in apparent good order and condition…"과 같은 문언이 기재된 증권상에 "Loaded on board dated August 5, 20××"와 같이 본선적재 부기(on board notation) 또는 선적완료 문구가 있고 서명형식을 갖춘 선화증권이다. 이 선화증권은 선적선화증권과 비교할 때 실질적 효력은 동일하다.

따라서 해상선화증권은 물품이 지정선박에 적재(loaded on board) 또는 선적(shipped)되었음을 명시하여야 한다. 또한 해상선화증권은 운송인 명칭이 증권문면상에 기재하여야 하며, 운송인(carrier) 또는 운송인을 위한 또는 운송인을 대리하는 기명대리인(named agent for or on behalf of the carrier), 선장(master) 또는 선장을 위한 또는 선장을 대리하는 기명대리인에 의하여 서명 또는 인증(authentication)이 되어야 한다.

한편 수령선화증권(received B/L; received for shipment B/L)은 송화인의 화물을 단지 수령한 상태에서 발행된 선화증권을 말한다. 이는 화물을 선적할 선박이 선내에 정박중이거나, 아직 입항되지 않았으나 선박이 지정된 경우에 운송인이 화물을 수령하고 선적 전에 발행한 선화증권이다.

미국에서 면화선적을 위하여 발행되는 "Port B/L"[84]과 "Custody B/L"[85]은 모두 수령선화증권의 일종이다.

매매계약시에 FOB나 CIF 규칙의 경우에는 해상운송의 대표적인 규칙으로서 선적선화증권(shipped B/L) 또는 본선적재선화증권(on board B/L)을 보통 요구하게 되므로, 특별히 신용장상에 허용하지 않는 한 수령선화증권은 거절된다.

② 무사고선화증권과 사고선화증권

무사고선화증권(clean B/L)이란 물품이 본선에 양호한 상태로 또는 선복예약 수량대로 적재되어 선화증권 여백의 비고(remarks)란에 "three cartons broken",

---

84) Port B/L은 물품이 운송인에게 인도되고 선박도 입항하였지만, 아직 화물을 본선에 적재되지 않는 경우에 발행되는 수령선화증권이다.

85) Custody B/L은 물품은 운송인에게 인도되었지만, 아직 본선이 입항하지 않았을 때 발행되는 수령선화증권이다.

"two cases short in dispute"처럼 사고문언의 표시 없이, 예컨대 증권면에 "Shipped on board in apparent good order and condition"이라고 표시된 완전한 선화증권을 말한다. 무역거래에서는 당연히 무사고선화증권을 요구하게 된다.

사고선화증권(foul B/L; dirty B/L)이란 적재화물의 포장이나 수량 등이 위에 언급한 사고의 문언표시가 비고(remarks)란에 기재되어 있는 선화증권을 말하며, "Claused B/L"이라고도 한다.

해상운송인은 선적물품이 사고가 발생되어 있는 상태에서는 귀책문제가 따르므로 사고선화증권을 발행하여 주기 때문에 이와 같은 운송서류는 신용장상에 특별히 허용하지 않는 한 은행은 수리를 거절하게 된다. 이 경우 송화인인 수출자는 사고물품에 대한 대체품이 있다면 모르되 선박출항 일정과 제조·가공하는 시간, 원재료의 부족 등으로 사고물품을 그냥 선적시켜야 할 경우에는 선박회사에 파손화물보상장(Letter of Indemnity: L/I)을 제공하고, 무사고선화증권을 발급받을 수 있으므로 매입은행에 수출환어음보상장부매입(under indemnity negotiation)을 면할 수 있다.[86] 이 때 도착지에서의 사고내용에 대한 보상과 모든 책임은 당연히 수출자가 부담하게 된다.

③ 지시식 선화증권과 기명식 선화증권

지시식 선화증권(order B/L)이란 선화증권의 수화인(consignee)란에 ① "to order", ② "to the order of A", 또는 ③ "to the order of ABC Bank"로 표시하여 발행된 선화증권을 말한다. ①과 ②의 경우에는 대개 무기명배서(blank endorsement; endorsed in blank)를 요구하게 되는데, 이 경우에는 선화증권 원본 뒷면에 송화인인 수출자가 배서를 하고 권리를 양도한다. 이 때 선화증권소지자가 물품에 대한 담보권을 취득하게 된다.

기명식 선화증권(straight B/L)이란 물품의 수령인인 수입자의 상호와 주소를 수화인란에 기재한 선화증권으로 물품의 소유권은 특정인에게 귀속된다. 따라서 송금환방식(remittance basis)이나 선수금을 받는 선대신용장(red clause L/C)에 의

---

86) 이 경우 보험회사는 파손화물에 대하여 보상책임이 없기 때문에 수출자는 보험회사에 동 사실을 고지하여야 한다. 그렇지 않으면 사기로 간주될 수 있다.

한 거래가 아니면 수화인을 수입자명의로 기재하는 기명식 선화증권을 발행하지 않는 것이 안전하다.[87]

④ 집단선화증권

화주의 화물을 운송주선업자(freight forwarder)에게 인도하여 발급받게 되는 운송서류를 "House B/L" 또는 "Forwarder B/L"이라고 한다. 또한 여러 화주의 화물을 혼재(consolication)하여 운송주선업자가 해상운송을 직접 수행하는 선박회사에게 선복을 예약(booking)하여 다수의 화주물품을 동일행선지별로 컨테이너만재화물(full container load: FCL) 상태로 인도받은 후 선박회사가 운송주선업자에게 발급해 주는 운송서류를 집단선화증권(groupage B/L) 또는 "Master B/L"이라고 한다. 이 경우에 수출자가 자기거래은행에게 제시하는 서류는 "House B/L"이다. 이에 따라 수입자는 동 서류를 인도받아 도착지에서 화물을 수령하게 된다. "Master B/L"은 운송주선업자와 선박회사간에 물품인도 및 운임청산용으로 사용하게 된다.

⑤ 해상화물운송장

해상화물운송장(Sea Waybill: SWB)은 화물수령증과 같으며, 운송장의 수화인란에 특정인의 성명·주소가 기재되어 유통금지문언이 부기되어 있다.

단순한 화물수령을 표시한 증거증권이며 권리증권(document of title)이 아니다.[88] 일반적으로 해상화물운송장은 본·지사간 거래, 신용이 두터운 거래선과의 거래, 이사화물 등에 이용되는 운송서류이다.

해상화물운송장은 기명식으로 발행되며, 항해중에 전매할 필요성이 없는 경우에 사용된다. 전통적인 서류에 의한 운송서류는 전자문서교환방식(Electronic Data Interchange: EDI)에 의하여 대체될 수 있으므로 해상화물운송장 형식의 전자선화증권(electronic bill of lading)을 사용할 경우에 앞으로 그 이용폭이 많아질

---

87) 항공운송의 경우 항공화물운송장(Air Waybill: AWB)상에는 수화인(consignee)으로는 보통 신용장발행은행을 기재하도록 요구하고 있는데, 그 이유는 항공화물은 해상운송보다 신속히 운송되어 운송중 물품의 전매나 유통상에 시간적 여유가 없을 뿐더러 그 특성상 실효가 없기 때문이다.

88) ICC Document No. 470-37/37, June 11, 1991, Article 25, Comments.

것이다. 해상화물운송장은 해상운송이 주로 이루어지지만, 취급물품의 특성상 물품의 인수·적재 장소가 다를 수 있다.

⑥ 용선계약 선화증권

용선계약 선화증권(charter party B/L)이란 화주가 살물(bulk cargo)형태의 대량화물을 운송하기 위하여 특정한 항로(voyage) 또는 기간(time) 동안 용선하는 경우, 화주와 선박회사 사이에 체결된 용선계약(Charter Party: C/P)에 의하여 발행되는 선화증권을 말한다. 신용장에 의한 거래에서는 용선계약 선화증권은 신용장상에 요구가 있거나 허용될 때 사용할 수 있다.[89]

⑦ 약식선화증권

약식선화증권(short form B/L)이란 선화증권의 전면에 법적 기재사항은 기재되고 이면의 선택약관인쇄가 생략된 선화증권을 말하며, "blank back B/L"이라고도 한다.[90] 이런 약관이 모두 기재된 것을 표준형식 선화증권(standard long form B/L; regular long form B/L)이라고 한다.

⑧ 예정표시선화증권

예정표시선화증권(intended clause B/L)이란 선화증권발행시에 선박(vessel), 선적항(port of loading) 또는 양륙항(port of discharge)이 확정되지 못하여 "예정된"(intended) 것으로 증권상에 표시되어 발행되는 선화증권을 말한다. 선적이나 선적항 앞에 "intended"가 표시되어 있더라도 본선적재부기(on board notation)와 실제 선적항이 표시되어 있는 경우와 양륙항에 관련하여 최종목적지가 양륙항과 다른 지점인 경우에는 별도명시가 없는 한 은행이 수리할 수 있도록 하고 있다.

⑨ 제시기간경과선화증권

제시기간경과선화증권(stale B/L)이란 은행[91]에 제시된 일자를 기준으로 소급하여 상당한 기간, 즉 특정기간의 명시가 없다면 선적을 증명하는 서류의 발행

---

89) UCP 600, Article 22-a.
90) UCP 600, Article 19-a-v; UCP 600, Article 20-a-v.
91) 지정은행이나 특정지역의 표시가 있을 경우에는 그 곳에 제시되어야 한다.

일자로부터 21일이 경과되어 은행에 제시된 선화증권을 말한다.[92] 이처럼 제시 기간이 경과된 선화증권은 은행이 수리거절한다.[93]

이런 문언은 신용장상에 다음과 같이 보통 표시하고 있다.

"All documents must be presented within five days after the date of issuance of bill of lading or other documents but prior to expiration date of this credit."

이처럼 서류제시기간을 선화증권 혹은 운송서류발급일자 후 5일로 구속하 더라도 수출자인 수익자는 이러한 서류제시기간 준수는 물론 당해 신용장유효기 일 이내에 매입은행에 제시하여야 한다.

무역거래에서 항공편을 이용하거나 근거리무역을 할 경우에는 이처럼 서류 제시기간을 짧게 구속한다면, 수출자는 보다 신속하게 서류를 제시하게 될 것이 며 수입자의 입장에서는 도착된 물품을 보다 신속히 통관수속할 수 있는 장점이 있다.

⑩ 제3자선화증권

제3자선화증권(third party B/L)이란 선화증권상에 송화인(shipper)은 일반 적으로 신용장상의 수익자(beneficiary)[94]로 작성이 되지만 중계무역(intermediary trade)의 경우에는 제3자를 송화인으로 하여 발행하는데, 이와 같은 경우의 선화 증권을 말한다.

신용장통일규칙에서는 은행은 신용장 수익자 이외의 어떤 당사자를 물품의 송화인으로 명시한 서류에 대해서도 수리할 수 있음을 규정하고 있다.[95]

⑪ 적색선화증권

적색선화증권(red B/L)[96]이란 선화증권과 보험증권을 결합시킨 것으로, 이

---

92) 그와 같은 서류를 stale document 라고 한다.
93) UCP 600, Article 29.
94) 양도가능신용장으로 신용장양도가 이루어졌다면 제2수익자(second beneficiary)인 양수인(transferee) 명의가 된다.
95) UCP 600, Article 14-k.
96) 보험증권을 겸한 선화증권에 그 부보문언 내용을 적색으로 인쇄되어 있다는 연유에서 이

증권에 기재된 물품이 운송중 사고가 발생하면 동 사고에 대하여 선박회사가 보상하여 주는 선화증권이다. 이 경우 선박회사는 보험회사와 적색선화증권 발행분에 대하여 별도 부보하게 되므로 최종적인 손해보상은 보험회사가 하게 된다. 따라서 송화인은 운임에 보험료를 합한 금액을 선박회사에 납부하게 된다.

⑫ 부서부선화증권

부서부선화증권(countersign B/L)이란 선박회사가 운임후지급(collect)이나 운임 또는 채무가 미결상태에 있는 경우에 화주가 물품을 수령하기 위해서는 선박회사에 운임을 지급하고 물품을 수령하게 된다. 이 때 선박회사는 지급이 완료된 것을 증명하기 위하여 선화증권에 부서(countersign)하게 되는데, 이와 같은 선화증권을 말한다.

⑬ 통선화증권

통선화증권(through B/L)이란 다수의 운송인이 관여한 선화증권으로 한 사람의 운송인이 둘 이상의 운송수단을 이용하는 경우[97] 또는 둘 이상의 운송인 공동으로 운송할 경우,[98] 운송인 간에는 연결운송계약이 체결되게 되는데, 이 때 최초의 운송인이 전구간의 운송에 대하여 통운송계약에 의해 발행되는 선화증권을 말한다. 이에 대하여 어느 특정항구에서 다른 특정항구로 한 구간에 대해 발행되는 선화증권을 단일선화증권(single B/L) 또는 직행한다 하여 직행선화증권(direct B/L)이라고도 한다.

이 밖에 선화증권으로는 특정국 내의 거래에 사용되는 내국선화증권(local B/L), 환적이 이루어질 때 발행되는 환적선화증권(transshipment B/L), 컨테이너를

런 이름이 사용하게 되었다. 보험에 관한 지식이 부족한 무역거래자가 선박회사에 위임하여 사용되었던 적이 있으나 오늘날에는 거의 사용되지 않고 있다.

97) 부산에서 로스앤젤레스까지 운송하는 경우, 부산~고베까지는 A선편, 고베~로스앤젤레스까지는 B선편을 이용하는 경우이다.

98) 부산~시애틀까지 해상운송은 A운송회사를 이용하고, 시애틀에서 뉴욕까지는 철도 또는 도로운송으로, 즉 육로는 B운송회사를 공동으로 하여 이용하는 예이다. 이 경우 복합운송과의 차이는 운송서류발행자가 복합운송인(Multimodal Transport Operator: MTO)이면 복합운송으로 보고, 그렇지 않고 선박회사나 그 대리인이 발행한 것이면 통운송으로 본다.

이용하여 운송되는 경우에 발행되는 컨테이너 선화증권(container B/L) 등이 있다.

4) 선화증권의 발행

① 선화증권의 법정기재사항

선화증권에는 법정기재사항과 임의기재사항이 있다.

법정기재사항으로는 ① 물품의 명세(description of commodity), ② 중량·용적 및 포장갯수(weight, measurement, number of packages), ③ 물품의 화인 및 기호 (marks & numbers), ④ 선적항(port of shipment), ⑤ 양륙항(port of destination), ⑥ 선박명과 국적(name of the ship & nationality), ⑦ 선장명(name of master of vessel), ⑧ 송화인(name of shipper), ⑨ 수화인(name of consignee), ⑩ 운임(freight), ⑪ 발행부수(number of B/L issued), ⑫ 발행지 및 발행일자(place & date of B/L issue) 등이다.

한편 임의기재사항은 운송인과 송화인 사이의 특약사항으로 대부분 운송인의 면책사항이 기재되고 있다. 임의기재사항을 보면 ① 항로번호(voyage No.), ② 화물 도착통지처(notify party), ③ 운임지급지 및 환율, ④ 선화증권의 번호(B/L number), ⑤ 스탬프조항(stamp clause), ⑥ 사고부문언란(remarks)과 면책조항이 있다.

면책조항(exemption clause)에는 ① 천재지변(Act of God) 및 해난(Perils of the sea), ② 전쟁위험, ③ 제3자의 행위에 기인하는 위험, ④ 과실조항(negligence clause), ⑤ 내항능력(seaworthiness)에 따른 잠재하자 조항(latent defect clause), ⑥ 이로조항(deviation clause),[99] ⑦ 부지조항(unknown clause),[100] ⑧ 파손·누손 조항(breakage·leakage clause),[101] ⑨ 고가품조항(valuable goods clause),[102] ⑩ 위

---

99) 이로조항은 인명, 재산 혹은 선박구조, 피난, 연료, 식량 등 필수품을 적재하기 위하여 예 정항로 이외의 기항은 면책된다는 조항이다.

100) Unkown Clause는 선화증권면에 "물품의 외관상 양호한 상태"로 선적하고, "외관상 이것 과 유사한 상태로" 물품을 인도한다고 기재하여 물품의 내용·중량·용적, 내용물의 수량· 품질·종류 및 가격에 대해서는 운송인이 면책된다는 조항이다.

101) Breakage-Leakage Clause는 갑판적재하는 물고기와 조개, 동물, 육류, 과물류, 부패하기 쉬운 모든 물품, 유리, 도자기 또는 주물, 파손되기 쉬운 물품 또는 비포장물의 파손·누 손·습기·부패, 사망 등에 관해서는 운송인이 면책된다는 조항이다.

102) Valuable Goods Clause는 송화인이 고가품 선적시 물품종류·품질·가격을 명시하지 않

험품조항(dangerous goods clause),[103] ⑪ 손해배상조항(claim clause), ⑫ 뉴제이슨조항(New Jason clause),[104] ⑬ 공동해손조항(general average clause) 등이 있다.

② 선화증권의 발행방식과 배서

㈎ 선화증권의 발행방식 　선화증권의 발행은 보통 신용장거래시에는 운송서류요구조항에 지시되기 때문에 그에 따르면 되지만, 발행방식은 요구내용에 따라 여러 가지가 있으며, 선화증권발행시 수화인(consignee)란에 특정방식대로 기재하여야 한다.[105]

가) 기명식 발행 　이는 수화인기재란에 특정인의 상호·주소를 기재하는 방식이다. 예를 들면 "Consignee: X & Y Inc., New York"와 같이 한다.

나) 지시식 발행 　이 방식은 단순지시식·기명지시식 및 선택지시식이 있다.

ⓐ 단순지시식은 단순히 "to order"라고 기재하는 방식이다. 예를 들면 "Consignee: to order"와 같이 한다.

ⓑ 기명지시식은 "to the order of ×××"로 기재하는 방식이다. 예를 들면 "Consignee: to the order of A&B Co., Ltd."와 같이 한다.

ⓒ 선택지시식은 "××× or order"로 기재하는 방식이다. 예를 들면 "Consignee: X&Y Inc., New York or order"와 같이 한다.

다) 소지인식 발행식식이에는 단순소지인식과 선택소지인식이 있다.

으면 일정한 금액 이상의 배상책임이 없다는 조항이다.

103) Dangerous Goods Clause는 위험품에 대해서 적부·보관·취급 등에 특별한 조치가 필요하고, 선적 전 물품의 내용과 성질을 신고하지 않으면 선장은 발견하는 대로 양륙 또는 선외에 투기할 수 있다는 조항이다.

104) New Jason Clause란 본선이 자사선에 의해 구조되었더라도 타사선에 의해 구조된 것과 같이 선주는 구조비를 자사의 화주에게 청구할 수 있다는 내용이 추가된 것으로, 선주가 내항성을 위하여 적절한 노력을 했다면 항해의 전후를 막론하고 선주의 과실이 있든 없든 사고가 생기면 법상·계약상 그 사고에 대해 책임을 지지 않고 화주는 공동으로 인해 발생한 비용과 희생 분담을 하여야 하고, 물품과 관련하여 발생하는 구조비 등 제비용을 부담하여야 한다는 조항이다. Jason은 1921년 사건 당시의 선박이름이다.

105) 대부분의 거래에서는 지시식 발행방식을 많이 이용하고 있다.

ⓐ 단순소지인식은 수화인란에 소지인, 즉 "Bearer"로 기재하는 방식이다. 예를 들면 "Consignee: Bearer"와 같이 한다.

ⓑ 선택소지인식은 수화인란에 "××× or Bearer"로 기재하는 방식이다. 예를 들면 "Consignee: X&Y Inc., New York or Bearer"와 같이 한다.

라) 무기명식 발행식식이는 일명 백지식이라고도 하며 수화인란은 공란 (blank)으로 두는 것으로, 예를 들면 "Consignee: "와 같이 한다. 이 경우 선화증권의 취급은 소지인식과 같은 요령으로 한다.

(나) 선화증권의 배서   선화증권의 배서(endorsement)는 증권을 타인에게 양도할 때 행하게 되는데, 배서방식에는 ① 기명식 배서, ② 지시식 배서, ③ 무기명식 배서방식이 있다. 배서는 신용장상 선화증권 조항의 발행방식에 따라 결정되게 된다.[106)]

배서는 선화증권원본 전통(full set)의 이면에 다음과 같이 행한다.

가) 기명식 배서(full endorsement)   기명식 배서는 피배서인(endorsee) 의 성명 또는 상호를 명기하여 배서인(endorser)이 서명하는 방식이다. 기명된 수화인에게 선화증권을 전달하기 위해서는 배서가 연속되어야 한다. 예를 들어 "X&Y Inc."에게 기명배서를 하고자 할 경우는 다음과 같이 한다.

Deliver to X & Y Inc.

A & B Co., Ltd.

Gildong Hong

Gil-dong Hong

President

나) 지시식 배서(order endorsement)   지시식 배서는 피배서인으로서 "order of X" 또는 "X or order"와 같이 기재하는 방식이다. 예를 들어 "X&Y Inc."에게 지시식 배서를 하고자 할 경우에는 다음과 같이 한다.

---

106) "Full set of clean on board marine bill of lading made out to the order of shipper and endorsed in blank marked notify X & Y Inc., New York and freight collect"라고 명시되었다면, 선화증권상 수화인은 "to the order of shipper"로 기재하고, 송화인인 수출자가 선화증권 원본 이면에 '무기명식 배서'를 하여야 한다.

Deliver to the order of X&Y Inc.

A&B Co., Ltd.

GildongHong

Gil-dong Hong

President

Deliver to X&Y Inc. or order

A&B Co., Ltd.

GildongHong

Gil-dong Hong

President

다) 무기명식 배서(blank endorsement)　　무기명식 배서는 피배서인은 기재하지 않고 배서인이 단순히 자기 자신만 서명하는 방식으로 이를 백지식 배서라고도 한다.

A&B Co., Ltd.

GildongHong

Gil-dong Hong

President

(2) 항공화물운송장

1) 항공화물운송장의 의의

항공운송서류(air transport documents)에는 항공화물운송장(Air Waybill: AWB)과 항공화물수탁서(air consignment note)가 있다. 보통 미국에서는 전자로, 유럽에서는 후자로 부르고 있다. 이들은 모두 화물을 공로로 운송하는 경우에 항공운송인(air carrier)이 발행하는 운송장으로 선화증권과 같이 운송계약상의 권리를 유가증권화한 권리증권이 아니고 단순한 수령증에 불과하다.

항공화물운송장은 국제항공운송협회(International Air Transport Association: IATA)의 표준양식과 발행방식에 따라 전세계 항공사가 동일한 운송장을 사용하도록 의무화하고 있다. 항공화물운송장은 유통이 금지된 비유통증권으로만 발행되는데, 원본 ①은 항공사용으로 운송계약의 증거로 사용되고, 원본 ②는 수화인용으로 화물도착지에 보내져서 항공사가 수화인에게 교부하는 것으로 유통목적은 아니다. 원본 ③은 송화인용으로 송화인의 화물처분권에만 효력이 미친다. 항공화물운송장의 발행부수는 원본 3장과 부본 6장을 원칙으로 하고, 항공사에 따라 5장까지 추가할 수 있다.

2) 항공화물운송장과 해상선화증권의 비교

항공화물운송장과 해상선화증권의 공통점은 ① 화물수령증권이며, ② 요인증권이며, ③ 요식증권이다.

항공화물운송장과 해상선화증권의 차이점은 다음과 같다.

① 항공화물운송장은 항공운송사실을 증명하는 단순한 증거증권인 데 반하여, 해상선화증권은 물권적 권리를 표시하는 물권증권이다.

② 항공화물운송장은 비유통증권인 데 반하여, 해상선화증권은 유통증권이다.

③ 항공화물운송장은 기명식[107]으로만 발행되는 데 반해, 해상선화증권은 지시식, 기명식 또는 소지인식 등으로 발행된다.

④ 항공화물운송장은 화물수령증에 불과하므로 해상선화증권에 있어서 수취선화증권(received B/L)과 같다.

⑤ 항공화물운송장은 신속을 요하기 때문에 원칙적인 환적(transshipment)을 전제로 하고 있다.

3) 항공운송대리점과 주선업자발행 항공화물운송장

① 항공화물운송대리점발행 항공화물운송장

항공화물운송대리점(air cargo agent)이란 항공사 또는 총대리점을 위하여 유상으로 항공기에 의한 화물운송계약체결을 대리하는 사업자를 말한다. 항공화물운송대리점은 항공사를 대리하여 항공사의 운송약관, 운임률표와 운항시간표에

---

107) 신용장상에 항공화물운송장(Air Waybill)이 요구될 경우의 조건은 "Clean Air Waybill consigned to ABC Bank, marked freight collect and notify accountee"와 같이 기재된다. 따라서 수화인(consignee)은 ABC Bank로 기명식이 된다.

의거 항공화물을 모으고 항공화물운송장(air waybill: AWB)[108]을 발행하며, 이에 부수되는 업무를 수행하여 그 대가로 소정의 수수료(commission)를 받는다.

② 항공화물운송주선업자발행 혼재화물운송장

항공화물운송주선업자(air freight forwarder)는 혼재업자(consolidator)라고도 부르는데, 타인의 수요에 응해 자기의 명의로 항공사의 항공기를 이용, 화물을 혼재·운송해 주는 사업자이다.

혼재업자는 자체 운송약관과 운임률표(tariff)를 가지고 혼재되는 개개의 화물에 대하여 혼재화물운송장(House Air Waybill: HAWB)을 발행한다. 혼재화물이 항공사에 인도될 때 혼재업자는 화물집화자이면서 송화인(shipper)이 되어 항공사로부터 항공화물운송장(Master Air Waybill: MAWB)을 발급받게 된다. 수출자가 은행을 통하여 대금결제를 받는 것과 수입자가 화물도착지에서 항공화물을 찾게 되는 것은 HAWB이다. HAWB는 항공사와 혼재업자간의 운송계약에 따른 증빙이고, 항공화물을 수화인별로 분류하여 인도할 경우에는 MAWB와 HAWB를 연결시켜 참조하게 된다.

표 5-4	항공화물대리점과 주선업자의 비교	
구 분	대 리 점	주선업자
1. 활동영역	FCL 화물을 주로 취급 LCL 화물은 주선업자에 혼재의뢰	국내외 LCL 화물취급
2. 운동영임	항공사의 운임률 사용	자체의 운임률 사용
3. 화주에 대한 책임	항공사책임	주선업자책임
4. 운송약관	항공사의 약관사용	자체의 약관사용
5. 수 수 료	IATA 의 5% Commission 및 취급수 수료	수취운임과 지급운임과의 차액을 수익으로 하거나 IATA 의 5% Commission 을 받음
6. 항공화물운송장	항공사의 Master Air Waybill 발급	자체의 House Air Waybill 발급

---

108) 이 때 발행하는 항공화물운송장은 Master Air Waybill이다.

(3) 철도화물수탁서와 도로화물수탁서

육상운송의 경우에는 철도운송과 도로운송을 이용하게 된다. 철도화물수탁서(railway consignment note)나 도로화물수탁서(road consignment note)는 운송인이 화물을 수령한 것을 확인하고 탁송한 화물의 청구권을 표시한 유가증권을 말한다.[109]

이들은 운송인이 송화인과 운송계약에 의해 탁송화물수령을 증명하고 목적지에서 이것과 상환으로 화물인도의무를 진다는 취지가 표시되어 있다. 또한 매매나 금융에 이용될 뿐만이 아니라 운송의 중지, 운송화물의 반환 및 기타의 처분을 청구할 수 있으며, 법률적 성질이나 경제적 기능도 선화증권과 동일하다.

(4) 복합운송증권

1) 복합운송증권의 의의

복합운송증권(Multimodal Transport Documents: MTD)[110]이란 선박·철도·항공기·자동차에 의한 운송방식 중 적어도 두 가지 이상의 다른 운송방식에 의하여 운송물품의 수탁지와 인도지가 상이한 국가의 영역간에 이루어지는 복합운송계약을 증명하기 위해서 복합운송인이 발행한 증권을 말한다.

유엔 국제물품복합운송조약에서는 "복합운송증권(multimodal transport document)이란 복합운송계약에 따라 복합운송인(multimodal transport operator: MTO)이 자기의 관리 아래 물품을 인수하였다는 것과 그 계약의 조건에 따라 운송인이 물품을 인도할 의무를 부담하는 것을 증명하는 증권"[111]이라고 규정하고

---

[109] 철도화물수탁서는 1970년에 제정된 국제철도운송 협약(Convention Internationale concernant le Transport de Marchandise par Chemin de Fer: CIM)을, 도로화물수탁서는 1956년에 제정된 국제도로운송 협약(Convention relative au contrat de transport internationale de Marchandise par Route: CMR)을 각각 준거법으로 하고 있다.

[110] 복합운송증권이란 명칭의 영문표기는 "1980년 유엔국제물품복합운송협약", "1991년 복합운송증권에 관한 UNCTAD/ICC 규칙" 및 "1993년 화환신용장통일규칙"상에 모두 "multimodal transport document"로 하고 있다.

[111] United Nations Convention on International Multimodal Transport of Goods, 1980, Article 1-4.

있다.

또한 UNCTAD/ICC 의 복합운송증권에 관한 UNCTAD/ICC 규칙(ICC Rules for Multimodal Transport Documents)에서는 "복합운송증권이란 다음의 형식으로 발행된 복합운송계약을 증명하는 증권을 의미하며, 이는 관련법규가 허용하는 경우 전자문서교환 통신문(electronic data interchange massages)으로써 갈음할 수 있다. ① 유통가능한 형식(negotiable form)으로 발행되는 것, ② 또는 특정 수화인이 지정된 유통불가능한 형식(non-negotiable form)으로 발행되는 것"[112]이라고 규정하고 있다.

2) 복합운송증권의 발행형식과 유통성

복합운송서류는 양도가능형식, 즉 유통증권[113]과 양도불능형식인 비유통증권으로 발행할 수 있으며, 복합운송인은 다음과 같이 물품인도를 보장하기 위하여 필요한 조치를 이행하거나 그 이행을 주선할 의무가 있다.

① 유통증권(negotiable document)

복합운송이 유통형식으로 발행되는 경우와 수화인에 대한 물품인도는 다음과 같이 한다.[114]

---

112) UNCTAD/ICC, Rules for Multimodal Transport Documents, 1991, Rule 2-6.

113) 유통복합운송증권은 배서(endorsement) 또는 인도(delivery)에 의하여 물품의 처분권이 주어지는 권리증권(document of title)으로서 유가증권의 성격을 띠고 있다.

114) UNCTAD/ICC, Rules for Multimodal Transport Documents, 1991, Rule 4-3 (a)～(c).
Rule 4-3. Delivery of the goods to the consignee.
The MTO undertakes to perform or to procure the performance of all acts necessary to ensure delivery of the goods:
(a) when the MT document has been issued in a negotiable form "to bearer", to the person surrendering one original of the document; or
(b) when the MT document has been issued in a negotiable form "to order", to the person surrendering one original of the document duly endorsed; or
(c) when the MT document has been issued in a negotiable form to a named person, to that person upon proof of his identity and surrender of one original document; if such document has been transferred "to order" or in blank the provisions of (b) above apply; or.

(가) 복합운송증권이 유통가능한 형식으로 "소지인식으로"(to bearer)된 경우에는 발행 1통의 증권원본을 제시하는 자에 대한 인도, 또는

(나) 복합운송증권이 유통가능한 형식으로 "지시인으로"(to order) 발행된 경우에는 정당하게 배서된 1통의 증권원본을 제시하는 자에 대한 인도, 또는

(다) 복합운송증권이 유통가능한 형식으로 특정인 앞으로 발행된 경우에는 자신의 통일성을 증명하고 1통의 증권원본을 제시하는 그 특정인에 대한 인도 (증권이 지시식으로 또는 백지식 배서로 양도된 때에는 위 2)의 규정이 적용된다)

② 비유통증권(non-negotiable document)

복합운송증권이 비유통형식으로 발행될 경우 수화인에 대한 물품인도는 다음과 같이한다.[115]

(가) 복합운송증권이 유통불가능한 형식으로 발행된 경우에는 자신의 통일성을 증명하는 증권에 수화인으로 지정되어 있는 특정인에 대한 인도, 또는

(나) 아무런 증권도 발행되지 아니한 경우에는 송화인이 지시하는 자 또는 복합운송계약상 그 지시할 송화인이나 수화인의 권리를 취득한 자가 지시한 자에 대한 인도

3) 복합운송증권의 종류

복합운송증권(multimodal transport document)은 운송물품의 수탁(taking in charge)에 의해 발행되는 서류이다.

현재 복합운송증권으로 인정되어 사용되고 있는 것은 보통 복합운송 의미의 말을 그 명칭에 포함하여 선화증권형식으로 발행하고 있다. 예를 들면 "Multimodal Transport Bill of Lading", "Combined Transport Bill of Lading" 또

---

115) Ibid., Rule 4-3(d)~(e).

(d) when the MT document has been issued in a non-negotiable form, to the person named as consignee in the document upon proof of his identity; or

(e) when no document has been issued, to a person as instructed by the consignor or by a person who hag acquired the consignor or the consignee rights under the multimodal transport contract to give such instructions.

는 "Intermodal Transport Bill of Lading" 등이 그것이다.[116]

또한 복합운송증권으로 사용되고 있는 것 중에 운송주선인협회 국제연맹복합운송선화증권(FIATA Combined transport bill of lading: FIATA FBL)[117]은 복합운송선화증권양식을 이용하고 있다. 이는 유통성을 지난 유가증권이지만, 서류매입시 FIATA 라는 표시는 아무런 관계가 없고 신용장통일규칙상에 규정하고 있는 복합운송서류로서의 적격성을 갖추었을 때 은행이 수리한다. 또한 FIATA 운송주선인화물운송증(FIATA Forwarding Agents Certificate of Transport: FIATA FCT)과 FIATA 운송주선인화물수령증(FIATA Forwarding Certificate of Receipt: FIATA FCR)

표 5-5	통선화증권과 복합운송증권의 비교	
구 분	통선화증권(through B/L)	복합운송선화증권 (multimodal transport B/L)
1. 운송계약의 형태	• 최종목적지까지 통운송증명만으로 가능(형태불문)	• 복합운송계약(하청운송형태)
2. 운송수단의 조합	• 동종운송수단과의 조합 • 이종운송수단과의 조합	• 이종운송수단과의 조합만 가능
3. 운송인의 책임형태	• 각 운송인 분할 책임	• 전구간 단일 책임
4. 1차 운송인과 2차 운송인의 관계	• 2차 운송인에 대한 1차 운송인의 지위는 화주의 단순한 대리인에 불과	• 1차 운송인: 원청운송인 • 2차 운송인: 하청운송인
5. 증권의 발행인	• 운송인, 선장 및 이들의 대리인	• 운송인, 복합운송인, 선장 및 이들의 대리인
6. 증권의 형식	• B/L 형식	• B/L 이외의 형식도 존재
7. 적재표시	• shipped B/L 로서 특정 선박에의 적재증명	• taking in charge 로서 물품수탁증명

---

116) 무역계약시에 가격조건을 FCA, CPT 또는 CIP 규칙으로 약정할 경우에는 상응한 운송서류로 복합운송증권을 요구하는 것이 바람직하다.

117) FIATA란 불어의 "Federation Internationale des Associations de Transitaires et Assimiles"의 약자로 영어로는 "International Federation of Freight Forwarders Association"(운송주선인협회국제연맹)이라고 표시한다. FIATA는 1926년 오스트리아 비엔나에서 창설된 민간단체로 현재 본부는 스위스 쥬리히에 있다. 한국은 1977년 정회원으로 가입하였다.

은 비유통서류로 신용장에 별도의 허용이 있어야만 수리가 가능하다. 이 서류는 운송주선인들이 사용하기도 하는데, 1981년 표준약관이 제정되어 있다.

그런데 통선화증권(through bill of lading)[118]은 복합운송증권과 유사한 것 같지만 〈표 5-5〉와 같이 구별하여야 한다.

(5) 우편수령증과 특사수령증

우편수령증(post receipt)이란 소화물을 소포우편으로 외국에 발송하는 경우, 우체국에서 발행하는 것으로 우송증명서(certificate of posting) 또는 우편소포수령증(parcel post receipt)이라고도 한다. 이는 항공화물운송장과 같은 성질을 갖는 단순한 수령증이다.

특사수령증(courier receipt)이란 서류 및 소형의 경량물품을 항공기를 이용하여 문전에서 문전까지(door to door) 수령·배달하여 주는 특사배달업자의 수령증이다.

운송물품의 수령을 증명하는 우편수령증 또는 우송증명서는 그 명칭에 관계없이 신용장에서 물품이 선적되어야 한다고 명시하고 있는 장소에서 스탬프 또는 서명되고 일자가 기재되는 것으로 보여야 한다. 이 일자는 선적일로 본다.[119] 또한 특사수령증은 특사/속달업자의 명칭 및 스탬프, 서명 또는 기타의 방법으로 인증된 것으로 문면에 나타내고 수령일자를 명시해야 하며, 기타 모든 사항에서 신용장조건을 충족하여야 한다.[120]

제 5 차 개정 신용장통일규칙에서 특사수령증을 운송서류로 규정하게 된 것은 최근의 특사배달업자에 의한 폭넓은 물품배달이나 적재관행을 확장하여야 할 필요성이 대두되었기 때문이다.[121]

---

118) through B/L은 해상선화증권의 일종으로 반드시 해상운송인이나 그 대리인에 의하여 발행되어야 한다.

119) UCP 600, Article 25-c.

120) UCP 600, Article 25-a-i-ii.

121) ICC Document No. 470-37/37, June 11, 1991, Article 26, Comments.

9.5 보험서류

(1) 보험서류의 의의

보험서류(insurance documents)란 무역물품의 운송도중 해난이나 기타의 위험으로 인하여 입게 될 손해에 대하여 보험을 부보하고, 이에 대하여 보험자로부터 발급받는 증거서류를 말한다.

CIF 와 CIP 매매계약에서는 매도인이 적화보험을 부보하고, 이에 대한 보험서류를 매수인에게 제공할 의무가 있다.

(2) 보험서류의 종류

신용장거래에서는 해상적화보험의 성립을 증명하는 서류를 총칭하여 보험서류라고 하는데, 이에는 보험증권(Insurance Policy: I/P)·보험증명서(insurance certificate)·통지서(declaration)가 있다. 또한 보험증권도 확정보험증권(definite insurance policy; provisional insurance policy)과 예정보험증권(open insurance policy)으로 나눌 수 있다.

보험증권은 담보화물에 대한 보험계약의 존재 및 내용을 표시한 증권으로서 개별적 거래에 대한 보험내용이 확정된 경우에 발행되며, 무역거래에서 대부분 통용되고 있는 전형적인 보험서류의 일종이다.

보험증명서는 일정 기간에 걸쳐서 특정화물이나 특정항로에 운송되는 화물에 대하여 일괄적으로 보험에 부보되어 있음을 증명하는 보험증권의 대용서류를 의미한다. 포괄예정보험(open cover)이 체결되어 있는 경우는 개개의 적화에 대하여 포괄보험에 부보되어 있음을 증명하는 보험증명서 또는 보험확정통지서가 발행된다.

또한 보험승낙서(cover note)는 특정화물에 대해 보험부보를 하고 보험료를 수취하였음을 보험중개업자(broker)가 증명하는 일종의 보험부보각서를 의미한다. 보험증권은 보험계약성립의 증거로 보험자가 보험계약자의 청구에 의해 교부되며, 이는 유가증권이 아닌 단지 증거증권으로 보통 배서(endorsement) 또는 인도에 의하여 양도된다.

신용장통일규칙에 의하면 보험서류는 보험회사(insurance company)나 보험업자(underwriters) 또는 이들의 대리인(agents) 또는 그들의 대리행위자(proxies)에 의해 발행되어야 한다.[122] 중개업자가 발행한 보험승낙서는 신용장에 별도 허용하지 않는 한 은행이 수리하지 않는다.[123]

보험증권은 은행이 수리하는 전형적인 보험서류이며 신용장에 별도 명시가 없으면 은행은 예정보험증권에 의한 보험증명서(insurance certificate)나 통지서(declaration)도 수리한다.[124]

(3) 보험부보의 일자와 금액

1) 보험부보일자

보험부보일자는 곧 보험서류의 발행일자가 된다. 보험서류의 일자는 본선적재(loading on board)를 나타내는 선화증권(bill of lading)의 경우에는 적재일, 발송(dispatching)을 나타내는 항공화물운송장 등의 운송서류일 때는 발송일, 수탁(taking in charge)을 나타내는 복합운송증권의 경우에는 그 수탁일과 각각 최소한 같거나 그 이전이어야 한다. 이와 같은 일자 이후에 보험에 부보하게 되면 보험사고발생시 원칙적으로는 보상을 받지 못한다.

그러나 본문의 약관 중에 "소급약관"(lost or not lost clause)이 있는 경우에는 부보일자가 선적일자보다 늦더라도 부보효력이 선적일자로부터 발효한다는 조항이므로 관계가 없다. 또한 "창고간약관"(warehouse to warehouse clause)이 있는 보험증권의 경우에는 화물이 창고에서 적재될 때부터 부보된다는 것을 표시하고 있는 것이므로 부보일자가 선적일자보다 늦어도 무방하다.[125] 보험증명서(insurance certificate)의 경우에는 포괄예정보험증권(open policy)에 의해 발급된

---

122) UCP 600, Article 28-a.

123) UCP 600, Article 28-c.

124) UCP 600, Article 28-d; "declaration"이라는 용어는 UCP, 500에서 반영된 것이다.

125) ICC, Documents 470/263, 470/266, October 20, 1975.

것이므로 포괄예정보험증권은 선적일자 이전에 발급된 것이기 때문에 보험증명서가 늦은 일자에 발급되더라도 수리가 가능하며, 신용장거래에서는 특별히 선적일자보다 부보일자가 늦어도 된다는 명시가 있으면 선적일자보다 늦게 부보된 보험서류에 대하여 수리 가능하다.

2) 보험금액

① 표시통화

보험서류상의 표시통화는 신용장에 다른 규정이 없는 한 신용장과 동일의 통화(currency)로 표시되어야 한다. 이는 신용장과 다른 통화로 부보된 경우 보험사고가 발생하였을 때 신용장발행의뢰인 또는 신용장발행은행에 환시세변동에 따른 손해발생 가능성이 있으므로 이를 회피하기 위한 것이다.[126]

② 보험부보금액

인코텀즈 규칙의 CIF 계약이나 CIP 계약에서는 매도인이 보험계약의무에 대하여 "보험은 최소한 약정가격에 10%를 합한 금액(즉 110%)이 부보되어야 하며, 계약통화로 부보되어야 한다"[127]고 규정하고 있으며, 이 취지는 신용장통일규칙에서도 동일하게 규정하고 있다.[128]

(4) 보험담보조건

보험담보조건은 물품의 종류와 성질을 고려하여 협회적화약관의 ICC(A)·ICC(B)·ICC(C) 중에서 어느 조건으로 부보할 것이며, 과연 동 조건으로 위험이 담보되는지를 검토하여야 한다. 무조건 ICC(A)에 W/SRCC를 부보할 것이 아니라 물품 또는 성질에 따라 ICC(C)에 적절한 부가위험(additional risks)을 선택하고, W/SRCC를 부보하더라도 경제적인 보험료로 위험을 담보할 수도 있

---

126) 及川竹夫,「新しい統一規則による信用狀取引の實務」, ダイヤモンド社, 1984, 124面.

127) Incoterms®2010, CIF, CIP, A-3(b) ; "The insurance shall cover, at minimum, the price provided in the contract plus 10%(i.e. 110%) and shall be provided in the currency of the contract."

128) UCP 600, Article 28-f.

다.[129]

(5) 보험자의 면책비율

1) 면책비율의 의의

면책비율(franchise)이란 특권 또는 특별면제를 뜻하는 것으로 보통 소손해 면책이라고 한다.[130]

면책비율의 종류에는 공제면책비율과 비공제면책비율이 있다. 면책비율의 적용을 받지 않으려면 신용장발행의뢰인은 신용장상에 동 조건을 보험서류에 명시토록 하여야 한다.

2) 공제면책비율(deductible franchise; excess deductible)

손해가 일정면책비율에 달했을 때 초과하는 부분의 손해액에 대해서만 담보하겠다는 면책비율이다. 예를 들면 3% 품목인 경우 5%의 손해가 났을 때 5%-3%＝2%만 보상하는 면책비율이다.

공제면책비율을 적용하는 예문을 보면 다음과 같다.

"To pay the excess of the percentage specified in the policy."
"Average payable in excess of 3%."
"Warranted free from particular average under 5% which is deductible."

3) 비공제면책비율(non-deductible franchise)

손해가 면책비율에 달하지 않을 때에는 담보하지 않으나, 그 이상인 경우에 면책률을 금액에서 공제하지 않고 손해의 전부에 대하여 담보한다.

예를 들면 3% 품목에서 6%의 손해가 난 경우, 원칙은 6%-3%＝3%만 담보

---

[129] 신용장상에 보험서류의 조건예는 보통 다음과 같다. "Marine Insurance Policy or Certificate in duplicate, endorsed in blank for 110% of invoice value, stipulating that claims are payable in the currency of the draft and a1so indicating a claim settling agent in U.S.A. covering Institute Cargo Clauses(B) including W/SRCC."

[130] 신협회적화약관 ICC(A)·ICC(B)·ICC(C) 조건 어느 것에도 면책률 또는 공제면책률과 같은 소손해면책규정은 없으나, 구협회적화약관의 FPA·WA 조항에는 기본적으로 증권본문 중에 담보위험에 의해 발행한 손해보상보험범위를 정한 memorandum clause가 있다.

하면 되는 것이냐 6% 전부를 담보하는 것이다.

비공제면책비율을 적용하는 예문을 보면 다음과 같다.

"Subject to average payable of amounting to 3%."

"To pay average if amounting to 5% on each 250 bags."

"Free from particular average unless amounting to 5% each to bales separately insured."

4) 면책률부적용조건

보험서류상에 WA3%라고 기재되어 있으면 보험금액 3% 미만의 분손은 보험자가 면책된다. 만일 손해가 5%라면 3%를 공제하는 것이 아니라 5%전액을 보상한다. 그러나 "WAIOP"(With Average Irrespective of Percentage) 조건으로 부보하였다면, 보험자는 면책비율을 적용하지 않고 적은 분손이라도 보상하게 된다.

9.6 임의서류

(1) 포장명세서

포장명세서(packing list)란 적재물품의 포장 및 포장단위별 명세, 순중량(net weight), 총중량(gross weight), 용적(measurement), 화인(shipping marks), 포장개수(number o pakages) 등을 기재한 상업송장의 보조서류로 수출자가 수입자 앞으로 작성하는 서류이다. 특히 포장명세서의 총중량과 용적은 선화증권(bill of lading)의 그것과 각각 일치되어야 한다.

(2) 중량 및 용적증명서

중량 및 용적증명서(certificate of weight and measurement)란 수출물품을 선적하기에 앞서 공인검량인(public weighter; sworn measurer)에 의해 화물의 순중량·총중량·용적을 계량하여 발급해 주는 서류로 선박회사측은 총중량과 용적을 자료로 하여 선화증권을 발급하게 된다. 특히 중량과 용적은 운송화물에 대한 해상운임 등을 산출하는 기초가 되기 때문에 정확히 작성되어야 한다.

(3) 원산지증명서

원산지증명서(Certificate of Origin: C/O)란 수출물품의 원산지를 증명하는 서류이다. 원산지증명서는 수입자가 물품을 수입할 때 관세협약 등에 의해 협정관세율을 적용받거나 덤핑방지 등 무역정책상 또는 무역통계를 목적으로 요청하게 된다.

한국에서는 교토협약에 의거, 대한상공회의소에서 원산지증명서를 발급하고 있는데, 원산지인정의 기준을 보면 다음과 같다.

① 대한민국 영토 내에서 채굴한 광물

② 대한민국 영토 내에서 수확된 농·임산물, 사육된 축산물, 포획물

③ 대한민국 영해에서 포획 또는 채취한 수산물

④ 대한민국 영해 밖의 해상(海床)이나 지층에서 채취한 광물 및 수산물. 단, 대한민국이 당해 해상이나 지층개발 전유권이 있는 경우에 해당

⑤ 공해상에서 대한민국 국기를 달고 있는 선박이 포획한 수산물(가공물)

⑥ 대한민국에서 생산된 재료를 사용하여 가공, 제조한 물품

⑦ 외국산원자재를 사용하여 가공, 생산된 물품으로서 가공과정에서 새로운 상품적 특성이 부여된 물품

이상의 일곱 가지 조건 중 그 어느 한 가지 조건에 충족할 경우에는 원산지로 인정하는 것이 국제적 관례이다.

한편 원산지증명의 범주에 들지만, 유엔무역개발회의(United Nations Conference on Trade and Development: UNCTAD)의 일반특혜관세원산지증명서 (Generalized Systems of Preferences Certificate of Origin: GSPCO)가 있는데, 이를 "Form A"[131]라고도 한다.

일반특혜관세원산지증명서는 개발도상국의 수출확대 및 공업화촉진을 위해서 선진국[132]이 개발도상국[133]으로부터 수입하는 농수산품 및 공산품의 제품·반

---

131) "Form A"는 발급기관에서 발급하여 주는 GSPCO 서식이고, "Form B"는 GSPCO 발급신청서이다.

132) GSP 공여국이라고 한다.

133) GSP 수혜국이라고 한다.

제품에 대하여 무관세의 적용 또는 저율의 관세를 부과하는 관세상의 특혜를 주기 위한 원산지증명서를 말한다.

모든 GSP 공여국은 수입원자재나 "실질적 변경"의 원칙으로 원산지기준을 가공도기준과 부가가치기준 중 하나를 채택하고 있다.[134]

(4) 영사송장

영사송장(consular invoice)이란 수입국에서 수입관세 탈세나 외화도피, 덤핑 등을 방지하거나 수출국소재 공관의 사증료 수입을 증대시키기 위하여 수출국주재 수입국영사가 작성하거나 사증(visa)을 해주는 서류이다. 영사송장은 소정양식 또는 상업송장 등에 영사가 사증하거나 기타 서류에 선서(witness)만으로 갈음하는 국가들도 있다.

특히 중동지역 신용장 등에서는 상업송장이나 원산지증명서 및 선화증권상에 "visaed", "legalized" 또는 "verified"를 하도록 요구하는 경우가 많다.

(5) 세관송장

세관송장(customs invoice)이란 영사송장과 같이 과세가격기준결정·덤핑유무판정·수입통계 등을 목적으로 작성되나, 영사송장처럼 영사가 작성하거나 사증을 하지 않고 수출자가 직접 작성한다.

세관송장은 수입국에 따라 양식이 정해져 있다. 세관송장 작성시는 특히 수출가격분석(cost break down)을 정확히 하여야 한다.

(6) 검사증명서

검사증명서(inspection certificate)란 물품의 품질에 대하여 매매계약시 품질의 결정방법과 시기 등을 고려하여 수입상의 요청에 의하여 수출자가 제공하는 검사결과에 대한 증명서이다.

신용장거래에서는 특별히 검사기관을 지정하지 않으면 수출자가 약정한 내

---

[134] 가공도기준을 적용하고 있는 국가는 일본·스웨덴·핀란드·노르웨이·스위스·오스트리아이고, 부가가치기준을 적용하고 있는 국가는 미국·캐나다·호주·뉴질랜드이다.

용대로 자체검사기준에 따라 검사하고 수익자의 검사증(beneficiary inspection certificate)을 제공하면 된다. 그러나 정부나 기타 공적인 기관에서 발급된 검사증을 특별히 요구한다면, 당해 검사증명서를 제공하여야 한다.[135]

(7) 위생증명서

위생증명서(health certificate; sanitary certificate; veterinary certificate)란 식료품, 약품, 동물의 가죽류 등을 수출하는 경우에 수입국보건 기준에 합치된 것을 수입할 수 있도록 관리하기 위하여 수입자의 요구에 의해 수출국 위생검사당국에서 발행하여 제공하는 서류이다.[136]

(8) 검역증명서

검역증명서(quarantine certificate)는 위생증명서의 일종으로 특히 식물이나 동물 또는 동물의 부산물 등을 수출하는 경우, 전염병 등 세균의 침입을 예방하기 위하여 수출국에서 소독 등 방역·검역을 실시하고 발급하여 주는 서류를 말한다.

(9) 차변표와 대변표

차변표(Debit Note: D/N)란 미정산대금의 청구 또는 누락금액의 청구 등에 이용하는 것으로 거래상대방의 차변계정에 기재한다 하여 차변표라 부른다. 한편 대변표(Credit Note: C/N)는 상대방을 기준으로 상대방의 대변계정에, 즉 채권이 있음을 표시한 것으로 이는 수출자의 수량부족, 상업송장금액의 과다계산시에 이용되는 서식이다.

---

135) 이 경우 "Incoterms®2010"에서는 매수인의 의무 B. 9 Inspection of Goods 상에는 이른바 선적전검사(Pre-Shipment Inspection: PSI)에 대하여 규정하고 있다. 수출국당사국에 의해 강행된 경우를 제외하고는 선적전검사비용은 매수인(buyer)이 부담하도록 규정하고 있다.

136) 미국으로 수출되는 식품류 등은 FDA(Food and Drug Administration)의 기준에 합치되는 보건·안전기준에 관한 서류를 제공하여야 수출이 가능하다.

서식 5-5 ┃ 상업송장

COMMERCIAL INVOICE

Seller Seoul Trading Co., Ltd. 15, 1-Ga, Sogong-Dong Seoul, Korea	Invoice No. and date 601 July 15, 20XX
	L/C No. and date 78910 July 1, 20XX
Consignee To the order of Bank of America New York	Buyer (if other than consignee) America International Inc. 350 Fifth Avenue New York, N.Y. 10118 U.S.A.
	Other references Other details as per Sales Note No. E15 dated May 1, 20XX
Departure date July 15, 20XX	
Vessel/flight From Silver Star 5W Busan, Korea	Terms of delivery and payment
To New York, U.S.A.	CIF New York, Incoterms®2010, L/C at sight

Shipping marks / No. & kind of pkgs:	Goods description	Quantity	Unit price	Amount
XY NEW YORK C/T NO.1-200 MADE IN KOREA	<u>Men's Split Leather Jackets</u> ST-101 ST-102 Total	 2,000pcs 2,000pcs 4,000pcs	 @U$25 @U$25	 US$50,000.- US$50,000.- US$100,000.-

Signed by

Seoul Trading Co., Ltd.

Gil-dong Hong
President

P. O. Box   :
Cable Address :
Telex Code   :
Telephone No. :
Facsimile No. :

UN Layout Key by UN/ECE

(210mm × 297mm)

서식 5-6 선화증권

BILL OF LADING

ACL　　　　　　　　　　　　　　　**ACL**

SHIPPER/EXPORTER Seoul Trading Co., Ltd. 15, 1-Ga, Sogong-Dong Seoul, Korea	**DOCUMENT NO.**　　　　　**BOOKING NO.** **EXPORT REFERENCES** **FORWARDER REF. NO.** **SHIPPER'S REF. NO.** KA-123
CONSIGNEE To the order of Bank of America, New York	**FORWARDING AGENT. F.M.C. NO.** **POINT AND COUNTRY OF ORIGIN**　**PLACE OF RECEIPT *** R.O.K　　　　　　　　　Pusan CY
NOTIFY PARTY America International Inc. 350 Fifth Avenue New York, N.Y. 10118 U.S.A. **PIER**	**DOMESTIC ROUTING/EXPORT INSTRUCTIONS**
EXPORTING CARRIER　Silver Star 5W　　**PORT OF LOADING**　Busan, Korea	**PLACE OF DELIVERY ***
PORT OF DISCHARGE　New York, U.S.A.　**FOR TRANSSHIPMENT TO**	New York CY

PARTICULARS FURNISHED BY SHIPPER

MARKS AND NUMBERS	NO. OF PKGS.	DESCRIPTION OF PACKAGES AND GOODS	GROSS WEIGHT	MEASUREMENT
XY NEW YORK C/T NO.1-200 MADE IN KOREA ACLU0153715/000153 FCL/FCL	200 CTNS	4,000pcs. of Men's Split Leather Jackets Loaded On Board July 15, 20XX "FREIGHT PREPAID"	2,560KGS	48.000CBM

*APPLICABLE ONLY WHEN USED AS THROUGH BILL OF LADING AS PER CLAUSE 3 (III) ON REVERSE HEREOF.

PREPAID	X̶X̶X̶X̶X̶X̶X̶	FREIGHT AND CHARGES PAYABLE AT　　X X X	ALL CHARGES EX SHIPS TACKLE FOR ACCOUNT OF CARGO

ACL
an affiliate of:
Cie Generale Transatlantique
The Cunard Steam-Ship Company Ltd.
Intercontinental Transport (ICT) BV
Swedish American Line
Swedish Transatlantic Line
Wallenius Line

A940015　　　　　July 16, 20XX

B/L NUMBER　　　　　　**DATE**

RECEIVED by ACL for shipment by ocean vessel, between port of loading and port of discharge, and for arrangement or procurement of precarriage from place of receipt and on-carriage to place of delivery where stated above, the goods as specified above in apparant good order and condition unless otherwise stated. The goods to be delivered at the above mentioned port of discharge or place of delivery, whichever applicable. Subject always to the exceptions, limitations, conditions and liberties set out on the reverse side hereof, to which the Merchant agrees by accepting this B/L.

In Witness whereof three (3) original Bs/L have been signed, if not otherwise stated above, one of which being accomplished the other(s) to be void.

As Agent of ACL

Korea Shipping Co., Ltd.

서식 5-7   해상화물운송장

Shipper Lamedos Trading Co Ltd Wheatfield Bedfordshire England VAT NO 3498298	**NON-NEGOTIABLE** **SEA WAYBILL**	**UK Customs** **Assigned No.** **SWB No.** 12345 133 **Shipper's Reference** EOR 0571 J 153387/A **F/Agent's Reference**

Consignee

T A R Inc
P O 693
Algiers
Algeria

Name of Carrier   XYZ Line Limited

Notify Party and Address (leave blank if stated above)

The contract evidenced by this Waybill is subject to the exceptions, limitations, conditions and liberties (including those relating to pre-carriage and on-carriage) set out in the Carrier's Standard Conditions of Carriage applicable to the voyage covered by this Waybill and operative on its date of issue; if the carriage is one where had a Bill of Lading been issued the provisions of the Hague Rules contained in the International Convention for unification of certain rules relating to Bills of Lading dated Brussels, 25th August, 1924, as amended by the Protocol signed at Brussels on the 23rd February, 1968 (the Hague Visby Rules) would have been compulsorily applicable under Article X, the said Standard Conditions contain or shall be deemed to contain a Clause giving effect to the Hague Visby Rules. Otherwise the said Standard Conditions contain or shall be deemed to contain a Clause giving effect to the provisions of the Hague Rules. In neither case shall the proviso to the first sentence of Article V of the Hague Rules or the Hague Visby Rules apply. The Carrier hereby agrees: (i) that to the extent of any inconsistency the said clause shall prevail over the said Standard Conditions in respect of any period to which the Hague Rules or the Hague Visby Rules by their terms apply, and (ii) that for the purpose of the terms of this Contract of Carriage this Waybill falls within the definition of Article 1(b) of the Hague Rules and the Hague Visby Rules.

The Shipper accepts the said Standard Conditions on his own behalf and on behalf of the Consignee and the owner of the goods and warrants that he has authority to do so. The Consignee by presenting this Waybill and/or requesting delivery of the goods further undertakes all liabilities of the Shipper hereunder, such undertaking being additional and without prejudice to the Shipper's own liability. The benefit of the contract, evidenced by this Waybill shall thereby be transferred to the Consignee or other persons presenting this Waybill.

Notwithstanding anything contained in the said Standard Conditions, the term Carrier in this Waybill shall mean the Carrier named on the front hereof.

A copy of the Carrier's said Standard Conditions applicable hereto may be inspected or will be supplied on request at the office of the Carrier or the Carrier's Principal Agents.

Pre-Carriage by* _	**Place of Receipt by Pre-Carrier*** -
Vessel Rednouf	**Port of Loading** Felixstowe
Port of Discharge Algiers	**Place of Delivery by On-Carrier*** -

Marks and Nos; Container No.	Number and kind of packages; Description of Goods	Gross Weight (kg)	Measurement (m³)
TAR 367/B ALGIERS Nos 1/100	100 x 50kg net polythene lined steel drums ANTIMONY TRICHLORIDE LIQUID CLASS 8. UN No. 1733	5270	6.84
TAR 367/B ALGIERS Nos. 101/300	200 x 25kg net polythene lined steel drums HYDROFLUORIC ACID SOLUTION SN Class 8 UN No 1790	5105	6.03

* Applicable only when document used as a Through Sea Waybill

Particulars declared by Shipper

Freight Details; Charges etc.
"FREIGHT PREPAID"

RECEIVED FOR CARRIAGE as above in apparent good order and condition, unless otherwise stated hereon, the goods described in the above particulars.

Ocean Freight Payable at LONDON	**Place and Date of Issue** London 29th June, 19xx **Signature for Carrier; Carrier's Principal Place of Business** As Carrier J. Smith XYZ Line LTD

서식 5-8 항공화물운송장

180	SEL	2345678	_12

180- SEL2345678 _12

Shipper's Name and Address	Shipper's Account Number
Seoul Trading Co., Ltd. 15, 1-Ga, Sogong-Dong Seoul, korea	

Not negotiable
Air Waybill
(Air Consignment note)
issued by
KOREAN AIR LINES CO., LTD.

KOREAN AIR
CABLE ADDRESS: "KOREANAIRLINES" C.P.O BOX 864
41-3, SOSOMUN-DONG, CHUNG-GU, SEOUL, KOREA

Copies 1, 2 and 3 of this Air Waybill are originals and have the same validity

Consignee's Name and Address	Consignee's Account Number
Bank of America, New York 466, Church Street Stations New York, N.Y. 10015	

It is agreed that the goods described herein are accepted in apparent good order and condition (except as noted) for carriage SUBJECT TO THE CONDITIONS OF CONTRACT ON THE REVERSE HEREOF. THE SHIPPER'S ATTENTION IS DRAWN TO THE NOTICE CONCERNING CARRIER'S LIMITATION OF LIABILITY. Shipper may increase such limitation of liability by declaring a higher value for carriage and paying a supplemental charge if required.

☎ Telephone:

Issuing Carrier's Agent Name and City	Accounting Information
Korea Express Co., Ltd., Seoul	

Agent's IATA Code	Account No.
17-34567	

Airport of Departure (Addr. of First Carrier) and Requested Routing
Gimpo Airport

To	By First Carrier	Routing and Destination	to	by	to	by	Currency	CHGS Code	WT/VAL PPD COLL	Other PPD COLL	Declared Value for Carriage	Declared Value for Customs
NY	KE007						USD		x	x	N.V.D	CIF US$100,000

Airport of Destination	Flight/Date	For Carrier Use Only	Flight/Date	Amount of Insurance
New York Airport				

INSURANCE - If Carrier offers insurance, and such insurance is requested in accordance with conditions on reverse hereof, indicate amount to be insured in figures in box marked 'amount of insurance'

Handling Information

Attached : Commercial Invoice, Packing List, Certificate of Origin

No. of Pieces RCP	Gross Weight	kg lb	Rate Class Commodity Item No	Chargeable Weight	Rate / Charge	Total	Nature and Quantity of Goods (incl. Dimensions or Volume)
	2,560KGS XY NEW YORK C/TNO.1-200 MADE IN KOREA			2,560KGS	@$3.05	US$7,808.-	4,000PCS. of Men's Split Leather Jackets INV.NO.601 L/C NO.78910 "FREIGHT PREPAID"

Prepaid	Weight Charge	Collect	Other Charges
US$7,808			

	Valuation Charge		

	Tax		

Total Other Charges Due Agent	
US$20.00	

Shipper certifies that the particulars on the face hereof are correct and that insofar as any part of the consignment contains dangerous goods, such part is properly described by name and is in proper condition for carriage by air according to the applicable Dangerous Goods Regulations.

Total Other Charges Due Carrier

Seoul Trading Co., Ltd.

Signature of Shipper or his Agent

Total Prepaid	Total Collect

Currency Conversion Rates	CC Charges in Dest. Currency

July 30, 20XX Seoul,Korea

As Agent
Korea Express Co., Ltd.

	Charges at Destination
For Carrier's Use Only at Destination	Total Collect Charges

Executed on (date)   at (place)

Signature of Issuing Carrier or its Agent

KAL-CG 012
1983. 7. 1등록

211mm × 306mm 타자 시
(90. 7. 1/150,000매)

서식 5-9 운송주선인협회국제연맹복합운송선화증권

Consignor	

Consignor
Seoul Trading Co., Ltd.
15, 1-Ga, Sogong-Dong
Seoul, Korea

FBL | No. SJ940015 | KR 410
NEGOTIABLE FIATA
COMBINED TRANSPORT **ICC**
BILL OF LADING
issued subject to ICC Uniform Rules for a
Combined Transport Document(ICC publication 298).

Consigned
To the order of Bank of America New York

 SAM JUNG SHIPPING CO., LTD.

Notify address
America International Inc.
350 Fifth Avenue
New York, N.Y. 10118
U.S.A.

For delivery of goods please apply to :
America Freight Forwarders Inc.
465 Sixth Avenue, New York
N.Y. 100118, U.S.A.
TEL:2-129315 FAX: 2-12359

	Place of receipt Busan CY
Ocean vessel	**Port of loading** Busan, korea
Port of discharge New York, U.S.A.	**Place of delivery** New York CY

Marks and numbers	Number and kind of packages	Description of goods	Gross weight	Measurement
XY NEW YORK C/T NO.1-200 MADE IN KOREA	200 CTNS SJSU1533504/00234 FCL/FCL	4,000PCS of Men's Split Leather Jackets "FREIGHT PREPAID"	2,560KGS	48.000CBM

according to the declaration of the consignor

The goods and instructions are accepted and dealt with subject to the Standard Conditions printed overleaf.

Taken in charge in apparent good order and condition, unless otherwise noted herein, at the place of receipt for transport and delivery as mentioned above.
One of these Combined Transport Bills of Lading must be surrendered duly endorsed in exchange for the goods. In Witness whereof the original Combined Transport Bills of Lading all of this tenor and date have been signed in the number stated below, one of which being accomplished the other(s) to be void.

Freight amount As arranged	Freight payable at	Place and date of issue Seoul, Korea July 15, 20XX
Cargo insurance through the undersigned ☐not covered ☐Covered according to attached Policy	Number of Original FBL's THREE(3)	Stamp and signature As Multimodal Transport Operat~
		SAM JUNG SHIPPING CO., LTD.

서식 5-10 해상적화보험증권

DAEHAN FIRE AND MARINE INSURANCE COMPANY, LIMITED

HEAD OFFICE:51-1, NAMCHANG-DONG, JUNG-GU, SEOUL, KOREA CABLE ADDRESS: DAEINS TELEX: DAEINS K28230 ☎754-6234

MARINE CARGO INSURANCE POLICY

Policy No. AD940600123

Assured(s), etc.
Seoul Trading Co., Ltd. 15, 1-Ga, Sogong-Dong, Seoul, Korea

Claim, if any, payable at/in	Ref. No.
T & H Inc. Suite 200, 600 South Catalina ST. New York, N.Y. 90005	Invoice No.601 L/C No.78910
	Amount insured hereunder
Claims are Payable in US Dollars	US$110,000.– (US$100,000 x 110%)

Survey should be approved by

Same as above

Conditions and Warranties
Institute Carge Clauses(B)

Local Vessel or Conveyance	From (interior port or place of loading)
Ship or Vessel Silver Star 5W	**Sailing on or about** July 15, 20XX
at and from Busan, Korea	transhipped at
arrived at New York, U.S.A.	thence to

Subject-matter Insured
4,000PCS. OF Men's Split Leather Jackets

ORIGINAL DUPLICATE UNPAID

Subject to the following Clauses as per back hereof

Institute Cargo Clauses specified above
On-Deck Clause
Institute Replacement Clause (applying to machinery)
Institute Classification Clause

Marks and Numbers as per Invoice No. specified above

Place and Date signed in   Seoul, Korea July 14, 20XX   Numbers of Policies issued IN DUPLICATE

IMPORTANT
PROCEDURE IN THE EVENT OF LOSS OR DAMAGE FOR WHICH UNDERWRITERS MAY BE LIABLE
LIABILITY OF CARRIERS, BAILEES OR OTHER THIRD PARTIES

Notwithstanding anything contained herein or attached hereto to the contrary, this insurance is understood and agreed to be subject to English law and practice only as to liability for and settlement of any and all claims.

This insurance does not cover any loss or damage to the property which at the time of the happening of such loss or damage is insured by or would but for the existence of this Policy be insured by any fire or other insurance policy or policies except in respect of any excess beyond the amount which would have been payable under the fire or other insurance policy or policies had this insurance not been effected.

We, DAEHAN FIRE AND MARINE INSURANCE COMPANY, LIMITED. hereby agree, in consideration of the payment to us by or on behalf of the Assured of the premium as arranged, to insure against loss damage liability or expense to the extent and in the manner herein provided.

In witness whereof, I the Undersigned of DAEHAN FIRE AND MARINE INSURANCE COMPANY, LIMITED. on behalf of the said Company have subscribed My Name in the place specified as above to the policies, the issued numbers thereof being specified as above, of the same tenor and date, one of which being accomplished, the others to be void, as of the date specified as above.

For DAEHAN FIRE AND MARINE INSURANCE COMPANY, LIMITED

Dae-Kil Park
Manager

서식 5-11 해상적화보험증명서

Exporter's Reference EOR 0571 J 153387/A

Norwich Union Fire Insurance Society Ltd.
Maritime Insurance Company Ltd.

[X]

NORWICH UNION HOUSE, 51/54 FENCHURCH STREET, LONDON EC3M 3LA.

INSURANCE CERTIFICATE No. L.A.R./ 3134   CODE No. 66/AA/ 603

This is to Certify that   Lamedos Trading Co. Limited

have been issued with an Open Policy and this certificate conveys all rights of the policy (for the purpose of collecting any loss or claim) as fully as if the property were covered by a special policy direct to the holder of this certificate but if the destination of the goods is outside of the United Kingdom this certificate may require to be stamped within a given period in order to comply with the Laws of the country of destination. Notwithstanding the description of the voyage stated herein, provided the goods are at the risk of the Assured this insurance shall attach from the time of leaving the warehouse, premises or place of storage in the interior.

Conveyance **Rednouf**   From **Felixstowe**

Via/To   To **Genoa**   Insured Value/Currency **Dollars (US) 17040.00**   so valued

Marks and Numbers

ABC 376/B

Nos 1/100 GENOA   100 x 50 kg net polythene lined steel drums ANTIMONY TRICHLORIDE LIQUID CLASS 8. UN No. 1733

ABC 376/B

Nos. 101/600 GENOA   200 x 25 kg net polythene lined steel drums HYDROFLUORIC ACID SOLUTION SN Class 8 UN No 1790

Deck Stowage

CONDITIONS:- ALL RISKS as per current Institute Cargo Clauses. (All Risks) Subject to Institute Replacement Clause, (as applicable) Including War, Strikes, Riots and Civil Commotions as per current Institute Clauses. Refer to Clauses as over.

SURVEY CLAUSE:- In the event of loss or damage which may give rise to a claim under this certificate, notice must be given immediately to the undernoted agent/s so that he/they may appoint a Surveyor if he/they so desire. Amministrazione Mackenzie P.O. Box 1934 16100 Via XX Settembre 30, 16121 Genoa, Italy

CLAIMS In the event of a claim arising under this Certificate it is agreed that it shall be settled in accordance with English Law and Custom and shall be so settled in London or at Genoa, Italy by As above.

Dated Wheatfield 2nd July 20XX

Marine Underwriter

The original Certificate must be produced when claim is made and must be surrendered on payment.

서식 5-12   포장명세서

PACKING LIST

Seller Seoul Trading Co., Ltd. 15, 1-Ga, Sogong-Dong Seoul, Korea	Invoice No. and date 601 July 15, 20XX
Consignee To the order of Bank of America New York	Buyer (if other than consignee) America International Inc. 350 Fifth Avenue New York, N.Y. 10118 U.S.A.
	Other references
Departure date July 15, 20XX	
Vessel/flight From Silver Star 5W Busan, Korea	
To New York, U.S.A.	

Shipping marks/No. & kind of pkgs:	Goods description	Quantity or net weight	Gross weight	Measurement
XY NEW YORK C/T NO.1~200 MADE IN KOREA	Men's Split Leather Jackets ST-101 ST-102 Total	 2,000pcs 2,000pcs 4,000pcs	 1,280kgs 1,280kgs 2,560kgs	 24.000CBM 24.000CBM 48.000CBM

Signed by

Seoul Trading Co., Ltd.

Gil-dong Hong
President

P. O. Box   :
Cable Address :
Telex Code   :
Telephone No. :
Facsimile   :

UN Layout Key by UN/ECE   (210mm × 297mm)

서식 5-13   원산지증명서

1. Seller	COPY
Seoul Trading Co., Ltd. 15, 1-Ga, Sogong-Dong Seoul, Korea	**CERTIFICATE OF ORIGIN** issued by THE KOREA CHAMBER OF COMMERCE & INDUSTRY Seoul, Republic of Korea

원 산 지 증 명 서
대한상공회의소

2. Consignee

To the order of Bank of America, New York

4. Buyer (if other than consignee)

America International Inc.
350 Fifth Avenue, New York
N.Y. 10118, U.S.A.

3. Particulars of Transport (where required)

From Busan, Korea to New York, U.S.A.
By S.S. Silver Star 5W
On July 15 , 20XX

5. Country of Origin
   Republic of Korea

6. Invoice Number and Date

601, July 15, 20XX

7. Shipping Marks	8. Number and Kind of Packages; Description of Goods		9. Gross Weight or Other Quantity
XY NEW YORK C/T NO.1-200 MADE IN KOREA	200 CTNS	Men's Split Leather Jackets	
		ST-101	2,000pcs.
		ST-102	2,000pcs.
		Total	4,000pcs.

10. Other Information

The Korea Chamber of Commerce & Industry hereby certifies, on the basis of relevant invoice and other documents, that the above mentioned goods originate in the country shown in column 5.

THE KOREA CHAMBER OF COMMERCE & INDUSTRY

서식 5-14 일반특혜관세원산지증명서

1. Goods consigned from(Exporter's business name, address, country) Seoul Trading Co., Ltd. 15, 1-Ga, Sogong-Dong Seoul, Korea	Reference No. **GENERALISED SYSTEM OF PREFERENCES** **CERTIFICATE OF ORIGIN** (Combined declaration and certificate) **FORM A**
2. Goods consigned to (Consignee's name, address, country) America International Inc. 350 Fifth Avenue, New York N.Y. 10118, U.S.A.	Issued in .... **REPUBLIC OF KOREA** .... (country) See Notes overleaf
3. Means of transport and route (as far as known) From Busan, Korea to New York, U.S.A. By S.S. Silver Star 5W	4. For official use

5. Item number	6. Marks and numbers of packages	7. Number and kind of packages; description of goods	8. Origin criterion (see Notes overleaf)	9. Gross weight or other quantity	10. Number and date of invoices
	XY NEW YORK C/T NO.1-200 MADE IN KOREA	Men's Split Leather Jackets ST-101 ST-102 Total	"Y" 35%	2,000PCS. 2,000PCS. 4,000pcs.	601 July 15,20XX

11. **Certification** It is hereby certified, on the basis of control carried out, that the declaration by the exporter is correct.	12. **Declaration by the exporter** The undersigned hereby declares that the above details and statements are correct; that all the goods were produced in .... **REPUBLIC OF KOREA** .... (country) and that they comply with the origin requirements specified for those goods in the Generalised System of Preferences for goods exported to **UNITED STATES OF AMERICA** .... (importing country) .... Seoul, Korea July 15, 20XX
------------------------------------- Place and date, signature and stamp of certifying authority	------------------------------------- Place and date, signature of authorized signatory

10. 환 어 음

10.1 환어음의 개념

(1) 환어음의 의의

환어음(drafts; bill of exchange)이란 어음발행인(drawer)이 지급인(drawee)인 제3자로 하여금 일정금액을 수취인(payee) 또는 그 지시인(orderer) 또는 소지인 (bearer)에게 지급일에 일정장소에서 무조건 지급할 것을 위탁하는 요식유가증 권(formal instrument)이자 유통증권(negotiable instrument)이다. 따라서 환어음은 발행인이 제3자인 지급인에 대하여 어음상의 정당한 권리자에게 어음지급을 위 탁하는 의미에서 지급위탁증권[137]이라고 할 수 있다.

영국 환어음법(Bills of Exchange Act)에 의하면 환어음은 "British Island" 내 에서 발행되고 지급될 수 있는 환어음을 내국환어음(inland bill)이라고 하고, 그 밖의 환어음은 외국환어음(foreign bill)이라고 하고 있다.[138] 또한 미국 통일유통 증권법(Uniform Negotiable Instruments Law, 1896)[139]과 미국 통일상법전(Uniform Commercial Code)[140]에서도 어음발행지와 지급지를 달리하는 환어음을 외국환어 음이라고 하고있다.

무역거래에서는 물품매매와 관련하여 선화증권 등 서류(documents)를 첨부 하여 환어음을 발행하면 화환어음(documentary bill of exchange)[141]이며, 서류가 수반되지 아니한 어음은 무화환어음(clean bill of exchange)[142]이라고 한다. 이처

---

[137] 최기원, 「어음·수표법」, 박영사, 1991, 630면; Bill of Exchange Act 1882, Article 3.

[138] *Ibid.*, Article 4(1).

[139] Uniform Negotiable Instruments Law, 1896, Article 129.

[140] UCC, §3-501(3).

[141] 무역거래에서는 환어음에 무역대금결제를 위하여 운송서류 등 담보서류가 첨부되기 때 문에 화환어음이라고도 하나, 보통 환어음이라고 부르기 때문에 이하에서는 모두 환어음 으로 통일하기로 한다.

[142] 무담보어음이라고도 한다.

럼 국제물품매매에서 수출자는 물품선적을 이행하고 서류를 준비하여 수출대금을 받기 위하여 환어음을 발행하게 된다. 무역결제의 유형 중에서 환어음이 요구되는 결제방식은 신용장방식과 D/P·D/A에 의한 추심방식 및 포페이팅방식이 이에 해당된다.[143] 환어음의 발행목적은 지급위탁에 있으며, 부수적으로 담보책임을 진다는 점[144]에서 약속어음[145]과 다르다.

(2) 환어음의 필요성

이미 고찰한 바와 같이 매입 및 인수신용장은 어음부신용장, 지급신용장은 무어음부신용장이다. 환어음은 무조건 지급을 위탁하는 것이고 발행에는 원인이 있어야 하나, 일단 발행이 되면 무인성인 것이 되며 유통성이 있다.

신용장거래에 있어서 환어음이 필요한 경우를 보면 다음과 같다.

첫째, 신용장의 매입이 제한되지 않는 경우, 동일신용장으로 각각 다른 은행이 분할하여 매입하는 경우 매입의 경로나 사실을 알기 위하여 환어음 발행이 필요하게 된다.

둘째, 매입은행이 매입대금을 상환받기 위해서 발행은행이 지정한 제3은행으로 대금을 청구하여야 하는 상환신용장(reimbursement credit)의 경우에는 환어음이 발행된다.

셋째, 매입신용장은 환어음 발행을 요구하는 어음부신용장의 형태를 취하고 있기 때문에 환어음이 필요하다.

넷째, 기한부방식인 인수신용장(acceptance credit)에서는 환어음의 무인적인 성질을 이용하여 환어음 인수형태를 벌어 금융이 이루어지기 때문에 환어음이 필요하게 된다.

그러나 발행은행이 환거래은행에서 지급하도록 요구하는 일람지급신용장의

---

[143] 신용장방식 중에서도 연지급신용장(deferred payment credit)과 같은 지급방식에서는 환어음을 요구하지 않는다.

[144] 한국어음법 제9조 1항.

[145] 약속어음은 발행인 자신이 일정금액의 지급을 약속하는 증권으로서 지급약속증권이며, 수표는 발행인이 제3자, 즉 은행에 대하여 지급을 위탁하는 증권이다.

표 5-6	환어음·약속어음·수표의 비교		

구 분 　　증권별	환 어 음	약속어음	수 표
1. 증권의 성격	지급위탁증권	지급약속증권	지급위탁증권
2. 수단	신용수단	지급수단	지급수단
3. 관계당사자	발행인 · 수취인 · 지급인(3인)	발행인 · 수취인(2인)	발행인 · 수취인[1] · 지급인(3인)
4. 발행 및 제시	채권자(수출자) → 채무자(지급인)	채무자 → 채권자	채무자 → 채권자
5. 발행통수	복본(set)	단본(sole)	복본(set)[2]
6. 지급기일	일람출급, 기한부	기한부[3]	일람출급
7. 인수제도	있음	없음	없음
8. 담보서류유무	있음	없음	없음
9. 시효[4]			
채권소멸	만기로부터 3년	좌동	제시기간경과 후 6월
대소지인소구권	거절증서일자 후 1년	좌동	–
대배서인소구권	어음환수일로부터 6월	좌동	–

주: 1) 수표는 어음의 경우와 달리 수취인의 표시가 반드시 있어야 하는 것은 아니다.
주: 2) 수표의 복본발행은 국제간에 지급되는 경우만 해당된다; 한국수표법 제48조.
주: 3) 그러나 만기의 기재가 없는 때에는 일람출급의 약속어음으로 본다; 한국어음법 제76조 1항.
주: 4) 한국어음법 제70조 및 한국수표법 제51조.

경우에는 지급이 사전 수권되는 형태이므로 어음의 제시를 요구하지 아니한다.

10.2 환어음 법제의 통일화운동

어음법과 수표법을 국제적으로 통일화하려는 노력의 결과 제네바(Geneva) 통일협약에 의하여 1930년에 통일어음법(Uniform Law for Bills of Exchange), 1931년에 통일수표법(Uniform Law for Promissory Notes)이 제네바에서 성립되었다.

대부분의 대륙법계 국가에서도 이 협약에 의한 법제를 토대로 하고 있다.[146] 특히 영국은 상관습법과 판례법 등에 근거하여 이미 1882년에 환어음법(Bills of

---

146) 한국의 어음·수표법은 이 통일협약의 가입국은 아니지만, 이를 기초로 1962년 1월 20일 상법과 함께 제정되어 1963년 1월 1일부터 시행되었다.

Exchange Act)이 제정되었고, 이 법을 참작하여 미국도 1896년 통일유통증권법
(Uniform Negotiable Instrument Act)을 제정하여 1924년에 모든 주에서 채용하다
가 1951년에 통일상법전(Uniform Commercial Code)의 제3편으로 통합되면서 통
일증권법[147]에 의한 어음법·수표법은 폐지되고[148] 오늘에 이르고 있다.

그러나 국제상거래에 있어서 유통증권의 지급거래에 관하여 국제적으로 어
음법이 통일되어야 한다는 여론에 따라 유엔 국제무역법위원회(United Nations
Commission on International Trade Law: UNCITRAL)는 1988년 12월 9일 제4차 UN
총회에서 국제환어음 및 약속어음에 관한 유엔 협약(United Nations Convention
on International Bills of Exchange and International Promissory Notes)을 국제협약으
로 성립시켰다. 이 협약은 10개 국가가 비준, 수락, 승인 또는 가입한 날로부터
12개월이 경과한 후 초일에 그 효력이 발생하도록 하고 있다.

위에서 설명한 국제환어음 및 약속어음에 관한 유엔협약은 모두 9장 90조
로 구성되어 있고, 이 협약을 환어음의 준거법으로 사용할 경우에는 "이 협약은
국제환어음(유엔 국제무역법위원회협약)이라는 기재가 표제에 있고, 그 본문 중에
국제환어음이라는 문언을 포함하고 있는 국제환어음에 적용한다"라고 명시하여
야 한다.[149]

---

147) 미국 통일유통증권법이나 통일상법전에서는 유가증권법에 관하여 규정을 하고 있는 데
반해, 영국 환어음법은 환어음과 수표, 그리고 약속어음에 관하여만 규정하여 사채권, 주
권 기타의 양도가능증권에는 적용되지 않는다; Beutel's-Brannen, Negotiable Instrument
Law, 7th ed., Cincinnati, 1948, p. 1; 최기원, 전게서, 90면.

148) 그러나 루이지애나주는 미국 통일상법전 적용을 배제하는 주여서 통일유통증권법이 적
용되고 있다.

149) United Nations Convention on International Bills of Exchange and International
Promissory Notes, 1988, Article 1(1); 만일 약속어음의 준거법적용의 경우에는 국제환
어음 대신에 그 자리에 약속어음을 기재하면 된다. 그러나 협약 제1조 3항에는 "동 협약
은 수표에는 적용되지 않는다"고 규정하고 있다. 그 이유에 대하여 UNCITRAL은 수표는
국제거래에 잘 이용되지 않고 각국의 은행제도가 다르다는 이유로 새로운 규율이 필요하
지 않다는 의견이 지배적이었기 때문이다; 최기원, 전게서, 707면.

10.3 외국환어음의 준거법

환어음의 효력은 원칙적으로 행위지의 준거법에 따른다. 환어음, 약속어음 및 수표에 의하여 채무를 부담하는 자의 능력은 그의 본국법에 의한다. 다만, 그 국가의 법이 다른 국가의 법에 의하여야 하는 것을 정한 경우에는 그 다른 국가의 법에 의한다.[150] 예컨대 한국에서 환어음을 발행, 미국에서 배서(endorsement)하고 영국에서 인수(acceptance)한 경우에는 발행에 관하여는 한국 어음법이, 배서에 관하여는 미국 통일상법전이, 인수에 관하여는 영국 환어음법이 적용된다. 다만 이 원칙에 의하면 어음행위가 유효하지 아니한 경우에도 뒤의 어음행위를 한 나라에 속하는 법률에 의해 유효한 때에는 그 뒤의 어음행위는 유효하다.[151]

말하자면 미국에서 발행된 어음이 미국 통일상법전에 의하면 무효이더라도 그 어음이 한국에서 유통·배서된 경우에, 한국 어음법에 의하여 발행행위가 적법하다면 한국에서 행하여진 배서는 유효하다는 것이다.[152]

이와 같은 어음의 준거법이 행위지법(lex loci actus)이 된다는 점에서 볼 때에 외국환어음을 취급하는 경우에는 다음과 같은 문제를 항상 고려하여야 한다.

첫째로 어음이 외화표시이고 또한 그 문언이 영문이라 하더라도 한국에서 이루어진 어음행위는 한국 어음법의 규정에 따르지 않으면 안 된다는 점이다.

둘째로 외국에서 발행된 어음 및 외국에 추심하는 어음의 배서·인수·지급 등의 효력은 당해 국가의 어음법의 규정에 의하여 유효 또는 무효가 결정되어야 한다.[153]

무역대금결제와 관련하여 외국환어음의 사용은 은행의 "Bill of Exchange"라는 소정의 양식에 따라 발행하여 환어음매입이나 추심의뢰[154]하고 있다.

---

150) Bills of Exchange Act, 1882, Article 72; 한국국제사법 제51조.

151) 한국국제사법 제53조 2항.

152) 이효정, 「국제사법」, 경문사, 1983, 449면.

153) 임홍근, "외국환어음의 방식", 「중재」 제180호, 1987, 14면.

154) 이 때는 이미 고찰한 추심에 관한 통일규칙(Uniform Rules for Collection, 1995 Revision)을 준거하여 처리한다.

10.4 무역거래와 환어음의 법률관계

(1) 수출자와 매입은행과의 관계

신용장방식 거래에서의 수출자(수익자)와 D/P·D/A 등 추심방식 거래에서의 수출자는 계약물품을 선적완료하고 결제서류를 준비, 환어음을 발행하여 지정은행 또는 수출자의 거래은행에 환어음매입(negotiation: NEGO) 또는 추심(collection)을 의뢰하게 된다.

매입은행은 곧 할인은행으로서의 역할을 하게 되는데, 이 때 환어음발행인과 환어음매입은행, 즉 할인은행과의 관계는 이미 고찰한 바 있는 거래약정서[155]에 명시된 내용에 따른 법률관계를 갖게 된다. 환어음매입과 관련하여 환어음발행인, 즉 수익자가 발행하는 환어음은 수취인(payee)을 매입은행 또는 자신을 지시인으로 하여 환어음을 발행한다. 이 때 매입은행은 환어음금액을 할인[156]하여 환어음발행인에게 지급하고, 매입은행은 환어음지급인(drawee)에게 제시하여 대금을 충당한다. 만일 환어음에 대한 지급이나 인수가 거절되면 매입은행은 소구권[157]을 행사할 수 있다.

(2) 수출자와 추심은행과의 관계

D/P·D/A방식거래에서 수출자와 추심은행과의 관계는 위임관계로 이미 고찰한 D/P·D/A방식에서의 추심지시서(Collection Instruction)의 내용에 따라 추심이 이루어진다.[158] 수출자는 수입자를 환어음 지급인으로 하여 추심위임배서

---

155) 한국의 경우는 여신거래기본약관을 기본으로 하여 거래약정서에 기준하여 신용장거래에 의한 환어음매입 또는 D/P·D/A 방식에 의한 추심을 하고 있다.

156) 매입은행의 자금부담기간, 즉 우편일수를 고려하여 징수하는 이른바 환가료(exchange commission)를 할인(discount)하는 셈이 된다.

157) 어음거래에서 소구를 상환청구라고도 하는데, 이는 어음만기에 어음금액지급이 없거나 만기 전에 지급가능성이 현저하게 감퇴되었을 때, 어음소지인이 그 어음의 작성이나 유통에 관여한 자, 즉 발행인·배서인 등에게 어음금액 기타비용의 변제를 구하는 것을 말한다.

158) 추심방식에서도 한국의 경우에는 거래약정서를 교부하고 있다.

를 하고, 보통 선화증권원본 이면에는 무기명배서(blank endorsement)를 하여 수
출자의 거래은행, 즉 추심의뢰은행(remitting bank)을 통하여 추심은행에 송부하
게 된다.

어음지급서류인도조건(D/P)의 경우에는 수입자가 환어음금액을 지급하면
추심은행은 추심의뢰은행을 통하여 결과적으로 수출자에게 지급되지만,[159] 어음
인수서류인도조건(D/A)의 경우에는 지급인인 수입자가 어음인수하고 만기일에
어음금액을 지급하였을 때 추심은행이 대금을 송금하여 줄 의무가 있다.

만일 어음인수 후 만기일에 지급거절이 될 경우, 추심은행은 환어음은 반환
할 수 있지만 운송서류 등 추심서류는 사실상 반환할 수 없다. 그러나 추심은행
은 추심결과에 대한 통지의무를 부담하게 된다.[160]

(3) 수출자와 수입자와의 관계

1) 매매당사자의 동시이행

D/P·D/A 매매계약을 체결하는 경우에 매수인은 운송증권과 상환하지 않고
서는 대금의 지급 또는 환어음의 인수를 거절할 수 있으며, 그 반대로 매도인도
대금의 지급이 이루어지지 아니할 경우에는 운송증권의 교부를 거절할 수 있다.
즉 환어음을 발행한 경우에도 동시이행의 항변권이 인정된다.

2) 매매대금채무의 소멸시기

매도인에 대한 매수인의 매매대금 채무는 수출자, 즉 매도인이 환어음을 매
입(할인)하여 그 대금을 사실상 확보하였더라도 소멸하지 않고 환어음의 지급인
이나 신용장발행은행이 환어음의 소지인에게 지급한 때에 매도인에 대한 매매대
금채무가 소멸된다.[161] 기한부환어음의 경우 환어음인수가 이루어진 것만으로는

---

159) 그러나 실무적으로는 수출자의 거래은행이 추심의뢰은행에 담보를 제공하고 추심 전에
    환어음을 신용장방식처럼 매입(할인)하고 있기 때문에 추심의뢰은행은 수입자가 어음지
    급기일에 지급을 완료하였을 때 비로소 대금을 결제받게 되는 셈이다.
160) URC 522, Article 26.
161) 최기원, 전게서, 205면.

대금채무소멸은 되지 않으며, 환어음인수인이 지급을 완료하여야만 대금채무가 소멸된다.

3) 물품에 대한 소유권

매매계약에서의 물품에 대한 소유권의 이전시기에 대해서는 매우 다양하다.[162] 환어음부 매매인 경우에 물품의 소유권은 매수인이 환어음의 지급과 상환으로 운송증권을 취득할 때 매수인에게 이전된다.[163] 그 때까지 운송물의 소유권은 매입은행에 의한 운송증권의 취득이 동산질의 취득인 경우에는 매도인, 즉 수출자에게 있다. 또 운송증권의 수화인이 매수인(수입자)인 경우에는 은행은 매수인의 증권취득에 이르기까지의 단순한 전달기관에 불과한 것으로 보고 있다.[164] 이 경우에도 매수인이 환어음의 지급과 상환으로 운송증권을 취득한 때에 매수인에게 소유권이 이전되며, 그 때까지는 소유권이 매도인에게 유보된다.

10.5 환어음의 당사자

(1) 발행인(drawer)

환어음을 발행하고 서명하는 자로 수출자나 채권자를 말한다. 환어음이 유효하게 발행되기 위해서는 발행인의 기명날인(signature)[165]이 있어야 한다.

(2) 지급인(drawee)

환어음금액을 일정한 시기에 지급하여 줄 것을 위탁받은 채무자로 신용장거래에서는 보통 신용장발행은행이나 발행은행이 지정한 은행이 되며, D/P·D/A 거래에서는 수입자가 된다.

---

162) 강원진, 「무역계약론」 제4판 수정판, 박영사, 2013, 374~381면.

163) 한국민법 제188조·제190조.

164) 서돈각, 「상법강의(하)」, 법문사, 1981, 406면; 일부 동산질권설을 취하고 있다.

165) Bills of Exchange Act, 1882, Article 3.

(3) 수취인(payee)

환어음금액을 지급받을 자로 보통은 환어음을 매입(negotiation)한 은행이
된다. 경우에 따라서는 매입은행이 지정한 은행도 될 수 있다.

10.6 환어음의 기재사항

환어음은 요식증권이므로 반드시 일정한 형식을 갖추어야 하며, 또한 무인
증권으로서 어음상의 권리도 추상적인 것이므로 다른 유가증권에 비하여 엄격한
형식이 요구되고 있다. 따라서 이에는 필수기재사항과 임의기재사항이 있는데,
특히 필수기재사항[166]은 그 중 어느 하나라도 누락이 되면 환어음으로서의 법적
효력이나 구속력을 갖지 못하게 된다.

(1) 필수기재사항

1) 환어음의 표시

환어음의 문언 중에 그 증권의 작성에 사용되는 용어도 환어음이라는 문구
가 있어야 한다. 예컨대 "this sole bill of exchange", "this first bill of exchange"
또는 "this second bill of exchange" 등이 그것이다.

2) 무조건 지급위탁문언

일정한 금액을 아무 조건 없이 지급한다는 위탁문언이 표시되어 있어야 하
며, 환어음문언 중에 "pay to~the sum of~"가 이에 해당한다. 환어음금액은
상업송장금액과 일치되어야 하며, 신용장거래에서는 신용장금액을 초과할 수
없다.

3) 지급인의 기재

환어음의 하단 "To" 이하에 기재되는 자를 지급인(drawee)이라고 한다. 지
급인은 어음지급을 위탁받은 자로서 신용장방식은 신용장발행은행이나 지정
은행명을, D/P·D/A 방식은 수입자가 된다. 보통 신용장상에 지급인을 지시하

---

166) 한국어음법 제1조.

는 표현은 "drawee: ABC Bank" 또는 "… your drafts at sight drawn on ABC Bank"의 경우, "on" 다음에 기재된 은행이 지급인이 된다.[167]

4) 지급기일의 표시

환어음 지급기일(tenor)의 표시방법에는 다음의 네 가지가 있으며, 어음상 "at～sight of"의 "at" 다음에 기재된다.

① 일람출급(at sight)   환어음의 지급을 위하여 지급인에게 제시되는 날이 환어음 만기일이 된다.

② 일람후정기출급(at～days or months after sight)   지급인에게 제시된 날로부터 일정기간이 지난 후에 환어음의 만기일이 된다. 즉 인수의 일자 또는 거절증서의 일자에 의하여 정한다.

③ 발행일자후정기출급(at～days or months after date)   환어음이 발행되고 난 후 일정기간이 지난 후 환어음의 만기일이 된다.

④ 확정일출급(on a fixed date)   환어음상에 확정한 날, 즉 만기일을 기재 하고 있는 날을 만기일로 한다.

5) 수취인의 표시

환어음금액의 지급을 받을 사람, 즉 수취인(payee)을 표시한다. 수취인을 기재하는 방법은 다음과 같이 네 가지가 있다.

① 기명식: "Pay to ABC Bank"

② 지시식: "Pay to ABC Bank or Order"

　　　　　　"Pay to the order of ABC Bank"

③ 소지인식: "Pay to bearer"

④ 선택소지인식: "Pay to ABC Bank or bearer"

6) 지급지의 표시

지급지는 실제로 존재하는 도시명을 표시하면 되나, 지급지의 표시가 없으

---

[167] 신용장은 지급인을 신용장발행의뢰인 앞으로 환어음을 발행할 수 있도록 발행해서는 아니된다고 규정하고 있다; UCP 600, Article 6-c.

면 지급인의 표시지로서 갈음할 수 있다.

7) 발행일 및 발행지

환어음의 발행일은 환어음을 매입한 날이 되며, 신용장의 유효기일 이내에 발행되어야 한다. 발행지의 표시는 어음법의 적용근거가 되며, 환어음의 효력은 행위지법률에 의해 처리되므로 발행지를 반드시 기재하여야 한다.

8) 발행인의 기명날인

환어음을 반드시 수출자가 기명날인하여야 하는데, 한국의 경우는 은행에 수출자가 제출한 서명감과 일치되도록 하고 있다. 발행인은 신용장상의 수익자가 되며, 만일 양도가 이루어진 신용장의 경우에는 양수인(제2수익자)이 된다.

(2) 임의기재사항

1) D/P · D/A의 표시

D/P·D/A방식거래에서는 D/P 또는 D/A가 명확하게 표시되어야 한다. 아무런 지시가 없을 경우, 즉 만일 명시가 안 되거나 구분이 안 되었으면 D/P로 간주된다.[168]

2) 이자문구(interest clause)

신용장에 따라 특히 인도나 파키스탄 지역에서 발행되는 신용장의 경우, 환어음상에 일정한 이자(interest) 문구의 기재를 요구하는 경우에는 환어음의 여백에 표시한다.[169]

3) 거절증서작성 면제문구

거절증서작성면제를 표시하는 경우 "waived protest" 또는는 "protest waived"

---

[168] ICC, Uniform Rules for Collections, 1995 Revision, Article 7.
[169] 이자문구의 예는 다음과 같다.
　"Payable at the Collecting Bank Selling rate for sight on New York with interest at~% per annum from date hereon to arrival of proceeds in New York",; 이와 같은 어음을 "Interest Bill"이라 하며, 영국에서는 이 문구를 "Eastern Clause"라고 한다.

기재한다.

4) 무담보문구

환어음 지급인이 인수 또는 지급불능이 되었을 때 발행인에게 상환청구할 수 있는 조건이 "with recourse"이며, 상환청구할 수 없는 것이 "without recourse"다. 신용장에서 무담보문구 기재를 요구하는 경우에는 어음여백에 "without recourse to drawer"라고 표시하면 된다. 영미법에서 환어음발행인 또는 배서인은 소지인에 대한 자신의 임무를 부인하거나 제한하는 명시약속을 삽입할 수 있다고 규정하고 있고,[170] 한국의 어음법에서도 발행인은 인수를 담보하지 아니한다는 뜻을 기재할 수 있으며, 지급을 담보하지 아니한다는 모든 문언은 기재하지 아니한 것으로 본다[171]고 규정하고 있다.

5) 복본번호

환어음은 동일한 내용의 환어음을 2통 발행하는 것이 통례이며, 각 환어음에 번호를 붙여야 한다. 이러한 번호가 없으면 복본으로 발행되더라도 별개의 환어음으로 본다. "first" 또는 "second"가 복본번호의 표시 예이며, 이와 같이 2통 이상 발행되는 환어음을 "set bill", 1통만 발행되는 경우를 "sole bill"이라고 한다.

6) 대가수취문구(valuation clause)

대가수취문구란 "Value received and charge the same to account to~"가 그것인데, 동 문언은 "Value received"라는 문언과 "Charge the same to account of~"로 구성되어 있다. 대가(value)란 법률상 가치 있는 약인(valuable consideration)을 말하며, "Value received"라는 의미는 어음발행인이 어음의 대가를 수령했음을 뜻하는 것이다. 환어음은 원래 환어음발행인의 수령증으로 사용되었던 역사적 사실에 의하여 관습적으로 기재되는 문구이다.

---

170) Bills of Exchange Act 1882, Article 16(1) ; UCC, §3-413.
171) 한국어음법 제9조 2항.

서식 5-15	환어음의 구성내용

No. ① _____   Bill of Exchange   Seoul ② _____

For ③ _____

At ④ _____ sight of this First Bill of Exchange (⑤ Second of the same tenor
and date being unpaid) pay to ⑥ _____

Bank or order the sums of ⑦ _____

⑧ Value received and charge the same to account of ⑨ _____

Drawn under ⑩ _____ L/C No. ⑪ _____ dated ⑫ _____

To ⑬ _____   ⑭ _____

(주) : ① 환어음번호, ② 발행지 및 발행일자, ③ 환어음금액(숫자), ④ 환어음지급기일(tenor of draft),
⑤ 파훼문구, ⑥ 수취인(payee), ⑦ 금액(문자), ⑧ 대가수취문구, ⑨ 계정결제인(accountee), ⑩
신용장발행은행, ⑪ 신용장번호, ⑫ 신용장발행일, ⑬ 환어음지급인(drawee), ⑭ 환어음발행인
(drawer).

번호 ① _____   환   어   음   서울 ② _____

금액 ③ (숫자) _____

(⑤동 환어음의 지급기일 및 일자의 제 2 환어음에 대하여 지급이 이루어지지 않은
경우) 동 제 1 환어음에 대하여 ④ _____ 일람출급으로 ⑥ _____
은행 또는 그 지시인에게 ⑦ _____ 금액(문자)를 지급하십시오.

⑧ 대가 수취하였으며 환어음금액을 ⑨ _____의 계정으로부터 청구하십시오.

동 환어음은 ⑩ _____ 은행의 ⑫ _____ 일자의 신용장번호 ⑪ _____
에 의거하여 발행되었음.

⑬ (환어음지급인) 앞   ⑭ (환어음발행인)

7) 신용장에 관한 문구

신용장에 의하여 발행되는 어음에는 "Drawn under~ L/C No.~dated~"라
는 문구를 기재한다.

8) 파훼문구(破毁文句)

복본환어음(set bill)은 각 통이 똑같은 법적 효력을 가지고 있으나, 어느 1통

에 대하여 지급이 완료되면 다른 것은 자동적으로 무효가 된다.

(3) 환어음작성시의 유의점

환어음을 작성할 때에는 다음과 같은 점에 유의하여야 한다.

① 미화는 USD 또는 US$, 영국통화는 GBP 또는 Stg.£로 표시하여야 하며, 단순히 $ 또는 £로 표시하지 말아야 한다. 왜냐하면 홍콩달러(HKD 또는 H.K$.), 캐나다달러(CAD 또는 C$), 호주달러(AUD 또는 A$) 등 달러를 사용하는 국가가 많기 때문이다. 아라비아 숫자를 문자로 기재할 때 미화 110달러 10센트라면 "US DOLLARS ONE HUNDRED AND CENTS TEN ONLY"라고 기재한다.

② 신용장에서 요구하는 문구는 반드시 기재하여야 한다.

③ 이자문구의 기재를 요구하는 경우 신용장상의 기재대로 표시하여야 하며, 단순히 "with interest" 또는 "interest 10% for Dollar"라고 기재해서는 아니된다.

④ 은행명을 기재할 때에 "the"를 사용하고 있는 경우 이를 생략해서는 아니된다.

⑤ "Combined shipments"를 허용하여 두 개 이상의 신용장을 합하여 한 번에 선적하여 환어음을 매입할 수 있도록 하는, 예컨대 "combined shipments with other credit acceptable"과 같은 표시가 있으면 어음상에도 다음과 같은 표시를 하여 발행하여야 한다.

"Drawn under~Bank L/C No.~dated~for US$200,000"
"Drawn under~Bank L/C No.~dated~for US$300,000"

⑥ 환어음발행인이 법인일 때에는 서명자의 직책명을 표시하여야 한다.

(4) 환어음의 배서

환어음은 배서에 의하여 유통된다. 배서의 방법에는 다음과 같은 종류가 있다.

서식 5-16 환어음

BILL OF EXCHANGE

No. 1234   Date July 16, 20× ×

For US$100,000   Place Seoul, Korea

At * * * * *   sight of this FIRST Bill of Exchange(Second of the same tenor and date being unpaid)pay to the order of KOREA EXCHANGE BANK the sum of US DOLLARS ONE HUNDRED THOUSAND ONLY

Value received and charge the same to account of America International Inc., 350 Fifth Avenue New York, NY10018, U.S.A.

Drawn under Bank of America, New York

L/C No. 78910   dated July 1, 20× ×

To Bank of America   Seoul Trading Co., Ltd.
   350, Fifth Ave.   *Gildong Hong*
   New York, NY10118, U.S.A.   Gil-dong Hong
                                                               President

---

BILL OF EXCHANGE

No. 1234   Date July 16, 20× ×

For US$100,000   Place Seoul, Korea

At * * * * *   sight of this SECOND Bill of Exchange(First of the same tenor and date being unpaid)pay to the order of KOREA EXCHANGE BANK the sum of US DOLLARS ONE HUNDRED THOUSAND ONLY

Value received and charge the same to account of America International Inc., 350 Fifth Avenue New York, NY10018, U.S.A.

Drawn under Bank of America, New York

L/C No. 78910   dated July 1, 20× ×

To Bank of America   Seoul Trading Co., Ltd.
   350, Fifth Ave.   *Gildong Hong*
   New York, NY10118, U.S.A.   Gil-dong Hong
                                                               President

1) 기명식 배서(special endorsement)

배서인의 기명날인 외에 피배서인의 명칭을 기재하여 배서하는 방법이다. 이러한 기명식 배서가 있는 환어음을 다시 유통시키기 위해서는 다음에 배서할 자, 즉 피배서인의 배서가 있어야 한다. 예컨대 매입은행이 발행은행을 피배서인으로 하여 다음과 같이 배서를 하였다면, 환어음이 유통되기 위해서는 발행은행의 배서도 다시 필요하다는 뜻이다.

2) 백지식 배서(blank endorsement; endorsed in blank)

피배서인을 명시하지 않고 단순히 배서하는 방식을 말하며 두 가지 방법이 있다.

하나는 단순히 배서문구인 "pay to the order"라고 기재한 후 배서하는 것과 다른 하나는 위 문구의 기재 없이 배서하는 것으로 이를 간략백지식 배서라고 한다.

3) 추심위임배서(agency or restrictive endorsement)

환어음을 지급지에 보내서 추심하고자 하는 경우에는 어음에 추심위임배서를 하게 되며, "pay to the order of~bank for collection"이라고, 즉 "추심을 위하여"라는 위임을 표시하는 문언을 기재한 후 추심은행이 배서하는 것을 말한다.

이 밖에 환어음은 발행인의 경우와는 달리 배서인은 인수무담보뿐만이 아니라 지급무담보라는 취지를 기재할 수 있기 때문에 환어음상의 책임을 부담하지 않는다는 취지를 기재한 무담보배서(qualified endorsement), 배서에 조건을 붙인 조건부배서(conditional endorsement), 환어음금액의 일부만을 피배서인에게 양도하는 일부배서(partial endorsement)도 있다.

11. 환어음(서류)의 매입과 결제

11.1 수출환어음(서류)의 매입

(1) 수출환어음(서류)매입의 의의

수출환어음(서류)의 매입(Negotiation: NEGO)이란 수출자가 신용장 또는 D/P·D/A 조건에 따라 선적을 완료하고 발행한 환어음(drafts) 및 서류(documents)를 수출자거래은행이 선지급하기 위하여 매입(purchase)하는 것을 말한다. 다시 말하면 취소불능신용장 발행은행의 공신력을 바탕으로 서류를 담보로 한 매입은행의 수익자에 대한 일종의 여신행위이다.

수출자는 계약물품을 선적함과 동시에 신용장에서 요구하는 서류를 준비하여야 하는데, 신용장 자체가 무조건 대금지급을 확약하는 것이 아니고 "은행의 조건부지급확약"(conditional bank undertaking of payment)이므로 신용장조건에 충족하도록 서류를 작성하여야 한다.

또한 환어음매입은행의 입장에서도 선적 후의 여신행위는 서류를 담보로 하여 매입하기 때문에 서류점검에 세심한 주의를 기울여야 한다.

(2) 제시서류의 심사

신용장에 의한 서류를 심사하는 데 있어서 중요한 것은 형식상 신용장조건과 서류가 일치되지 않으면 안 된다. 그러므로 매입은행은 제시된 서류가 형식상·문면상으로 신용장조건과 완전히 일치하는가의 여부에 중점을 두고 서류심사를 하여야 한다.

특히 서류점검에 있어서는 신용장거래가 물품의 매매계약과는 전혀 별개로서 서류와 신용장조건을 외관상 또는 형식상으로 심사하여 완전히 일치하면 그것으로 족하고, 실질적으로 선적된 물품내용이 신용장조건과 합치하느냐의 여부는 매입은행의 심사사항도 아닐 뿐더러 실질적인 내용에 대해서는 하등의 책임이 없다.

화환신용장거래의 경우 제시되는 서류는 신용장조건에 따라 각기 상이하므로 일률적으로 말할 수는 없으나, 선화증권(bill of lading)·보험증권(insurance policy)·상업송장(commercial invoice)의 기본서류 이외에 거래의 관습, 물품의 종류, 수입국의 공적 규제에 따른 여러 가지 임의서류가 요구되는데, 이와 같은 서류를 점검하는 데 기본적이고 공통되는 사항은 다음과 같다.

① 신용장에서 요구하는 서류의 필요통수가 제시되었는가.

   신용장에서 요구하는 서류 외에 1~2부를 추가 제시한다. 이는 매입은행 등의 보관용이 된다.

② 모든 서류가 제시기일 이내에 제시되었는가.

   서류는 유효기일 이내에 제시되어야 하며, 유효기일의 최종일이 일요일 또는 공휴일인 경우에는 그 다음의 최초영업일까지 그 유효기일이 자동적으로 연장된다.

   이와 같은 기일의 자동적인 연장을 신용장상에 제시된 최종선적일의 경우에는 적용되지 않는다. 그러나 은행의 동맹파업·직장폐쇄·내란·반란·전쟁·천재 기타 불가항력으로 인한 업무중단은 신용장 유효기일의 자동연장에 적용되지 않는다.

③ 제시된 개개의 서류는 서명누락, 서명 유자격자의 서명 여부 및 소정형식의 구비 여부 등은 유효한 것인가.

④ 환어음 및 관계서류 상호간의 연계성과 그 기재에 있어 상호 상충 또는 불일치는 없는가.

⑤ 선화증권·보험증권 등은 그 권리가 적법하게 매입은행에 양도되었는가. 특히 선화증권과 보험증권의 배서가 바르게 되었는가를 확인하여야 한다.

⑥ 신용장에 특별지시문언이 있을 때, 이에 부합되도록 서류가 제시되었는가.

(3) 환어음의 검토

환어음의 필수기재사항은 그 중 어느 하나라도 누락되면 어음법상 효력이나 구속력을 갖지 못하게 되므로 다음과 같은 사항을 유의하여 점검하여야 한다.

① 문언 중에 환어음(bill of exchange)을 표시하는 문언이 있는가.

② 일정한 금액을 무조건 지급할 뜻의 위탁문언(pay to the order of …)이 있는가.

③ 지급인·지급지·수취인 및 만기일의 표시가 신용장의 내용과 부합하는가.

④ 환어음의 발행일이 신용장의 유효기일 이내에 지정지급장소에 제시되었으며 선적일자 이후이면서 매입일자와 같은 일자인가.

⑤ 발행인의 서명날인이 거래은행에 제출된 서명감과 일치하는가.

⑥ 신용장에서 이자문언의 기재를 요구하였을 경우, 그 문언은 기재되어 있는가.

⑦ 인수의 표시를 신용장이 요구한 경우, 이 문언이 표시되어 있는가.

⑧ 환어음금액이 신용장금액이나 신용장잔액을 초과하지 않았으며 송장금액과 일치하는가.

⑨ 환어음금액은 정확히 표시되어 있으며 숫자와 문자 표시금액 및 통화가 신용장내용과 일치하는가.

⑩ 환어음에 신용장발행은행·신용장번호의 표시가 되어 있는가.

⑪ 환어음이 부당하게 정정한 곳은 없는가.

⑫ 복본으로 환어음이 발행된 경우 "First Bill of Exchange", "Second Bill of Exchange"의 표시가 있으며 2장 모두 제시되었는가.

11.2 수입환어음(서류)의 결제

(1) 수입환어음(서류)결제의 의의

신용장이나 D/P·D/A거래는 주로 환어음에 의하여 대금결제가 이루어지기 때문에 수익자(수출자)는 계약물품을 선적한 후 신용장 등에서 요구하는 서류를 준비하여 환어음을 발행하고 매입은행에 매입신청하게 된다.

매입은행은 매입한 서류를 환어음과 함께 신용장발행은행 앞으로 송부하여 신용장조건에 따라 대금지급을 요청하게 된다. 신용장은 발행은행이 인수·지급을 확약하였으므로, 제시된 환어음과 서류가 신용장조건에 일치된다면 신용장발행은행은 대금을 지급하거나 인수를 하여야 한다. 신용장조건과 불일치되는 하자 있는 서류의 경우에는 서류만을 기초로 수리하든지, 이를 거절하고 부도반환할 경우에는 늦어도 서류수령 다음 날부터 5은행영업일 이내에 결정하여야 한다.

서류의 수리를 거절하는 경우에는 신속한 통신수단으로 부도사실을 서류송부은행에게 통보하되 하자내용(discrepancies)을 표시하고 수익자의 지시를 기다려 유보하고 있다든지, 하자서류를 반송하고 있다는 등의 조치를 취하여야 한다. 만일 이와 같은 발행은행의 의무를 이행하지 못한 경우나 이미 수입화물선취보증서(letter of guarantee: L/G)를 발급한 경우에는 발행은행이 부도반환권리를 상실하게 된다.

수입환어음의 결제는 신용장조건에 따라 일람출급수입환어음에 의한 결제와 기한부수입환어음에 의한 결제가 있는데, 이같은 수업환어음의 지급 또는 인수를 통하여 신용장발행의뢰인인 수입자에게 서류를 인도하게 된다.

(2) 수입환어음(서류)의 결제 또는 인수

한국의 경우 일람출급수입환어음의 결제는 수입서류 도착일로부터 7일 이내에 수입자가 결제[172]하지 못하면 은행이 대지급하여 결제하도록 하고 있다. 그러나 기한부수입환어음은 인수(acceptance)에 의하여 서류를 인도한 후 만기일에 결제한다.

기한부환어음의 인수형태는 "shipper's usance"와 "banker's usance"가 있다. "shipper's usance"는 usance 기간의 여신을 shipper가 공여하는 것으로[173]

---

[172] 수입환어음의 결제를 원화를 대가로 결제하지 않고 바로 외화로 대체되는 경우에는 은행은 이른바 대체료(in lieu of exchange)조로 0.1% 상당액을 징수하고 있다.

[173] shipper's usance를 seller's usance라고도 한다.

그림 5-1 Shipper's Usance

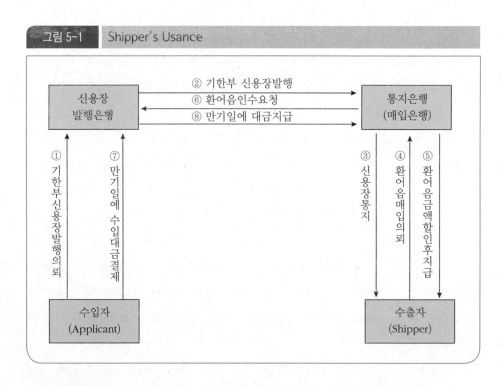

그림 5-2 Banker's Usance

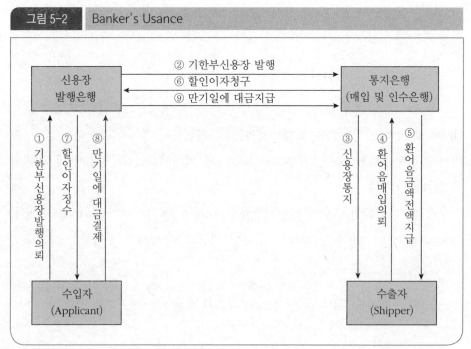

수입신용장발행은행을 지급인(drawers)으로 한 수입환어음과 서류가 발행은행에 도착하면 동 인수사실 및 만기일(maturity)을 매입은행 앞으로 통지하고 신용장발행은행이 만기일에 수입대금을 결제하는 방식이다.

또한 "banker usance"는 "usance" 기간의 여신을 환어음인수은행이 공여하는 것으로[174] 신용장발행은행의 예치환거래은행(depositary bank) 또는 신용장발행은행의 지점을 환어음지급은행으로 하여 환어음의 인수 및 만기일에 환어음지급을 동 은행이 담당하도록 하는 형태이다. 보통은 해외의 매입은행이 인수은행(acceptance bank)이 되어 신용장발행은행 앞으로 서류송부시 만기일, 인수수수료 또는 할인이자(discount charge) 등이 명시된 인수통지서(acceptance advice)를 첨부하여 보내 온다.

"banker usance"의 환어음인수은행은 해외은행인수(overseas banker acceptance)와 국내은행인수(domestic banker acceptance)로 구분할 수 있다.

(3) 수입화물선취보증서

1) 수입화물선취보증서의 의의

수입자가 선박회사로부터 수입화물을 인도받기 위하여는 선화증권의 원본을 제시하여야 한다. 그러나 수입화물이 목적지에 도착되었는데도 불구하고 원본서류가 발행은행에 도착되지 않아 화물의 인도가 불가능한 경우가 종종 발생한다. 이러한 경우는 우편의 지연이나 수익자의 서류제시의 지연 또는 지급, 인수 또는 매입은행의 업무지연으로 발생하며, 특히 수출지에서 수입지까지의 항해일수가 비교적 짧거나 항공운송의 경우에 빈번히 발생한다.

이로 인하여 수입자는 수입화물을 통관할 수 없어 인도가 늦어질 뿐만 아니라 창고료 등의 추가비용이 발생할 수도 있고, 도착화물에 손상을 가져오거나 심지어 판매의 적기를 상실할 수도 있다.

이와 같은 사정은 은행의 입장에서도 마찬가지이다. 왜냐하면 은행의 담보로 되어 있는 화물이 인도되지 않음으로써 수입자와 동일한 입장에 서게 되기

---

174) banker usance를 buyer usance라고도 한다.

때문이다. 또한 선박회사로서도 화물의 양륙이 순조롭지 못하여 불편한 점이 있을 수 있다.

따라서 수입자, 발행은행, 그리고 선박회사는 이러한 불리한 점을 해결하기 위하여 원본서류 도착 이전에 수입화물을 인도받을 수 있는 방법을 고안하게 되었다. 즉 수입자의 신청으로 신용장발행은행이 연대보증한 증서를 선박회사 앞으로 선화증권의 원본 대신에 제출하여 수입화물을 인도받을 수 있는 보증서를 이용하는 것이다. 특히 이와 같은 보증서를 특히 수입화물선취보증서(Letter of Guarantee: L/G)라고 한다. 선취보증은 발행은행을 보증인으로 하고 선화증권을 도착즉시로 선박회사에 인도하겠다는 것과 이 보증인도에 의하여 발생한 일체의 사고는 보증은행 및 수입자가 단독 또는 연대로 책임을 부담하겠다고 서약한 것이다.[175]

2) L/G 발행과 회수

수입화물선취보증서를 발행한 은행은 신청서류와 관련 신용장조건과의 일치 여부를 검토한 후 상응한 담보 여부를 확인하여 L/G 발행수수료를 받고 L/G에 서명하여 수입자에게 인도하게 된다.

보증은행이 "계약의 이행을 보증하고 이것에 관한 일체의 책임을 인수한다"라는 보증문언을 기재하면 운송서류의 원본을 인도하는 것과 동일한 효과를 갖는다. 보증서는 원칙적으로 선화증권을 단위로 하여 발행하여야 한다.

L/G 발행 후 서류원본이 해외은행으로부터 도착하면 L/G의 회수를 위하여 선화증권의 원본에 다음과 같이 배서하고, L/G 회수요청서(redemption of letter of guarantee)와 함께 선박회사에 배달증명으로 송달하여 L/G를 회수받는다.

---

175) 항공편에 의한 수입화물의 선취는 해상운송의 경우와 다르다. 은행은 항공회사에 보증은 하지 않고 수화인(Consignee)을 신용장발행은행으로 하였기 때문에 수입자가 입수한 항공화물운송장(Air Waybill) 사본을 은행에 제시하여 화물인도를 은행대리인으로 수입자가 받을 수 있도록 항공화물운송장 사본에 확인하여 화물을 미리 인도받는다. 이 경우 신용장발행은행은 수입자의 채권확보 여부를 확인하게 된다.

서식 5-17 수입화물선취보증서(lettter of guarantee)

LETTER OF GUARANTEE

REVENUE
STAMP

Date: July 21, 20××

Shipping Co. Cho Yang Shipping Co., Ltd.	L/C NO. M0604-507ES -23456	L/G No. K-1234
	Number of B/L C-23456	

Shipper Marubeni Corp. Tokyo, Japan	Vessel Name **Korean Master**
	Arrival Date **July 20, 20××**
	Voyage No. **V-33**

Invoice Value US$6,000.-(US Dollars Six Thousand only)	Port of Loading **Tokyo, Japan**
	Port of Discharge **Busan, Korea**

Nos. & Marks	Packages	Description of Goods
A B BUSAN C/T NO.1-10 MADE IN KOREA	10 CTNS	4,080 pcs. of #8 Plastic Zipper open end, 21″ long

In consideration of your granting us delivery of the above-mentioned cargo which we declare have been shipped to our consignment, but Bills of Lading of which have not been received, we hereby engage to hand you the said Bills of Lading as soon as we receive them and we further guarantee to indemnify yourselves and/or the owners of the said vessel against any claims that may be made by other parties on account of the aforesaid cargo, and to pay to you on demand any freight or other charges that may be due here or that may have remained unpaid at the port of shipment in respect to the above-mentioned goods.

In the event of the Bills of Lading for the cargo herein mentioned being hypothecated to any other bank, company, firm or person, we further guarantee to hold you harmless form all consequences whatsoever arising therefrom and furthermore undertake to inform you immedi-ately in the event of the Bills of Lading being so hypothecate.

Yours faithfully,

A & B Co., Ltd.

Party claiming right of delivery

We hereby guarantee to surrender to you the corresponding Bills of Lading.

Kindly be advised that this guarantee shall be automatically null and void, upon your receipt of the corresponding Bills of Lading which are to be endorsed and presented to you by bank for the only purpose of the redemption of this letter of guarantee.

Authorized Signature

Korea Exchange Bank

Jong Ro   Branch

For Redemption of L/G
　(signed)
Authorized Signature
ABC Bank

3) L/G 발행과 효과

수입화물선취보증서의 발행내용은 선화증권원본이 신용장발행은행[176]에 도착하면 즉시 선박회사에 원본전통을 제출하겠다는 것과 운송비의 지급 기타 선화증권을 담보로 제공됨에 따른 모든 손실을 보상하겠다는 취지이다.

수입화물선취보증서는 원본서류가 이미 도착되어 있으면 발행할 수 없으며, 일단 발행이 되면 나중에 원본서류가 발행은행에 도착되어 만일 서류상의 하자가 있다 하더라도 지급거절할 수 없다.

4) 항공편 수입화물의 선취

수입화물선취보증서가 선화증권에 의한 수입거래에서 수입화물의 선취를 위하여 발행되는 것인 반면, 항공편에 의한 수입화물의 선취는 항공화물운송장(Air Waybill)에 대하여 수입화물선취신청서에 의거 화물인도지시서(delivery order)로써 L/G와 동일한 효과를 거둘 수 있다. 화물인도지시서의 취급 역시 L/G의 경우와 마찬가지로 수입자의 수입대금결제 또는 인수에 앞서 화물을 미리 인도하는 것이므로 L/G 발급에 준한 은행의 채권보존조치가 따르게 된다.

(4) 수입화물대도

1) 수입화물대도의 의의

수입화물대도(輸入貨物貸渡; Trust Receipt: T/R)란 신용장발행은행이 수입대금을 결제하면서 담보로 취득한 수입화물에 대하여 소유권만 보유하고 수입자가 수입대금을 결제하기 이전에 수입화물을 통관하여 제조·가공·판매 등을 할 수

---

176)D/P·D/A 거래에서도 L/G가 이루어지고 있다. 이 경우는 추심의뢰은행으로부터 관련 상업서류를 송부하였다거나 혹은 장차 송부하겠다는 통지를 받았어야 하며, 수업자의 신용도가 고려된다.

있도록 하기 위한 신용장발행은행 앞으로의 "수입화물의 신탁적 양도"행위를
의미한다.

　일람출급환어음 결제에서 서류가 도착하면 신용장발행의뢰인은 결제대금
을 지급하여야만 서류를 수령할 수 있지만 발행은행이 발행의뢰인 앞으로 금융
을 제공하는 경우에는 결제대금을 동 금융으로 지급하고, 수입대금 결제에 충당
한 대금은 발행의뢰인에 의하여 일정한 기간 후에 상환받게 된다. 이와 같은 제
도 아래에서는 소위 자동결제기능이 있으므로 수입화물을 담보로 취득하게 된
다. 여기서 수입화물을 통상의 담보와 같이 취득을 하게 되면 발행의뢰인이 수입
하는 본래의 목적을 달성할 수 없으므로 특별한 조치가 필요하다. 은행입장에서
도 동 수입화물을 창고 등에 보관하고 있어도 창고료, 보험료 등의 비용만 발생
하고 아무런 실익이 없다.

　그러므로 T/R제도하에서는 은행을 신탁공여자(entrustor)로 하고 발행의뢰
인을 신탁수혜자(trustee)로 하는 신탁계약(trust contract)을 하게 된다. 이러한 신
탁은 신용편의(credit facility)를 위한 담보취득의 방법을 뜻하는 한편 일람출급결
제에서 일정기간 동안 지급을 유예하여 주는 T/R편의를 의미하기도 한다.[177]

　T/R 제도를 이용함으로써 달성하려고 하는 법률적 목적은 담보권자인 은행
으로 하여금 그 채무자에게 담보물의 점유를 허용하면서 물품상 또는 그 물품판
매대금에 대한 담보권을 소유하는 데 있다.[178]

　T/R의 명칭에 대하여서는, 영국의 판례에서는 신탁증서(Letter of Trust)·저
당증서(Letter of hypothecation)라는 명칭을 사용하고 있으나[179] 대륙법계에서는
이를 나타내는 직접적인 명칭은 찾아 볼 수 없고, 다만 신탁증서와 비교될 수 있
는 위탁매매의 위탁자와 위탁매매인 간의 위탁주선계약서가 있다. 일본과 한국

---

177) 따라서 T/R제공은 수탁자(trustee), 즉 수입자의 신용이 좋아야 하고, 수탁자가 담보물건
을 타대출의 담보로 제공하지 말아야 하며, 담보화물의 판매 또는 사용대금을 대금의 지
급에 충당할 수 있어야 한다.

178) 伊澤孝平, 「商業信用狀」, 有斐閣, 1986, 579面.

179) H. C. Gutteridge, and Megrah, Maurice, *The Law of Banke Commercial Credits*,
Europa Publication Ltd., 1984, p. 214.

에서는 이 제도를 도입하여 수입담보화물보관증 또는 수입화물대도증서라는 용어로 사용되고 있다.

2) 수입화물대도의 기원

T/R은 미국 통일대도법(Uniform Trust Receipt Act: UTRA)[180]에서 그 기원을 찾아 볼 수 있다. 미국에서 대도증권이란 권리증서 또는 물품을 점유하고 있는 질권자(pledgee)가 원소유자 또는 그 대리인으로부터 이를 수취하여 다시 원소유자 또는 제3자에게 인도하고자 할 때, 질권설정자(pledgor)가 권리증권, 물품 또는 그 판매대금을 질권자를 위하여 수탁·소지한다고 약정하는 증권으로 정의되고 있다.[181]

미국 통일대도법에 따르면 T/R이란 그 동산질이 물품이나 서류인 경우에는 이들을 매각 또는 교환하는 목적에, 그리고 물품을 제조 또는 가공하거나 적재·양륙·환적하거나 기타 예비거래를 위한 목적 등에 사용되는 것이다. 따라서 신용장발행의뢰인이 물품을 매각한 대금으로 발행은행에 보상하고자 할 경우에는 발행의뢰인은 자신이 질권자인 발행은행의 수탁자로서 물품과 권리증권을 점유하며, 발행은행의 계산하에 그를 대리하여 물품을 매각하고 그를 위하여 대금을 수탁·소지한다는 T/R을 교부하여야 한다.

발행은행의 입장에서는 수입자로부터 T/R을 받고 물품 또는 권리증서를 인도한다면, 발행은행이 직접 신용장의 담보물을 현금화하여야 할 어려움은 덜 수 있다. T/R은 오대호주변의 곡물거래에서 최초로 사용되었다. 이것이 담보제도로서 중요성을 띠게 된 시기는 19세기 말엽 미국 동해안의 은행에서 이를 수입거래에 사용하게 되면서부터이다. 그 후 제1차 세계대전 후까지는 거의 원자재나 수입거래에 한하여 사용되었다.

---

180) 미국 통일대도법은 통일주법에 관한 전국위원회의 Karl N. Llewelly 교수가 처음 기초하여 1934년 뉴욕주, 1935년 일리노이주·인디아나주·오리건주를 비롯하여 30여 개 주에서 채택하였으며, 오늘날 상사거래에 관한 통일주법안인 미국 통일상법전 제9편에 의해서 보충되어 있다.

181) Boris, Kozolchyk, Commercial Letter of Credit in the Americas, New York, 1976, p. 156; Gutteridge & Megrah, op. cit., p. 215.

3) 수입화물대도의 법률적 성격

T/R의 법률적 성격에 대해서는 학설이나 판례도 아직 확립되어 있지 않는 실정이지만, 그 법률적 효력에 있어서는 대체로 인정되고 있는 양도담보·기탁·대리설을 중심으로 살펴본다.[182]

발행은행이 상업신용장약정서에 의해 양도담보로서 보유하는 물품을 거래처에 기탁보관을 의뢰하고 거래처에게 은행의 대리인으로서 물품의 처분을 위임하고 있는 것으로 간주한다는 학설[183]로서 T/R을 설명하는 데 가장 유력한 학설로 보고 있다. 왜냐하면 보통 발행은행이 수입자로부터 차입하는 T/R에 의해서 서류에 기재된 수입물품은 발행은행의 소유에 속하는 것으로 하고, 만약 수입자가 약정기일에 대금을 은행에 상환하지 않거나 수입자의 신용상태에 불안을 느낄 경우에는 발행은행은 그 수입물품을 임의로 회수하여 은행의 자금에 충당할 수 있고, 물품이 매각된 후 수입자가 그 채무를 이행하지 않는 경우 은행은 다른 채권자보다 우선하여 그의 권리를 주장할 수 있기 때문이다.

신용을 공여하고 있는 은행의 입장에서 볼 때, 물품상에 질권을 가지고 있는데 불과한 경우에는 담보권을 행할 경우 그 물품을 자유로이 처분하지 못하고 복잡한 법정의 절차를 거쳐야 하므로 적기에 물품을 매각할 수 없고, 만약 수입자가 파산상태에 빠지는 경우에는 은행은 안전하게 담보권을 행사할 수 없기 때문에 T/R은 양도담보로 보는 것이 타당할 것이다.[184]

이 설에 의하면, T/R에 의한 수입화물대도의 법률관계가 양도담보의 법률

---

182) 그 외의 학설로는 ① 수탁자, 즉 발행의뢰인은 은행의 대리인으로서 화물을 매각 또는 화물을 처분하나 그 법적 효과는 소유자인 은행에 귀속된다는 대리관계설, ② 수탁자는 은행으로부터 화물을 매각할 목적으로 기탁을 받아 화물을 보관할 의무가 있으며 판매권한 이외에는 화물에 대하여 아무런 권리가 없다는 기탁설, ③ 수탁자는 은행이 질권자로서 점유하고 있을 수입화물을 이전받는 것이며 화물인도 후에도 질권관계가 존속된다는 질권존속설, ④ 은행이 자기 소유에 속하는 화물을 일정기간 후에 대금지급하는 것을 조건으로 하여 수탁자에게 매각하는 것으로 대금지급 전에는 은행이 화물의 소유권을 가지고 수탁자는 화물의 점유를 취득하게 된다는 조건부매매설 등이 있다.

183) 吉原省三, 「銀行取引法諸問題」, 金融財政事情硏究會, 1973, 224~225面.

184) 요하네스짜안 저, 강갑선 역, 「무역결제론」, 법문사, 1977, 299면.

구성요건을 구비하고 있다는 사실이다. ① 담보되어야 할 채권이 존재하고 있고, ② 담보의 목적인 재산이 채권자에게 이전되고, ③ 채무자는 목적물을 사용함을 원칙으로 하고, ④ 양도담보권자의 제3자를 배척할 우선적 효력은 그 담보의 목적인 재산권 자체가 담보권자에게 귀속함으로써 달성된다는 것이다.

양도담보의 대외적 효력으로서 양도담보는 그 제3자에 대한 관계에 있어서는 권리는 무조건적인 이전으로서 취급된다. 따라서 양도담보권자인 은행으로부터 수입물품을 매입한 제3자는 선악의를 불문하고 완전하게 그 물품의 소유권을 취득하게 된다.

그러나 T/R에 의하여 발생되는 법률효과 중 악의의 제3자에 대한 효과에 차이가 있다. 즉 물품이 T/R과 연계되어 있다는 사실을 인지하고 있는 악의의 제3자가 수입자로부터 물품을 유상으로 취득한 경우에는 소유권을 취득하지 못한다. 여기에서 양도담보의 법리가 T/R을 완전하게 설명하지 못하는 한계가 존재한다.

4) 수입화물대도의 유용성

T/R을 통해서 수입자가 얻게 되는 이점을 요약하면 다음과 같다.

(가) 수입물품의 결제자금이 여의치 않을 경우 T/R을 은행에 차입함으로써 은행으로부터 결제서류를 제공받게 됨으로써 물품이 운송중일 경우는 물론이고 운송이 완료된 후에도 서류를 매각할 수 있어 수입자는 소기의 목적을 달성할 수 있다.

(나) 수입물품의 시세변동이 크거나 계절적인 물품의 경우 혹은 물품성격상 변질되기 쉬운 것은 무엇보다도 상기를 잘 맞추는 것이 중요하므로 T/R은 이 경우 훌륭한 역할을 수행해 낸다.

(다) 수입대금의 결제지연으로 보관료 등의 부대비용이 과중하게 소요될 수 있으므로 T/R을 이용함으로써 수입물품의 조속한 인도를 통해서 그 비용을 줄일 수 있다.

(라) 수입자는 수입물품매각을 통한 판매대금으로써 은행채무를 변제할 수

있다.

(마) 기계설비의 설치 및 이용을 위한 T/R의 경우에는 영업활동을 통한 수익으로서 분할상환이 가능하다.

(바) 수출용 원자재수입을 위한 T/R의 경우에는 수출신용장의 매입대금으로 원자재수입대금을 결제할 수 있다.

5) 금융의 내용에 따른 수입화물대도의 유형

금융의 내용에 따라 T/R은 여러 가지의 유형으로 구분할 수 있다.

① 원자재수입금융에 따른 T/R로 수출용원자재를 수입하는 때에 금융혜택을 주는 것[185]

② 인수금융에 따른 T/R로 해외은행인수(overseas bank's acceptance) 또는 내국수입 유잔스(domestic bank's usance)에 따른 것

③ 할부지급 방법의 수입에 따른 T/R로 기한부거래나 착수금을 먼저 지급하고 잔액은 일정기간에 균등분할 상환하여야 하는 신용공여에 따른 것

④ 수입화물대도금융(T/R loan) 또는 "T/R facility"에 따른 T/R로 일반수입에 있어서 소정의 기간 동안 T/R약정에 따라 신용을 공여하는 것

⑤ 외화대출에 따른 T/R로 신용장발행은행이 조성한 외화자금 또는 국내의 외국은행의 국내지점이 외화자금으로 대출하는 것

⑥ 차관자금 또는 "bank loan"에 따른 T/R로 외국에 있는 금융기관 또는 회사 등이 공여하는 차관과 외국은행이 제공하는 것

---

[185] 한국은 수출용원자재 수입시 T/R제도를 활용하고 있다. T/R은 수입여신의 담보로 되어 있는 수입화물이 은행의 손에서 수입자에게 넘어가 사용되어 담보에서 제외되는 것을 허용하는 것으로 볼 수 있어 그 사후관리에 문제가 있다. T/R을 행한 후 담보화물이 매각되어 제3자에게 넘어가면 은행으로서는 그 화물에 대하여 담보권을 주장할 수 없게 되므로, 은행은 수입자의 화물매각대금이나 대금청구권을 확보하게 된다. 대금회수가 어음인 경우에는 이것을 양도담보로서 은행 앞으로 배서양도를 하게 된다.

수입화물대도(trust receipt) 신청서

담당	대리	차장	부점장

```
┌─────────┐
│ 수 입  │
│ 인 지  │
└─────────┘
```

수입화물대도(T/R)신청서

한국외환은행 앞

본인은 아래 신용장 등에 의하여 도착된 수입화물을 대도신청함에 있어서 은행여신거래기본약관, 따로 제출한 수입거래약정서 및 양도담보계약서의 모든 조항에 따를 것을 확약합니다.

선화증권 기 타	번 호 : K-1234		발행일 : July 12, 20××				
	발행인 : Cho Yang Shipping Co., Ltd.						
대도(T/R)금액	금 액 : US$6,000		(원화 : ₩6,600,000)				
신용장 등	번 호 : M0604-507ES-23456		발행일 : July 1, 20××				
	금 액 US$6,000						
물 품 명 세	물품명 : #8 plastic zipper		화물표시 및 번호 : 10 CTNS				
	수 량 : 4,080pcs						
	단 가 : @U$1.4706						
	금 액 : US$6,000						
	선적항 : Tokyo, Japan		선명 : Korean Master				
	도착항 : Busan, Korea		V-33				
	도착(예정)일 : July 15, 20××						

선적서류	선 화 증 권	항공화물 운송장등	상 업 송 장	보 험 서 류	포 장 명세서	원산지 증명서	중 량 증명서	검 사 증명서	기타
통 수	one copy		one copy		one copy				

20××년 7월 12일

신청인 서울무역주식회사

주 소   대표이사 홍길동㊞

서울특별시 중구 소공동 1가 15번지

인감대조

(5) D/P · D/A 추심서류의 인도와 결제

1) 추심지시서와 서류의 검토

D/P·D/A 방식에 따라 수입하는 환어음 및 서류가 수입자의 거래은행에 도착하게 되면 우선 추심지시서(collection instruction)에 첨부된 서류를 점검하여 어음지급 또는 어음인수를 실행하게 된다.

은행은 추심지시서에 기재된 지시와 추심통일규칙에 따라야 하므로 추심지시서를 유의하여 검토하여야 하는데, 다음과 같은 사항에 대하여 검토하여야 한다.

① 추심지시된 서류가 "추심에 관한 통일규칙"(URC522)의 적용을 받고 있는가.

만일 준거문언표시 없이 동 규칙을 채택하지 않은 은행으로부터의 추심에 대하여는 추심지시서상의 명백한 지시에만 따르도록 한다.

② 추심서류의 인도조건이 D/P 또는 D/A라고 분명히 명시되어 있는가.

만일 지시가 명확치 않거나 조건명시가 없을 때에는 D/P로 간주하여야 한다.[186]

③ D/P 조건의 결제대금이나 D/A 조건의 인수통지는 어떠한 방법으로 통지하여 줄 것을 요구하고 있는가.

즉 우편에 의할 것인가, 전신에 의할 것인가, 또는 그 외의 방법인가에 따라 통지방법이 다르게 된다.

④ 추심수수료·전신료 등 기타 비용은 누가 부담할 것인가.

추심은행에서 발생하는 모든 비용은 지급인이 부담하는 것이 일반적이다. 만일 추심지시서상에 수수료 또는 비용이 지급인부담이라고 지시되어 있음에도 지급인이 지급거절할 경우에는 추심지시서에 그러한 수수료 또는 비용을 추심하지 아니하고 서류를 인도할 수 있고, 이 경우 추심은행은 추심의뢰인부담으로 하여 추심대금에서 차감할 수 있다.[187] 이와는 반대로 이러한 수수료 및 비용을 추심의뢰인부담으로 지시해 오면 추심은행의 추심의뢰인에게 청구하여 상환받게 된다.[188]

---

[186] URC 522, Article 7.

[187] URC 522, Article 21-a.

[188] URC 522, Article 21-c.

⑤ 이자의 청구가 있는가.

⑥ "assignab1e"과 "divisible"에 관한 지시가 있는가.

D/A 거래의 경우는 어음지급인과 다른 제3자의 인수가 있을 수 없고 추심 서류를 당초 어음지급인과 다른 제3자에게 양도할 수 없지만, D/P 거래의 경우 는 추심의뢰은행의 양도허용지시에 따라 당초 어음지급인과 양수인 간에 양도계 약이 체결되고 양수인명의의 정당한 수입승인서가 있을 때에는 D/P 대금을 결 제하여 추심서류인도권을 갖게 된다.[189] 또한 추심지시서에 추심대금의 분할결 제허용을 지시해 오는 경우[190]에는 그에 따를 수 있다.

⑦ 예비지급인(case-of-need)에 관한 사항은 어떠한가.

추심지시서에는 필요할 경우 수출자의 대리점과 협의하라는 지시가 있을 수 있다.[191]

2) 추심서류의 제시와 대금지급 및 어음인수

추심서류는 추심은행에 접수한 원형대로 지급인에게 제시(presentation)되어 야 한다.

D/P 방식에 의한 서류는 일람출급(at sight)을 위한 제시로 추심서류의 인도 에 앞서 추심대금의 결제가 선행되어야 한다. D/P 환어음은 지급을 위한 제시가 있었던 날을 만기로 한다.[192] 추심지시서에 별도지시가 없는 한 지급인에 대한 추심서류도착통지서 발송일로부터 상당한 기간이 경과하도록 결제하지 않을 때 에는 지체 없이 지급거절통지서(advice of non-payment)를 발송하여야 한다.

D/A 방식에 의한 서류는 제시은행(presenting bank)이 지체 없이 인수 (acceptance)를 위한 제시를 하여야 한다. D/A 환어음은 수입자가 인수의 의사

---

[189] 추심지시서에 "consignee, A&B Co., Ltd. or their assignee" 또는 "assignable" 등의 지시 를 하여야 한다.

[190] 추심지시서에 "partial payment allowed(acceptable)" 또는 "divisible" 등으로 표시하고 있다.

[191] 이 때 D/P 거래의 경우에는 추심은행은 대리점의 지시에 따라야 하지만, D/A의 경우에 는 지시문언에 따라 지시에 따를 수도 그렇지 않을 수도 있다.

[192] 한국어음법 제34조.

표시로 서명을 하면 서류를 우선 인도받게 되고 물품을 통관 후 처분하여 만기일에 결제하면 된다. 인수는 인수(accepted)라는 문자를 환어음에 표시하고 지급인이 기명날인하여야 하며, 환어음의 표면에 지급인의 단순한 기명날인이 있어도 인수로 본다.[193] D/A 환어음의 인수는 다음과 같은 요령으로 한다.

Accepted on May 20, 20××
by A&B Co., Ltd.
Payable at ABC Bank, Seoul, Korea

또한 환어음의 인수는 무조건이어야 하며, 환어음의 다른 기재사항을 변경하여 인수한 때는 인수를 거절한 것으로 본다.[194]

3) D/A 환어음만기일의 산정 및 결제

① D/A 환어음만기일 산정방법

D/A 환어음만기일(due date; maturity)을 기산하는 데는 환어음지급기일의 표시방법에 따라 다르다.

첫째, 일수를 계산하여 만기일을 산정하는 경우가 있다. 이 때는 초일은 산입하지 않고 익일부터 계산하여 기간말일을 만기일로 한다.

〈예〉 D/A at 90 days after sight 인 경우

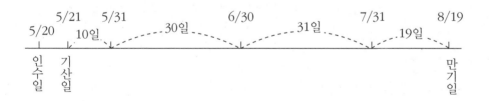

둘째, 월수를 계산하여 만기일을 산정하는 경우가 있다. 이 때는 월의 대소에 불구하고 지급한 달의 대응일을 만기일로 한다. 또 만기일이 공휴일에 해당하는 때에는 그 익일을 만기일로 한다.[195]

---

193) 한국어음법 제25조 1항.
194) 한국어음법 제26조 1항.
195) 한국 민법 제155조~제161조; 한국 어음법 제36조.

〈예〉 D/A at there months after sight인 경우

② D/A 환어음 결제기일 표시방법

㈎ 일람후정기출급   "at ×× days after sight"와 같은 경우로 환어음인수일의 다음 날을 기산일로 만기일을 산정한다.

㈏ 일자후정기출급   "at ×× days after B/L date" 또는 "at ×× days after draft date"와 같은 경우로 환어음의 인수일자와는 관계없이 이미 확정되어 있는 선화증권(B/L) 발행일자 또는 환어음(draft) 발행일자로부터 기산하여 만기일을 산정한다.

㈐ 확정일출급   "at August 20, 20 ××"와 같은 경우로 환어음발행인이 미리 만기일을 기산확정하여 환어음을 발행한 경우이다.[196] 이 때에는 그 만기일이 국내법에 따라 계산하여 일치되면 그대로 인정된다.

③ D/A 환어음의 결제

D/A 환어음이 인수된 후 만기일이 도래되면 추심은행은 만기일 이전에 지급인에게 만기일통지서를 작성 발송하여 환어음만기일자에 지급 이행하여 주도록 촉구하게 된다.

추심은행은 추심금액의 원금은 물론 추심지시서상에 명시된 이자나 수수료, 비용 등도 합산하여 지급인에게 지급받도록 한다.[197] 또한 추심은행은 추심의뢰은행 앞으로 추심지시서상의 송금방법요청에 따라 추심금액을 결제하여야 한다.[198]

---

196) D/A 계약시에 "at 90 days after B/L date"와 같은 조건으로 약정하였으나, 환어음발행인이 만기일을 기산하여 아예 확정일을 기재하는 경우를 말한다.

197) 한국의 외국환은행에서 지급인이 원화를 대가로 추심대금결제시 적용되는 환율은 전신환매도율(T/T Selling Rate)이다.

198) 만기일에 지급되지 않았을 경우에는 추심의뢰은행에게 그 익일 전신 또는 우편으로 지급

11.3 환율의 적용

(1) 환율의 의의

환율(exchange rate)이란 한 나라 돈과 다른 나라 돈의 교환비율이다. 국제간의 대금결제는 외국환을 수단으로 하여 이루어지며, 환율은 외국물품 및 서비스에 대한 구매력을 표시하며 대외가치의 척도가 된다.

환율은 외환이 거래되는 이른바 외환시장에서 외환에 대한 수요와 공급에 의해 결정되는데, 이와 같은 결정을 방임하는 제도를 자유변동환율제(freely floating exchange rate system)라 하고, 정부나 중앙은행이 개입하여 환율을 고정시키는 제도를 고정환율제(fixed exchange rate system)라 하며, 이 두 가지를 겸용하는 제도를 관리변동환율제(managed floating exchange rate system)라 한다. 오늘날 대부분의 국가는 관리변동환율제를 택하고 있다. 한국은 관리변동환율제도하에서 복수통화바스켓제도를 사용하다가 1990년 3월부터 시장평균환율제도를 실시하고 있다.

환율을 표시하는 데에는 지급환율(giving quotation; pence rate)과 수령환율(receiving quotation; currency rate)로 표시한다. 전자는 'US$1＝₩1,000'과 같이 외국통화를 기준으로 직접 표시하는 방법이며, 후자는 '₩1＝US$'과 같이 자국의 통화를 기준으로 직접 표시하는 방법이다. 지급환율을 기준으로 볼 때 환율이 하락(₩1,000→₩950)하는 것을 자국통화의 평가절상(appreciation)이라고 하고, 환율이 상승(₩1,000→₩1,050)하는 것을 평가절하(devaluation)라고 한다. 원화가 평가절상되면 수출이 감소하고 수입이 증가하며, 반대로 원화가 평가절하되면 수출이 증가하고 수입이 감소하게 되는 것이 일반적이다.

(2) 환율의 종류

1) 매매기준율

매매기준율은 최근 거래일의 외국환중개회사를 통하여 거래가 이루어진 미

거절통지(advice of non-payment)를 하여야 하며, 추심지시서상에 지급거절증서의 요청이 있을 때에는 지체 없이 이를 작성하여야 한다.

화의 현물 환매매중 익익영업일 결제거래에서 형성되는 비율과 그 거래량을 가중 평균하여 산출되는 시장평균환율을 말한다. 또한 재정된 매매기준율은 최근 주요 국제금융시장에서 형성된 미화 이외의 통화와 미화와의 매매중간율을 시장평균환율로 재정한 비율이다.

매매기준율은 은행간의 "한국 원/미국 달러" 거래환율에 의하여 산출되므로, 시장평균 환율의 급격한 변동을 방지하기 위하여 은행간 거래환율의 일일변동범위를 설정할 필요가 있다. 원화와 기타 통화의 매매기준율의 결정방법은 원화의 대미달러환율(시장평균환율)을 국제금융 시장에서 형성된 미달러화와 당해 통화간의 환율로 재정하여 결정한다.[199]

2) 외국환은행간 매매율

외국환은행간 매매율이란 외환시장에서 외국환은행 상호간의 외환매매거래에 적용되는 환율을 말한다.

외국환은행은 본질적으로 대고객거래에서는 수동적 입장에 있으므로 이에 따라 발생하는 환리스크 회피와 외화자금의 과부족을 조정할 필요가 있어 각 외국은행 상호간 외국환거래가 발생되는데, 이 때 결정되는 환율이 외국환은행간 매매율이다. 따라서 이율은 각 외국환은행의 외국환수급에 따라 결정되는 시장가격, 즉 시장률인 셈이다.

3) 외국환은행 대고객매매율

외국환은행 대고객매매율이란 외국환은행이 고객과의 외국환거래를 하는데 적용되는 환율로서 전신환매매율·일람출급환어음매입률·수입어음결제율·기한부어음매입률, 그리고 현찰매매율 등이 있다. 외국환은행은 지정영수통화 중 대고객거래에 필요하다고 인정되는 통화의 대고객매매율을 매일 영업장소에 고

---

[199] 원화와 기타통화의 매매기준율의 결정방법은 원화의 대미달러환율(시장평균환율)을 국제금융시장에서 형성된 미달러화와 당해 통화간의 환율로 재정하여 결정한다. 일본엔화 환율 결정의 예는 다음과 같다.

$$W/¥100 = \frac{시장평균환율(W/US\$)}{미달러화와 ¥과의 환율(¥/US\$)} = 재정률$$

시하고 있다.

① 전신환매매율

전신환매매율이란 환어음의 결제를 전신으로 행하는 경우에 적용되는 환율로서 환어음의 송달이 1일 이내에 완료되므로 우송기간에 대한 금리의 요인이 개재되지 않는 순수한 의미의 환율이다. 예를 들면, 전신송금의 경우 송금인으로부터 원화송금대전을 받고 외환을 매도함과 동시에 지급은행 앞으로 송금환의 지급지시를 전신으로 하게 되므로 외화송금대전이 송금은행의 해외외화 타점예치계정에서 즉시 지급된다. 즉 송금은행의 입장에서 볼 때 송금환의 매도와 관련하여 자금부담의 문제가 발생하지 않는다. 이와 같은 경우 송금은행이 송금인에게 외환을 매도할 때 적용되는 환율이 대고객전신환매도율(T/T selling rate)이다.

이와는 반대로 외국으로부터 전신으로 취결되어 온 타발송금환을 지급하는 국내외국환은행은 이 타발송금을 매입하고 원화를 지급하게 되는데, 이를 매입하고 지급하는 시점에는 외화송금대전은 이미 지급은행의 해외외화 타점예치계정에 입금되는 것이므로, 이 타발전신송금환을 매입할 때 적용하는 환율은 대고객전신환매입률(T/T buying rate)이다.

마찬가지의 이유에서 비록 전신환이 아니더라도 자행계정(our A/C)에의 대금입금시점이 자행에서 자국화대전을 지급하는 시점과 비교해서 당일 또는 선일인 경우에는 전신환과 같은 효과가 발생하므로 전신환매입률이 적용된다.

전신환매매율은 다른 대고객매매율의 기준이 되어 이를 중심으로 일람출급환매입률·기한부어음매입률 및 수입어음결제율을 정하는데, 이들 환율은 환어음의 자금화 또는 결제에 소요되는 기간에 해당하는 금리만큼을 차감하거나 가산하여 산정하므로 엄격한 의미의 환율은 바로 전신환매매율을 말한다고 할 수 있다.

② 일람출급환매입률

일람출급환매입률(at sight rate)이란 환어음이 지급은행에 제시되어야 지급되는 일람출급환어음(at sight or demand draft)의 매입에 적용되는 환율로서 환어음의 우송기간이 경과하여야만 자금화가 되므로 해당 표준우편일수에 대한 금리

즉 환가료(exchange commission)[200]를 전신환매입률에서 차감한 비율이다. 예컨대 수출자가 선적을 완료하고 환어음을 외국환은행에 매입신청하는 경우에 외국환은행은 수출자에게 환어음매입대금을 먼저 원화로 지급하고 이를 외국의 수입자 앞으로 해외의 환거래은행을 통하여 추심하게 되는데, 추심이 완료되려면 매입한 환어음을 신용장발행은행 앞으로 우송하여 지급인인 수입자에게 제시해야 하므로 추심대금은 우송기간경과 후에야 비로소 매입은행계정에 입금될 것이다. 다시 말하면 매입은행은 동 기간만큼 수출자에게 자금을 선대한 셈이 된다. 따라서 일람출급환매입률은 동 기간에 해당하는 금리를 전신환매입률에서 공제한 비율이 된다.

수출환어음매입시 적용되는 일람출급환매입률의 산식은 다음과 같다.

일람출급환매입률 = 전신환매입률 − (매매기준율 × 해당 통화의

표준우편일수/360 × 연환가료율)

③ 기한부환어음매입률

기한부환어음매입률이란 외국환은행이 수출자로부터 일람한 후 또는 확정일자로부터 기산하여 일정기간 후에 지급되는 조건의 기한부환어음을 매입할 때에 적용하는 환율이다. 따라서 외국환은행은 지급이 유예되는 환어음기간 (usance) 동안의 금리를 당연히 차감하고 매입한다.

이 기한부환어음매입률의 산출방식은 해당 환어음의 만기일확정방식의 차이에 따라 달라진다. 즉 환어음기간의 기산일이 일람 후부터인 경우에는 해당 환어음기간에 대한 금리를 일람출급환매입률에서 차감하며, 환어음기간의 기산일이 환어음일자로 되어 있는 경우에는 어음매입일부터 만기일까지의 금리를 전신환매입률에서 차감한다.

---

200) 환가료(exchange commission)란 환어음 매입은행이 서류를 매입하고 매입대금이 수령되는, 즉 추심기간의 우편일수에 상당하는 금리를 말한다. 표준추심일수는 현재 기본일수를 10일로 하고 결제통화가 일본엔화·홍콩달러화·싱가포르달러화·말레이지아링기트화인 경우에는 9일, 재매입(renegotiation)분은 12일로 하고 있다. 외국환은행은 동 기간의 환가료율과 연환가료율을 매일 고시한다.

수출환어음매입시 적용되는 기한부환어음매입률의 산식은 다음과 같다.

㉮ 일람후정기출급인 경우

일람출급환어음매입률－(매매기준율×환어음기간/360×연환가료율)

㉯ 확정일자후정기출급인 경우

전신환매입률－(매매기준율×환어음의 매입일부터 만기일까지의 기간/360 ×연환가료율)

④ 수입환어음결제율

수입환어음결제율이란 수입환어음을 결제할 때 적용하는 환율로서 전신환 매도율에 해당 통화의 표준우편일수에 해당하는 금리를 가산한 환율이다. 수입 환어음 결제시 적용되는 수입환어음결제율의 산식은 다음과 같다.

수입환어음결제율＝전신환매도율＋(매매기준율×해당 통화의 표준우편일수/ 360×연환가료율)

⑤ 현찰매매율

외화현찰을 매매하는 경우에는 매매의 대상이 되는 외화현찰의 보관비 용·운송비용이 소용될 뿐만 아니라 외화자산 운용면에서도 외화현금시재액은 비수익적이기 때문에 환율면에 있어서도 이와 같은 위험부담과 손실보전면을 고 려하여 다른 외국환매매율보다 고객에게 불리하게 책정되고 있다. 현행 현찰매 입률은 통화별로 전신환매매중간율에서 일정률을 감한 비율로 하고, 현찰매도율 은 일정률을 가산한 율을 적용한다. 그런데 주화의 경우 매입률은 통화별로 전신 환매매중간율에서 지폐매매율보다 높은 일정률을 감한 율로 한다. 주화의 매도 율은 지폐매도율과 같다.

(3) 기타 환율

1) 크로스율

크로스율(cross rate)이란 기준환율의 대상이 되는 통화의 제3국 통화와의 환 율을 말한다. 한국원화는 미 달러화에 연결되어 있으므로 이를 기준율로 하고,

제3국통화는 동 율을 기준으로 하여 간접적으로 산출하므로, 가령 한국의 입장에서 볼 때 미 달러와 영 파운드간의 환율을 말한다.

2) 재 정 률

재정률(arbitrated rate)이란 기준환율과 "cross rate"에서 산출된 자국화와 제3국통화간의 환율을 말한다. 그러므로 한국의 경우 미 '달러' 이외의 기타 통화 표시환율은 모두 재정률에 해당된다.[201]

11.4 수출환어음매입시의 적용환율

수출환어음매입은 결제기간에 따라 일람출급환어음(sight draft)과 기한부환어음(usance draft)의 방식 중 어느 한 가지가 적용된다.

(1) 일람출급수출환어음 매입

일람출급신용장(at sight L/C)과 어음지급서류인도조건(D/P) 방식에 의하여 발행되는 환어음은 일람출급환어음매입률(at sight rate)을 적용한다.[202]

(2) 기한부수출환어음 매입

기한부신용장(usance L/C)과 어음인수서류인도조건(D/A) 방식에 의하여 발행되는 환어음은 기한부환어음매입률(usance rate)을 적용한다.

그러나 기한부어음이라 하더라도 동 기간에 따른 이자는 수입자가 부담하기로 하는 "Usance interest(or Discount charge) to be covered by accountee"와 같은 조건이 신용장상에 명시되어 있으면, 유예기간 동안의 이자는 공제하지 않고 순수한 표준우편일수에 상당하는 환가료만 공제한다.[203]

---

[201] 본 장의 각주 199)를 참조 바람.

[202] 수출환어음매입시 적용환율은 원칙적으로 전신환매입률(telegraphic transfer buying: TT/B)을 적용한다. 그러나 표준우편일수에 상당하는 이자를 차감하여 징수하게 된다. 일람출급환어음매입률은 전신환매입률에서 표준추심일수에 상당하는 환가료를 공제한 환율이다.

[203] 따라서 L/C at 30 days after sight라 하더라도 30일 동안의 이자는 공제하지 않기 때문에

표 5-7			일람출급환어음과 기한부환어음매입시 이자공제 및 환율적용관계	
결제기간	결제기간 표시	결제시기	Usance 기간 이자부담과 적용환율	
			매도인부담조건시 (환가료공제일수)	매수인부담조건시 (적용환율)
일람출급 환어음	at sight	일람후	표준우편 일수	일람출급환어음 매입률
기한부 환어음	at 90 days after sight	일람후 90일	90일＋표준우편 일수	일람출급환어음 매입률
	at 90 days after B/L date	선화증권상 선적일자익일＋90일	90일	전신환매입률[1]
	at 90 days after date	환어음일자익일＋90일	90일	전신환매입률

주: 1) 전신환매입률(telegraphic transfer buying rate: T/T buying rate)은 일람출급환어음매입률에 표준우편일수에 상당하는 환가료를 가산한 환율이다.

1) at 30 days after sight의 경우

일람 후 30일 동안의 이자부담은 매수인이 할 경우에는 "일람출급환어음매입률－환어음기간(30일)/360×환가료율×매매기준율"로 매입한다.

2) at 30 days after B/L date의 경우

선화증권(B/L)이나 환어음의 일자 후[204] 30일 지급과 같이 확정일부어음으로 매수인이 이자를 부담할 경우에는 다음과 같은 산식이 적용된다.

전신환매입률[205]－(환어음기간(30일)/360×연환가료율×매매기준율)

그 효과는 "at sight draft"와 같은 환율이 적용된다.

204) 본선적재 선화증권(on board bill of lading)의 경우에는 본선적재일, 환어음일자의 경우에는 환어음 발행일을 기준으로 한다.

205) 만일 환어음 매입일보다 운송서류상의 선적일자가 빠르면 그 기간상당을 90일에서 공제하여 매입하게 된다.

(3) 수입환어음결제시의 적용환율

1) 일람출급수입환어음의 결제

일람출급환어음의 결제는 발행은행에 수입관련서류 도착 후 7일 이내에 발행의뢰인이 이를 결제하지 못하면 8일째에 발행은행이 대지급하여 결제토록 하고 있다. 7일째가 공휴일인 경우, 그 결제기일은 다음 영업일까지 연장된다.

은행에서 수입환어음결제시 적용환율은 ① 수입환어음결제율을 적용하는 경우와, ② 전신환매도율을 적용하여 결제하는 경우가 있다. 전자는 발행은행의 입장에서 볼 때는 외국환이 매각이고 당해 환어음을 매입은행 또는 지급은행이 매입 또는 지급하면 발행은행의 예치계정에서 신용장금액을 선차기하므로 수입환어음금액을 원화로 징수할 경우에는 외국환매각이익과 발행은행의 자금부담요인을 고려하여 표준우편일수에 대한 금리, 즉 환가료(exchange commission)[206]가 포함된 수입환어음결제율을 적용한다.

그러나 후자는 수입환어음과 서류가 추심조건(collection basis)으로 도착되어 결제시에는 수입자로부터 결제받아 추심지시서에 지시된 대로 송금하게 되므로 환가료가 포함되지 않은 대고객전신환매도율[207]이 적용된다.

2) 기한부수입환어음의 결제

기한부수입환어음은 인수 후 만기일에 가서 결제하는 것이므로 신용장 발행의뢰인이 원화로 결제하고자 할 때는 대고객전신환매도율이 적용된다.[208]

11.5 하자 있는 수출환어음과 서류의 처리

(1) 제시서류의 하자

서류의 하자(discrepancy)란 신용장조건과 일치하지 않거나 또는 상충되는

---

[206] 수입환어음결제환가료는 서류도착일로부터 4일째 되는 날(당해 일이 공휴일일지라도 그 날을 포함함)로부터 수입환어음결제일(서류도착일로부터 7일째 되는 날)까지의 기간을 징수한다.

[207] D/P 어음의 적용환율도 대고객전신환매도율이다.

[208] D/P 어음의 만기결제시 적용환율도 대고객전신환매도율이다.

것을 말하며, 이러한 하자는 환어음의 부도 또는 서류수리거절의 결과를 초래하여 매입대금을 상환받지 못하는 원인이 되므로 특히 신중하게 취급하여야 한다.

환어음(서류)의 매입은 신용장조건과 일치하고 인수·지급도 순조롭게 이루어진다면 매우 바람직한 일이지만, 그러지 못하면 발행은행에 의하여 부도 또는 인수거절되는 경우가 적지 않다. 부도 또는 인수거절이 발생하는 사유는 주로 다음과 같은 사유에 기인된다. 만일에 수입지의 시황이 악화된 경우라면 사소한 서류상의 하자라도 이를 이유로 신용장조건의 불일치를 주장하여 부도 또는 인수거절을 당하게 되는 경우가 허다하다.

또한 환어음이 일단 부도 또는 인수거절이 되면 상대가 외국인이므로 국내 환어음과는 달리 법률이나 관습의 상위 또는 의사소통의 불편 등으로 인하여 해결이 쉽지 않은 경우가 많다.

원래 신용장거래는 발행은행의 독립된 지급확약에 의하여 이루어지는 거래이므로 물품의 매입당사자간의 매매계약과는 별개의 거래이다. 따라서 서류가 신용장조건과 일치하는 한 매매계약을 위반하여 서류가 작성되었다 하더라도 발행은행은 마땅히 지급의무가 있는 것이며, 반대로 아무리 서류의 내용이 계약조건을 충족하였다 하더라도 신용장조건을 충족하지 못한 때에는 발행은행의 지급의무는 없게 되는 것이다.

(2) 지급거절사유

지급거절(unpaid)사유가 되어 통지되어 오는 유형의 예를 살펴보면 다음과 같이 매우 다양하다고 할 수 있다.

① Claused(Unclean) bills of lading.

② Charter party bill of lading.

③ No evidence of goods actually shipped on board.

④ Bill of Lading does not evidence whether freight is paid or not.

⑤ Insurance risks covered not as specified in the credit.

⑥ Insurance not effected from the date on the transport document.

⑦ Documents inconsistent with each other.

⑧ Description of goods on invoice differs from that in the credit.

⑨ Bill of Exchange drawn on a wrong party.

⑩ Bill of Lading, Insurance document not endorsed correctly.

⑪ Credit expired.

⑫ Documents not presented in time.

⑬ Late shipment.

⑭ Short shipment.

(3) 하자서류매입시의 처리

하자의 내용에 따라서 수출자가 작성하는 환어음·상업송장·포장명세서 등
은 수출지에서 재작성 및 정정이 가능하지만, 선적기일이 경과되어 지연선적된
선화증권은 정정이 불가능하다.

따라서 이 경우에는 ① 보상장부매입, ② 전신조회 후 매입, ③ 추심처리, ④
신용장조건변경 후 매입 등의 어느 한 가지 방법을 택하여야 한다.

첫째, 보상장부매입(under indemnity negotiation)이란 서류의 하자로 인하여
매입환어음이 지급거절되는 경우에는 매입은행에 무조건 매입대금을 반환하겠
다는 보상장을 제시하고 매입하는 방법이다. 이 경우 보통 매입은행은 수익자로
부터 담보제공을 요구하게 되고, 환가료징수시에 수출상에게 추가수수료를 부담
시키고 있다.[209]

둘째, 전신조회 후 매입이란 발행은행에 전신으로 먼저 서류의 불일치를 지
적하고 하자서류 상태로의 매입 여부를 발행은행에 조회하여 승인통지서를 접수
한 다음 매입하는 것이다. 이 경우에는 물품에 대한 담보서류를 가지고 있는 상
황이기 때문에 하자서류매입시 안전한 방법이라 할 수 있다.

---

209) 서류의 하자 등으로 인하여 보증부매입이 이뤄진 경우에는 지급거절되거나, 지급거절이
되지않지만 하자의 사유로 상당한 기간 대금입금이 지연되는 경우가 많다. 이 경우 매입
은행은 당초에 매입한 수출환어음이 입금예정일을 경과하여 입금하게 되면, 동기간 상당
의 자금부담을 이유로 지연이자(delay interest; delay charge)를 수익자로부터 징수한다.

셋째, 추심(collection)에 의한 처리란 수익자(수출자)의 서류를 우선매입하지 아니하고 추심수수료만 받고 서류를 발송하여, 발행은행 또는 결제은행으로부터 대금이 입금된 후 대금을 지급하는 것이다. 이 경우는 신용장조건상에 하자 있는 서류는 추심처리하라는 지시가 있거나 수익자의 서류가 부도가능성이 많거나 신용상태가 좋지 않을 때에 행하게 되는데, 수출자로서는 원신용장을 담보로 내국신용장 발급건에 대한 대금결제문제 등 자금회전에 큰 어려움을 겪게 된다.

넷째, 신용장조건변경 후 매입이란 보상장부매입하게 되는 사유가 신용장조건을 변경하면 하자 없이 매입가능할 경우에 취하는 방법이다. 이는 시간적 여유가 충분히 있거나 발행의뢰인이 조건변경을 신속히 행할 경우 가장 바람직하다. 그러나 발행의뢰인으로부터 조건변경수수료 부담과 번거로움을 이유로 보상장부매입을 하도록 통지해 오는 경우가 많으므로, 수익자는 동의한 증빙서류를 서류매입시에 신용장상의 요구서류 외에 추가하여 발송하는 것도 좋은 방법이다.

11.6 하자 있는 수출환어음 및 서류에 대한 은행의 클레임처리

(1) 클레임제기의 결정자

신용장 자체가 신용장발행은행의 조건부지급확약(conditional bank undertaking of payment)[210]이기 때문에 신용장거래에서 불일치서류제시에 대한 수리나 클레임결정자는 발행은행이 된다는 원칙은 당연하다고 할 수 있다.

신용장발행은행은 발행의뢰인의 의뢰와 지시에 따라 행동하는 이상 제시된 서류가 신용장조건과 일치되지 않는 경우에는 이를 인수해서는 안 되고, 동 서류에 의한 인수·지급에 대하여 클레임을 제기하여 발행의뢰인의 이익을 보호할 의무가 있다. 그러나 실제 발행은행이 제시된 서류가 신용장조건과 불일치됨을 발견하고, 클레임제기에 대한 여부의 결정은 신용장발행은행이 발행의뢰인과 협의하여 결정할 사항인가, 아니면 발행은행의 독자적인 판단에 의하여 결정할 사항인가로 나누어 생각해 볼 수가 있다.

---

210) ICC, *Guide to Documentary Credit Operation*, ICC Publishing S. A., 1985, p. 6.

먼저 발행은행이 발행의뢰인에게 클레임제기의 여부에 관한 교섭을 요구하는 이유는 클레임의 정당성을 고객에게 확인받는 의미가 있으나, 수익자로부터 이미 불일치서류에 관하여 양해를 요청해 와 있고, 또한 이를 "지시·위임"의 각도에서 생각하면 발행은행은 위임자이자 지시인인 발행의뢰인에게 조건불일치를 통지하고, 또한 조건불일치의 내용을 용인할 것인가 여부를 구할 의무가 있다고 보는 것이다.

발행은행은 발행의뢰인의 위임과 지시에 따라 행동하기 때문에 지시대로 제공된 서류에 대해서는 지급·인수·매입은행에 대하여 이를 수리하고 또 인수·지급 의무를 지지만, 발행의뢰인도 이 사실을 이미 양해하고 있을 경우에는 클레임을 제기할 만한 것이 못된다는 실리적인 효과도 있다. 이 경우에는 발행의뢰인은 조건부일치를 추인(ratification)하고 발행은행이 서류를 수리·상환하는 것을 승낙하게 될 것이다.[211] 사실 이와 같은 추인은 궁극적으로 서류를 수리하는 데 있어서 부정확한 점이 있음에도 불구하고 종종 발생되고 있다.[212]

한편 신용장조건과 상이한 서류에 대해서는 발행은행은 인수·지급을 거절할 권리를 갖는다. 그러나 조건불일치서류에 대하여 용인여부를 결정할 수 있는 권한이 발행의뢰인의 위임의 범위에 포함되어 있다고는 생각하기 어렵다.

발행은행이 조건불일치서류임에도 불구하고 이를 독단적으로 수리하였을 경우 발행의뢰인이 이를 수리하지 않고 상환을 거절하였을 때에는 발행은행은 궁지에 몰리게 될 것이다. 이러한 위험을 피하기 위해서도 발행은행은 사전에 발행의뢰인의 의견을 물어야 할 것이다. 실무적으로 신용장거래에서는 발행은행이 발행의뢰인과 교섭하는 경우를 흔히 볼 수 있다.[213]

반면에 신용장을 계약으로 보는 각도에서 말하면 발행은행은 신용장의 채무자이기 때문에 동 은행의 판단으로 신용장조건불일치의 내용에 대해 이를 허용

---

211) 小峯 登, 前揭書, 395面.
212) H. C. Gutteridge, and Maurice, Megrah, *op. cit.*, p. 206: [1928] 31 LI. L. Rep. 306, Westminster Bank Ltd. v. Banca Nazionale di Credito.
213) 小峯 登, 前揭書, 447面.

할 것인가 여부를 결정할 수 있는 입장에 있다고 생각된다. 따라서 발행은행이 발행의뢰인의 의견을 묻는 것은 스스로의 판단을 결정하기 위한 거래상의 편의조치이다.[214]

일반적으로 발행은행이 신용장조건과 불일치한 서류를 발견하였을 경우에는 클레임제기이전에 발행의뢰인에게 문의하는 것이 하나의 관례로 되어 있다.[215] 이와 관련하여 UCP 600에서 "발행은행은 제시가 일치하지 아니한 것으로 결정하는 경우, 발행은행은 독자적인 판단으로 발행의뢰인과 불일치에 관한 권리포기의 여부를 교섭할 수 있다"[216]고 규정하고 있다.

이 규정은 불일치조건에 대한 발행의뢰인의 권리포기에 대하여 발행은행의 국제표준은행관행으로 수익자에게 은행채무의 독립성을 어떻게 조화시킬 수 있는가 하는 문제를 담고 있다. 신용장발행은행은 발행의뢰인과의 계약, 즉 신용장거래약정을 원용하여 불일치서류에 관하여 발행은행과 발행의뢰인 사이에 합의결정을 허용하는 것은 정당화할 수 없다. 서류에 대한 지급이나 거절에 대한 결정은 발행은행의 권리인 것이다. 발행의뢰인과의 교섭은 발행의뢰인의 권리포기가 있으면 불일치서류의 거절을 결정하는 발행은행의 독자적인 판단으로 이루어지는 것이다.[217]

이와 같이 서류가 신용장조건에 불일치되는 경우에는 발행은행은 수익자에 대하여 그 서류의 수리를 거절할 수 있지만, 발행의뢰인과 교섭하여 발행의뢰인의 권리포기가 있다면, 국제표준은행관행에 따라 발행은행의 자유로운 재량권을 행사할 수 있는 것이다.

---

214) 上揭書, 446面; H. C. Gutteridge, and Maurice, Megrah, *op. cit.*, p. 204.

215) F. M. Ventris, *Banker Documentary Credits*, 3rd ed., Lloyd of London Press Ltd., 1990, p. 17.

216) UCP 600, Article 16-b.

217) Charles del Busto, *Documentary Credits "UCP 500" & 400 Compared*, ICC Publishing S. A, 1993, Reasons for the changes, pp. 46~47.

(2) 클레임제기 결정기간과 통지

신용장거래에서 불일치서류[218]에 대한 발행은행의 통지는 수익자의 서류보완의 권리와 밀접한 관계가 있다. 즉, 수익자는 신용장에 명시된 서류제시기간 또는 유효기일 이전에 불일치사항을 보완하여 서류를 제시할 권리를 가진다.[219] 따라서 수익자가 서류를 보완하여 제시한 후 발행은행이 최초의 불일치통지에서 언급하지 않았던 추가적인 불일치내용을 다시 통지하게 된다면 수익자는 최초의 서류보완시에 정정할 수 있었던 내용을 기간의 경과로 보완하지 못하여 지급을 받지 못하는 불리한 입장에 처하게 될 수 있다.

국제상업회의소의 은행위원회는 불일치서류의 치유[220]에 대하여 수익자는 서류의 제시기간이 경과되기 이전에는 언제라도 서류의 불일치를 정정하여 서류를 재제시할 권리가 있으므로 발행은행은 지급거절통지에 모든 불일치사항을 기재하여야 하며 수익자가 서류를 재제시한 이후 추가적인 불일치사항을 통지할 수 없다는 견해를 밝히고 있다. 발행은행은 불일치내용을 한꺼번에 각기 모든 내용을 통지하여야 한다. 따라서 불일치에 대한 통지는 "두 번"(second bite) 또는 환언하면 추가통지와 같은 여지를 두어서는 아니된다.[221]

서류의 거절통지 기간은 전송 또는 그 이용이 불가능한 경우 기타 신속한 수단으로 제시일 다음날로부터 제 5 은행영업일 마감시간을 경과하지 아니한 범위 내에서 통지하여야 한다.[222]

---

218) 강원진, "UCP 600상의 불일치서류의 권리포기 요건과 적용에 관한 연구", 「무역학회지」, 제32권 제2호, 한국무역학회, 2007, 8~10면.

219) Banco General Runinahui, S.A. v. Citibank International, 97 F.3d 480(1996).

220) ICC, Case Studies on Documentary Credits, ICC Publishing SA, 1989, Case 52, 53; ICC, More Case Studies on Documentary Credits, ICC Publishing SA, 1991, Case 209.

221) E. P. Ellinger, "The UCP-500: Considering A New Revision", *2006 Annual Survey of letter of Credit law & Practice*, Institute of International Banking Law & Practice, Inc., 2006, p.109; Amixco Asia (Pte) Ltd. v. Bank Bumiputra Malaysia Brhd.(1992) 2SLR 943; Kerr-McGee Chemical Corp. v. Federal Deposit Insurance Corp. (1989) 872 F. 2d 971; Hamilton Bank NA v. Kookmin Bank 92001) 245 F. 3rd 82.

222) UCP 600, Article 16-d.

불완전 통지와 관련된 사례로 Voest-Alpine Trading U.S.A Corp. v. Bank of China사건[223]에서는 발행은행[224]이 서류를 거절하거나, 불일치서류에 대한 발행의뢰인의 권리포기를 요구할 때, 거절통지가 명확하게 언급되지 못한 것은 불완전 통지임을 의미한다. 수익자가 잘못된 지급이행에 대하여 소송을 제기할 때, 법률상의 상당 기간 내에 불완전 통지를 한 발행은행은 서류 불일치에 대한 이의를 제기할 수 없다고 판시하였다.

이와 같이 발행은행이 규정된 서류심사기간을 초과하여 지급거절을 통지하거나 또는 최초의 불일치사항에 대한 거절통지에서 누락은 이후지급거절의 사유로서의 효력이 없음을 유의할 필요가 있다.

또한 불일치서류에 대한 통지는 신속하게 하여야 한다. 그러한 통지는 서류를 송부한 은행에게 또는 서류를 수익자로부터 직접 수령한 경우에는 그 수익자에게 행하여야 한다. 이 때의 거절통지, 즉 부도반환을 통지하는 하자사항을 기재하여야 하며, 또한 은행이 서류제시인의 처분에 일임하여 서류를 유보하고 있는지 또는 반송하였는지를 명시하여야 한다.[225]

(3) 클레임통지위반의 효과

클레임통지가 너무 지연되었을 경우에는 신용장조건불일치를 추인(ratification)한 것으로 간주된다.[226] 그것은 발행은행이 서류점검에 부당한 시간을 소비했다고도 할 수 있고, 또 서류만을 기준으로 하여 클레임을 결정했다고

---

223) Voest-Alpine Trading U.S.A Corp. v. Bank of China, 2002 US App. LEXIS 7412 (5th Cir. April 23, 2002).

224) 미국 판례 또는 미국 통일상법전의 신용장 규정(UCC 제 5-102조 9)에서 "Issuer(발행인)이라 함은 신용장을 발행하는 은행, 또는 기타의 자를 말한다"로 되어 있으나, 이 책에서는 UCP 600에 기초하여 발행은행으로 통일하였다.

225) 이 때 부도통지의 전신문의 예는 다음과 같다.
"RE YOUR NO.105 FOR USD100,000 UNDER OUR CREDIT NO.123 UNPAID DUE TO DISCREPANCIES OF LATE SHIPMENT STOP HOLDING DOCUMENTS AT YOUR DISPOSAL(OR AIR MAILING DOCUMENTS) PLS INSTRUCT US."

226) ICC, Opinions(1980~1981) of the ICC Banking Commission, ICC Publishing S. A., 1982, p. 21.

간주되기가 어려울 수 있기 때문이다.

Westminster Bank Ltd. v. Banca Nazionale di Credito 사건[227]에서 로체 (Roche)판사는 "발행은행에게 송부된 서류를 부당한 기간 동안 보관하고 있을 때는 추인하는 한 가지 행위가 될 수 있다"고 판시하였다.

따라서 조건불일치서류임에도 불구하고 발행은행이 서류를 거절하지 않고 침묵하거나 조건불일치서류임에도 불구하고 발행은행이 이를 용인해서 서류를 수리하는 경우에는 추인, 즉 불완전 이행으로 간주되는 것이다.

(4) 비서류적 조건의 신용장처리

UCP 600에서는 "신용장이 조건과의 일치성을 표시하기 위하여 서류를 명시하지 아니하고 조건만을 포함하고 있는 경우, 은행은 그러한 조건이 명시되지 아니한 것으로 보고 이를 무시한다"[228]라고 규정하고 있다. 신용장거래에서의 비서류적 조건(non-documentary conditions)은 제시되어야 할 서류를 지정하지 아니하고 조건만을 언급함으로써 은행이 서류를 심사함에 있어 서류가 아닌 사실문제에 대한 조사를 통하여 조건에 대한 이행 여부가 확인되어야 하는 내용이 신용장상에 포함된 것을 말한다.[229] 예를 들면 "선적은 선령이 15년 이하인 선박에 의해 이루어져야 한다"라고 기재되어 있으나 이러한 사항을 표시할 서류가 명시되어 있지 않은 경우[230] 또는 신용장에는 물품이 독일산일 것을 명시하고 있으나 원산지증명서를 요구하지 않는 경우[231]들은 전형적인 비서류적 조건이라고 볼 수 있다.

신용장이 서류에 대한 언급 없이 조건(conditions)만을 포함하고 있는 경우

---

227)〔1928〕31 Ll. L. Rep. 306.

228)UCP 600, Article 14-h.

229)Katherine A. Barski, "A Comparison of Article 5 of The Uniform Commercial Code and The Uniform Customs and Practice for Documentary Credits", *Loyola Law Review*, Vol. 41 Loyola University, 1996, p. 746.

230)John F. Dolan, "Letter of Credit : A Comparison of UCP 500 and the U.S. Article 5", *Journal of Business Law*, November, 1999, p. 534.

231)Uniform Commercial Code Rev. Art. 5 Official Comment No. 9.

에는 은행은 이를 무시한다. 이는 곧 신용장거래는 서류거래라는 본질에 위반되기 때문이다.

이에 대하여 국제상업회의소 은행위원회에서도 신용장에 서류에 관한 언급 없이 조건만 요구하는 것은 무시하며, 그 취급에 있어서도 쓸데없는 문구로 간주하고 있다.[232]

그러나 법원의 판례에서 실무상 비서류적 조건이라 하여도 비서류적 조건의 일부 그 유효성을 인정하는 경우도 있어[233] 신용장거래당사자간 분쟁이 야기될 수도 있다. 따라서 신용장발행의뢰인이나 발행은행은 비서류적 조건이 포함되지 않도록 신용장발행시 요구서류의 종류 및 서류문면상에 기재하여야 할 사항에 대하여 미리 조건을 특정할 필요가 있다.

(5) 유보조건부 또는 보상장부 매입서류의 처리

유보조건부(under reserve)나 보상장부(against indemnity)로 서류를 매입하였다 하더라도 발행은행 내지 발행의뢰인에 의해 수리되지 않으면, 즉 추인이 없는 경우에는 지급거절이 되는 것이다. 따라서 신용장조건에 합치하지 않는 유보조건부나 보상장부조건으로 매입된 서류에 대하여 거절하고자 할 때에는 서류를 송부하여 온 은행 또는 서류를 수익자[234]로부터 직접 수령하였으면 수익자에게 서류를 반환하여야 한다.

小峯 登 교수에 의하면 유보조건부란 "조건불일치의 내용이 발행은행 내지 발행의뢰인에게 용인된 경우에 한하여 서류가 발행의뢰인에게 교부되는 것으로

---

232) Chal del Busto, *op. cit.*, pp. 42~43.

233) *Raiffeisen-Zentrlkasse Tirol Reg. Gen. v. First National Bank in Aspen*, 671 P.2d 1008, 36 UCC Rep.Serv. 254(1983).

234) 수익자로부터 발행은행에 직접 송부되어 오는 경우는 ① 발행은행이 인수 또는 매입은행으로서 이행을 지정한 경우, ② 발행은행 또는 확인은행 이외의 지정은행이 지급, 인수 또는 매입을 거절한 경우, ③ 지정은행의 영업이 천재·폭동·전쟁 등 소위 불가항력에 의해 또는 동맹파업과 공장폐쇄 등에 의하여 중단된 경우, ④ 수익자가 매입을 의뢰할 은행을 수익자가 찾지 못한 경우이다; ICC, UCP 1974/1983; *Revisions Compared and Explained Documentary Credits*, ICC Publishing S. A., 1984, p. 32; 朝岡良平 監修, 前揭書, 166面.

한다"는 식의 유보로써 추인을 얻지 못하였을 때에는 매입은행에 당연히 수익자
로 소급하는 권리가 생기는 약정으로 수익자가 위와 같은 취지를 매입은행에 차
입하게 되는 것이라고 하고 있다.

또한 보상장부란 수익자의 매입은행에 대한 차입증은 본래 경우에 따라 신
용장조건 불일치내용에 의해 수익자가 작성해야 하는 것으로 은행측이 "Letter
of Guarantee"와 같은 양식을 만들어 그 보증문언으로 은행의 손해를 보상하는
약정으로 되어 있고, 영국의 보상장문언과 비슷하다[235]고 하고 있다. 여기서 말
하는 보증은 주된 채무자의 이행을 보증한다고 하는 민법상의 협의의 보증의 뜻
으로 취급되고 있는 것이 아니라, 환어음의 부도에 의한 매입은행의 손해를 수익
자가 담보한다고 하는 광의의 보증으로서 사용되고 있는 것으로 이해할 필요가
있다.[236] 따라서 유보조건부매입은 단순한 약속하에 서류를 매입하는 것이고, 보
상장부매입은 법적 서류의 차입하에 매입하는 것이다.

서류송부은행이 서류에 하자가 있음에도 불구하고 지급, 연지급 확약, 인수
또는 매입이 유보 또는 보상장하에 이루어졌음을 통지하는 경우, 부도반환을 할
때 발행은행이나 확인신용장하의 확인은행은 서류송부은행으로부터 이러한 서
류상의 하자를 주지하고 있으므로, 이미 언급한 내용의 서류거절권행사를 위한
통지의무를 태만히 할 가능성이 있다. 만일 이를 태만하였을 경우에는 발행은행
이나 확인신용장하의 확인은행의 의무는 면제되는 것이 아니라는 점을 유의하여
야 한다. 이러한 유보조건부나 보상장부는 오직 서류송부은행과 유보대상이 된
대상자, 보상조건을 제시한 당사자 또는 그 대리인 사이의 관계에만 영향을 미친
다.[237]

---

235) UCP 500 제14조 f항에서 "under reserve"; "against an indemnity"라는 용어를 사용한 바
가 있고 국제은행관행도 이와 같은 용어를 사용하고 있으나, 한국의 외국환은행에서는
은행의 소정의 양식인 "Letter of Guarantee"라는 것을 사용하고 있다.

236) 小峯 登, 前揭書, 433面; Henry, Harfield, *Bank Credits and Acceptance*, 5th ed., The
Ronald Press Company, 1974, pp. 113~115.

237) Dr. Anu Arora, "The Dilemma of an Issuing Bank: to Accept or Reject Documents
Tendered under a Letter of Credit", *Lloyd Maritime and Commercial Law*, February
1984, p. 87.

실제로 수익자나 은행은 신용장거래가 하자 있는 유보조건부 또는 보상장부 서류임에도 불구하고 신뢰성에 바탕을 두고 경제적 목적을 충족시키고 있다. 신용장조건과 불일치한 서류가 유보조건부로 매입되어 제시되거나 불일치가 발행은행에서 나중에 발견되었다 할지라도 발행의뢰인이 서류를 인수할 것에 동의하게 되면 발행은행도 따라서 지급이행하게 된다.

만일 서류송부은행에서 전신조회 후 매입조건으로 수리 여부에 대하여 전신회신을 요구한 경우에는 신속하게 응하여야 한다. 또한 서류송부은행에서 추심방식(collection basis)으로 보내 오는 경우에는 서류를 심사하고 결제 여부를 판단하여 추심지시서상의 지시방법에 따라야 한다.

신용장통일규칙

1. 신용장통일규칙의 의의

무역거래에서 대금결제의 주요 수단인 신용장거래관습도 국가마다 상이하고 당사자간 신용장조건의 해석기준이 달라 대금결제관련분쟁이 증가되었다.

이에 따라 국제상업회의소는 1933년 이른바 신용장통일규칙(Uniform Customs and Practice for Documentary Credits: UCP)을 제정하게 되었고, 그 후 약 70여 년간 6차의 개정으로 오늘에 이르고 있다.

신용장통일규칙은 국제상업회의소의 범세계화 노력에 힘입어 이제는 전세계 대부분의 국가에서 채택하고 있는 국제적으로 필수불가결한 규칙으로 발전하였으며, 오늘날 거의 모든 신용장거래는 신용장통일규칙의 적용 없이는 무역거래를 수행할 수 없게 되었다.[1]

이처럼 신용장통일규칙은 신용장거래당사자에게 신용장의 해석기준과 준거규정을 제공함으로써 분쟁예방은 물론 국제무역대금결제를 원활히 수행할 수 있도록 하고 있다.

---

1) Paul Todd, *Bills of Lading and Bankers Documentary Credits*, Lloyd's of London Press, 1997, preface.

2. 신용장의 통일화운동

신용장은 오랜 역사를 가지고 있었지만 국가마다 다른 제도와 상관습, 당시의 교통·통신의 취약성, 환거래에 따른 금융기관 여건의 미조성 등으로 신용을 바탕으로 한 국제간의 신용장거래도 사실상 불가능한 것이었다.

1654년 상인이 발행하였던 초기의 신용장시대에는 왕실이나 일부 부유한 상인들이 자기의 신용을 바탕으로 이루어졌기 때문에 법원에 제소되는 예는 거의 없었다.[2]

산업사회의 발전에 따라 19세기 초 영국의 머천트뱅크(merchant bank)에 의하여 은행이 신용장발행인으로 등장하게 되었고,[3] 19세기 후반부터 일반 시중은행이 어음인수업무를 시작하게 되었다. 당시 영국의 상공업발달과 무역량이 확대되고 영국 파운드화가 국제통화로서의 지위를 확고히 하면서 파운드표시신용장(Sterling Credit) 사용이 급증하면서 신용장거래에 대한 소송사건도 증가하게 되었다. 19세기 말엽에 이르러 영국의 판례법은 상업신용장의 성질, 관계당사자의 권리 및 의무의 내용에 이르기까지 다루게 되었다.[4]

1914년 미국은 연방준비법(Federal Reserve Act)이 제정되어 은행들은 무역거래에서의 금융업무를 개시하고 신용장을 발행하게 되었다. 20세기에 들어와서 국제금융에 일대 변화를 가한 것은 1914년의 제1차 세계대전 발발로 미국에서 유럽으로 물품의 이동이 증가되고 국제금융시장도 런던에서 뉴욕으로 옮기게 되었다. 미국의 달러화는 시대적 조류에 따라 국제통화로서의 지위를 차지하게 되고, 국제무역에서도 선적 후 대금회수가 용이한 미국 달러표시신용장(Dollar

---

2) A.G. Davis, *The Law Relating to Commercial Letter of Credit*, Sir Isaac Pitman & Sons Ltd., London, 1963, p. 4.

3) Herman N. Finkelstein, *Legal Aspects of Commercia1 Letters of Credits*, Columbia University Press, New York, 1930, pp. 332~333.

4) George W. Edwards, *Foreign Commercial Credit*, McGraw-Hill, New York, 1922, pp. 65~66.

Credit)을 요구하게 되었다.

그러나 이들 신용장은 국제적으로 통일성을 갖지 못하고 있었기 때문에 신용장거래 당사자간에 많은 혼란과 분쟁을 초래하게 되었다. 따라서 이러한 불편을 예방하기 위하여 미국 국내의 무역업자와 은행을 중심으로 신용장통일화운동이 일어나게 된 것이다.

1919년 12월 미국은 전국무역회의(National Foreign Trade Convention)에서 신용장통일안이 제출되어 1920년 "수출상업신용장에 관한 제규칙"(regulations affecting export commercial credits)을 마련하고 그 후 계속적인 회의를 거쳐 1926년 6월 "뉴욕은행가 상업신용장회의 채택규약"(provisions adopted by the New York banker commercial credit conference)을 발표하였다.

그 외에도 독일이 1923년, 프랑스는 1924년 민간단체의 자발적인 신용장통일화운동이 파급되고, 노르웨이·이탈리아·스웨덴·네덜란드·오스트레일리아 등에서도 같은 취지의 운동이 전개되어 각국 나름대로의 통일규칙을 채택하기에 이르렀다.

그러나 각국의 신용장취급내용과 관습이 서로 다르기 때문에 신용장거래상의 혼란과 분쟁을 피할 수 없었다. 따라서 각국의 은행들과 무역업자들은 국제적으로 통일성을 갖춘 신용장통일규칙의 출현을 갈망하게 되었고, 이에 부응하여 범세계적인 민간단체인 국제상업회의소(International Chamber of Commerce: ICC)가 이러한 문제의 해결에 직접 나서게 되었다. 또한 미국도 독자적인 신용장에 관한 입법을 하게 되었다.

3. 미국 통일상법전상의 신용장규정

미국 통일상법전(Uniform Commercial Code: UCC)의 신용장 규정 제5편은 1952년 제정되고 1995년에 개정되어, 미국의 루이지애나(Lousiana)주를 제외한 모든 주가 채택하였다. 그런데 미국 통일상법전의 신용장에 관한 규정은 뉴욕

(New York), 미주리(Missouri), 앨라배마(Alabama), 그리고 애리조나(Arizona) 등 4개주가 미국 통일상법전을 채택하되 제5-102조에 변형조항을 설정하여 UCP가 UCC와 경합이 될 경우 UCP를 우선 적용하도록 하고 있다.[5] 그러나 신용장거래에서는 신용장통일규칙 적용문언을 삽입하면 미국 통일상법전에 우선한다고 보아야 할 것이다.

제5편의 신용장의 규정 및 개념은 환경변화에 탄력적으로 대처하기 위하여 모든 규정 및 개념을 상세히 규정하지 아니하고 그 일부만을 규정하고 있다.[6] 따라서 미국 통일상법전의 신용장규정은 성문법으로서 신용장거래상의 중요한 존재이며 법원(sources)이 되고 있다.

미국 통일상법전의 신용장규정은 미국과 다른 국가와의 거래에서 신용장거래 당사자가 어느 규정에 의할 것인지 명시하지 않는 경우에는 양규정 사이에 법의 충돌(conflict of law) 문제가 있다.[7]

신용장거래에서 만일 신용장 또는 신용장발행신청서(application for a credit)가 신용장통일규칙에 따르도록 규정하고 있는 경우에는 신용장통일규칙이 우선 적용된다는 것은 명백하다.[8] 그러나 미국 내에서는 당사자의 명시적 합의로 신용장통일규칙을 적용하기로 하지 아니하는 한 미국 통일상법전이 우선적으로 적

5) New York. UCC, §5-102(4); Mo.Rev.Stat. §400.5-102(4)[Version Supp.1994]; Ala. Code §7-5-102(4)(1993); Ariz.Rev.Stat.Ann. §47-5102[D](1988).

6) UCC Article 5 Letters of Credit: 5401 short title; §5-102 Definitions; §5-103 Scope; § 5-104 Formal Requirements; §5-105 Considerations; §5-106 Issuance, Amendment, Cancellation, and Duration; §5-107 Confirmer, Nominated Person, and Adviser; § 5-108 Issuer? Rights and Obligations; §5-109 Fraud and Forgery; §5-110 Warranties; § 5-111 Remedies; §5-112 Transfer of Letter of credit; §5-113 Transfer by Operation of Law; §5-114 Assignment of Proceeds; §5-115 Statute of Limitations; §5-116 Choice of Law and Forum; §5-117 Subrogation of Issuer, Applicant, and Nominated Person.

7) Chester B. Mclaughlin, "The Letter of Credit Provisions of the Proposed Uniform Commercial Code", Harvard Law Review, Vol.63, 1950, p. 1375.

8) H.C. Gutteridge, and Megrah, Maurice, *op. cit.*, p. 8. "Unless otherwise agreed…" 또는 "Unless otherwise specified…"와 같은 약정이 없는 경우는 UCP 또는 UCC 문언을 삽입하는 것으로 분명해진다; 村田薄積, "アメリカ統一商事法典における信用狀", 「大阪商業大學論文集」 第74號, 1985. 2, 59面.

용된다.[9] 미국의 은행들도 현재 대부분 신용장에 신용장통일규칙의 적용문언을 삽입함으로써 당사자 사이에 동 규칙적용에 대한 사전합의가 있었던 것으로 하여 신용장통일규칙을 미국 통일상법전에 우선 적용시키고 있다.

또한 한국의 신용장거래관행은 약정에 없는 사항에 대하여 따로 정함이 없는 한 국제상업회의소의 신용장통일규칙에 따라 처리함에 동의한다는 취지의 '약정서'에 의하여 신용장통일규칙을 적용시키고 있다.[10]

이처럼 신용장거래는 당사자자치가 인정될 수도 있지만, 대부분의 국가가 신용장통일규칙 관행을 준거규정으로 하여 신용장이 발행되고 있으므로 해석상의 혼란은 예방되고 있는 실정이다.

4. 국제상업회의소 신용장통일규칙의 제정과 개정

4.1 신용장통일규칙의 제정

ICC는 1926년 3월 미국위원이 제출한 각국의 신용장규칙에 관한 국제적 통일권고안을 심의할 것을 결의하고, 1926년 10월 상설위원회를 조직하여 연구를 위촉, 1927년 2월 신용장통일안을 작성하여 상설위원회의 심의를 위하여 제공하였다.

1929년 7월 각국의 대표로 하여금 자국은행협회의 의견을 기초로 한 수정안을 마련 ICC 암스테르담회의에서 "상업신용장통일규칙"(uniform regulations of commercial documentary credits)으로 채택하여 1930년 4월 1일부터 실시키로 예정하고 각국에 이의 적용을 권고하였고 1930년 5월 "ICC Brochure No.74"로 발표하였다. 그러나 독일 중앙은행협회 명의의 독자안제출 등 통일규칙 재심문제가 거론되어 1931년 5월 ICC 워싱턴회의에서 통일규칙 재심문제가 상정되고, 각

---

9) Boris, Kozolchyk, "Legal Aspects of Letters of Credit and Related Secured Transactions", *Lawyer of the America Journal of Int'l Law*, 1979, p. 270.

10) 은행과의 신용장거래약정서 또는 수출입거래약정서가 있다.

국대표들의 수정안을 다수 제출받아 각국 은행협회의 일부 대표들로 구성된 상업화환신용장에 관한 은행위원회(banking committee on commercia1 documentary credits)를 조직하여 통일규칙을 재검토하고 신규초안을 작성할 것을 위탁하였다.

1933년 5월 새로운 초안을 오스트리아 빈(Vienna)의 ICC 제7차 회의에서 상정 1933년 6월 3일 동 안건이 정식으로 채택되어 비로소 ICC의 신용장통일규칙이 제정되었다. 정식명칭은 "상업화환신용장에 관한 통일규칙 및 관례"라 하여 불어를 사용 "Regles et Usances Relatives aux Credits Documentaires"로 발표되고, 영어로는 "Uniform Customs and Practice for Commercial Documentary Credits라고 표기하여 "ICC Brochure No.82"로 번역 발표되었다. 동 규칙은 총칙 외에 신용장의 형식(1~9조), 책임(10~14조), 서류(15~34조), 용어의 해석(35~48조), 양도(49조)에 대하여 5장 49조로 구성되었다.

4.2 제1차 개정(1951년)

제2차 세계대전 후 무역거래가 더욱 증대되고 신용장기능이 발전됨에 따라 20년 전의 구관행과 신관행을 규범화할 필요성이 대두되어 1949년 2월 파리의 ICC 회의에서 통일규칙개정이 제안되었다.

ICC의 은행기술실무위원회(Commission on Banking Technique and Practice)는 3년간의 작업 끝에 마련된 개정안을 1951년 리스본의 ICC 제13차 총회에서 개정안이 채택되어 ICC Brochure No.151로 1952년 1월 1일부터 적용하도록 권고하였다.

이 개정에서는 달라진 관행의 규범화,[11] 구주대륙계의 관행과 미국계의 관행을 조화시켰다는 데 의의가 있었다.[12]

---

11) UCP, 1951, Article 10. "신용장거래는 서류의 거래이지 물품의 거래가 아니라고 규정하여 국제무역거래에 따른 은행간의 거래에 있어서 서류만이 지급 여부를 결정하는 유일한 기준을 제공하는 것이다"라는 규정을 추가하였다.

12) 제1차 개정 통일규칙의 전체구성은 변함이 없지만, 총칙 외에 신용장의 형식(1~8조), 의무와 책임(9~14조), 서류(15~34조), 용어의 해석(35~48조), 양도(49조)에 대하여 5장 49조로 구성하고, 9조와 10조간에 삭제 및 조정이 있었다.

4.3 제2차 개정(1962년)

ICC는 신용장통일규칙의 적용상 제기된 문제점에 대하여 주석문(commentary)을 마련하기 위하여 은행기술실무위원회의 자문위원이었던 봉뚜(Bontoux)에게 의뢰하였고, 동 주석문에 대한 토의과정에 미국위원회측으로부터 주석문보다는 제2차 개정의 필요성이 제기되었다.[13] ICC는 1959년에 제2차 개정작업에 착수하여 미국을 중심으로 한 통일규칙 기채택국과 전통적 런던관행을 고집하던 영국 사이에 신용장거래에 따른 해석상의 통일을 실현하기 위한 격론 끝에 1962년 11월 2일 ICC의 제99차 이사회에서 제2차 개정 통일규칙을 상정하여 승인을 받았고, 1963년 4월 ICC 멕시코총회에서 "ICC Brochure No.222" (1962 Revision)으로 공표되고, 1963년 7월 1일부터 적용될 수 있도록 하였다.[14]

이 개정에서는 영국을 포함한 영국관행의 나라들과 대개의 사회주의국가들도 이 규칙을 채택하게 되었고, 구주대륙과 미국간에 신용장해석상의 융화가 이루어지게 되었으며, 영국안에 따라 신용장채택은행은 신용장통일규칙의 적용조항을 삽입하도록 하였다.[15]

4.4 제3차 개정(1974년)

동서간의 무역과 경제교류의 진전과 제2차 개정 때만 하더라도 없었던 컨테이너운송(container transport)이 눈부신 발전을 거듭하게 되고,[16] 이에 따른 무

---

13) 그 결과 봉뚜(Bontoux)의 주석문도 정식으로 발표하지 못하였다.

14) 제2차 개정에서는 총칙과 정의, 신용장의 형식과 통지(1~6 조), 의무와 책임(7~12조), 서류(13~31조), 기타조항(32~45조), 양도(46조)에 대하여 5장 46조로 구성하였다.

15) 제2차 개정 때부터 신용장통일규칙의 적용에 대한 준거문언은 "Subject to Uniform Customs and Practice for Documentary Credit(1962 Revision) International Chamber of Commerce Brochure No.222"로 하기로 하여 당초 "Commercial Documentary Credits"에서 Commercial을 삭제하였다.

16) 이 결과 ICC는 1973년 11월 "복합운송증권에 관한 통일규칙"(Uniform Rules for a Combined Transport Document)을 ICC Publication No.273으로 제정·공표한 바 있으며, 1991년 11월 "복합운송증권에 관한 UNCTAD/ICC규칙"(UNCTAD/ICC Rules for Multimodal Transport Documents)으로 개정하였다.

역관습의 변화, 모호하고 불명료한 문언의 명확화 필요성이 제기되어 ICC은행
기술실무위원회는 개정작업부(working party)를 통하여 제3차 개정안을 만들어
1974년 12월 ICC의 운영위원회에서 "ICC Publication No.290"로 간행, 1975년
유엔국제무역법위원회(The United Nations Commission on International Trade Law:
UNCITRAL)[17]의 인준을 받아 1975년 6월 마드리드총회에서 정식으로 채택되어
1975년 10월 1일부터 적용하게 되었다.[18]

4.5 제4차 개정(1983년)

특수컨테이너선의 이용증대와 운송기술(transport technology)의 지속적인 발
전, 통신혁명(telecommunication revolution)에 의한 통신정보처리기술의 급진전
등 국제무역업무수행에 따른 급격한 환경변화는 컨테이너 복합운송을 통하여 대
량화물을 고속 운송하게 되었고, 사무전산화를 통한 정보전달방법의 편리성, 무
역절차의 간소화 등으로 무역거래상의 물품인도, 대금지급의 이행방법도 커다란
영향을 받게 되었다.

이와 같은 무역관습의 변화로[19] 제3차 개정작업시까지 미처 생각하지 못
했던 점과 제기되어 왔던 문제점[20]에 대하여 수정·보완을 하여야 할 필요성이

---

17) 제3차 개정 때부터 UNCITRAL도 개정작업에 적극 나섰고, 동유럽제국도 의견을 제출하
여 세계적인 관점에서 관심을 갖게 된 것은 주목할 만하다.

18) 제3차 개정 통일규칙은 총칙과 정의(a~f), 신용장의 형식과 통지(1~6조), 의무와 책임
(7~13조), 서류(14~33조), 기타조항(34~45조), 양도(46~47조)에 대하여 5장 47조
로 구성하였다.

19) 신용장통일규칙 제3차 개정 이후 무역거래에 관련된 국제규칙의 제정과 개정된 사항들은
다음과 같다.
York Antwerp Rules for General Average(1974), U.N. Convention on the Carriage of
Goods by Sea(Hamburg Rules)(1978), Uniform Rules for Collections(1978),
INCOTERMS(1980), United Nations Convention on Contracts for the International Sale
of Goods(1980), United Convention on International Multimodal Transport of
Goods(1981), New Institute Cargo Clauses A.B.C.(1981).

20) 1975년에서 1981년 사이에 ICC는 각국에서 질의한 문제점들에 대한 유권해석·의견·
설명자료 등을 "Decisions(1975~1979) of the ICC Banking Commission(Publication
No.371), 1980"과 "Opinions(1980~1981) of the ICC Banking Commission (Publication

제기되어 ICC 은행기술실무위원회는 1979년 11월 개정작업에 착수하여 1980
년 6월에 실무작업부의 1차 회의를 개최하고 동년 8월에 각국의 국내위원회
에 발송하여 의견을 접수, 1981년 1월 ICC 은행기술실무위원회의 개정시안초
안을 마련, 수차 수정을 가하여 최종확정안을 1983년 6월 7일 ICC Publication
No.400(Document No.470/408)로 간행하였다. 이 최종안은 1983년 6월 21
일 파리에서 개최된 ICC 제144차 이사회를 통과 국제무역법위원회의 인준
(endorsement)을 거쳐 1984년 10월 1일부터 적용·시행하게 되었다. 제4차 개
정에서는 보증신용장(stand-by letters of credit)과 연지급신용장(deferred payment
credits)이 새로이 통일규칙 속에 반영되게 되었다.[21]

4.6 제5차 개정(1993년)

1983년 제4차 개정 신용장통일규칙이 약 10년간에 걸쳐 사용되어 오면
서 그 동안 수차 간행된 국제상업회의소의 은행기술실무위원회(Commission on
Banking Technique and Practice)의 의견(opinion) 및 결정(decision) 자료에서 나
타난 바와 같이 실무상 문제점에 대하여 무역환경변화에 부응하기 위한 신용장
통일규칙을 다시 개정하여야 할 필요성이 제기되었다.

신용장통일규칙 제5차 개정[22]에서는 최근의 운송산업발전과 정보·통신산업
의 발전에 따라 새로운 과학기술진보에 부응하고 UCP의 기능개선을 위하여 ①
현행 신용장통일규칙을 보다 간소화하고, ② 실제의 은행관행과 부합되게 하며,
③ 취소불능성을 우선하게 하고,[23] 발행은행과 확인은행의 기본적 의무의 명확

No.399), 1982" 및 "UCP 1974/1981 Revision Compared and Explained Documentary
Credits, 1984"로 간행하였다.

21) 제4차 개정 통일규칙은 총칙 및 정의(1~6조), 신용장의 형식과 통지(7~14조), 의무와
책임(15~21조), 서류(22~42조), 기타조항(43~53조), 양도(54~55조)에 대하여 6장
55조로 구성하였다.

22) 보다 구체적인 내용은 강원진, "제5차 개정 신용장통일규칙에 관한 소고, 제 8회?하계학
술발표대회 논문집, 한국국제상학회, 1993. 6월을 참조 바람.

23) 신용장에서 취소가능(revocable) 또는 취소불능(irrevocable)이란 표시가 없을 때는
UCP 400에서는 취소가능으로 간주하였으나, UCP 500에서는 취소불능(irrevocable)으로

화, 일치서류제시의 구체적인 언급 없이 조건만 명시된 신용장의 배제, 신용장발행의뢰인을 지급인으로 하여 어음을 발행하는 불합리한 관행 삭제 등 신용장약속에 대한 완전성과 신뢰성의 강화, ④ 전자문서에 의한 신용장거래의 발전적 관행을 촉진시키며, ⑤ 운송방식에 따라 운송서류를 상세히 구분하고,[24] 운송서류의 유효한 서명 등 적격성에 대하여 명확히 하고, 또한 ⑥ 일자에 관련된 사항과 기타규정을 현실에 적합하도록 삭제 또는 보완하고자 함에 있었다.[25]

ICC의 은행기술실무위원회는 1990년 6월 함부르그(Hamburg)회의에서 UCP 개정을 위한 기초자료를 수집·검토하기 시작하였다. 동 위원회는 각국 ICC국내위원회에서 보내 온 의견을 참작하여 1992년 3월 회의 및 검토결과 개정내용에 주석을 붙인 UCP 500을 공표하고,[26] 1993년 1월 11일 "ICC Document No. 470 ~37/129"로 최종안 49개 조항으로 내놓게 되었다. ICC 은행기술실무위원회는 UCP 500을 1993년 3월 10일 ICC이사회의 승인을 얻어 채택하기로 하였으며, 1993년 5월 7일 "ICC Document No.470~37/131"로 최종 확정된 UCP 500을 회원국들에 배포하고 1993년 5월 13일자로 공표하여 1994년 1월 1일부터 실제 적용하게 되었다.[27]

간주하도록 하였다(본 장에서는 신용장통일규칙 개정내용의 비교를 용이하게 하기 위하여 UCP, 1983을 UCP 400으로, UCP, 1993을 UCP 500이라고 혼용하여 표기하기로 한다).

24) ① Marine/Ocean Bill of Lading(Article 23), ② Non-Negotiable Sea Waybill(Article 24), ③ Charter Party Bill of Lading(Article 25), ④ Multimodal Transport Document(Article 26), ⑤ Air Transport Document(Article 27), ⑥ Road, Rail or Inland Waterway Transport Documents(Article 28), ⑦ Courier and Post Receipt(Article 29), ⑧ Transport Documents issued by Freight Forwarders(Article 30).

25) ICC Document No.470~37/4, May 27, 1991 ; ICC Document No.470~37/131, May 7, 1993.

26) Document No.470~37/72, May 5, 1992.

27) 제5차 개정 통일규칙은 총칙 및 정의(1~5조), 신용장의 형식과 통지(6~12조), 의무와 책임(13~19조), 서류(20~36조), 기타조항(39~47조), 양도가능신용장(48조) 및 대금의 양도(49조)에 대하여 모두 7장 49조로 구성하였다.

4.7 제6차 개정(2007)과 UCP 600에 반영된 주요 내용

(1) 개정추이

1993년 제5차 개정 UCP 500은 국제상업회의소(International Chamber of Commerce : ICC)가 2002년도에 전자무역거래 시대에 부응하여 전자신용장 활용을 위하여 "전자적 제시를 위한 UCP 500의 추록(Supplement to UCP 500 for Electronic Presentation : eUCP)과 신용장 서류심사기준에 대한 구체적 지침인 국제표준은행관행(International Standard Banking Practice : ISBP)"등을 추록으로 제정하였으나 이에 대한 기본 규정격인 UCP 500에 대한 개정은 종전의 약 10년 주기의 경험으로 비추어 볼 때 다소 늦은 감이 있었다.

UCP 500 이후 운송 및 전자상거래의 새로운 발전들이 현 규칙의 개정에 박차를 가하도록 하였다.[28] 개정의 일반적인 목적은 은행업무, 운송 및 보험 산업의 발전에 초점을 맞추었다. 이에 추가하여 UCP의 적용 및 해석상 일치하지 않는 용어들을 삭제하기 위하여 UCP에 사용된 개념 및 형식 등을 재검토할 필요성이 제기되었다.[29]

ICC는 2003년 5월 은행위원회(Banking Commission)의 의견을 모아 UCP 500의 개정 검토를 위한 초안그룹(drafting group) 및 컨설팅 그룹(consulting group)을 설립하기로 하였다. 이후 2년 6개월간 각국 국내위원회의 의견, 신용장거래에서 문제점에 대한 ICC 은행위원회의 의견 등 쟁점사항 등을 참고하여 2005년 11월 5일 초안그룹은 UCP 500의 개정, 이른바 UCP 600의 제1차 완성초안(First Complete Draft of UCP 600)[30]을 제시하였다. 그 이후 각국 국내위원회의 코멘트를 반영하여 2006년 3월 6일 제2차 완성초안(Second Complete Draft)을 제시하면서 39개에 대한 조항의 제목을 부여하고 있다.[31]

---

28) ICC, Revised ICC rules on documentary credits make progress, October 26, 2005, http://www.iccwbo.org/icceide/index.html

29) http://letterofcreditforum.com

30) 이하 UCP 600이라고 칭하기로 한다.

31) UCP 600에 반영된 규정은 종전의 UCP 500의 6장(총칙 및 정의, 신용장의 형식과 통지,

ICC는 UCP 600은 완성초안과 이후의 코멘트된 내용을 토대로 2006년 10월 경 최종안을 승인하고[32] 2007년 1월 1일 개정, 2007년 7월 1일부터 적용하게 되었다.

(2) UCP 600에 반영된 주요 내용[33]

UCP는 지금까지 일부 용어의 개념을 제외하고 신용장거래 당사자 및 주요 용어에 대하여 별도의 조항을 두어 정의되거나 설명되지 아니하였으나 UCP 600 에서는 다음과 같이 제2조 용어의 정의(definitions)와 제3조 해석(interpretations)

의무와 책임, 서류, 기타조항, 양도가능신용장 및 대금의 양도로 구분) 49개 조항으로 구성하였던 구조적 관행에서 장을 구분하지 아니하고 다음과 같이 39개 조항으로 구성하고 있다; 제1조 신용장통일규칙의 적용, 제2조 정의, 제3조 해석, 제4조 신용장과 계약, 제5조 서류와 물품, 서비스 또는 이행, 제6조 사용가능성, 유효기일 및 제시장소, 제7조 발행은행의 확약, 제8조 확인은행의 확약, 제9조 신용장 및 조건변경의 통지, 제10조 조건변경, 제11조 전송과 예비통지신용장 및 조건변경, 제12조 지정, 제13조 은행간 상환약정, 제14조 서류심사의 기준, 제15조 일치하는 제시, 제16조 불일치서류, 권리포기 및 통지, 제17조 원본서류 및 사본, 제18조 상업송장, 제19조 적어도 두 가지 다른 운송방식을 표시하는 운송서류, 제20조 선화증권, 제21조 비유통성 해상화물운송장, 제22조 용선계약 선화증권, 제23조 항공운송서류, 제24조 도로, 철도 또는 내수로 운송서류, 제25조 특사화물수령증, 우편수령증 또는 우송증명서, 제26조 "갑판적", "송화인의 적재 및 계수", "송화인의 내용물 신고" 및 운임에 대한 추가비용, 제27조 무사고 운송서류, 제28조 보험서류 및 담보범위, 제29조 유효기일 또는 제시를 위한 최종일의 연장, 제30조 신용장금액, 수량 및 단가의 과부족 허용, 제31조 분할어음발행 또는 선적, 제32조 할부어음발행 또는 선적, 제33조 제시시간, 제34조 서류효력에 관한 면책, 제35조 송달 및 번역에 대한 면책, 제36조 불가항력, 제37조 피지시인의 행위에 대한 면책, 제38조 양도가능신용장, 제39조 대금의 양도.

[32] UCP 600 개정과 관련된 ICC 은행위원회(Banking Commission)의 회의는 다음과 같이 개최되었다. 2003년 5월 21일~22일 Paris, France. 2003년 12월 10일~11일 New Delhi, India. 2004년 5월 10일~11일 Paris, France. 2004년 10월 26일~27일 Moscow, Russia. 2005년 3월 14일~15일 Paris, France. 2005년 6월 27일~28일 Dublin, Ireland: 개정관련 특별회의. 2005년 10월 24일~25일 Paris, France: 전체 Draft 완성. 2006년 5월 16일~17일 Vienna, Austria: 최종토론. 2006년 10월 24일~25일 Paris, France UCP 600확정; 채동헌, "제6차개정 신용장통일규칙(UCP 600)에 따른 법률관계", 「금융」, 전국은행연합회, 2007, 1, 44면.

[33] 이 부분은 강원진, "국제상업회의소의 UCP 600 완성초안에서 제시된 주요내용의 검토", 「국제상학」 제21권 2호, 한국국제상학회, 2006, 6을 참조하여 2007년 7월 1일부터 적용되는 UCP 600 최종 간행본을 재검토하여 작성된 것이다.

에 관한 조항을 신설하였고[34] 또한 UCP가 실무에 적용되면서 발생되고 있는 문제점들을 고려하여 제9조 신용장 및 조건변경의 통지(Advising of Credits and Amendments) 제12조 지정(Nomination), 제15조 일치하는 제시(Complying Presentation), 제17조 원본서류 및 사본(Original Documents and Copies)에 관한 조항을 신설하였다.

한편 UCP 500에 반영되었으나 해석상 모호하거나 일부 중복되는 규정들 중에서 제5조 신용장발행/변경에 대한 지시(Instructions to Issue/Amend Credits), 제6조 취소가능 신용장(Revocable Credits), 제8조 신용장의 취소(Revocation of a credit), 제12조 불완전 또는 불명료한 지시(Incomplete or Unclear Instructions), 제38조 기타 서류(Other Documents)에 관한 조항을 삭제하였다.[35]

1) 용어의 정의(신설)

본 규칙을 위하여 제2조에서 정의하고 있는 용어들은 다음과 같다.

① 통지은행(Advising Bank)이란 발행은행의 요청으로 신용장을 통지하는 은행을 말한다.

② 발행의뢰인(Applicant)이란 신용장이 발행되도록 요청하는 당사자를 말한다.[36]

③ 은행영업일(Banking day)이란 이 규칙에 따라 업무가 이행되어 지는 장소에서 은행이 정규적으로 영업을 하는 일자를 말한다.[37]

---

34) 정의조항은 UCP 600에 새롭게 반영된 것이 대부분이고, 해석조항은 UCP 500의 잡칙 등에 산재되었던 것을 한 개의 조항에 정리하여 설명되고 있다.

35) UCP 500의 제2조, 제6조, 제9조, 제10조, 제20조, 제21조, 제22조, 제30조, 제31조, 제33조, 제35조, 제36조, 제46조 및 제47조는 UCP 600의 조항에 통합되고 적절하게 수용되었다; Gary Collyer, Documentary Credits 2007 Revision, Data of Seminar, April 30, 2007.

36) 당사자(party) 대신에 고객(customer)으로 표기하자는 국내위원회의 요구가 있었으나 발행의뢰인이 발행은행의 고객이 아닌 경우를 고려하여 제1차 완성초안에서와 같이 "party"로 표기하기로 하였다; ICC Banking Commission, Comment to accompany this latest Draft, Article 2 Definitions.

37) ISP 98, Rule 1 General Provisions 1.09 Defined Terms에서 규정된 은행영업일의 정의

④ 수익자(Beneficiary)란 신용장이 발행되어 수혜를 받는 당사자를 말한다.

⑤ 일치하는 제시(Complying presentation)란 신용장조건, 이 규칙의 적용 가능한 규정 및 국제표준은행관행에 따른 제시를 말한다.

⑥ 확인(Confirmation)이란 발행은행의 확약에 추가하여 일치하는 제시를 인수·지급 또는 매입하겠다는 확인은행의 분명한 확약을 말한다.

⑦ 확인은행(Confirming Bank)이란 발행은행의 수권 또는 요청에 따라 신용장에 확인을 추가하는 은행을 말한다.

⑧ 신용장(Credit)이란 그 명칭이나 기술에 관계없이 일치하는 제시를 인수·지급하기 위한 발행은행의 취소불능적인 그리고 분명한 확약을 구성하는 모든 약정을 말한다.

⑨ 인수·지급(Honour)이란 다음을 말한다.[38]

a. 신용장이 일람지급에 의하여 사용가능한 경우 일람지급 하는 것.

b. 신용장이 연지급에 의하여 사용가능한 경우 연지급을 확약하고 만기일에 지급하는 것.

c. 신용장이 인수에 의하여 사용가능한 경우 수익자가 발행한 환어음("어음")을 인수하고 만기일에 지급하는 것.

⑩ 발행은행(Issuing Bank)이란 발행의뢰인의 요청에 따라 또는 자기 자신을 위하여 신용장을 발행하는 은행을 말한다.

와 같다.

[38] Honour means: a. to pay at sight if the credit is available by sight payment. b. to incur a deferred payment undertaking and pay at maturity if the credit is available by deferred payment. c. to accept a bill of exchange ("draft") drawn by the beneficiary and pay atmaturity if the credit is available by acceptance. 이 규정에서 "honour"라는 용어를 "아너"(honour)라고 표기할 수도 있으나 특히 UCP 600에서 "honour", or "negotiate"라는 용어를 함께 사용하는 예가 많아 이를 번역시 "오너" 또는 "매입"으로 표현하는 것은 어색하므로 한국어 번역은 일람지급의 경우 지급을, 연지급의 경우 연지급 확약 이후 만기일에 지급을, 그리고 환어음 인수의 경우 인수 및 만기일에 지급을 포괄하는 개념을 고려하여 "인수·지급"이라고 표현하였다. 따라서 일람지급과 같이 인수가 없는 경우에는 지급의 의미로 봐야 할 것이다.

⑪ 매입(Negotiation)이란 상환이 지정은행에게 행해져야 하는 은행영업일 또는 그 이전 수익자에게 대금을 선지급 또는 선지급 하기로 동의함으로써 일치하는 제시에 대한 환어음(지정은행이 아닌 은행을 지급인으로 하여 발행된) 및/또는 서류를 지정은행이 매입하는 것을 말한다.

⑫ 지정은행(Nominated Bank)이란 신용장이 사용가능한 은행 또는 모든 은행에서 사용가능한 신용장의 경우 모든 은행을 말한다.

⑬ 제시(Presentation)란 발행은행 또는 지정은행에게 신용장에 의한 서류인도 또는 그와 같이 인도된 서류를 말한다.

⑭ 제시인(Presenter)이란 제시를 하는 수익자, 은행 또는 기타 당사자를 말한다.

이와 같이 제2조에서는 신용장거래당사자 및 신용장의 정의 등이 간결하게 정의되고 있으며 특히 인수·지급(Honour)이라는 용어를 UCP 600에 처음으로 사용하여 일람지급 신용장의 경우 일람지급, 연지급신용장의 경우 연지급 확약 이후 만기일에 지급, 그리고 인수신용장의 경우 환어음을 인수한 후 만기일에 지급하는 것을 포괄하는 개념으로 정의되고 있다.[39] 또한 UCP 500에서 "매입이란 매입하도록 수권 받은 은행이 환어음 및/또는 서류에 대하여 대가를 지급하는 것을 의미 한다. 대가를 지급하지 않고 단지 서류만을 심사하는 것은 매입이 아니다"[40]라는 정의를 UCP 600에서는 단서조항을 삭제하고 "지정은행이 서류를 매입(purchasing)"하는 것으로 보다 간결하게 수정하였다. 그리고 일치하는 제시, 제시 및 제시인에 대한 개념도 신설하여 eUCP에 의한 전자기록에 대한 전자적 제시 및 종이문서와의 결합된 제시의 경우[41] 등을 고려하여 이와 같은 용어를 특별히 정의한 것으로 보인다.

---

39) Uniform Commercial Code(UCC), Article 5-102(8)에 규정한 "honor"에 대한 정의와 거의 같다.

40) UCP 500, Article 10-b-ii.

41) eUCP, Article e5.

2) 해석 기준(신설 및 보완)

또한 본 규칙을 위하여 제3조 해석에 관한 조항을 두고 다음과 같이 설명하고 있다.

① 적용 가능한 경우, 단수형의 단어는, 복수형을 포함하고, 복수형에는 단수형을 포함한다.

② 신용장은 비록 취소불능이라는 표시가 없다 하더라도 취소불능이다.

③ 서류는, 수기, 모사 서명, 천공 서명, 스템프, 상징 또는 모든 기타의 기계적 또는 전자적 인증방법에 의하여 서명될 수 있다.

④ 공인, 사증, 증명 또는 유사한 서류의 요건은 그러한 요건을 충족하는 것으로 보이는 서류상의 모든 서명, 표지, 스템프 또는 부전에 의하여 충족된다.

⑤ 다른 국가에 있는 어떠한 은행의 지점은 독립된 은행으로 본다.

⑥ 서류의 발행인을 설명하기 위하여 사용되는 "일류의(first class)", "저명한(well known)", "자격 있는(qualified)", "독립적인(independent)", "공인된(official)", "유능한(competent)", 또는 "국내의(local)"와 같은 용어는 서류발행을 위한 수익자 이외의 모든 발행인에게 허용한다.

⑦ 서류에 사용되는 것으로 요구되지 아니하는 한, "신속히(prompt)", "즉시(immediately)" 또는 "가능한 빨리(as soon as possible)"와 같은 단어는 무시된다.

⑧ "~에 또는 ~경에" 또는 이와 유사한 표현은 어떠한 일이 명시된 일자 이전 역일(calendar days) 5일부터 명시된 일자 이후 역일 5일까지의 기간 동안에 발행되도록 약정하는 것으로 해석되며 초일 및 종료일이 포함되는 것으로 한다.

⑨ 선적기간을 결정하기 위하여 사용된 경우 "to", "until", "till", "from", "between"이라는 단어는 언급된 일자 및 일자들을 포함하며, "before" 및 "after"라는 단어는 언급된 일자를 제외한다.

⑩ 만기일을 결정하기 위하여 사용된 경우 "from" 및 "after"라는 단어는 언급된 일자를 제외한다.

⑪ 어느 개월의 "전반" 및 "후반"이라는 용어는 모든 일자를 포함하여 당월의 1일부터 15일까지, 그리고 16일부터 말일까지로 각각 해석된다.

⑫ 어느 개월의 "상순", "중순" 및 "하순"이라는 용어는 양쪽 일자를 포함하여 당월의 1일부터 10일까지, 11일부터 20일까지, 그리고 21일부터 말일까지로 각각 해석된다.

위의 해석기준은 UCP 500의 일부 조항 및 E장 잡칙(Miscellaneous Provision)에서 규정되었던 일부 조항의 내용들을 UCP 600 제3조에서 반영하고 있다.

특히 환어음의 만기일과 관련하여 "from" 및 "after"라는 용어가 사용된 경우, 당해일자를 제외하는 취지에 대한 지침을 제공하고 있다.[42] 한편 ICC 은행위원회의 유권해석[43]에서 UCP에는 "from"이 선적일자 이외에 달리 사용되는 경우에 대해서는 규정하고 있지 않다고 전제한 후 "from"이라는 용어는 당해일자를 포함하는 개념으로 널리 받아들여지고 있다하여 이 용어와 관련된 해석상의 혼란을 가져왔으나, UCP 600에서는 "from"이라는 용어는 선적기간과 환어음 만기일 기산의 경우를 이원화하여 거래상황에 따라 상이한 해석 기준을 제시하고 있다.

3) 신용장발행시 발행은행의 적극적 제지의무(보완)

UCP 500의 제3조 a항의 기초계약과의 독립성 규정에서 a항의 마지막 부분에 UCP 600에서는 "발행은행은 신용장의 구성요소 부분으로서, 근거계약의 사본, 견적송장 및 기타 유사한 것을 포함시키고자 하는 모든 시도를 제지하여야 한다"[44]라는 내용을 추가하여 은행과 기초계약간의 독립성원칙 구현 방법을 보다 구체화 하고 특히 신용장을 발행할 때 발행은행이 보다 적극적으로 검토할 것을 강조하고 있다.

4) 신용장의 지급, 인수 매입에 대한 사용가능성(보완)

UCP 500의 신용장의 확약 유형, 즉 지급, 인수, 매입[45]과 관련하여 UCP 600

---

42) ISBP 745, Para. B2-d; i.e., 10 days after or from 4 May is 14 May.

43) ICC Banking Commission Pub. No. 632, R.294.

44) UCP 600, Article 4-b.

45) UCP 500, Article 10.

에서는 신용장의 "Availability, Expiry Date and Place for Presentation" 조항을 두어 신용장이 사용가능한 지정은행을 명시하도록 하고 그렇지 않으면 어떤 은행에서도 사용가능한 자유매입신용장이라는 점을 명확히 하고, 지정은행이 사용가능한 경우에는 지정은행을 포함하여 발행은행도 사용가능함을 규정하고 있다.[46] 또한 신용장은 일람지급, 연지급, 인수 또는 매입 중 어느 유형으로 사용가능한지를 명시하도록 하여 사용가능성(availability) 규정을 보완하고 있다.[47]

5) 발행은행과 확인은행의 상환의무 규정 및 의무부담 시점(신설)

UCP 600에서는 "발행은행(또는 확인은행)은 인수·지급 또는 매입을 행하는 지정은행에게 반드시 상환하여야 하고, 인수 또는 연지급 가능한 신용장하에서 제시금액에 대한 상환은 지정은행이 만기일 이전에 선지급 또는 매입 여부에 불문하고 만기일에 지급하여야 하며, 지정은행에 대한 발행은행(또는 확인은행)의 상환확약은 수익자에 대한 발행은행(또는 확인은행)의 확약과는 독립적이다."[48] 또한 "발행은행은 신용장을 발행하는 시점에 취소불능적으로 인수·지급 의무를 부담하고,[49] 또한 확인은행은 신용장에 확인을 추가하는 시점에 취소불능적으로 인수·지급 또는 매입 의무를 부담한다"[50]라고 규정하여 발행은행과 확인은행의 지정은행 앞으로의 상환의무 및 의무부담 개시시점에 대한 규정을 새로 반영하고 있다.

6) 통지은행의 역할 명확화 및 제2통지은행의 개념(신설)

UCP 600에서는 확인은행이 아닌 통지은행은 인수·지급 또는 매입확약 없이 신용장 및 모든 조건변경을 통지하도록 하는 내용을 반영 하였다.[51] 또한 통지은행은 수익자에게 신용장 및 모든 조건변경을 통지함에 있어 다른 은행, 즉

---

46) UCP 600, Article 6-a.

47) UCP 600, Article 6-b.

48) UCP 600, Article 7 a-vi; UCP 600, Article 8-a-vi.

49) UCP 600, Article 7-b.

50) UCP 600, Article 8-b.

51) UCP 600, Article 9-a.

제2통지은행(second advising bank)의 서비스를 이용할 수 있도록 하여 제 2 통지 은행에 관한 새로운 개념을 도입하고 있다.[52]

이와 같은 제2통지은행은 현재 신용장통지 관행에서 필요에 따라 사용되고 있는 현실을 감안하여 이번 개정에서 새로 반영된 것이다.

제2통지은행도 통지은행과 같이 외관상의 진정성(apparent authenticity) 점검 의무, 불확신 사항의 통지의무 등을 부담하도록 하고 있다.

7) 조건변경에 대한 명시적 수리의사표시 없는 조건변경서에 대한 무시(신설)

UCP 600에서는 "조건변경이 특정기한 내에 수익자에 의하여 거절되지 아니 하는 한 유효하게 된다는 취지의 조건변경서상의 규정은 무시 된다"[53]라는 규정 을 신설하고 있다. 이와 관련하여 ICC 은행위원회에서도 "조건변경에 대한 수익 자의 동의는 명시적인 수리의 의사표시가 있어야 하고 수익자의 묵시적인 동의 는 수리되는 것으로 간주되지 아니 한다"라는 유권해석을 내린 바 있다.[54]

신용장의 발행은 그 내용을 수익자에게 통지하면 효력이 발생되는 일방적인 행위로 끝나지만, 신용장 조건변경이나 취소는 수익자의 승낙 또는 거절 통지를 하여야 하므로[55] 이에 대한 기간제한이 있다하여 조건변경에 대한 승낙 및 거절 의 효력에 영향을 미칠 수 없음을 명문화 한 규정이다.

8) 지정은행의 인수 또는 연지급신용장의 할인허용 및 의무부담(신설)

UCP 600에서는 "환어음을 인수 또는 연지급확약 부담 은행을 지정함으 로써, 발행은행은 지정은행이 인수한 환어음 또는 부담한 연지급확약(deferred payment undertaking)을 선지급(prepay) 또는 구매(purchase)하기 위하여 그 지 정은행에게 권한을 부여 한다"라는 연지급신용장의 할인허용에 규정을 신설하

---

52) UCP 600, Article 9-c.

53) UCP 600, Article 10-g.

54) ICC Documents, 470/371, 470/373, December 9, 1980.

55) 강원진, "화환신용장 조건변경의 효력", 「국제상학」, 제11권 2호, 한국국제상학회, 1966, 137면.

고,[56] "확인은행이 아닌 지정은행이 서류의 수령 또는 심사 및 발송은 인수·지급 또는 매입할 의무를 그 지정은행에게 부담시키는 것은 아니며, 인수·지급 또는 매입을 구성하지 아니 한다"라고 규정하여 지정은행의 인수·지급 또는 매입의무의 면제 규정을 신설하고 있다.

9) 은행간 대금상환에 관한 준거규정 명시의무 및 상환수권 부여(신설)

UCP 600에서는 "신용장이 지정은행("청구은행")이 다른 당사자("상환은행") 앞으로 상환청구 받는 것으로 명시하고 있는 경우, 그 신용장은 상환이 신용장의 발행일에 유효한 은행간 대금상환에 관한 국제상업회의소 규칙(ICC rules for bank-to-bank reimbursements)에 따르는지를 명시하여야 한다"[57]는 규정을 신설하였다. 상환신용장을 발행할 경우 은행간 대금상환에 관한 준거규정을 반드시 포함할 것을 규정하여 동 규칙에 따른 상환업무처리를 할 수 있도록 하고 있다.

그러나 신용장이 상환이 은행간 대금상환에 관한 국제상업회의소 규칙에 준거함을 명시하지 아니한 경우, 이에 대한 적용기준에 대해서도 제시하고 있다. 즉, UCP 500 제19조 b항 i호를 UCP 600에서는 "발행은행은 신용장에 명시된 사용가능성에 따르는 상환수권을 상환은행에 반드시 제공하여야 한다. 상환수권은 유효기일에 영향을 받지 아니하여야 한다"[58]라는 규정을 신설하여 상환수권부여 및 상환수권의 유효기일에 대하여 규정하고 있다.

상환수권서의 유효기간에 관하여 상환확약의 경우를 제외하고 상환수권서에는 청구제시를 위한 유효기간 또는 최종일을 부가해서는 안 된다. 또한 상환은행은 유효기간에 대해서 아무런 책임을 부담하지 않고, 이와 같은 기간이 상환수권서에 명시되어 있어도 무시할 수 있다.[59] 이와 관련하여 ICC은행위원회는 은행간대금상환에 관한 통일규칙을 제정하면서 상환수권서상에 유효기간을 요구하지 않는 것이 은행간 대금상환에 관여하는 당사자에게 있어 최선이라고 판단

---

56) UCP 600, Article 7-c; UCP 600, Article 8-c.

57) UCP 600, Article 13-a.

58) UCP 600, Article 13-b-i.

59) URR 1995, Article 7.

하였다. 왜냐하면 상환거래(상환확약 이외의 경우)에 있어 유효기간이 요구된다면 많은 양의 대금상환청구가 상환수권서의 유효기간 때문에 지급되지 않을 가능성이 있을 수 있기 때문이다. 즉 서류매입이 유효기간에 또는 그것에 가까운 시점에서 행해진 경우에는 대금상환청구는 유효기간이 경과할 때까지 상환은행에 도래하지 않아 지급되지 않을 수도 있는 것이다.[60]

10) 서류심사기준의 구체화, 기간단축, 서류상호간 동일성 및 서류작성 기준 (신설 및 보완)

UCP 500에서 서류심사기준에 관하여 국제표준은행관행(international standard banking practice: ISBP)에 의한다는 개념을 처음으로 UCP상에 반영한 바 있으나 해석상의 모호성과 불명확성으로 실효를 거두지 못하였다. 그러나 2002년 ICC가 UCP의 추록으로 새로운 ISBP를 제시함으로써[61] 보다 구체적인 은행의 서류심사에 대한 가이드라인으로 삼게 되었다.

ISBP의 상위 규칙인 UCP 600은 서류심사기준에 대하여 다음과 같이 내용이 새롭게 반영되고 있다.[62]

첫째, 지정에 따라 행동하는 지정은행, 확인은행(있는 경우) 및 발행은행은 서류가 문면상 일치하는 제시(complying presentation)를 구성하는지 여부를 결정하기 위하여 서류만을 기초로 하여 제시를 심사하여야 한다.[63] 여기에서 일치하는 제시란 신용장조건, 본 규칙의 적용가능한 규정 및 국제표준은행관행에 따른 제시를 의미한다.

둘째, 서류심사기간은 제시가 일치하는 경우 제시기일과 관계없이 제시일

---

60) 강원진, 「신용장론」 제4판, 박영사, 2004, 280~281면.

61) ISBP는 2002년에 200개의 항을 제시한 바 있으나 2007년 4월 은행위원회의 승인을 받고 본 규칙에 반영된 일부 내용을 제외하여 이를 다시 185항으로 조정하여 UCP 600과 함께 적용하게 되었다.

62) 강원진, "UCP 600상의 불일치서류의 권리포기 요건과 적용에 관한 연구", 「무역학회지」, 제32권 제2호, 한국무역학회, 2007, 5~6면.

63) UCP 600, Article 14-a.

다음날로부터 최대 제5은행영업일을 갖는다.⁶⁴⁾ 이는 UCP 500과 비교하면 제2은
행영업일이 단축된 것이다.

셋째, 신용장 문맥을 읽을 때, 서류의 데이터, 서류의 자체 및 국제표준은행
관행은 서류의 데이터 또는 신용장과 동일성을 요하지 않지만 서류의 데이터, 모
든 기타 규정된 서류 또는 신용장과 상충되어서는 아니 된다⁶⁵⁾라고 UCP 600에
신설하여 서류상호간 동일성을 요하지 않으나 상충되어서는 아니 됨을 강조하고
있다.

넷째, 서류는 신용장의 발행일자보다 이전의 일자가 기재될 수 있으나, 그
서류의 제시일보다 늦은 일자가 기재되어서는 아니 된다⁶⁶⁾라고 규정하고 있다.

또한 UCP 600에서 서류작성 기준과 관련하여 다음과 같이 새롭게 반영하고
있다.

첫째, 수익자 및 발행의뢰인의 주소가 모든 명기된 서류상에 보이는 경우
이들 주소는, 신용장 또는 명기된 모든 기타 서류에 명시된 것과 동일할 필요
는 없으나, 신용장에 언급된 각각의 주소와 동일한 국가 내에 있어야 한다. 수익
자 및 발행의뢰인의 주소의 일부로서 명기된 연락처명세(모사전송, 전화, 전자우
편 등)는 무시된다. 그러나, 발행의뢰인의 주소 및 연락처 명세가 제19조, 제20
조, 제21조, 제22조, 제23조, 제24조 또는 제25조에 따라 운송서류상의 수화인
(consignee) 또는 착화통지처(notify party) 명세의 일부로서 보이는 경우, 이러한
주소 및 연락처명세는 신용장에 명시된 것과 같아야 한다⁶⁷⁾라고 제시하고 있다.

둘째, 운송서류가 본 규칙의 제19조, 제20조, 제21조, 제22조, 제23조 또는
제24조의 요건에 충족되는 경우, 운송서류는 운송인, 선주, 선장 또는 용선자 이
외의 모든 당사자에 의하여 발행될 수 있다⁶⁸⁾라고 하여 수익자와 다른 제 3 자의

64) UCP 600, Article 14-b.
65) UCP 600, Article 14-d.
66) UCP 600, Article 14-i.
67) UCP 600, Article 14-j.
68) UCP 600, Article 14-l.

명의를 송화인란에 명시할 수 있도록 하고 있다.

11) 신용장조건 일치서류에 대한 발행은행, 확인은행 및 지정은행의 의무(신설)

UCP 600에서는 "발행은행이 제시(presentation)[69]가 일치한다고 결정하는 경우, 발행은행은 인수·지급하여야(확인은행의 경우는 인수·지급 또는 매입)하고 또한 지정은행이 제시가 일치한다고 결정하고 인수·지급 또는 매입하는 경우, 지정은행은 확인은행 또는 발행은행에게 서류를 발송하여야 한다"[70]라고 규정하여 발행은행, 확인은행 및 지정은행이 서류가 신용장 조건과 일치된 것으로 결정한 경우의 지급이행과 관련된 의무조항 및 지정은행의 서류송부의무 규정에 대하여 신설하고 있다.

이와 관련하여 송장의 주소 표기와 관련한 국제상업회의소 은행위원회의 유권해석[71]에서도 주소에 포함된 텔렉스나 팩스 번호 등의 세부사항까지 신용장과 일치할 필요는 없으나 국가명이 다르게 표기될 정도로 신용장과 차이가 있는 주소의 표기는 불일치로 간주된다고 하는 점을 유의할 필요가 있다.

12) 불일치 서류 통지내용 명시의 구체화 및 거절통지기간의 축소(신설 및 보완)

UCP 500 제14조 d항 ii 호에서 은행이 거절통지 내용에는 "모든 불일치 사항을 기재하여야 하며, 또한 제시인의 처분에 맡겨 보관중인지, 아니면 그 제시인에게 반송하고 있는지를 명시하여야 한다"라고 하여 비교적 간결한 절차적인 규정을 두고 있다.

그러나 UCP 600에서 규정하고 있는 거절통지의 요건은 매우 구체적으로 구성되어 있다.[72] 거절통지 내용에는 "지정은행, 확인은행 또는 발행은행은 인

---

69) UCP 600에서 전자적 제시(electronic presentation)를 반영하자는 의견이 있었으나 이번에 반영되지 아니하였다; James E. Byrne, "Overview of Letter of Credit Law & Practice in 2005", *2006 Annual Survey of Letter of Credit Law & Practice*, The Institute of International Banking law & Practice, Inc., 2006. p.9

70) UCP 600, Article 15.

71) ICC Banking Commission Pub. No. 632, R.223.

72) 강원진, "UCP 600상의 불일치서류의 권리포기 요건과 적용에 관한 연구", 「무역학회지」, 제32권 제2호, 한국무역학회, 2007, 8~9면.

수·지급 또는 매입을 거절하는 경우 제시인(presenter)에게 그러한 취지를 단순 통지(single notice)하여야 한다. 그 통지에는

첫째, 인수·지급 또는 매입을 거절하고 있는 중(is refusing to honour or negotiate)이라는 내용 또는

둘째, 은행이 인수·지급 또는 매입을 거절한다는 것에 관한 각각의 불일치 (each discrepancy) 내용 또는

셋째, ① 은행이 제시인으로 부터 추가지시를 받을 때가지 서류를 보관하고 있다는 내용 또는 ② 발행은행이 발행의뢰인으로부터 권리포기(waiver)를 수령 및 권리포기의 승낙을 동의 및 권리포기 승낙을 동의하기 이전 제시인으로 부터 추가 지시를 수령할 때까지 서류를 보관하고 있다는 내용 또는 ③ 은행이 서류를 반송 중 이라는 내용 또는 ④ 은행이 제시인으로 부터 종전에 수령한 지시에 따라 행동하고 있는 중이라는 내용을 반드시 명시하여야 한다"[73]와 같이 보완하여 매우 상세한 거절통지 내용을 명시하고 있을 뿐만이 아니라 구체적인 절차요건을 규정하고 있다.

발행은행은 제시서류의 거절과 관련하여 일치하지 아니한 제시내용, 즉 불일치 내용을 한꺼번에 각기 모든 내용을 통지하여야 한다. 따라서 불일치에 대한 통지는 "두 번"(second bite) 또는 환언 하면 추가통지와 같은 여지를 두어서는 아니 된다.[74]

또한 서류의 거절통지 기간은 UCP 500 제13조 d항 i호의 규정에서 "은행은 서류수령 다음날로부터 제7은행영업일의 마감시간을 경과하지 아니하는 범위 내에서"를 UCP 600에서는 앞에서 기술한 바와 같이 "제16조 c항에 요구되는 통지는 전기통신 또는 그 이용이 불가능한 경우 기타 신속한 수단으로 제시일 다

---

73) UCP 600, Article 16-c.

74) E. P. Ellinger, "The UCP-500: Considering A New Revision", 2006 Annual Survey of letter of Credit law & Practice, Institute of International Banking Law & Practice, Inc., 2006, p.109; Amixco Asia (Pte) Ltd. v. Bank Bumiputra Malaysia Brhd.(1992) 2SLR 943; Kerr-McGee Chemical Corp. v. Federal Deposit Insurance corp. (1989) 872 F. 2d 971; Hamilton Bank NA v. Kookmin Bank 92001) 245 F. 3rd 82.

음날로부터 제5은행영업일 마감시간을 경과하지 아니한 범위 내에서 통지하여야 한다"[75]라고 규정하여 제2은행영업일을 단축시켰다.

13) 원본서류 및 사본의 제시 허용범위 확대(신설 및 보완)

UCP 600에서는 "적어도 신용장에 명기된 각 서류의 1통의 원본은 반드시 제시되어야 한다. 은행은 서류 그 자체가 원본이 아니라고 표시하고 있지 아니하는 한, 명백히 서류발행인의 원본서명, 표기, 스탬프, 또는 부전을 기재하고 있는 서류를 원본으로서 취급한다. 서류가 별도로 표시하지 아니하는 한, 서류가 다음과 같은 경우, 은행은 서류를 원본으로서 수리 한다: 서류발행인에 의하여 수기, 타자, 천공 또는 스탬프된 것으로 보이는 것; 또는 서류발행인의 원본용지 상에 기재된 것으로 보이는 것; 또는 제시된 서류에 적용되지 아니하는 것으로 보이지 아니하는 한, 원본이라는 명시가 있는것. 신용장이 서류의 사본의 제시를 요구하는 경우, 원본 또는 사본의 제시는 허용 된다"라고 규정하여 UCP 500 및 ISBP에서의 원사본 서류의 제시와 인정범위를 확대하고 있다.

14) 용선계약선화증권의 수리요건 중 양륙항 기재요건(보완)

UCP 500의 용선계약선화증권의 수리요건 제26조 a-v에서 "신용장에 규정된 적재항 및 양륙항을 명시한 것"을 UCP 600에서는 이 요건에 "신용장에 명시된 적재항으로부터 양륙항까지 선적을 표시하고 있는 것. 양륙항은 신용장에 명시된 대로 항구의 구역 또는 지리적 지역으로도 표시될 수 있다"[76]라는 양륙항 기재 요건을 추가하고 있다.

이와 관련하여 국제상업회의소 은행위원회는 이미 신용장에서 양륙항을 'Any XX Country Port'로 명시하였다면 용선선화증권의 양륙항란은 'Any XX

---

75) UCP 600, Article 16-d; 서류수리 또는 거절을 위한 최대 허용기간(maximum period for acceptance or refusal of documents)에 대한 표결에서 41%가 5일, 25%가 6일, 28%가 7일, 6%가 무응답으로 결과가 나와, 최종 문서에서는 5일을 사용하는 것으로 하였다; Robert L. Foutts, UCP 600 Update, JP MorganChase Treasury Services, November 2, 2006.

76) UCP 600, Article 22-a-iii.

CHAPTER 6 신용장통일규칙 319

Country Port'으로 표기하거나 해당 국가의 특정항을 표기하여도 수리가 가능하다는 유권해석을 하고 있다.[77] 해상선화증권과는 달리 용선계약선화증권의 경우 양륙항을 지리적 지역으로 표기할 수 있게 허용한 것은 용선운송계약은 정기선에 의한 해상운송계약과는 달리 도착지역이 유사한 방향의 다수 화주의 화물을 주로 운송한다는 점을 반영한 것으로 볼 수 있다.[78]

15) 운송주선인발행 운송서류 조항(삭제)

UCP 500 제30조의 운송주선인발행 운송서류(Transport Documents issued by Freight Forwarders) 조항은 UCP 600에서 삭제되었다. 이는 운송주선인이라 하더라도 UCP 요건에 부합되는 해상, 항공 및 복합운송서류를 발행할 수 있는 관행을 감안한 조치로 판단된다.

16) 무사고 운송서류에서 무사고 표시 불필요 규정(보완)

UCP 600에서는 UCP 500 제32조의 무사고 운송서류(Clean Transport Documents) 조항에 "무사고(clean)라는 말은 운송서류상에 명시할 필요가 없다"[79]라는 규정이 추가되었다. 이는 ISBP의 운송서류 관련 항목에서와 같이 UCP 600에도 반영하여 신용장이 무사고 본선적재선화증권을 요구한 경우에 "무사고"라는 단어는 선화증권 상에 나타낼 필요가 없음을 강조하고 있다.

17) 보험서류 발행인 자격의 세분화 및 보험기간(보완 및 신설)

보험서류발행인에 대하여 UCP 500 제34-a조는 "보험서류는 문면상 반드시 보험회사 또는 보험업자 또는 그 대리인에 의하여 발행 및 서명된 것으로 표시되어 있어야 한다"라고 하였으나 UCP 600에서는 보험서류발행 및 서명자를 "보험회사, 보험업자 또는 그들의 대리인 또는 그들의 대리행위자(insurance company, an underwriter or their agents or their proxies)"[80]로 세분하고 있다. 또한

---

[77] ICC Document 470/TA.396 (February 22, 2000).

[78] ICC Banking Commission Pub. No. 632 R.168.

[79] UCP 600, Article 27.

[80] UCP 600, Article 28-a.

"보험서류는 적어도 위험이 신용장에 명시된 바와 같이 수탁지 또는 선적지와 양륙지 또는 최종목적지간에 담보하고 있음을 표시하여야 한다"[81]라고 규정하여 보험기간을 신설하고 있다.

18) 과부족용인에 사용되는 미활용 용어(삭제)

신용장에 과부족 용인과 관련하여 사용되는 용어에서 UCP 500에서 규정[82]되고 있었던 "about", "approximately", "circa", 또는 유사한 표현(similar expressions)은 UCP 600에서는 "circa", 또는 유사한 표현(similar expressions)은 삭제되었다. 이는 "circa"가 과부족용인을 위하여 신용장금액, 수량, 단가 앞에 사용하는 관행이 거의 없음을 고려하여 사용빈도가 많은 두 용어로 사용범위를 한정시켰다.

19) 분할선적에 대한 해석기준(보완)

UCP 500 제40-b에서 분할선적으로 간주되지 아니하는 해석기준에 추가하여 UCP 600에서는 "동일한 운송방식에서 2 이상의 운송수단상의 선적을 증명하는 하나 또는 2세트 이상의 운송서류를 구성하는 제시는 그 운송수단이 동일한 일자에 동일한 목적지를 향하여 출발하는 경우에도 분할선적으로 본다"[83]라고 규정하여 분할선적으로 간주되는 경우를 추가하고 있다.

20) 송달중의 분실에 대한 발행은행 또는 확인은행의 지급이행 책임규정(신설)

UCP 500 제16조에는 통신송달이나 전문용어 번역에 대한 은행의 면책조항을 설정하고 있었으나 UCP 600에서는 이에 추가하여 "지정은행이 제시가 일치하는 것으로 결정하고 그 서류를 발행은행 또는 확인은행에 발송하는 경우, 서류가 지정은행과 발행은행 또는 확인은행간, 또는 확인은행과 발행은행간 송달 중에 분실된 경우라 하더라도, 지정은행이 인수·지급 또는 매입하였는지의 여부에 관계없이, 발행은행 또는 확인은행은 인수·지급 또는 매입하거나, 또는 그 지정

---

81) UCP 600, Article 28-f-iii.

82) UCP 500, Article 39-a.

83) UCP 600, Article 31-b.

은행에 상환하여야 한다"[84]라고 하여 신용장 조건과 일치되는 서류가 지정은행, 확인은행, 발행은행간의 서류송달 중 분실되더라도 지급이행을 하여야 한다는 은행의 책임규정을 새로이 반영하였다. 이는 여타 은행면책 조항과 비교할 때 처음으로 은행의 귀책 되는 경우를 면책조항 상에 단서로 규정한 것은 특기할 만하다.

21) 불가항력에 대한 은행의 면책조항에서 테러행위에 대한 면책범위(보완)

UCP 600에서는 UCP 500 제17조의 불가항력(Force Majeure) 조항[85]에서 나열된 불가항력의 범위에 테러행위(acts of terrorism)에 대한 불가항력 내용을 추가하였다. 이는 최근 새로운 위험 요인으로 등장한 테러행위 문제를 은행의 면책조항에 반영한 것이다.

22) 피지시자인 통지은행의 수수료수령 조건부 신용장조건 삽입 금지규정(보완)

UCP 600에서는 UCP 500 제18조 피지시인의 행위에 대한 면책 조항 중 "신용장 또는 조건변경은 수익자에 대한 통지가 통지은행 또는 제2통지은행이 자신의 비용을 수령하는 조건으로 한다고 규정하여서는 아니 된다"[86]라는 규정을 추가하여 수수료를 받아야 통지를 행한다는 식의 조건부 신용장을 발행하여서는 아니 됨을 강조하고 있다.

---

84) UCP 600, Article 35.

85) UCP 600, Article 36.

86) UCP 600, Article 37-c.

5. 2007 개정 화환신용장통일규칙 및 관례

Uniform Customs and Practice for Documentary Credits (2007 Revision)

[Article 1] Application of UCP 600

The Uniform Customs and Practice for Documentary Credits, 2007 Revision, ICC Publication no. 600 ("UCP") are rules that apply to any documentary credit("credit") (including, to the extent to which they may be applicable, any standby letter of credit) when the text of the credit expressly indicates that it is subject to these rules. They are binding on all parties thereto unless expressly modified or excluded by the credit.

[제 1 조] 신용장통일규칙(UCP 600)의 적용

2007년 개정 국제상업회의소 간행물 제600호의 화환신용장통일규칙 및 관례(UCP)는 신용장의 본문에 이 규칙에 따른다고 명시적으로 표시하고 있는 경우 모든 화환신용장("신용장")(적용가능한 범위 내에서 모든 보증신용장을 포함하여)에 적용되는 규칙이다. 이 규칙은 신용장에 분명히 수정되거나 또는 배제되지 아니하는 한 모든 관계당사자를 구속한다.

[Article 2] Definitions

For the purpose of these rules:

Advising bank means the bank that advises the credit at the request of the issuing bank.

Applicant means the party on whose request the credit is issued.

Banking day means a day on which a bank is regularly open at the place at which an act subject to these rules is to be performed.

Beneficiary means the party in whose favour a credit is issued.

Complying presentation means a presentation that is in accordance with the terms and conditions of the credit, the applicable provisions of these rules and international standard banking practice.

Confirmation means a definite undertaking of the confirming bank, in addition to that of the issuing bank, to honour or negotiate a complying presentation.

Confirming bank means the bank that adds its confirmation to a credit upon the issuing bank's authorization or request.

Credit means any arrangement, however named or described, that is irrevocable and thereby constitutes a definite undertaking of the issuing bank to honour a complying presentation.

Honour means:

a. to pay at sight if the credit is available by sight payment.

b. to incur a deferred payment undertaking and pay at maturity if the credit is available by deferred payment.

c. to accept a bill of exchange ("draft") drawn by the beneficiary and pay at maturity if the credit is available by acceptance.

Issuing bank means the bank the issues a credit at the request of an applicant or on its own behalf.

Negotiation means the purchase by the nominated bank of drafts (drawn on a bank other than the nominated bank) and/or documents under a complying presentation, by advancing or agreeing to advance funds to the beneficiary on or before the banking day on which reimbursement is due to the nominated bank.

Nominated bank means the bank with which the credit is available or any bank in the case of a credit available with any bank.

Presentation means either the delivery of documents under a credit to the issuing bank or nominated bank or the documents so delivered.

Presenter means a beneficiary, bank or other party that makes a presentation.

[제 2 조] 정 의

이 규칙을 위하여:

통지은행이란 발행은행의 요청으로 신용장을 통지하는 은행을 말한다.

발행의뢰인이란 신용장이 발행되도록 요청하는 당사자를 말한다.

은행영업일이란 이 규칙에 따라 업무가 이행되어 지는 장소에서 은행이 정규적으로 영업을 하는 일자를 말한다.

수익자란 신용장이 발행되어 수혜를 받는 당사자를 말한다.

일치하는 제시란 신용장조건, 이 규칙의 적용가능한 규정 및 국제표준은행관행에 따른 제시를 말한다.

확인이란 발행은행의 확약에 추가하여 일치하는 제시를 인수·지급 또는 매입하겠다는 확인은행의 분명한 확약을 말한다.

확인은행이란 발행은행의 수권 또는 요청에 따라 신용장에 확인을 추가하는 은행을 말한다.

신용장이란 그 명칭이나 기술에 관계없이 일치하는 제시를 인수·지급하기 위한 발행은행의 취소불능적인 그리고 분명한 확약을 구성하는 모든 약정을 말한다.

인수·지급이란 다음을 말한다.

a. 신용장이 일람지급에 의하여 사용가능한 경우 일람지급 하는 것.

b. 신용장이 연지급에 의하여 사용가능한 경우 연지급을 확약하고 만기일에 지급하는 것.

c. 신용장이 인수에 의하여 사용가능한 경우 수익자가 발행한 환어음("어음")을 인수하고 만기일에 지급하는 것.

발행은행이란 발행의뢰인의 요청에 따라 또는 자기 자신을 위하여 신용장을 발행하는 은행을 말한다.

매입이란 상환이 지정은행에게 행해져야 하는 은행영업일 또는 그 이전 수익자에게 대금을 선지급 또는 선지급 하기로 동의함으로써 일치하는 제시에 대한 환어음(지정은행이 아닌 은행을 지급인으로 하여 발행된) 및/또는 서류를 지정은행이 매입하는 것을 말한다.

지정은행이란 신용장이 사용가능한 은행 또는 모든 은행에서 사용가능한 신용장의 경우 모든 은행을 말한다.

제시란 발행은행 또는 지정은행에게 신용장에 의한 서류인도 또는 그와 같이 인도된 서류를 말한다.

제시인이란 제시를 하는 수익자, 은행 또는 기타 당사자를 말한다.

[Article 3] Interpretations

For the purpose of these rules:

Where applicable, words in the singular include the plural and in the plural include the singular.

A credit is irrevocable even if there is no indication to that effect.

A document may be signed by handwriting, facsimile signature, perforated signature, stamp, symbol or any other mechanical or electronic method of authentication.

A requirement for a document to be legalized, visaed, certified or similar will be satisfied by any signature, mark, stamp or label on the document which appears to satisfy that requirement.

Branches of a bank in different countries are considered to be separate banks.

Terms such as "first class", "well known", "qualified", "independent", "official", "competent" or "local" used to describe the issuer of a document allow any issuer except the beneficiary to issue that document.

Unless required to be used in a document, words such as "prompt", "immediately" or "as soon as possible" will be disregarded.

The expression "on or about" or similar will be interpreted as a stipulation that an event is to occur during a period of five calendar days before until five calendar days after the specified date, both start and end dates included.

The words "to", "until", "till", "from" and "between" when used to determine a period of shipment include the date or dates mentioned, and the words "before" and "after" exclude the date mentioned.

The words "from" and "after" when used to determine a maturity date exclude the date mentioned.

The terms "first half" and "second half" of a month shall be construed respectively as the 1st to the 15th and the 16th to the last day of the month, all dates inclusive.

The terms "beginning", "middle" and "end" of a month shall be construed respectively as the 1st to the 10th, the 11th to the 20th and the 21st to the last day of the month, all dates inclusive.

[제 3 조] 해 석

이 규칙을 위하여:

적용 가능한 경우, 단수형의 단어는 복수형을 포함하고, 복수형에는 단수형을 포함한다.

신용장은 비록 취소불능이라는 표시가 없다 하더라도 취소불능이다.

서류는, 수기, 모사 서명, 천공 서명, 스탬프, 상징 또는 모든 기타의 기계적 또는 전자적 인증방법에 의하여 서명될 수 있다.

공인, 사증, 증명 또는 유사한 서류의 요건은 그러한 요건을 충족하는 것으로 보이는 서류상의 모든 서명, 표지, 스탬프 또는 부전에 의하여 충족된다.

다른 국가에 있는 어떠한 은행의 지점은 독립된 은행으로 본다.

서류의 발행인을 설명하기 위하여 사용되는 "일류의(first class)", "저명한(well known)", "자격 있는(qualified)", "독립적인(independent)", "공인된(official)", "유능한(competent)", 또는 "국내의(local)"와 같은 용어는 서류발행을 위한 수익자 이외의 모든 발행인에게 허용한다.

서류에 사용되는 것으로 요구되지 아니하는 한, "신속히(prompt)", "즉시(immediately)" 또는 "가능한 빨리(as soon as possible)"와 같은 단어는 무시된다.

"~에 또는 ~경에" 또는 이와 유사한 표현은 어떠한 일이 명시된 일자 이전 역일(calendar days) 5일부터 명시된 일자 이후 역일 5일까지의 기간 동안에 발행되도록 약정하는 것으로 해석되며 초일 및 종료일이 포함되는 것으로 한다.

선적기간을 결정하기 위하여 사용된 경우 "to", "until", "till", "from" "between"이라는 단어는 언급된 일자 및 일자들을 포함하며, "before" 및 "after"라는 단어는 언급된 일자를 제외한다.

만기일을 결정하기 위하여 사용된 경우 "from" 및 "after"라는 단어는 언급된 일자를 제외한다.

어느 개월의 "전반" 및 "후반"이라는 용어는 모든 일자를 포함하여 당월의 1일부터 15일까지, 그리고 16일부터 말일까지로 각각 해석된다.

어느 개월의 "상순", "중순" 및 "하순"이라는 용어는 양쪽 일자를 포함하여 당월의 1일부터 10일까지, 11일부터 20일까지, 그리고 21일부터 말일까지로 각각 해석된다.

[Article 4] Credits v. Contracts

 a. A credit by its nature is a separate transaction from the sale or other contract on which it may be based. Banks are in no way concerned with or bound by such contract, even if any reference whatsoever to it is included in the credit.

 Consequently, the undertaking of a bank to honour, to negotiate or to fulfil any other obligation under the credit is not subject to claims or defences by the applicant resulting from its relationships with the issuing bank or the beneficiary.

 A beneficiary can in no case avail itself of the contractual relationships existing between banks or between the applicant and the issuing bank.

 b. An issuing bank should discourage any attempt by the applicant to include, as an integral part of the credit, copies of the underlying contract, proforma invoice and the like.

[제 4 조] 신용장과 계약

 a. 신용장은 그 성질상 그것이 근거가 되는 매매계약 또는 기타 계약과는 별개의 거래이다. 은행은 그러한 계약에 관한 어떠한 참조사항이 신용장에 포함되어 있다 하더라도 그러한 계약과는 아무런 관계가 없으며 또한 구속되지 아니한다. 따라서 신용장에 의하여 인수·지급, 매입하거나 또는 모든 기타 의무를 이행한다는 은행의 확약은 발행의뢰인이 발행은행 또는 수익자와의 관계로부터 야기되는 클레임 또는 항변에 지배받지 아니하는 조건으로 한다. 수익자는 어떠한 경우에도 은행 상호간 또는 발행의뢰인과 발행은행간에 존재하는 계약관계를 원용할 수 없다.

 b. 발행은행은 신용장의 구성요소 부분으로서, 근거계약의 사본, 견적송장 및 기타 유사한 것을 포함시키고자 하는 모든 시도를 제지하여야 한다.

[Article 5] Documents v. Goods, Services or Performance

 Banks deal with documents and not with goods, services or performance to which the documents may relate.

[제 5 조] 서류와 물품, 서비스 또는 이행

 은행은 서류로 거래하는 것이지, 그 서류와 관련될 수 있는 물품, 서비스 또는 이행으로 거래하는 것이 아니다.

[Article 6] Availability, Expiry Date and Place for Presentation

 a. A credit must state the bank with which it is available or whether it is available with any bank. A credit available with a nominated bank is also available with the issuing bank.

 b. A credit must state whether it is available by sight payment, deferred payment, acceptance or negotiation.

 c. A credit must not be issued available by a draft drawn on the applicant.

d. ⅰ. A credit must state an expiry date for presentation. An expiry date stated for honour or negotiation will be deemed to be an expiry date for presentation.

ⅱ. The place of the bank with which the credit is available is the place for presentation. The place for presentation under a credit available with any bank is that of any bank. A place for presentation other than that of the issuing bank is in addition to the place of the issuing bank.

e. Except as provided in sub-article 29 (a), a presentation by or on behalf of the beneficiary must be made on or before the expiry date.

[제 6 조] 사용가능성, 유효기일 및 제시장소

a. 신용장은 그 신용장이 사용가능한 은행 또는 그 신용장이 모든 은행에서 사용가능한 지 여부를 명기하여야 한다. 지정은행에서 사용가능한 신용장은 발행은행에서도 사용 가능하다.

b. 신용장은 그것이 일람지급, 연지급, 인수 또는 매입 중 어느 유형으로 사용가능한지를 명시하여야 한다.

c. 신용장은 발행의뢰인을 지급인으로 발행된 환어음에 의하여 사용가능하도록 발행되어서는 아니 된다.

d. ⅰ. 신용장은 제시를 위한 유효기일을 명기하여야 한다. 인수·지급 또는 매입을 위하여 명기 된 유효기일은 제시를 위한 유효기일로 본다.

ⅱ. 신용장이 사용가능한 은행의 장소는 제시장소이다. 모든 은행에서 사용가능한 신용장의 제시장소는 모든 은행의 장소가 된다. 발행은행 이외의 제시장소는 발행은행의 장소에 추가한 것이다.

e. 29조 a항에서 규정된 경우를 제외하고, 수익자에 의한 제시 또는 수익자를 대리하는 제시는 유효기일 또는 그 이전에 행하여져야 한다.

[Article 7] Issuing Bank Undertaking

a. Provided that the stipulated documents are presented to the nominated bank or to the issuing bank and that they constitute a complying presentation, the issuing bank must honour if the credit is available by :

ⅰ. sight payment, deferred payment or acceptance with the issuing bank ;

ⅱ. sight payment with a nominate bank and that nominated bank does not pay ;

ⅲ. deferred payment with a nominated bank and that nominated bank does not incur its deferred payment undertaking or, having incurred its deferred payment undertaking, does not pay at maturity ;

ⅳ. acceptance with a nominated bank and that nominated bank does not accept a draft drawn on it or, having accepted a draft drawn on it, does not pay at maturity ;

ⅴ. negotiation with a nominated bank and that nominated bank does not negotiate.

b. An issuing bank is irrevocably bound to honour as of the time it issues the credit.

c. An issuing bank undertaking to reimburse a nominated bank that has honoured or negotiated a complying presentation and forwarded the documents to the issuing bank. Reimbursement for the amount of a complying presentation under a credit available by acceptance or deferred payment is due at maturity, whether or not the nominated bank prepaid or purchased before maturity. An issuing bank's undertaking to reimburse a nominated bank is independent of the issuing bank's undertaking to the beneficiary.

[제 7 조] 발행은행의 확약

a. 규정된 서류가 지정은행 또는 발행은행에 제시되고, 그 서류가 일치하는 제시를 구성하는 한, 신용장이 다음 중 어느 것에 의하여 사용가능한 경우, 발행은행은 인수·지급하여야 한다:

 i . 발행은행에서 일람지급, 연지급 또는 인수하는 경우;

 ii . 지정은행에서 일람지급 및 그 지정은행이 지급하지 아니하는 경우;

 iii. 지정은행에서 연지급 및 지정은행이 연지급확약을 부담하지 아니하는 경우 또는, 지정은행의 연지급확약을 부담하였지만 만기일에 지급하지 아니하는 경우;

 iv. 지정은행에서 인수 및 그 지정은행이 자신을 지급인으로 하여 발행된 환어음을 인수하지 아니하는 경우 또는, 지정은행이 자신을 지급인으로 하여 발행 된 환어음을 인수하였지만 만기일에 지급하지 아니하는 경우;

 v . 지정은행에서 매입 및 지정은행이 매입을 하지 아니하는 경우.

b. 발행은행은 신용장을 발행하는 시점부터 취소불능적으로 인수·지급 의무를 부담한다.

c. 발행은행은 일치하는 제시를 인수·지급 또는 매입한 지정은행 및 서류를 발행은행에 발송한 지정은행에게 상환할 것을 확약한다. 인수 또는 연지급 가능한 신용장에서 일치하는 제시금액에 대한 상환은 지정은행이 만기일 전에 선지급 또는 매입하였는지의 여부와 관계없이 만기일에 지급기일이 된다. 지정은행에 상환할 발행은행의 확약은 수익자에 대한 발행은행의 확약과 독립적이다.

[Article 8] Confirming Bank Undertaking

a. Provided that the stipulated documents are presented to the confirming bank or to any other nominated bank and that they constitute a complying presentation, the confirming bank must:

 i . honour, if the credit is available by

   a) sight payment, deferred payment or acceptance with the confirming bank;

   b) sight payment with another nominated bank and that nominated bank and that nominated bank does not pay;

c) deferred payment with another nominated bank and that nominated bank does not incur its deferred payment undertaking or, having incurred its deferred payment undertaking, does not pay at maturity;

d) acceptance with another nominated bank and that nominated bank does not accept a draft drawn on it or, having accepted a draft drawn on it, does not pay at maturity;

e) negotiation with another nominated bank and that nominated bank does not negotiate.

ⅱ. negotiate, without recourse, if the credit is available by negotiation with the confirming bank.

b. A confirming bank is irrevocably bound to honour or negotiate as of the time it adds its confirmation to the credit.

c. A confirming bank undertakes to reimburse another nominated bank that has honoured or negotiated a complying presentation and forwarded the documents to the confirming bank. Reimbursement for the amount of a complying presentation under a credit available by acceptance or deferred payment is due at maturity, whether or not another nominated bank prepaid or purchased before maturity. A confirming bank's undertaking to reimburse another nominated bank is independent of the confirming bank's undertaking to the beneficiary.

d. If a bank is authorized or requested by the issuing bank to confirm a credit but is not prepared to do so, it must inform the issuing bank without delay and may advise the credit without confirmation.

[제 8 조] 확인은행의 확약

a. 규정된 서류가 확인은행 또는 모든 기타 지정은행에 제시되고, 그 서류가 일치하는 제시를 구성하는 한, 확인은행은:

ⅰ. 신용장이 다음 중의 어느 것에 의하여 사용가능한 경우, 인수·지급하여야 한다:

a. 확인은행에서 일람지급, 연지급 또는 인수하는 경우;

b. 다른 지정은행에서 일람지급 및 그 지정은행이 지급하지 아니하는 경우;

c. 다른 지정은행에서 연지급 및 지정은행이 연지급확약을 부담하지 아니하는 경우 또는, 지정은행의 연지급확약을 부담하였지만 만기일에 지급하지 아니하는 경우;

d. 다른 지정은행에서 인수 및 그 지정은행이 자신을 지급인으로 하여 발행된 환어음을 인수하지 아니하는 경우 또는, 지정은행이 자신을 지급인으로 하여 발행 된 환어음을 인수하였지만 만기일에 지급하지 아니하는 경우;

e. 다른 지정은행에서 매입 및 지정은행이 매입하지 아니하는 경우.

ⅱ. 신용장이 확인은행에서 매입에 의하여 사용가능한 경우, 상환청구 없이, 매입하여

야 한다.

b. 확인은행은 신용장에 자신의 확인을 추가하는 시점부터 취소불능적으로 인수·지급 또는 매입 의무를 부담한다.

c. 확인은행은 일치하는 제시를 인수·지급 또는 매입한 지정은행 및 서류를 확인은행에 발송한 다른 지정은행에게 상환할 것을 확약한다. 인수 또는 연지급 가능한 신용장에 서 일치하는 제시금액에 대한 상환은 다른 지정은행이 만기일 전에 선지급 또는 매입 하였는지의 여부와 관계없이 만기일에 지급기일이 된다. 다른 지정은행에 상환할 확 인은행의 확약은 수익자에 대한 발행은행의 확약과 독립적이다.

d. 어떤 은행이 발행은행에 의하여 신용장을 확인하도록 수권 또는 요청받았으나 이를 행할 준비가 되어 있지 않을 경우, 그 은행은 지체 없이 발행은행에게 반드시 통고하 여야 하며 그리고 확인 없이 신용장을 통지할 수 있다.

[Article 9] Advising of Credits and Amendments

a. A credit and any amendment may be advised to a beneficiary through an advising bank. An advising bank that is not a confirming bank advises the credit and any amendment without any undertaking to honour or negotiate.

b. By advising the credit or amendment, the advising bank signifies that it has satisfied itself as to the apparent authenticity of the credit or amendment and that the advice accurately reflects the terms and conditions of the credit or amendment received.

c. An advising bank may utilize the services of another bank ("second advising bank") to advise the credit and any amendment to the beneficiary. By advising the credit or amendment, the second advising bank signifies that it has satisfied itself as to the apparent authenticity of the advice it has received and that the advice accurately reflects the terms and conditions of the credit or amendment received.

d. A bank utilizing the services of an advising bank or second advising bank to advise a credit must use the same bank to advise any amendment thereto.

e. If a bank is requested to advise a credit or amendment but elects not to do so, it must so inform, without delay, the bank from which the credit, amendment or advice has been received.

f. If a bank is requested to advise a credit or amendment but cannot satisfy itself as to the apparent authenticity of the credit, the amendment or the advice, it must so inform, without delay, the bank from which the instructions appear to have been received. If the advising bank or second advising bank elects nonetheless to advise the credit or amendment, it must inform the beneficiary or second advising bank that it has not been able to satisfy itself as to the apparent authenticity of the credit, the amendment or the advice.

[제 9 조] 신용장 및 조건변경의 통지

  a. 신용장 및 모든 조건변경은 통지은행을 통하여 수익자에게 통지될 수 있다. 확인은행이 아닌 통지은행은 인수·지급 또는 매입하기 위하여 아무런 확약 없이 신용장 및 모든 조건변경을 통지한다.

  b. 신용장 또는 조건변경을 통지함으로써, 통지은행은 신용장 또는 조건변경의 외관상 진정성에 관하여 자체적으로 충족하였다는 것과 그 통지가 수령된 신용장 또는 조건변경의 조건을 정확하게 반영하고 있다는 것을 표명하는 것이다.

  c. 통지은행은 수익자에게 신용장 및 모든 조건변경을 통지하기 위하여 다른 은행("제2통지은행")의 서비스를 이용할 수 있다. 신용장 또는 조건변경을 통지함으로써 제2통지은행은 자신이 수령한 그 통지의 외관상 진정성에 관하여 자체적으로 충족하였다는 것과 그 통지가 수령된 신용장 또는 조건변경의 조건을 정확하게 반영하고 있다는 것을 표명하는 것이다.

  d. 신용장을 통지하기 위하여 통지은행 또는 제2통지은행의 서비스를 이용하는 은행은 이에 대한 모든 조건변경을 통지하기 위하여 동일한 은행을 이용하여야 한다.

  e. 은행이 신용장 또는 조건변경 통지를 요구받았으나 그렇게 하지 아니하기로 결정한 경우, 은행은 신용장, 조건변경 또는 통지를 송부하여 온 은행에게 지체 없이 이를 통고하여야 한다.

  f. 은행이 신용장 또는 조건변경 통지를 요구받았으나 신용장, 조건변경 또는 통지의 외관상 진정성에 관하여 자체적으로 충족할 수 없는 경우, 그 은행은 그 지시를 송부하여온 은행에게 이를 지체 없이 통고하여야 한다. 그럼에도 불구하고 통지은행 또는 제2통지은행이 그 신용장 또는 조건변경을 통지하기로 결정한 경우, 그 은행은 수익자 또는 제2통지은행에게 신용장, 조건변경 또는 통지의 외관상 진정성에 관하여 자체적으로 충족할 수 없다는 것을 통고하여야 한다.

[Article 10] Amendment

  a. Except as otherwise provided by article 38, a credit can neither be amended nor cancelled without the agreement of the issuing bank, the confirming bank, if any, and the beneficiary.

  b. An issuing bank is irrevocably bound by an amendment as of the time it issues the amendment. A confirming bank may extend its confirmation to an amendment and will be irrevocably bound as of the time it advises the amendment. A confirming bank may, however, choose to advise an amendment without extending its confirmation and, if so, it must inform the issuing bank without delay and inform the beneficiary in its advice.

  c. The terms and conditions of the original credit (or a credit incorporating previously accepted amendments) will remain in force for the beneficiary until the beneficiary communicates its acceptance of the amendment to the bank that advised such amendment. The beneficiary should give notification of acceptance or rejection of an amendment. If the beneficiary fails to give such notification, a presentation that complies with the credit and to any not yet accepted amendment will be deemed to be notification of acceptance by the beneficiary of such amendment. As of that moment the credit will be amended.

d. A bank that advises an amendment should inform the bank from which it received the amendment of any notification of acceptance or rejection.

e. Partial acceptance of an amendment is not allowed and will be deemed to be notification of rejection of the amendment.

f. A provision in an amendment to the effect that the amendment shall enter into force unless rejected by the beneficiary within a certain time shall be disregarded.

[제10조] 조건변경

a. 제38조에 의하여 별도로 규정된 경우를 제외하고, 신용장은 발행은행, 확인은행(있는 경우) 및 수익자의 합의 없이는 변경 또는 취소될 수 없다.

b. 발행은행은 그 자신이 조건변경서를 발행하는 시점부터 그 조건변경서에 의하여 취소 불능적인 의무를 부담한다. 확인은행은 그 자신의 확인을 조건변경에까지 부연할 수 있으며 그 변경을 통지한 시점부터 취소불능적인 의무를 부담한다. 그러나, 확인은행은 그 자신의 확인을 부연함이 없이 조건변경 통지를 선택할 수 있으며, 또한 이러한 경우에는 발행은행에게 지체 없이 통고하고 그 자신의 통지서로 수익자에게 통고하여야 한다.

c. 원신용장(또는 이미 승낙된 조건변경을 포함하고 있는 신용장)의 조건은 수익자가 조건변경에 대한 그 자신의 승낙을 그러한 조건변경을 통지해 온 은행에게 통보할 때까지는 수익자를 위하여 계속 효력을 갖는다. 수익자는 조건변경에 대하여 승낙 또는 거절의 통고를 행하여야 한다. 수익자가 그러한 통고를 행하지 아니한 경우, 신용장 및 아직 승낙되지 아니한 조건변경에 일치하는 제시는 수익자가 그러한 조건변경에 대하여 승낙의 통고를 행하는 것으로 본다. 그 순간부터 신용장은 조건변경 된다.

d. 조건변경을 통지하는 은행은 조건변경을 송부하여 온 은행에게 승낙 또는 거절의 모든 통고를 통지하여야 한다.

e. 조건변경의 부분승낙은 허용되지 아니하며 조건변경의 거절통고로 본다.

f. 조건변경이 특정기한 내에 수익자에 의하여 거절되지 아니하는 한 유효하게 된다는 취지의 조건변경서상의 규정은 무시된다.

[Article 11] Teletransmitted and Pre-Advised Credits and Amendments

a. An authenticated teletransmission of a credit or amendment will be deemed to be the operative credit or amendment, and any subsequent mail confirmation shall be disregarded.

If a teletransmission states "full details to follow" (or words of similar effect), or states that the mail confirmation is to be the operative credit or amendment, then the teletransmission will not be deemed to be the operative credit or amendment. The issuing bank must then issue the operative credit or amendment without delay in terms not inconsistent with the teletransmission.

b. A preliminary advice of the issuance of a credit or amendment ("pre-advice") shall only be sent if the issuing bank is prepared to issue the operative credit or amendment. An issuing bank that sends a pre-advice is irrevocably committed to issue the operative credit or amendment, without delay, in terms not inconsistent with the pre-advice.

[제11조] 전송과 예비통지신용장 및 조건변경

a. 신용장 또는 조건변경의 인증된 전송은 유효한 신용장 또는 조건변경으로 보며, 이후의 모든 우편확인서는 무시된다.

전송이 "상세한 사항은 추후 통지함"(또는 이와 유사한 효력을 가지는 문언)이라고 명시하고 있거나 또는 우편확인서를 유효한 신용장 또는 조건변경으로 한다는 것을 명시한 경우, 그 전송은 유효한 신용장 또는 조건변경으로 보지 아니한다. 발행은행은 그 때 전송과 모순되지 아니한 조건으로 지체 없이 유효한 신용장 또는 조건변경을 발행하여야 한다.

b. 신용장의 발행 또는 조건변경의 예비통지는 발행은행이 유효한 신용장 또는 조건변경을 발행할 준비가 되어 있는 경우에만 송부되어야 한다. 예비통지를 송부하는 발행은행은 지체 없이 예비통지와 모순되지 아니한 조건으로 유효한 신용장 또는 조건변경을 발행할 것을 취소불능적으로 약속한다.

[Article 12] Nomination

a. Unless a nominated bank is the confirming bank, an authorization to honour or negotiate does not impose any obligation on that nominated bank to honour or negotiate, except when expressly agreed to by that nominated bank and so communicated to the beneficiary.

b. By nominating a bank to accept a draft or incur a deferred payment undertaking, an issuing bank authorizes that nominated bank to prepay or purchase a draft accepted or a deferred payment undertaking incurred by that nominated bank.

c. Receipt or examination and forwarding of documents by a nominated bank that is not a confirming bank does not make that nominated bank liable to honour or negotiate, nor does it constitute honour or negotiation.

[제12조] 지 정

a. 지정은행이 확인은행이 아닌 한, 인수·지급 또는 매입하기 위한 수권은 지정은행이 명시적으로 합의하고 이를 수익자에게 통보하는 경우를 제외하고, 지정은행에게 인

수·지급 또는 매입에 관한 어떠한 의무도 부과되지 아니한다.

b. 환어음을 인수 또는 연지급확약 부담 은행을 지정함으로써, 발행은행은 지정은행이 인수한 환어음 또는 부담한 연지급확약을 선지급 또는 구매하기 위하여 그 지정은행에게 권한을 부여한다.

c. 확인은행이 아닌 지정은행이 서류의 수령 또는 심사 및 발송은 인수·지급 또는 매입할 의무를 그 지정은행에게 부담시키는 것은 아니며, 인수·지급 또는 매입을 구성하지 아니한다.

[Article 13] Bank-to-Bank Reimbursement Arrangements

a. If a credit states that reimbursement is to be obtained by a nominated bank ("claiming bank") claiming on another party ("reimbursing bank"), the credit must state if the reimbursement is subject to the ICC rules for bank-to-bank reimbursements in effect on the date of issuance of the credit.

b. If a credit does not state that reimbursement is subject to the ICC rules for bank-to-bank reimbursements, the following apply:

ⅰ. An issuing bank must provide a reimbursing bank with a reimbursement authorization that conforms with the availability stated in the credit. The reimbursement authorization should not be subject to an expiry date.

ⅱ. A claiming bank shall not be required to supply a reimbursing bank with a certificate of compliance with the terms and conditions of the credit.

ⅲ. An issuing bank will be responsible for any loss of interest, together with any expenses incurred, if reimbursement is not provided on first demand by a reimbursing bank in accordance with the terms and conditions of the credit.

ⅳ. A reimbursing bank's charges are for the account of the issuing bank. However, if the charges are for the account of the beneficiary, it is the responsibility of an issuing bank to so indicate in the credit and in the reimbursement authorization. If a reimbursing bank's charges are for the account of the beneficiary, they shall be deducted from the amount due to a claiming bank when reimbursement is made. If no reimbursement is made, the reimbursing bank's charges remain the obligation of the issuing bank.

c. An issuing bank is not relieved of any of its obligations to provide reimbursement if reimbursement is not made by a reimbursing bank on first demand.

[제13조] 은행간 상환약정

a. 신용장이 지정은행("청구은행")이 다른 당사자("상환은행") 앞으로 상환청구 받는 것으로 명시하고 있는 경우, 그 신용장은 상환이 신용장의 발행일에 유효한 은행간 대금상환에 관한 국제상업회의소 규칙에 따르는지를 명시하여야 한다.

b. 신용장이 상환이 은행간 대금상환에 관한 국제상업회의소 규칙에 따른다고 명시하고

있지 아니한 경우, 다음의 것이 적용 된다:

ⅰ. 발행은행은 신용장에 명시된 사용가능성에 따르는 상환수권을 상환은행에 반드시 제공하여야 한다. 상환수권은 유효기일에 영향을 받지 아니하여야 한다.

ⅱ. 청구은행은 상환은행에게 신용장의 조건과의 일치증명서를 제공하도록 요구되어서는 아니 된다.

ⅲ. 상환이 최초의 청구시에 신용장의 조건에 따라 상환은행에 의하여 상환 받지 못한 경우, 발행은행은 발생된 모든 경비와 함께 이자손실의 책임을 부담하여야 한다.

ⅳ. 상환은행의 수수료는 발행은행의 부담으로 한다. 그러나 그 수수료가 수익자의 부담으로 하고자 하는 경우, 발행은행은 이를 신용장 및 상환수권서 상에 표시할 책임이 있다.

ⅳ. 상환은행의 수수료가 수익자의 부담으로 하는 경우, 그 수수료가 상환이 이루어질 때 청구은행에 주어야 할 금액으로부터 공제되어야 한다. 상환이 이루어지지 아니한 경우, 상환은행의 수수료는 발행은행의 의무로 남는다.

c. 발행은행은 상환이 최초의 청구시에 상환은행에 의하여 이루어지지 아니하는 경우 상환을 행하여야 할 자신의 의무로부터 면제되지 아니한다.

[Article 14] Standard for Examination of Documents

a. A nominated bank acting on its nomination, a confirming bank, if any, and the issuing bank must examine a presentation to determine, on the basis of the documents alone, whether or not the documents appear on their face to constitute a complying presentation.

b. A nominated bank acting on its nomination, a confirming bank, if any, and the issuing bank shall each have a maximum of five banking days following the day of presentation to determine if a presentation is complying. This period is not curtailed or otherwise affected by the occurrence on or after the date of presentation of any expiry date or last day for presentation.

c. A presentation including one or more original transport documents subject to articles 19, 20, 21, 22, 23, 24 or 25 must be made by or on behalf of the beneficiary not later than 21 calendar days after the date of shipment as described in these rules, but in any event not later than the expiry date of the credit.

d. Data in a document, when read in context with the credit, the document itself and international standard banking practice, need not be identical to, but must not conflict with, data in that document, any other stipulated document or the credit.

e. In documents other than the commercial invoice, the description of the goods, services or performance, if stated, may be in general terms not conflicting with their description in the credit.

f. If a credit requires presentation of a document other than a transport document, insurance document or commercial invoice, without stipulating by whom the document is to be issued or its data content, banks will accept the document as presented if its content appears to fulfil the function of the required document and otherwise complies with sub-article 14 (d).

g. A document presented but not required by the credit will be disregarded and may be returned to the presenter.

h. If a credit contains a condition without stipulating the document to indicate compliance with the condition, banks will deem such condition as not stated and will disregard it.

i. A document may be dated prior to the issuance date of the credit, but must not be dated later than its date of presentation.

j. When the addresses of the beneficiary and the applicant appear in any stipulated document, they need not be the same as those stated in the credit or in any other stipulated, but must be within the same country as the respective addresses mentioned in the credit. Contact details (telefax, telephone, email and the like) stated as part of the beneficiary's and the applicant's address will be disregarded.
However, when the address and contact details of the applicant appear as part of the consignee or notify party details on a transport document subject to articles 19, 20, 21, 22, 23, 24, or 25, they must be as stated in the credit.

k. The shipper or consignor of the goods indicated on any document need not be the beneficiary of the credit.

l. A transport document may be issued by any party other than a carrier, owner, master or charterer provided that the transport document meets the requirements of articles 19, 20, 21, 22, 23, or 24 of these rules.

[제14조] 서류심사의 기준

a. 지정에 따라 행동하는 지정은행, 확인은행(있는 경우) 및 발행은행은 서류가 문면상 일치하는 제시를 구성하는지 여부를 결정하기 위하여 서류만을 기초로 하여 제시를 심사하여야 한다.

b. 지정에 따라 행동하는 지정은행, 확인은행(있는 경우) 및 발행은행은 제시가 일치하는지 여부를 결정하기 위하여 제시일의 다음날부터 최대 제5은행영업일을 각각 가진다. 이 기간은 제시를 위한 모든 유효기일 또는 최종일의 제시일 또는 그 이후의 발생에 의하여 단축되거나 또는 별도로 영향을 받지 아니한다.

c. 제19조, 제20조, 제21조, 제22조, 제23조, 제24조 또는 제25조에 따른 하나 또는 그 이상의 운송서류의 원본을 포함하는 제시는 이 규칙에 기술된 대로 선적일 이후 21일보다 늦지 않게 수익자에 의하여 또는 수익자를 대리하여 행하여져야 한다. 그러나 어떠한 경우에도, 신용장의 유효기일보다 늦지 않아야 한다.

d. 신용장 문맥을 읽을 때, 서류의 데이터, 서류의 자체 및 국제표준은행관행은 서류의 데이터 또는 신용장과 동일성을 요하지 않지만 서류의 데이터, 모든 기타 규정된 서류 또는 신용장과 상충되어서는 아니 된다.

e. 상업송장 이외의 서류에서, 물품, 서비스 또는 이행의 명세는(명시된 경우) 신용장상의 명세와 상충되지 아니하는 일반용어로 기재될 수 있다.

f. 신용장이 서류가 누구에 의하여 발행된 것임을 또는 서류의 자료내용을 명시하지 않고, 운송서류, 보험서류 또는 상업송장 이외의 서류제시를 요구하는 경우, 은행은 그 서류의 내용이 요구된 서류의 기능을 충족하는 것으로 보이고 그 밖에 제14조 d항과 일치하는 경우, 제시된 대로 서류를 수리한다.

g. 신용장에 의하여 요구되지는 아니하였으나 제시된 서류는 무시되며 제시인에게 반송될 수 있다.

h. 신용장이 조건과의 일치성을 표시하기 위하여 서류를 규정하지 아니하고 조건만을 포함하고 있는 경우, 은행은 그러한 조건을 명시되지 아니한 것으로 보고 이를 무시한다.

i. 서류는 신용장의 발행일자보다 이전의 일자가 기재될 수 있으나, 그 서류의 제시일보다 늦은 일자가 기재되어서는 아니 된다.

j. 수익자 및 발행의뢰인의 주소가 모든 규정된 서류상에 보이는 경우 이들 주소는, 신용장 또는 규정된 모든 기타 서류에 명시된 것과 동일할 필요는 없으나, 신용장에 언급된 각각의 주소와 동일한 국가 내에 있어야 한다. 수익자 및 발행의뢰인의 주소의 일부로서 명시된 연락처명세(모사전송, 전화, 전자우편 등)는 무시된다. 그러나, 발행의뢰인의 주소 및 연락처 명세가 제19조, 제20조, 제21조, 제22조, 제23조, 제24조 또는 제25조에 따라 운송서류상의 수화인 또는 착화통지처 명세의 일부로서 보이는 경우, 이러한 주소 및 연락처명세는 신용장에 명시된 것과 같아야 한다.

k. 모든 서류상에 표시된 물품의 송화인 또는 탁송인은 신용장의 수익자일 필요는 없다.

l. 운송서류가 본 규칙의 제19조, 제20조, 제21조, 제22조, 제23조 또는 제24조의 요건에 충족되는 경우, 운송서류는 운송인, 선주, 선장 또는 용선자 이외의 모든 당사자에 의하여 발행될 수 있다.

[Article 15] Complying Presentation

a. When an issuing bank determines that a presentation is complying, it must honour.

b. a confirming bank determines that a presentation is complying, it must honour or negotiate and forward the documents to the issuing bank.

c. When a nominated bank determines that a presentation is complying and honours or negotiates, it must forward the documents to the confirming bank or issuing bank.

[제15조] 일치하는 제시

a. 발행은행이 제시가 일치한다고 결정하는 경우, 발행은행은 인수·지급하여야 한다.

b. 확인은행이 제시가 일치한다고 결정하는 경우, 확인은행은 인수·지급 또는 매입하고
발행은행에게 서류를 발송하여야 한다.

c. 지정은행이 제시가 일치한다고 결정하고 인수·지급 또는 매입하는 경우, 지정은행은
확인은행 또는 발행은행에게 서류를 발송하여야 한다.

[Article 16] Discrepant Documents, Waiver and Notice

a. When a nominated bank acting on its nomination, a confirming bank, if any, or
the issuing bank determines that a presentation does not comply, it may refuse to
honour or negotiate.

b. When an issuing bank determines that a presentation does not comply, it may in
its sole judgement approach the applicant for a waiver of the discrepancies. This
does not, however, extend the period mentioned in sub-article 14 (b).

c. When a nominated bank acting on its nomination, a confirming bank, if any, or
the issuing bank decides to refuse to honour or negotiate, it must give a single
notice to the effect to the presenter.

The notice must state:

ⅰ. hat the bank is refusing to honour or negotiate; and

ⅱ. each discrepancy in respect of which the bank refuses to honour or negotiate;
and

ⅲ. a) that the bank is holding the documents pending further instructions from the
presenter; or

  b) that the issuing bank is holding the documents until it receives a waiver from
the applicant and agrees to accept it, or receives further instructions from the
presenter prior to agreeing to accept a waiver; or

  c) that the bank is returning the documents; or

  d) that the bank is acting in accordance with instructions previously received
from the presenter.

d. The notice required in sub-article 16 (c) must be given by telecommunication or,
if that is not possible, by other expeditious means no later than the close of the
fifth banking day following the day of presentation.

e. A nominated bank acting on its nomination, a confirming bank, if any, or the
issuing bank may, after providing notice required by sub-article 16 (c) (iii) (a) or
(b), return the documents to the presenter at any time.

f. If an issuing bank or a confirming bank fails to act in accordance with the
provisions of this article, it shall be precluded from claiming that the documents
do not constitute a complying presentation.

g. When an issuing bank refuses to honour or a confirming bank refuses to honour or negotiate and has given notice to that effect in accordance with this article, it shall then be entitled to claim a refund, with interest, of any reimbursement made.

[제16조] 불일치서류, 권리포기 및 통지

a. 지정에 따라 행동하는 지정은행, 확인은행(있는 경우) 또는 발행은행은 제시가 일치하지 아니한 것으로 결정하는 경우, 인수·지급 또는 매입을 거절할 수 있다.

b. 발행은행은 제시가 일치하지 아니한 것으로 결정하는 경우, 발행은행은 독자적인 판단으로 발행의뢰인과 불일치에 관한 권리포기의 여부를 교섭할 수 있다. 그러나 이로 인하여 제14조 b항에서 언급된 기간이 연장되지 아니한다.

c. 지정에 따라 행동하는 지정은행, 확인은행(있는 경우) 또는 발행은행은 인수·지급 또는 매입을 거절하기로 결정한 경우, 제시인에게 그러한 취지를 한 번에 통지하여야 한다.

그 통지는 다음 내용을 명시하여야 한다:

ⅰ. 은행이 인수·지급 또는 매입을 거절하고 있는 중; 및

ⅱ. 은행이 인수·지급 또는 매입을 거절한다는 것에 관한 각각의 불일치사항; 및

ⅲ. a) 은행이 제시인으로부터 추가지시를 받을 때까지 서류를 보관하고 있다는 것; 또는

b) 발행은행이 발행의뢰인으로부터 권리포기를 수령 및 권리포기를 승낙하는 동의 및 또는 권리포기 승낙을 동의하기 이전 제시인으로부터 추가지시를 수령할 때까지 서류를 보관하고 있다는 것; 또는

c) 은행이 서류를 반송 중이라는 것; 또는

d) 은행이 제시인으로부터 이전에 수령한 지시에 따라 행동하고 있는 중이라는 것.

d. 제16조 c항에서 요구되는 통지는 전기통신으로 또는 그 이용이 불가능한 경우 기타 신속한 수단으로 제시일의 다음날로부터 제5은행영업일의 마감시간을 경과하지 아니하는 범위 내에서 반드시 행하여져야 한다.

e. 지정에 따라 행동하는 지정은행, 확인은행(있는 경우) 또는 발행은행은, 제16조 c항 ⅲ호(a) 또는 (b)에 의하여 요구된 통지를 행한 후에, 언제라도 제시인에게 서류를 반송할 수 있다.

f. 발행은행 또는 확인은행은 본 조항의 규정에 따라 행동하지 아니한 경우, 은행은 서류가 일치하는 제시가 이루어지지 아니하였다는 클레임을 제기할 수 없다.

g. 발행은행이 인수·지급을 거절한 경우 또는 확인은행이 인수·지급 또는 매입을 거절한 경우 및 은행이 본 조항에 일치하는 취지의 통지를 행하였을 경우, 은행은 이미 지급한 모든 상환금에 이자를 포함하여 반환 청구할 권리를 갖는다.

[Article 17] Original Documents and Copies

a. At least one original of each document stipulated in the credit must be presented.

b. A bank shall treat as an original any document bearing an apparently original signature, mark, stamp, or label of the issuer of the document, unless the document itself indicates that it is not an original.

  c. Unless a document indicates otherwise, a bank will also accept a document as original if it:

    ⅰ. appears to be written, typed, perforated or stamped by the document issuer's hand; or

    ⅱ. appears to be on the document issuer's original stationery; or

    ⅲ. states that it is original, unless the statement appears not to apply to the document presented.

  d. If a credit requires presentation of copies of documents, presentation of either originals or copies is permitted.

  e. If a credit requires presentation of multiple documents by using terms such as "in duplicate", "in two fold" or "in two copies", this will be satisfied by the presentation of at least one original and the remaining number in copies, except when the document itself indicates otherwise.

[제17조] 원본서류 및 사본

  a. 적어도 신용장에 규정된 각 서류의 1통의 원본은 반드시 제시되어야 한다.

  b. 은행은 서류 그 자체가 원본이 아니라고 표시하고 있지 아니하는 한, 명백히 서류발행인의 원본서명, 표기, 스탬프, 또는 부전을 기재하고 있는 서류를 원본으로서 취급한다.

  c. 서류가 별도로 표시하지 아니하는 한, 서류가 다음과 같은 경우, 은행은 서류를 원본으로서 수리 한다:

    ⅰ. 서류발행인에 의하여 수기, 타자, 천공 또는 스탬프된 것으로 보이는 것; 또는

    ⅱ. 서류발행인의 원본용지 상에 기재된 것으로 보이는 것; 또는

    ⅲ. 제시된 서류에 적용되지 아니하는 것으로 보이지 아니하는 한, 원본이라는 명시가 있는 것.

  d. 신용장이 서류의 사본의 제시를 요구하는 경우, 원본 또는 사본의 제시는 허용된다.

  e. 신용장이 "2통(in duplicate)", "2부(in two fold)" 또는 "2통(in two copies)"과 같은 용어를 사용함으로써 수통의 서류제시를 요구하는 경우, 이것은 서류자체에 별도의 표시가 있는 경우를 제외하고, 적어도 원본 1통 및 사본으로 된 나머지 통수의 제시에 의하여 충족 된다.

[Article 18] Commercial Invoice

  a. A commercial invoice:

    ⅰ. must appear to have been issued by the beneficiary (except as provided in article 38);

    ⅱ. must be made out in the name of the applicant (except as provided in sub-article 38 (g));

iii. must be made out in the same currency as the credit; and

iv. need not be signed.

b. A nominated bank acting on its nomination, a confirming bank, if any, or the issuing bank may accept a commercial invoice issued for an amount in excess or the amount permitted by the credit, and its decision will be binding upon all parties, provided the bank in question has not honoured or negotiated for an amount in excess of that permitted by the credit.

c. The description of the goods, service or performance in a commercial invoice must correspond with that appearing in the credit.

[제18조] 상업송장

a. 상업송장은:

 i . 수익자에 의하여 발행된 것으로 보여야 하며(제38조에 규정된 경우는 제외함);

 ii. 발행의뢰인 앞으로 작성되어야 하며(제38조 g항에 규정된 경우는 제외함);

 iii. 신용장과 동일한 통화로 작성되어야 하며; 그리고

 iv. 서명을 필요로 하지 아니한다.

b. 지정에 따라 행동하는 지정은행, 확인은행(있는 경우) 또는 발행은행은 신용장에 의하여 허용된 금액을 초과한 금액으로 발행된 상업송장을 수리할 수 있으며, 문제의 은행이 신용장에 의하여 허용된 금액을 초과한 금액으로 인수·지급 또는 매입하지 아니하는 조건으로 그 은행의 결정은 모든 당사자를 구속한다.

c. 상업송장상의 물품, 서비스 또는 이행의 명세는 신용장에 보이는 것과 일치하여야 한다.

[Article 19] Transport Document Covering at Least Two Different Modes of Transport

a. A transport document covering at least two different modes of transport (multimodal or combined transport document), however named, must appear to:

 i . indicate the name of the carrier and be signed by:

   • the carrier or a named agent for or on behalf of the carrier, or the master or a named agent for or on behalf of the master.

   • Any signature by the carrier, master or agent must be identified as that of the carrier, master or agent.

   Any signature by an agent must indicate whether the agent has signed for or on behalf of the carrier or for or on behalf of the master.

 ii. indicate that the goods have been dispatched, taken in charge or shipped on board at the place stated in the credit, by:

   • pre-printed wording, or

   • a stamp or notation indicating the date on which the goods have been dispatched, taken in charge or shipped on board.

The date of issuance of the transport document will be deemed to be the date of dispatch, taking in charge or shipped on board, and the date of shipment. However, if the transport document indicates, by stamp or notation, a date of dispatch, taking in charge of shipped on board, this date will be deemed to be the date of shipment.

   iii. indicate the place of dispatch, taking in charge or shipment and the place of final destination stated in the credit, even if:

     a) the transport document states, in addition, a different place of dispatch, taking in charge or shipment or place of final destination, or

     b) the transport document contains the indication "intended" or similar qualification in relation to the vessel, port of loading or port of discharge.

   iv. be the sole original transport document or, if issued in more than one original, be the full set as indicated on the transport document.

   v. contain terms and conditions of carriage or make reference to another source containing the terms and conditions of carriage (short form or blank back transport document). Contents of terms and conditions of carriage will not be examined.

   vi. contain no indication that it is subject to a charter party.

  b. For the purpose of this article, transhipment means unloading from one means of conveyance and reloading to another means of conveyance (whether or not in different modes of transport) during the carriage from the place of dispatch, taking in charge or shipment to the place of final destination stated in the credit.

  c. i. A transport document may indicate that the goods will or may be transhipped provided that the entire carriage is covered by one and the same transport document.

   ii. A transport document indicating that transhipment will or may take place is acceptable, even if the credit prohibits transhipment.

[제19조] 적어도 두 가지 다른 운송방식을 표시하는 운송서류

a. 적어도 두 가지의 다른 운송방식을 표시하는 운송서류(복합운송서류)는 그 명칭에 관계 없이 다음과 같이 보여야 한다:

  i. 운송인의 명칭을 표시하고 다음의 자에 의하여 서명된 것:

   • 운송인 또는 운송인을 위한 또는 운송인을 대리하는 기명대리인, 또는 선장 또는 선장을 위한 또는 선장을 대리하는 기명대리인.

   • 운송인, 선장 또는 대리인의 모든 서명은 운송인, 선장 또는 대리인의 서명으로 확인되어야 한다.

   대리인의 모든 서명은 대리인이 운송인을 위하여 또는 운송인을 대리하여 또는 선장을 위하여 또는 선장을 대리하여 서명한 것인지를 표시하여야 한다.

ⅱ. 다음에 의하여 물품이 신용장에 명시된 장소에서 발송, 수탁 또는 본선적재 되었음을 표시하고 있는 것:
- 미리 인쇄된 문언, 또는
- 물품이 발송, 수탁 또는 본선적재된 일자를 표시하는 스탬프 또는 부기.

운송서류의 발행일은 발송일, 수탁일 또는 본선적재일 및 선적일로 본다. 그러나, 운송서류가 스탬프 또는 부기에 의하여 발송일, 수탁일 또는 본선적재일을 표시하는 경우, 이 일자를 선적일로 본다.

ⅲ. 비록 다음의 경우라 할지라도, 신용장에 명시된 발송지, 수탁지 또는 선적지 및 최종목적지를 표시하고 있는 것:
  a) 운송서류가 추가적으로 다른 발송지, 수탁지 또는 선적지 또는 최종목적지를 명시하는 경우, 또는
  b) 운송서류가 선박, 적재항 또는 양륙항과 관련하여 "예정된" 또는 이와 유사한 제한의 표시를 포함하는 경우.

ⅳ. 단일의 운송서류 원본 또는 2통 이상의 원본으로 발행된 경우에는, 운송서류상에 표시된 대로 전통인 것.

ⅴ. 운송조건을 포함하거나 또는 운송조건을 포함하는 다른 자료를 참조하고 있는 것 (약식/배면백지식 운송서류). 운송의 조건의 내용은 심사되지 아니한다.

ⅵ. 용선계약에 따른다는 어떠한 표시도 포함하지 아니한 것.

b. 이 조를 위하여, 환적이라 함은 신용장에 명시된 발송지, 수탁지 또는 선적지로부터 최종목적지까지의 운송과정 중에 한 운송수단으로부터 양화 및 다른 운송수단으로 재적재하는 것을 말한다.

c. ⅰ. 운송서류는 전운송이 하나의 동일한 운송서류에 의하여 커버된다면 물품이 환적될 것이라거나 또는 환적될 수 있다고 표시할 수 있다.

ⅱ. 신용장이 환적을 금지하고 있는 경우에도, 환적이 행하여 질 것이라거나 또는 행하여 질 수 있다고 표시하는 운송서류는 수리될 수 있다.

[Article 20] Bill of Lading

a. A bill of lading, however named, must appear to:

a. ⅰ. indicate the name of the carrier and be signed by:
- the carrier or a named agent for or on behalf of the carrier, or
- the master or a named agent for or on behalf of the master.

Any signature by the carrier, master or agent must be identified as that of the carrier, master or agent.

Any signature by the agent must indicate whether the agent has signed for or on behalf of the carrier or for or on behalf of the master.

ⅱ. indicate that the goods have been shipped on board a named vessel at the

port of loading sated in the credit by :
- pre-printed wording, or
- an on board notation indicating the date on which the goods have been shipped on board.

The date of issuance of the bill of lading will be deemed to be the date of shipment unless the bill of lading contains an on board notation indicating the date of shipment, in which case the date stated in the on board notation will If the bill of lading contains the indication "intended vessel" or similar qualification in relation to the name of the vessel, an on board notation indicating the date of shipment and the name of the actual vessel is required.

iii. indicate shipment from port of loading to the port of discharge stated in the credit.

If the bill of lading does not indicate the port of loading stated in the credit as the port of loading, or if it contains the indication "intended" or similar qualification in relation to the port of loading, an on board notation indicating the port of loading as stated in the credit, the date of shipment and the name of the vessel is required. This provision applies even when loading on board or shipment on a named vessel is indicated by pre-printed wording on the bill of lading.

iv. be the sole original bill of lading or, if issued in more than one original, be the full set as indicated on the bill of lading.

v. contain terms and conditions of carriage or make reference to another source containing the terms and conditions of carriage (short form or blank bill of lading).

Contents of terms and conditions of carriage will not be examined.

vi. contain no indication that it is subject to a charter party.

b. For the purpose of this article, transhipment means unloading from one vessel and reloading to another vessel during the carriage from the port of loading to the port of discharge stated in the credit.

c. i. A bill of lading may indicate that the goods will or may be transhipped provided that the entire carriage is covered by one and the same bill of lading.

ii. A bill of lading indicating that transhipment will or may take place is acceptable, even if the credit prohibits transhipment, if the goods have been shipped in a container, trailer or LASH barge as evidenced by the bill of lading.

d. Clauses in a bill of lading stating that the carrier reserves the right to tranship will

PART 02

be disregarded.

[제20조] 선화증권
  a. 선화증권은 그 명칭에 관계없이 다음과 같이 보여야 한다:
  a. ⅰ. 운송인의 명칭을 표시하고 다음의 자에 의하여 서명된 것:
- 운송인 또는 운송인을 위한 또는 운송인을 대리하는 기명대리인, 또는
- 선장 또는 선장을 위한 또는 선장을 대리하는 기명대리인.

운송인, 선장 또는 대리인의 모든 서명은 운송인, 선장 또는 대리인의 서명으로 확인되어야 한다.

대리인의 모든 서명은 대리인이 운송인을 위하여 또는 운송인을 대리하여 또는 선장을 위하여 또는 선장을 대리하여 서명한 것인지를 표시하여야 한다.

    ⅱ. 다음에 의하여 물품이 신용장에 명시된 적재항에서 지정선박에 본선적재 되었음을 표시하고 있는 것:
- 미리 인쇄된 문언, 또는
- 물품이 본선적재 된 일자를 표시하는 본선적재 부기.

선화증권의 발행일은 선화증권이 선적일을 표시하는 본선적재 부기를 포함하지 아니하는 경우 선적일로 본다. 선화증권에 본선적재 부기가 된 경우, 본선적재 부기가 된 경우 본선적재 부기에 표시한 일자를 선적일로 본다.

선화증권이 선박명과 관련하여 "예정된 선박" 또는 이와 유사한 제한의 표시를 포함하고 있는 경우, 선적일 및 실제 선박명을 표시하고 있는 본선적재 부기가 요구된다.

    ⅲ. 신용장에 명시된 적재항으로부터 양륙항까지의 선적을 표시하고 있는 것.

선화증권이 적재항으로서 신용장에 명시된 적재항을 표시하지 아니한 경우, 또는 적재항과 관련하여 "예정된" 또는 이와 유사한 제한의 표시를 포함하는 경우에는, 신용장에 명시된 대로 적재항, 선적일 및 선박명을 표시하는 본선적재 부기가 요구된다. 이 규정은 비록 지정된 선박에의 본선적재 또는 선적이 선화증권상에 미리 인쇄된 문언에 의하여 표시된 경우일지라도 적용된다.

    ⅳ. 단일의 선화증권 원본 또는, 2통 이상의 원본으로 발행된 경우에는, 선화증권상에 표시된 대로 전통인 것.

    ⅴ. 운송조건을 포함하거나 또는 운송조건을 포함하는 다른 자료를 참조하고 있는 것 (약식/배면백지식 선화증권). 운송조건의 내용은 심사되지 아니한다.

    ⅵ. 용선계약에 따른다는 어떠한 표시도 포함하지 아니한 것.

  b. 이 조를 위하여, 환적이라 함은 신용장에 명시된 적재항으로부터 양륙항까지의 운송과정 중에 한 선박으로부터 양화 및 다른 선박으로 재적재하는 것을 말한다.

  c. ⅰ. 선화증권은 전운송이 하나의 동일한 선화증권에 의하여 커버된다면 물품이 환적될 것이라거나 또는 환적될 수 있다고 표시할 수 있다.

    ⅱ. 신용장이 환적을 금지하는 경우에도, 물품이 컨테이너, 트레일러 또는 래쉬 바지

에 선적되었다는 것이 선화증권에 의하여 증명된 경우, 환적이 행하여질 것이라거
나 또는 행하여 질 수 있다고 표시하는 선화증권은 수리될 수 있다.

d. 운송인이 환적할 권리를 유보한다고 명시하고 있는 선화증권의 조항은 무시된다.

[Article 21] Non-Negotiable Sea Waybill

a. A non-negotiable sea waybill, however named, must appear to:

ⅰ. indicate the name of the carrier and be signed by:

- the carrier or a named agent for or on behalf of the carrier, or
- the master or a named agent for or on behalf of the master.

Any signature by the carrier, master or agent must be identified as that of the carrier, master of agent.

Any signature by an agent must indicate whether the agent has signed for or on behalf of the carrier or for or on behalf of the master.

ⅱ. indicate that the goods have been shipped on board a named vessel at the port of loading stated in the credit by:

- pre-printed wording, or
- an on board notation indicating the date on which the goods have been shipped on board.

The date of issuance of the non-negotiable sea waybill will be deemed to be the date of shipment unless the non-negotiable sea waybill an on board notation indicating the date of shipment, in which case the date stated in the on board notation will be deemed to be the date of shipment.

If the non-negotiable sea waybill contains the indication "intended vessel" or similar qualification in relation to the name of the vessel, an on board notation indicating the date of shipment and the name of the actual vessel is required.

ⅲ. indicate shipment from the port of loading to the port of discharge stated in the credit.

ⅲ. If the non-negotiable sea waybill does not indicate the port of loading stated in the credit as the port of loading, or if it contains the indication "intended" or similar qualification in relation to the port of loading, an on board notation indicating the port of loading as stated in the credit, the date of shipment and the name of the vessel is required. This provision applies even when loading on board or shipment on a named vessel is indicated by pre-printed wording on the non-negotiable sea waybill.

ⅳ. be the sole original non-negotiable sea waybill or, if issued in more than one original, be the full set as indicated on the non-negotiable sea waybill.

ⅴ. contain terms and conditions of carriage or make reference to another source containing the terms and conditions of carriage (short form or blank back non-negotiable sea waybill). Contents of terms and conditions of carriage will not be examined.

vi. contain no indication that it is subject to a charter party.

b. For the purpose of this article, transhipment means unloading from one vessel and reloading to another vessel during the carriage from the port of loading to the port of discharge stated in the credit.

c. i. A non-negotiable sea waybill may indicate that the goods will or may be transhipped provided that the entire carriage is covered by one and the same non-negotiable sea waybill.

ii. A non-negotiable sea waybill indicating that transhipment will or may take place is acceptable, even if the credit prohibits transhipment, if the goods have been shipped in a container, trailer or LASH barge as evidenced by the non-negotiable sea waybill.

d. Clauses in a non-negotiable sea waybill stating that the carrier reserves the right to tranship will be disregarded.

[제21조] 비유통 해상화물운송장

a. 비유통 해상화물운송장은 그 명칭에 관계없이 다음과 같이 보여야 한다:

i. 운송인의 명칭을 표시하고 다음의 자에 의하여 서명된 것:
- 운송인 또는 운송인을 위한 또는 운송인을 대리하는 기명대리인, 또는
- 선장 또는 선장을 위한 또는 선장을 대리하는 기명대리인.

운송인, 선장 또는 대리인의 모든 서명은 운송인, 선장 또는 대리인의 서명으로 확인되어야 한다.

대리인의 모든 서명은 대리인이 운송인을 위하여 또는 운송인을 대리하여 또는 선장을 위하여 또는 선장을 대리하여 서명한 것인지를 표시하여야 한다.

ii. 다음에 의하여, 물품이 신용장에 명시된 적재항에서 지정선박에 본선선적 되 었음을 표시하고 있는 것:
- 미리 인쇄된 문언, 또는
- 물품이 본선적재 된 일자를 표시하는 본선적재 부기

비유통 해상화물운송장의 발행일은 선적일로 본다. 비유통성 해상화물운송장이 선적일을 표시하는 본선적재 부기를 포함하지 아니하는 경우 선적일로 본다. 해상화물운송장에 본선적재 부기가 된 경우 본선적재 부기에 표시된 일자는 선적일로 본다.

비유통 해상화물운송장이 선박명과 관련하여 "예정된 선박" 또는 이와 유사한 제한의 표시를 포함하고 있는 경우, 선적일 및 실제 선박명을 표시하고 있는 본선적재 부기가 요구된다.

    iii. 신용장에 명시된 적재항으로부터 양륙항까지의 선적을 표시하고 있는 것.

       비유통 해상화물운송장이 적재항으로서 신용장에 명시된 적재항을 표시하지 아니한 경우, 또는 적재항과 관련하여 "예정된" 또는 이와 유사한 제한의 표시를 포함하는 경우에는, 신용장에 명시된 대로 적재항, 선적일 및 선박명을 표시하는 본선적재 부기가 요구된다. 이 규정은 비록 지정된 선박에의 본선적재 또는 선적이 비유통 해상화물운송장에 미리 인쇄된 문언에 의하여 표시된 경우일지라도 적용된다.

    iv. 단일의 비유통 해상화물운송장 원본 또는, 2통 이상의 원본으로 발행된 경우에는, 비유통 해상화물운송장상에 표시된 대로 전통인 것.

    v. 운송조건을 포함하거나 또는 운송조건을 포함하는 다른 자료를 참조하고 있는 것 (약식/배면백지식 비유통 해상화물운송장). 운송조건의 내용은 심사되지 아니한다.

    vi. 용선계약에 따른다는 어떠한 표시도 포함하지 아니한 것.

b. 이 조를 위하여, 환적이라 함은 신용장에 명시된 적재항으로부터 양륙항까지의 운송과정 중에 한 선박으로부터 양화 및 다른 선박으로 재적재하는 것을 말한다.

c. i. 비유통 해상화물운송장은 전운송이 하나의 동일한 비유통 해상화물운송장에 의하여 커버된다면 물품이 환적될 것이라거나 또는 환적될 수 있다고 표시할 수 있다.

    ii. 신용장이 환적을 금지하는 경우에도, 물품이 컨테이너, 트레일러 또는 래쉬 바지에 선적되었다는 것이 비유통 해상화물운송장에 의하여 증명된 경우, 환적이 행하여질 것이라거나 또는 행하여 질 수 있다고 표시하는 비유통 해상화물운송장은 수리될 수 있다.

d. 운송인이 환적할 권리를 유보한다고 명시하고 있는 비유통 해상화물운송장의 조항은 무시된다.

[Article 22] Charter Party Bill of Lading

  a. A bill of lading, however named, containing an indication that it is subject to a charter party (charter party bill of lading), must appear to:

    i. be signed by:

      • the master or a named agent for or on behalf of the master, or

      • the owner or a named agent for or on behalf of the owner, or

      • the charterer or a named agent for or on behalf of the charterer.

      Any signature by the master, owner, charter or agent must be identified as that of the master, owner, charterer or agent.

      Any signature by an agent must indicate whether the agent has signed for or on behalf of the master, owner or charterer.

      An agent signing for or on behalf of the owner or charterer must indicate the name of the owner or charterer.

    ii. indicate that the goods have been shipped on board a named vessel at the port of loading stated in the credit by:

- pre-printed wording, or
- an on board notation indicating the date on which the goods have been shipped on board.

The date of issuance of the charter party bill of lading will be deemed to be the date of shipment unless the charter party bill of lading contains an on board notation indicating the date of shipment, in which case the date stated in the on board notation will be deemed to be the date of shipment.

iii. indicate shipment from the port of loading to the port of discharge stated in the credit. The port of discharge may also be shown as a range of ports or a geographical area, as stated in the credit.

iv. be the sole original charter party bill of lading or, if issued in more than one original, be the full set as indicated on the charter party bill of lading.

b. A bank will not examine charter party contracts, even if they are required to be presented by the terms of the credit.

[제22조] 용선계약 선화증권

a. 용선계약에 따른다는 표시를 포함하고 있는 선화증권(용선계약선화증권)은 그 명칭에 관계 없이 다음과 같이 보여야 한다:

  i. 다음의 자에 의하여 서명된 것:

    - 선장 또는 선장을 위한 또는 선장을 대리하는 기명 대리인, 또는
    - 선주 또는 선주를 위한 또는 선주를 대리하는 기명 대리인, 또는
    - 용선자 또는 용선자를 위한 또는 용선자를 대리하는 기명 대리인.

    선장, 선주, 용선자 또는 대리인의 모든 서명은 선장, 선주, 용선자 또는 대리인의 서명으로 확인되어야 한다.

    대리인의 모든 서명은 대리인이 선장, 선주 또는 용선자를 위하여 또는 대리하여 서명한 것인지를 표시하여야 한다.

    선주 또는 용선자를 위한 또는 대리하여 서명하는 대리인은 선주 또는 용선자의 명칭을 표시하여야 한다.

  ii. 다음에 의하여, 물품이 신용장에 명시된 적재항에서 지정선박에 본선선적 되었음을 표시하고 있는 것:

    - 미리 인쇄된 문언, 또는
    - 물품이 본선적재 된 일자를 표시하는 본선적재 부기

    용선계약선화증권이 선적일을 표시하는 본선적재 부기를 포함하지 아니하는 경우 용선계약선화증권의 발행일은 선적일로 본다. 용선계약 선화증권에 본선적재 부기가 된 경우에는 본선적재 부기상에 명시된 일자는 선적일로 본다.

  iii. 신용장에 명시된 적재항으로부터 양륙항까지 선적을 표시하고 있는 것. 양륙항은 신용장에 명시된 대로 항구의 구역 또는 지리적 지역으로도 표시될 수 있다.

ⅳ. 단일의 용선계약선화증권 원본 또는, 2통 이상의 원본으로 발행된 경우에는, 용선계약선화증권상에 표시된 대로 전통인 것.

b. 은행은 비록 신용장의 조건이 용선계약서 제시를 요구하더라도 용선계약서를 심사하지 아니한다.

[Article 23] Air Transport Document

a. An air transport document, however named, must appear to:

　ⅰ. indicate the name of the carrier and be signed by:

　　• the carrier, or

　　• a named agent for or on behalf of the carrier.

　　Any signature by the carrier or agent must be identified as that of the carrier or agent.

　　Any signature by an agent must indicate that the agent has signed for or on behalf of the carrier.

　ⅱ. indicate that the goods have been accepted for carriage.

　ⅲ. indicate the date of issuance. This date will be deemed to be the date of shipment unless the air transport document contains a specific notation of the actual date of shipment, in which case the date stated in the notation will be deemed to be the date of shipment.

　　Any other information appearing on the air transport document relative to the flight number and date will not be considered in determining the date of shipment.

　ⅳ. indicate the airport of departure and the airport of destination stated in the credit.

　ⅴ. be the original for consignor or shipper, even if the credit stipulates a full set of originals.

　ⅵ. contain terms and conditions of carriage or make reference to another source containing the terms and conditions of carriage. Contents of terms and conditions of carriage will not be examined.

b. For the purpose of this article, transhipment means unloading from one aircraft and reloading to another aircraft during the carriage from the airport of departure to the airport of destination stated in the credit.

c. ⅰ. An air transport document may indicate that the goods will or may be transhipped, provided that the entire carriage is covered by one and the same air transport document.

　ⅱ. An air transport document indicating that transhipment will or may take place is acceptable, even if the credit prohibits transhipment.

[제23조] 항공운송서류

a. 항공운송서류는 그 명칭에 관계없이 다음과 같이 보여야 한다:

　a. ⅰ. 운송인의 명칭을 표시하고 다음의 자에 의하여 서명된 것:
- 운송인, 또는
- 운송인을 위한 또는 운송인을 대리하는 기명 대리인.

　　운송인 또는 대리인의 모든 서명은 운송인 또는 대리인의 서명으로 확인되어야 한다.

　　대리인의 모든 서명은 대리인이 운송인을 위하여 또는 운송인을 대리하여 서명한 것인지를 표시하여야 한다.

　ⅱ. 물품이 운송을 위하여 인수되었음을 표시하고 있는 것.

　ⅲ. 발행일을 표시하고 있는 것. 이 일자는 항공운송서류가 실제 선적일에 관한 특정 표기를 포함하지 아니한 경우 표기에 명시된 일자는 선적일로 본다.

　　운항번호와 일자와 관련하여 항공운송서류상에 보이는 모든 기타 정보는 선적일을 결정하는데 고려되지 아니한다.

　ⅳ. 신용장에 명시된 출발공항과 목적공항을 표시하고 있는 것.

　ⅴ. 비록 신용장이 원본 전통을 규정하고 있는 경우라도, 탁송인 또는 송화인용 원본인 것.

　ⅵ. 운송조건을 포함하거나 또는 운송조건을 포함하는 다른 자료를 참조하고 있는 것. 운송 조건의 내용은 심사되지 아니한다.

b. 이 조를 위하여, 환적이라 함은 신용장에 명시된 출발공항으로부터 목적공항까지의 운송과정 중에 한 항공기로부터 양화 및 다른 항공기로 재적재하는 것을 말한다.

c. ⅰ. 항공운송서류는 전운송이 하나의 동일한 운송서류에 의하여 커버된다면 물품이 환적될 것이라거나 또는 환적될 수 있다고 표시할 수 있다.

　ⅱ. 신용장이 환적을 금지하고 있는 경우에도, 환적이 행하여 질 것이라거나 또는 행하여 질 수 있다고 표시하는 운송서류는 수리될 수 있다.

[Article 24] Road, Rail or Inland Waterway Transport Documents

a. A road, rail or inland waterway transport document, however named, must appear to:

　ⅰ. indicate the name of the carrier and:

　　be signed by the carrier or a named agent for or on behalf of the carrier, or indicate receipt of the goods by signature, stamp or notation by the carrier or a named agent for or on behalf of the carrier.

　　Any signature, stamp or notation of receipt of the goods by the carrier or agent must be identified as that of the carrier or agent.

　　Any signature, stamp or notation of receipt of the goods by the agent must indicate that the agent has signed or acted for or on behalf of the carrier. If a rail transport document does not identify the carrier, any signature or stamp of the railway company will be accepted as evidence of the document being signed by the carrier.

 ii . indicate the date of shipment or the date the goods have been received for shipment, dispatch or carriage at the place stated in the credit. Unless the transport document contains a dated reception stamp, an indication of the date of receipt or a date of shipment, the date of issuance of the transport document will be deemed to be the date of shipment.

 iii. indicate the place of shipment and the place of destination stated in the credit.

b. i . A road transport document must appear to be the original for consignor or shipper or bear no marking indicating for whom the document has been prepared.

 ii . A rail transport document marked "duplicate" will be accepted as an original.

 iii. A rail or inland waterway transport document will be accepted as an original whether marked as an original or not.

c. In the absence of an indication on the transport document as to the number of originals issued, the number presented will be deemed to constitute a full set.

d. For the purpose of this article, transhipment means unloading from one means of conveyance and reloading to another means of conveyance, within the same mode of transport, during the carriage from the place of shipment, dispatch or carriage to the place of destination stated in the credit.

e. i . A road, rail or inland waterway transport document may indicate that the goods will or may be transhipped provided that the entire carriage is covered by one and the same transport document.

 ii . A road, rail or inland waterway transport document indicating that transhipment will or may take place is acceptable, even if the credit prohibits transhipment.

[제24조] 도로, 철도 또는 내수로 운송서류
a. 도로, 철도 또는 내수로 운송서류는 그 명칭에 관계없이 다음과 같이 보여야 한다:
 i . 운송인의 명칭을 표시하고 있는 것 그리고:
- 운송인 또는 운송인을 위한 또는 운송인을 대리하는 기명 대리인에 의하여 서명된 것, 또는
- 운송인 또는 운송인을 위한 또는 운송인을 대리하는 기명 대리인에 의하여 행하여진 서명,스탬프 또는 부기에 의하여 물품의 수령을 표시하고 있는 것.

물품수령에 관한 운송인 또는 대리인에 의한 모든 서명, 스탬프 또는 부기는 운송인 또는 대리인의 것이라는 것을 확인하고 있어야 한다.

PART 02

물품의 수령에 관한 대리인에 의한 모든 서명 스탬프 또는 표기는 그 대리인이, 운송인을 위하여 또는 운송인을 대리하여 서명 또는 행동한 것을 표시하여야 한다. 철도운송서류가 운송인을 확인하지 아니한 경우, 철도회사의 모든 서명 또는 스탬프는 운송인에 의하여 서명되어 있는 서류의 증거로서 수리된다.

ii. 신용장에 명시된 장소에서 선적일 또는 물품이 선적, 발송 또는 운송을 위하여 수령된 일자를 표시한 것. 운송서류가 일자 표시된 수령스탬프, 수령일 또는 선적일의 표시가 포함하고 있지 아니하는 한, 운송서류의 발행일은 선적일로 본다.

iii. 신용장에 명시된 선적지 및 목적지를 표시하고 있는 것.

b. i. 도로운송서류는 탁송인 또는 송화인용 원본인 것으로 보여야 하거나 또는 그 서류가 누구를 위하여 작성되었는지에 대한 표시가 없어야 한다.

ii. "부본"이라고 표시된 철도운송서류는 원본으로서 수리된다.

iii. 철도 또는 내수로 운송서류는 원본이라는 표시 여부에 관계없이 원본으로서 수리된다.

c. 발행된 원본 통수에 관하여 운송서류상에 표시가 없는 경우, 제시된 통수는 전통을 구성하는 것으로 본다.

d. 이 조를 위하여, 환적이라 함은 신용장에 명시된 선적, 발송 또는 운송지로부터 목적지까지의 동일한 운송방식 내에서 한 운송수단으로부터 양화 및 다른 운송수단으로 재적재하는 것을 말한다.

e. i. 도로, 철도 또는 내수로 운송서류는 전운송이 하나의 동일한 운송서류에 의하여 커버된다면 물품이 환적될 것이라거나 또는 환적될 수 있다고 표시할 수 있다.

ii. 신용장이 환적을 금지하고 있는 경우에도, 환적이 행하여 질 것이라거나 또는 행하여 질 수 있다고 표시하는 도로, 철도 또는 내수로 운송서류는 수리될 수 있다.

[Article 25] Courier Receipt, Post Receipt or Certificate of Posting

a. A courier receipt, however named, evidencing receipt of goods for transport, must appear to:

i. indicate the name of the courier service and be stamped or signed by the named courier service at the place from which the credit states the goods are to be shipped; and

ii. indicate a date of pick-up or of receipt or wording to this effect. This date will be deemed to be the date of shipment.

b. A requirement that courier charges are to be paid or prepaid may be satisfied by a transport document issued by a courier service evidencing that courier charges are for the account of a party other than the consignee.

c. A post receipt or certificate of posting, however named, evidencing receipt of goods for transport, must appear to be stamped or signed and dated at the place from which the credit states the goods are to be shipped. This date will be deemed to be the date of shipment.

[제25조] 특사수령증, 우편수령증 또는 우송증명서

    a. 운송물품의 수령을 증명하는 특사수령증은 그 명칭에 관계없이 다음과 같이 보여야 한다:

        ⅰ. 특사업자의 명칭을 표시하고, 신용장에 물품이 선적되어야 한다고 명시하고 있는 장소에서 지정된 특사업자에 의하여 스탬프 또는 서명된 것; 그리고

        ⅱ. 접수일 또는 수령일 또는 이러한 취지의 문언을 표시하고 있는 것. 이 일자는 선적일로 본다.

    b. 특사배달료가 지급 또는 선지급되어야 한다는 요건은 특사배달료가 수화인 이외의 당사자의 부담임을 증명하는 특사업자에 의하여 발행된 운송서류에 의하여 충족될 수 있다.

    c. 운송물품의 수령을 증명하는 우편수령증 또는 우송증명서는 그 명칭에 관계없이 신용장에서 물품이 선적되어야 한다고 명시하고 있는 장소에서 스탬프 또는 서명되고 일자가 기재되는 것으로 보여야 한다. 이 일자는 선적일로 본다.

[Article 26] "On Deck", "Shipper's Load and Count", "Said by Shipper to Contain" and Charges Additional to Freight

    a. A transport document must not indicate that the goods are or will be loaded on deck. A clause on a transport document stating that the goods may be loaded on deck is acceptable.

    b. A transport document bearing a clause such as "shipper's load and count" and "said by shipper to contain" is acceptable.

    c. A transport document may bear a reference, by stamp or otherwise, to charges additional to the freight.

[제26조] "갑판적", "송화인의 적재 및 계수", "송화인의 내용물 신고" 및 운임에 대한 추가비용

    a. 운송서류는 물품이 갑판에 적재되거나 또는 될 것이라고 표시하여서는 아니 된다. 물품이 갑판에 적재될 수도 있음을 명시하고 있는 운송서류상의 조항은 수리될 수 있다.

    b. "송화인의 적재 및 계수" 및 "송화인의 내용물 신고에 따름"과 같은 조항이 있는 운송서류는 수리될 수 있다.

    c. 운송서류는 스탬프 또는 다른 방법으로 운임에 추가된 비용에 대한 참조사항을 나타낼 수 있다.

[Article 27] Clean Transport Document

    A bank will only accept a clean transport document. A clean transport document is one bearing no clause or notation expressly declaring a defective condition of the goods or their packaging. The word "clean" need not appear on a transport document, even if a credit has a requirement for that transport document to be "clean on board".

[제27조] 무사고 운송서류

은행은 무사고 운송서류만을 수리한다. 무사고 운송서류는 물품 또는 포장의 하자상태를 명시적으로 표시하는 조항 또는 부기가 없는 운송서류를 말한다. 신용장이 운송서류가 "무사고본선적재"이어야 한다는 요건을 포함하는 경우일지라도, "무사고"라는 단어는 운송서류상에 보일 필요가 없다.

[Article 28] Insurance Document and Coverage

a. An insurance document, such as an insurance policy, an insurance certificate or a declaration under an open cover, must appear to be issued and signed by an insurance company, an underwriter or their agents or their proxies.

Any signature by an agent or proxy must indicate whether the agent or proxy has signed for or on behalf of the insurance company or underwriter.

b. When the insurance document indicates that it has been issued in more than one original, all originals must be presented.

c. Cover notes will not be accepted.

d. An insurance policy is acceptable in lieu of an insurance certificate or a declaration under an open cover.

e. The date of the insurance document must be no later than the date of shipment, unless it appears from the insurance document that the cover is effective from a date not later than the date of shipment.

f. ⅰ. The insurance document must indicate the amount of insurance coverage and be in the same currency as the credit.

ⅱ. A requirement in the credit for insurance coverage to be for a percentage of the value of the goods, of the invoice value or similar is deemed to be the minimum amount of coverage required.

If there is no indication in the credit of the insurance coverage required, the amount of insurance coverage must be at least 110% of the CIF or CIP value of the goods.

When the CIF or CIP value cannot be determined from the documents, the amount of insurance coverage must be calculated on the basis of the amount for which honour or negotiation is requested or the gross value of the goods as shown on the invoice, whichever is greater.

ⅲ. The insurance document must indicate that risks are covered at least between the place of taking in charge or shipment and the place of discharge or final destination as stated in the credit.

g. A credit should state the type of insurance required and, if any, the additional risks to be covered. An insurance document will be accepted without regard to any risks that are not covered if the credit uses imprecise terms such as "usual risks" or "customary risks".

h. When a credit requires insurance against "all risks" and an insurance document is presented containing any "all risks" notation or clause, whether or not bearing the heading "all risks", the insurance document will be accepted without regard to any risks stated to be excluded.

i. An insurance document may contain reference to any exclusion clause.

j. An insurance document may indicate that the cover is subject to a franchise or excess (deductible).

[제28조] 보험서류 및 담보범위

a. 보험증권, 포괄예정보험에 의한 보험증명서 또는 통지서와 같은 보험서류는 보험회사, 보험업자 또는 그들의 대리인 또는 그들의 대리행위자에 의하여 발행되고 서명된 것으로 보여야 한다. 대리인 또는 대리행위자에 의한 모든 서명은 그 대리인 또는 대리행위자가 보험회사 또는 보험업자를 위하여 또는 그들을 대리하여 서명하였는지 여부를 표시하여야 한다.

b. 보험서류가 2통 이상의 원본으로 발행되었다고 표시하는 경우, 모든 원본은 제시되어야 한다.

c. 보험승낙서는 수리되지 아니한다.

d. 보험증권은 포괄예정보험에 의한 보험증명서 또는 통지서를 대신하여 수리가능하다.

e. 보험서류에서 담보가 선적일보다 늦지 않은 일자로부터 유효하다고 보이지 아니하는 한, 보험서류의 일자는 선적일보다 늦어서는 아니 된다.

f. ⅰ. 보험서류는 보험담보의 금액을 표시하여야 하고 신용장과 동일한 통화이어야 한다.

　　ⅱ. 보험담보가 물품가액 또는 송장가액 등의 비율이어야 한다는 신용장상의 요건은 요구되는 최소담보금액으로 본다.

　　　요구된 보험담보에 관하여 신용장에 아무런 표시가 없는 경우, 보험담보금액은 최소한 물품의 CIF 또는 CIP 가격의 110%이어야 한다.

　　　서류로부터 CIF 또는 CIP 가격이 결정될 수 없는 경우, 보험담보금액은 인수·지급 또는 매입이 요청되는 금액 또는 송장에 표시된 물품의 총가액 중 더 큰 금액을 기초로 하여 산정되어야 한다.

　　ⅲ. 보험서류는 적어도 위험이 신용장에 명시된 바와 같이 수탁지 또는 선적지와 양륙지 또는 최종목적지간에 담보하고 있음을 표시하여야 한다.

g. 신용장은 요구되는 보험의 종류를 명시하여야 하고, 부보되어야 하는 부가위험이 (있는 경우)도 명시하여야 한다. 신용장이 "통상적 위험" 또는 "관습적 위험"과 같은 부정확한 용어를 사용하는 경우, 보험서류는 부보 되지 아니한 모든 위험과 관계없이 수리된다.

h. 신용장이 "전위험"에 대한 보험을 요구하는 경우, "전위험"이라는 표제를 기재하고 있는지의 여부와 관계없이 "전위험"의 표기 또는 조항을 포함하고 있는 보험서류가 제시된 경우, 그 보험서류는 제외되어야 한다고 명시된 모든 위험에 관계없이 수리된다.
i. 보험서류는 모든 제외조항의 참조를 포함할 수 있다.
j. 보험서류는 담보가 소손해면책율 또는 초과(공제)면책율을 조건으로 한다는 것을 표시할 수 있다.

[Article 29] Extension of Expiry Date or Last Day for Presentation

a. If the expiry date of a credit or the last day for presentation falls on a day when the bank to which presentation is to be made is closed for reasons other than those referred to in article 36, the expiry date or the last day for presentation, as the case may be, will be extended to the first following banking day.
b. If presentation is made on the first following banking day, a nominated bank must provide the issuing bank or confirming bank with a statement on its covering schedule that the presentation was made within the time limits extended in accordance with sub-article 29 (a).
c. The latest date for shipment will not be extended as a result of sub-article 29 (a).

[제29조] 유효기일 또는 제시를 위한 최종일의 연장

a. 신용장의 유효기일 또는 제시를 위한 최종일이 제36조에 언급된 사유 외의 이유로 제시를 받아야 하는 은행이 영업을 하지 아니하는 날인 경우, 유효기일 또는 제시를 위한 최종일은 경우에 따라 그 다음 첫 은행영업일까지 연장된다.
b. 제시가 그 다음 첫 은행영업일에 이루어지는 경우, 지정은행은 발행은행 또는 확인은행에게 제시가 제29조 a항에 따라 연장된 기간 내에 이루어졌음을 표지서류상에 설명과 함께 제공하여야 한다.
c. 선적을 위한 최종일은 제29조 a항의 결과로서 연장되지 아니한다.

[Article 30] Tolerance in Credit Amount, Quantity and Unit Prices

a. The words "about" or "approximately" used in connection with the amount of the credit or the quantity or the unit price stated in the credit are to be construed as allowing a tolerance not to exceed 10% more or 10% less than the amount, the quantity or the unit price to which they refer.
b. A tolerance not to exceed 5% more or 5% less than the quantity of the goods is allowed, provided the credit does not state the quantity in terms of a stipulated number of packing units or individual items and the total amount of the drawings does not exceed the amount of the credit.
c. Even when partial shipments are not allowed, a tolerance not to exceed 5% less than the amount of the credit is allowed, provided that the quantity of the goods,

if stated in the credit, is shipped in full and a unit price, if stated in the credit, is not reduced or that sub-article 30 (b) is not applicable. This tolerance does not apply when the credit stipulates a specific tolerance or uses the expressions referred to in sub-article 30 (a).

[제30조] 신용장금액, 수량 및 단가의 과부족 허용

a. 신용장에 명시된 신용장의 금액 또는 수량 또는 단가와 관련하여 사용된 "약" 또는 "대략"이라는 단어는 이에 언급된 금액, 수량 또는 단가의 10%를 초과하지 아니하는 과부족을 허용하는 것으로 해석된다.

b. 신용장이 수량을 규정된 포장단위 또는 개별 품목의 개수로 명시하지 아니하고 어음 발행 총액이 신용장금액을 초과하지 아니하는 경우, 물품수량은 5%를 초과하지 아니하는 범위 내에서 과부족이 허용된다.

c. 물품의 수량이 신용장에 명시된 경우 전량 선적되고 단가는 신용장에 명시된 경우 감액되지 아니한 때, 또는 제30조 b항이 적용될 수 없을 때에는, 분할선적이 허용되지 아니하는 경우에도, 신용장금액의 5%를 초과하지 아니하는 과부족은 허용된다. 이 과부족은 신용장이 특정 과부족을 규정하거나 또는 제30조 a항에 언급된 표현을 사용하는 경우에는 적용되지 아니한다.

[Article 31] Partial Drawings or Shipments

a. Partial drawings or shipments are allowed.

b. A presentation consisting of more than one set of transport documents evidencing shipment commencing on the same means of conveyance and for the same journey, provided they indicate the same destination, will not be regarded as covering a partial shipment, even if they indicate different dates of shipment or different ports of loading, places of taking in charge or dispatch. If the presentation consists of more than one set of transport documents, the latest date of shipment as evidenced on any of the sets of transport documents will be regarded as the date of shipment.

A presentation consisting of one or more sets of transport documents evidencing shipment on more than one means of conveyance within the same mode of transport will be regarded as covering a partial shipment, even if the means of conveyance leave on the same day for the same destination.

c. A presentation consisting of more than one courier receipt, post receipt or certificate of posting will not be regarded as a partial shipment if the courier receipts, post receipts or certificates of posting appear to have been stamped or signed by the same courier or postal service at the same place and date and for the same destination.

[제31조] 분할어음발행 또는 선적

a. 분할어음발행 또는 분할선적은 허용된다.

b. 동일한 운송수단으로 개시되고 동일한 운송구간을 위한 선적을 증명하는 2세트 이상의 운송서류를 구성하는 제시는, 운송서류가 동일한 목적지를 표시하고 있는 한 서류가 상이한 선적일 또는 상이한 적재항, 수탁지 또는 발송지를 표시하더라도 분할선적으로 보지 아니한다. 그 제시가 2세트 이상의 운송서류를 구성하는 경우에는, 운송서류의 어느 한 세트에 증명된 대로 최종선적일은 선적일로 본다. 동일한 운송방식에서 둘 이상의 운송수단상의 선적을 증명하는 하나 또는 2세트 이상의 운송서류를 구성하는 제시는 그 운송수단이 동일한 일자에 동일한 목적지를 향하여 출발하는 경우에도 분할선적으로 본다.

c. 둘 이상의 특사수령증, 우편수령증 또는 우송증명서로 구성하는 제시는 그 특사수령증, 우편수령증 또는 우송증명서가 동일한 장소 및 일자 그리고 동일한 목적지를 위하여 동일한 특사업자 또는 우편서비스에 의하여 스탬프 또는 서명된 것으로 보이는 경우에는 분할선적으로 보지 아니한다.

[Article 32] Instalment Drawings or Shipments

If a drawing or shipment by instalments within given periods is stipulated in the credit and any instalment is not drawn or shipped within the period allowed for that instalment, the credit ceases to be available for that and any subsequent instalment.

[제32조] 할부어음발행 또는 선적

신용장에서 일정기간 내에 할부에 의한 어음발행 또는 선적이 규정되어 있는 경우 어떠한 할부분이 할부분을 위하여 허용된 기간 내에 어음발행 또는 선적되지 아니하였다면, 그 신용장은 해당 할부분과 이후의 모든 할부분에 대하여 효력을 상실한다.

[Article 33] Hours of Presentation

A bank has no obligation to accept a presentation outside of its banking hours.

[제33조] 제시시간

은행은 자신의 은행영업시간 외의 제시를 수리할 의무가 없다.

[Article 34] Disclaimer on Effectiveness of Documents

A bank assumes no liability or responsibility for the form, sufficiency, accuracy, genuineness, falsification or legal effect of any document, or for the general or particular conditions stipulated in a document or superimposed thereon; nor does it assume any liability or responsibility for the description, quantity, weight, quality, condition, packing, delivery, value or existence of the goods, services or other performance represented by any document, or for the goods faith or acts or omissions, solvency, performance or standing of the consignor, the carrier, the forwarder, the consignee or the insurer of the goods or any other person.

[제34조] 서류효력에 대한 면책

은행은 모든 서류의 형식, 충분성, 정확성, 진정성, 위조 또는 법적 효력에 대하여, 또는 서류상에 규정되거나 또는 이에 부기된 일반조건 또는 특별조건에 대하여 어떠한 의무 또는 책임을 부담하지 아니하며; 또한 은행은 모든 서류에 표시되어 있는 물품의 명세, 서비스 또는 기타 이행의 명세, 수량, 중량, 품질, 상태, 포장, 인도, 가치 또는 존재에 대하여, 또는 물품의 송화인, 운송인, 운송주선인, 수화인 또는 보험자, 또는 기타 당사자의 성실성 또는 작위 또는 부작위, 지급능력, 이행 또는 신용상태에 대하여 아무런 의무 또는 책임을 부담하지 아니한다.

[Article 35] Disclaimer on Transmission and Translation

A bank assumes no liability or responsibility for the consequences arising out of delay, loss in transit, mutilation or other errors arising in the transmission of any messages or delivery of letters or documents, when such messages, letters or documents are transmitted or sent according to the requirements stated in the credit, or when the bank may have taken the initiative in the choice of the delivery service in the absence of such instructions in the credit.

If a nominated bank determines that a presentation is complying and forwards the documents to the issuing bank or confirming bank, whether or not the nominated bank has honoured or negotiated, and issuing bank or confirming bank must honour or negotiate, or reimburse that nominated bank, even when the documents have been lost in transit between the nominated bank and the issuing bank or confirming bank, or between the confirming bank and the issuing bank.

A bank assumes no liability or responsibility for errors in translation or interpretation of technical terms and may transmit credit terms without translating them.

[제35조] 송달 및 번역에 대한 면책

은행은 모든 통신, 서신 또는 서류가 신용장에 명시된 요건에 따라 송달 또는 송부된 경우, 또는 은행이 신용장에 그러한 지시가 없으므로 인도서비스의 선택에 있어서 주도적 역할을 하였다 하더라도, 은행은 그러한 통신의 송달 또는 서신이나 서류의 인도 중 지연, 분실, 훼손 또는 기타 오류로 인하여 발생하는 결과에 대하여 아무런 의무 또는 책임을 부담하지 아니한다. 지정은행이 제시가 일치하는 것으로 결정하고 그 서류를 발행은행 또는 확인은행에 발송하는 경우, 서류가 지정은행과 발행은행 또는 확인은행간, 또는 확인은행과 발행은행간 송달 중에 분실된 경우라 하더라도, 지정은행이 인수·지급 또는 매입하였는지의 여부에 관계없이, 발행은행 또는 확인은행은 인수·지급 또는 매입하거나, 또는 그 지정은행에 상환하여야 한다. 은행은 전문용어의 번역 또는 해석상의 오류에 대하여 아무런 의무 또는 책임을 부담하지 아니하며 신용장의 용어를 번역함이 없이 그를 송달할 수 있다.

[Article 36] Force Majeure

A bank assumes no liability or responsibility for the consequences arising out of the interruption of its business by Acts of God, riots, civil commotions, insurrections, wars, acts of terrorism, or by any strikes or lockouts or any other causes beyond its control.

A bank will not, upon resumption of its business, honour or negotiate under a credit that expired during such interruption of its business.

[제36조] 불가항력

은행은 천재, 폭동, 소요, 반란, 전쟁, 테러행위에 의하거나 또는 동맹파업 또는 직장폐쇄에 의하거나 또는 기타 은행이 통제할 수 없는 원인에 의한 은행업무가 중단됨으로 인하여 발생하는 결과에 대하여 아무런 의무 또는 책임을 부담하지 아니한다.

은행은 업무가 재개되어도 업무중단 동안에 유효기일이 경과된 신용장에 의한 인수·지급 또는 매입을 행하지 아니한다.

[Article 37] Disclaimer for Acts of an Instructed Party

a. A bank utilizing the services of another bank for the purpose of giving effect to the instructions of the applicant does so for the account and at the risk of the applicant.

b. An issuing bank or advising bank assumes no liability or responsibility should the instructions it transmits to another bank not be carried out, even if it has taken the initiative in the choice of that other bank.

c. A bank instructing another bank to perform services is liable for any commissions, fees, costs or expenses ("charges") incurred by that bank in connection with its instruction.

If a credit states that charges are for the account of the beneficiary and charges cannot be collected or deducted from proceed, the issuing bank remains liable for payment of charges.

A credit or amendment should not stipulate that the advising to a beneficiary is conditional upon the receipt by the advising bank or second advising bank of its charges.

d. The applicant shall be bound by and liable to indemnify a bank against all obligations and responsibilities imposed by foreign laws and usages.

[제37조] 피지시인의 행위에 대한 면책

a. 발행의뢰인의 지시를 이행하기 위하여 다른 은행의 서비스를 이용하는 은행은 발행의뢰인의 비용과 위험으로 이를 이행한다.

b. 발행은행 또는 통지은행이 다른 은행의 선택에 있어서 주도적 역할을 하였다 하더라

도, 그 은행이 다른 은행에게 전달한 지시가 이행되지 아니하는 경우, 발행은행 또는 통지은행은 아무런 의무 또는 책임을 부담하지 아니한다.

c. 다른 은행에게 서비스를 이행하도록 지시하는 은행은 그 지시와 관련하여 다른 은행이 부담한 모든 수수료, 요금, 비용 또는 경비("비용")에 대하여 부담하는 의무를 진다. 신용장에 비용이 수익자의 부담이라고 명시하고 있고 그 비용이 대금으로부터 징수 또는 공제될 수 없는 경우, 발행은행은 비용지급에 대하여 부담하는 의무를 진다. 신용장 또는 조건변경은 수익자에 대한 통지가 통지은행 또는 제 2 통지은행이 자신의 비용을 수령하는 조건으로 한다고 규정하여서는 아니 된다.

d. 발행의뢰인은 외국의 법률 및 관행에 의하여 부과되는 모든 의무와 책임에 구속되며 이에 대하여 은행에게 보상할 책임이 있다.

[Article 38] Transferable Credits

a. A bank is under no obligation to transfer a credit except to the extent and in the manner expressly consented to by that bank.

b. For the purpose of this article: Transferable credit means a credit that specifically states it is "transferable". A transferable credit may be made available in whole or in part to another beneficiary ("second beneficiary") at the request of the beneficiary ("first beneficiary").

Transferring bank means a nominated bank that transfers the credit or, in a credit available with any bank, a bank that is specifically authorized by the issuing bank to transfer and that transfers the credit. An issuing bank may be a transferring bank. Transferred credit means a credit that has been made available by the transferring bank to a second beneficiary.

c. Unless otherwise agreed at the time of transfer, all charges (such as commissions, fees, costs or expenses) incurred in respect of a transfer must be paid by the first beneficiary.

d. A credit may be transferred in part to more than one second beneficiary provided partial drawings or shipments are allowed.

A transferred credit cannot be transferred at the request of a second beneficiary to any subsequent beneficiary. The first beneficiary is not considered to be a subsequent beneficiary.

e. Any request for transfer must indicate if and under what conditions amendments may be advised to the second beneficiary. The transferred credit must clearly indicate those conditions.

f. If a credit is transferred to more than one second beneficiary, rejection of an amendment by one or more second beneficiary does not invalidate the acceptance by any other second beneficiary, with respect to which the transferred credit will be amended accordingly. For any second beneficiary that rejected the amendment, the transferred credit will remain unamended.

g. The transferred credit must accurately reflect the terms and conditions of the credit, including confirmation, if any, with the exception of:
  − the amount of the credit,
  − any unit price stated therein,
  − the expiry date,
  − the period for presentation, or
  − the latest shipment date or given period for shipment, any or all of which may be reduced or curtailed.

    The percentage for which insurance cover must be effected may be increased to provide the amount of cover stipulated in the credit or these articles.

    The name of the first beneficiary may be substituted for that of the applicant in the credit.

    If the name of the applicant is specifically required by the credit to appear in any document other than the invoice, such requirement must be reflected in the transferred credit.

h. The first beneficiary has the right to substitute its own invoice and draft, if any, for those of a second beneficiary for an amount not in excess of that stipulated in the credit, and upon such substitution the first beneficiary can draw under the credit for the difference, if any, between its invoice and the invoice of a second beneficiary

i. If the first beneficiary is to present its own invoice and draft, if any, but fails to do so on first demand, or if the invoices presented by the first beneficiary create discrepancies that did not exist in the presentation made by the second beneficiary and the first beneficiary fails to correct them on first demand, the transferring bank has the right to present the documents as received from the second beneficiary to the issuing bank, without further responsibility to the first beneficiary.

j. The first beneficiary may, in its request for transfer, indicate that honour or negotiation is to be effected to a second beneficiary at the place to which the credit has been transferred, up to and including the expiry date of the credit. This is without prejudice to the right of the first beneficiary in accordance with sub-article 38 (h).

k. Presentation of documents by or on behalf of a second beneficiary must be made to the transferring bank.

[제38조] 양도가능신용장

a. 은행은 동 은행이 명시적으로 동의한 범위 및 방법에 의한 경우를 제외하고 신용장을 양도할 의무를 부담하지 아니한다.

b. 이 조항을 위하여:

양도가능신용장이라 함은 "양도가능"이라고 특별히 명시하고 있는 신용장을 말한다. 양도가능신용장은 수익자("제1수익자")의 요청에 의하여 전부 또는 일부가 다른 수익자("제2수익자")에게 사용가능하게 할 수 있다. 양도은행이라 함은 신용장을 양도하는 지정은행 또는, 모든 은행에서 사용될 수 있는 신용장에서, 발행은행에 의하여 양도하도록 특별히 수권되어 신용장을 양도하는 은행을 말한다. 발행은행은 양도은행이 될 수 있다. 양도된 신용장이라 함은 양도은행이 제2수익자가 사용할 수 있도록 한 신용장을 말한다.

c. 양도를 이행할 때에 별도의 합의가 없는 한, 양도와 관련하여 부담한 모든 비용(수수료, 요금, 비용, 경비 등)은 제1수익자가 지급하여야 한다.

d. 분할어음발행 또는 분할선적이 허용되는 경우 신용장은 2인 이상의 제2수익자에게 분할양도 될 수 있다. 양도된 신용장은 제2수익자의 요청에 의하여 이후의 어떠한 수익자에게도 양도될 수 없다. 제1수익자는 이후의 수익자로 보지 아니한다.

e. 양도를 위한 모든 요청은 조건변경이 제2수익자에게 통지될 수 있는지 여부 및 어떤 조건 하에 통지될 수 있는지를 표시하여야 한다. 양도된 신용장은 그러한 조건을 명확하게 표시하여야 한다.

f. 신용장이 2인 이상의 제2수익자에게 양도된 경우, 1인 또는 2인 이상의 제2수익자가 조건변경을 거절한다하더라도 양도된 신용장이 조건변경 되어지는 기타 모든 제2수익자에 의한 승낙이 무효화되지는 아니한다. 조건변경을 거절한 제2수익자에 대하여는, 양도된 신용장은 조건변경 없이 존속한다.

g. 양도된 신용장은 다음의 경우를 제외하고 확인(있는 경우)을 포함하여 신용장의 조건을 정확히 반영하여야 한다:

– 신용장의 금액,

– 신용장에 명시된 단가,

– 유효기일,

– 제시를 위한 기간, 또는

– 최종선적일 또는 주어진 선적기간,

이들 중의 일부 또는 전부는 감액되거나 또는 단축될 수 있다.

보험부보가 이행되어야 하는 비율은 신용장 또는 이 규칙에서 규정된 부보금액을 충족시킬 수 있도록 증가될 수 있다.

제1수익자의 명의는 신용장의 발행의뢰인의 명의로 대체될 수 있다.

발행의뢰인의 명의가 송장 이외의 모든 서류에 표시되도록 신용장에 의하여 특별히 요구되는 경우, 그러한 요건은 양도된 신용장에 반영되어야 한다.

h. 제1수익자는 신용장에 규정된 금액을 초과하지 아니하는 금액에 대하여 제2수익자의 송장 및 환어음을 자신의 송장 및 환어음(있는 경우)으로 대체할 권리를 가지고 있으며, 그러한 대체를 하는 경우, 제1수익자는 자신의 송장과 제2수익자의 송장과의 차액에 대하여 신용장에 따라 어음을 발행할 수 있다.

i. 제1수익자가 그 자신의 송장 및 환어음(있는 경우)을 제공하여야 하지만 최초의 요구시에 이를 행하지 못한 경우, 또는 제1수익자가 제시한 송장이 제2수익자가 제시한 서류에는 없었던 불일치를 발생시키고 제1수익자가 최초의 요구시에 이를 정정하지 못한 경우, 양도은행은 제1수익자에 대하여 더 이상의 책임 없이 제2수익자로부터 수령한 서류를 발행은행에게 제시할 권리를 가진다.

j. 제1수익자는 자신의 양도요청으로 신용장이 양도된 장소에서 신용장의 유효기일을 포함한 기일까지 제2수익자에게 인수·지급 또는 매입이 이루어져야 한다는 것을 표시할 수 있다. 이는 제38조 h항에 따른 제1수익자의 권리를 침해하지 아니한다.

k. 제2수익자에 의한 또는 대리하는 서류의 제시는 양도은행에 행하여야 한다.

[Article 39] Assignment of Proceeds

The fact that a credit is not stated to be transferable shall not effect the right of the beneficiary to assign any proceeds to which it may be or may become entitled under the credit, in accordance with the provisions of applicable law. This article relates only to the assignment of proceeds and not to the assignment of the right to perform under the credit.

[제39조] 대금의 양도

신용장이 양도가능한 것으로 명시되어 있지 아니하다는 사실은 적용 가능한 법률의 규정에 따라 그러한 신용장에 의하여 수권되거나, 또는 될 수 있는 대금을 양도하는 수익자의 권리에 영향을 미치지 아니한다. 이 조는 단지 대금의 양도에 관련이 있으며 신용장에 따라 이행할 권리의 양도에 관한 것은 아니다.

INTERNATIONAL TRADE PAYMENT SYSTEMS

화환추심에 의한 결제

D/P·D/A방식에 의한 결제

1. D/P · D/A거래의 의의

국제무역거래는 결제방법에 따라 신용장에 의한 거래방식과 신용장이 수반되지 않는 무신용장거래방식으로 크게 구분할 수 있다. 이 무신용장거래방식 중 가장 대표적인 것이 D/P·D/A 거래방식이다. 이는 D/P·D/A 계약서에 기초하여 화환추심(documentary collection)에 의하여 대금결제가 이루어진다. 앞서 살펴본 바와 같이 신용장에 의한 거래가 화환신용장통일규칙(Uniform Customs and Practice for Documentary Credits: UCP)의 적용을 받음에 비하여 D/P·D/A 거래는 별도로 명백한 합의가 없거나 국가, 주 또는 지방의 법률 또는 규정에 위배되지 않는 한 국제상업회의소가 제정한 "추심에 관한 통일규칙"(Uniform Rules for Collections, ICC Publication No.522: URC 522)[1]의 적용을 받는다. 따라서 D/P·D/A 거래의 기준에 대하여 정확한 이해를 하기 위해서는 추심에 관한 통일규칙을 검토하여야 한다.

D/P란 어음지급서류인도조건, 약칭하면 지급인도조건(Documents against

---

1) 국제상업회의소가 1956년 제정하여 1967년 1차 개정할 때까지는 상업어음추심에 관한 통일규칙(Uniform Rules for the Collection of Commercial Paper, ICC Publication No.254)이라고 호칭하였으나, 1978년 2차 개정시에 그 명칭을 추심에 관한 통일규칙으로 개정하였다. 한국은 1979년 7월 2일부터 이 규칙을 채택하고 있다. 그 후 URC는 1995년에 3차 개정하여 1996년 1월 1일부터 적용하도록 하였다.

Payment: D/P)으로 수출자가 수입자와의 매매계약에 따라 물품을 선적하고 구비된 서류에 일람출급환어음(sight bill of exchange)을 발행하여 자기의 거래은행(추심의뢰은행)을 통하여 수입자거래은행인 수입국의 은행(추심은행) 앞으로 그 환어음대금을 추심의뢰하면, 추심은행은 수입자에게 어음을 제시하여 그 환어음금액의 일람지급을 받고 서류를 인도하는 거래방식을 말한다.

한편 D/A란 어음인수서류인도조건, 약칭하면 인수인도조건(Documents against Acceptance: D/A)으로 D/P 거래와 대금을 추심하는 경로는 같으나 D/P와 다른 점은 수출자가 일람후정기출급환어음 또는 확정일출급환어음을 발행하고 수입자거래은행인 추심은행이 수입자에게 이를 제시하여 제시된 환어음을 일람지급함이 없이 인수만 함으로써 서류를 인도받은 후 만기일에 대금을 지급하는 거래방식이다.

D/P·D/A 거래를 주로 추심결제방식[2] 또는 선수출계약서에 의한 거래라고 부르고 있다. D/P나 D/A 거래방식은 수출자에게는 대금결제에 대한 보장이 없으므로 결제상의 위험이 따르는 거래이지만, 수입자에게는 자기의 담보력 등이 부족한 경우 매우 편리한 제도이다. 이 거래는 수입자의 신용을 바탕으로 이루어진다.

2. D/P · D/A거래의 경제적 역할

D/P·D/A거래는 기업의 국제화에 따른 현지법인이나 해외지점과의 거래증대 및 해외기업과의 신뢰관계의 발전과 수출보험제도에 의해서 활용이 증가되고 있다. D/P방식보다는 매수인이 결제기간을 유예 받을 수 있는 D/A방식이 선호된다.

---

[2] 추심이라 함은 환어음·약속어음·수표 등의 금융서류 또는 송장·운송서류 등의 상업서류를 지급 또는 인수받기 위하여, 지급인도 또는 인수인도로 상업서류를 취급함을 의미한다; ICC, Uniform Rules for the Collections, 1995 Revision(이하 URC 522라 약칭함), Article 2.

표 7-1	신용장방식과 D/P·D/A 방식거래의 비교	
구 분	신용장방식	D/P · D/A방식
1. 대금지급확약 여부	은행의 지급확약 있음	은행의 지급확약 없음
2. 은행의 개입 여부	개입함	개입함
3. 은행거래에 따른 담보제공 관계	신용장발행시 담보제공	환어음추심 전 매입시 담보제공
4. 거래에 따른 부대비용	많음	적음
5. 대금결제기간	일람출급, 기한부	일람출급(D/P), 기한부(D/A)
6. 환어음발행시의 지급인	은행	수입자
7. 매매당사자간의 유리성	매도인, 매수인 모두 유리	매수인 유리
8. 거래상의 융통성	없음	많음
9. 결제수단의 안전성	안전	불안[3]
10. 거래상의 준거규정	신용장통일규칙	추심에 관한 통일규칙

D/P·D/A거래는 신용장방식과 비교하여 볼 때 경제적 유용성은 다음과 같다.[4]

첫째, 신용장발행 및 통지수수료를 절약할 수 있다.

둘째, 신용장발행시 발행은행에 담보제공에 따른 어려움을 덜 수 있다.

셋째, 장기간에 걸쳐 거래실적이 많고 상호신뢰를 가지고 있는 거래처간의 대금결제에 적합하다.

넷째, 본지점간·자회사간·합병기업간 무역거래시에 융통성이 많아 매우 편리하다.

다섯째, 위탁판매방식, 위탁가공무역방식의 거래에서는 제품·원재료 공급 등이 편리하다.

여섯째, 무역보험제도를 이용하여 수출자가 자신의 귀책사유가 없는 경우 결제상의 손실을 보상받을 수 있다.

---

3) 수출대금결제상의 위험을 줄이기 위하여 한국에서는 무역보험공사에서 운영하는 단기무역보험에 부보할 수 있도록 하고 있다.

4) 河崎正信, 「D/P·D/A 手形の性質」, 外國爲替貿易硏究會, 1980, 19~20面.

3. D/P · D/A거래와 거절증서

3.1 거절증서의 의의

거절증서(protest)란 어음의 소구권행사의 원인인 인수거절 또는 지급거절의 사실을 증명하는 공증인이나 집달리에 의하여 작성되는 공정증서이다.

어음행위는 행위지법을 준거법으로 하게 되어 있기 때문에 D/P·D/A 환어음거래에 있어서는 환어음의 인수와 지급에 관한 행위지인 한국어음법의 적용을 받게 된다. 거절증서는 어음법 이외에도 거절증서령·집달리법·공증인법의 적용을 받는다. 또 거절증서에는 인수거절시에 작성되는 인수거절증서와 지급거절시에 작성되는 지급거절증서의 2종이 있고, 실제 D/P·D/A 거래에서 환어음발행인은 추심의뢰은행을 통하여 인수거절증서 또는 지급거절증서의 작성을 요청하고 있다. 환어음발행인인 어음채권자의 소구권행사라는 점에서 보면 지급거절증서의 작성은 매우 중요하다.

거절증서는 추심지시서에 그 작성이 지시되어 있는 경우에만 작성하면 되는 것이며, 추심지시서에 이에 관한 명확한 지시가 없으면 추심에 관여하는 은행은 거절증서를 작성하여야 할 의무를 부담하지 아니한다.

또한 거절증서의 작성에 따른 수수료 또는 비용은 추심지시서에 별도 명시가 없는 한 의뢰인, 즉 수출자의 부담으로 한다.[5]

3.2 거절증서작성의 필요성

국내거래에서의 어음거래는 어음상의 채권자와 채무자가 일정한 지역 내에 거주하기 때문에 법에 의한 소구권행사 이외에도 당사자간의 면담·타협 등의 방법으로 결제상의 문제를 해결할 수도 있다. 어음만기일에 지급거절, 즉 부도가 되었을 경우에는 은행의 부도선언으로 소구권행사가 가능하기 때문에 국내상거

---

5) URC 522, Article 24.

래시 어음행위에 있어서는 어음채권자가 거절증서의 작성을 면제하여 주는 것이 관례로 되어 있다.

그러나 무역거래에 있어서는 수출자와 수입자, 즉 추심의뢰인과 지급인이 국가를 달리하는 격지에 거주하고 서로 잘 알지도 못하기 때문에 국내상거래의 경우와 같이 면담·타협이 어려운 것은 물론이고 외화표시환어음은 교환에 회부 되지도 않기 때문에 어음발행인이 소구권을 행사할 수 있는 유일한 방법이 거절 증서의 작성인 것이다.

무역거래라고 하더라도 신용장방식에 의한 거래에 있어서는 환어음 및 결제 서류가 신용장조건과 일치하면 발행은행이 지급할 것을 확약하고 있기 때문에 거래의 안전성이 보장되지만, D/P·D/A 거래에서는 신용장을 수반하지 않는 추 심방식에 의하여 대금의 지급을 받게 되므로 거래의 안전성이 없으므로 추심의 뢰인은 항상 채권보전에 불안이 따르게 된다. 이와 같은 이유로 D/P·D/A 거래 에서는 추심의뢰인은 추심의뢰은행을 통하여 인수거절 또는 지급거절에 관하여 거절증서를 작성하여 줄 것을 추심은행에 요구하는 경우가 많다. 추심지시서상 에 거절증서의 작성에 관한 지시는 인수거절증서의 경우에는 "protest for non-acceptance", 지급거절증서의 경우에는 "protest for non-payment"라고 표기한 다.[6]

3.3 거절증서의 작성요건

거절증서의 작성자는 공증인 또는 집달리로, 이를 작성하는 데는 관계법령 에서 요구하는 형식적 요건이 있고, 환어음소지인인 추심은행이 갖추어야 할 요 건이 있다. 여기에서는 추심은행의 경우를 중심으로 살펴보기로 한다.

(1) 인수 및 지급을 위한 제시

인수거절증서를 작성하기 위하여는 환어음소지인인 추심은행은 지급인에게 인수를 위한 환어음의 제시를 하여야 하며, 환어음제시기간은 일람후정기출급환

6) *Ibid.*

어음일 때 어음발행일로부터 1년 내에 인수를 위한 제시를 하여야 한다.[7] 이와 같이 어음법상으로는 어음제시기간을 최장 1년으로 하고 있으나, D/A 거래에 있어서는 추심은행이 추심의뢰를 받게 되면 별도의 지시가 없는 한 지체없이 인수를 위한 제시를 하여야 하기 때문에 추심은행은 추심서류를 접수하게 되면 지체없이 추심서류 도착통지서를 수입자, 즉 지급인에게 발송함으로써 인수를 위한 제시로 갈음하고 있다.

또한 지급거절증서를 작성하기 위한 선행요건으로서 지급을 위한 제시를 하여야 한다. D/P거래에서 발행되는 일람출급환어음은 제시된 때를 만기로 보기 때문에[8] 한국에서와 같이 어음의 제시를 어음현물을 가지고 어음지급인에게 제시하지 않고 추심서류 도착통지서를 우편으로 수입자에게 통보하고, 이 통보를 어음의 제시로 보게 되는 경우에는 어느 시점을 제시로 볼 수 있느냐 하는 문제가 있다. D/P거래에서는 지급거절증서의 작성에 어려운 점이 있으나, 어음이 발행되지 않고 결제서류만을 송부하여 추심의뢰하는 사례도 있고, 또 지급거절증서의 작성을 요청하지 않는 경우도 많기 때문에 실무상 별 문제는 되지 않는다.

한국어음법에 의하면 확정일출급, 발행일자후정기출급 또는 일람후정기출급의 환어음은 그 어음의 소지인인 추심은행이 어음만기일 또는 만기일에 이은 2거래일 이내에 지급을 위한 제시를 하여야 한다.[9]

(2) 거절증서의 작성기간

인수거절증서는 이미 살펴본 바와 같이 인수를 위한 제시기간 내에 작성하여야 하며, 지급거절증서는 어음만기에 이은 2거래일 이내에 작성시켜야 한다.[10] 이와 같이 지급거절증서의 작성기간이 극히 단시일로 제한되어 있기 때문에 D/A거래에서는 인수된 어음이 만기에 결제가 되지 않았을 경우에는 곧 그 다음 날

---

7) 한국어음법 제23조 1항.

8) 한국어음법 제34조 1항.

9) 한국어음법 제38조 1항.

10) 한국어음법 제44조 2항 및 3항.

로 공증인사무소에 거절증서작성을 의뢰하여 어음발행인의 채권보전을 하여야
한다.

4. 지급지

환어음의 지급을 위한 제시는 환어음에 기재된 환어음지급지에서 하게 되
어 있고, 또한 지급거절증서도 지급지에서 행한 환어음대금의 지급청구에 대하
여 지급거절하였음을 증명하게 된다. 따라서 은행은 D/A 환어음을 인수할 경우
환어음면에 "Accepted on payable at ABC Bank, Seoul"이라는 내용의 고무인을
날인하고 거기에다 환어음지급인의 서명날인을 받아 인수하고 있기 때문에 환어
음지급지에도 불구하고 ABC Bank를 지급지로 하여 환어음인수가 되는 것이다.

따라서 만기일 1주일 전에 환어음지급인에게 발송하는 만기일통지서에 의
하여 지급을 위한 제시로 보고, 만기일에 은행측에 D/A 대금이 지급되지 않으면
지급지인 ABC Bank에서 지급이 거절된 것으로 하여 공증인에게 거절증서 작성
을 의뢰하게 된다.[11]

---

11) 한국외환은행, 「실무교본」, 1988, 64~68면.

서식 7-1 거절증서

거절자의 성명 또는	○○○주식회사
피거절자의 성명 또는 명칭	X & Y Inc.
거절자에 대하여 청구를 한 뜻 및 거절자가 그 청구에 응하지 아니하였거나 거절자와 면회할 수 없었던 것 또는 청구를 할 장소를 알 수 없었던 뜻	거절자가 그 청구에 응하지 아니함
청구를 하였거나 이를 할 수 없었던 장소 및 연월일	서울특별시 중구 을지로 2가 181 한국외환은행본점 서기 20××년 5월 10일
거절증서작성의 장소 및 연월일	서울특별시 중구 을지로 1가 41 ○○○공증인합동사무소 서기 20××년 5월 12일
법정장소 이외의 지역에서 거절증서를 작성하는 때에는 거절자가 이를 승낙한 것	승낙하였음
지급인이 어음법 제24조 1항 전단의 규정에 의하여 제2의 제시를 할것을 청구한 때에는 그 뜻	서기 20××년 6월 10일 내로 지불하겠음

서기 20××년 5월 12일
서울특별시 중구 을지로 1가 41

서울지방검찰청소속
공증인

성명   ㊞

Chapter 08

D/P·D/A거래의 실제와
추심에 관한 통일규칙

1. D/P · D/A거래의 과정

무역거래에서 대금결제를 D/P 또는 D/A 방식을 이용할 경우에는 다음과
같은 거래과정을 거쳐야 한다.

① 물품매매당사자간에 D/P 또는 D/A 계약을 체결한다.

② 수출자는 계약과 일치되는 물품을 선적한다.

③ 수출자는 계약서에 약정한 서류, 예컨대 상업송장·선화증권·보험증
권·포장명세서·원산지증명서에 환어음을 발행하여 거래은행인 추심의뢰은행
(remitting bank)을 통하여 추심은행(collecting bank) 앞으로 수출대금에 대한 추
심을 의뢰한다.

④ 추심의뢰은행은 계약서상에 명시된 추심은행 또는 제시은행 앞으로 추심
서류 및 환어음을 송부한다.

⑤ 추심은행측에 추심서류가 도착되면 지급인인 수입자에게 서류도착통지
를 한다.

⑥ D/P 거래인 경우에는 어음지급,[1] D/A 거래인 경우에는 어음인수[2]를 행

---

[1] D/P·D/A지시는 지시에 따라야 하는데, 명백한 지시가 없을 때는 D/P로 간주한다; URC
522, Article 7-b; D/P로 보아야 할 경우로는 ① deliver documents against payment, ②
D/P at sight, ③ sight, ④ ×× days D/P, ⑤ at sight on arrival of vessel 등이며, D/A로

한다. 이와 동시에 추심은행은 서류를 수입자에게 인도한다.

⑦ 추심은행 및 제시은행은 수입자로부터 지급받은 추심대금을 추심지시서 (collection instruction)상의 지시에 따라 상대은행에게 송금한다.

⑧ 추심의뢰은행은 추심은행으로부터 송금받은 대금을 수출자에게 지급함으로써 수출자는 수출대금을 회수하게 되며[3] D/P·D/A 의 모든 거래과정은 완료된다.

2. 추심에 관한 통일규칙

2.1 추심에 관한 통일규칙의 의의

추심에 관한 통일규칙(Uniform Rules for Collections: URC)은 신용장거래시 준거로 삼고 있는 신용장통일규칙(UCP)과 같이, D/P·D/A거래에서 환어음이나 서류의 추심사무를 통일화시킴으로써 무역대금결제를 원활히 하고자 국제상업회의소(ICC)가 마련한 국제규칙이다.

신용장통일규칙이 신용장거래에 실제적 운용에 훌륭함이 입증된 후 1956년 국제상업회의소는 상업어음추심에 관한 통일규칙(Uniform Rules for the Collection of Commercial Paper)을 제정하게 되었고, 1967년 5월 14일 몬트리올(Montreal)

보아야 할 경우로는 ① deliver documents against acceptance, ② D/A 90 d/s, ③ 90 days after arrival of the cargo, ④ D/A 90 d/s B/L, ⑤ at 90 days sight, ⑥ at 90 days after sight, ⑦ at 90 days after date 등이 있다.

2) 어음인수(acceptance)의 방법은 인수 또는 이와 동일한 의미가 있는 문자를 환어음에 표시하고, 지급인이 기명날인(signature)한다. 예를 들면 "Accepted on by X&Y Inc., Payable at ABC Bank, New York"과 같이 인수한다.

3) 그러나 실제 무역거래에서 D/P·D/A방식에 의한 수출환어음도 수출자의 입장에서는 대금회수기간 동안 기다리는 데 어려움이 있으므로 수출자가 거래은행(추심의뢰은행)에 이미 제공된 물적 담보나 신용으로 보통은 선적 이후 신용장거래와 같이 추심전매입이 이루어진다.

에서 개최된 ICC 제21차 총회에서 제1차로 개정하여[4] 1968년 1월 1일부터 시행할 수 있도록 하였다.

한국의 경우는 1968년 5월 15일 일괄채택하기로 하였다. 그 후 제2차 개정[5]에서는 통일규칙의 명칭을 추심에 관한 통일규칙(Uniform Rules of Collections)으로 바꾸고, 일부 내용을 개정하여 1979년 1월 1일부터 시행하도록 하였다. 그 후 1995년에 다시 무역거래관행의 변화와 무역관련 기타 법제와의 조화를 위하여 제3차 개정규칙을 마련하고 1996년 1월 1일부터 적용하도록 하였다.

2.2 추심에 관한 통일규칙의 구성

1995년 개정된 추심에 관한 통일규칙은 A. 총칙 및 정의(1~3조), B. 추심의 형식 및 구성(4 조), C. 제시의 형식(5~8 조), D. 의무 및 책임(9~15조), E. 지급(16~19조), F. 이자, 수수료 및 비용(20~21조), G. 기타규정(22~26조)과 같이 7장 26조로 구성되어 있다.

2.3 추심에 관한 통일규칙의 구속력

1995년 개정, 국제상업회의소 간행물 번호 522, 추심에 관한 통일규칙은 이 규칙의 준거문언이 제4조에 언급된 추심지시서의 본문에 삽입된 경우[6] 제2조에 정의된 모든 추심에 적용되며, 별도의 명시적인 합의가 없거나 또는 국가, 주 또는 지방의 법률 및/또는 규칙의 규정에 위배되지 아니하는 한 모든 관계당사자를 구속한다.[7] 은행이 어떠한 이유로 접수된 추심 또는 어떠한 관련지시서를 취급하지 않을 것을 결정한 경우에는 추심 또는 그 지시서를 송부한 당사자에게 전신 또는 그것이 가능하지 않은 경우, 다른 신속한 수단으로 지체없이 통지하여

---

4) ICC Brochure No. 254, May 14, 1967.

5) ICC Publication No. 322, June 20, 1978.

6) 실제로 모든 추심에는 별도의 추심지시서가 첨부되어야 한다.

7) URC 522, Article 1-a.

야 한다.[8)]

2.4 추심과 서류의 의의

추심(collection)이란 은행의 위임을 받아 금융서류·상업서류를 ① 지급 및/
또는 인수를 받거나, 또는 ② 서류를 지급인도 및/또는 인수인도하거나, 또는 ③
기타의 조건으로 서류를 인도하기 위하여 취급함을 의미한다.[9)] 서류(document)
란 금융서류 및/또는 상업서류를 의미하며, 금융서류(financial documents)란 환
어음(bill of exchange),[10)] 약속어음(promissory notes),[11)] 수표(cheques),[12)] 또는 기
타 금전을 받기 위하여 사용되는 기타 이와 유사한 증서(similar instruments)를 의
미한다.[13)]

또한 추심에 관한 통일규칙을 적용하는 데 있어서 무화환추심(clean

---

8) URC 522, Article 1-c.

9) URC 522, Article 2-a.

10) 환어음(bill of exchange)이란 국제거래상에 있어서 수출자 등의 채권자가 채무자에게
그 채권금액을 지명인 또는 소지자에게 일정한 시일 및 장소에서 무조건 지급할 것을 위
탁하는 요식의 유가증권이다.

11) 약속어음(promissory note)이란 발행인이 그 소지인에 대하여 스스로 일정금액의 지급
을 약속하는 형식의 어음으로서, 이는 지급약속증권이라는 점에서 지급약속증권인 환어
음과 상이하다. 따라서 약속어음에 있어서는 발행인과 수취인이 있으면 족하고, 환어음
과 같이 별도의 지급인은 필요하지 않다. 한국의 어음법 제75조에서는 약속어음은 다음
과 같은 사항이 기재되도록 하고 있다.
① 증권의 작성에 사용되는 국어로 약속어음임을 표시하는 문자, ② 일정한 금액의 무조
건지급을 약속한다는 약속의 뜻, ③ 만기의 표시, ④ 지급지, ⑤ 대금수령인 또는 대금수
령인을 지시할 자의 명칭, ⑥ 발행일과 발행지, ⑦ 발행인의 기명날인.

12) 수표(cheque)란 발행인이 지급인인 은행에 대하여 수취인 기타의 소지인에게 일정한 금
액의 지급을 위탁하는 형식의 유가증권이다. 이는 유가증권으로서의 속성은 어음과 동일
하나, 소지인출급식·무기명식 및 기명소지인출급식으로 발행될 수 있는 점이 어음과 상
이하다. 그리고 지급위탁증권이라는 점에서는 환어음과 동일하나 인수제도가 없는 것이
다르고, 수표의 지급보증은 인수와 비슷하기는 하지만 지급보증인의 의무는 인수인의 의
무와 같은 절대적인 것이 아니므로 결국 수표는 인수가 있기 전의 환어음과 같다. 따라서
수표는 지급증권이기 때문에 일람출급으로 되어 있고, 이에 반하는 문언은 모두 기재가
없는 것으로 보기 때문에 선일자수표도 발행일 전에 제시하면 지급된다.

13) URC 522, Article 2-b.

collection)이란 상업서류가 첨부되지 아니한 금융서류의 추심을 말하고, 화환추심(documentary collection)이란 상업서류가 첨부된 금융서류의 추심, 금융서류가 첨부되지 아니한 상업서류의 추심을 말한다.[14)]

2.5 D/P·D/A거래의 당사자

D/P·D/A거래의 당사자에는 추심의뢰인(principal)·추심의뢰은행(remitting bank)·추심은행(collecting bank) 및 제시은행(presenting bank)이 있다.[15)]

① 추심의뢰인(principal)은 거래은행에 추심을 의뢰하는 수출자를 말하며, "seller", "exporter", "drawer", "consignor" 또는 "customer"를 의미한다.

② 추심의뢰은행(remitting bank)은 의뢰인으로부터 추심을 의뢰받은 수출국의 은행을 말한다.

③ 추심은행(collecting bank)은 추심의뢰은행 이외의 추심과정에 참여하는 은행을 말한다.

④ 제시은행(presenting bank)은 지급인에게 제시를 하는 수입국의 추심은행을 말한다.

⑤ 지급인(drawee)은 추심지시서(collection instruction)에 따라 제시를 받아야 할 자, 즉 수입자를 말하며, "buyer", "importer", "consignee"를 의미한다.

추심지시서(collection instruction)에는 추심의뢰은행, 환어음지급인, 제시은행(있는 경우)의 명세 및 추심금액, 통화, 동봉서류의 목록과 통수, 지급 및/또는 인도조건, 기타 조건, 추심수수료, 추심이자, 지급방법과 지급통지형식, 지급·인수거절 및 불일치의 경우에 대한 지시, 환어음지급장소의 주소 등 추심과 관련된 정보자료가 포함되어야 한다.[16)]

---

14) URC 522, Article 2-d.

15) URC 522, Article 3-a.

16) URC 522, Article 4.

2.6 거래당사자의 의무와 책임

(1) 추심에 관여한 은행의 책임

1) 신의성실 및 상당한 주의의무

추심에 관하여는 은행은 모든 조치를 성실하게(in good faith) 하여야 하며, 또 상당한 주의(reasonable care)를 하여야 한다.[17]

2) 서류확인의 의무

은행은 접수된 서류가 추심지시서상의 기재와 일치하는가를 확인하여야 하며, 누락사항이 있을 때에는 추심의뢰를 한 상대방에게 즉시 통지하여야 한다. 그러나 서류를 심사할 의무를 부담하지는 않는다.[18]

3) 서류 등의 송달에 대한 면책

은행은 통보, 서신 또는 서류송달의 지연 또는 멸실로 발생하는 결과 전신의 송달 중에 일어나는 지연, 훼손 또는 기타 오류, 전문용어의 번역 또는 해석상의 오류에 대하여 의무나 책임을 지지 않는다.[19]

4) 불가항력사유에 대한 면책

은행은 천재, 폭동, 소요, 반란, 전쟁 또는 기타 불가항력적인 사유 및 동맹파업, 직장폐쇄로 인한 업무중단으로 발생하는 결과에 대하여 의무나 책임을 지지 않는다.[20]

(2) 지시받은 당사자의 행위에 대한 책임

1) 비용 및 위험부담의 의무

수출상, 즉 의뢰인의 지시사항을 이행하기 위하여 타은행의 서비스를 이용

---

17) URC 522, Article 9.
18) URC 522, Article 12.
19) URC 522, Article 14.
20) URC 522, Article 15.

할 때, 비용이나 위험이 발생하는 경우 추심의뢰인이 이를 부담하여야 한다.[21]

2) 외국법률 및 관습준수의 의무

의뢰인은 외국법률 및 관습에서 부과되는 모든 의무와 책임을 지며, 이로 인하여 은행이 손실을 당했을 때에는 이를 보상하여야 한다.[22]

2.7 제 시

추심서류는 접수한 원형 그대로 지급인에게 제시(presentation)되어야 한다. 다만 추심의뢰은행과 추심은행은 의뢰인의 부담으로 인지를 첨부하거나 배서의 권한을 위임받았을 경우 및 관례적인 고무인의 날인 등 기타의 부호를 표시할 수 있도록 수권된 경우에는 예외가 된다. 또한 추심지시서에는 지급인 또는 지급 장소의 주소가 명기되어야 한다. 또한, 서류가 일람출급일 경우에는 지급을 위한 제시를 하여야 한다. 또한 제시은행은 서류가 일람출급 이외의 지급조건으로 인수(acceptance)를 요할 경우에는 지체없이 인수를 위한 제시를, 지급을 요할 시에는 당해 만기일(maturity date)에 지급을 위한 제시를 하여야 한다.

또한 추심지시서에는 D/P조건인지 D/A조건인지를 명시하여야 하는데, 아무런 명시가 없는 경우에는 D/P조건으로 간주한다.[23]

2.8 지 급

지급지의 통화, 즉 내국통화(local currency)로 지급할 수 있는 서류의 경우에 제시은행은 추심지시서에 별도의 지시가 없는 한 처분가능한 내국통화에 의한 지급인도조건에 한하여 서류를 지급인에게 인도하여야 하며, 지급지통화 이외의, 즉 외국통화로 지급할 수 있는 서류의 경우에는 추심지시서에 별도지시가 없는 한 즉시 송금할 수 있는 당해 외국통화에 의한 지급인도조건에 한하여 서

---

21) URC 522, Article 11-a.

22) URC 522, Article 11-c.

23) URC 522, Article 7-b.

류를 지급인에게 인도하여야 한다.

화환추심에 있어서 분할지급은 추심지시서에 특별히 허용된 경우에만 인정되지만, 무화환추심에 있어서 분할지급은 예컨대 분할지급허용(partial payment allowed)과 같은 문언이 있는 경우에 그 허용범위와 조건하에서 인정될 수 있다.

또한 추심금액(amount collected)은 추심지시서에 지시된 대로 추심은행에 지체없이 지급되어야 하는데, 이 때 수수료·지출금 및 비용의 공제가 수권되어 있을 때에는 이를 공제할 수 있다.[24]

2.9 인수 및 약속어음, 영수증 등 유사한 증서

제시은행은 환어음의 인수(acceptance)의 형식, 환어음, 약속어음, 영수증 또는 기타 유사한 증서가 외견상 완전하고 정확한가를 확인할 책임이 있으나, 서명의 진실성이나 인수에 대한 서명인의 권한유무를 조사할 책임은 지지 아니한다.[25]

2.10 거절증서에 관한 제시

추심지시서에는 인수거절(non-acceptance) 또는 지급거절(non-payment)의 경우에 취할 거절증서(protest)나 이에 갈음하는 법적 절차에 관하여 거절증서 작성 또는 면제에 관한 지시를 명시하여야 한다. 이러한 명시가 없을 경우 은행은 이를 작성할 의무를 부담하지 아니한다. 이 때 발생하는 제비용은 의뢰인의 부담으로 한다.[26]

2.11 예비지급인 및 물품보전

추심의뢰인이 인수거절 또는 지급거절에 대비하여 예비지급인(의뢰인의 대

---

24) URC 522, Article 16, 20, 21.

25) URC 522, Article 22 및 Article 23.

26) URC 522, Article 24.

리인)[case-of-need(principal representative)]으로서 행동할 대리인을 지명하는 경우에는 추심지시서에 예비지급인의 권한에 관하여 명백하고 완전한 지시를 하여야 한다. 어음이 지급 또는 인수거절이 되는 경우에는 물품의 보전에 관한 지시를 하는 예가 있다.[27] 그러한 은행은 이에 대하여 책임을 지지 아니한다.[28]

2.12 추심결과 등의 통지

추심은행의 통지형식(form of advice)·통지방법(method of advice) 및 통지서 등 추심결과 통지는 다음과 같이 하여야 한다.

통지형식은 추심의뢰은행의 추심지시서 참조, 번호 및 기타 적절한 명세가 기재되어야 한다. 통지방법은 특별한 지시가 없는 경우 추심은행의 추심요청을 한 은행에 대한 통지는 가장 신속한 우편으로 하여야 한다. 그러나 추심은행이 상황이 긴급하다고 인정할 경우 전신(cable), 전보(telegram), 가입전신(telex) 또는 전자장치에 의한 통신 등으로 할 수 있으며, 그 비용은 의뢰인의 부담으로 한다.

추심은행은 지급통지서, 인수통지서, 지급거절 또는 인수거절통지서를 추심의뢰한 은행에 지체없이 송부하여야 한다. 제시은행은 지급거절 또는 인수거절을 통지한 후 90일 이내에 그러한 지시를 받지 못할 경우에는 서류를 추심요청을 한 은행에 반송할 수 있다.[29]

2.13 이자, 수수료 및 비용

추심에 관련된 수수료(charges)와 비용(expenses)은 지시서에 기재된 바와 같이 부담하면 되나 명시가 없을 때에는 어음발행인이 부담한다. 추심지시서와 부속금융서류에 이자(interest)에 대한 지시가 있고 반드시 추심하라는 지시가 있

---

27) 이러한 지시의 예는 다음과 같다 ; "In case of dishonor, please store and insure goods against fire and/or other usual risks."

28) URC 522, Article 10-c ; 추심은행은 물품의 행방·상태·보관·보전을 수탁한 제3자의 작위 또는 부작위에 대하여 물품의 보전조치를 취하는 데 따른 책임이나 의무를 부담하지 아니한다.

29) URC 522, Article 22-c.

| 그림 8-1 | D/P · D/A거래과정 |

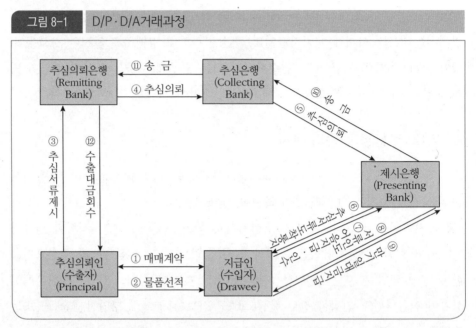

으면 대금에 부가하여 동 이자를 반드시 추심하여야 한다.

그러나 추심지시서에 추심수수료 또는 비용이 지급인부담이라고 지시되어 있는 데도 불구하고 지급인이 그 지시를 거절할 때 추심의뢰은행의 명백한 반대 지시가 없는 한 추심은행은 이러한 수수료 또는 비용을 추심하지 않고 지급인도 또는 인수인도조건의 추심서류를 인도할 수 있다. 이 경우 수수료와 비용은 추심을 송부한 당사자가 부담하게 된다.

추심은행은 지급금, 비용 및 추심수수료에 관련하여 지급한 제비용을 추심의뢰인으로부터 상환받을 권리를 갖는다.[30]

---

30) URC 522, Article 20~21.

3. 추심에 관한 통일규칙내용[31]

추심에 관한 통일규칙(Uniform Rules for Collections: URC)

A. 총칙 및 정의

[제 1 조] 추심에 관한 통일규칙 522의 적용

 a. 1995년 개정, 국제상업회의소 간행물 번호 522, 추심에 관한 통일규칙은 본 규칙의 준거문언이 제4조에 언급된 '추심지시서'의 본문에 삽입된 경우 제2조에 정의된 모든 추심에 적용되며, 별도의 명시적인 합의가 없거나 또는 국가, 주 또는 지방의 법률 및/또는 규칙의 규정에 위배되지 아니하는 한 모든 관계당사자를 구속한다.

 b. 은행은 추심 또는 어떠한 추심지시서 또는 이후 관련지시서를 취급하여야 할 의무를 부담하지 아니한다.

 c. 은행이 어떠한 이유로 접수된 추심 또는 어떠한 관련지시서를 취급하지 않을 것을 결정할 경우에는 추심 또는 그 지시서를 송부한 당사자에게 전신, 또는 그것이 가능하지 않은 경우, 다른 신속한 수단으로 지체 없이 통지하여야 한다.

[제 2 조] 추심의 정의

 본 규칙의 목적상 :

 a. "추심"이라 함은 은행이 접수된 지시에 따라 다음과 같은 목적으로 제2조 b항에 정의된 서류를 취급하는 것을 의미한다 :

  1. 지급 및/또는 인수를 받거나, 또는

  2. 서류를 지급인도 및/또는 인수인도하거나, 또는

  3. 기타의 조건으로 서류를 인도하는 목적.

 b. "서류"라 함은 금융서류 및/또는 상업서류를 의미한다 :

  1. "금융서류"란 환어음, 약속어음, 수표 또는 기타 금전의 지급을 받기 위하여 사용되는 기타 이와 유사한 증서를 의미한다.

  2. "상업서류"란 송장, 운송서류, 권리증권 또는 이와 유사한 서류 또는 그 밖에 금융서류가 아닌 일체의 서류를 의미한다.

 c. "무화환추심"이라 함은 상업서류가 첨부되지 아니한 금융서류의 추심을 의미한다.

 d. "화환추심"이라 함은 다음과 같은 추심을 의미한다 :

  1. 상업서류가 첨부된 금융서류의 추심 ;

  2. 금융서류가 첨부되지 아니한 상업서류의 추심.

---

31) URC 522 원문조문내용의 번역은 대한상공회의소, 강원진(감수), 「1995년 개정 ICC 추심에 관한 통일규칙」, 1995를 참조 바람.

[제 3 조] 추심당사자

  a. 본조의 목적상 관계당사자란 다음과 같은 자를 의미한다 :

    1. 은행에 추심의 취급을 의뢰하는 당사자인 "추심의뢰인";

    2. 추심의뢰인으로부터 추심의 취급을 의뢰받은 은행인 "추심의뢰은행";

    3. 추심의뢰은행 이외에 추심과정에 참여하는 모든 은행인 "추심은행";

    4. 지급인에게 제시를 행하는 추심은행인 "제시은행."

  b. "지급인"은 추심지시서에 따라 제시를 받아야 할 자를 의미한다.

B. 추심의 형식 및 구성

[제 4 조] 추심지시서

  a. 1. 추심을 위하여 송부되는 모든 서류에는 추심은 추심에 관한 통일규칙 간행물번호 522에 의함을 명시하고, 완전하고 정확한 지시가 기재된 추심지시서가 첨부되어야 한다. 은행은 이러한 추심지시서에 기재된 지시 및 본 규칙에 따라서만 업무를 수행하여야 한다.

    2. 은행은 지시를 찾기 위하여 서류를 검토하지 아니한다.

    3. 추심지시서에 별도의 수권이 없는 한 은행은 추심을 의뢰한 당사자/은행 이외의 어느 당사자/은행으로부터의 어떠한 지시도 무시한다.

  b. 추심지시서는 다음과 같은 정보자료를 적절하게 포함하여야 한다.

    1. 정식명칭, 우편 및 스위프트주소, 텔렉스, 전화, 팩스번호 및 참조사항을 포함한 추심의뢰은행의 명세

    2. 정식명칭, 우편주소, 그리고 해당되는 경우, 텔렉스·전화·팩스번호를 포함한 추심의뢰인의 명세

    3. 정식명칭, 우편주소 또는 제시가 행하여질 환어음지급장소 및 해당되는 경우 텔렉스·전화·팩스번호를 포함한 환어음지급인의 명세

    4. 정식명칭, 우편수소 및 해당되는 경우, 텔렉스·전화·팩스번호를 포함한 만일 있는 경우 제시은행의 명세

    5. 추심되는 금액과 통화

    6. 동봉서류의 목록과 각 서류의 통수

    7. a. 지급 및/또는 인수받는 조건

      b. 서류의 인도조건 :

        1) 지급 및/또는 인수

        2) 기타 조건

    추심지시서를 준비하는 당사자는 서류의 인도조건이 분명하고 명확하게 기술되도록 할 책임이 있으며, 그렇지 않을 경우 은행은 이로 인해 발생하는 어떠한 결과에 대하여도 책임을 부담하지 아니한다.

    8. 수수료가 포기될 수 있는지의 여부를 명시한 추심수수료

9. 해당되는 경우 다음 사항을 포함하여 이자가 포기될 수 있는지의 여부를 명시한 추심이자 :
   a. 이자율
   b. 이자지급기간
   c. 해당되는 경우 계산근거(예컨대 1년을 365일 또는 360일로 할 것인지)
10. 지급방법 및 지급통지의 형식
11. 지급거절, 인수거절, 및/또는 다른 지시와 불일치의 경우에 대한 지시.

c. 1. 추심지시서에는 환어음지급인 또는 제시가 행하여질 장소의 완전한 주소가 기재되어야 한다. 그 주소가 불완전하거나 부정확한 경우에 추심은행은 아무런 의무나 책임 없이 적정한 주소를 확인하기 위한 조치를 취할 수 있다.
2. 추심은행은 제공된 불완전한/부정확한 주소가 제공된 결과로 발생하는 어떠한 지연에 대해서도 의무 및 책임을 부담하지 아니한다.

C. 제시의 형식

[제 5 조] 제 시
a. 이 조항의 목적상 제시는 제시은행이 지시받은 대로 서류를 지급인이 취득할 수 있도록 하는 절차이다.
b. 추심지시서는 지급인이 행위를 취해야 하는 정확한 기한을 기재하여야 한다. 제시와 관련하여 또는 지급인에 의해 서류가 인수되어야 하는 기한 또는 지급인에 의해 취해져야 하는 다른 조치에 관하여 "첫째", "신속한", "즉시" 또는 이와 유사한 표현은 사용되어서는 아니된다. 만일 그러한 용어가 사용된 경우 은행은 이를 무시한다.
c. 서류는 접수한 원형대로 지급인에게 제시되어야 한다. 다만 은행이 별도의 지시가 없는 한 추심을 의뢰한 당사자의 비용부담으로 필요한 인지를 첨부할 수 있도록 수권되어 있는 경우, 및 필요한 배서를 하거나 또는 추심업무상 관례적이거나 요구되는 고무인 또는 기타 인식표지 또는 부호를 표시할 수 있도록 수권되어 있는 경우에는 그러하지 아니하다.
d. 추심의뢰인의 지시를 이행하기 위하여 추심의뢰은행은 추심의뢰인이 지정한 은행을 추심은행으로 이용할 수 있다. 그러한 지정이 없는 경우에 추심의뢰은행은 지급 또는 인수가 이루어지는 국가 또는 기타 조건이 응하여지는 국가 내에서 자신 또는 기타 은행이 선정한 모든 은행을 이용할 수 있다.
e. 서류와 추심지시서는 추심의뢰은행이 추심은행으로 직접 송부하거나, 다른 중개은행을 통하여 송부될 수 있다.
f. 추심의뢰은행이 특정제시은행을 지정하지 아니한 경우에 추심은행은 자신이 선택한 제시은행을 이용할 수 있다.

[제 6 조] 일람출급/인수

서류가 일람출급인 경우 제시은행은 지체 없이 지급을 위한 제시를 하여야 한다. 제시은행은 서류가 일람출급이 아닌 기한부지급조건으로 인수를 요하는 경우 지체 없이 인수를 위한 제시를, 그리고 지급을 요하는 경우에는 적절한 만기일지급을 위한 제시를 하여야 한다.

[제 7 조] 상업서류의 인도

인수인도(D/A) 대 지급인도(D/P)

a. 추심에는 상업서류가 지급과 상환으로 인도되어야 한다는 지시와 함께 장래의 확정일 출급조건의 환어음을 포함시켜서는 아니된다.

b. 추심이 장래의 확정일출급조건의 환어음을 포함하는 경우에 추심지시서에는 상업서류가 지급인에게 인수인도(D/A) 또는 지급인도(D/P) 중 어느 조건으로 인도되어야 하는지를 명시하여야 한다.

그러한 명시가 없는 경우 상업서류는 지급과 상환으로만 인도되어야 하며, 추심은행은 서류인도의 지연으로 기인하는 어떠한 결과에 대해서도 책임을 부담하지 아니한다.

c. 추심이 장래의 확정일출급조건의 환어음을 포함하고 추심지시서에 상업서류는 지급과 상환으로 인도되어야 한다고 명시된 경우에는 서류는 오직 그러한 지급에 대해서만 인도되고, 추심은행은 서류인도의 지연으로 기인하는 어떠한 결과에 대해서도 책임을 부담하지 아니한다.

[제 8 조] 서류의 작성

추심의뢰은행은 추심은행 또는 지급인에게 추심에 포함되어 있지 않은 서류(환어음, 약속어음, 수입화물대도증서, 약속증서 또는 기타 서류)를 작성할 것을 지시하는 경우에는 그러한 서류의 형식과 문구는 추심의뢰은행에 의해 제공되어야 한다 ; 그렇지 않은 경우 추심은행은 추심은행 및 또는 지급인에 의해 제공된 그러한 서류의 형식과 문구에 대하여 의무나 책임을 부담하지 아니한다.

D. 의무 및 책임

[제 9 조] 신의성실 및 상당한 주의

은행은 신의성실에 따라 행동하고 또 상당한 주의를 하여야 한다.

[제10조] 서류 대 물품/용역/이행

a. 물품은 당해 은행의 사전동의 없이 어느 은행의 주소로 직접 발송되거나 은행에게 또는 은행의 지시인에게 탁송되어서는 아니된다.

그럼에도 불구하고 물품이 당해 은행의 사전동의 없이 지급인에게 지급인도, 인수인도 또는 기타의 조건으로 인도하기 위하여 은행의 주소로 직접 발송되거나, 은행 또는 은행의 지시인에게 탁송되는 경우에 그와 같은 은행은 물품을 인수하여야 할 의무를 부담하지 아니하며, 그 물품은 물품을 발송하는 당사자의 위험과 책임으로 남는다.

b. 은행은 화환추심과 관련된 물품에 대하여 특별한 지시를 받은 경우라 하더라도 물품의 보관, 물품에 대한 보험을 포함하여 어떠한 조치를 취할 의무가 없다. 은행은 그와 같이 하는 것을 동의한 경우 및 동의한 범위 내에서 단지 그러한 조치를 취한다. 제1조 c항의 규정에도 불구하고 본 규칙은 추심은행이 이와 같은 취지에 대하여 아무런 통지를 하지 않은 경우에도 적용된다.

c. 그럼에도 불구하고 은행이 지시를 받았는지의 여부와는 상관 없이 그 물품의 보전을 위해 조치를 취할 경우, 은행은 그 물품의 보전결과 및/또는 물품의 상태 및/또는 물품의 보관 및/또는 보전을 수탁한 어떠한 제3자측의 모든 작위 및/또는 부작위에 대하여 아무런 의무나 책임을 부담하지 아니한다. 그러나 추심은행은 추심지시서를 송부한 은행에게 그러한 조치의 내용을 지체 없이 통지하여야 한다.

d. 물품을 보전하기 위하여 취해진 조치와 관련하여 은행에게 발생한 모든 수수료 및/또는 비용은 추심을 송부한 당사자의 부담으로 한다.

e. 1. 제10조 a항의 규정에도 불구하고 물품이 추심은행에게 또는 추심은행의 지시인에게 탁송되고, 지급인이 지급, 인수 또는 기타 조건으로 추심을 인수하고, 추심은행이 물품의 인도를 주선하는 경우에는 추심의뢰은행이 추심은행에게 그렇게 하도록 수권한 것으로 간주된다.

2. 추심은행이 추심의뢰은행의 지시에 의거하여 또는 전 항의 e항 1호와 관련하여 물품의 인도를 주선하는 경우, 추심의뢰은행은 그 추심은행에게 발생한 모든 손해와 비용을 보상하여야 한다.

[제11조] 지시받은 당사자의 행위에 대한 면책

a. 추심의뢰인의 지시를 이행할 목적으로 그 밖의 은행 또는 다른 은행의 서비스를 이용하는 은행은 그 추심의뢰인의 비용과 위험부담으로 이를 행한다.

b. 은행은 자신이 전달한 지시가 이행되지 않는 경우에도 아무런 의무 또는 책임을 부담하지 아니하며, 그 은행 자신이 그러한 다른 은행의 선택을 주도한 경우에도 그러하다.

c. 다른 당사자에게 서비스를 이행하도록 지시하는 당사자는 외국의 법률과 관행에 의하여 부과되는 모든 의무와 책임을 부담하며, 또 이에 대하여 지시받은 당사자에게 보상하여야 한다.

[제12조] 접수된 서류에 대한 면책

a. 은행은 접수된 서류가 외관상 추심지시서에 기재된 대로 있는가를 확인하여야 하며, 또 누락되거나 기재된 것과 다른 서류에 대하여 지체 없이 전신으로, 이것이 가능하지 않은 경우에는 다른 신속한 수단으로 추심지시서를 송부한 당사자에게 통지하여야 한다.

은행은 이와 관련하여 더 이상의 의무를 부담하지 아니한다.

b. 만일 외관상 서류의 목록이 기재되어 있지 아니한 경우, 추심의뢰은행은 추심은행에 의해 접수된 서류의 종류와 통수에 대하여 다툴 수 없다.

c. 제5조 c항 그리고 제12조 a항과 제12조 b항에 따라 은행은 더 이상의 심사 없이 서류

를 접수된 대로 제시한다.

[제13조] 서류의 효력에 대한 면책

은행은 어떠한 서류이든 그 형식, 충분성, 정확성, 진정성, 위조 또는 법적 효력에 대하여, 또는 서류상에 명기 또는 부기된 일반조건 및/또는 특별조건에 대하여 어떠한 의무나 책임을 부담하지 않으며, 또한 은행은 어떠한 서류에 의해 표시되어 있는 물품의 명세, 수량, 중량, 품질, 상태, 포장, 인도, 가치 또는 존재에 대하여, 또는 물품의 송화인, 운송인, 운송주선인, 수화인 또는 보험자 또는 기타 당사자의 성실성, 작위 및/또는 부작위, 지급능력, 이행 또는 신용상태에 대하여 어떠한 의무나 책임을 부담하지 아니한다.

[제14조] 송달 및 번역중의 지연, 멸실에 대한 면책

a. 은행은 모든 통보, 서신 또는 서류의 송달중의 지연 및/또는 멸실로 인하여 발생하는 결과, 또는 모든 전신의 송달중에 발생하는 지연, 훼손 또는 기타의 오류 또는 전문용어의 번역 및/또는 해석상의 오류에 대하여 어떠한 의무나 책임을 부담하지 아니한다.

b. 은행은 접수된 지시의 명확성을 기하기 위한 필요에서 기인하는 어떠한 지연에 대해서도 책임을 부담하지 아니한다.

[제15조] 불가항력

은행은 천재, 폭동, 소요, 반란, 전쟁 또는 기타 은행이 통제할 수 없는 원인에 의하거나, 또는 동맹파업 또는 직장폐쇄에 의하여 은행업무가 중단됨으로써 발생하는 결과에 대하여 어떠한 의무나 책임을 부담하지 아니한다.

E. 지 급

[제16조] 지연 없는 지급

a. 추심금액(해당되는 경우 수수료 및/또는 지출금 및/또는 비용을 공제하고)은 추심지시서의 조건에 따라 추심지시서를 송부한 당사자에게 지체없이 지급되어야 한다.

b. 제1조 c항의 규정에도 불구하고 별도의 합의가 없는 경우에는 추심은행은 오직 추심의뢰은행 앞으로 추심금액의 지급을 행한다.

[제17조] 내국통화에 의한 지급

지급국가의 통화(내국통화)로 지급할 수 있는 서류의 경우, 제시은행은 추심지시서에 별도의 지시가 없는 한 내국통화가 추심지시서에 명시된 방법으로 즉시 처분할 수 있는 경우에만 내국통화에 의한 지급인도에 대하여 지급인에게 서류를 인도하여야 한다.

[제18조] 외국통화에 의한 지급

지급국가의 통화 이외의 통화(외국통화)로 지급할 수 있는 서류의 경우, 제시은행은 추심지시서에 별도의 지시가 없는 한 지정된 외국통화가 추심지시서의 지시에 따라 즉시 송금될 수 있는 경우에 한하여 그 외국통화에 의한 지급인도에 대하여 지급인에게 서류를 인도하여야 한다.

[제19조] 분할지급

  a. 무화환추심에 있어서 분할지급은 지급지의 유효한 법률에 의하여 허용되는 경우 그 범위와 조건에 따라 인정될 수 있다. 금융서류는 그 전액이 지급되었을 때에 한하여 지급인에게 인도된다.

  b. 화환추심에 있어서 분할지급은 추심지시서에 특별히 수권된 경우에만 인정된다. 그러나 별도의 지시가 없는 한 제시은행은 그 전액을 지급받은 후에 지급인에게 서류를 인도하며, 제시은행은 서류인도의 지연에서 야기되는 어떠한 결과에 대해서도 책임을 부담하지 아니한다.

  c. 모든 경우에 있어서 분할지급은 제17조 또는 제18조의 해당되는 규정에 따라서만 허용된다.

    분할지급이 허용되는 경우 제16조의 규정에 따라 처리되어야 한다.

  F. 이자, 수수료 및 비용

[제20조] 이　자

  a. 추심지시서에서 이자가 추심되어야 함을 명시하고 지급인이 그 이자의 지급을 거절할 경우에는 제20조 c 항에 해당되지 아니하는 한 제시은행은 그 이자를 추심하지 아니하고 서류를 경우에 따라 지급인도 또는 인수인도 또는 기타의 조건으로 인도할 수 있다.

  b. 그 이자가 추심되어야 하는 경우, 추심지시서에는 이자율, 이자지급기간과 계산근거를 명시하여야 한다.

  c. 추심지시서가 이자는 포기될 수 없음을 명확하게 기재하고 또한 지급인이 그 이자의 지급을 거절하는 경우, 제시은행은 서류를 인도하지 아니하며, 서류인도의 지연에서 비롯되는 어떠한 결과에 대해서도 책임을 부담하지 아니한다. 이자의 지급이 거절되었을 경우, 제시은행은 전신 또는 그것이 가능하지 않은 경우에는 다른 신속한 수단으로 지체 없이 추심지시서를 송부한 은행에 통지하여야 한다.

[제21조] 수수료 및 비용

  a. 추심지시서에 추심수수료 및/또는 비용은 지급인의 부담으로 하도록 명시하고 있으나 그 지급인이 이의 지급을 거절하는 경우에는 제시은행은 제21조 b항에 해당하지 아니하는 한 수수료 및/또는 비용을 추심하지 아니하고, 경우에 따라서 지급인도, 인수인도 또는 기타 조건으로 서류를 인도할 수 있다.

    추심수수료 및/또는 비용이 포기된 경우, 이는 추심을 송부한 당사자의 부담으로 하며 대금에서 공제될 수 있다.

  b. 추심지시서에 수수료 및/또는 비용은 포기될 수 없음을 명확하게 기재하고, 지급인이 수수료 및 비용의 지급을 거절하는 경우 제시은행은 서류를 인도하지 아니하며, 서류인도의 지연에서 비롯되는 어떠한 결과에 대해서도 책임을 부담하지 아니한다. 추심수수료 및/또는 비용의 지급이 거절되었을 경우, 제시은행은 전신 또는 그것이 가능하지 않은 경우에는 다른 신속한 수단으로 지체 없이 추심지시서를 송부한 은행에 통

지하여야 한다.

c. 추심지시서에 명시된 조건에 의하거나 또는 이 규칙 하에서 지출금 및/또는 비용 및/또는 추심수수료를 추심의뢰인의 부담으로 하는 모든 경우에 있어서 추심은행은 지출금, 비용 및 수수료와 관련한 지출경비를 추심지시서를 송부한 은행으로부터 즉시 회수할 권리를 가지며, 추심의뢰은행은 추심의 결과에 관계 없이 자행이 지급한 지출금, 비용 및 수수료를 포함하여 이렇게 지급한 모든 금액을 추심의뢰인으로부터 즉시 상환받을 권리가 있다.

d. 은행은 어떤 지시를 이행하려고 시도하는 데 있어서의 경비를 충당하기 위하여 추심지시서를 송부한 당사자에게 수수료 및/또는 비용의 선지급을 요구할 권리를 보유하며, 그 지급을 받을 때까지 또한 그 지시를 이행하지 아니할 권리를 보유한다.

G. 기타 규정

[제22조] 인   수

제시은행은 환어음의 인수의 형식이 외관상 완전하고 정확한지를 확인하여야 할 책임이 있다. 그러나 제시은행은 어떠한 서명의 진정성이나 인수의 서명을 한 어떠한 서명인의 권한에 대하여 책임을 부담하지 아니한다.

[제23조] 약속어음 및 기타 증서

제시은행은 어떠한 서명의 진정성 또는 약속어음, 영수증 또는 기타 증서에 서명을 한 어떠한 서명인의 권한에 대하여 책임을 부담하지 아니한다

[제24조] 거절증서

추심지시서에는 인수거절 또는 지급거절의 경우에 있어서의 거절증서(또는 이에 갈음하는 기타 법적 절차)에 관한 특정한 지시를 명기하여야 한다.

이러한 특정한 지시가 없는 경우 추심에 관여하는 은행은 지급거절 또는 인수거절에 대하여 서류의 거절증서를 작성하여야 할(또는 이에 갈음하는 법적 절차를 취해야 할) 의무를 부담하지 아니한다.

이러한 거절증서 또는 기타 법적 절차와 관련하여 은행에게 발생하는 모든 수수료 및/또는 비용은 추심지시서를 송부한 당사자의 부담으로 한다.

[제25조] 예비지급인

추심의뢰인이 인수거절 및/또는 지급거절에 대비하여 예비지급인으로서 행동할 대리인을 지명하는 경우에는 추심지시서에 그러한 예비지급인의 권한에 대하여 명확하고 완전한 지시를 하여야 한다. 이러한 지시가 없는 경우 은행은 예비지급인으로부터의 어떠한 지시에도 응하지 아니한다.

[제26조] 통   지

추심은행은 다음의 규칙에 따라 추심결과를 통지하여야 한다.

a. 통지형식

추심은행이 추심지시서를 송부한 은행으로 보내는 모든 지시 또는 정보에는 항상 추

심지시서에 기재된 대로 추심지시서 송부은행의 참조번호를 포함한 적절한 명세가 기재되어야 한다.

b. 통지방법

추심의뢰은행은 추심은행에게 c항 1호, c항 2호 및 c항 3호에 상술된 통지가 행해져야 하는 방법을 지시하여야 할 의무가 있다. 이러한 지시가 없는 경우, 추심은행은 자신이 선택한 방법으로 추심지시서를 송부한 은행의 부담으로 관련된 통지를 보낸다.

c. 1. 지급통지

추심은행은 추심지시서를 송부한 은행에게 추심금액, 충당한 경우 공제한 수수료 및/또는 지출금 및/또는 비용 및 그 자금의 처분방법을 상술한 지급통지를 지체 없이 송부하여야 한다.

2. 인수통지

추심은행은 추심지시서를 송부한 은행으로 인수통지를 지체 없이 송부하여야 한다.

3. 지급거절 및 /또는 인수거절통지

제시은행은 추심지시서를 송부한 은행에게 지급거절 또는 인수거절의 사유를 확인하기 위하여 노력하고, 그 결과를 지체 없이 통지하여야 한다.

제시은행은 추심지시서를 송부한 은행에게 지급거절 및/또는 인수거절의 통지를 지체 없이 송부하여야 한다.

추심의뢰은행은 이러한 통지를 받는 대로 향후의 서류취급에 대한 적절한 지시를 하여야 한다. 제시은행은 지급거절 및/또는 인수거절을 통지한 후 60일 이내에 이러한 지시를 받지 못한 경우에 서류는 제시은행측에 더 이상의 책임 없이 추심지시서를 송부한 은행으로 반송할 수 있다.

INTERNATIONAL TRADE PAYMENT SYSTEMS

송금환 및 청산계정에
의한 결제

PART
4

송금환에 의한 결제

1. 외국환의 의의

일반적으로 환(exchange)이란 격지자간의 채권채무관계를 현금을 직접 주고 받지 않고 제3자(은행)를 통하여 지급위탁 등의 방법에 의하여 결제하는 수단을 말하며, 내국환(domestic exchange)이 국내의 대차관계를 결제하는 것에 비하여 외국환(foreign exchange)[1]은 그것이 국제간에 행하여지는 경우의 환을 말한다.

한국의 외국환거래법에서는 외국환이라 함은 대외지급수단·외화증권·외화 파생상품 및 외화채권을 말한다고 규정하고 있다. 무역거래에서는 물품이나 용 역, 이전 및 자본이동과 관련하여 외국에 있는 자와의 채권채무관계를 결제할 필 요성이 생기므로 자동적으로 외국환이 수반되게 된다.

따라서 외국환은 이종통화와의 교환이 뒤따르고 국가간의 대차관계를 발 생시켜 국제수지(balance of payments)로 나타난다. 또한 외국환은 환리스크 (exchange risks)가 발생되며, 무역거래시에는 시간적 요소가 개입되어 표준우편

---

1) 한국 외국환거래법 제3조: 대외지급수단이라 함은 외국통화, 외국통화로 표시된 지급수 단 그 밖에 표시통화에 관계없이 외국에서 사용될 수 있는 지급수단을 말한다(예: 정부 지폐, 은행권, 주화, 수표, 환어음, 약속어음, 우편환, 신용장과 기타의 지급지시 등). 외 화증권이라 함은 외국통화로서 표시된 증권 또는 외국에서 지급받을 수 있는 증권을 말 한다(예: 공채·주식 등). 외화채권이라 함은 외국통화로 표시된 채권 또는 외국에서 지 급받을 수 있는 채권을 말한다(예: 예금, 보험증권, 대부, 입찰, 기타로 인하여 생기는 금 전채권으로 위의 것들에 속하지 않는 것).

일수 등 자금부담에 따른 이자(interest)부담문제도 고려되어야 한다.

2. 외국환의 형태

외국환에 의한 자금이동의 방법에는 채무자가 채권자 앞으로 자금을 보내주는 방법과 채권자가 그 채권을 추심하는 방법으로 나눌 수 있는데, 전자를 송금환 또는 순환이라 하고, 후자를 추심환 또는 역환이라 한다.

외국환은 반드시 하나의 외국환은행에서 다른 외국환은행으로 이동됨으로써 그 기능을 담당하게 되며, 외국환이 외국환은행을 경유하는 경우에는 반드시 외국환의 매매가 일어나게 된다. 이 경우 환매매의 시발점이 되는 외국환은행을 당방은행이라 하고, 환매매의 종착점이 되는 은행을 상대은행이라 한다. 그리고 당방은행에서 취급하는 외국환을 당발환(outward)이라 하고, 상대은행에서 취급되는 외국환을 타발환(inward)이라 하며, 이에 따라 송금환은 당발송금환과 타발송금환으로, 추심환은 당발추심환과 타발추심환으로 나눌 수 있다. 또한 외국환은 환율이 개재되어 이종통화간에 교환 또는 매매를 수반하게 되는데, 외국환

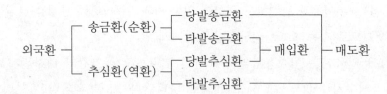

은행의 입장에서 볼 때 당발송금환과 타발추심환의 경우에는 외국환의 매도가 일어나고, 타발송금환과 당발추심환의 경우에는 외국환의 매입이 일어나게 된다. 즉 전자를 매도환이라 하고, 후자를 매입환이라 한다.

3. 송 금 환

3.1 송금환의 의의

송금환(remittance)이란 외국환에 의한 결제방법 중의 하나로 국내의 송금인이 외국의 수취인이나 채권자에게 자금을 송금할 목적으로 당방은행에 송금대금을 원화 또는 외화로 지급하고, 외국에 있는 수취인이나 채권자에게 송금하여 줄 것을 청구하는 외국환으로 이에는 당발송금환과 타발송금환으로 구분할 수 있다. 송금환은 지급지시방법에 따라 전신송금환(Telegraphic Transfer: T/T)·우편송금환(Mail Transfer: M/T) 및 송금수표(Demand Draft: D/D)가 있다.[2]

일반적으로 송금환방식에 의한 거래는 물품선적 전에 외화·수표 등 대외지급수단에 의하여 미리 대금을 영수하고, 일정기일 내에 상응하는 물품을 선적하는 거래로 수출자의 입장에서는 매우 유리한 조건이라고 할 수 있다.

3.2 당발송금환

당발송금환(outward remittance)이란 당방은행에서 취결한 송금환으로 채무자가 채권자에게 송금하는 경우에 외국환은행이 고객에게 원화를 대가로 하여 교부하는 외국환을 말한다. 이는 주로 무역외지급 또는 자금이동에 이용되며, 해외지사 경비송금·운임·보험료·중개수수료 지급 등에 이용된다.

당발송금환은 그 취결방법에 따라 전신송금환·우편송금환·송금수표를 이용한다.

3.3 타발송금환

타발송금환(inward remittance)이란 당방은행에서 이미 취결된 외국환이 상대은행에서 취급하는 경우의 외국환을 말한다. 이 때 외국환은행은 타외국환은

---

2) 이와 같은 송금환을 단순송금방식이라 한다.

행에서 고객을 위하여 취결한 송금환을 매입하고 그 대가로 원화를 고객에게 지급하게 된다. 이는 예컨대 해외의 환거래은행(correspondent bank) 또는 해외지점이 국내의 은행을 지급은행으로 지정하여 보내 오는 송금으로 물품대금송금, 해외교포의 대본국송금, 기부금송금, 수수료송금 등이 있다.

타발송금환의 취결방법에도 당발송금환의 경우와 같이 전신송금환·우편송금환·송금수표가 이용된다.

4. 추 심 환

4.1 추심환의 의의

추심환(collection)이란 송금환의 경우와는 반대로 채권자가 채무자에게 자금을 청구하는 방법으로 지급지가 외국으로 되어 있는 수표 또는 환어음 등을 고객으로부터 매입하거나 의뢰를 받아 직접 지급은행에 대하여 또는 당방은행이 환거래은행을 통하여 그 대금을 청구하여 결제받는 과정의 외국환을 말한다.

추심환도 추심의 방향으로 보아 당발추심환과 타발추심환으로 구분할 수 있다.

4.2 당발추심환

당발추심환(outward collection)이란 채무자로부터의 송금을 기다리지 않고 채권자가 외국환은행으로부터 미리 자기의 채권을 회수하고, 그 사후결제를 외국환은행에 위탁하는 외국환을 말한다. 즉 외국환은행은 고객으로부터 외국환을 매입하고 원화를 지급하게 되며, 당발추심환은 외국환은행이 고객으로부터 수출환어음·무화환어음·외화수표·여행자수표 등을 매입하는 경우에 일어나게 된다.[3]

---

[3] 당발추심에 있어서는 추심전매입(Bills Purchased: B/P)과 추심후지급(Bills Collected:

4.3 타발추심환

타발추심환(inward collection)이란 해외환거래은행이 국내 외국환은행을 통하여 국내채무자에게 채권을 청구하여 오는 경우, 그 대금을 받아 송금하는 경우의 외국환을 말한다. 예를 들면 해외로부터 물품을 수입했을 경우, 수입신용장에 의한 수입환어음결제시에 타발추심환이 일어나게 된다. 이 경우 고객에게 원화를 대가로 하여 외국환을 매도함으로써 타발추심환이 결제된다.

5. 전신송금환

전신송금환(Telegraphic Transfer: T/T)이란 고객의 의뢰에 의하여 외국환은행이 자행의 해외지점 또는 환거래은행에 대해 일정의 금액을 수취인에게 지급해줄 것을 전신으로 지시하는 방식의 외국환을 말한다. 전신송금환의 지급방법은 지급은행이 수취인의 지급청구에 의해서 지급하는 청구지급(pay on application: P/A) 방법과 수취인으로부터 청구가 없어도 지급은행으로부터 수취인에게 통지하여 지급하는 통지지급(advice and pay: A/P) 방법의 두 가지가 있다. 전신송금환은 거액을 송금할 경우나 지급을 요하는 송금 등에 많이 이용되고 있다.

전신송금환에 의한 결제에 있어서 전신은 지급지시서(payment order) 역할을 하게 되므로 전신지급지시서 취급시에 기재사항이나 전신내용의 진정성 등을 잘 파악하는 등 세심한 주의가 필요하다. 또한 전신송금환은 송금방향에 따라 당발전신송금환과 타발전신송금환으로 구분할 수 있다. 전신송금환을 이용할 때 수출자의 입장에서는 신속하게 대금을 수취할 수 있으며 또한 가장 유리한 환율[4]

B/C)이 있는데, 전자는 수표 또는 어음 등을 고객의 요청에 의해 먼저 그 대금을 지급하고 나중에 추심하는 경우이고, 후자는 추심에 의하여 그 대금이 환거래은행의 당방계정에 입금되었다는 통지를 받고 추심의뢰인에게 대금을 지급하는 방법을 말한다.

4) 한국의 외국환은행에서는 대고객전신환매입률(Telegraphic Transfer Buying Rate: TT/B)을 적용하여 매입하게 된다.

을 적용받게 되고, 가장 확실한 결제방법이 되지만 수입상은 전신료부담이 증가하게 된다.

6. 우편송금환

우편송금환(Mail Transfer: M/T)이란 송금의뢰를 받은 은행이 송금수표를 의뢰인에게 교부하는 대신에 일정금액을 수취인에게 지급하여 줄 것을 지급은행 앞으로 지시하는 지급지시서(payment order)를 작성하여 이것을 지급은행에 직접 우편으로 지시하는 방식의 외국환을 말한다.

전신송금환은 지급지시를 전신으로 하는 데 비하여, 우편송금환은 우편으로

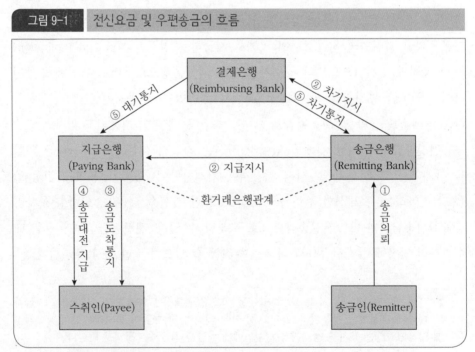

그림 9-1 전신요금 및 우편송금의 흐름

* 지급은행과 송금은행은 환거래은행(Correspondent Bank)관계이어야 하며, 예치환거래은행(Depositary Correspondent Bank)관계일 경우에는 결제은행이 따로 필요하지 않음.

하는 점이 근본적인 차이가 있다. 우편송금환의 지급방법은 청구지급방법과 통지지급방법의 두 가지가 있으며, 환의 방향에 따라 당발우편송금환과 타발우편송금환으로 구분할 수 있다.

우편송금환은 시간상 신속을 요하지 않는 송금 및 소액의 송금에 이용된다.

7. 송금수표

송금수표(Demand Draft: D/D)[5]란 본래의 의미로는 일람출급송금환[6]을 말한다. 송금수표는 송금의뢰를 받은 은행이 해외본·지점 또는 환거래은행을 지급은행으로 하는 송금수표를 발행하여 송금인에게 주면 송금인은 수취인에게 수표를 보내고, 수취인은 수표를 받아서 지급은행에 제시하면 지급은행은 송금은행에서

그림 9-2   송금수표의 흐름

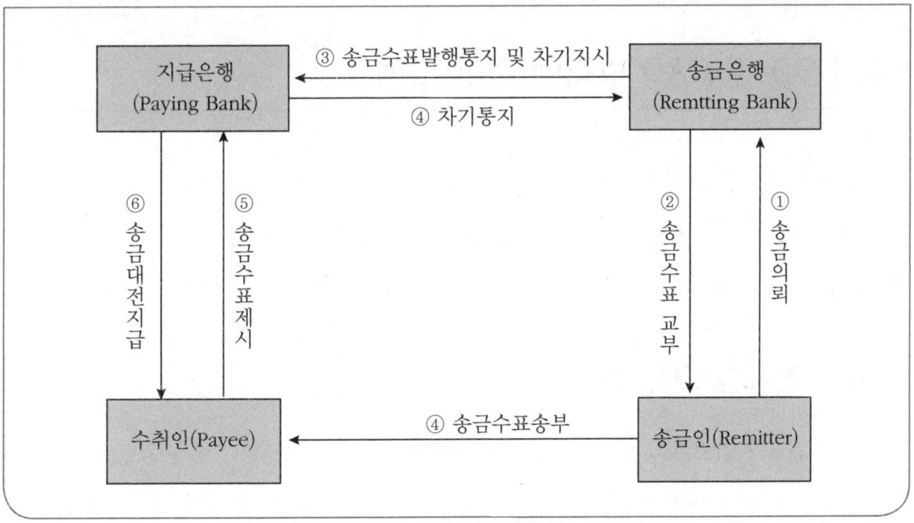

---

5) 보통 송금환이라고도 한다.

6) 수표가 나오기 전에는 "송금어음"이라고 하여 은행간에 송금방법으로 어음을 사용한 적이 있으나, 오늘날에는 사용하기 편리한 송금수표가 보편화되었다.

미리 보내 온 수표발행통지서[7]와 대조하고 수취인에게 지급하는 방법의 외국환을 말한다.

　따라서 송금수표는 지급은행 앞으로 직접 송부되어 오는 것이 아니고 송금인이 직접 수취인에게 보내면 지급지의 수취인에 의하여 제시되게 된다. 송금수표는 보통 은행수표(Banker Check: B/C)를 많이 사용하고 있다. 실무적으로 일반회사 또는 개인자격으로 발행한 개인수표(Personal Check: P/C)도 사용되는 경우가 있는데, 개인수표는 발행자의 신용상 문제가 있는 경우가 많으므로 무역대금결제수단으로 사용하는 것은 수출자의 입장에서 볼 때 지급거절에 따른 위험이 따를 수도 있다. 따라서 무역대금 결제를 송금수표에 의할 때에는 개인수표보다는 은행수표를 이용하는 것이 안전하다. 송금수표를 수출자가 수입자로부터 직접 받고 보통은 수출자의 거래은행에서 추심전매입을 하였다 하더라도 지급은행(paying bank)에 제시되어 지급이 종결되어야 결제가 완결된 것으로 보아야 함을 유의하여야 한다.

8. COD 및 CAD 방식에 의한 결제

　물품의 인도와 동시 또는 서류와 상환으로 무역대금을 결제하는 동시지급방식에는 현품인도지급(Cash on Delivery: COD)과 서류상환지급(Cash against Documents: CAD) 방식이 있다.[8]

8.1 현품인도지급방식

　현품인도지급(Cash on Delivery: COD)방식은 수출자가 수출물품을 선적하고 서류를 수출상의 해외지점이나 대리인 또는 거래은행에 송부하고, 수출물품이

---

7) 은행에 따라 환거래계약에 의해서 일정액 이하에 대하여는 수표발행통지서를 보내 주지 않는 경우도 있다.

8) 대금교환도조건이라고 한다.

목적지에 도착하면 수입자가 직접 물품의 품질 등을 검사한 후 수출대금은 물품과 상환하여 현금으로 영수하는 거래방식으로서 국내의 일반물품매매에서도 볼 수 있는 유형이다.

이 방식의 수출은 주로 보석 등 귀금속류와 물품가격이 고가이며, 동일물품일지라도 물품의 색상, 가공방법, 순도 등에 따라서 가격의 차이가 많이 발생하는 물품의 거래인 경우 활용되는 것으로 수입자가 대금결제 전에 물품을 충분히 검토한 후 수입 여부를 결정할 수 있는 장점이 있다.

현품인도지급방식의 거래는 일반적으로 수입지에 수출자의 해외지점 등 대리인이 있어서 수출자가 송부하는 서류를 수령하고, 수입자의 물품검사시 입회하여 검사완료 후 대금결제와 함께 현품을 인도하는 방식을 취하고 있으나 거래외국환은행 등을 활용하여 거래가 이루어질 수도 있다. 즉 수출자는 물품을 선적한 후 서류 등을 거래은행을 통하여 수입자거래은행에 송부하면 수입자는 도착된 물품을 대금결제 전에 사전검사한 후 거래은행에서 대금결제와 함께 서류 등을 찾아 물품을 통관하는 절차를 취할 수 있다.

특히 이 경우 수출자는 서류작성시 수화인(consignee)을 수입자의 거래은행으로 하고, 통지처(notify party)를 수입자로 하여 수입자가 대금을 지급하지 않고는 운송인으로부터 물품을 인수받지 못하도록 함으로써 대금미회수의 위험을 방지하고, 대금결제가 되지 않는 경우 물품이 반송될 수 있도록 하여야 한다.

8.2 서류상환지급방식

서류상환지급(Cash against Document: CAD)방식은 수출자가 물품을 수출하고 선적을 증명할 수 있는 선화증권·상업송장·포장명세서 등의 서류를 수입자에게 직접 또는 수입자의 대리점이나 거래은행에 제시하여 서류와 상환으로 대금을 지급받는 방식이다.

이 방식에 의한 수출은 원칙적으로 수출국에 수입자를 대신하여 대금을 결제해 줄 대리인이나 은행이 있을 경우 가능하다. 그러나 이 거래방식도 거래은행을 통하여 서류 등을 수입자의 거래은행에 보낸 뒤 수입자의 거래은행에서 서류와 상환하여 대금을 결제하는 방법으로 이루어질 수 있다.

COD와 CAD 방식이 본래의 형태를 벗어나 외국환은행을 통하여 이루어질 경우는 그 구분이 불명확하나 실질적으로는 거래의 대상이 되는 객체가 현품이면 COD로 보고, 서류이면 CAD로 보면 될 것이다. 또한 CAD 방식이 외국환은행을 통하여 이루어지면, 형식적으로는 D/P 방식에 의한 거래와 거의 다름이 없다.

이 경우 특히 주의하여야 할 사항은 수입자가 거래은행으로부터 서류를 고의로 찾아가지 않을 경우 수출자는 대금회수가 지연될 수 있으므로 수출자는 계약 전에 수입자의 신용상태를 충분히 확인한 후 거래를 하여야 할 것이며, 특별한 경우가 아니면 수입자의 지점이나 대리인이 국내에 있어서 대금회수에 문제가 없는 경우에 거래를 하는 것이 가장 바람직하다.

청산계정에 의한 결제

1. 청산계정의 의의

청산계정(Open Account: O/A)이란 1국이 타국과의 무역대차를 결제할 경우 거래마다 직접 현금결제를 하지 않고 수출과 수입을 장부에 기장하여 두었다가 일정기간, 예컨대 6개월 또는 1년을 단위로 그 대차의 잔액만을 현금으로 결제하는 계정방식을 말한다. 이 방식은 무역결제상의 번거로움과 비용절약을 위하여 본·지점간에 사용되기도 하지만, 외환보유고가 적은 나라와 무역하는 경우에 이용되며, 정부간에 체결된 청산협정(government to government open account agreement)에 의하여 행하여진다. 원래 이 제도는 1931년 스위스(Swiss)와 헝가리(Hungary)간에 처음으로 이용된 바 있으며, 그 후 유럽제국에 걸쳐 무역확대의 방안으로 광범위하게 채택되었다. 제2차 세계대전 이후에도 일본은 네덜란드·핀란드·그리스·자유중국 등 여러 나라와 청산협정을 체결한 바 있다. 한국도 전후 일본과의 무역에 청산계정방식을 취하였으나 국교정상화와 더불어 이를 폐지하고 일반적인 결제방식으로 전환하였다.

"open account"라는 용어의 유래는 대차가 기장 상쇄되어 일정기간까지는 "close"되지 않은 채, 즉 "open"의 상태하에서 계속되는 계정이라는 뜻이다.

청산계정을 이용한 대금결제는 환결제 방식과 비교하여 볼 때 외화가 부족한 국가에게는 매우 유리한 방식으로서 대금결제를 위하여 외화를 사전에 준비할 필요가 없으며, 청산결제제도를 통해 필요한 물품을 적기에 공급받을 수 있으며, 무역거래시마다 대금결제를 하지 않아 무역절차를 간소화할 수 있다. 또한 경제사정 등을 고려하여 청산계정 대월제도(swing facility)를 통하여 일정한 규모의 신용공여 혜택을 받을 수도 있다.

그러나 청산계정에 의한 결제는 양국의 필요성에 의하여 정책적으로 이루어지는 경우가 많으므로 무역수지의 균형을 유지할 경우 반출입 규모 확대 등 제약요인으로 작용할 수도 있다.

2. 청산계정의 특징

청산계정방식의 특징은 다음과 같다.
① 외국환은행을 경유하는 정상적인 환거래방식을 취한다.
② 외국환은행간의 대차는 협정국 정부기관에 이체되어 기장 상쇄된다.
③ 상호간에 일정한 신용공여한도를 설정하고 대차상쇄는 신용공여한도액에 달할 때까지는 대금결제가 행하여지지 않는다.
④ 대차에서 신용공여한도 초과분은 대금의 수불에 의하여 결제된다.
⑤ 일반적으로 무역협정이 수반된다.
청산계정에 의한 대금결제는 양국간에 청산협정이 먼저 이루어지고 결제를 담당할 은행이 결정되면 양국간의 무역 및 그와 관련된 대금결제는 이들 두 은행에 설치된 청산계정을 통하여 이루어진다. 청산결제방식은 연계무역의 한 형태로 볼 수 있으나, 무역상대방에 대하여 대응구매의 의무를 직접 부과하지는 않는다는 점이 다르다.

3. 청산계정의 계정설정방식과 결제

청산계정의 계정설정방식 및 기장방식에는 대별하여 1계정제와 2계정제가 있다. 1계정제는 청산계정거래에 있어서 협정당사국의 한쪽에만 계정을 두고, 양자간의 협정상의 거래를 모두 이 계정의 대차기에 의하여 기장결제되는 방식을 말한다. 따라서 이 경우에는 상대국에 둔 계정은 오직 가공계정(shadow A/C)에 지나지 않으며, 종래 한국과 일본의 경우가 여기에 속한다. 한편 2계정제는 협정당사국 쌍방이 각각 계정을 가지며, 모든 거래는 쌍방의 계정기장에 의하여 기장결제되는 방식을 말한다.

청산계정협정에 있어서는 사용될 화폐를 지정하여야 한다. 예를 들어 "미국 달러", "영국 스털링파운드" 등과 같이 지정한다. 한·일청산협정에서는 "미국 달러"가 채용되었다.[1] 청산계정에 의한 결제는 보통 양국간의 청산계정협정에 의하여 이루어진다. 청산계정협정(open account agreement)이란 양국간의 개별무역을 거래 때마다 현금수수나 외환결제로 하지 않고, 그 수출액과 수입액을 일정통화에 의해서 계정상에 기장해 두었다가 일정 기간의 거래량을 소정방법에 따라 잔고계산을 행하는 국가협정을 말한다.

4. 청산계정에 의한 결제절차

거래당사자간에 청산계정 환경을 조성한 후 청산계정에 의한 결제절차는 다음과 같다.[2]

---

1) 이를 청산계정 "달러"라고 한다.

2) 박유환, "남북한 직교역 전환시 청산결제제도 운용방안."
 http://www.koreaexim.go.kr/oiis/oiistext/areainfo/asia/asi991101.htm

4.1 당국간 협정의 체결

청산결제방식을 통한 거래 추진시 거래당사국은 우선 양국간 무역에 대한 기본조약을 체결하고 일정 기간마다 무역협정을 체결하며 이를 바탕으로 매년도 무역의정서를 교환하는 절차를 밟는 것이 일반적이다.

4.2 청산결제은행의 지정

청산결제은행의 지정은 상호주의 원칙이 고려되어야 할 것이며, 청산결제관련 업무처리의 효율성, 자금지원 및 결제창구의 일원화, IMF 8 조국 의무 준수, 고유업무의 특성 및 지원업무와의 연계성 등 업무수행 제반여건 등을 감안하여 지정하는 것이 바람직하다.

4.3 청산결제통화와 물품가격의 결정

청산결제통화의 지정에 있어서는 과거 동서독의 경우와 같이 새로운 화폐단위(청산단위)를 만들어 사용하는 방법과 국제적인 교환성을 지닌 통화를 결제통화[硬貨]로 지정하는 방법이 있을 수 있다.

동서독간의 청산결제에 사용하였던 명목상의 화폐단위인 VE(Verrechnungseinheit)라는 청산결제단위는 서독의 마르크화와 등가의 관계에 있었으며, 교역 상품 가격도 서독의 시장가격을 기준으로 정하였기에 실질적으로는 서독의 마르크화를 사용한 것이나 다름없었다.

그러나 결제통화는 가능하면 국제적으로 널리 통용되고 안정성을 지닌 통화로 지정되는 것이 바람직하다. 그 이유는 국제통화의 경우에도 안정성이 부족한 통화의 경우 환율변동으로 인한 환차손익문제로 거래대상국간에 분쟁이 발생할 소지도 있기 때문이다.

4.4 청산계정의 설치

청산계정의 설치는 무역형태별로 설치하여 운용하되 물품거래와 물품거래에 수반되는 용역거래를 대상으로 하는 물품계정 및 용역계정을 부속계정으로 하는 기본계정, 청산계정 대월자금 공여 등을 위한 자본계정을 상대국 청산결제은행에 설치하는 방법이 있다.

물품계정에는 남북한간 합의한 교역의정서상의 품목거래를 대상으로 하되, 물품계정을 주요품목과 일반품목 등으로 구분할 필요가 있을 경우에는 물품 1계정, 물품 2계정 등으로 구분한다. 용역계정에는 물품거래와 관련되어 발생하는 임대료, 창고료, 운송비, 항만운송비, 통관비용, 수수료, 광고비 등 용역거래를 대상으로 한다. 자본계정은 청산계정 기말대차 정산시 무역상대국에게 대월 되는 금액에 대한 신용공여를 위하여 필요한 경우 설치한다.

4.5 청산계정의 결산

청산결제제도의 근본적인 취지는 외화의 사용을 최대한 줄이고 무역 당사자간의 최대한의 무역균형을 유지하는 것이라고 볼 수 있다. 따라서 거래당사당국은 지속적인 무역 조정과정을 거쳐 무역불균형을 최소화시키는 노력이 필요하다. 그러나 무역균형 유지의 노력에도 불구하고 기말의 대차는 발생할 수 있으므로, 이 경우 차액결제의 방법은 크게 결제통화로 결제하는 방법과 추가적인 상품공급을 통하여 정산하는 방법을 택할 수 있다.

5. 독일의 청산계정에 의한 결제과정의 예

물품무역 및 대금결제의 구체적 절차와 방법은 무역국가의 특수성에 따라 그 형태가 다양하기 때문에 일률적으로 설명하기가 곤란하다. 통일전 구 서독과 동독간의 청산계정에 의한 결제과정을 참조하면 다음과 같다.[3]

① 거래당사자간 수출입계약을 체결한다.

---

3) 고일동, "남북한 청산결제제도의 운용방안과 정책과제", 한국개발연구원, 1994, 5면.

그림 10-1	청산결제의 기본개념도(서독 반출의 경우)

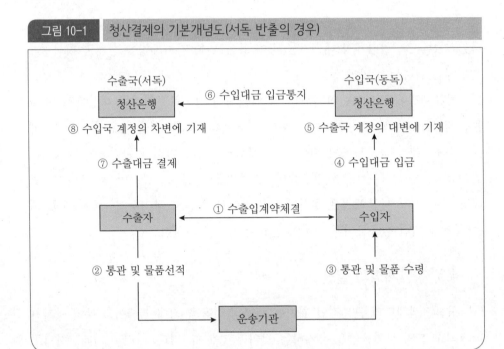

② 수출자는 계약물품을 선적한다.

③ 운송인은 물품을 운송하고 수입자에게 물품을 인도한다.

④ 수입자는 물품대금을 청산은행에 입금한다.

⑤ 수입국 청산은행은 수입대금을 수출국 계정의 대변에 기장한다.

⑥ 수입국 청산은행은 수출국 청산은행에게 수입대금 입금 통지를 한다.

⑦ 수출국 청산은행은 수출대금을 수입국 계정의 차변에 기장한다.

⑧ 수출국 청산은행은 수입자에게 수출대금을 결제한다.

INTERNATIONAL TRADE PAYMENT SYSTEMS

금융 등 특수방식에 의한 결제

PART
5

국제팩토링과 포페이팅에 의한 결제

1. 국제팩토링

1.1 국제팩토링의 의의

팩토링(factoring)이란 판매자(client)가 구매자(customer)에게 물품이나 서비스를 제공함에 따라 발생하는 외상매출채권(account receivable)보전과 관련 팩토링회사(factor)[1]가 판매자를 대신하여 구매자에 관한 신용조사 및 신용위험의 인수, 매출채권의 기업관리 및 대금회수, 금융의 제공기타 회계처리 등의 업무를 대행하는 금융서비스이다.

국제팩토링(international factoring)은 무신용장방식의 신용조건부 무역거래와 관련하여 팩토링회사가 신용조사 및 신용위험인수, 금융제공, 대금회수기타 업무처리대행 동의 서비스를 제공하는 것을 말한다. 즉 국제팩토링은 전세계 팩터의 회원망을 통하여 수입자의 신용을 바탕으로 이루어지는 무신용장방식의 새로운 무역거래방법이다. 팩터는 수출자를 위하여 수출채권과 관련된 대금회수를 보장하고 회수입무에 따른 장부기장 등 회계업무와 전도금융에 이르기까지 제반

---

1) "factor"란 대리인에 속하는 자로 이는 매매당사자 사이에서 물품매각대금 수령권과 금전채권담보를 위한 유치권을 갖는다. 일반대리인과는 달리 매도인은 factor에게 판매위탁과 대금회수를 위한 대금채권을 양도하고, factor에 의해 채권자로서 매수인에게 대금을 회수하게 된다.

서비스를 제공한다. 그리고 수입자에게는 수입을 위한 신용을 공여해 줌으로써 해외로부터 신용으로 물품을 구매할 수가 있다. 무역거래는 자연적 조건이 다르고 각국의 법제와 상관습이 상이하기 때문에 수출자소재국의 팩터가 국내팩토링거래에서와 같이 채무자의 신용상태·지급능력 등을 조사하고 신용위험을 인수하는 한편, 외상매출채권을 만기일에 회수하는 것은 거의 불가능하다.

국제팩토링은 기존의 신용장방식에 의한 거래에 비하여 매우 간편하기 때문에 이미 미국이나 유럽지역에서는 일반화되고 있으며, 특히 중소규모의 무역거래에서 활발히 이루어지고 있다.[2] 거래형태별로는 수출국의 팩토링회사를 수출팩터, 수입국의 팩토링회사를 수입팩터로 구분하며, 이를 수출 측면에서 볼 때는 수출팩토링, 수입하는 측에서는 수입팩토링이라고 하지만 기본적인 메커니즘은 동일하다.

오늘날 무역거래는 구매자의 요구에 따라 소액·소량주문에 따른 신용장발행절차의 회피에 따라 구미 여러 나라 수입자들은 신용거래 및 외상수출형태의 거래를 선호하고 있다.

그러나 외상거래, 특히 D/A 거래는 대금회수에 대한 확실한 보장이 없기 때문에 외화채권의 부실화가 우려되고 있고, 중소기업의 경우에는 신용이 좋은 수입자에게 수출하면서도 은행의 여신한도에 제한을 받게 되어 자금회전에 어려움을 겪고 있는 경우가 많다. 국제팩토링은 이러한 문제에 대하여 편리하게 대응할 수 있다.

1.2 국제팩토링의 기능

국제팩토링의 주요한 기능 세 가지는 ① 신용위험의 인수, ② 전도금융의 제공, ③ 회계업무의 대행이다.

수입팩터는 수출팩터와의 약정에 따라 수입자에 대한 신용조사 및 신용위험을 인수하고, 수출채권의 양수 및 송금 등 대금회수를 보장한다.

---

2) 국제팩토링거래에 적합한 물품으로는 원재료·부품·공구·종이·섬유제품·일반소비재 등 클레임발생이 적고 사후서비스(after service)가 수반되지 않는 것들이다.

수출팩터는 수출자와의 약정에 따라 수출채권을 관리하고 전도금융을 제공함으로써 효율적인 운전자금을 조달하도록 하고 있다. 또한 수출입팩터는 회계업무를 대행함으로써 수출채권과 관련한 회계장부를 정리하여 준다.

1.3 국제팩토링의 유용성

(1) 수출자와 수입자의 이점

국제팩토링에 의한 결제방식에서 수출자의 이점을 보면 다음과 같다.

① 수출대금의 회수를 수출팩터가 보증하기 때문에 신용거래에 따른 위험부담이 없다.

② 위험부담이 없는 수입자에게 유리한 무신용거래를 할 수 있어 대외경쟁력강화는 물론 신시장개척이 용이하다.

③ 신용장 및 추심방식에 비하여 실무절차가 간편하다.

④ 대금회수 및 수출채권의 기일관리 등 제반 회계업무의 부담에서 벗어나 생산 및 판매에만 전념함으로써 원가절감과 생산성증대를 실현할 수 있다.

⑤ 전세계에 걸친 팩토링기구의 회원사망을 통해 신속·정확한 해외시장정보를 얻을 수 있으며, 팩토링기구의 회원사인 수출팩터와 거래함으로써 국제시장에서의 지명도가 높아진다.

⑥ 필요시 즉각적인 전도금융의 수혜로 효율적인 자금조달이 가능하며, 경영상담 및 다양한 서비스를 제공받을 수 있다.

한편 수입자의 이점은 다음과 같다.

① 수입팩터가 지급보증을 함으로써 세계각국으로부터의 신용구매가 가능하다.

② 수입보증금예치에 따른 자금부담이 없어진다.

③ 신용장발행에 따르는 수수료 등 비용부담이 없다.

④ 수입결제자금의 부족시 금융수혜가 가능하다.

⑤ 수입팩터가 신용한도설정으로 계속적인 신용구매가 가능하다.

⑥ 수입팩터로부터 만기일관리 등 회계관리서비스를 제공받는다.

(2) 타결제방식과의 비교

무역대금결제방식으로 사용되는 일반적인 신용장방식과 D/P·D/A 방식 및 송금환방식을 국제팩토링방식과 비교하면 다음 표와 같다.

표 11-1 수출거래시 결제방식별 차이점 비교

결제방식 내 용	신용장	D/P · D/A	송 금 환	국제팩토링
거래의 근거	신용장	매매계약서	송금환	매매계약서
결제시제공서류	환어음발행, 무역 결제서류 제공	환어음발행, 무역 결제서류제공	무역결제서류만 제공	무역결제서류만 제공
대금지급확약	신용장발행은행	없음	은행, 개인	팩터
대금결제시기	일람출급, 기한부	일람출급, 기한부	일람출급	일람출급, 기한부
대금회수위험	안전	불안	안전	안전
자금회전	용이	담보력에 따름	용이	용이
수출대금회수	수출환어음매입	수출환어음매입	선수금	전도금융

표 11-2 수입거래시 결제방식별 차이점 비교

결제방식 내 용	신용장	D/P · D/A	송 금 환	국제팩토링
거래의 근거	신용장	매매계약서	송금환	매매계약서
수입자자금부담	가중	없음	가중	없음
수입자비용부담	가중	없음	가중	없음
대금지급	은행	수입자	은행, 수입자	팩터
결제자금융통	무역금융	무역금융	필요 없음	가능

1.4 국제팩토링방식에 의한 대금결제과정

국제팩토링방식에 의한 매매당사자와 팩터간의 거래과정 및 무역대금결제 과정은 다음과 같다.

① 수입자로부터 물품주문을 받는다.

② 수출자는 먼저 수출팩터에게 수입자에 대한 신용조사를 팩터의 소정양식인 신용승인신청서에 의하여 의뢰한다.

③ 수출팩터는 수출자로부터 접수한 수입자에 대한 신용승인신청서에 따라 수입국의 거래팩터에게 수입자에 대한 신용조사 및 수입팩터가 지급보증할 수 있는 신용한도를 요청한다.

④ 수입팩터에는 수입자에 대한 신용을 객관적 또는 접촉을 통하여 신용조사를 실시한다.

⑤ 신용조사의 결과 및 승인을 수출팩터에게 통지한다.

⑥ 수출팩터는 수입팩터로부터 접수된 수입자의 신용승인내용을 검토하고 수출자에게 통지하며, 팩토링방식으로 수출할 수 있도록 지원한다.

⑦ 수출자는 신용승인내용을 근거로 수입자와 국제팩토링방식 수출입계약을 체결한다.

| 그림 11-1 | 국제팩토링 거래의 절차 |

① 물품주문, ② 신용승인의뢰, ③ 신용승인요청, ④ 신용조사, ⑤ 신용조사결과 및 승인통지, ⑥ 신용승인통지 및 지원, ⑦ 수출입계약체결, ⑧물품선적 및 인도, ⑨송장 등 매출채권양도, ⑩ 전도금융제공 및 수수료청구, ⑪ 송장 등 매출채권양도 및 수수료송금, ⑫ 만기일대금지급, ⑬ 수출대금송금, ⑭ 수출대금자금 및 전도금융상계.

⑧ 수출자는 물품을 선적한다.

⑨ 수출자는 송장 등 매출채권을 수출팩터에게 양도한다.

⑩ 수출팩터는 결제서류를 확인한 후 송장의 금액의 100% 이내에서 수출자
에게 전도금융을 제공한다.

⑪ 수출팩터는 송장의 원본 및 사본에 양도문언을 첨부하여, 원본은 수입자
에게 우송하고, 사본은 수입팩터에게 양도한다. 이 때 양도문언의 내용은
채권자인 수출자의 권리가 수입팩터에게 양도되었으며, 수입자는 수입에
따른 채무를 반드시 수입팩터에게 지급하여야 한다는 것으로 통상 수입
국의 언어로 인쇄되어 있다.

⑫ 수입자는 수입대금의 지급기일이 되면 수입대금을 수입팩터에게 지급한
다.[3]

⑬ 수입팩터는 수입자로부터 대금을 영수하면 즉시 수출팩터에게 송금한다.

⑭ 수출팩터는 수입팩터로부터 송금되어 온 수출대금을 수출자에게 지급하
게 된다. 이 때 수출팩터는 수출자에게 전도금융한 금액과 수입팩터로부
터 송금되어 온 수출대금을 상계하여 청산한다.

1.5 국제팩토링의 발전

오늘날 국제팩토링의 모체는 국내팩토링이기는 하지만 원래 팩토링의 기원
은 15~16세기 식민지무역과 관련된 국제무역의 한 수단으로 출발한 것으로서,
팩토링역사의 대부분을 국제무역의 영역에서 찾을 수 있다.

(1) 팩토링의 기원

팩토링의 기원은 고대 로마시대까지 거슬러 올라간다. 당시의 부유한 로마
인들은 그들 소유의 농산물·석탄·직물 등의 재산을 처분하거나 위탁관리하기

---

3) 수입자의 입장에서는 수입에 따른 일체의 비용이 추가되지 않고 오직 결제일에 송장상의
금액을 지급하면 되므로 평소 신용이 있는 수입자에게는 비용절감이 된다. 그러나 수출
거래시의 수출자는 팩토링수수료와 전도금융에 따른 이자를 부담한다.

위하여 팩터라 불리우는 대리인을 이용하였으며, 오랜 역사를 통하여 팩터의 활동은 지속적인 발전을 거듭하여 왔다.

(2) 근대 팩토링의 생성과 발전

근대 팩토링의 시작은 16세기 이후 유럽제국에 의하여 활발하게 진행되었던 식민지무역에서 찾을 수 있다. 식민지무역은 주로 본국에서 생산한 물품을 식민지지역에 판매하는 것이지만, 그 당시에는 통신 및 물품운송기술이 발달하지 못하였기 때문에 대리인 또는 위탁판매인(mercantile agent)이라 불리는 근대적 의미의 팩터가 중요한 위치를 차지하게 되었다. 팩터의 역할은 물품의 소유주로부터 물품을 인수하여 보관하며, 소유주를 대신하여 판로 및 구매자를 개척하고, 물품의 판매·운송 및 대리회수를 담당하였다.

특히 미국의 뉴욕 등 동부해안지역의 팩터는 섬유류 및 의류제품을 중심으로 크게 발달하였는데, 나중에는 물품의 위탁판매뿐만 아니라 대금회수에 대한 지급보증업무까지도 수행하게 되었다.

또한 미국 내에서도 생산지와 소비지간의 거리격차로 인하여 생산업자는 팩터를 고용하여 판로를 개척하였으며, 결과적으로 국내의 상거래에서도 팩토링을 이용하게 되었다. 오늘날 팩토링의 개념에 다소 혼란이 있는 것도 앞에서 언급된 바와 같이 팩터라는 말이 역사적으로는 위탁판매인의 의미로 사용되어 온 것에 그 원인을 찾아야 할 것이다.

팩터는 그들의 역할을 점차 확대시키면서 판매 이전에 소유주에 대하여 전도금융을 실시하기도 하였다. 그러나 한편으로는 교통·통신의 발달로 인하여 위탁판매인으로서의 팩터는 그 의미가 약화되어 갔으며, 소유주는 그들 나름대로의 판매조직을 갖추는 것이 판매증대에 더 효과적이라고 판단하였다. 결국 팩터는 그 동안 담당하였던 유통부문의 판매대행업무를 포기하고 대금회수와 관련된 서비스향상에 주력하기 시작했다. 다시 말해서 현대적 의미의 팩토링이 탄생하고 있었던 것이다.

1.6 국제팩토링의 조직과 이용

(1) 국제팩토링의 조직

국제팩토링 서비스를 위하여[4] 각국의 팩토링회사가 그룹을 형성하고, 그룹 내의 회원사에게 자국소재채무자(수입자)의 신용위험을 인수하고, 채권회수를 대행하게 하는 조직을 형성하게 되었다.

첫째, IFG(International Factors Group)로 이는 미국의 First National Bank of Boston과 영국의 Lloyds 은행이 중심이 되어 1963년 설립하여 본부는 벨기에 브랏셀에 두고 있다. 회원사는 1개국 1개사의 원칙을 고수하는 폐쇄형의 형태로 운영되고 있다.

둘째, FCI(Factors Chain International)로 이는 유럽의 상업금융회사 및 팩토링회사가 중심이 되어 1964년 설립한 회원 상호간의 순수한 조직이다. 본부는 네덜란드 암스테르담에 두고 개방형의 형태로 운영되고 있다.

셋째, Heller Group으로 미국의 유력한 상업금융회사인 Walter E. Heuler Overseas Corp.[5]에 의하여 1964년 설립되어 미국의 시카고에 본부를 두고있으며, 폐쇄형의 형태로 운영되고 있다.

(2) 국제팩토링의 이용

국제팩토링방식에 의하여 무역대금을 결제하기 위하여는 수출자의 소재지와 수입자의 소재지에 각각 수출팩터와 수입팩터가 있어야 가능하다. 국가에 따라서 팩토링회사가 주요 도시나 지역에서 팩토링 서비스를 제공하는 경우도 있으나, 아직까지는 대도시에 한정하여 팩토링 서비스를 제한적으로 받을 수 있다. 그렇기 때문에 매매당사자는 오히려 보다 편리한 다른 결제방식을 선택하려고

---

[4] 사법통일국제협회(International Institute for the Unification of Private Law: UNIDROIT)에서는 1988년 캐나다에서 "국제팩토링에 관한 UNIDROIT협약"을 채택하고, 거래당사자간에 준거법으로 삼을 수 있는 국제팩터링에 대한 통일된 규칙을 마련하였다.

[5] 1984년에 일본의 후지은행이 매수하였다.

할 것이다. 바로 이와 같은 점이 국제팩토링방식에 의한 결제의 한계점이라 할 수 있다.

1.7 국제팩토링에 관한 UNIDROIT 협약

(1) 협약의 성립

국제팩토링 거래에 관한 준거는 1988년 6월에 제정한 "FCI국제팩토링관례에 관한 규약"과 보통거래약관인 "국제팩토링거래약정서"가 주로 이용되고 있다. 한편 팩토링의 본질적인 요소인 채권양도나 채권의 담보화에 관한 법규 및 개념에 있어서 대륙법과 영미법의 차이가 있어 이것이 국제팩토링거래의 발전에 장애요인이 되어 왔다.

사법통일을 위한 국제협회(UNIDROIT)는 국제팩토링에 관한 세계적인 통일규칙작성의 필요성을 인식하고 1975년부터 연구에 착수하여 1988년 5월 캐나다 오타와에서 "국제팩토링에 관한 UNIDROIT협약"(UNIDROIT Convention on International Factoring)을 채택하였다.

이 국제팩토링협약에서는 팩토링거래에 관여하는 세 당사자, 즉 수출자, 팩터, 채무자간의 권리와 의무관계의 전반적인 사항을 규율하고 있는데, 다만 채권의 이중양도문제와 수출자의 채권이 압류될 경우 발생될 우선권에 관한 문제 등 제3자와의 관계에 대하여는 수출자와 수입자간의 매매계약에서 정하는 준거법에 위임하고 있다.[6]

동 협약에 의하면 국제팩토링계약이란 공급자와 채무자와의 물품매매계약으로부터 발생하는 수출대금채권을 팩터에게 양도할 것을 약속하고, 이에 대하여 팩터는 일정한 금융서비스의 제공을 약속함과 동시에 채권의 양도통지를 하기로 합의하는 계약이라고 규정하고 있다.[7]

---

[6] 서헌제, 「통상문제와 법」, 율곡출판사, 1994, 598면.

[7] UNIDROIT Convention on International Factoring 1988, Article 1-2.

(2) 국제팩토링에 관한 UNIDROIT 협약의 적용범위

제 1 장 적용범위 및 일반규정(Sphere of Application and General Provisions)[8]

제 1 조

1. 이 협약은 이 장에서 정한 팩토링계약 및 매출채권의 양도를 규정한다.

2. 이 협약에서 "팩토링계약"이라 함은 한 당사자(공급자)와 다른 당사자(팩터)간에 체결된 계약으로서, 다음에 따르는 것을 말한다:

   (a) 공급자가 팩터에게 공급자와 자신의 고객(채무자)과, 채무자의 개인, 가족 또는 가사용 물품의 매매계약을 제외하여 체결한 물품매매계약으로 발생하는 매출채권을 양도하거나 또는 양도하기로 하는 것;

   (b) 팩터가 적어도 다음과 같은 기능 중에서 두 가지 이상을 수행하는 것:
   - 대부 또는 선지급을 포함한 공급자금융;
   - 매출채권에 관련된 계정의 유지(회계기장);
   - 매출채권의 회수;
   - 채무자의 지급에 대한 채무불이행에 따른 보호

   (c) 매출채권의 양도통지가 채무자에게 이루어져야 하는 것.

3. 이 협약에 있어서 "물품" 및 "물품의 매매"에 관해서는 서비스 및 서비스의 제공을 포함한다.

4. 이 협약에서 :

   (a) 서면에 의한 통지에는 서명이 요구되지 않으나, 누구에 의하여, 누구의 명의로 통지하는지를 특정하여야 한다.

   (b) "서면에 의한 통지"에는 전보, 텔렉스 및 기타 정보를 유형적으로 재생할 수 있는 통신을 포함하지만 이에 한정되지 아니한다.

   (c) 서면에 의한 통지는 수신인이 그것을 수령하였을 때 이루어진다.

제 2 조

1. 이 협약은 팩토링계약에 따라 양도된 매출채권이 서로 다른 국가에 영업소를 두고 있는 공급자와 채무자 간의 물품매매계약으로부터 발생하는 경우에 적용된다. 그리고:

   (a) 이들 국가 및 팩터가 영업소를 두고 있는 국가가 체약국일 경우; 또는

   (b) 물품매매계약 및 팩토링계약 모두 체약국의 법에 의하여 준거되는 경우.

2. 이 협약에 있어서 당사자의 영업소라 함은, 당사자가 복수의 영업소를 두고 있을 경우 계약체결 이전 또는 계약체결시 언제나 당사자들에게 알려지거나 숙고된 상황을 고려하여 계약 및 그 이행에 가장 근접한 관련성을 가지고 있는 영업소를 말한다.

제 3 조

1. 이 협약은 다음의 경우 배제될 수 있다:

   (a) 팩토링계약의 당사자에 의하여; 또는

---

8) UNIDROIT Convention on International Factoring (Ottawa, 28 May 1988), Chapter 1.

(b) 팩터가 서면에 의한 협약의 배제통지가 이루어진 시점 또는 그 이후에 발생한 매출채권에 대하여 물품매매계약의 당사자에 의하여.

2. 이 협약의 적용이 전항의 규정에 따라 배제된 경우, 이와 같은 배제는 협약의 전부에 대하여만 효력이 있다.

제 4 조

1. 이 협약을 해석함에 있어서, 전문에 규정된 의도와 목적, 협약의 국제적 성격, 적용의 통일성 및 국제무역에 있어서의 신의성실 준수를 증진할 필요성을 고려하여야 한다.

2. 이 협약이 규정하고 있는 사항으로서 협약 중에 명시적으로 해결되지 아니한 문제들은 이 협약이 기초하고 있는 일반원칙에 따라서, 또한 이와 같은 원칙의 부재시, 국제사법의 법원칙에 의하여 적용되는 법에 따라 해결된다.

(이하 생략)

2. 포페이팅

2.1 포페이팅의 의의

포페이팅(forfaiting)이란 현금을 대가로 채권을 포기 또는 양도한다는 불어의 "a'forfait"에서 유래된 용어로, 물품 또는 서비스 무역거래에서 수출환어음, 약속어음과 같은 일련의 신용수단을 상환청구권 없이(without recourse), 즉 무소구 조건으로 고정이자율로 할인/매입하는 수출무역금융의 한 형태를 말한다.[9]

포페이팅의 경우 이를 취급하는 금융기관, 즉 포페이터(forfaiter)가 이러한 소구권[10]을 포기하는 조건부로 채권을 수출상으로부터 매입하므로 배서인, 즉 수출자는 소구당할 염려가 없으며 최종소지인이 모든 손실을 부담하게 된다. 바로 이 점에서 포페이팅은 수출환어음매입(negotiation)과 크게 다르다. 즉 은행의 수출환어음매입은 일반적으로 소구조건(with recourse)이어서 은행 또는, 신용장 발행의뢰인(수입자)이 만기에 대금지급을 행하지 않거나 지급지연이 발생하면

---

9) http://www.british-americanforfaiting.com/forfaiting/users_guide.html

10) 소구(遡求; Recourse)란 약속어음 또는 환어음 발행인(또는 인수인)이 만기에 지급을 이행하지 않을 경우에 어음의 최종소지인은 어음의 배서인에게 어음금액의 대지급을 요구하는 것을 말하며, 이러한 권리를 행사하는 것을 소구권이라고 한다.

이에 대한 손실에 대하여 매입은행은 수출자에게 소구권을 행사하게 됨으로 인하여 경영상의 어려움을 당할 가능성이 있다. 포페이팅은 소구권을 포기한다는 점과, 고정금리로 할인한다는 두 가지 점에서 보통의 무역금융기법과 차이가 있다.

포페이팅은 1950년대 중반에 Credit Suisse가 포페이팅에 참여하면서 스위스를 중심으로 본격적으로 생성하기 시작하였다. 특히 1960년대에 발전되면서 주요국간에 자본재 수출경쟁이 심해지자 많은 수출신용의 지원이 필요하였으나, 정부의 지원에 한계가 있고 수출자 자신도 자기자금이 넉넉하지 못하여 포페이팅이 필요하게 되었다. 1965년에 Credit Suisse가 포페이팅 전문기관인 Finanz AG, Zurich를 설립하였으며, 1970년대에는 런던시장에도 전파되어 여기에도 포페이팅 시장이 형성되었다. 런던에는 Midland Aval과 London Forfaiting 등의 포페이팅 전문회사가 설립되어 오히려 런던이 포페이팅의 중심지가 되었다. 포페이팅 시장은 연지급어음 할인시장이라고도 부른다.[11]

2.2 포페이팅의 특징

포페이팅은 다음과 같은 특징을 가지고 있다.

첫째, 수출자가 제시하는 환어음 또는 약속어음을 매입하는 포페이터(forfaiter)는 공급자신용임으로 어음을 매도한 수출자 또는 어음배서인에 대하여 소구권이 없다.

둘째, 포페이터가 수입자의 신뢰성을 인정하지 못하는 어음의 경우에는 은행지급 보증이나 "aval", 즉 어음상의 지급보증을 요구하게 된다.

셋째, 어음을 할인하여 매입할 경우 고정금리가 적용된다.[12]

넷째, 환어음 또는 약속어음이 거래대상이므로 거래절차가 간편하며 신속한

---

11) 한국수출보험공사, http://www.tts.or.kr/TradeData/word_12.htm; 한국무역보험공사, http://www.ksure.or.kr/jsp/common/FileDown

12) 포페이팅 거래시 적용되는 기준 이자율은 기준금리인 런던은행간금리(Libor)에 국가별 위험도(country risk) 또는 신용장발행은행 위험에 대한 가산금리(spread)를 더한 수준에서 결정된다.

처리가 가능하다.

다섯째, 연지급기간은 통상 1개월~10년, 건당 거래금액은 미화10만~2억 달러, 거래통화는 모든 주요통화가 가능하다.

여섯째, 포페이팅은 신용장 거래의 인수(acceptance)와 유사하나 인수에 비해 기간이 장기이다. 대상어음은 1~7년의 자본재 수출에 따른 연지급 수출어음이 대부분이다. 또한 포페이터의 채권만기설정은 해당거래의 위험과 시장조건에 따라 결정된다.[13]

2.3 포페이팅의 장점

(1) 정치적 상업적 위험제거

포페이팅은 정치적, 상업적 위험을 제거할 수 있다. 이자율 변동 또는 환율 변동으로부터 보호될 수 있고, 수입신용장 발행은행의 신용위험(지급불능 사태)을 피할 수 있으며, 어음매입 이후 수출자에게 무소구됨으로 결제상의 위험을 회피할 수 있다.

(2) 경쟁업체에 대한 비교우위 확보가능

수출자로 하여금 수입자에게 장기 신용을 제공해 줄 수 있도록 함으로써 금융상의 비교우위 확보가 가능하다. 또한 신시장 개척을 위한 신속한 현금 확보가 가능하다. 선적 후 필요한 서류 제출시 신속한 현금 확보를 통하여 수출자의 재무구조를 개선시킬 수 있으며 자금회전의 원활로 매출과 이익이 증대될 수 있다.

(3) 절차의 신속성과 서류의 간결성

포페이팅 가능성 여부에 대해 수출자에게 신속히 통보되고 제시 서류가 간편하다.

---

13) http://www.mofe.go.kr/korweb_upload/bbs/news4fpb/fp_Forfait.hwp

(4) 대금결제상의 고의적인 클레임 예방가능

수입자와 신용장발행은행이 공모하여 고의적인 클레임 제기시나 기타 구실을 내걸어 대금지급지연 문제를 피할 수 있다.

(5) 경 제 성

연지급기간 동안의 금리를 수출자 및 수입자가 사전에 확정할 수 있고, 수입국 및 신용장 발행은행의 신용도가 좋을 경우 매입수수료 절감효과도 있다. 또한 수출금액의 100%까지 매입함으로 수출계약 금액 전부에 대한 금융효과가 있다. 또한 기한부 신용장(Usance L/C)에 의한 환어음 매입의 경우에는 수출자에게 매입은행으로부터 보통 담보가 요구되지만, 포페이팅을 이용할 경우에는 추심 전 매입에 따른 담보가 필요 없다.[14]

2.4 포페이팅거래의 당사자

포페이팅의 당사자는 수출자, 수입자, 포페이터, 그리고 보증은행이 있다.

첫째, 수출자는 채권자로서 환어음의 경우 어음을 발행하는 자가 되며 포페이팅 금융의 수혜자가 된다.

둘째, 수입자는 채무자이며 환어음의 인수자가 된다.

셋째, 포페이터는 연지급어음을 할인 매입하는 금융기관을 말하는데, 주로 수출자의 은행으로서 채권을 수출자로부터 매입한다.

넷째, 보증은행은 보통 수입자의 은행으로서 관련 채권에 대해 보증한다. 별도의 보증서를 발급하거나 어음면에 보증하는 형식을 취한다.

2.5 포페이팅의 일반적인 거래절차

포페이팅의 일반적인 거래절차는 다음과 같다.

14) Ian Guild & Rhodri Harris, forfaiting, Woodhead-Faulkner and Euromoney Publications, 1985, pp. 13~20; http://www.globalfinanceonline.com/trade-inance-forfaiting-guide.html

| 그림 11-2 | 포페이팅의 일반적인 거래절차 |

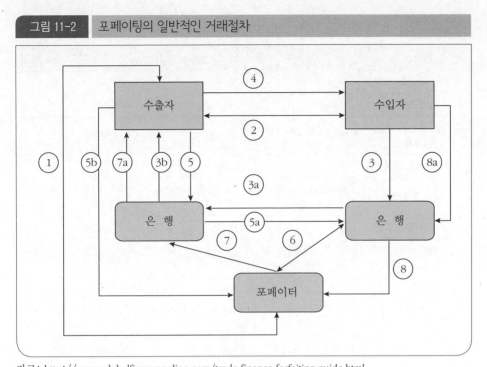

자료: http://www.globalfinanceonline.com/trade-finance-forfaiting-guide.html

① 수출자는 포페이팅 방식에 의한 결제를 고려할 경우 수출계약 체결 전에 우선 포페이터와 협의하여 포페이팅 가능 여부 및 할인 조건에 따른 비용을 고려하여 수출계약금액을 검토한다.

② 수출자는 수입자와 포페이팅 방식의 무역계약을 체결한다.

③ 수입자는 자기 거래은행에게 기한부 신용장발행을 지시한다.

　3a. 수입자의 은행, 즉 발행은행은 신용장을 발행한다.

　3b. 수출자의 은행은 수출자에게 신용장발행을 통지한다.

④ 수출자는 수입자에게 계약물품을 인도한다.

⑤ 수출자는 자기 거래은행에게 어음인수를 위한 관련 서류를 제시한다.

　5a. 수출자의 은행은 발행은행에게 서류를 송부한다.

　5b. 수출자는 어음할인을 위하여 포페이터가 요구한 서류를 포페이터에게 제시한다.

| 표 11-3 | 신용장, D/P·D/A 및 포페이팅 거래의 비교 | | |

구분	신용장	D/P · D/A	포페이팅
은행의 지급확약 여부	있음	없음	없음
은행의 개입여부	개입함	개입함	개입함
환어음 추심전 매입시 담보제공	필요함	필요함	불필요함
거래에 따른 부대비용	많음	적음	많음
대금결제기간	일람출급, 기한부 (주로 단기)	일람출급, 기한부 (주로 단기)	기한부(단기 또는 중장기)
환어음 발행시 지급인	은행	수입자	포페이터
매매당사자간의 유리성	매도인, 매수인 모두 유리	매수인 유리	매도인 유리
거래상의 융통성	없음	많음	많음
결제수단의 안전성	매도인, 매수인 안전	매도인 불안, 매수인 안전	매도인 안전, 매수인 불안
채권양식	환어음	환어음	환어음, 약속어음
어음할인 · 매입 후 소구권	소구권 있음	소구권 있음	소구권 없음
거래시 준거규정	UCP 600	URC 522	URF 800

⑥ 포페이터와 수입자의 거래은행, 즉 발행은행은 양도승낙(acknowledgment of assignment)을 한다.

⑦ 포페이터는 수출자의 은행에게 어음할인을 한다.

7a. 수출자의 은행은 어음할인된 금액을 수출자에게 지급한다.

⑧ 수입자의 은행, 즉 발행은행은 어음만기일에 포페이터에게 대금을 지급한다.

8a. 수입자는 발행은행에게 어음만기일에 대금을 지급한다.

2. 6 포페이팅 통일규칙

(1) URF 800의 제정[15]

ICC 포페이팅통일규칙(ICC Uniform Rules for Forfaiting: URF 800)은 국제무역업계에 금융제공을 촉진하는 방법에 대하여 설명하고 있다. 이 통일규칙은 어떠한 위험을 제거하고 현금 흐름을 개선하며 거래를 상당히 신속하고 간소화시킬 수 있다. 국제상업회의소(International Chamber of Commerce: ICC)와 국제포페이팅협회(International Forfaiting Association: IFA)는 사상 최초로 URF 800을 업계에 제공하기 위해 힘을 합쳐 왔다.

2013년 1월 1일부터 발효된 ICC의 URF는 현재 은행, 사용자 및 전세계 포페이팅업계의 모든 회원들 사이에서 폭넓은 의견을 반영하는 일련의 표준규칙을 제공하고 있다. 국제규칙 및 표준의 사용은 오해를 방지하고 전 세계에 최선의 관행으로 조화 및 분쟁해결을 용이하게 하는 데 도움을 주게 된다. 이 버전에 포함된 명확한 정의와 실제적인 표준약정서들은 현 규칙을 보다 잘 이해하고 효율적으로 적용하는 데 도움을 주게 될 것이다.

ICC의 URF 800은 논란이 많은 문제를 커버 하고 다음과 같은 복잡한 문제들을 명확하게 할 것이다:

- 1차 시장(primary market)에서의 포페이팅약정서(forfaiting agreements) 및 거래조건
- 2차 시장(secondary market)에서의 포페이팅확인서(forfaiting confirmations) 및 거래조건
- 지급 및 유보부 지급(payments under reserve)
- 의무(liabilities)
- 기타 사항

---

15) http://store.iccwbo.org/icc-uniform-rules-for-forfaiting-urf-800(visited March 1, 2015).

(2) URF 800의 주요 구성내용

URF는 모두 14개 조항으로 구성되어 있다. 다만 통일규칙의 조항은 아니지만, 규칙 말미에 다음과 같은 부속서류(annexes), 즉 포페이팅기본약정서(Master Forfaiting Agreement), 포페이팅약정서(Forfaiting Agreement), SWIFT 형식의 포페이팅약정서(Forfaiting Agreement in SWIFT format) 및 포페이팅확인서(Forfaiting Confirmation)를 예시하고 있다. 이는 오직 URF 사용자들의 편의를 위하여 사용할 수 있도록 참고용으로 제시하고 있는 표준약정서들이다.[16]

제 1 조 URF의 적용(application of URF)

제 2 조 용어정의(definitions)

제 3 조 해석(interpretations)

제 4 조 상환청구불능(without recourse)

제 5 조 1차시장에서의 포페이팅약정(forfaiting agreements in the primary market)

제 6 조 1차시장에서의 거래조건(conditions in the primary market)

제 7 조 1차시장에서의 적합한 서류(satisfactory documents in the primary market)

제 8 조 2차시장에서의 포페이팅확인서(forfaiting confirmations in the secondary market)

제 9 조 2차시장에서의 거래조건(conditions in the secondary market)

제10조 2차시장에서의 적합한 서류(satisfactory documents in the secondary market)

제11조 지급(payment)

제12조 유보부 지급(payment under reserve)

제13조 당사자의 의무(liabilities of the parties)

---

16) http://store.iccwbo.org/Content/uploaded/pdf/ICC-Uniform-Rules-for-Forfaiting-URF-800.pdf((visited March 1, 2015).

제14조 통지(notices)

부속서(annexes)

포페이팅통일규칙(URF)은 당사자가 그들의 약정서상에 이 규칙이 적용됨을 명시적으로 표시하는 경우에 한하여 포페이팅거래(forfaiting transaction)에 적용하는 규칙이다. 이 규칙은 약정에 의하여 변경 또는 배제되는 것을 제외하고 모든 당사자를 구속한다.[17]

UCP 600이 신용장거래에 적용되는 기준과 마찬가지로 URF 800도 포페이팅거래에 적용되는 임의규범이므로 당사자자치원칙에 따라 약정서에 이를 준거로 할 경우에 한하여 적용되는 것이다.

포페이팅거래란 포페이팅통일규칙에 기초하여 상환청구불능(without recourse) 조건으로 매도인이 지급청구권을 매도하고 매수인이 매입하는 것을 의미하는 것으로[18] 이는 1차시장에서의 포페이팅거래와 2차시장에서의 포페이팅거래를 통칭하는 개념이다.

1차시장에서 포페이팅거래는 포페이팅약정(forfaiting agreement)에 의하여 발생하고, 2차시장에서는 포페이팅확인서(forfaiting confirmation)에 의하여 발생한다.[19]

여기에서 1차시장(primary market)이란 1차포페이터(primary forfaiter)가 원매도인으로부터 지급청구권을 매입하는 시장을 의미하며, 2차시장(secondary market)이란 매수인이 1차포페이터 또는 다른 매도인으로부터 지급청구권을 매입하는 시장을 의미한다. 또한 1차포페이터란 원매도인으로부터 지급청구권을 최초로 매입하는 당사자를 의미한다.[20]

---

17) URF 800, Article 1.

18) URF 800, Article 2.

19) 허해관, "2012년 제정 ICC 포페이팅통일규칙(URF)에 관한 소고", 「무역상무연구」, 제58권, 2013. 5, 158면.

20) URF 800, Article 2; 대한상공회의소, 「포페이팅통일규칙(URF 800)공식번역 및 실무가이드」, 2013, 32~34면.

에스크로와 국제금융리스에 의한 결제

1. 에스크로

1.1 에스크로의 의의

에스크로(escrow)란 특정물을 제3자에게 예탁하고 일정한 조건이 충족된 경우에 상대방에게 교부할 것을 약속하는 조건부양도증서를 의미한다. 다시 말하면 이는 유효한 계약을 체결한 당사자간의 합의에 기초하여 양도인과 약속자 또는 채무자가 날인증서, 증권, 금전, 주권, 그 밖의 문서를 중립자인 제3자, 즉 에스크로 에이전시(escrow agency)에게 예탁하는 것 또는 이렇게 예탁된 증서 등을 말한다. 에스크로 에이전시는 계약에 정한 조건이 성취될 때까지 증빙 서류를 보관하고 조건성취시에 양수인이나 채권자에게 인도하게 된다.[1]

에스크로의 발전은 미국의 부동산거래에 기초한다. 미국은 50개주가 나름대로의 주법을 가지고 있다. 캘리포니아주, 워싱턴주, 네바다주, 오래곤주, 알라스카주, 하와이주 등 10여 개주는 대부분 부동산이나 사업체 매매시 에스크로 에이전시가 개입한다. 또한 뉴욕주나 일리노이주를 비롯한 기타 다른 주들은 변호사나 소유권 보증보험회사(Title Insurance Company)가 주로 에스크로 업무를 취급한다. 등기제도가 정비되어 있지 아니한 미국에서 부동산 거래의 안전을 도모

---

[1] http://www.bestkms.com/Tradeinfo_sub7_link9.htm

하기 위한 장치로 에스크로는 판매되는 부동산, 사업체, 그리고 융자를 하는 과
정에서 해당 부동산에 대하여 정확하고 철저한 담보열람 조사를 통하여 모든 부
채, 법적 문제, 세금, 재산세 체납 등을 완전무결하게 정산하여 구입자와 융자취
급 금융기관을 보호하게 되는 것이다.

부동산 거래에서의 에스크로는 중립적인 제3자 또는 기관이 쌍방 대리 자격
으로 매매에 관련된 보증금이나 보증 또는 그것에 해당하는 재산과 서류 일체를
계약조건이 종료될 때까지, 즉 소유권이 완전히 이전될 때 까지 보관한다.

따라서 에스크로는 매도인 및 매수인 양측을 보호하고, 부동산거래와 관련
되어있는 금융업자, 변호사, 부동산 중개업자 및 그 이해당사자 간의 이해관계
등 부동산 거래와 관련하여 발생하는 모든 업무를 제3자의 입장에서 공정하게
실행하는 역할을 수행하게 된다. 에스크로를 이용하지 아니하고 소유권의 명의
이전, 부채, 법적 문제, 세금 체납 등 제반 문제가 제대로 처리되지 않은 부동산
이나 사업체를 취득할 때 위험 및 법적 문제에 대한 책임은 구매자가 부담하게
되므로 반드시 신뢰성 있는 에스크로를 거쳐야 한다.[2]

1.2 에스크로의 기능

에스크로는 매도인 및 매수인이 각각 양도증서·대금을 중립적인 제3자에게
예탁함으로써 양도증서인도채무와 대금지급채무와의 동시이행을 확실히 하는
기능을 갖는다. 에스크로를 이용하면 양자가 쌍방이 신뢰할 수 있는 중립적인 제
3자인 에스크로 에이전시에 대하여 각각 양도증서와 대금을 예탁하고 계약의 구
속력을 발생시켜 그 위에서 에스크로 에이전시가 매도인 및 매수인에 대하여 당
해 부동산 매매계약상의 조건을 완수하게 한 후에 대금과 양도증서를 각각 매도
인과 매수인에게 인도하도록 함으로써 양자간 채무의 동시이행을 확실하게 할
수 있는 것이다.

에스크로는 이와 같이 동시이행을 확실하게 하는 그 주된 기능이 있다. 또한

---

2) http://www.listing4sale.com/Real-info/Real-Escrow.htm

매도인이 양도증서를 에스크로 에이전시에게 예탁한 경우에는 그 후에 매도인이 사망한 경우에도 양도증서를 발행한 것으로 하여 양도증서 인도채무의 이행을 확보할 수 있다는 부수적 기능도 있다.[3]

1.3 에스크로의 장점

에스크로의 장점을 보면 다음과 같다.

첫째, 비대면 거래에 따르는 결제상의 위험을 제거할 수 있다. 온라인 거래는 익명의 상태에서 거래자간의 신용만으로 이루어지기 때문에 온라인 경매를 통해서 물품거래를 하는 경우에 매수인은 원하는 물품을 받을 수 있는지, 매도인은 물건을 보내고 나면 물품대금을 확실히 받을 수 있는지 의구심을 가질 수 있다. 따라서 에스크로 서비스는 기본적으로 물건을 사고 파는 매매행위의 신뢰성을 높여준다는 점에서 "매매보호" 서비스로서 대금결제상의 위험을 방지할 수 있다.

둘째, 매도인은 에스크로 서비스를 통하여 매수인의 물품대급이 입금된 것을 확인한 후에 배송을 하므로 대금 지급을 완벽하게 보장받을 수 있고, 거래의 안전성을 높여주므로 새로운 고객과 시장을 개척할 수 있는 매출 증대의 효과가 있다.

셋째, 매수인은 에스크로 서비스를 통하여 구매대금을 지급하기 전에 물품을 먼저 검수할 기회가 있으며 거래를 신속히 진행할 수 있고 온라인으로 주문의 진행 상황을 24시간 확인할 수 있으며 새로운 매도인을 선택할 수 있는 기회가 주어진다.

넷째, 결제에 관한 것을 에스크로 서비스에서 제공하므로 매도인 입장에서는 관리비를 절감할 수 있다. 그리고 양쪽 모두 번거로운 메일발송 작업 또는 전화확인 작업 등에서 비용을 절감할 수 있다.

다섯째, 에스크로 서비스가 금융권과 연동될 경우, 좀 더 높은 신뢰성을 확보할 수 있으며, 단순 매매중계 서비스를 넘어서 종합적인 전자상거래 관리 시스

---

3) 강현구, "Internet Escrow 결제의 법적 검토", 「인터넷법률」 제8호, 2001. 9, 120면.

템으로 발전할 수 있고, 이러한 시스템은 개인간의 거래뿐 아니라 기업간, 국가 간 전자상거래에 실현에 있어서 중요한 인프라로 작용할 수 있다.

1.4 연계무역에서 에스크로 계정의 이용

국제무역거래에서 이용되고 있는 기탁신용장(escrow credit)은 제4장에서 언급한 바와 같이 신용장에 의하여 발행되는 어음매입대금은 수익자에게 지급되지 아니하고 수익자 명의로 상호 약정에 따라 매입은행·발행은행 또는 제3국의 환거래 은행 등의 기탁계정(escrow account)에 기탁하여 두었다가 수익자가 원신용장 발행국으로부터 수입하는 물품의 대금결제에 사용하는 조건, 즉 연계무역방식의 대금결제 수단으로서 이용되었다.

1.5 전자무역거래에서의 에스크로를 이용한 매매보호

최근 전자상거래를 통한 거래가 증가함에 따라 온라인 거래의 익명성을 이용한 여러 부작용이 사회 문제가 됨에 따라 온라인 거래의 매매보호 서비스의 필요성이 제기되고 있다.

국제물품매매를 위한 전자무역거래에서도 매도인은 결제상의 위험을 방지하기 위하여 가급적이면 물품인도 이전에 대금지급받기를 바라고, 한편 매수인은 계약물품과 일치되는 물품을 수령하고 난후 결제하기를 바라게 될 것이다. 특히 비대면 거래에서 거래당사자간의 신뢰성에 대한 기대는 더욱 크다 할 것이다. 이러한 매매보호의 장치로 거래당사자에게 서로간 신뢰성 있는 제3자(Trusted Third Party: TTP)인 이른바 에스크로 서비스를 통하여 전자무역거래에서도 활용하고자 하는 움직임이 있다.

지금까지는 에스크로 서비스는 국내의 B2C 거래중계 서비스로서, 단순히 비대면 거래의 신뢰성 보장의 역할을 하여 왔다. 특히 기업간 전자상거래가 활성화되면 이러한 에스크로 서비스의 필요성도 증대될 것으로 기대된다. 그러나 B2B 상거래 시장에서는 마켓 플레이스(market place) 제공 업체 자체적으로 에스크로

서비스를 제공할 가능성이 많으므로, 단순 거래 중계 서비스만으로는 에스크로 서비스 업체들의 미래가 불투명하다고 할 수 있다. 따라서 앞으로 에스크로 서비스를 제공하는 업체들은 단순 거래중계 서비스에서 벗어나 국제간의 주문, 결제, 회계, 통관, 법률, 인증, 보험 및 관세 등 전자무역거래에 실질적으로 필요한 모든 솔루션을 종합적으로 제공하는 방향으로 그 사업영역 개발이 필요하다.

현재의 에스크로 서비스 업체들이 자국내 시장을 대상으로 서비스를 제공하고 있지만, 차후에 이러한 에스크로 서비스 업체들은 해외 각국에 조인트 벤처 설립이나, 해외의 업체들과의 연계를 통하여 국제간 상거래에서 핵심적인 역할을 수행할 것으로 기대될 수 있다. 나아가 에스크로는 중계뿐만 아니라, 통관, 관세, 외환, 전자신용장 등과 같은 무역거래에 필요한 종합적인 서비스를 제공할 수 있어야 한다.[4]

또한 에스크로를 취급하는 금융기관 또는 인정된 에스크로 사업자간의 국제적 연동, 기타 무역관련 기관과의 네트워크 구축을 통하여 국제 기업간(B2B) 거래가 활성화 될 수 있도록 거래의 매매보호 장치가 국제상거래의 특성에 부합될 수 있도록 제도적 보완이 요구된다.

1.6 에스크로 거래의 관계당사자

에스크로 거래의 당사자는 수출자, 수입자, 수입자에게서 해당 물품매매계약의 대금을 위탁받은 후 수입자가 물품을 하자 없이 인도받아 대금지급 지시를 할 경우에 수출자에게 대금을 송금하여 주는 역할을 담당하는 금융기관 또는 에스크로 사업자가 있다.

1.7 에스크로에 의한 일반적인 대금결제절차

에스크로에 의한 일반적인 대금결제절차의 흐름을 살펴보면 다음과 같다.[5]

---

4) http://nbank.wooribank.com/nonbank/hanvit/plaza/research/

5) 한명준, "온라인 에스크로 서비스와 은행의 역할", 「우리조사」, 여름호 • 통권14호, 2002, 70~72면.

① 매도인과 매수인이 판매 및 구매에 대한 내용을 합의한다.

인터넷 경매, 쇼핑몰, 이마켓 플레이스와 같은 전자상거래 사이트에서 매도인과 매수인 모두가 거래 물품, 가격, 수량, 지급조건, 배송방법 등과 같은 거래조건에 합의한다.

② 매수인은 합의사항을 등록하고 구매대금 결제 프로세스를 진행한다.

매수인은 합의사항을 에스크로 업체의 온라인 에스크로 시스템에 등록한다. 구매대금 결제에 대한 프로세스를 진행시킨다.

③ 에스크로 업체는 거래 금융기관의 에스크로 계정에 결제정보 및 자금을 전달한다.

④ 에스크로 시스템은 매도인에게 결제 사실을 통보한다.

매수인이 거래대금을 결제하면 에스크로 시스템은 결제를 확인함과 동시에 매수인의 물품 수령처로 물품을 배송하도록 메일 등을 이용하여 통지를 매도인에게 보낸다.

⑤ 매도인은 배송사실과 정보를 에스크로 시스템에 입력한다.

매도인은 에스크로 시스템으로부터 매수인의 거래대금 결제통지를 받으면 결제일로부터 일정 기간 내에 배송을 한다.

⑥ 매도인은 배송사실과 정보를 에스크로 시스템에 입력한다.

매도인은 배송이 끝나면 배송처리 정보를 에스크로 시스템에 입력한다. 배송정보는 상품 ID, 배송회사, 배송날짜, 도착예정일자, 수량, 송장번호 등이 될 수 있다.

⑦ 에스크로 업체는 배송과정을 추적한다.

에스크로 시스템은 배송회사와 연계하여 배송정보를 추적하며 필요시 매수인에게 정보를 제공한다. 또는 판매자가 배송회사와 연계된 배송과정을 추적하여 자신의 사이트에서 고객에게 서비스 할 수도 있다.

⑧ 물품을 전달받은 매수인은 물품확인 사실을 에스크로 업체에 통보한다.

매수인은 배송된 물품이 도착하면 도착일로부터 일정 기간 내에(예, 3 영업일) 에스크로 시스템에 구매승인을 확인한다.

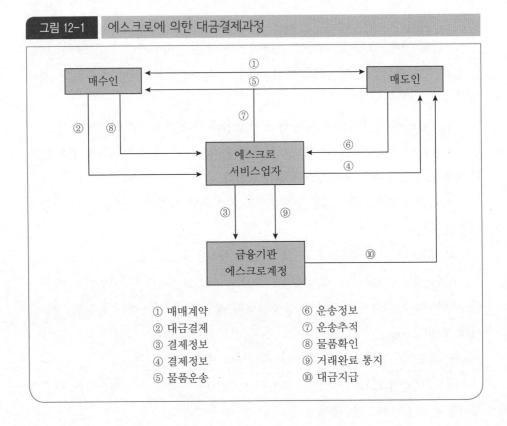

그림 12-1 에스크로에 의한 대금결제과정

① 매매계약
② 대금결제
③ 결제정보
④ 결제정보
⑤ 물품운송
⑥ 운송정보
⑦ 운송추적
⑧ 물품확인
⑨ 거래완료 통지
⑩ 대금지급

⑨ 매도인의 계정에 입금을 요청한다.

물품확인 사실을 전달받은 에스크로 시스템은 매도인에게 대금을 지급하라는 전문을 시스템적으로 은행의 에스크로 계정으로 요청한다.

⑩ 매도인 계정에 거래대금을 입금한다.

은행의 에스크로 계정에서 거래대금을 인출하여 매도인의 계정으로 송금한다.

위와 같은 10단계의 과정을 거쳐 매도인과 매수인 양측은 위험 부담 없이 모두 판매와 구매 행위를 수행할 수 있다. 만약 매도인이 물품의 배송을 거부하거나, 사전 합의와 다른 내용의 물품을 배송하는 경우, 매수인은 이 사실을 에스크로 업체에 통보함으로써, 대금 결제를 취소할 수 있다. 매도인의 경우 매수인이 에스크로 업체에 대금을 결제한 이후에 물품의 배송을 시작하므로, 물품의 배송 이후 대금을 지급받지 못하는 경우는 없게 된다.

에스크로 서비스는 대금의 결제가 에스크로 업체를 통하여 이루어진다는 점을 제외하면, 일반적인 상거래 과정과 동일하다고 할 수 있다. 상거래 대상이 서로를 신뢰하기 어렵기 때문에 발생할 수 있는 문제점을 에스크로 업체의 신뢰성을 이용하여 해결하고 있는 것이다. 따라서 이러한 에스크로 서비스의 생명은 에스크로 업체의 신뢰성에 달려 있다고 할 수 있다. 그러므로 에스크로 업체는 신뢰도를 높이고, 자금의 흐름을 원활히 하기 위해서는 금융기관과 함께 거래작업에 관여할 수도 있다.

1.8 무역거래에서의 에스크로 약정서의 예

ESCROW AGREEMENT[6]

This Agreement is made and entered into this _____ day of _____, 20__ by and among; _____, a corporation established and existing under the laws of _____ and at _____ (hereinafter called "FIRST PARTY"), _____, a corporation established and existing under the laws of _____ and at _____ (hereinafter called "SECOND PARTY"), _____, a corporation established and existing under the laws of _____ and at _____ (hereinafter called "THIRD PARTY"), and XYZ Bank, a bank established and existing under the laws of Korea and having its head office at _____, Chung-Ku, Seoul, Korea (hereinafter called "TRUSTEE").

WITNESSETH

WHEREAS, FIRST PARTY entered into a contract dated _____ with THIRD PARTY for _____ (hereinafter called the "Main Contract"), whereby the Contract Price shall be paid to THIRD PARTY through the Escrow Account established by this Agreement, by means of Proceeds;

WHEREAS, in connection with and for the payment of the Contract Price, FIRST PARTY has arranged with SECOND PARTY to enter into a contract with THIRD PARTY or Purchaser for the supply of Items to THIRD PARTY or

---

6) http://koexbank.co.kr/inform/law/data5_03.htm

Purchaser(hereinafter called the "Counter Purchase Agreement"); and

WHEREAS, FIRST PARTY, SECOND PARTY and THIRD PARTY have agreed to establish an Escrow Account with a qualified bank for the efficient and accurate performance and conciliation of the payment of the Contract Price and wish to appoint the TRUSTEE wishes to accept such appointment.

NOW THEREFORE, in consideration of the mutual covenants and promises herein contained, the parties hereto agree as follows:

Article 1. Definitions

Except as otherwise expressly defined in this Agreement, all terms and expressions as used herein shall have the same meaning as defined in the Main Contract and Counter Purchase Agreement.

1.1 "Contract Price" shall mean the Contract Price under the Main Contract in the amount of U.S. Dollars _____ (USD _____).

1.2 "Certificate of Acceptance" shall mean certificate issued by FIRST PARTY in accordance with the terms and conditions of the Main Contract certifying that THIRD PARTY is eligible to receive the Contract Price or portion thereof.

1.3 "Escrow Account" shall mean a special Escrow account to be established by and at the TRUSTEE through which the payment of the Contract Price shall be processed.

1.4 "Items" shall mean items to be supplied by SECOND PARTY under the Counter Purchase Agreement the price of which shall be used for the payment of the Contract Price in accordance with the terms and conditions of the Main Contract and with those as prescribed herein.

1.5 "Notice of Completion" shall mean a notice, in writing, given by THIRD PARTY to FIRST PARTY upon completion of the former performance of its obligations under the Main Contract, stating that THIRD PARTY has completed the performance of its obligations or portion thereof.

1.6 "Proceeds" shall mean the money in U.S. Dollars which will be paid and transferred by TRUSTEE, as an opening bank of the Restricted Escrow Letter of Credit, to the Escrow Account with the TRUSTEE.

1.7 "Purchaser" shall mean any or one or more third party purchaser(s) of Items to be designated and notified in writing by THIRD PARTY to FIRST PARTY,

SECOND PARTY and the TRUSTEE.

1.8 "Restricted Escrow Letter of Credit" shall mean an irrevocable letter of credit which will be opened by the TRUSTEE in favor of SECOND PARTY, for the account of THIRD PARTY or Purchaser, if applicable, the payment under which will be restricted to the TRUSTEE and the proceeds of which payment shall be deposited into the Escrow Account established hereunder.

1.9 "Trustee Fee" shall mean a trustee fee to be paid to the TRUSTEE in accordance with Article 8 hereof for maintenance and operation of the Escrow Account and other relevant services of the TRUSTEE.

Article 2. Establishment of and Deposit with the Escrow Account

Upon execution of this Agreement, the TRUSTEE shall establish the Escrow Account in the currency of U.S. Dollars through which all operations arising out of or in connection with the payment of the Contract Price shall be processed, and THIRD PARTY shall deliver to and deposit in the custody of the TRUSTEE draft(s) payable to THIRD PARTY and representing the payment(s) for the Contract Price, issued and accepted by FIRST PARTY under the Main Contract, which draft(s) shall be returned to FIRST PARTY with TRUSTEE notice of settlement when corresponding payment of the Contract Price is drawn by THIRD PARTY in accordance with Article 5 below.

Interest at the rate applied by TRUSTEE to a deposit of a similar nature as that of the Escrow Account shall accrue on any money deposited with the Escrow Account and undrawn, unless otherwise agreed in writing between the parties.

Article 3. Establishment of Letter of Credit

With respect to each shipment and deliver by SECOND PARTY OF Items, THIRD PARTY shall establish or shall cause the Purchaser, if applicable, to establish a Restricted Escrow Letter of Credit issued by the TRUSTEE in favor of SECOND PARTY, in accordance with the terms and conditions of the Counter Purchase Agreement.

Article 4. Shipment of Items and Presentation of Documents

4.1 Subject to the establishment of the relevant Restricted Escrow Letter of Credit as aforesaid, SECOND PARTY shall implement the corresponding shipment and delivery of Items strictly in compliance with the shipping schedule under the Counter Purchase Agreement.

4.2 Immediately after shipment(s) of Items, unless otherwise provided for in the Counter Purchase Agreement or the Restricted Escrow Letter of Credit, SECOND PARTY shall dispatch a draft accompanied by the following documents to the TRUSTEE by air courier for presentation in two consecutive lots, and have same presented to the TRUSTEE no later than the tenth (10th) day prior to the relevant payment date of the Contract Price of portion thereof as provided for in this Agreement or under the Main Contract.

(i) Complete set of clean on-board ocean bills of lading in strict compliance with the terms and conditions of the relevant Restricted Escrow Letter of Credit.

(ii) Inspection Certificate in the Loading Port in one original and four copies.

(iii) Certificate of Origin in one original and four copies.

(iv) Commercial invoice signed by SECOND PARTY in one original and four copies.

(v) Other documents as required under the relevant Restricted Escrow Lettr of Credit.

4.3 In each such instance of shipment, within a reasonable time after the receipt of the aforesaid documents in connection with the shipment, the TRUSTEE shall decide whether to accept or to reject such documents. If they are accepted, the TRUSTEE shall immediately transfer the Proceeds relevant to same documents to the Escrow Account. After transfer of said Proceeds to the Escrow Account, the TRUSTEE shall notify THIRD PARTY of said transfer and make the payment of the Contract Price or a portion thereof as set forth in Article 5 below, to the account designated by THIRD PARTY.

Article 5. Payment of the Contract Prices

The Contract Price shall be paid pursuant to the payment schedule under the Main Contract unless otherwise provided in this Agreement, from the Proceeds to be deposited in the Escrow Account, upon presentation of a contract price drawing order signed by a duly authorized officer of the THIRD PARTY, accompanied with the certified copies of Notice of Completion and Certificate of Acceptance. The TRUSTEE shall, within a reasonable time, notify FIRST PARTY and SECOND PARTY of the discrepancies, if any, in the said contract price drawing order and other relevant documents, and no payment of Contract Price shall be made until the discrepancies are resolved between the parties concerned to the TRUSTEE satisfaction.

Article 6. Rights & Responsibilities of the TRUSTEE

6.1 The TRUSTEE shall have the authority, right and power in its discretion to accept or reject the relevant shipping documents and to credit or disburse from the Escrow Account in accordance with the terms and conditions of this Agreement and/or the relevant Restricted Escrow Letter of Credit, and to close the Escrow Account in accordance with Articles 7.2, 9, and 10 as applicable.

6.2 In accepting, entering into and performing this Agreement, the TRUSTEE shall ordinary diligence in th safe-keeping of the Escrow Account.

6.3 In carrying out its duties under this Agreement:

6.3.1 The TRUSTEE shall be entitled to act upon any notice, certificate, request, direction, waiver, receipt or other document not specified in this Agreement but issued jointly by FIRST PARTY, SECOND PARTY and THIRD PARTY which the TRUSTEE, upon examination of it with due care, in good faith believes to be genuine; and the TRUSTEE, shall be entitled to rely upon the due execution, validity and effectiveness, and the truth and acceptability, of any provisions contained therein.

6.3.2 The TRUSTEE shall have no duties other than those specifically set forth or provided for in this Agreement. The TRUSTEE shall have no obligation to familiarize itself with the Main Contract, Counter Purchase Agreement, and/or any other documents or instruments other than this Agreement, and shall have no responsibility with respect to any agreement, document or instrument other than this Agreement relating to the transactions contemplated by the Main Contract and/or Counter Purchase Agreement, nor any obligation to inquire whether any notice, instruction, statement or calculation is in conformity with the terms of any such agreement, except those irregularities, errors or mistakes apparent on the face of such document or coming to the knowledge of the TRUSTEE. If, however, any remittance or communication received by the TRUSTEE appears erroneous or irregular on its face or as may come to the knowledge of the TRUSTEE, the TRUSTEE shall be under the obligation to make prompt inquiry to the person or party originating such remittance or communication in order to determine whether a clerical error or inadvertent or other irregularity or mistake has occurred, and shall be under no duty or liability to take or for not taking any relevant step(s) until the matter is resolved to the TRUSTEE satisfaction.

6.4 FIRST PARTY, SECOND PARTY AND THIRD PARTY hereby agree to jointly and severally indemnify the TRUSTEE for, and to hold it harmless against, any loss liability, claim, judgment compromise or expense icurred or suffered reasonably and without negligence or bad faith on the part of the TRUSTEE, arising out of or in connection with its entering into this Agreement and carrying out its duties or exercising its rights hereunder.

Article 7. Disagreement between the Parties

7.1 In the event of any disagreement, difference, dispute or discrepancy between the parties hereto resulting in conflicting or adverse claims or demands in connection with credit to or disbursement from or closing of the Escrow Account, the TRUSTEE shall be entitled and has the option to refuse to comply with any such claims or demands so long as such disagreement, difference, dispute or discrepancy shall continue. In so doing, the TRUSTEE shall not become liable in any way to any person for its failure or refusal to comply with any such claims and demands until such disagreement, difference, dispute or discrepancy is adjusted and settled between the parties concerned and the TRUSTEE is notified thereof in writing signed by all the parties concerned.

7.2 In the event the aforementioned adjustment fails to be made within thirty(30) days from the first due notice to the TRUSTEE of the occurrence of said disagreement, etc. and the TRUSTEE is duly notified in writing to that effect by any other party hereto, the TRUSTEE may choose to deposit the amounts in dispute between the parties hereto with a court designated under Article

11 hereof or of other proper jurisdiction from which the money may be withdrawn upon the documents signed by FIRST PARTY, SECOND PARTY and THIRD PARTY, or upon an interlocutory or final judgment or order of such court, and thereupon the TRUSTEE shall be fully and completely discharged of its duties and liabilites as the TRUSTEE under this Agreement.

Article 8. Trustee Fee & Other Charges

8.1 The TRUSTEE shall be paid a TRUSTEE Fee out of the Escrow Account at the rate of ____% of each payment for the Contract Price to be released to the TRUSTEE immediately before the corresponding disbursment to THIRD PARTY or at the rate of ____% of the amount deposited with the Escrow Account at such times as relevant disputes are resolved by all parties concerned, or relevant monies are deposited with a court, or at the date of termination of this Agreement or the TRUSTEE resignation, in accordance with this Agreement, if the payment by TRUSTEE to THIRD PARTY is not effectuated as provided for under this Agreement for whatsoever reason.

8.2 In addition to the above-mentioned Trustee Fee, the TRUSTEE shall be paid by the party concerned the confirmation charges, reimbursement charges, payment charges, cable charges or other costs and expenses as are reasonably incurred by the TRUSTEE for the performance and implementation of this Agreement, from time to time when these accrue, provided however that the TRUSTEE shall provide the party concerned with the evidencing documents. If said party fails to pay any of the costs and expenses above, FIRST PARTY, SECOND PARTY and THIRD PARTY shall be jointly and severally liable for the payment of the same, and the TRUSTEE shall be at any time entiled to withdraw the amount from the Escrow Account necessary to compensate the damages from failure by the party concerned to pay the costs or expenses incurred by the TRUSTEE.

Article 9. Termination, Cancellation or Alteration

9.1 Any party except the TRUSTEE hereto is entitled to terminate, cancel or alter this Agreement by giving one (1) month prior written notice to the other parties subject to the unanimous agreement in writing by all the parties hereto upon the terms and conditions to conciliate the outstanding matters between the parties under the main Contract, the Counter Purchase Agreement and this Agreement. In the event of such termination, cancella-tion and/or alteration pursuant to this Article 9.1, the TRUSTEE shall disburse and settle the Escrow Account as directed by such agreement.

9.2 The TRUSTEE may, at any time, by notice to FIRST PARTY, SECOND PARTY and THIRD PARTY, tender its resignation as TRUSTEE under this Agreement. Such resignation or termination shall be effective as of the date of dispatch of such notice.

9.3 FIRST PARTY, SECOND PARTY and THIRD PARTY agree that no provision of the main Contract or Counter Purchase Agreement may be changed without prior written approval of the TRUSTEE.

Article 10. Duration

Subject to the other provisions contained herein, this Agreement shall remain in effect until the time of full payment of the Contract Price by the TRUSTEE to THIRD PARTY all in accordance with this Agreement and if applicable the time the TRUSTEE shall disburse to SECOND PARTY the final surplus amount of the Escrow Account less outstanding fees or charges or costs and expenses of the TRUSTEE with regard to this Agreement.

Article 11. Governing Law and Jurisdiction

This Agreement shall be governed, interpreted and construed by and in accordance with the laws of the Republic of Korea and the parties hereto consent to the exclusive jurisdiction of the Seoul District court, Seoul Korea and its appellate courts.

Article 12. Miscellaneous

12.1. All correspondence relating to this Agreement shall be made in English.

12.2. Each party hereby covenants that it has the power to enter into this Agreement and has taken all necessary corporate or other action in connection herewith, and has obtained all governmental approvals necessary for the execution and performance of this agreement.

12.3. The Parties agree that this Agreement constitutes the entire agreement between them in connection with the implementation of the Escrow Account, and that their rights and obligations arising therefrom shall be determined only on the basis of the terms and conditions contained herein.

Article 13. Notices

Except as otherwise proved for in this Agreement, all notices, approvals instructions and other communications for the purposes of this Agreement shall be in writing which shall include single or confirmatory transmission by cable or telex or facsimile transmission, either alone or together with any mail transmission on the same day thereof. Any mail sent between different cities or towns shall be sent via airmail. All communications given by cable, telex or facsimile transmission shall be effective upon the date of proper dispatch thereof. Communications shall be to the parties hereto directed as follows:

a. To FIRST PARTY at the following mail, e-mail addresses and Fax No.:

  Mail Address:

  Att .:

  E-mail: :

  Fax No.:

b. To SECOND PARTY at the following mail, e-mail addresses and Fax No.:

  Mail Address:

  Att .:

  E-mail:

  Fax No.:

c. To THIRD PARTY at the following mail, e-mail addresses and Fax No.:

  Mail Address:

  Att .:

  E-mail: :

  Fax No.:

d. To the TRUSTEE at the following mail, cable, facsimile or telex addresses

  Mail Address:

  Att .:

  E-mail: :

Fax No.：

IN WITNESS WHEREOF the parties hereto have caused this Agreement to be duly executed by their respective duly authorized representatives, as of the date and year first above written.

For and on behalf of   For and on behalf of

Name：   Name：

Title：   Title：

For and on behalf of   For and on behalf of Korea Exchange Bank

Name：   Name：

Title：   Title：

2. 국제금융리스

2.1 리스의 의의

리스(lease)란 기업의 설비자금조달을 위한 수단으로 대개 지대의 형태로 비용을 지급하고 일정 기간 부동산, 설비, 기타 고정자산을 이용하는 계약을 말한다. 리스된 자산의 소유자는 임대인이라고 불리며 이용자를 임차인이라 한다. 국제리스에 의한 결제는 국제간에 리스를 통한 물품의 이동이 있고 그 이동의 대가로 리스료를 지급하는 경우의 결제방법을 말한다.[7]

자금의 융통은 돈을 대여하고 이자를 징수하는 데 반하여 리스의 경우에는 일정한 기간 동안 물건을 임대하여 약정된 임대료를 징수한다.

한국의 여신금융업법[8] 제2조10에서는 "시설대여라 함은 대통령령이 정하는 물건을 새로이 취득하거나 대여 받아 거래상대방에게 대통령령이 정하는 일정 기간 이상 사용하게 하고, 그 기간에 걸쳐 일정 대가를 정기적으로 분할하여 지급받으며, 그 기간종료 후의 물건의 처분에 대하여는 당사자간의 약정으로 정하

7) http://www.kita.net
8) 법률 제5982호.

는 방식의 금융을 말한다"라고 규정하고 있다.

또한 대법원의 판결요지[9]를 보면 시설대여(리스)는 대여시설 이용자가 선정한 특정물건을 시설대여회사에서 새로이 취득하거나 대여받아 그 물건에 대한 직접적인 유지관리책임을 부담하지 아니하면서 대여시설이용자에게 일정기간 사용케 하고, 그 기간에 걸쳐 일정대가를 정기적으로 분할하여 지급받으며 기간 종료 후의 물건의 처분에 관하여는 당사자간의 약정으로 정하는 계약으로서(시설대여산업육성법 제2조 제1호) 형식에서는 임대차계약과 유사하나 그 실질은 물적 금융인 비전형계약(무명계약)이고 따라서 임대차계약과는 여러 가지 다른 특질이 있기 때문에 민법의 임대차에 관한 규정이 바로 적용되지는 아니한다.

미국은 통일상법전(Uniform Commercial Code: UCC) 제2A편에 금융리스는 부동산 및 몇 가지를 제외한 동산일반에 적용되며, 리스회사, 리스이용자 그리고 공급업자간의 세 당사자관계를 전제로 한다. UCC A-103(1)(g)에 의하면 금융리스의 성립요건은 다음과 같다.

① 리스회사가 리스물품을 선정하거나 제조 또는 공급하지 않아야 한다.
② 리스회사는 리스를 전제로 리스물품을 취득하여 리스물품의 점유·사용·수익권을 이전하여야 한다.
③ 다음 중 한 가지의 요건을 충족시킴으로써 공급계약의 내용이 이용자에게 고지되어야 한다.

첫째, 리스회사가 물건취득을 위해 체결한 계약(공급계약)의 사본이 리스계약을 체결하기 이전에 이용자에게 교부되는 경우

둘째, 공급계약에 대한 이용자의 승인이 리스계약을 발효시키는 조건으로 약정되어 있는 경우, 또는

셋째, 공급계약의 당사자(공급업자)가 리스회사측에 제공하는 담보책임의 내역이 상세히 기재되어 있는 설명서를 이용자가 리스계약체결전에 교부받은 경우, 또는

넷째, 소비자리스가 아닌 경우에만 적용되는 요건으로서, 리스회사가 이용

---

9) 대법원 1986. 8. 19. 선고 84다카 504 판결.

자에게 공급업자의 신원(이용자가 공급업자를 직접 선정하지 않았을 경우) 및 제2A조에 의거하여 공급업자에 대해 직접 담보책임을 물을 수 있다는 점과 리스이용자는 언제든지 공급업자와 직접 교통할 수 있다는 점 그리고 공급업자가 부담하는 담보책임의 내역을 상세히 알려 준 경우 위의 요건들을 모두 갖추고 있는 경우에만 금융리스로 구분되어 리스회사의 금융제공자로써의 역할이 인정되는 것이다. 금융리스상의 리스회사는 무엇보다도 물건의 선정, 공급 또는 제조와는 전혀 무관하기 때문이다. 이 요건에 의해 소위 제조물리스는 금융리스의 범주에 포함되지 못한다. 더 나아가 UCC 2A-103(g)(ii)에서는 리스회사가 리스에 관한 합의가 있기 이전에 물건에 대한 소유 또는 점유권을 취득하지 않았을 것을 명문화하고 있다.

이와 같이 리스회사의 역할을 오로지 금융적 측면에만 국한시켜 물건과 관련된 담보책임을 지우지 않겠다는 의도이다.[10]

전업 리스회사는 1954년 U.S. Leasing Corp.가 일반 설비리스(equipment lease)에 종사하는 형태로 최초로 출현하였다. 이후 1962년에 Boothe Leasing Corp.[11] Chandler Leasing[12] General Electric Credit Corp., Commercial Credit Corp. 등이 출현하면서 1960년대 초에 금융리스(finance lease)가 발전하기 시작하였다.[13] 현대적 의미의 금융리스는 이 당시 유럽의 선진국 및 일본에 보급되었으며, 한국은 1972년 한국산업리스주식회사가 설립되면서 도입되었다.

2.2 리스의 종류

리스는 그 기능이나 이용자 및 목적물 등에 따라 여러 관점에서 분류할 수

---

10) 윤용석, 임재호, 최광준, "새로운 형태의 거래행위", -리스,프랜차이징, 팩토링에 관한 연구-, 「법학연구」 제36권 제1호·통권 제44호, 부산대학교 법과대학, 1995, 103~104면.
11) 1962년에 Greyhound Corp.에 흡수되고 현재 Greyhound Leasing and Financial Corp.이 되었다.
12) 1967년에 Pepsi-Cola에 흡수되었다.
13) http://www.leaseassistant.org/basics/history.htm; The History of Equipment Leasing.

있으나 대표적으로 기능면에서 금융리스(financial lease)와 운용리스(operating lease)로 구별하고 있다.[14]

(1) 금융리스

금융리스는 가장 전형적인 리스방식으로 일반적으로 리스이용자가 특정한 기계·설비 등의 동산을 필요로 하는 경우에 리스회사가 리스이용자에게 이것을 구입하는 자금을 대부하는 대신에 직접 구입하여 리스이용자에게 그 동산을 장기간에 걸쳐 임대하는 계약으로서 경제적으로 금융적 성격이 강한 리스를 말한다.

금융리스의 특성을 보면 다음과 같다.

① 리스회사가 리스물건의 구입원가·금리·부수비용·리스회사가 얻을 다소의 이익 등이 회수될 만한 액을 리스료로서 산정하고 리스이용자는 리스회사에게 리스료를 지급한다.

② 리스기간 중의 계약해제는 원칙적으로 어느 쪽에도 인정되지 않으며 리스기간은 비교적 장기로 이루어진다.

③ 따라서 임대 등과는 달리 리스기간 중의 리스료 갱신청구권은 원칙적으로 인정되지 않는다.

④ 리스물건의 유지·관리의 책임이나 진부화의 위험은 리스이용자가 부담한다.

⑤ 리스물건에 대한 하자담보책임은 리스회사가 부담하지 않는다.

⑥ 리스기간도 보통 물건의 경제적 사용가능 연수에 가깝게 정하여 진다.

⑦ 리스기간 만료 후에는 리스물건에 대하여 리스이용자가 재리스 또는 구매선택권을 갖는다.

---

[14] 이 밖에 리스이용자에 따라 사업자리스와 소비자리스, 목적물에 따라 부동산리스, 자동차리스, 중기리스, 선박리스, 항공기리스, 컴퓨터프로그램리스, 거래형태에 따라 단기리스와 장기리스, 총리스(부대비용 리스회사 부담)와 순리스(부대비용 리스이용자가 부담), 직접금융리스와 간접금융(알선)리스, 개별리스와 포괄리스, 정액리스(리스료 정액지급), 정률리스(리스료 정률지급), 판매재취리스(sale and lease back), 공급자리스, 공동리스(syndicated lease), 전대리스(sublease) 등이 있다; 소건영, 「리스거래법론」, 법원사, 1997, 22면 이하 참조.

⑧ 또한 금융리스거래는 리스이용자와 리스회사·공급자 등 3당사자가 관여하게 되고, 리스이용자는 1인에 국한되는 것을 원칙으로 한다.

한편 1988년 5월에 채택한 국제금융리스에 관한 협약(UNIDROIT Convention on International Financial Leasing) 제1조 제2항에서 국제금융리스의 특성을 다음과 같이 규정하고 있다.

첫째, 리스이용자는 설비의 특정 및 공급자의 선정에 있어서 리스회사의 기술과 판단에 의존하지 아니한다.

둘째, 설비는 리스이용자와 리스회사 사이에 체결할 또는 체결된 것을 공급자가 인식하고 있는 리스계약에 따라 리스회사가 취득한다.

셋째, 리스계약에 따라 지급될 리스료는 설비가액의 전부 또는 상당한 부분의 상각을 고려하여 계산된다는 것으로 정의하고 있다.[15]

(2) 운용리스

운용리스는 불특정 다수를 대상으로 비교적 가동률이 높은 범용기계(예컨대, 자동차, 컴퓨터, 복사기, 항공기, 건설기계) 등을 경제적으로 사용가능 연수의 일부 기간 동안 임대하여 투자 원본의 회수를 도모하는 리스를 말한다.

운용리스의 특징을 보면 다음과 같다.

① 리스이용자가 일정한 예고기간을 두고 자유로이 계약을 해약할 수 있다.

② 대상물건의 보수의무·위험부담·하자담보책임은 물론 위험도 리스회사가 부담하기 때문에 민법상의 임대차에 가깝다.

③ 리스당사자는 리스회사와 리스이용자로서 2인이며, 리스이용자는 리스 물건의 경제적 사용가능 연수에 따라 1인으로 국한하지 않고 다수일 수 있다는 점이 금융리스와 다르다.

또한 위와 같은 모든 요건들이 구비되어야만 운용리스라고 하는 것은 아니며 그 중 일부의 내용이 포함되면 운용리스라고 한다.[16]

---

15) 상게서, 24면.

16) 상게서, 25면.

2.3 리스의 장점

1) 소요자금의 100% 융자효과

물건 구입자금뿐만 아니라 소요자금의 전액을 리스회사가 지급하며, 특히 수입물건의 경우 도입부대비 일체까지도 이용자의 자기자금 부담 없이 구입할 수 있으며, 외화차입이 어려운 중소기업이나 개인 업체도 손쉽게 저렴한 외화자금 이용이 가능하다.

2) 자금운용상의 효과

자기자금의 여유는 운영자금으로 활용하거나 보다 수익성 높은 용도로 운용하여 효율적이고 안정적인 자금관리가 용이하다.

3) 절세효과

리스료는 일반임대차와 같이 세법상 손금으로 처리되므로 조세절감의 효과가 있어 실질자금유출액은 명목 리스료보다 훨씬 감소된다. 리스요율은 금융기관의 일반금리수준을 약간 상회하나 리스료의 손비처리에 따른 절세를 고려한다면 실질적으로는 금융기관 차입의 경우보다 유리하다.

4) 기술혁신에 신속한 적응

리스방식에 의한 설비투자는 기술혁신으로 인한 새로운 기계설비의 출현에 신속하게 대처할 수 있는 효과적인 설비투자방식이다.

5) 재무구조 개선

전통적인 금융방식에 의한 설비투자는 기업의 재무구조를 약화시키나, 리스를 활용하면 재무제표상 "off balace sheet"로 처리되기 때문에 리스에 의한 설비 확보시 기업의 입장에서 보면 재무제표상 부채의 증감 없이 필요시설을 확보하게 되므로 기업의 재무구조 개선에 기여한다.

6) 리스업무의 편리성

리스물건 취득에 따른 모든 구매절차를 리스회사가 담당하며 법적 소유권이 리스사에 있으므로 리스 이용자는 번잡한 관리업무에서 해방되어 인력의 낭비를 줄일 수 있다.

2.4 리스의 관계당사자

(1) 리스이용자(Lessee)

리스물품의 실수요자인 사용자, 즉 임차인으로서 리스물품을 점유, 사용하여 수익을 얻고 약정한 리스료를 리스회사에 지급한다. 무역거래에서는 보통 수입자가 이에 해당된다.

(2) 리스회사(Lessor)

리스이용자에게 리스되는 물품의 법적 소유자로서 리스이용자로부터 리스료를 받고 리스물품을 대여하여 준다. 리스회사에는 금융리스회사, 금융기관, 제

그림 12-2 금융리스거래의 기본구조

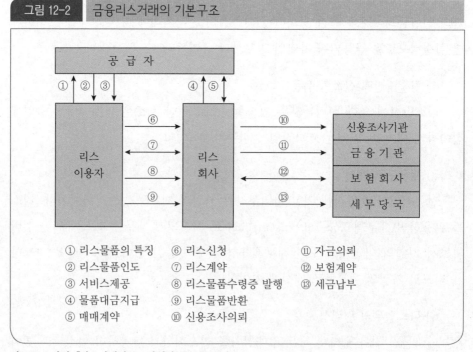

① 리스물품의 특징 ⑥ 리스신청 ⑪ 자금의뢰
② 리스물품인도 ⑦ 리스계약 ⑫ 보험계약
③ 서비스제공 ⑧ 리스물품수령증 발행 ⑬ 세금납부
④ 물품대금지급 ⑨ 리스물품반환
⑤ 매매계약 ⑩ 신용조사의뢰

자료 : 소건영, 「리스거래법론」, 법원사, 1997, 84면.

조업자, 판매회사 등이 해당된다.

(3) 리스물품 공급자(Supplier)

리스될 물품을 생산·판매하여 리스이용자에게 공급하고 리스회사로부터 물품대금을 지급받는 자로서, 리스물품의 제조업자, 판매업자를 말한다. 무역거래에서는 보통 수출자가 이에 해당된다.

2.5 국제리스의 거래절차

국제리스의 거래절차를 보면 다음과 같다.

그림 12-3 | 리스의 거래절차

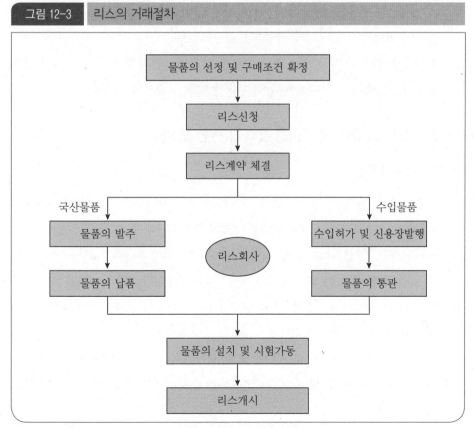

자료: http://www.kdlc.co.kr/

① 수입자는 우선 필요한 물품의 이름, 사용방법, 수량, 납기 등에 대하여 물품의 공급자인 수출자와 교섭하여 결정한다.

② 물품이 확정된 후 수입자는 리스회사에 해당 물품의 리스신청을 한다.

③ 리스조건 및 채권보존 등에 관해 합의가 이루어지면 리스회사와 수입자는 리스계약을 체결한다.

④ 리스계약이 체결되면 리스회사는 즉시 수출자와 매매계약을 체결한다.

⑤ 수출자는 리스회사와의 매매계약에 의거하여 해당 물품을 지정한 장소에 납품한다.

⑥ 수입자는 납품된 물건이 당초 정했던 명칭·사용방법과 일치하는지를 검사하고 리스회사 앞으로 물건의 적합성 여부의 검사를 하였음을 나타내는 물품수령증을 발급한다. 이 시점부터 리스가 개시된다.

⑦ 리스회사는 수출자에게 물품대금을 지급한다.

⑧ 대부분의 리스계약서는 물건에 대한 보수계약관계를 포함하고 있지 않으므로, 물품의 보수계약은 수입자가 별도로 수출자와 체결한다.

2.6 UNIDROIT 국제금융리스에 관한 협약

(1) 협약의 제정

사법통일을 위한 국제사법협회(International Institute for the Unification of Private Law: UNIDROIT)는 1974년에 국제금융리스거래에 관한 제안을 채택하고, 1977년에는 연구팀(study group)을 구성하여 국제금융리스를 규율하는 법률의 통일을 위한 작업에 착수하였다. 이 후 많은 논의를 거쳐 1988년 5월 캐나다 오타와에서 국제금융리스에 관한 협약(UNIDROIT Convention on Interna-tional Financial Leasing)이 마련되었다.

이 협약은 전문, 제1장 적용범위 및 총칙(제1조-제6조), 제2장 리스거래당사자의 권리 및 의무(제7조-제14조), 제3장 최종 규정(제15조-제25조)으로 구성하고 있다.

(2) 협약의 적용범위[17]

제 1 조 적용대상 거래

  1. 이 협약은 제2항에 규정된 금융리스거래에 적용한다. 이 거래에서 일방당사자(리스회사)는
     (a) 다른 당사자(리스이용자)가 제시한 조건에 따라 플랜트, 자본재 또는 기타 설비를 취득할 공급(매매)계약을 제3자(공급자)와 체결하고,
     (b) 리스료의 지급으로 설비를 이용할 권리를 리스이용자에게 부여하는 계약(리스계약)을 체결한다.
  2. 제1항에 규정된 국제금융리스거래는 다음과 같은 특징을 포함하는 거래를 말한다.
     (a) 리스이용자는 설비의 특정 및 공급자의 선정에 있어서 일차적으로 리스회사의 기술과 판단에 의존하지 아니한다.
     (b) 설비는 공급자가 알고 있는 리스이용자와 리스회사 사이에 체결한 또는 체결할 리스계약에 따라 리스회사가 취득한다.
     (c) 리스계약에 따라 지급할 사용료는 설비가액의 전부 또는 상당한 부분의 상각을 고려할 수 있도록 산정한다.
  3. 이 협약은 리스이용자가 설비의 구매 또는 재리스의 선택권을 가지고 있는가, 또는 그 선택권을 추후에 취득하는가 및 그 구매 또는 재리스가 명목적인 가액이나 리스료에 의하는가에 관계없이 적용된다.
  4. 이 협약은 기본적으로 리스이용자의 개인적, 가족적 또는 가사용으로 사용되는 것을 제외한 모든 설비와 관련된 금융리스거래에 적용된다.

제 2 조 전대리스거래 등 확장 적용

  1개 이상의 전대리스거래가 동일한 설비에 관련되는 경우, 이 협약은 마치 최초로 리스회사로부터 설비를 취득하게 되는 자가(제1조 제1항의 규정과 같이) 공급자가 되는 것처럼, 그리고 마치 설비를 취득하게 되는 계약이 공급계약이 되는 것처럼, 이 협약에 종속하는 거래와 금융리스거래에 적용된다.

제 3 조 협약의 적용범위

  1. 이 협약은 리스이용자와 리스회사가 각자의 영업소를 다른 국가에 두고 있을 때, 즉 아래의 경우에 이를 적용한다.
     (a) 그들 국가 및 공급자의 영업소가 있는 국가가 체약국인 경우; 또는
     (b) 공급(매매)계약과 리스계약은 공히 특정 체약국의 법률에 의하여 규율되는 경우,
  2. 이 협약은 계약당사자가 1개 이상의 영업소를 두고 있을 경우 계약체결 시 또는 그 이전의 어느 시기에 당사자들에게 인식되거나 예기된 사정을 고려하여 계약과 그 이행에 가장 밀접한 관련을 가진 영업소를 제1항의 영업소를 본다.

---

17) 상게서, 472면 이하.

제 4 조 부동산에의 부합 또는 결합

　　1. 이 협약의 규정들은 단순히 설비가 부동산에의 부합 또는 결합되었다는 이유로 적용
이 배제되지 아니한다.

　　2. 설비의 부동산에의 부합 또는 결합 여부 문제와 그로 인한 리스회사의 권리와 부동산
에 대한 물권은 그 부동산이 위치한 국가의 법률에 의하여 정한다.

제 5 조 협약의 배제

　　1. 이 협약의 적용은 리스계약과 공급계약의 당사자들이 협약의 배제를 합의한 경우에만
배제된다.

　　2. 이 협약의 적용이 전항에 따라 배제되지 아니한 경우, 당사자들은 상대방과의 관계에
있어서 제8조 제3항과 제13조 제3항 (b)와 제4항에서 규정한 것이 아닌한 기타 조항
의 효력을 배제 내지 변경할 수 있다.

제 6 조 분쟁해결의 원칙

　　1. 이 협약을 해석함에 있어서는 전문에 규정된 의도와 목적, 협약의 국제적 성격, 적용
의 통일성과 국제거래에 있어서의 신의칙 준수를 증진할 필요성을 고려하여야 한다.

　　2. 이 협약에 규율하고 있으나 협약에 의하여 명시적으로 해결되지 아니한 사항에 관한
문제점은 본 협약이 기초하고 있는 기본원칙에 따라 해결하여야 하고, 그러한 기본원
칙이 없으면 국제사법의 준칙에 따라 적용되는 법률에 의한다.

　　(이하 생략)

INTERNATIONAL TRADE PAYMENT SYSTEMS

전자무역거래에서의
국제전자결제

PART
6

전자수표와 전자자금이체

1. 전자수표

1.1 전자수표의 의의

수표는 발행인이 지급인(은행)에 대하여 수취인 기타 정당한 소지인에게 일정한 금액을 지급할 것을 위탁하는 형식의 유가증권이다. 수표는 발행인 자신이 일정한 금액의 지급을 약속하는 약속어음과는 근본적으로 다르고 제3자에게 일정한 금액의 지급을 위탁하는 유가증권이라는 점에서는 인수전의 환어음과 동일하다. 그러나 환어음은 신용거래의 수단으로 이용되며 상당한 기간이 경과한 다음에 일정한 금전이 지급되어야 할 경우에 발행되는 이른바 신용증권인데 대하여, 수표는 지급의 수단으로서 실제로 현금지급의 대신으로 발행되는 이른바 지급증권이다.[1]

최근 전자상거래의 확산에 따라 대금결제도 전자적으로 이루어질 수 있도록 여러 유형의 전자결제시스템이 등장하고 있다. 그 중 하나가 전자수표(Electronic Check)이다. 전자수표에 대한 확실한 정의는 아직 없다. 그러나 전자수표는 기존의 종이수표가 정보통신수단에 의하여 전자적 형태로 구현되는 수표라고 할 수 있을 것이다. 따라서 전자수표는 인터넷상에서 암호 서명과 안전한 메시지를 사

---

1) 최기원, 「상법학신론(하)」, 박영사, 1989, 384~385면.

용하여 지급되고 종이수표의 여타 기능을 수행하기 위하여 고안된 것이다.[2] 전자수표는 서면수표를 모델로 새로운 기술표준과 암호기술을 이용하여 현재 서면수표에 포함되어 있는 모든 정보를 포함한다. 다만 그 정보는 서면형태가 아니라 전자적 형태로 존재하게 된다. 전자수표는 서명과 배서를 위하여 또 지급인·지급은행과 은행계좌를 인증하기 위하여 디지털서명을 사용한다. 전자수표는 전자우편(E-mail) 또는 웹(web)과 같은 기타의 통신방법에 의하여 전송된다. 이와 같이 전자수표는 현실세계에서 사용되고 있는 종이로 된 수표를 그대로 인터넷상에 구현하고 있다.

전자수표는 미국의 금융서비스 기술컨소시움(Financial Services Technology Consortium: FSTC)의 eCheck가 대표적이다.[3] FSTC는 미국의 금융정보서비스 산업의 경쟁력을 강화시키기 위한 비영리조직이다. 컨소시움의 회원들은 은행, 금융서비스 제공자, 연구소, 대학, 기술 회사들과 정부기관들을 포함한다.

FSTC는 이와 같은 조직들의 컨소시엄으로 전자상거래를 위한 결제시스템을 개발하기 위하여 1993년 구성되었다.[4] 1995년 9월 FSTC는 eCheck 이라는 인터넷상의 전자수표시스템을 제안하고 전 금융서비스 산업에 영향을 끼치는 은행간

---

2) Milton M. Anderson, "The Electronic Check Architecture", Financial Services technology Consortium, 1998, p. 1.

3) 그 밖의 전자수표로는 미국의 카네기멜론대학교에서 개발한 NetBill 과, 사우스캘리포니아대학교에서 개발한 NetCheque 가 있다. 자세한 것은 강원진, 「전자결제시스템」, 삼영사, 2000, 138~141면 참조.

4) 강원진, 상게서, 130면; FSTC의 금융기관 중에서는 씨티은행(City Bank)을 간사은행으로, 케미컬은행(Chemical Banking Corp), BOA(Bank of America), 웰즈파고(Wells Fargo & Co) 등 12개사가 주요 회원으로 되어 있다. FSTC 주요활동은 프로젝트 위주의 협동연구 및 전체 금융서비스 산업에 영향을 미칠 수 있는 은행간 기술 프로젝트의 개발이다. 특히, 결제시스템과 서비스 및 은행의 고정 고객과의 연대 강화를 위한 신기술, 운영 효율성 향상, 전자수표, 부정방지대책, 시장 확대에 관한 프로젝트를 추진하고 있다. 그 밖에 스마트카드(Smart Card: 인터넷 결제를 수반한 IC 카드 이용구상)에 대한 포럼을 병설하여 멀티어플리케이션(MultiApplication), 선불카드(Pre-paid Card)의 표준화를 검토하고 있다. 이러한 움직임 속에서도 전자수표 실험이 가장 중요한 과제로서, 기업과 개인을 불문한 모든 네트워크상의 상거래에 있어 모든 금융업무를 전자화 하려는 "FINANCIAL CALS"를 지향하고 있다; http://www.fstc.org.

의 기술적인 계획들을 후원하고 있다.

특별한 점은 결제시스템 서비스에서 은행들과 고객 관계를 돈독히 하고 운용상의 효율을 증대시키고 각자의 시장을 확대를 위한 신기술 응용방법들을 정착시키는 것이다. 즉 신기술에 관한 빠른 정보, 표준의 신속한 개발과 소개를 용이하게 하고, 정부의 방향에 대한 효과적인 목소리와 정부의 기금과 자원에 대한 효과적인 경쟁을 도모하는 것이다. 또한 국립연구소, 대학들로 하여금 기술적, 전문적 지식을 제고시키고 솔루션 개발비용 분산과 솔류션 연구개발의 협력을 촉진시키고 다수의 의견 및 외부의 아이디어를 수집하여 내부 운영표준 설정 및 보다 장기적인 목표에 정책방향을 설정하는 역할을 담당하고 있다.[5]

FSTC의 eCheck는 종이수표와 같은 법적 구조에 기반이 두어지고 당사자간에 무제한적인 정보 접속은 물론 직접적으로 수표가 교환될 수 있다.[6] 오늘날의 종이수표와 같이 원격지 거래에 사용될 수 있고 은행의 수표계좌 제공을 통하여 그 기능과 특성을 향상시킬 수 있으며 부가가치정보제공을 통하여 종이수표의 유용성을 확장시킬 수 있다.

eCheck는 인터넷상에서 사용하는데 안전하며 모든 당사자에 대하여 사기손실을 감소시킬 수 있다고 한다. 또한 eCheck는 수표내용과 유효기일의 확인을 자동적으로 행할 수 있고 지급중지(stop payment)와 조정(reconciliation)이 용이하며 전통적인 수표의 성질을 제공하고 있다. 그리고 eCheck는 금융서비스 마크업 언어(Financial Services Markup Language)와 알고리즘(algorithm)[7]을 이용한 강력한 디지털서명, 스마트카드와 같이 하드웨어 토큰에 대한 안전성, 디지털증명서 및 은행거래의 실제에 기반을 두고 있다.

---

5) http://www.fstc.org/about.htm.

6) eCheck는 Clareon Corporation 및 Xign Corporation 두 회사가 1997년 10월 14일 핵심적인 eCheck 특허(US05677955)를 획득하고, 후속적인 특허를 2000년 2월 1일(US06021202) 및 2001년 3월 27일(US6209095)에 각각 획득하였다; http://www.echeck.org/

7) 어떤 문제의 해결을 위하여 컴퓨터가 사용가능한 정확한 방법을 알고리즘이라고 한다. 알고리즘은 단계의 유한집합으로 구성되는데, 여기서 각 단계는 하나 또는 그 이상의 연산을 필요로 한다. 이 때 컴퓨터가 각 연산들을 수행하기 위해서는 명확성, 효율성, 입출력 및 종결성 등의 조건을 만족하여야 한다.

이와 같이 FSTC의 eCheck는 시범중인 전자수표 시스템으로써 현실세계에서 사용되고 있는 종이로 된 수표를 그대로 인터넷상에 구현한 형태로 기존 수표와 유사한 방식으로 교환·결제되기 때문에 일반인에게 친숙하여 쉽게 보급될 가능성이 높으며, 고객과 판매자간의 전자수표교환으로 거래가 이루어 질 수 있다.

1.2 eCheck 의 특성

첫째, eCheck는 은행과 그들의 이용고객에게 분실 및 도난키의 부정사용 등과 같은 각종 사기로부터 보호할 목적으로 디지털 서명방식(digital signature)을 사용하여 인증절차, 무권한 접근의 통제, 정보의 기밀성, 데이터의 무결성, 부인 봉쇄 등으로 안전장치가 장착되도록 설계되었다.

둘째, 개인용 컴퓨터 메모리 카드 협회(Personal Computer Memory Card International Association: PCMCIA)[8]의 메모리카드를 이용한 하드웨어기반 서명 방법을 쓰고 있다. 즉, PCMCIA 카드에 전자수표장(electronic check book)을 소지하고, 필요한 경우 카드의 전자수표장으로부터 전자적으로 수표를 발행한다. 이 서명 카드를 인식하는 장치를 컴퓨터에 설치하고 이 카드가 있어야 수표에 서명 및 배서를 할 수 있다.

셋째, 사용자 인증은 사용자의 거래은행과 연방준비은행이 공개키 방식의 전자서명을 응용하여 계층적으로 인증해 주고 있다. 그리고 이 시스템은 현존하는 은행간 결제통로로서 자동결제정산소(ACH)와 전자수표지급제시(Electronic Check Presentment: ECP)를 최대한 활용하려 하고 있다. 또한 이 시스템은 분산된 서버 사이에서 사용자의 인증과 서명을 위해 MIT에서 개발한 인증 프로토콜인 커버로스(Kerberos)시스템에 기반을 두고 있는 것이 특징이다.[9]

넷째, eCheck는 모든 어떠한 원본수표도 발행되지 아니한다. eCheck는 미

---

8) PCMCIA는 개인용 컴퓨터에 사용되는 각종 카드들의 표준을 만들기 위하여 1989년에 설립된 국제단체이다.

9) http://www.fstc.org/projects/echeck/index.shtml

국 통일전자거래법(Uniform Electronic Transaction Act: UETA) 및 소비자의 권리보호를 위한 "Regulation E"가 적용되며 미국 통일상법전 제3편 유통증권 (Negotiable Instruments) 및 제4편 은행예금과 추심(Bank Deposits and collections)·자금이체(Funds Transfers) 규정은 적용되지 아니하는 계약적인 수권이 요구되는 폐쇄시스템이다. 따라서 FSTC의 eCheck는 당사자가 약정된 회원이 아니면 양도되지 아니한다.[10]

1.3 eCheck의 참여자

전자수표 결제시스템에 의한 거래의 참여자(participants)가 명확히 분류되고 각 참여자의 기능이 구체적으로 정의되어야만 참여자간의 메시지 흐름 또한 명확히 설계될 수 있다. eCheck를 이용하여 대금을 결제할 경우, 거래에 참여하는 주체는 수표를 발행하고 서명하는 발행인(payer), 전자우편 등 웹(web)을 통하여 전자수표를 수취하는 수취인(payee), 수취인의 거래은행(payee bank) 및 발행인의 거래은행(payer bank)이 있다. 또한 eCheck 시스템에 의한 거래참여자의 기능적 거래방법은 다음과 같다.

첫째, 수취인이 거래은행에 제시하고 거래은행은 지급은행에 추심하는 방법 둘째, 수취인이 지급은행에 제시하고 지급은행은 거래은행의 수취인 계좌로 자금이체 하는 방법 셋째, 발행인이 수취인의 거래은행으로 전자수표를 전송하고 수취인 거래은행은 수취인의 배서 없이 지급은행에 추심하는 방법 마지막으로, 지급은행이 수취인의 청구업무를 위임받아 전자수표를 직접 수취하여 거래은행의 수취인 계좌로 자금을 이체하는 방법이 있다.

각 유형마다 결제방법에 약간의 차이가 있지만 보통 기본적인 결제방법을 정해 놓고 있으며 기술적인 부분의 발전으로 그 대안적인 방법들이 이용되기도 한다.

전자수표는 현실세계에서 사용되고 있는 종이로 된 수표를 그대로 인터

10) Alvin C. Harrell, "Electronic Checks", *Consumer Finance Law Quarterly Report*, 2001, p. 286.

넷상에 구현되고 있기 때문에, 전자수표의 사용자는 은행에 신용계좌를 갖고 있는 사용자로 제한된다. 이 시스템은 발행자와 인수자의 신원에 대한 인증 (authorization)을 반드시 행하여야 한다.[11]

1.4 eCheck의 결제메커니즘

eCheck 의 기본적인 메커니즘은 [그림 13-1]과 같다.

그림에서와 같이 eCheck 는 크게 다섯 단계를 거쳐 이루어진다.

첫째, 수취인(payee)은 발행인(payer)이 주문한 물품내역과 가격을 발행인에게 전송하고 발행인은 법적으로 요구되는 정보를 포함하여 전자적 형태로 된 수표를 발행하고 암호화된 방식으로 서명한 후 전자우편 및 웹을 통하여 수취인

그림 13-1   eCheck의 기본 흐름도

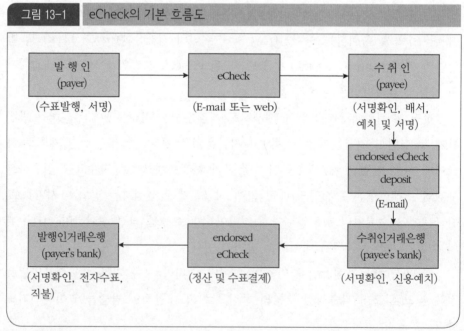

자료: Milton M. Anderson, "Electronic Check Architecture", *Financial Services technology Consortium*, 1988. p. 2.

---

11)손진화, 새로운 전자지급제도의 법률문제와 입법론: http://www.kyungwon.ac.kr/
~profsjh/eft/newpay.htm

에게 eCheck 를 전송한다.

둘째, 수표를 받은 수취인은 발행인의 서명을 확인하고, 수표를 배서 및 신용예치를 하여, 서명하여 자신의 은행인 수취인 거래은행(payee's bank)에게 전자우편을 통하여 배서된 수표를 전송한다.

셋째, 수취인 은행은 발행인과 수취인의 서명을 확인하고, 수취인의 계정에 신용예치하여 배서된 수표를 정산 및 결제를 위한 자동결제정산소(Auto-mated Clearing House: ACH)와 같은 기타 금융네트워크를 통하여 발행인의 은행에 전송한다.

넷째, 발행인의 은행은 수표에 기록된 발행인의 서명을 확인하고, 발행인의 계정에서 직불로 결제한다.

다섯째, 발행인의 은행은 발행인에게 전자수표의 결제내역 및 거래데이터를 통보하여 준다.

여기서 주목할 점은 각 거래단계마다 암호화된 서명으로 각각의 수표가 확인될 수 있다는 점이다. 이와 같은 전자수표는 미국을 중심으로 전자적 기반이 구축되고 있으나 현재 국제간에는 기존의 종이수표를 대체하여 사용할 수 있는 기술적, 제도적 인프라가 아직까지 구축되지 못하고 있다. 그러나 이와 같은 인프라가 구축되게 된다면 전자무역거래에서도 거래당사자간의 당사자 자치의 원칙에 따라 선택적으로 활용될 수 있는 국제결제시스템이다.

2. 전자자금이체

2.1 전자자금이체의 의의

자금이체(Fund Transfer)란 원지시인의 지급지시(originator's payment order)로부터 시작하여 지시된 수익자에게 지급이행을 목적으로 행하여지는 일련의 거래를 의미한다. 이에는 원지시인의 지급지시를 이행하기 위하여 원지시인의 거래은행 또는 중개은행(intermediary bank)이 발행한 어떠한 지급지시도 포함된다. 자금이체는 원지시인의 지급지시에 따라 수익자의 은행이 승낙(acceptance)함으로써 완료된다.[12] 따라서 전자자금이체(Electronic Fund Transfer)란 이와 같은 자금이체가 전자적으로 이루어지는 것을 말한다.

자금이체는 그 수단에 따라 서면자금이체와 전자자금이체로 나눌 수 있다. 서면자금이체는 자금이체가 서면에 기초하여 행하여지는 것으로서, 서면에 의하여 처리되는 은행지로 및 우편대체가 대표적인 예이다. 이에 대하여 전자자금이체는 컴퓨터와 연결된 통신망을 이용하여 전자적 신호에 의하여 입출금에 관한 자료가 전송되는 자금이체로서, "전자단말기, 컴퓨터, 자기테이프(M/T), 플로피디스크, 전화기, 기타의 전자적 수단에 의하여 행하여지는 자금이체로서, 고객이 자기 또는 타인의 계좌에 차기(借記; debit)하거나 대기(貸記; credit)하라고 금융기관에 의뢰하는 것을 목적으로 하는 것"이라고 정의할 수 있다. 다만 이러한 정의에 의하더라도 전자적 수단, 계좌 및 금융기관의 정의에 따라 전자자금이체에 포함되는 거래의 범위가 달라지게 될 것이다.[13]

전자자금이체는 가장 일반적으로 직불예치(Direct Deposit)시스템, 자동입출금기(Automated Teller Machine: ATM), 직불단말기(Point of Sale: POS) 및 신용카드거래를 포함한다. 직불예치 시스템은 2만 이상 금융기관의 참가로 미연방정부의 전자자금이체 프로그램에 가장 폭넓게 이용되고 있다.[14] 전자자금이체가 유리한 점은 다음과 같다.

---

12) UCC §A-104(a)(1995).

13) 전자자금이체에 속하는 거래로는 다음과 같은 것들을 들 수 있다; ① 현금자동지급기·자동입출금기에 의한 현금인출. ② 자동입출금기에 의한 입금. ③ 현금자동지급기·자동입출금기에 의한 계좌이체. ④ 현금자동지급기·자동입출금기에 의한 서비스이체. ⑤ 직불카드[EFT/POS Card]에 의한 이체. ⑥ 전자화폐에 의한 이체. ⑦ 은행지로업무 중 자기테이프(M/T)에 의한 대량지급거래·자동계좌이체(전자적 수단에 의하여 처리되는 우편대체 포함). ⑧ 계좌간자동이체와 납부자동이체. ⑨ 타행환거래 중 현금송금 및 추심대전송금 등. ⑩ 현금관리서비스에 의한 이체(CMS이체); 손진화, 전자자금이체법의 현황과 과제, http://www.kyungwon.ac.kr/~profsjh/eft/syn.htm

14) http://www.fms.treas.gov/eft/GENERAL.HTML#Introduction

첫째, 수표보다 안전하다.

둘째, 수표보다 빠르게 현금화할 수 있다. 즉 전자자금이체는 지급당일 현금화 할 수 있으나 수표는 그렇지 못하다. 특히 수취인이 장기간 출타중에는 사용하기 어렵다.

셋째, 수표보다 일처리가 훨씬 쉽다. 일단 한번 직불예치 이용에 대하여 서명하게 되면 그 이후 사용이나 접속을 위하여 금융기관에 갈 필요가 없다.[15]

이와 같이 자금이체는 종래의 종이를 바탕으로 하던 것이 이제는 전자적 수단으로 전송되는 이른바 전자자금이체의 형태로 변모되고 있다. 정보통신기술이 발전에 따라 은행도 데이터의 전자적 전송시스템과 네트워크를 활발히 구축함으로써 국내는 물론 향후 국제간의 자금이체도 활발하여 질 것으로 보인다.

2.2 전자자금이체 관련법제

(1) 결제관련 법제의 제정배경과 동향

미국 통일상법전 중에서 제3편과 제4편은 결제와 관련된 법이다. 특히 제4편은 미국은행가협회(American Bankers Association: ABA)가 입안한 은행추심법(Bank Collection Code)에 기초한 법으로서 은행예금과 추심을 규율하고 있다.

1970년대에 들어서자 은행, 신용카드, 상업어음분야에서 기술과 상업이 급격하게 발달하게 되었고 이러한 상거래분야에서의 변화는 현존하는 유통증권법이 구식이라는 인식을 가지게 되었다. 이에 따라 미국법협회(American Law Institute: ALI)와 통일주법위원회 전국회의(National Conference of Com-missioners on Uniform State Law: NCCUSL)는 결제법의 전체를 실제적으로 개정할 필요성이 있는지에 대해 연구에 착수하게 되었다. 이 위원회는 이러한 필요성을 인정하고 그들의 보고서에서 현존하는 법을 대체하기 위하여, 그리고 모든 비현금 결제시스템에 관련된 법을 통합하기 위하여 단일결제법을 준비할 것을 권고하였다. 이 보고서의 결과 통일신지급법(Uniform New Payment Code: UNPC)이 초안되었다.[16]

---

15) http://www.fms.treas.gov/eft/question.html

16) Fred H. Miller, "A Report on the New Payments Code", *The Business Lawyer*, Vol. 39,

UNPC의 제1초안은 1981년에 기초되었고 제2초안은 1982년에 기초되었다. 이 법은 다양한 지급시스템에 대한 단일적이고도 법률적인 규칙과 전문용어를 사용하려고 노력하였지만 연방법과 충돌하는 법조문이 많고 개정할 때마다 모든 주에서 입법부의 승인을 얻어야 한다는 문제가 있어 1983년 버지니아주 윌리엄스버그(Williamsburg, Virgina)회의에서 부정적인 반응을 얻었다.

그러나 현존하는 결제법, 특히 통일상법전 제3편을 개정하여야 할 필요성은 공감하였다. 즉 정보기술의 발달에 따라 상거래 관습에서 표출되고 있는 여러 가지 문제들은 체계적으로 규율하지 못하고 있다[17]는 인식이 지배적이었다. 그 후 1989년에 미국통일상법전 제4A편을 승인하였고 오늘날 모든 주에서 제4A편이 채택되게 이르렀다.[18]

또한 미국의 NCCUSL은 통일컴퓨터정보거래법(Uniform Computer Information Transaction Act: UCITA)[19]을 1999년 7월 연례회의에서 채택하였고 현재 및 장래의 전자적 기법 또는 컴퓨터화한 기법을 이용한 거래과정(상거래 및 정부거래 포함)을 지원하기 위하여 일반계약법을 수정한 통일법으로서의 1999년 계약거래에 있어서의 통일전자통신법[20](Uniform Electronic Communication in Contractual Transaction Act: UECCTA)을 제정하였다.

한편 유엔 국제무역법위원회의 최초의 시도는 1987년 전자자금이체에 관한 법률지침(Legal Guide on Electronic Fund Transfer)을 준비하는 것이었다. 이 지

1984, p. 1214.

17) Fred H. Miller, "Reporter on the New Payment Code", *The Business Lawyer*, Vo. l. 41, 1986, p. 1007.

18) Thomas C. Baxter, Jr. and James H. Freis, Jr., "Electronic Payment Systems; Electronic Commerce and Transactions-Article 4A and Electronic Payment", *ALI-ABA*, December 10, 1998, p. 132.

19) Kathleen Patchel and Robyn L. Meadows and Carl S. Bjerre, "The Uniform Commercial Code Survey: Introduction", *The Business Lawyer*, Vol. 54, Aug 1999, p. 1827; http://www/law. upenn.edu/library/ulc/ uecicta/eta10.98.htlm.

20) D. B. Beard, "Preliminary Issues, Apr. 1997 Reporter's Memorandom; Second Draft of the Uniform Electronic Transactions Act", *Reporter's Memorandom*, Nov. 1997.

침은 종이에 의한 서류로부터 전자자금이체 시스템으로 이행하는 경우에 직면하는 법적 제문제를 검토하는 것이었다. 이를 기초로 하여 1992년 5월 미국 뉴욕에서 국제지급이체에 관한 유엔 국제무역법위원회 표준법(UNCITRAL Model Law on International Credit Transfers)을 제정하여 공포하였다. 또한 인터넷의 확산과 전자상거래의 증가에 따라 UNCITRAL은 1993년부터 전자상거래를 위한 표준법의 심의를 개시하였고, 1996년 총회에서 전자상거래에 관한 유엔 국제무역법위원회 표준법(UNCITRAL Model Law on Electronic Commerce)을 제정하여 전자상거래 실무 및 각국의 전자상거래 관련 입법에 포괄적인 지침을 제공하고 있다. 이하에서는 미국의 전자자금이체와 관련된 법제와 유엔의 법제를 중심으로 살펴보기로 한다.

(2) 미국의 전자자금이체 관련법

미국은 1978년 전자자금이체법(Electronic Fund Transfer Act: EFTA)을 제정하고 전자거래상의 소액거래에서 소비자보호를 위한 법적인 기초를 일찍이 마련한 바가 있다. 그 후 1989년 통일상법전(Uniform commercial Code: UCC) 제4A편에 자금이체(Funds Transfers)라는 규정을 법전화 하여 상업적 내지 거액거래를 규율하는 법제를 마련하였다.

1) 소액자금이체

은행 및 기타 금융기관들은 소비자들에게 1970년대부터 자동입출금기(ATM)을 통하여 전자자금이체서비스를 제공하기 시작하였다. 동시에 1990년대 후반까지 시장점유율은 낮았지만 직불거래단말기(POS)를 이용한 직불카드를 도입하기 위하여 노력하였다. 무책임한 신용카드의 남용을 통제하기 위하여 연방준비위원회(Federal Reserve Board)에 의해 채택된 소비자보호규제에 대한 논의가 이어지면서 소비자보호 주창자들과 금융서비스 제공자들은 ATM 카드사용에 대한 소비자 보호문제를 제기하였다.

이에 따라 1978년 전자자금이체법과 규정 E(Regulation E)가 제정되었다. 이러한 두 가지 규정들은 소비자와 금융기관의 이해관계에 있어서 규정 Z(Regulation Z)와는 다른 절충안을 취하고 있다. 최종적 결과는 소비자가 ATM

이나 직불카드를 분실했음을 인지한 이후 이를 금융기관에 즉시 통지하지 않은 경우에 소비자측에게 손실의 위험을 부담시키는 손실의 배분 원칙이었다.

규정 Z하에서 소비자 책임에 대한 제한을 미화 50달러로 한데 반해 규정 E에서는 카드를 분실하고 이를 금융기관에 통지하지 못한 소비자들이 어떤 법적인 상한없이 손실에 노출될 수 있다는 사실에 주목하였다. 은행들은 신용카드에 비하여 전자자금이체에 대해 더 낮은 소비자 보호 수준으로 할 것을 협상할 수 있었기 때문에 이후에 더 낮은 수준의 보호로 인한 이익을 포기하라는 공식적인 압력을 받게 되었다.

1990년 후반에 은행은 신용카드의 대체로써 직불카드의 적극적인 마케팅 활동을 하기 시작하였다. 신용카드 브랜드명으로 판매된 직불카드는 소비자들에게 신용카드와 같은 편리함을 제공하여 주었으나 소비자와 소비자 보호론자들은 신용카드와 직불카드를 위한 소비자 보호규정에 상당한 차이가 있음을 알았다.

기본적인 차이점은 신용카드거래에서는 사기 및 오류에 의한 손실이 발생했을 때 우선적으로 카드발행인의 비용이 되는 반면 직불카드 거래에서는 이와 같은 손실이 발생할 경우에 이를 카드소지인의 비용이 된다는 것이다. 이와 같은 경우에 금융기관이 고객의 계좌에 입금을 시킬 것인 지의 여부를 결정하는 동안 금융기관에 있는 카드소지인의 계좌는 잔액이 없는 채로 남아 있을 수 있다.

1997년에 미국 Visa와 Master Card 사는 규정 E하에서 직불카드발행인에게 허용된 보호에 의존하지 않을 것이며, 거래관행이 소비자의 기대에 보다 근접할 수 있도록 직불카드와 신용카드에 대한 오류를 자발적으로 감소시킬 것이라고 공식적으로 발표하였다.

이 회사들은 허가되지 않은 거래에 대한 소비자책임을 신용카드에 적용되고 있는 미화 50달러로 제한하고 또한 허가되지 않은 거래라고 주장되는 거래에 대하여 이를 고객의 계좌에 입금할 것인지의 여부를 결정하기 위하여 금융기관에 허용된 시간을 줄이는데 동의하였다.[21]

---

21) Jane Kaufman Winn, "Clash of the Titans: Regulating the Competition between and Emerging Electronic Payment Systems", *Berkely Technology Law Journal*, Vol. 14,

2) 거액자금이체

미국 통일상법전 제4A편이 제정되기 이전에는 전자자금이체를 통한 거액자금결제로부터 발생하는 권리와 의무를 정의하고 있는 어떤 포괄적인 법도 없었다. 당사자간의 계약이 이들 문제의 일부를 규율하였지만 이들 계약은 포괄적이거나 통일성은 없었다.

주계약과 관련되어 해결될 수 없는 분쟁에 직면한 법정은 수표로 결제되는 지급방법을 규율하고 있는 미국통일상법전 제3편과 제4편 그리고 계약과 관련된 보통법의 원칙에 의존하여 왔다. 그러다 보니 소비자들 외의 상업적인 성격의 거액거래의 전자자금이체는 이러한 법규범의 범위 밖에 존재하였다. 따라서 기업간의 자금거래에 한정해서 당사자간의 권리·의무를 정하는 체계적인 법제가 불충분한 현실을 보완할 필요성이 제기되었다.

미국 통일상법전 제4A편은 전자자금이체에 관한 포괄적 입법이지만, 상업적 전자자금이체(commercial electronic fund transfer), 즉 거액지급이체(wholesale credit transfer)에 대하여만 적용되고, 1978년에 제정된 미국의 연방전자자금이체법은 소비자전자자금이체(consumer electronic fund transfer)와 추심이체(debit transfer)에 대하여 적용되고 있다. 자금이체와 관련하여 규율되지 않은 사항은 당사자간의 계약, 또는 기타 결제시스템에 적용되는 법리를 유사하게 적용하여 해결하고 있다.

1990년의 미국 통일상법전 제4A편은 모두 5장으로 구성되어 있는데 제1장은 적용범위, 지급지시 및 자금이체 등 용어의 정의, 연방준비규정과 운영안내, 연방법에 의해서 규율되는 소비자거래의 배제에 관한 내용을, 제2장에서는 지급지시의 발송과 승낙에 관한 규정으로서 보안절차, 입증된 지급지시, 무권한 지급지시와 관련하여 소비자에게 보고할 의무와 지급의 반환, 지급지시의 오류, 지급지시의 거절, 지급지시의 수정과 취소, 승낙되지 않은 지급지시에 대하여 수신은행의 책임과 의무를, 제3장은 수신은행에 의한 송신자에 대한 지급지시의 실행을 규정하고 지급지시의 이행에 있어 수신은행의 의무, 지급지시의 오류 이행,

Spring 1999, pp. 688~689.

오류 이행된 지급지시에 대하여 송신자에게 보고할 의무, 지급지시의 지연이행, 부적당한 이행, 지급지시의 실패를, 제4장에서는 수신은행에 지급할 송신자의 의무, 수익자에게 수익자은행이 통지하거나 지급할 의무에 대하여 규정하고 있으며 제5장에서는 이자율, 준거법과 기타 규칙에 관하여 규정하고 있다.

미국 통일상법전 제4A편의 특징은 거래대상자금이 거액이어야 하며 거래당사자가 기업 또는 금융기관으로서 거래가 즉시로 이행되며 비용이 저렴하고 당사자간의 위험을 배분하고 있는 점이다. 따라서 본법의 대상은 고객인 원지시인, 원지시인의 거래은행, 중개은행, 수익자의 거래은행, 그리고 수익자이다. 그러나 통신업자 및 연방준비은행과 같은 전자적인 결제기구 운영자는 본 법의 적용대상에서 제외된다.[22] 또한 자동결제정산소(ACH)를 이용하는 대금결제의 대부분은 전자자금이체법에 의해 지급되는 소비자의 지급이므로 통일상법전 제4A편은 적용되지 아니한다.[23] 그러나 기관간 전자자금이체와 유사한 비소비자의 자동어음교환소에 의한 결제금액은 거액에 달하기 때문에 이에 대해서는 통일상법전 제4A편이 적용된다.

한편 통일상법전 제4A편은 국내자금이체에 적용되기도 하고 합의에 의하여 국제자금이체거래를 하는 당사자를 규율하는 법으로도 선택될 수 있다.

자금이체가 연방준비위원회의 규정에 따르는 연방준비은행들에 의하여 유

---

22) UCC §A-105(a)(2)(1995).

23) UCC 제4A편과 EFTA와의 관계를 살펴보면 EFTA는 소비자보호의 관점에서 소비자신용보호법의 제9편으로 추가된 입법으로서 특수한 분야에 적용되는 정책법규이지만, UCC 제4A편은 미국의 자금이체거래에 관한 기본법으로서 볼 수 있다. UCC 제4A편이나 EFTA의 적용범위 결정에는 소비자의 개념이 기준이 된다. EFTA에서 소비자란 자연인을 말하고 회사나 조합은 제외된다. ACH 등 전자적으로 효과가 발생하는 소비자의 연방 소액지급에 대해서는 EFTA가 규율한다. 따라서 자금이체의 어느 것이라도 일부분이 소비자연방 거래로서 EFTA에 의해서 규율된다면 그 자금이체에 대해서는 UCC 제4A편이 적용되지 아니한다. 그러나 이에 대하여 UCC 제4편에서는 소비자의 자금이체거래에는 적용되지 않는다는 규정은 없으나, 다만 EFTA가 적용되는 범위 내에서는 UCC 4A편 등 다른 법률의 적용이 없다고 규정하고 있을 뿐이지, 소비자 관련 전자자금이체라 하더라도 EFTA에 해당규정이 없을 경우, 이에 대하여 자세한 규정이 있는 UCC 제4A편의 관련규정을 적용하는 것이 타당할 것이다; 유선기, "전자자금이동제도에 관한 법적 연구", 박사학위논문, 성균관대학교 대학원, 1997, 68면.

지되는 이체시설에 의하여 수행되고 있기는 하지만 많은 자금이체가 결제정산소 은행간결제시스템(Clearing House Interbank Payment Systems: CHIPS)과 같은 사적 시스템을 통하여 이루어지고 있다.

일반적인 거액자금이체, 특히 연방준비제도이사회전자자금이체(FedWire)시스템은 결제의 완성도가 높고 거래위험이 낮은 매우 유동성이 큰 결제수단이다. 연방이체를 통한 자금이체는 수취가 이루어지면 취소가 불가능하며 지급이 즉시 이루어진다. 순정산이 거래일이 끝날 때 이루어지는 CHIPS 시스템을 통하는 경우와 같이 거액자금이체가 연방이체 시스템 밖에서 이루어지는 경우에는 시스템적인 위험의 문제가 야기된다. 전국적인 금융시스템의 붕괴를 초래할 수 있는 불이행의 연쇄반응을 방지하기 위하여 CHIPS는 한 금융기관이 거래 일이 끝날 때 채무를 결제하지 못하는 위험을 최소화하기 위하여 일련의 관리방식을 유지하고 있다. 미국 통일상법전 제4A편에서 CHIPS와 같은 자금이체 시스템이 결제를 하지 못하게 되는 가능성을 인식하고 있지만, 실제로 CHIPS는 1972년에 업무를 시작한 이래로 아직 결제가 이루어지지 않은 적은 없다고 한다.[24]

3. 국제지급이체에 관한 유엔 표준법

3.1 제정배경

국제간의 전자이체거래에 관련된 표준을 제공하기 위하여 유엔 국제무역법위원회(United Nations Commisson on International Trade Law: UNCITRAL)는 1987년 전자자금이체에 관한 법률지침(Legal Guide on Electronic Fund Transfer)을 기초로 1992년 5월 미국 뉴욕에서 국제지급이체에 관한 유엔 국제무역법위원회 표준법(UNCITRAL Model Law on International Credit Transfers)을 제정하여 공포하였다. 이 법도 미국 법제의 영향을 받아 만들어졌기 때문에 미국 통일상법전 제

---

24) Jane Kaufman Winn, *op. cit.*, pp. 685~686.

PART 06

4A편과 실제적으로 유사성이 있지만, 적용범위, 은행의 의무, 법의 충돌에 관해서는 차이가 있다.[25]

이 법의 입안 과정을 살펴보면 유엔 국제무역법위원회가 1986년 제19차 회기에서 그 사무국에 대하여 전자자금이체에 관한 법률지침을 작업을 승인하는 결정과 관련하여, 전자자금이체에 관한 표준규칙초안의 준비를 위하여 이 작업을 실무작업반에 맡기기로 결정하였다. 실무작업반은 이 작업의초안을 1991년 UNCITRAL의 제24차 회기에 제출하여 심의에 상정하였으며, 이 회의에서는 심의의 결과 국제자금이체에 관한 표준법 초안을 채택하였다.

최종 검토를 마친 표준법 초안은 1992년 뉴욕의 UNCITRAL의 제25차 회기에서 심의를 거쳐 유엔 국제무역법위원회의 국제지급이체에 관한 표준법[26]으로 최종 결정되었다. 이 표준법은 모두 4장 19조로 구성되어 있으며 제1장은 총칙, 제2장은 당사자의 의무, 제3장은 지급이체의 불이행, 오류 또는 지연된 지급이체의 영향, 제4장은 지급이체의 완료에 대하여 규정하고 있다.

표준법의 명칭은 실무작업반의 제18차 회기에서 채택되었는데, 실무작업반이 표준법(Model Law)과 지급이체(Credit Transfers)이라는 용어를 사용하기로 한 이유는 이 법이 각국의 입법부에 의한 이용을 예정하고 있고 또 당분간은 조약의 형식으로 되지 않는다는 점을 고려한 것이며 자금이체 중 추심이체(debit transfers)를 제외하고 지급이체만을 포함하기로 하였기 때문이다. 또한 전자적(electronic)이라는 용어를 사용하지 않은 것은 표준법이 전자적 수단에 의한 자금이체와 함께 서면자금이체에도 적용되기 때문이다.

그리고 이 표준법을 국제간의 자금이체에만 적용하기로 한 이유는 국내자금이체와 국제자금이체에서 발생하는 법률문제가 차이가 있고, 나아가 국내의 자금이체에 관한 각국의 해결책이 동일하지 않으므로, 그 결과 표준법이 모든 자금이체에 적용되도록 함으로써 나타날 수 있는 여러 가지 문제를 유발시키는 것은

---

25) Clayton P. Gillette, Alan Schwartz, Robert E. Scott, *Payment Systems and Credit Instruments*, Foundation Press, 1996, pp. 606~608.

26) A/47/17, UNCITRAL YEARBOOK, Vol. XXⅢ : 1992(N.Y UN, 1994), Annex Ⅱ.

바람직하지 않다고 생각되었기 때문이다.[27]

3.2 적용범위

국제전자상거래에서 국제간의 전자자금이체는 전통적인 환어음 등의 금융서류와 운송서류 등의 상업서류에 대한 추심이체방식과는 달리 원지시인(originator)[28]의 지급지시에 따라 송금은행과 중개은행(intermediary bank)[29]을 통하여 지급은행이 수익자(beneficiary)[30]에게 대금을 전자적으로 이체하는 것이다.

따라서 국제지급이체에 관한 표준법은 각국의 사정에 따라 입법에 대한 표준을 제공하기 위한 것으로 마련된 것이며 이는 협약의 형식은 아니다. 특히 지급이체(credit transfers)라는 용어를 사용한 것은 추심이체를 제외하여 지급이체만을 반영하고 있는 것으로 볼 수 있다.

이와 같이 표준법을 국제간의 지급이체에만 적용하기로 한 것은 국내지급이체와 국제지급이체에서 발생하는 법률문제가 차이가 있고, 나아가 국내의 지급이체에 관한 각국의 해결책이 동일하지 않으므로, 그 결과 표준법이 모든 지급이체에 적용되도록 함으로써 나타날 수 있는 정치적 문제에 부딪히는 것은 바람직하지 않다고 생각되기 때문이다. 따라서 이 법의 적용범위(sphere of application)를 보면 다음과 같다.[31]

첫째, 이 법은 송신은행(sending bank)과 수신은행(receiving bank)이 다른 국가에 있는 경우의 지급이체에 대하여 적용한다.

둘째, 이 법은 통상의 영업의 일부로서 은행에 적용되는 것과 동일한 방법으

---

27) http://www.kyungwon.ac.kr/~profsjh/eft/ml-ict.htm.

28) 원지시인이란 지급이체에서 최초의 지급지시(payment order)의 발행자를 말한다.; UNCITRAL Model Law on International Credit Transfers(이하 Model Law라 한다, 1992) Article 2(c).

29) 중개은행이란 원지시인의 은행 및 수익자의 은행을 제외한 수신은행을 말한다; Model Law, Article 2(g).

30) 수익자란 지급이체의 결과 자금을 수령할 자로서 원지시인의 지급지시에 지정된 자를 말한다; Model Law, Article 2(d).

31) Model Law, Article 1.

로 지급지시를 이행하는데 종사하는 기관에 대하여 적용한다.

셋째, 이 법의 적용범위를 결정함에 있어서 은행의 지점과 독립사무소가 서로 다른 국가에 있는 경우에는 별개의 은행으로 간주한다.

따라서 이 표준법은 자금이체의 국제성(internationality)과 아울러 지급이체에만 적용된다는 것을 규정하고 있다. 국제성의 기준은 송신은행과 수신은행이 다른 국가에 소재하고 있는가의 여부이다. 따라서 지급이체를 실행하는 사슬(chain)에 속해 있는 어떤 송신은행과 그 수신은행이 다른 국가에 있어야 한다. 송신은행과 수신은행이 두 개의 국가에 있으면 지급이체는 국제적인 것이고, 표준법은 일련의 작용에 대하여 적용된다.

지시인의 은행과 수신인의 은행이 동일국가에 있는 경우에도 국제적일 수 있다. 예컨대, 지시인의 은행과 수신인의 은행이 모두 A국에 있고 두 은행간의 이체가 B국의 통화로 지정되어 있는 경우에, 지시인의 은행이 B국의 환거래은행(correspondent bank)에 지급지시를 송신하여 수신인의 은행의 계좌에 지급이체할 것을 지시하였다면, 이 경우의 지급이체는 송신은행과 수신은행이 다른 두 국가에 있는 경우이고 따라서 표준법이 적용된다. 표준법의 적용은 다른 국가에 있는 두개의 은행의 존재에 달려 있기 때문에 지시인과 수신인이 동일은행에 계좌를 가지고 있는 경우에는 통상적으로는 표준법이 적용되지 않는다.

그러나 표준법 제1조 제3항의 규정에 따라 동일은행의 지점 또는 독립사무소가 서로 다른 국가에 있는 경우에는 별개의 은행으로 간주된다. 그리하여 지시인과 수신인이 각각 동일은행의 다른 국가소재 지점에 계좌를 가지고 있는 경우의 이체는 하나의 은행만이 관련될지라도 표준법의 적용대상이 된다. 또한 표준법은 통상의 영업의 일부로서 은행에 적용되는 것과 동일한 방법으로 지급지시를 실행하는 기관에 대하여도 적용된다. 또한 표준법은 국제지급이체에 적용되기 때문에 당연히 법률충돌의 문제 즉 국제사법의 문제가 야기될 수 있다.[32]

---

32) http://www.kyungwon.ac.kr/~profsjh/eft/ml-ict.htm.

4. 전자자금이체 관련 유엔 표준법과 미국 통일상법전과의 비교

유엔 표준법이 미국 통일상법전 제4A편에 영향을 받아 제정되었기 때문에 통일상법전과는 유사한 점도 많지만 몇 가지 핵심적인 내용면에서는 차이가 있다.

4.1 간접손해의 부담

일반적으로 미국 통일상법전 제4A편은 손해에 대하여 별도 약정이 없는 경우에는 간접손해(consequential damages)에 대해 보상을 금지하고 있다. 유일한 예외는 수익자의 거래은행이 수익자에게 자금을 정확히 지급하지 않으면 그 결과 상당한 간접손해가 발생한다는 특별한 환경에 대한 통지를 수익자의 거래은행이 수령한 이후에도 수익자에게 이체지급을 거절한 경우에는 이러한 손해를 수익자의 거래은행이 부담할 것을 인정하고 있다.[33] 이처럼 일부 이체환경에서 간접손해를 허용하는 미국 통일상법전의 규정과 간접 손해를 완전히 금지하고 있는 표준법과는 상이하다.[34]

그러나 유엔 표준법 제18조에서는 약정에 의해서 요구되지 않는 간접 손해에 대해 은행이 지급할 수 있다고 규정하고 있다. 이는 그러한 구제책에 대하여 과도한 제한적 성격을 제공하고 있는 미국 통일상법전 체계와 크게 다르지 않다. 그 이유는 미국 금융기관들은 그들의 고객에게 손해를 끼칠 특정한 의도를 가지고 행동하거나 그들의 행동이 그들의 고객에게 손해를 끼친다는 실제적인 지식을 가지고 행동할 때 간접 손해를 부과하는 이 규칙에 대해 걱정하지 않기 때문이다.

---

[33] UCC §A-404(a).

[34] 유엔 표준법 제17조에서는 미국 통일상법전 제4A편과 유사한 이자와 비용의 복구를 규정하고 있는데 이는 독점적인 조항이다. 다만 은행이 (a) 손실을 유발시킬 특정한 의도를 가지고 있거나 (b) 그러한 손실이 일어날 것이라는 실제적인 지식을 가지고 그 지급 지시를 부적절하게 이행하였거나 또는 지급지시를 이행하지 못한 경우에 한해서만 구제책이 존재할 뿐이다.

4.2 자금반환보증

미국 통일상법전 제4A편[35]에서는 지시에 대한 이행으로서 원지시인이 그의 거래은행에게 제공한 자금을 거래은행으로부터 원지시인이 완전히 반환을 받을 수 없는 것으로 규정하고 있다. 즉 반환받을 송신자의 권리는 약정에 의해서 변할 수 없다.[36]

그러나 유엔 표준법에서는 송신자와 수신은행은 신중한 원지시인의 거래은행이 지급이체와 관련하여 중요한 위험 때문에 특정한 지급지시를 달리 승낙하지 않을 경우에 자금반환보증(money-back guarantee)을 변경하기로 약정할 수 있다.[37] 이 법은 전쟁위험 또는 자금이 이체되는 동안 자금이 분실될 우려가 있는 심각한 다른 혼란의 위험국가에 대하여 위험성 있는 자금이체를 조정할 수 있도록 은행과 고객에게 허용하고 있다. 이 조항이 기술적으로는 미국 통일상법전 제4A편의 조항과 다르지만 큰 차이를 인식하기는 어렵다.

또한 과실이 발생하였을 경우 자금을 반환받는 것을 원지시인에게 허용한 미국 통일상법전의 모든 조항은 원지시인의 거래은행으로부터 이체를 위하여 추심상환하는 것을 금지함으로써 또는 원지시인의 거래은행에게 이미 추심된 자금에 대해서 원지시인에게 반환하도록 의무를 부과하고 있다.[38]

그러나 미국 통일상법전 제4A편에서 원지시인이 중개은행 또는 수익자의 거래은행으로부터는 자금을 반환받을 것을 허용하고 있지 않다.

반대로 표준법에서는 반환받을 권리가 있는 원지시인이 이전에 반환받지 못

---

[35] UCC §A-402(d).

[36] 지급이체(credit transfer) 당사자간의 권리와 의무는 당사자간의 협정에 따라서 다르다. 당사자간의 거래에 관해서 은행의 협정은 표준법에 규정되어 있듯이 은행의 권리와 의무를 변경할 수 있다. 또한 고객이 권리와 의무를 변경할 취지의 합의를 하고 있지 않는 경우, 이 협정은 은행의 고객의 권리와 의무에 효력을 미치는 것은 아니다. 거래당사자간의 일정한 권리와 의무는 협정에 의해서 변경할 수 없다. 한정된 범위 혹은 제한된 상황하에서만 변경할 수 있다는 취지를 규정하고 있다; UCC §A-402(f).

[37] Model Law, §4(2).

[38] UCC §§4A-204(a), 4A-303(a)(b) & (c), UCC §4A-402(c) & (d).

한 금액까지 상환할 의무를 가진 은행으로부터 자금을 돌려 받을 것을 명시적으로 규정하고 있다.[39]

4.3 지시에 대한 주의의무 부담자

이는 표준법과 제4A편과의 중요한 차이점이다. 미국 통일상법전 제4A편은 거래은행이 수신한 지시가 원지시인이 지급을 의도하고 있는지를 조사할 어떤 의무도 부과하고 있는 것은 아니고 다만 자금이체의 원지시인에게 엄격한 주의의무를 부과하고 있다.

반대로 유엔 표준법에서는 거래은행에게 훨씬 적극적인 역할을 제공하고 있는 것처럼 보인다. 예를 들면 수익자명이 구두지시와 일치하지 않는 그러한 지시에서의 계정번호에 의존하는 은행에게 책임을 면제해 줄 아무런 조항도 규정하고 있지 않다. 특히 표준법에서는 원지시인의 거래은행에게 ① 그가 수신한 지시의 내용과 일치하는 지시를 송부해야 되거나[40] 또는 ② 만약 이 은행이 수신한 지시가 지시로서 충분한 데이터를 포함하고 있지 아니한 지시를 수령한 때 또는 지시이지만 불충분한 데이터로 인하여 이행될 수 없고 원지시인을 확인할 수 있는 때에는 이 은행은 그 문제에 대해 원지시인에게 통지해야 할 의무를 부과한다[41]고 규정하고 있다.

수익자의 거래은행에 대해서도 유엔 표준법에서는 지시와 일치하는 지급을 이행하거나[42] 그 지시에 대한 문제점에 대해서 송신자에게 통지해야 할 의무를 부과하고 있다.[43] 만약 수익자의 계정이 아닌 계정에 자금이 전송되었다면 수익자의 거래은행은 이 지시에 일치하지 않게 행동하였다고 보는 것이 옳을 것이다.[44]

---

39) Model Law, §14(5).

40) *Ibid.*, §8(2).

41) *Ibid.*, §8(4)(5).

42) *Ibid.*, §10(1).

43) *Ibid.*, §1(2)(3).

44) Ronald J. Mann, *Payment Systems and Other Financial Transactions*, A Division of Aspen Publishers, Inc., 1999, pp. 202~203.

5. 전자자금이체의 과정

유엔표준법에 기초한 국제지급이체는 아직 이루어지고 있지 않기 때문에 여기에서는 미국에서의 전자자금이체의 과정을 살펴보고자 한다.

5.1 지급지시

전자자금이체는 원지시인과 거래은행간의 약정으로 시작된다. 이에 따라 전자자금이체를 원하는 의뢰인인 원지시인은 자신의 거래은행에 이체를 지시한다. 원지시인은 자금이체의 최초의 지급지시의 발신인이다. 원지시인은 자신의 거래

그림 13-2   전자자금이체의 과정

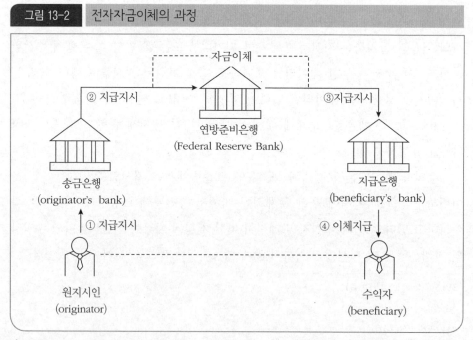

자료: Ronald J. Mann, *Payment Systems and Other Financial Transactions*, Aspen law & Business, Aspen Publishers, Inc., 1999, p. 163.

은행에게 원지시인의 계정에서 자금을 인출하여 수익자가 계정을 가지고 있는 수익자 거래은행계정으로 대변이체할 것을 지시한다.

[그림 13-2]에서와 같이 원지시인은 지시의 송신자이며 이 거래사슬에서 제1송신자가 된다. 여기서 이 지급지시를 수신하는 당사자는 항상 은행이 되지만 송신당사자인 원지시인은 반드시 은행일 필요는 없다. 이러한 원지시인은 자신의 지급지시가 올바르고 정확한 액수와 시기에 본인이 의도한자에게 송금되기를 기대한다. 만약 수익자의 거래은행이 수익자를 위하여 지급지시를 승낙할 수 없는 경우 원지시인은 자신이 보낸 자금을 반환받을 수 있다.[45] 또한 원지시인은 자신이 송신하는 지시를 정확하게 발송해야 할 주의의무를 부담한다. 예를 들면 이중으로 지급지시를 송부하거나 과도한 자금을 전송할 것을 지시하는 일에 대하여 책임을 진다.

5.2 지급지시의 수신 및 지급지시의 이행

원지시인의 거래은행은 지시인의 지시를 이행할 수도 있지만 원지시인의 거래은행은 중개은행에게 지시할 수도 있다. 원지시인의 거래은행은 원지시인의 지시를 승낙하는 때에 원지시인으로부터 지급받을 권리를 가진다. 원지시인의 거래은행은 수령한 지급지시를 수익자의 거래은행에게 다시 지시하는 경우 제2의 지시인이 되고 환급보증이라는 보호를 받게 된다.[46]

거래은행은 일단 중개기관 자금이체시스템으로 지시를 송신하게 되면 이 지급지시를 철회할 기회를 상실한다. 따라서 거래은행은 원지시인의 지급지시를 이행하기 전에 먼저 자금을 확보하여야 한다. 거래은행은 전형적으로 원지시인의 계정으로부터 해당자금을 인출하거나 보유함으로서 지시를 이행한다. 만약 거래은행이 이체시점에 자금을 확보할 수 없다면, 그리고 후에 자금을 추심받을

---

45) 이를 자금반환보증(money-back guatantee)이라 한다.

46) 만일 수익자은행이 지급지시를 승낙하지 않아 자금이체가 완료되지 않는다면 그때 원지시인의 거래은행은 지급하여야 할 채무가 면제되며 자신이 이미 수익자 거래은행에게 지급하였던 자금을 반환받을 권리를 갖게 된다.

수 없다면 거래은행은 원지시인의 지시를 거절할 수도 있다.[47]

거래은행이 자금이체를 하기 전에 원지시인으로부터 자금을 확보하였는지 여부와 관계없이 미국통일상법전에서도 만약 원지시인의 지시대로 거래은행이 지급지시를 이행한다면, 원지시인의 거래은행은 원지시인으로부터 자금을 확보할 권리를 가진다[48]고 규정하고 있다. 원지시인으로부터 지급지시를 수신하고 지급지시를 이행하기 위해서는 앞에서 언급한 당사자인 중개기관을 선택하여 지급지시를 이행하도록 한다.

5.3 지급지시 이행완료의 통지

수익자의 거래은행은 수익자에게 지급을 이행할 것을 지시하는 지급지시를 승낙[49]하는 경우, 원지시인의 거래은행으로부터 지급받을 권리를 가진다.[50] 상업적인 자금이체에서는 수익자의 거래은행이 수익자에게 전화나 미리 약정한 전자통신의 형태로 자금이 이체입금되었음을 통지하여야 한다.[51] 수익자의 거래은행이 중개기관인 연방준비은행에 계정을 가지고 있을 경우, 연방준비은행은 이 메세지를 직접적으로 수익자의 거래은행의 연방준비은행 전자자금이체 시스템 접속망에 송신하고 동시에 지시금액만큼 수익자의 계정에 지급이체 한다.[52] 거래은행이 다른 연방준비은행지역에 위치하고 있을 경우, 원지시인의 연방준비은행은 전자우편을 이용하여 수익자 거래은행의 연방준비은행에 메시지를 송신한다.[53] 그 후 수익자의 거래은행의 연방준비은행은 그의 장부에 원지시인의 연방

---

47) UCC §A-210(a).

48) UCC §A-402(c).

49) 중개은행 또는 원지시인의 거래은행으로부터 지급지시를 수신받아 수익자계정에 수익자의 거래은행이 하는 차변이체는 지급지시는 아니고 지급지시의 승낙(acceptance)이라고 한다.

50) UCC §A-209(b).

51) UCC §A-404(b).

52) Regulation J §10.29(a).

53) Regulation J §10.30(b).

준비은행계정을 차변이체하고 수익자은행의 계정에 대변이체한다. 마지막으로 수익자은행의 연방준비은행은 그 은행의 접속망에신호의 형태로 수익자의 거래은행으로 자금이체 메시지를 송신한다.

6. 국제지급이체에 관한 유엔 국제무역법위원회 표준법[54]

1. UNCITRAL MODEL LAW ON INTERNATIONAL CREDIT TRANSFERS

CHAPTER I. GENERAL PROVISIONS 1

Article 1. Sphere of application 2
 (1) This law applies to credit transfers where any sending bank and its receiving bank are in different States.
 (2) This law applies to other entities that as an ordinary part of their business engage in executing payment orders in the same manner as it applies to banks.
 (3) For the purpose of determining the sphere of application of this law, branches and separate offices of a bank in different States are separate banks.

제 1 장 총 칙

제 1 조 적용범위
 (1) 이 법은 송신은행과 수신은행이 다른 국가에 있는 경우의 지급이체에 대하여 적용한다.
 (2) 이 법은 통상의 거래의 일부로서 은행에 적용되는 것과 동일한 방법으로 지급지시를 이행하는데 종사하는 기관에 대하여 적용한다.
 (3) 이 법의 적용범위를 결정함에 있어서 다른 국가에 있는 은행의 지점과 독립사무소는 별개의 은행으로 간주한다.

Article 2. Definitions
 For the purposes of this law:
 (a) "Credit transfer" means the series of operations, beginning with the originator'

---

54) http://home.kyungwon.ac.kr/~profsjh/에서 저자 일부 수정.

s payment order, made for the purpose of placing funds at the disposal of a beneficiary. The term includes any payment order issued by the originator's bank or any intermediary bank intended to carry out the originator's payment order. A payment order issued for the purpose of effecting payment for such an order is considered to be part of a different credit transfer;

(b) "Payment order" means an unconditional instruction, in any form, by a sender to a receiving bank to place at the disposal of a beneficiary a fixed or determinable amount of money if

(i) the receiving bank is to be reimbursed by debiting an account of, or otherwise receiving payment from, the sender, and

(ii) the instruction does not provide that payment is to be made at the request of the beneficiary. Nothing in this paragraph prevents an instruction from being a payment order merely because it directs the beneficiary's bank to hold, until the beneficiary requests payment, funds for a beneficiary that does not maintain an account with it;

(c) "Originator" means the issuer of the first payment order in a credit transfer;

(d) "Beneficiary" means the person designated in the originator's payment order to receive funds as a result of the credit transfer;

(e) "Sender" means the person who issues a payment order, including the originator and any sending bank;

(f) "Receiving bank" means a bank that receives a payment order;

(g) "Intermediary bank" means any receiving bank other than the originator's bank and the beneficiary's bank;

(h) "Funds" or "money" includes credit in an account kept by a bank and includes credit denominated in a monetary unit of account that is established by an intergovernmental institution or by agreement of two or more States, provided that this law shall apply without prejudice to the rules of the intergovernmental institution or the stipulations of the agreement;

(i) "Authentication" means a procedure established by agreement to determine whether a payment order or an amendment or revocation of a payment order was issued by the person indicated as the sender;

(j) "Banking day" means that part of a day during which the bank performs the type of action in question;

(k) "Execution period" means the period of one or two days beginning on the first day that a payment order may be executed under article 11(1) and ending on the last day on which it may be executed under that article;

(l) "Execution", in so far as it applies to a receiving bank other than the beneficiary's bank, means the issue of a payment order intended to carry out the payment order received by the receiving bank;

(m) "Interest" means the time value of the funds or money involved, which, unless otherwise agreed, is calculated at the rate and on the basis customarily accepted by the banking community for the funds or money involved.

제 2 조 정 의

이 법의 적용에 있어서:

(a) "지급이체"란 자금을 수익자의 처분에 놓이게 할 목적으로 행하여지고 원지시인의 지급지시로써 개시되는 일련의 작용을 말한다. 이 용어는 원지시인의 지급지시를 실행할 의도로 원지시인의 은행 또는 중개은행에 의하여 발행되는 지급지시를 포함한다. 지급지시에 대한 지급을 이행할 목적으로 발행된 지급지시는 다른 지급이체의 일부로 간주된다.

(b) "지급지시"란 다음의 경우에 일정한 금액 또는 확정될 수 있는 금액을 수익자의 처분에 두게 하기 위하여 송신자가 수신은행에 대하여 하는 무조건의 지시를 말하며, 방식을 묻지 아니한다.

(i) 수신은행이 송신자의 계좌에 차기함으로써 또는 기타 송신자로부터 지급을 받음으로써 상환을 받을 예정인 경우.

(ii) 지시가 수익자의 청구에 의하여 지급이 행하여질 것임을 규정하고 있지 아니하는 경우. 이 규정에 불구하고 지시가 수익자의 은행에 대하여 그 은행에 계좌를 가지고 있지 아니한 수익자를 위하여 수익자가 지급을 청구할 때까지 자금을 보유할 것을 명한다는 이유만으로 지급지시로 되는 것을 방해하지 아니한다.

(c) "원지시인"이란 지급이체에 있어서 최초의 지급지시의 발행자를 말한다.

(d) "수익자"란 지급이체의 결과 자금을 수령할 자로서 원지시인의 지급지시에 지정된 자를 말한다.

(e) "송신자"란 원지시인과 송신은행을 포함하여 지급지시를 발행하는 자를 말한다.

(f) "수신은행"이란 지급지시를 수령하는 은행을 말한다.

(g) "중개은행"이란 원지시인의 은행 및 수익자의 은행을 제외한 수신은행을 말한다.

(h) "자금" 또는 "금전"이란 은행에 의하여 보유되는 계좌상의 대변을 포함하고, 이 법이 정부간기관의 규칙 또는 둘 이상의 국가간의 협정의 규정에 관계없이 적용되는 한, 정부간기관 또는 그 협정에 의하여 설정된 통화단위로 지정된 대변을 포함한다.

(i) "인증"이란 지급지시나 그 정정 또는 취소가 송신자로 지정된 자에 의하여 발행되었는가 여부를 결정하기 위하여 협약에 의하여 설정된 절차를 말한다.

(j) "은행영업일"이란 은행이 당해 유형의 행위를 실행하는 날을 말한다.

(k) "이행기간"이란 제11조 제1항의 규정에 따라 지급지시가 이행될 수 있는 최초의 날을 시기로 하여 제11조 제1항의 규정에 따라 지급지시가 이행될 수 있는 마지막 날

을 종기로 하는 하루 또는 이틀의 기간을 말한다.

(l) "이행"이란 수익자의 은행 이외의 수신은행에 대하여 적용되는 한, 수신은행에 의하여 수령된 지급지시를 이행할 의도로 하는 지급지시의 발행을 말한다.

(m) "이자"란 자금 또는 금전의 기간가치로서, 다른 합의가 없으면 관련 자금 또는 금전에 관하여 은행단체에서 관습적으로 승인되는 비율 및 기준에 따라 계산되는 것을 말한다.

Article 3. Conditional instructions

(1) When an instruction is not a payment order because it is subject to a condition but a bank that has received the instruction executes it by issuing an unconditional payment order, thereafter the sender of the instruction has the same rights and obligations under this law as the sender of a payment order and the beneficiary designated in the instruction shall be treated as the beneficiary of a payment order.

(2) This law does not govern the time of execution of a conditional instruction received by a bank, nor does it affect any right or obligation of the sender of a conditional instruction that depends on whether the condition has been satisfied.

제 3 조 조건부지시

(1) 지시가 이에 조건이 부가되었기 때문에 지급지시로 될 수 없음에도 그 지시를 수령한 은행이 무조건의 지급지시를 발행함으로써 이행한 때에는, 그 이후 지시의 송신자는 이 법에 따라 지급지시의 송신자와 동일한 권리와 의무를 가지며 지시에 지정된 수익자는 지급지시의 수익자으로 취급된다.

(2) 이 법은 은행이 수령한 조건부지시의 이행기간을 규율하지 아니하며, 또한 조건의 충족 여부에 의존하는 조건부지시 송신자의 권리 또는 의무에 영향을 미치지 아니한다.

Article 4. Variation by agreement

Except as otherwise provided in this law, the rights and obligations of parties to a credit transfer may be varied by their agreement.

제 4 조 약정에 의한 변경

지급이체의 당사자의 권리와 의무는 이 법에 다른 규정이 없으면 당사자의 약정에 의하여 이를 변경할 수 있다.

CHAPTER Ⅱ. OBLIGATIONS OF THE PARTIES

Article 5. Obligations of sender

(1) A sender is bound by a payment order or an amendment or revocation of a payment order if it was issued by the sender or by another person who had the

authority to bind the sender.

(2) When a payment order or an amendment or revocation of a payment order is subject to authentication other than by means of a mere comparison of signature, a purported sender who is not bound under paragraph (1) is nevertheless bound if

(a) the authentication is in the circumstances a commercially reasonable method of security against unauthorized payment orders, and

(b) the receiving bank complied with the authentication.

(3) The parties are not permitted to agree that a purported sender is bound under paragraph (2) if the authentication is not commercially reasonable in the circumstances.

(4) A purported sender is, however, not bound under paragraph (2) if it proves that the payment order as received by the receiving bank resulted from the actions of a person other than

(a) a present or former employee of the purported sender, or

(b) a person whose relationship with the purported sender enabled that person to gain access to the authentication procedure.

The preceding sentence does not apply if the receiving bank proves that the payment order resulted from the actions of a person who had gained access to the authentication procedure through the fault of the purported sender.

(5) A sender who is bound by a payment order is bound by the terms of the order as received by the receiving bank. However, the sender is not bound by an erroneous duplicate of, or an error or discrepancy in, a payment order if

(a) the sender and the receiving bank have agreed upon a procedure for detecting erroneous duplicates, errors or discrepancies in a payment order, and

(b) use of the procedure by the receiving bank revealed or would have revealed the erroneous duplicate, error or discrepancy.

If the error or discrepancy that the bank would have detected was that the sender instructed payment of an amount greater than the amount intended by the sender, the sender is bound only to the extent of the amount that was intended. Paragraph (5) applies to an error or discrepancy in an amendment or a revocation order as it applies to an error or discrepancy in a payment order.

(6) A sender becomes obligated to pay the receiving bank for the payment order when the receiving bank accepts it, but payment is not due until the beginning of the execution period.

PART 06

제 2 장　당사자의 의무

제 5 조　송신자의 의무

(1) 지급지시가 송신자에 의하여 또는 송신자를 구속할 권한을 가진 타인에 의하여 발행된 경우에는 송신자는 그 지급지시나 그 정정 또는 취소에 의한 구속력을 받는다.

(2) 지급지시나 그 정정 또는 취소가 단순한 서명대조의 방법 이외의 인증을 조건으로 하는 경우에 제1항의 규정에 의하여 구속력을 받지 아니하는 예정송신자라도 다음의 경우에는 구속력을 받는다.

(a) 인증이 그 사정하에서 무권한 지급지시에 대하여 거래상 상당한 보증의 방법이고,

(b) 수신은행이 인증을 준수한 경우.

(3) 인증이 그 사정하에서 거래상 상당한 보증의 방법이 아닌 경우에 당사자는 예정송신자가 제2항의 규정에 의한 구속력을 받는다고 합의하는 것이 허용되지 아니한다.

(4) 예정송신자는 수신은행에 의하여 수령된 지급지시가 다음에 규정한 자 이외의 자의 행위로부터 나온 것임을 증명한 경우에는 제2항의 규정에 의한 구속력을 받지 아니한다.

(a) 예정송신자의 현재 또는 종전의 피용자, 또는

(b) 예정송신자와의 관계에 의하여 인증절차에 접근할 수 있는 자.

이 규정은 수신은행이 지급지시가 예정송신자의 과실로 인하여 인증절차에 접근한 자의 행위로부터 나온 것임을 증명한 때에는 적용하지 아니한다.

(5) 지급지시에 의한 구속력을 받는 송신자는 수신은행에 의하여 수령된 지시의 약관에 의한 구속력을 받는다. 그러나 송신자는 다음의 경우에는 지급지시의 오류복본이나 지급지시상의 오류 또는 불일치에 의하여 구속력을 받지 아니한다.

(a) 송신자와 수신은행이 지급지시상의 오류복본, 오류 또는 불일치를 조사하기 위한 절차에 관하여 합의하였고,

(b) 수신은행에 의한 그 절차의 이용이 지급지시상의 오류복본, 오류 또는 불일치를 나타내었거나 나타내었으리라는 경우.

(6) 송신자는 수신은행이 지급지시를 인수한 때에는 그 지급지시에 대하여 수신은행에 지급할 의무가 있다. 그러나 지급은 이행기간의 초일까지는 이행기가 도래하지 아니한다.

Article 6. Payment to receiving bank

For the purposes of this law, payment of the sender's obligation under article 5(6) to pay the receiving bank occurs

(a) if the receiving bank debits an account of the sender with the receiving bank, when the debit is made; or

(b) if the sender is a bank and subparagraph (a) does not apply,

(ⅰ) when a credit that the sender causes to be entered to an account of the receiving bank with the sender is used or, if not used, on the banking day following the day on which the credit is available for use and the receiving bank learns of that fact, or

(ii) when a credit that the sender causes to be entered to an account of the receiving bank in another bank is used or, if not used, on the banking day following the day on which the credit is available for use and the receiving bank learns of that fact, or

(iii) when final settlement is made in favour of the receiving bank at a central bank at which the receiving bank maintains an account, or

(iv) when final settlement is made in favour of the receiving bank in accordance with

a. provides for the settlement of obligations among participants either bilaterally or the rules of a funds transfer system that multilaterally, or

b. a bilateral netting agreement with the sender; or

(c) if neither subparagraph (a) nor (b) applies, as otherwise provided by law.

제 6 조 수신은행에 대한 지급

이 법의 적용에 있어서 제5조 제6항의 규정에 의하여 수신은행에 지급할 송신자의 채무의 지급은 다음의 경우에 발생한다.

(a) 수신은행이 그 은행에 있는 송신자의 계좌에 차기하는 경우에는 그 차기가 행하여진 때.

(b) 송신자가 은행이고 (a)의 규정이 적용되지 아니하는 경우,

(i) 송신자가 그 보유하는 수신은행의 계좌에 입금하기로 한 대변이 사용된 때, 또는 그 대변이 사용되지 아니한 경우에는 대변이 이용가능하고 수신은행이 그 사실을 안 날의 다음 은행영업일,

(ii) 송신자가 다른 은행에 있는 수신은행의 계좌에 입금하기로 한 대변이 사용된 때, 또는 그 대변이 사용되지 아니한 경우에는 대변이 이용가능하고 수신은행이 그 사실을 안 날의 다음 은행영업일,

(iii) 수신은행이 계좌를 보유하고 있는 중앙은행에 수신은행을 위하여 종국적인 결제가 행하여진 때, 또는

(iv) 다음에 따라 수신은행을 위하여 종국적인 결제가 행하여진 때.

a. 쌍무적 또는 다당자적으로 참가자간의 채무의 결제에 대하여 규정하고 있는 자금이체제도의 규칙.

b. 송신자와의 쌍무적인 순결제협정.

(c) (a) 또는 (b)의 규정이 적용되지 아니하는 경우에는 법률에 규정된 바에 의한다.

Article 7. Acceptance or rejection of a payment order by receiving bank other than the beneficiary's bank

(1) The provisions of this article apply to a receiving bank other than the beneficiary'

s bank.

(2) A receiving bank accepts the sender's payment order at the earliest of the following times:

    (a) when the bank receives the payment order, provided that the sender and the bank have agreed that the bank will execute payment orders from the sender upon receipt;

    (b) when the bank gives notice to the sender of acceptance;

    (c) when the bank issues a payment order intended to carry out the payment order received;

    (d) when the bank debits an account of the sender with the bank as payment for the payment order; or

    (e) when the time for giving notice of rejection under paragraph (3) has elapsed without notice having been given.

(3) A receiving bank that does not accept a payment order is required to give notice of rejection no later than on the banking day following the end of the execution period, unless:

    (a) where payment is to be made by debiting an account of the sender with the receiving bank, there are insufficient funds available in the account to pay for the payment order;

    (b) where payment is to be made by other means, payment has not been made; or

    (c) there is insufficient information to identify the sender.

(4) A payment order ceases to have effect if it is neither accepted nor rejected under this article before the close of business on the fifth banking day following the end of the execution period.

제 7 조 수익자의 은행이 아닌 수신은행에 의한 지급지시의 인수 또는 거절

(1) 이 조의 규정은 수익자의 은행이 아닌 수신은행에 대하여 적용한다.

(2) 수신은행은 다음의 시점 중 가장 빠른 시점에 송신자의 지급지시를 인수한 것으로 본다.

    (a) 송신자와 수신은행 사이에 수신은행이 송신자로부터 지급지시를 수령함과 동시에 이행하기로 합의한 경우에는 수신은행이 지급지시를 수령한 때.

    (b) 수신은행이 송신자에게 지급지시 인수의 통지를 한 때.

    (c) 수신은행이 수령한 지급지시를 이행할 의도로 지급지시를 발행한 때.

    (d) 수신은행이 그 은행에 있는 송신자의 계좌에 차기한 때.

    (e) 제3항의 규정에 의한 거절의 통지를 할 기간이 통지없이 종료한 때.

(3) 지급지시를 인수하지 아니한 수신은행은 늦어도 이행기간 종료일의 다음 은행영업

일까지 송신자에게 거절의 통지를 할 의무가 있다. 다만, 다음의 경우에는 그러하지 아니하다.

    (a) 지급이 수신은행에 있는 송신자의 계좌에 차기함으로서 행하여질 예정인 경우, 그 계좌에 지급지시에 대하여 지급하는데 이용할 수 있는 자금이 불충분한 때.

    (b) 지급이 기타의 수단에 의하여 행하여질 예정인 경우, 지급이 행하여지지 아니한 때.

    (c) 송신자를 확인할 정보가 불충분한 때.

(4) 지급지시는 실행기간 종료일에 이은 5은행영업일의 영업종료전에 이 조의 규정에 따라 인수 또는 거절되지 아니한 때에는 그 효력을 잃는다.

Article 8. Obligations of receiving bank other than the beneficiary's bank

(1) The provisions of this article apply to a receiving bank other than the beneficiary's bank.

(2) A receiving bank that accepts a payment order is obligated under that payment order to issue a payment order, within the time required by article 11, either to the beneficiary's bank or to an intermediary bank, that is consistent with the contents of the payment order received by the receiving bank and that contains the instructions necessary to implement the credit transfer in an appropriate manner.

(3) A receiving bank that determines that it is not feasible to follow an instruction of the sender specifying an intermediary bank or funds transfer system to be used in carrying out the credit transfer, or that following such an instruction would cause excessive costs or delay in completing the credit transfer, shall be taken to have complied with paragraph (2) if, before the end of the execution period, it inquires of the sender what further actions it should take.

(4) When an instruction is received that appears to be intended to be a payment order but does not contain sufficient data to be a payment order, or being a payment order it cannot be executed because of insufficient data, but the sender can be identified, the receiving bank shall give notice to the sender of the insufficiency, within the time required by article 11.

(5) When a receiving bank detects that there is an inconsistency in the information relating to the amount of money to be transferred, it shall, within the time required by article 11, give notice to the sender of the inconsistency, if the sender can be identified. Any interest payable under article 17(4) for failing to give the notice required by this paragraph shall be deducted from any interest payable under article 17(1) for failing to comply with paragraph (2) of this article.

(6) For the purposes of this article, branches and separate offices of a bank, even if located in the same State, are separate banks.

제 8 조 수익자의 은행이 아닌 수신은행의 의무

(1) 이 조의 규정은 수익자의 은행이 아닌 수신은행에 대하여 적용한다.

(2) 지급지시를 인수한 수신은행은 제11조의 규정에 의하여 요구되는 기간내에 수령한 지급지시에 따라 수익자의 은행 또는 중개은행에 대하여 수령한 지급지시의 내용과 일치하고 적절한 방법으로 지급이체를 이행하는데 필요한 지시를 포함하는 지급지시를 발행하여야 한다.

(3) 수신은행은 중개은행 또는 지급이체를 이행하는데 이용될 자금이체제도를 지정한 송신자의 지시를 따르는 것이 적합하지 아니하거나 또는 그 지시를 따르는 것이 지급이체의 이행에 있어서 지나친 비용이나 지체를 초래할 것이라고 결정한 때에는, 이행기간 종료전에 취하여야 할 후속의 조치를 송신자에게 문의한 경우, 제2항의 규정을 준수하여 조치를 하여야 한다.

(4) 지급지시임을 의도한 것으로 보이지만 지급지시로 되기에 충분한 데이터를 포함하고 있지 아니한 지급지시를 수령한 때 또는 지급지시이지만 불충분한 데이터로 인하여 이행될 수 없고 송신자를 확인할 수 있는 때에는 수신은행은 제11조의 규정에 의하여 요구되는 기간내에 송신자에게 그 불충분을 통지하여야 한다.

(5) 수신은행은 이체될 금액에 관한 정보에 있어서 불일치가 있음을 발견한 때에는 송신자를 확인할 수 있는 경우 제11조의 규정에 의하여 요구되는 기간내에 송신자에게 그 불일치를 통지하여야 한다. 이 항의 규정에 의하여 요구되는 통지를 하지 아니함으로 인하여 제17조 제4항의 규정에 의하여 지급할 할 이자는 이 조 제2항의 규정을 준수하지 아니함으로 인하여 제17조 제1항의 규정에 의하여 지급할 이자로부터 공제하여야 한다.

(6) 이 조의 적용에 있어서 은행의 지점과 독립사무소는 동일한 국가에 있는 경우에도 별개의 은행으로 간주한다.

Article 9. Acceptance or rejection of a payment order by beneficiary's bank

(1) The beneficiary bank accepts a payment order at the earliest of the following times:

   (a) when the bank receives the payment order, provided that the sender and the bank have agreed that the bank will execute payment orders from the sender upon receipt;

   (b) when the bank gives notice to the sender of acceptance;

   (c) when the bank debits an account of the sender with the bank as payment for the payment order;

   (d) when the bank credits the beneficiary account or otherwise places the funds at the disposal of the beneficiary;

(e) when the bank gives notice to the beneficiary that it has the right to withdraw the funds or use the credit;

(f) when the bank otherwise applies the credit as instructed in the payment order;

(g) when the bank applies the credit to a debt of the beneficiary owed to it or applies it in conformity with an order of a court or other competent authority; or

(h) when the time for giving notice of rejection under paragraph (2) has elapsed without notice having been given.

(2) A beneficiary bank that does not accept a payment order is required to give notice of rejection no later than on the banking day following the end of the execution period, unless:

(a) where payment is to be made by debiting an account of the sender with the beneficiary bank, there are insufficient funds available in the account to pay for the payment order;

(b) where payment is to be made by other means, payment has not been made; or

(c) there is insufficient information to identify the sender.

(3) A payment order ceases to have effect if it is neither accepted nor rejected under this article before the close of business on the fifth banking day following the end of the execution period.

제 9 조 수익자의 은행에 의한 지급지시의 인수 또는 거절

(1) 수익자의 은행은 다음의 시점 중 가장 빠른 시점에 송신자의 지급지시를 인수한 것으로 본다.

(a) 송신자와 수익자의 은행 사이에 수익자의 은행이 송신자로부터 지급지시를 수령함과 동시에 이행하기로 합의한 경우에는 수익자의 은행이 지급지시를 수령한 때.

(b) 수익자의 은행이 송신자에게 지급지시 인수의 통지를 한 때.

(c) 수익자의 은행이 지급지시에 대한 지급으로서 그 은행에 있는 송신자의 계좌에 차기한 때.

(d) 수익자의 은행이 수익자의 계좌에 대기하거나 기타의 방법으로 자금을 수익자의 처분에 놓이게 한 때.

(e) 수익자의 은행이 수익자가 자금을 인출하거나 대변을 사용할 권리를 가진다고 수익자에게 통지한 때.

(f) 수익자의 은행이 기타의 방법으로 지급지시에 지시된 바에 따라 대변을 사용한 때.

(g) 수익자의 은행이 수익자의 채무에 대변을 사용하거나 법원 기타 권한있는기관

의 명령에 따라 대변을 사용한 때.
(2) 지급지시를 인수하지 아니한 수익자의 은행은 이행기간 종료일의 다음 은행영업일에 거절의 통지를 할 의무가 있다. 다만, 다음의 경우에는 그러하지 아니하다.
  (a) 지급이 수익자의 은행에 있는 송신자의 계좌에 차기함으로서 행하여질 예정인 경우, 그 계좌에 지급지시에 대하여 지급하는데 이용할 수 있는 자금이 불충분한 때.
  (b) 지급이 기타의 수단에 의하여 행하여질 예정인 경우, 지급이 행하여지지 아니한 때.
  (c) 송신자를 확인할 정보가 불충분한 때.
(3) 지급지시는 이행기간 종료일에 이은 5은행영업일의 영업종료전에 이 조의 규정에 따라 인수 또는 거절되지 아니한 때에는 그 효력을 잃는다.

Article 10. Obligations of beneficiary's bank

(1) The beneficiary bank is, upon acceptance of a payment order, obligated to place the funds at the disposal of the beneficiary, or otherwise to apply the credit, in accordance with the payment order and the law governing the relationship between the bank and the beneficiary.

(2) When an instruction is received that appears to be intended to be a payment order but does not contain sufficient data to be a payment order, or being a payment order it cannot be executed because of insufficient data, but the sender can be identified, the beneficiary bank shall give notice to the sender of the insufficiency, within the time required by article 11.

(3) When the beneficiary bank detects that there is an inconsistency in the information relating to the amount of money to be transferred, it shall, within the time required by article 11, give notice to the sender of the inconsistency if the sender can be identified.

(4) When the beneficiary bank detects that there is an inconsistency in the information intended to identify the beneficiary, it shall, within the time required by article 11, give notice to the sender of the inconsistency if the sender can be identified.

(5) Unless the payment order states otherwise, the beneficiary bank shall, within the time required for execution under article 11, give notice to a beneficiary who does not maintain an account at the bank that it is holding funds for its benefit, if the bank has sufficient information to give such notice.

제10조 수익자의 은행의 의무

(1) 수익자의 은행은 수령한 지급지시를 인수함으로써 그 지급지시 및 은행과 수익자 사이의 관계를 규율하는 법률에 따라 자금을 수익자의 처분에 놓게 할 의무가 있다.

(2) 지급지시임을 의도한 것으로 보이지만 지급지시로 되기에 충분한 데이터를 포함하고 있지 아니한 지급지시를 수령한 때 또는 지급지시이지만 불충분한 데이터로 인하여 실행될 수 없고 송신자를 확인할 수 있는 때에는 수익자의 은행은 제11조의 규정에 의하여 요구되는 기간내에 송신자에게 그 불충분을 통지하여야 한다.

(3) 수익자의 은행은 수익자를 확인할 의도의 정보에 있어서 불일치가 있음을 발견한 때에는 송신자를 확인할 수 있는 경우 제11조의 규정에 의하여 요구되는 기간내에 송신자에게 그 불일치를 통지하여야 한다.

(4) 수익자의 은행은 지급지시에 다른 정함이 없으면 제11조의 규정에 따라 실행을 위하여 요구되는 기간내에 그 은행에 계좌를 보유하고 있지 아니한 수익자에게 그를 위하여 자금을 보관하고 있음을 통지하여야 한다.

(5) 수익자의 은행은 이행일에 그 은행에 계좌를 보유하고 있지 아니한 수익자에게 통지할 수 있는 충분한 정보를 가지고 있는 경우 수익자를 위하여 자금을 보유하고 있다는 사실을 통지하여야 한다.

Article 11. Time for receiving bank to execute payment order and give notices

(1) In principle, a receiving bank that is obligated to execute a payment order is obligated to do so on the banking day it is received. If it does not, it shall do so on the banking day after the order is received. Nevertheless, if

  (a) a later date is specified in the payment order, the payment order shall be executed on that date, or

  (b) the payment order specifies a date when the funds are to be placed at the disposal of the beneficiary and that date indicates that later execution is appropriate in order for the beneficiary bank to accept a payment order and execute it on that date, the order shall be executed on that date.

(2) If the receiving bank executes the payment order on the banking day after it is received, except when complying with subparagraph (a) or (b) of paragraph (1), the receiving bank must execute for value as of the day of receipt.

(3) A receiving bank that becomes obligated to execute a payment order by virtue of accepting a payment order under article 7(2)(e) must execute for value as of the later of the day on which the payment order is received and the day on which

  (a) where payment is to be made by debiting an account of the sender with the receiving bank, there are sufficient funds available in the account to pay for the payment order, or

  (b) where payment is to be made by other means, payment has been made.

(4) A notice required to be given under article 8(4) or (5) or article 10(2), (3) or (4) shall be given on or before the banking day following the end of the execution

period.

(5) A receiving bank that receives a payment order after the receiving bank cut-off time for that type of payment order is entitled to treat the order as having been received on the next day the bank executes that type of payment order.

(6) If a receiving bank is required to perform an action on a day when it does not perform that type of action, it must perform the required action on the next day it performs that type of action.

(7) For the purposes of this article, branches and separate offices of a bank, even if located in the same State, are separate banks.

제11조 수신은행의 지급지시 이행 및 통지시점

(1) 원칙적으로, 지급지시를 이행할 의무가 있는 수신은행은 지급지시를 수령한 은행영업일에 이를 이행할 의무가 있다. 은행영업일에 지급지시를 이행하지 아니한 경우에는 그 지시를 수령한 다음의 은행영업일에 이를 이행하여야 한다. 그러나 다음의 경우에는 그러하지 아니하다.

(a) 지급지시에 이행할 날이 후일로 지정된 경우에는 그 날에 지급지시를 이행하여야 한다.

(b) 지급지시가 자금이 수익자의 처분에 놓이게 할 날을 지정하고 있고 그 날로 보아 수익자의 은행이 지급지시를 인수하고 그 날에 이행하기에 그 후의 이행이 적합한 경우에는 그 날에 지급지시를 이행하여야 한다.

(2) 제1항 (a) 또는 (b)의 규정을 준수하여야 할 경우를 제외하고, 수신은행이 지급지시를 수령한 후의 은행영업일에 실행하는 경우에는 지급지시 수령일의 환율금액으로 이행하여야 한다.

(3) 제7조 제2항 (e)의 규정에 의한 지급지시의 인수로 인하여 지급지시를 이행할 의무가 있는 수신은행은 지급지시를 수령한 날과 다음에 규정한 날 중 늦은 날의 환율금액으로 이행하여야 한다.

(a) 지급이 수익자의 은행에 있는 송신자의 계좌에 차기함으로서 행하여질 예정인 경우, 그 계좌에 지급지시에 대하여 지급하는데 이용할 수 있는 자금이 충분한 날.

(b) 지급이 기타의 수단에 의하여 행하여질 예정인 경우, 지급이 행하여진 날.

(4) 제8조 제4항 또는 제5항, 제10조 제2항, 제3항 또는 제4항의 규정에 의하여 하여야 할 통지는 이행기간 종료일의 다음 은행영업일에 이를 하여야 한다.

(5) 수신은행이 지급지시를 그 유형의 지급지시에 관한 차단시간(cut-off time) 후에 수령한 때에는 그 유형의 지급지시를 수행하는 다음 날에 이를 수령한 것으로 취급할 수 있다.

(6) 수신은행이 어떤 유형의 행위를 수행하지 아니하는 날에 그 행위를 이행할 것이 요구되는 때에는 그 유형의 행위를 하는 다음 날에 필요한 행위를 이행하여야 한다.

(7) 이 조의 적용에 있어서 은행의 지점과 독립사무소는 동일한 국가에 있는 경우에도

별개의 은행으로 간주한다.

Article 12. Revocation

(1) A payment order may not be revoked by the sender unless the revocation order is received by a receiving bank other than the beneficiary bank at a time and in a manner sufficient to afford the receiving bank a reasonable opportunity to act before the later of the actual time of execution and the beginning of the day on which the payment order ought to have been executed under subparagraph (a) or (b) of article 11(1).

(2) A payment order may not be revoked by the sender unless the revocation order is received by the beneficiary bank at a time and in a manner sufficient to afford the bank a reasonable opportunity to act before the later of the time the credit transfer is completed and the beginning of the day when the funds are to be placed at the disposal of the beneficiary.

(3) Notwithstanding the provisions of paragraphs (1) and (2), the sender and the receiving bank may agree that payment orders issued by the sender to the receiving bank are to be irrevocable or that a revocation order is effective only if it is received earlier than the time specified in paragraph (1) or (2).

(4) A revocation order must be authenticated.

(5) A receiving bank other than the beneficiary bank that executes, or a beneficiary bank that accepts, a payment order in respect of which an effective revocation order has been or is subsequently received is not entitled to payment for that payment order. If the credit transfer is completed, the bank shall refund any payment received by it.

(6) If the recipient of a refund is not the originator of the credit transfer, it shall pass on the refund to its sender.

(7) A bank that is obligated to make a refund to its sender is discharged from that obligation to the extent that it makes the refund direct to a prior sender. Any bank subsequent to that prior sender is discharged to the same extent.

(8) An originator entitled to a refund under this article may recover from any bank obligated to make a refund hereunder to the extent that the bank has not previously refunded. A bank that is obligated to make a refund is discharged from that obligation to the extent that it makes the refund direct to the originator. Any other bank that is obligated is discharged to the same extent.

(9) Paragraphs (7) and (8) do not apply to a bank if they would affect the bank rights or obligations under any agreement or any rule of a funds transfer system.

(10) If the credit transfer is completed but a receiving bank executes a payment

order in respect of which an effective revocation order has been or is subsequently received, the receiving bank has such rights to recover from the beneficiary the amount of the credit transfer as may otherwise be provided by law.

(11) The death, insolvency, bankruptcy or incapacity of either the sender or the originator does not of itself operate to revoke a payment order or terminate the authority of the sender.

(12) The principles contained in this article apply to an amendment of a payment order.

(13) For the purposes of this article, branches and separate offices of a bank, even if located in the same State, are separate banks.

제12조 취 소

(1) 지급지시는 취소지시가 현실의 이행기일과 제11조 제1항 (a) 또는 (b)의 규정에 따라 지급지시가 이행되었어야 할 초일 중 늦은 날 이전에 수신은행이 조치를 할 수 있는 상당한 기회를 부여하기에 충분한 시기 및 방법으로 수익자의 은행 이외의 수신은행에 의하여 수령되지 아니한 경우에는 송신자에 의하여 취소될 수 없다.

(2) 지급지시는 취소지시가 지급이체가 완료되는 시기와 자금이 수익자의 처분에 놓이게 되는 날의 초일 중 늦은 날 이전에 수익자의 은행이 조치를 할 수 있는 상당한 기회를 부여하기에 충분한 시기 및 방법으로 수익자의 은행에 의하여 수령되지 아니한 경우에는 송신자에 의하여 취소될 수 없다.

(3) 제1항 및 제2항의 규정에 불구하고, 송신자와 수신은행은 수신은행에 대하여 발행한 송신자의 지급지시가 취소불가능하다는 것 또는 지급지시의 취소가 제1항 및 제2항에 규정된 시기보다 빠른 시점에 수령된 경우에만 효력이 있다는 것을 합의할 수 있다.

(4) 지급지시의 취소는 인증이 되어야 한다.

(5) 지급지시를 실행하는 수익자의 은행 이외의 수신은행 또는 이를 인수하는 수익자의 은행은 유효한 취소지시가 행하여졌거나 이에 따라 수령된 때에는 그 지급지시에 대한 지급에 대하여 권리가 없다.
지급이체가 완료된 때에는 당해 은행은 수령한 지급액을 반환하여야 한다.

(6) 반환자금의 수령자가 지급이체의 원지시인이 아닌 경우에는 그 반환자금을 자기의 송신자에게 양도하여야 한다.

(7) 송신자에게 자금을 반환할 의무가 있는 은행은 직전의 송신자에게 직접 자금반환을 한 범위내에서 의무를 면한다. 직전의 송신자에 후속하는 은행은 동일한 범위내에서 의무를 면한다.

(8) 이 조의 규정에 의하여 반환자금에 대한 권리가 있는 원지시인은 자금반환을 할 의무가 있는 은행으로부터 자금반환을 하지 아니한 범위내에서 그 반환을 청구할 수

있다. 자금을 반환할 의무가 있는 은행은 원지시인에게 직접 자금반환을 한 범위내에서 의무를 면한다. 의무를 부담하는 기타의 은행은 동일한 범위내에서 의무를 면한다.

(9) 제7항 및 제8항의 규정이 어떠한 협정 또는 자금이체제도의 규칙에 의한 은행의 권리 또는 의무에 영향을 미치는 경우에는 그 은행에 대하여 이를 적용하지 아니한다.

(10) 지급이체가 완료되었지만 수신은행이 유효한 취소지시가 행하여졌거나 이에 따라 수령된 지급지시를 실행한 경우에, 수신은행은 법률에 규정된 바에 따라 수익자으로부터 지급이체 금액의 반환을 청구할 권리가 있다.

(11) 송신자나 원지시인의 사망, 파산 또는 지급불능은 그 자체로는 지급지시를 취소하는 것으로 되거나 송신자의 권한을 종료시키지 아니한다.

(12) 이 조에 규정된 원칙은 지급지시의 정정에 대하여 적용한다.

(13) 이 조의 적용에 있어서 은행의 지점과 독립사무소는 동일한 국가에 있는 경우에도 별개의 은행으로 간주한다.

CHAPTER Ⅲ. CONSEQUENCES OF FAILED, ERRONEOUS OR DELAYED CREDIT TRANSFERS

Article 13. Assistance

Until the credit transfer is completed, each receiving bank is requested to assist the originator and each subsequent sending bank, and to seek the assistance of the next receiving bank, in completing the banking procedures of the credit transfer.

제 3 장 불이행, 오류 또는 지연된 지급이체의 영향

제13조 지 원

각 수신은행은 지급이체가 완료될 때까지는 지급이체의 은행업무를 이행함에 있어서 원지시인과 후속의 각 송신은행을 지원하고 그 다음 수신은행의 지원을 구하여야 한다.

Article 14. Refund

(1) If the credit transfer is not completed, the originator bank is obligated to refund to the originator any payment received from it, with interest from the day of payment to the day of refund. The originator bank and each subsequent receiving bank is entitled to the return of any funds it has paid to its receiving bank, with interest from the day of payment to the day of refund.

(2) The provisions of paragraph (1) may not be varied by agreement except when a prudent originator bank would not have otherwise accepted a particular payment order because of a significant risk involved in the credit transfer.

(3) A receiving bank is not required to make a refund under paragraph (1) if it is unable to obtain a refund because an intermediary bank through which it was directed to effect the credit transfer has suspended payment or is prevented by law from making the refund. A receiving bank is not considered to have been directed to use the intermediary bank unless the receiving bank proves that it does not systematically seek such directions in similar cases. The sender that first specified the use of that intermediary bank has the right to obtain the refund from the intermediary bank.

(4) A bank that is obligated to make a refund to its sender is discharged from that obligation to the extent that it makes the refund direct to a prior sender. Any bank subsequent to that prior sender is discharged to the same extent.

(5) An originator entitled to a refund under this article may recover from any bank obligated to make a refund hereunder to the extent that the bank has not previously refunded. A bank that is obligated to make a refund is discharged from that obligation to the extent that it makes the refund direct to the originator. Any other bank that is obligated is discharged to the same extent.

(6) Paragraphs (4) and (5) do not apply to a bank if they would affect the bank rights or obligations under any agreement or any rule of a funds transfer system.

제14조 자금반환

(1) 지급이체가 완료되지 아니한 경우, 원지시인의 은행은 원지시인으로부터 수령한 지급액을 지급일로부터 반환일까지의 이자와 함께 원지시인에게 반환하여야 한다. 원지시인의 은행과 후속의 각 수신은행은 자기의 수신은행에 대하여 지급한 자금을 지급일로부터 반환일까지의 이자와 함께 반환할 것을 청구할 권리가 있다.

(2) 제1항의 규정은 합의에 의하여 변경하지 못한다. 다만, 신중한 원지시인의 은행이 지급이체에 중대한 위험 때문에 특정한 지급지시를 인수하지 않으려 한 경우에는 그러하지 아니하다.

(3) 수신은행은 지급이체를 실행할 지시를 받은 중개은행이 지급을 중지하였기 때문에 반환자금을 취득할 수 없거나 또는 법률에 의하여 자금반환이 금지되는 경우에는 제1항의 규정에 따라 자금반환을 할 필요가 없다. 수신은행은 유사한 경우에 중개은행을 이용할 지시를 계획적으로 추구하지 않는다는 것을 증명하는 경우 이외에는, 그러한 지시를 받은 것으로 간주되지 아니한다. 중개기관의 이용을 최초로 지정한 송신자는 그 중개은행으로부터 반환자금을 취득할 권리를 가진다.

(4) 송신자에게 자금을 반환할 의무가 있는 은행은 직전의 송신자에게 직접 자금반환을 한 범위내에서 의무를 면한다. 직전의 송신자에 후속하는 은행은 동일한 범위내에서 의무를 면한다.

(5) 이 조의 규정에 의하여 반환자금에 대한 권리가 있는 원지시인은 자금반환을 할 의

무가 있는 은행으로부터 자금반환을 하지 아니한 범위내에서 그 반환을 청구할 수 있다. 자금을 반환할 의무가 있는 은행은 원지시인에게 직접 자금반환을 한 범위내에서 의무를 면한다. 의무를 부담하는 기타의 은행은 동일한 범위내에서 의무를 면한다.

(6) 제4항 및 제5항의 규정은 어떠한 협정 또는 자금이체제도의 규칙에 의하여 어떤 은행의 권리 또는 의무에 영향을 미치는 경우에는 그 은행에 대하여 이를 적용하지 아니한다.

Article 15. Correction of underpayment

If the amount of the payment order executed by a receiving bank is less than the amount of the payment order it accepted, other than as a result of the deduction of its charges, it is obligated to issue a payment order for the difference.

제15조 과소지급의 정정

수신은행이 실행한 지급지시의 금액이 수수료공제 이외의 결과로서 수령한 지급지시의 금액보다 적은 경우, 수신은행은 그 차액에 대한 지급지시를 발행할 의무가 있다.

Article 16. Restitution of overpayment

If the credit transfer is completed, but the amount of the payment order executed by a receiving bank is greater than the amount of the payment order it accepted, it has such rights to recover the difference from the beneficiary as may otherwise be provided by law.

제16조 과다지급의 반환

지급이체가 완료되었지만 수신은행에 의하여 실행된 지급지시의 금액이 수령한 지급지시의 금액보다 많은 경우, 수신은행은 법률이 규정하는 바에 따라 수익자으로부터 그 차액을 반환받을 권리를 가진다.

Article 17. Liability for interest

(1) A receiving bank that does not comply with its obligations under article 8(2) is liable to the beneficiary if the credit transfer is completed. The liability of the receiving bank is to pay interest on the amount of the payment order for the period of delay caused by the receiving bank non-compliance. If the delay concerns only part of the amount of the payment order, the liability shall be to pay interest on the amount that has been delayed.

(2) The liability of a receiving bank under paragraph (1) may be discharged by payment to its receiving bank or by direct payment to the beneficiary. If a receiving bank receives such payment but is not the beneficiary, the receiving bank shall pass on the benefit of the interest to the next receiving bank or, if it is the beneficiary bank, to the beneficiary.

(3) An originator may recover the interest the beneficiary would have been entitled to, but did not, receive in accordance with paragraphs (1) and (2) to the extent the originator has paid interest to the beneficiary on account of a delay in the completion of the credit transfer. The originator bank and each subsequent receiving bank that is not the bank liable under paragraph (1) may recover interest paid to its sender from its receiving bank or from the bank liable under paragraph (1).

(4) A receiving bank that does not give a notice required under article 8(4) or (5) shall pay interest to the sender on any payment that it has received from the sender under article 5(6) for the period during which it retains the payment.

(5) A beneficiary bank that does not give a notice required under article 10(2), (3) or (4) shall pay interest to the sender on any payment that it has received from the sender under article 5(6), from the day of payment until the day that it provides the required notice.

(6) The beneficiary bank is liable to the beneficiary to the extent provided by the law governing the relationship between the beneficiary and the bank for its failure to perform one of the obligations under article 10(1) or(5).

(7) The provisions of this article may be varied by agreement to the extent that the liability of one bank to another bank is increased or reduced. Such an agreement to reduce liability may be contained in a bank standard terms of dealing. A bank may agree to increase its liability to an originator or beneficiary that is not a bank, but may not reduce its liability to such an originator or beneficiary. In particular, it may not reduce its liability by an agreement fixing the rate of interest.

제17조 이자에 대한 책임

(1) 제8조 제2항의 규정에 의한 의무를 이행하지 아니한 수신은행은 지급이체가 이행되지 아니한 경우에는 수익자에게 책임을 부담하여야 한다. 수신은행의 책임은 그 불이행으로 인하여 초래된 지체기간 동안의 지급지시 금액의 이자를 지급하는 것이다. 그 지체가 지급지시 금액의 일부에 관한 것인 경우에는 수신은행의 책임은 지체된 금액에 관한 이자를 지급하는 것이다.

(2) 제1항의 규정에 의한 수신은행의 책임은 자기의 수신은행에 대한 지급 또는 수익자에 대한 직접의 지급에 의하여 이행된다. 수신은행이 이자의 지급을 받았지만 수익자가 아닌 경우에는 그 이자를 그 다음 수신은행에 양도하거나 또는 수신은행이 수익자의 은행인 경우에는 수익자에게 양도하여야 한다.

(3) 원지시인은 지급이체의 이행에 있어서 지체를 이유로 수익자에게 이자를 지급한 범위내에서 수익자가 제1항 및 제2항의 규정에 따라 청구할 수 있었지만 수령하지 아

니한 이자의 반환을 청구할 수 있다. 제1항의 규정에 의한 책임이 없는 원지시인의 은행과 후속의 각 수신은행은 수신은행 또는 제1항의 규정에 의한 책임이 없는 은행으로부터 그 송신자에게 지급된 이자의 반환을 청구할 수 있다.

(4) 제8조 제4항 또는 제5항의 규정에 의하여 요구되는 통지를 하지 아니한 수신은행은 지급액을 보유한 기간 동안 제5조 제6항의 규정에 의하여 송신자로부터 수령한 지급액에 관한 이자를 송신자에게 지급하여야 한다.

(5) 제10조 제2항, 제3항 및 제4항의 규정에 의하여 요구되는 통지를 하지 아니한 수익자의 은행은 제5조 제6항의 규정에 의하여 송신자로부터 수령한 지급액에 관하여 지급의 날로부터 요구되는 통지를 한 날까지의 이자를 송신자에게 지급하여야 한다.

(6) 수익자의 은행은 수익자와 수신은행의 관계를 규율하는 법률이 규정하는 범위내에서 제10조 제1항 또는 제5항의 규정에 의한 의무 중의 하나를 불이행한 데 대하여 수익자에게 책임을 부담하여야 한다.

(7) 이 조의 규정은 어느 은행의 다른 은행에 대한 책임이 증가 또는 감소되는 범위내에서 합의에 의하여 이를 변경할 수 있다. 이 경우에 책임을 감소시키는 합의는 은행의 표준거래약관에 이를 포함시킬 수 있다. 은행은 은행이 아닌 원지시인 또는 수익자에 대한 책임을 증가시킬 것을 합의할 수 있으나, 그 원지시인 또는 수익자에 대한 책임을 감소시킬 수는 없다. 특히 은행은 이율을 정하는 합의에 의하여 그 책임을 감소시킬 수 없다.

Article 18. Exclusivity of remedies

The remedies in article 17 shall be exclusive, and no other remedy arising out of other doctrines of law shall be available in respect of non-compliance with articles 8 or 10, except any remedy that may exist when a bank has improperly executed, or failed to execute, a payment order (a) with the specific intent to cause loss, or (b) recklessly and with actual knowledge that loss would be likely to result.

제18조 구제의 배제

제17조의 구제방법은 배제할 수 있으나, 제 8 조 또는 제10조의 불이행에 관하여는 다른 법원칙으로부터 생기는 구제를 이용할 수 없다. 다만, 은행이 (a) 손해를 가져오게 할 특별한 의도로 또는 (b) 그러한 손해가 초래되리라는 것에 관하여 부주의로 또 현실적 인식을 가지고 지급지시를 부적당하게 이행하거나 이행하지 아니하였을 때 존재하는 구제방법에 관하여는 예외로 한다.

CHAPTER Ⅳ. COMPLETION OF CREDIT TRANSFER

Article 19. Completion of credit transfer

(1) A credit transfer is completed when the beneficiary bank accepts a payment order for the benefit of the beneficiary. When the credit transfer is completed,

the beneficiary bank becomes indebted to the beneficiary to the extent of the payment order accepted by it. Completion does not otherwise affect the relationship between the beneficiary and the beneficiary bank.

(2) A credit transfer is completed notwithstanding that the amount of the payment order accepted by the beneficiary bank is less than the amount of the originator payment order because one or more receiving banks have deducted charges. The completion of the credit transfer shall not prejudice any right of the beneficiary under the applicable law governing the underlying obligation to recover the amount of those charges from the originator.

제 4 장 지급이체의 완료

제19조 지급이체의 완료

(1) 지급이체는 수익자의 은행이 수익자를 위하여 지급지시를 인수한 때에 완료된다. 지급이체가 완료된 때에는 수익자의 은행은 지급지시를 인수한 범위내에서 수익자에 대하여 채무를 부담한다. 지급지시의 완료는 수익자와 수익자의 은행의 관계에 다른 영향을 미치지 아니한다.

(2) 지급이체는 하나 이상의 수신은행이 수수료를 공제함으로 인하여 수익자의 은행이 인수한 지급지시의 금액이 원지시인의 지급지시의 금액보다 적은 때라도 완료된다. 지급이체의 완료는 원지시인으로부터 수수료의 금액을 회복하기 위한 기초적 의무를 규율하는 적용가능한 법률의 의하여 수익자의 권리를 훼손하지 아니한다.

전자신용장

Chapter 14

1. 신용장발행과 통지 관행의 변화

19세기 말까지 신용장은 일반적으로 전신(cable)에 의해 발행되었고, 대부분의 발행인은 전신비용을 절약하기 위해 축약 표현을 포함한 약호집(code book)을 발전시켜 왔다.[1] 1973년 스위프트(SWIFT)[2] 시스템이 도입되기 전까지만 해도 대부분의 신용장은 우편(mail), 전신, 텔렉스(telex)에 의하여 전송되었다. 전신에 의한 신용장은 정식전신(full cable), 약식전신(short cable) 및 암호(cypher) 방식에 의하여 발행되었다.

1974년 UCP 제4조는 신용장발행 지시를 위한 수단으로서 전신, 전보, 텔렉스를 포함함으로서 이러한 관행이 반영되었었다.[3] 이와 같은 전송방식은 제2차

---

1) James G. Barnes, James E. Byrne, "E-Commerce and Letter of Credit Law and Practice", *Symposium on Borderless Electronic Commerce*, American Bar Association, 2001, p. 25.

2) SWIFT(Society for Worldwide Interbank Financial Telecommunication)는 전세계 은행들이 외국환거래와 관련된 각종 메시지를 안전하게 교환할 수 있는 통신망으로 1973년 15개국 239개 은행이 창립하여 3년 간의 시험을 거쳐 1977년부터 22개국 518개 은행을 대상으로 메시지 교환에 들어갔으며, 우리나라는 1992년 3월부터 정식으로 이용하기 시작하였다. 현재 대부분의 신용장거래가 은행의 SWIFT망을 통하여 교환되고 있다.

3) Boris Kozolchyk, "The Paperless Letter of Credit and Related Documents of Title", *Law and Contemporary Problem*, Vol. 55, No. 3, Duke University, Summer 1992, p. 41.

세계대전 이후, 안정된 폐쇄시스템에 의하여 은행간 통신망인, 스위프트의 발달과 함께 텔렉스로 대체되기 시작하였다. 최근에 은행들은 인터넷을 이용해서 은행의 고객과 연결할 수 있게 되고 그 결과 사실상 모든 신용장들은 신용장발행에 있어 전자적 구성요소를 갖추게 되었으며, 전자적으로 수익자에게까지 전송되는 시점에까지 이르게 되었다.[4]

2. 전자신용장

전자신용장(Electronic Letter of Credit)에 대한 정의는 아직까지 확립되지 못하였으나, "정보통신망을 통하여 신용장발행은행이 일치하는 전자적 제시에 대한 대금지급확약"이라고 할 수 있다. 은행과 수익자간의 대부분의 신용장 통신이 여전히 서류를 기본으로 하는 반면에, 은행간의 통신은 무서류 방식이 대부분이다. 신용장의 발행, 통지, 확인 또는 매입에 대한 은행의 요청에서 75%는 전자적 방식에 의하고 있으며, 그 나머지는 서신에 의하여 보내지고 있다고 한다.[5]

오늘날 무역거래에서는 전기적·전자적 통신수단의 발달에 따라 전화·전신·전보(telegram)·텔렉스, 그리고 모사전보, 즉 팩스(facsimile: FAX) 등을 중요한 통신수단으로 사용하고 있다. 그러나 신용장거래에서는 신용장의 발행 및 통지수단은 특히 은행간에는 스위프트 시스템의 메시지에 의하여 전송이 이루어지고 있다. 팩스는 팩스기재에 전화선을 연결하면 어느 누구에게도 개방되어 있기 때문에 시스템이나 연결망(network)은 아니다. 따라서 재입력하지 않고서는 자료처리가 되지 않고, 안전성이 없기 때문에 이러한 문제를 보완하지 않는 한 주요한 결제통신수단으로는 부적합하다고 할 수 있다.

---

4) James G. Barnes, James E. Byrne, *op. cit.*, p. 25.

5) *Ibid.*, p.39; 신뢰할 수 있는 이 자료의 근거는 United States Council on the International Banking(USCIB)의 Annual Conference(Oct. 13, 1990)에서 Sandra Bleich의 보고서에 의한다.

UCP 600에서는 "신용장 또는 조건변경의 인증된 전송은 유효한 신용장 또는 조건변경으로 보며, 이후의 모든 우편확인서는 무시된다"[6]고 전신신용장의 효력에 대하여 규정하고 있다.

한편 팩스로 발행된 신용장 적용 가능성에 대하여 1990년 ICC는 함부르크 회의에서 은행위원회에 크레디팩스 규칙(Credifax Rules)의 채택을 제안하기에 이르렀다. 그러나 이 규칙은 빈약하게 초안되었다는 이유로 거절되었다.[7] 왜냐하면 이 크레디팩스 규칙은 발행은행 또는 확인은행의 책임이 아니고 신용장발행의뢰인의 책임하에서 크레디팩스 신용장을 발행할 수 있는 권한을 부여하고 있었으므로 은행은 심각한 손실위험이 없다면 그와 같은 권한을 포기하지 아니할 것이기 때문이다. 더욱이 스위프트 규칙과는 달리 팩스메시지에 관한 규칙은 개방네트워크 시스템에서 사용자 수에 제한 없이 적용된다는 점에서 신용장의 신뢰성을 저해할 수 있다.

은행 네트워크와는 구별하여 개별적인 은행에 의해 처음으로 시도된 전자신용장 발행은 1970년대 초에 시작되었다. 신용장의 발행에 관한 기초 자료는 종이테이프에 의하여 워드프로세서로 입력되었다. 전자화된 신용장거래의 시작은 1970년대 후반에 개시되었다. 신용장발행의뢰인은 그의 영업지에서 신용장의 전자적 초안을 작성하여 최종발행을 위하여 발행은행에 제시하는 것이 가능하게 되었다. 이 단계에서는 사전에 프로그램화된 형식에 따라 신용장 발행을 가능하게 하였을 뿐만 아니라 발행은행의 컴퓨터에 전송이 가능하게 되었다. 이러한 방법은 다수의 발행인에 대해 고안되었으므로 발행의뢰인과 발행은행간의 기본적인 상환 약정을 요구한다.

발행의뢰인의 신용장 발행신청을 발행은행이 승인하게 되면, 전신, 텔렉스 또는 서신에 의하여 또는 소수의 경우에는 컴퓨터 통신에 의하여 대개 스위프트를 경유하여 중개은행 또는 수익자에게 송부하게 된다.[8] 전자적 발행에 있어 남

---

6) UCP 600, Article 11-a.

7) Boris Kozolchyk, *op. cit.*, p. 82; ICC Document 470/629, November 22, 1989.

8) Boris Kozolchyk, *op. cit.*, pp. 77~79.

아있는 장벽은 수익자와의 연계성(linkage)이다. 역사적으로 국내 통지은행은 신용장을 수익자에게 통지하는 역할을 수행하여 왔다. 통지은행은 신용장의 진정성을 실제적으로 확인하게 된다. 특히 법률선택의 문제는 발행은행 또는 확인은행의 측면과 수익자의 다른 측면 사이에서 바람직한 분쟁해결을 위해 발행 또는 확인 장소의 기초에서 행하여져야 한다. 그러나 은행의 세계적인 네트워크는 최소한 신용장에 발행이나 확인 장소를 기록하지 않았거나, 또는 신용장 문면에 그와 같은 이행의 명시가 없는 경우 전자신용장의 발행 장소에 대한 문제가 야기될 수 있다.[9]

전자적으로 발행된 신용장[10]은 UCP의 일부 조항에 규정된 전자문서나 메시지를 은행이 수리할 수 있는 여지를 만들어 놓았지만 명실상부한 전자신용장 규정은 없었다고 하여도 과언이 아닐 것이다.

따라서 2000년 5월 24일 파리에서 개최된 국제상업회의소 은행위원회에서는 전자무역에 관심이 모아져 현행 UCP 500과 종이신용장에 상응하는 전자적 자료처리에 있어 가교역할의 필요성을 확인하였다. UCP는 지난 60년에 걸쳐 신용장을 취급하는 업계를 위한 자체규정을 제공하는데 있어 매우 성공을 거두었으나, 기술적 변화들을 수용하기 위한 UCP의 필요성이 제기되었다.

종이신용장에서 전자신용장으로의 점진적 변화와 더불어, 업계는 국제상업회의소가 이러한 변화에 대한 지침을 제공해 줄 것을 기대하였다. 이에 부응하여 은행위원회는 UCP의 "추록"(supplement)으로 적절한 규칙을 마련하기

---

9) James G. Barnes, James E. Byrne, *op. cit.*, p. 25.

10) 1995년 개정된 미국 통일상법전 제5편 신용장에서는 종이문서에 의한 또는 전자식 제시를 허용하는 신용장발행에 관련된 규정을 다음과 같이 설정하고 있다. 즉, "'서류'(document)라 함은 신용장에 의하여 허용되거나, 또는 신용장에 의하여 금지되지 아니하는 한 금융기관의 표준관습에 따라 허용된 서면 또는 기타의 수단으로 제시되어야 하며…"(UCC Article 5-102-a-6) ; "'기록'(record)이라 함은 유형의 수단으로 기재되어 있거나, 또는 전자식 또는 기타의 수단으로 저장되어 있으면서 인식이 가능한 형식으로 재생할 수 있는 정보를 말한다."(UCC Article 5-102-a-14) ; "신용장의 확인, 통지, 양도, 변경 또는 취소는 (ⅰ) 서명에 의하거나 또는 (ⅱ) 당사자의 합의 또는 금융기관의 표준관습에 따라 인증되어 있는 어떠한 기록의 모든 형식으로 발행할 수 있다"(UCC Article 5-104).

위하여 전문가로 구성된 작업반을 설치하여 세계 각국의 국내위원회(National Committee)의 검토된 의견들을 종합하고 심의를 거쳐 2001년 11월 7일 독일 프랑크프르트에서 전자적 제시를 위한 화환신용장통일규칙 및 관례의 새로운 추록 즉, "eUCP"를 제정하여 2002년 4월 1일부터 적용될 수 있도록 하였다.

3. 스위프트 시스템에 의한 신용장발행과 통지

3.1 스위프트의 의의

스위프트(SWIFT)는 "세계은행간 금융데이터통신협회"(Society for Worldwide Interbank Financial Telecommunication: SWIFT)로 국제간의 대금결제 등에 관한 데이터통신의 연결망(network)을 기획하고 운영하는 것을 목적으로 1973년 벨기에법(Belgium Law)에 의하여 설립되었다. 가맹은행은 국제간의 지급,[11] 각종 거래에 따른 확인 및 국제은행업무에 관련하는 기타 통신을 상호간에 교신함으로 신속 정확하게 처리할 수 있고, 신뢰성이 높아 은행이 고객에 대하여 보다 좋은 서비스를 제공할 수 있는 장점을 가지고 있다.

따라서 스위프트 시스템은 은행간에 통신상의 효율성을 제고시킬 수 있으며 기존의 우편·전신·텔렉스보다 편리하고 신뢰성이 높고 통신비가 저렴하기 때문에 그 이용이 증대되고 있다. 이와 같은 스위프트 시스템은 가맹회원이 쉽게 이해할 수 있는 메시지 형태에 기초를 두고 있다.[12]

무역거래에서 많은 국제관행들이 발전되어 온 것처럼 UCP도 정보화시대에 부응하기 위하여 서류를 기본으로 하는 전통적 관행에서 전자식으로 변화되는

---

11) SWIFT의 NETWORK를 이용하게 되면 외국환은행간 외화자금매매, 해외거래은행의 계정잔액 및 대차내역을 쉽게 확인할 수 있고 우편송금 • 전신송금 • 송금수표 등의 송금 및 추심 업무와 신용장발행, 환어음통지업무 등을 할 수 있다.

12) International Chamber of Commerce(ICC), *Funds Transfer in International Banking*, ICC Publication No. 497, 1992, p. 55.

추세를 반영하고 있다. 특히 2002년 UCP 500(2007년 UCP 600)의 추록으로 제정된 eUCP는 전자기록의 전자적 제시와 심사 등 전자신용장의 거래관행에 대한 국제상관습으로서의 제도적 인프라가 구축되었다 할 것이다.

그러나 스위프트 시스템은 은행간 금융데이터의 통신시스템으로 신용장거래에 참여하는 발행의뢰인이나 수익자 또는 운송인이나 보험자 또는 제3자간에는 연결시스템이 활용이 미진하다. 따라서 스위프트 시스템에 의한 신용장 거래는 인터넷 등 온라인(on-line)상에서 수익자 등 이해 관계당사자간에 전자적 제시와 지급이행을 행할 수 있는 완전한 전자결제시스템으로 역할을 수행하는 데는 다소 시간이 필요하다 할 것이다. 명실상부한 전자신용장으로의 기능을 수행하기 위해서는 스위프트 시스템은 은행만이 아닌 고객과 제3자간에도 메시지가 전송될 수 있도록 안전성과 신뢰성 있는 네트워크가 운영되어야 한다.

3.2 스위프트 통신망의 구조

스위프트는 중앙통제소(System Control Processor: SCP)와 부통제소(Slice Processor: SP), 지역통제소(Regional Processor: RP) 그리고 스위프트 접속점 또는 중계소(SWIFT Access Point: SAP)로 나뉘어 운영되고 있다.

스위프트는 네덜란드와 미국에 중앙통제소 4곳을 설치하고 있으며, 이 가운데 네덜란드의 중앙통제소만을 가동하고 나머지 3개소는 예비용으로 두고 있다. 중앙통제소는 스위프트시스템에의 접속 및 사용, 시스템의 활동상황에 대한 감시와 조정 역할을 담당하고 있다.

부통제소는 중앙통제소와 연결되어 있으며, 전송된 메시지의 흐름이 원활하게 이루어지도록 조정한다. 또한 메시지 내용과 일정을 지역처리센터에 통고하며 메시지를 저장한 다음 추후에 사용자측이 정정을 원할 경우 이에 응할 수 있도록 하는 기능을 갖는다. 주요국에 설치된 지역통제소는 사용자와 부통제소간의 메시지 전달을 제어하고 조정하며 표준메시지 양식의 사용 여부 등을 점검하고 메시지 확인을 행하며 사용자가 전송한 메시지를 단기간 저장한다.

스위프트 접속점 또는 중계소는 개별 사용자가 스위프트와 최초로 연결되는

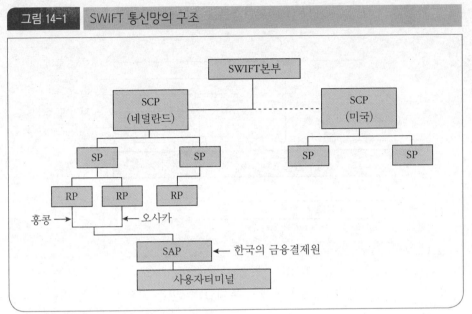

| 그림 14-1 | SWIFT 통신망의 구조 |

자료: 외환은행 외환업무부, SWIFT, 1992, 11면.
＊점선은 예비용임.

접속점으로 송수신되는 메시지를 집중시켜 중계하는 역할을 담당한다. 우리 나라의 경우 1986년 금융결제원에 스위프트 사무국이 설치되어 중계소로 운용되고 있으며 지역통제소와의 연결은 데이콤의 전용회선을 이용하고 있다.

3.3 스위프트 시스템의 은행인식코드

은행인식코드(Bank Identification Code: BIC)[13]란 자동화처리를 목적으로 금융기관을 코드화하여 스위프트가 국제표준화기구에서 명시한 코드체계를 바탕으로 회원 및 참가자들에게 고유번호를 부여하는 것을 말한다.

BIC의 구조는 [그림 14-2]와 같다. 첫 번째의 8자리 숫자는 필수적인 코드로 반드시 기재되어야 하며, 본점이 아닌 지점에서 스위프트를 직접 이용할 경우

---

13) BIC의 구조로는 ① 은행코드(Bank Code), ② 국가코드(Country Code), ③ 위치코드 (Location Code), ④ 터미널코드(Terminal Code), ⑤ 지점코드(Branch Code), ⑥ SWIFT 수신지(Destination), ⑦ 터미널 식별자(Terminal Identifier: TID)가 있다.

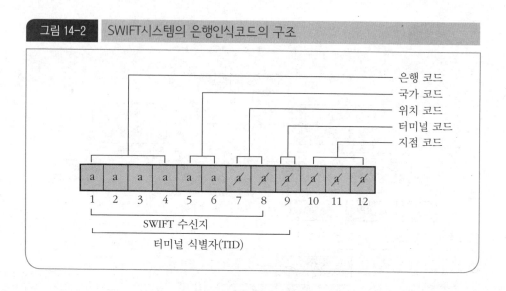

그림 14-2 SWIFT시스템의 은행인식코드의 구조

나머지 3자리 숫자는 본점에서 임의로 부여할 수 있는 코드이다. 첫 번째 8자리 숫자 가운데 네 자리 숫자는 은행 코드로서 알파벳을 사용하되 X는 사용할 수 없으며, 중간의 두 자리 숫자도 국가 코드로서 알파벳을 사용하여야 한다. 나머지 두 자리 숫자는 지역코드로써 알파벳 또는 숫자를 사용할 수 있다.

① 은행코드(Bank Code) 은행코드는 정회원과 참가자를 식별한다. 본점과 지점 등 은행인식코드로 네 개의 알파벳 문자로 구성한다.

② 국가코드(Country Code) 국가코드는 국가나 이용자가 위치한 지리적 영토를 식별하며, 두 개의 알파벳 문자로 된 ISO 국가코드로 구성된다. ISO 국가코드의 최신목록은 국제은행식별코드 디렉토리(녹색페이지)에서 찾아볼 수 있다.

③ 위치코드(Location Code) 위치코드는 국가나 지리적 영토 내에 이용자가 위치한 지역이나 도시를 식별하며 두 개의 문자숫자식(alphanumeric) 기호로구성된다(0과 1은 제외). 위치코드의 첫 번째 요소는 지역코드이다. 스위프트에 있어 국가코드에 연결된 지역코드는 네트워크 기능의 시간조절을 목적으로 국가를 나눈다. 한 국가 내에 다른 시간대가 존재하는 경우 지역코드는 시간대를 나타낸다. 지역코드는 또는 한 국가를 지리적으

로 나누거나 한 국가 내의 주요 상업권들을 식별할 수 있게 한다. 위치코드의 두 번째 요소는 말미코드이다. 필요한 경우 말미코드는 지역과 도시를 더욱 작게 세분한다. 이 요소는 다음의 경우에 있어 지역코드와 구분된다. 즉 동일한 은행코드, 국가코드, 위치코드를 갖는 수신지들을 구분할 필요가 있거나, 수신지가 그 국가 내의 네트워크와 실제로 접속하고 있는 않은 경우이다.

④ 터미널코드(Terminal Code) 터미널코드는 목적지 내에 특정 터미널 연결을 식별하며, 한 개의 영숫자 기호로 구성된다(0 과 1 제외).

⑤ 지점코드(Branch Code) 지점코드는 이용자의 특정지점, 직무, 부서를 식별하며, 세 개의 영숫자 기호로 구성되며 다음과 같은 제한을 받는다. 첫째, 등록된 지점코드를 포함한 스위프트 BIC의 첫 번째 기호로 X를 사용할 수 없다. 둘째, 등록된 지점코드를 포함하지 않은 스위프트 BIC의 디폴트 지점코드는 XXX이다. 셋째, BIC라는 지점코드를 스위프트 BIC로 사용할 수 없다. 넷째, 지점코드는 스위프트 BIC에 있어 선택적 수성요소이다. 스위프트 이용자의 BIC로 일단 등록되거나 디렉토리로 간행되면 그 이용을 장려한다. 지점코드의 사용은 선택적이지만 쌍방간에 합의되면 필수적 요소가 될 수도 있다.

⑥ 스위프트 수신지(Destination) 은행코드, 국가코드, 위치코드는 스위프트 수신지를 의미한다.

⑦ 터미널 식별자(Terminal Identifier: TID) 스위프트 수신지와 터미널 코드가 함께 특정 터미널을 식별한다.

3.4 스위프트 시스템에 의한 신용장 발행

화환신용장거래와 관련하여 스위프트가 제공하는 서비스는 신용장발행을 비롯하여 〈표 14-1〉과 같이 관련 서비스를 제공하고 있다.

SWIFT가 제공하는 서비스 가운데 주요한 것으로서는 다음과 같다.

메시지 포맷	서비스 내용
MT 700/701	화환신용장의 발행
MT 705	화환신용장의 사전통지
MT 707	화환신용장의 조건변경
MT 710/711	제3은행의 화환신용장 통지
MT 720/721	화환신용장의 양도
MT 730	화환신용장의 수령확인
MT 732	하자서류의 접수통지
MT 734	거절통지
MT 740	상환수권서의 발행
MT 742	대금상환청구
MT 747	상환수권서의 조건변경
MT 750	하자통지
MT 752	지급 · 인수 · 매입의 수권
MT 754	지급 · 인수 · 매입의 통지
MT 756	대금상환 또는 지급의 통지

표 14-1 화환신용장 관련 SWIFT 서비스 내용

① 신용장의 발행(Issue of Documentary Credit) 〈표 14-2〉와 같이 이 메시지는 신용장발행은행이 통지은행 앞으로 것으로서, 발행은행에 의해 작성된 신용장조건을 명시할 때 이용된다. 만일 신용장에 관한 정보가 많아 하나의 메시지(MT700)에 모두 명시할 수 없는 경우에는 최대 3개까지의 메시지(MT701)를 보낼 수 있다.

② 신용장의 예비통지(Pre-advice of Documentary Credit) 〈표 14-3〉과 같이 메시지는 신용장발행은행이 통지은행 앞으로 보내는 것으로서, 이는 추후에 발행될 신용장에 대한 예비통지이다.

③ 신용장의 조건변경(Amendment to Documentary Credit) 이 메시지는 신용장발행은행이 통지은행 앞으로 보내는 것으로서, 통지은행에서 다른

표 14-2	MT700에 의한 화환신용장 발행	
M/O	Tag	Field Name
M	27	Sequence of Total
M	40A	Form of Documentary Credit
M	20	Documentary Credit Number
O	23	Reference to Pre-Advice
O	31C	Date of Issue
M	31D	Date and Place of Expiry
O	51a	Applicant Bank
M	50	Applicant
M	59	Beneficiary
M	32B	Current Code, Amount
O	39A	Percentage Credit Amount Tolerance
O	39B	Maximum Credit Amount
O	39C	Additional Amounts Covered
M	41a	Available With ⋯ By ⋯
O	42C	Drafts at ⋯
O	42a	Drawee
O	42M	Mixed Payment Details
O	42P	Deferred Payment Details
O	43P	Partial Shipments
O	43T	Transshipment
O	44B	For Transportation to ⋯
O	44C	Latest Date of Shipment
O	44D	Shipment Period
O	45A	Description of Goods and/or Services
O	46A	Documents Required
O	47A	Additional Conditions

PART 06

O	71B	Charges
O	48	Period for Presentation
M	49	Confirmation Instructions
O	53a	Reimbursing Bank

M : 필수사항 O : 선택사항

표 14-3	MT705에 의한 화환신용장 예비 통지	
M/O	**Tag**	**Field Name**
M	40A	Form of Documentary Credit
M	20	Documentary Credit Number
M	31D	Date and Place of Expiry
M	50	Applicant
M	59	Beneficiary
M	32B	Current Code, Amount
O	39A	Percentage Credit Amount Tolerance
O	39B	Maximum Credit Amount
O	39C	Additional Amounts Covered
M	41a	Available With ⋯ By ⋯
O	44A	Loading on Board/Dispatch/Taking in Charge at/from
O	44B	For Transportation to ⋯
O	44C	Latest Date of Shipment
O	44D	Shipment Period
O	45A	Description of Goods and/or Services
O	57a	"Advise Through" Bank
O	79	Narrative
O	72	Sender to Receiver Information
O	72	Sender to Receiver Information

통지은행으로 또는 양도은행에서 통지은행으로도 보낼 수 있다. 이 메시지는 신용장발행은행 또는 제3의 은행에 의해 발행된 신용장의 조건변경을 통지할 때 이용된다.

④ 신용장의 양도(Transfer of Documentary Credit)　이 메시지는 신용장수익자가 제2수익자에게 신용장의 양도를 요청한 경우 신용장의 양도를 통지할 것을 수권받은 은행이 제2수익자에게 이를 통지하는 은행 앞으로 보내는 것으로서, 양도된 신용장의 제조건을 통지할 때 이용된다.

⑤ 상환수권서(Authorisation to Reimburse)　이 메시지는 신용장발행은행이 상환은행 앞으로 보내는 것으로서, 신용장하 지급 또는 매입에 대한 대금상환청구에 응할 것을 요청하는데 이용된다.

⑥ 대금상환청구(Reimbursement Claim)　이 메시지는 지급·매입은행이 대금상환이 수권된 상환은행 앞으로 보내는 것으로서, 상환은행과 관련하여 신용장하 지급 또는 매입에 대한 대금상환청구에 이용된다.

⑦ 상환수권서의 조건변경(Amendment to Authorisation to Reimburse)　이 메시지는 상환수권서를 발행한 은행, 즉 신용장발행은행이 상환은행 앞으로 보내는 것으로서, 상환수권서와 관련하여 신용장의 조건변경에 대해서 통지할 때 이용된다. 이 조건변경은 상환수권서의 일부분으로서 간주된다.

3.5 스위프트 시스템에 의한 신용장 조건변경의 통지

신용장 조건변경의 통지는 원신용장의 통지방법과 마찬가지로 우송에 의한 통지와 전송에 의한 통지방법이 있다. 발행은행과 통지은행간에 서명감이 교환되어 있다면 우송에 의한 통지는 신용장의 진정성(authenticity)을 파악하기가 용이하다. 그러나 정보통신산업의 발달로 오늘날 신용장발행 및 조건변경의 통지는 대부분 전신(cable), 스위프트와 같은 전송에 의한 방법을 많이 사용하고 있다.

전송을 신용장 통지수단으로 이용하는 것은 신용장 당사자의 개별적인 문제이다. 신용장발행이나 조건변경 통지는 최근들어 스위프트와 같은 전송방식을 이용한 통지가 보편화되고 있다. 그러나 이와 같은 전송방식에 의한 통지는 축약어 등의 사용으로 인한 오류발생으로 중대한 위험을 초래할 수도 있다.

신용장거래에서의 전송에 의한 통지방식은 그 유용성에도 불구하고 도착 지연, 불착, 탈자, 글자의 일그러짐, 또한 전원·단말기·중계기기·중앙전산기 시스템 등의 고장이나 통신회로의 이상 및 장애가 발생될 수 있다. 설사 송신은행측에서 송신의 준비가 완료되어 있어도 통신회선이 폭주하고 있거나 상대측 수신단말기가 다른 통신을 수신중인 경우에는 통신을 발수신하기 어렵다. 그러나 오늘날에는 국제간 송배달서비스를 행하고 있는 특사 서비스업이 발달하여 전통적인 우송 지연에 따른 불편을 해소시켜 주고 있다.

전송으로 통지된 신용장의 효력과 관련하여 국제상업회의소의 은행위원회는 체코슬로바키아 은행(Czechoslovakian Bank)으로부터 신용장의 발행과 관련하여 텔렉스통지의 효력에 대한 문의를 받고 "조건변경의 텔렉스통지는 텔렉스에 다른 별도의 표시가 없는 한 효력이 있는 조건변경증서로 간주되어야 한다"고 결정하였고,[14] 또한 오스트리아의 국제상업회의소 국내위원회가 질의한 견해로 "전송(teletransmission)이라는 표현속에는 전화 전달은 포함되는 것이 아니나 팩스로 보내어진 지시는 포함되는 것이기 때문에 신용장은 효력 있는 신용장증서를 구성하게 된다"[15]고 하였다. 또한 스위프트사용의 효과에 대하여 함부르크의 Dresdner Bank A. G.의 질의를 요청받은 동 위원회는 "스위프트를 통하여 발행된 신용장을 통지하는 은행은 스위프트 규칙에 따라 상응하는 통일규칙 준수문구가 수익자에게 송부되는 신용장통지에 포함되었는가를 확인하여야 한다"[16]는 견해를 밝혔다.

따라서 은행은 고객이나 지시은행에 불완전하고 불명료한 점을 조회하여 확

---

14) ICC Documents 470/355, 470/358, November 9, 1979.

15) ICC Documents 470/444, 470/452, April 23, 1985.

16) ICC Documents 470/ 479, 470/ 481, May 28, 1986; The commission considered that banks advising credits issued through SWIFT should ensure in accordance with SWIFT rules that the appropriate UCP incorporation clause was included in the credit advice sent to the beneficiary.

인하여야 한다. 또한 통지은행이 예비통지시에는 단순한 정보로 제공한다는 것을 명시하여야 하며, 신용장은 완전하고 명료한 지시를 받고 그 지시에 따라 행할 수 있는 준비가 된 경우에만 신용장의 통지, 확인 또는 변경되어지는 것이다.[17]

신용장은 통지은행을 통하여 통지은행의 아무런 약정없이 수익자에게 통지될 수 있으나, 통지은행이 신용장을 통지하기로 결정한 경우에는 통지하는 신용장의 외관상의 진정성을 확인하기 위한 상당한 주의를 기울여야 한다. 만약 통지은행이 신용장을 통지하지 아니하기로 결정한 경우에는 지체없이 발행은행에게 통지하여야 한다. 만일 통지은행이 그러한 외관상의 진정성을 확신할 수 없을 경우에는 지체없이 그 지시를 송부해 온 은행에게 그 신용장의 진정성을 확신할 수 없다는 것을 반드시 통지하여야 한다. 그럼에도 불구하고 통지은행이 신용장을 통지하기로 결정한 경우에는 수익자에게 그 신용장의 진정성을 확신할 수 없다는 것을 반드시 통지하여야 한다.[18] 이러한 신용장통일규칙상의 규정은 언젠가 발생할지 모르는 신용장 위조를 예방하려는 취지로 볼 수 있다. 그렇다고 발행은행과 통지은행간에는 위조의 보호작용을 위한 계약은 존재하는 것이 아니다. 취소불능신용장의 조건변경은 신용장 관계당사자의 이익에 큰 영향을 미치게 되므로 조건변경을 위한 지시 및 변경 그 자체는 완전하고 정확하여야 한다.

한편 취소가능신용장은 발행은행이 신용장을 수익자에게 통지하지 않고 일방적으로 신용장조건을 변경하거나 취소할 수 있다. Cape Asbetos Co. Ltd. v. Lloyds Bank 사건[19]에서는 발행은행이 취소가능신용장하에서 신용장 취소를 할 경우에는 동사실을 수익자에게 통지할 법률적 의무가 없다고 판시하였다. 그러나 발행은행은 취소가능신용장에 의하여 지급, 인수 또는 매입을 행하도록 수권된 타은행에게는 신용장 조건변경 또는 취소의 통지를 수령하기 이전에 신용장 조건과 문면상 일치되도록 제시된 서류와 상환으로 행한 모든 지급, 인수 또는

---

17) UCP 600, Article 11-b.

18) UCP 600, Article 9-f.

19) [1921] W.N.274.

매입에 대해서는 이를 상환하여야 한다.[20]

따라서 신용장의 조건변경은 취소불능신용장이 발행된 경우에는 신용장 자체가 신용장발행의뢰인와 발행은행이 신용장 약정에 기초하여 발행되었다 하더라도 발행의뢰인의 요청이나 발행은행의 일방적으로 자신의 의도대로 신용장을 변경하거나 취소할 수는 없는 것이다.[21]

3.6 스위프트 시스템에 의한 신용장의 전송

은행은 일반적으로 지명된 컴퓨터에 스위프트 메시지를 전송하는 일을 수행한다. 신용장의 내용(text)이 컴퓨터에 의하여 준비되면 신용장은 스위프트 소프트웨어와 모뎀을 갖춘 컴퓨터에 전송된다. 발행은행은 스위프트 접근지점(access point)을 통하여 지역 프로세서에게 메시지를 전송한다. 지역 프로세서는 메시지를 받는 일 뿐만 아니라 메시지가 스위프트 메시지표준과 일치하는지 및 전송받은 대로 전송이 될 수 있는지를 확인한다.

이와 같은 확인작업은 발행은행의 메시지 인증 및 메시지의 보관과 수정을 통제하면서 스위프트가 수신은행(신용장거래에서는 통상적으로 통지은행 또는 확인은행) 앞으로의 전송에 따른 의무를 부담한다. 각 메시지에 대한 스위프트의 통제와 확인능력으로 인하여 수신은행은 메시지의 손실이나 중복을 방지할 수 있다. 대부분의 메시지들은 발행은행의 스위프트 컴퓨터를 통하여 1~2분 내에 전송되지만 만약 그 메시지가 지연되거나 기한 내에 전송될 수 없다면, 스위프트는 자동적으로 전송은행에게 "메시지 불인도 보고"(undelivered message report)를 보낸다. 전송시간의 최대한도는 2시간 정도 이다. 수신은행이 메시지를 받고 난 이후에 수신은행 또는 제3은행은 특정한 지급일자에 수익자에게 대금을 지급할 수 있다.

수신은행들은 정상적인 영업일에는 적어도 7시간 동안은 그들의 컴퓨터 터

---

20) 1987] 650 F. Supp. 1487, Offshore Trading Co. v. Citizens National Bank.

21) 강원진, "화환신용장 조건변경의 효력", 「국제상학」, 제11권 2호, 한국국제상학회, 1996, 128~130면.

서식 14-1	스위프트 시스템에 의한 신용장발행의 예

---

* Advising Bank : KOREA EXCHANGE BANK   * Advice Date : 2015.07.15

==

Advice of   * Advice No : A0604-507-02802
Issue of Documentary Credit   * Credit No : 146212

==

* Beneficiary :
 SEOUL TRADING CO., LTD. 1 GA-1, SOGONG-DONG,
 CHOONG-GU, SEOUL, KOREA
* Applicant :
 OHIO INTERNATIONAL INC. 2503 SPRING GROVE AVE., CINCINNATI, OH 45214, U.S.A.
* Amount : USD50,000
* Issuing Bank : STAR BANK N.A. CINCINNATI, OH 45214,
* Expiry Date : 2015.08.10
* Receipt No. : 20150715-7-8652-01
* Sender's Bank : 544013077
 MIR : 50715 STARUSA 33BYXXX0544013077
 MOR : 50715 KOEXKRSEAXXX0543219876

Gentlemen :
At the request of the issuing bank, and without any engagement or responsibility on our part, we are pleased to inform you that we have received the following AUTHENTICATED teletransmission dated 2015.07.15.

: :700 ISSUE OF DOCUMENTARY CREDIT
:27   Sequence of Total
       1/1
:40A   Form of Documentary Credit
       IRREVOCABLE
:20   Documentary Credit Number
       146212
:23   Reference to Pre-Advice
:31C   Date of Issue
       50715
:31D   Date and Place of Expiry
       50810 KOREA
:50   Applicant
       OHIO INTERNATIONAL INC. 2503 SPRING GROVE AVE.,
       CINCINNATI, OH 45214., U.S.A.
:59   Beneficiary
       SEOUL TRADING CO., LTD. 1 GA-1, SOGONG-DONG, CHOONG-GU, SEOUL, KOREA
:32B   Currency Code, Amount
       USD50,000
:39A   Percentage Credit Amount Tolerance
:41D   Available With ··· By ···
       ANY BANK BY NEGOTIATION
:42C   Draft At ···
       SIGHT
:42D   Drawee

STAR BANK N.A., CINCINNATI, OH.
:42M Mixed Payment Details
FOR 100 PERCENT OF INVOICE VALUE
:43P Partial Shipment
ALLOWED
:43T Transshipment
NOT ALLOWED
:44A Loading/Dispatch/Taking in Charge At/from
BUSAN, KOREA
:44B For Transportation to ···
CHARLESTON, SC.
:44C Latest Date of Shipment
50730
:45A Description of Goods and/or Services
5,000 PCS OF LEATHER HAND BAGS DETAILED AS PER CONTRACT NO. ST-25 FOB
BUSAN incoterms®2010
:46A Documents Required
+COMMERCIAL INVOICE IN TRIPLICATE
+FULL SET OF CLEAN ON BOARD OCEAN BILLS OF LADING MADE OUT TO THE
ORDER OF STAR BANK, N. A. MARKED FREIGHT COLLECT AND NOTIFY APPLICANT
+PACKING LIST IN DUPLICATE
+INSPECTION CERTIFICATE ISSUED BY SEOUL TRADING CO., LTD.
+CERTIFICATE OF ORIGIN IN DUPLICATE
:47A Additional Conditions
REIMBURSEMENT BY TELECOMMUNICATION IS PROHIBITED.
LETTER OF CREDIT IS TRANSFERABLE BY THE ADVISING BANK.
LATE SHIPMENTS ARE NOT ACCEPTABLE.
:71B Charges
ALL BANKING CHARGES OUTSIDE U.S.A. ARE FOR ACCOUNT OF THE
BENEFICIARY
:48 Period for Presentation
DOCUMENTS TO BE PRESENTED WITHIN 5 DAYS AFTER THE DATE OF SHIPMENT BUT
WITHIN THE VALIDITY OF THE CREDIT.
:49 Confirmation Instructions
WITHOUT
:53D Reimbursement Bank
STAR BANK N.A., NEW YORK
:78 Instructions to the Payying/Accepting/Negotiating Bank
+ALL DOCUMENTS MUST BE FORWARDED TO ISSUING BANK IN TWO CONSECUTIVE
LOT(S) BY REGISTERED AIRMAIL.
+IF THE CREDIT IS AVAILABLE BY NEGOTIATION, EACH PRESENTATION MUST BE
NOTED ON THE REVERSE OF THIS ADVICE BY THE BANK WHERE THE CREDIT IS
AVAILABLE.
:72 Sender to Receiver Information
THIS CREDIT IS OPERATIVE AND SUBJECT TO UCP 2007 REVISION, ICC, PUBLICATION
NO.600.

MAC : 535AF4E6
CHK : 91A73CA88B56
　　　　　　　　　　　　* * * SWIFT KEY : CORRECT * * *

미널을 스위프트 시스템에 연결해 놓아야 한다. 시스템을 사용하기 위해 수신은 행은 스위프트 메시지를 서류형태로 변환할 수 있는 소프트웨어를 포함하여 스 위프트 소프트웨어가 내장된 컴퓨터를 가지고 있어야 한다. 수신은행은 메시지 를 받고 조사하는 즉시 발행은행이 메시지가 수령되었음을 확인할 수 있도록 이 를 발행은행에 보고하여야 한다.

스위프트 호환 소프트웨어는 수신은행의 직원이 스위프트 메시지를 관습적 인 종이에 근거한 신용장으로 전환할 수 있도록 한다. 메시지의 성질에 따라 전 체를 전환할 수도 있으며 관련부분만을 전환할 수도 있다. 이러한 부분전환의 경 우에는 전환된 내용은 수신은행측에서 부가하는 내용과 함께 인쇄된다. 전환 이 후에 메시지는 우편, 전신 또는 텔렉스를 이용한 유효한 신용장 증서로서 송부되 거나 또는 메시지는 스위프트 형식으로 재입력되는 과정을 거친 후에 재전송된 다. 일부 은행들은 스위프트 호환 소프트웨어를 이용하여 수신은행의 서류형식 으로 전환시키지 않고 스위프트 메시지를 그대로 출력하여 송부하기도 한다. 이 와 같이 출력된 서류도 유효한 신용장 증서로 간주할 수 있다.

직접적이고 전환되지 않은 통신수단을 통한 스위프트로부터 스위프트가 아 닌 수단으로의 전송에는 약간의 문제가 있다. 스위프트메시지는 수익자에 의해 사용되도록 의도된 것이 아니기 때문에 은행만을 위한 지시사항이 포함될 수도 있으며 또는 수익자가 신뢰하기에 필요한 조항이 빠져 있을 수도 있다.[22]

4. 스위프트넷 서비스

스위프트 시스템은 은행간 금융데이터의 통신시스템으로 은행간에는 신용 장발행이나 통지가 전자적으로 이루어져 왔으나, 신용장발행신청의 경우 발행의 뢰인과 발행은행간 또는 환어음 매입의 경우 수익자와 수익자의 거래은행(매입 은행)간에는 전자적으로 이루어지지 못하고 전통적인 물리적 종이문서에 의하여

---

22) Boris Kozolchyk, *op. cit.*, pp. 51~52.

무역결제가 이루어지고 있다. 또한 신용장거래에 참여하는 은행, 발행의뢰인, 수 익자, 운송인, 보험자, 또한 관련 각종 증명서를 발행하는 제3자간에는 연결시스 템 활용이 원활하지 못하다.

이와 같은 문제점을 해결하기 위하여 스위프트는 거액결제 처리에서 은행과 자동결제정산소(Automated Clearing House)를 지원하는 스위프트넷(SWIFTNet) 솔루션을 개발하였다.[23] 스위프트넷은 고객에게 첨단기술의 플랫폼을 제공하는 신뢰할 수 있는 제3자로서 중립적인 역할을 수행하고 단말 대 단말(end-to-end) 거래방식이 포함되어 개별 사용자의 접근이 가능하며 국내거래 및 국제거래에 적용할 수 있다. 이는 거액 자금이체 메시지 등의 국제기준으로서 이용 가능하며 일반적인 메시지와 보안 서비스·컴포넌트에 사용가능하다.[24]

스위프트넷 서비스는 서비스제공자가 참가자에게 거액결제 처리서비스를 이행할 수 있도록 특수한 스위프트넷 환경을 제공하며 기본 기준에 근거하여 참 가자간 커뮤니케이션에 한정하고 서비스제공자는 다수 대 개인 또는 다수 대 다 수간의 커뮤니케이션으로 제한하기 위해 특별히 제공되는 기준에 따라 관리한 다. 각각의 서비스제공자가 스위프트넷 서비스를 시행하고 서비스제공자가 스위 프트넷 메시지서비스 중 한 가지 방법을 시행하고 회원제그룹의 개념을 사용한 스위프트넷 서비스의 결합기준을 규정할 수 있다.

또한 금융기관이 국내와 국제간 파일을 교환할 수 있도록 하는 스위프트넷 파일엑트(FileAct) 서비스를 통하여 통신업체가 상호·다자간 송신과 수신에 있어 당사자간의 인증과 부인방지가 이루어지고 모든 자료는 거액자금이체 메시지에 따라 포맷된다.

회원제그룹은 은행이 금융이나 기업고객에게 결제파일을 송수신할 수 있도 록 스위프트넷을 시행할 수 있도록 하며 특수한 스위프트넷 서비스 규정에 따라 시행되며, 거액결제 처리서비스를 제공하는 회원을 위한 전용 환경을 제공한다.

---

23) 스위프트Net은 B2B 거액결제뿐만 아니라 일반적으로 월급, 연금, 소매결제와 거래결제 그리고 수표와 같은 소액과 보편적인 소액결제에도 사용할 수 있다.

24) SWIFT.com, SWIFT *New solutions for bulk payments*, Version 4, September 2002, 3.

고객과 은행간의 커뮤니케이션, 즉 다수 대 개인을 축으로 한정해서 계획되었고 회원이 스위프트넷 메시지 서비스 중 한 가지 방법을 시행할 수 있도록 하며, 회원제그룹의 개념을 적용한 스위프트넷 서비스 조인기준을 규정할 수 있도록 하고 있다.

또한 스위프트는 사용자가 스위프트넷 파일엑트(FileAct)로 "back-office"시스템[25]에 접속할 수 있도록 파일전송인터페이스를 발전시키기 위해 다양한 통합수단을 개발하였다. 파일전송을 위한 솔루션으로는 전송 중간웨어자를 이용하는 통합 솔루션, 파일전송 에이전트를 이용하는 자동 솔루션 그리고 파일 전송 그래픽 사용자 인터페이스[26]를 이용하는 수동 솔루션이 있다.

5. 전자무역결제솔루션

스위프트에서 대금결제는 스위프트넷이 제공하는 글로벌 B2B 대금결제 솔루션으로서 이페이먼츠플러스(e-PaymentsPlus)가 맡고 있다. 이페이먼츠플러스는 글로벌 기업간 전자상거래에서 끝과 끝이 접하여 온라인 결제를 담보하기 위한 금융산업의 솔루션이다. 즉 이페이먼츠플러스는 온라인거래의 신원보증지원, 거래당사자의 신원을 의뢰하기 위한 온라인 결제를 전수하기 위하여 전자상거래에서 불가결한 것처럼 신원확인을 협조하는 4개의 중요한 요소를 제공한다.[27] 따

---

25) Back-Office 시스템은 지급기능, 주소록 및 안전 기능을 가진 신용카드나 직불카드(debit card)와 같이 온라인 쇼핑시의 지급정보를 기록할 수 있는 시스템이다.

26) 그래픽 사용자 인터페이스(graphical user interface: GUI)는 사용자가 커맨드 라인(명령행)을 글쇠판을 통하여 컴퓨터에 입력하여 작업을 수행시키고 컴퓨터는 작업 결과를 문자로 화면에 표시하는 문자 중심의 조작대신에, 사용자가 글쇠판 입력뿐만 아니라 마우스 등의 위치지정 도구를 사용하여 도형의 형태로 화면에 표시되는 아이콘(icon)을 지정하거나 메뉴항목 목록 중에서 메뉴를 선택함으로써 명령을 선택하고, 프로그램을 기동하며, 파일 목록을 열람하고 기타 선택을 하면서 작업을 진행하는 상호 작용 방식이다. 컴퓨터 역시 작업한 결과를 도형 형태로 만들어 화면에 표시한다. GUI는 사용자가 직관적으로 조작방법을 이해할 수 있게 고안되어 있는 것이 장점이다.

27) http://www.swift.com/index.cfm?item_id=3100

라서 이페이먼츠플러스는 전자무역의 대금결제와 관련된 업무처리를 은행과 연동하여 자동 처리하는 점을 특징으로 하고 있다.

한편 트러스트엑트(TrustAct)는 B2B 간 전자상거래를 보증하기 위한 스위프트의 인터넷기반의 메시지서비스 솔루션으로 개발되었다. 이는 금융기관에게 상거래 시 신뢰성 있는 온라인서비스를 제공할 수 있도록 한다. 트러스트엑트는 스위프트의 의하여 개발된 인터넷에 기반을 둔 결제담보 및 보증 솔루션인 이페이먼츠플러스에 의한 플랫폼으로서 사용된다. 또한 트러스트엑트의 사용 예는 그들의 고객들에게 금융기관들에 의하여 제공되는 온라인거래, 표준확인, 포맷전환, 청구서집합 또는 신용평가서비스를 담당한다.[28]

현재 국제 B2B 전자무역대금 결제시스템의 큰 축으로서 국제간에 심층적 연구 및 상용화가 시작되고 있는 것으로는 스위프트의 개방형 모델인 스위프트넷 결제시스템인 이페이먼츠플러스와 국제 전자인증 연합체인 아이텐트러스트(Identrust)[29]의 결제기반 메세징시스템인 엘레노(Eleanor)가 각국의 은행간에 구축되고 있다. 엘레노는 전자상거래상의 근간이 되는 신뢰성 있는 제3자로서 아이텐트러스트 회원은행간 사용하는 국내 및 국제전자결제에 있어 안전성을 제공하는 것을 기본으로 하고 있다. 전자무역거래에서 전자기록에 의한 전자결제는 데이터의 원본성, 보안 그리고 데이터메시지의 증거능력이 시스템에서 확보되어야 하는 것이 중요하다.[30]

특히 아이텐트러스트는 국제적으로 신뢰받을 수 있는 기업간 전자상거래를 가능하게 할 수 있는 국제전자인증 기반을 제공하는 금융연합체로 디지털식별에 의하여 제공되는 안전성을 바탕으로 거래당사자들의 신원 및 거래내용을 인증하는 역할을 담당하게 된다. 따라서 아이텐트러스트 공인인증기관으로 지정된

---

28) http://www.swift.com/temp/41761/7553/TrustAct_R1_SO_v1.1.pdf

29) Identrust는 1997년 11월부터 설립작업에 착수하여 1999년 4월 12일 미국 델라웨어(Delaware)에서 유한책임회사로 ABN/AMRO, BOA, Bankers Trust, Barclays, CMB, Citigroup, Deutche Bank 및 Hypo Vereins Bank에 의하여 설립되어 출범하였으며 현재 샌프란시스코에 본부를 두고 있다.

30) 森岡峰子, "船荷證券のEDI化",「國際商務論の諸問題」, 同文舘, 1998, 155-159面.

은행은 인증기관으로서 아이텐트러스트 인증서 발급과 확인서비스 등을 제공한
다.[31]

　아이텐트러스트의 비즈니스모델 특징은 은행이 인증기관(Certificate Authority:
CA)으로서의 중심적 역할을 수행한다는 점이다. 은행이 거래의 중심에 있기 때
문에 아이텐트러스트 시스템에서는 은행측에 돌아가는 이점이 많다고 한다. 아
이텐트러스트의 까다로운 심사[32]를 거쳐 Level 1의 공인인증기관으로 지정된 은
행의 경우 하위기관(Level 2)인 등록기관(Registration Authority: RA)으로 가입하
는 모든 은행들의 무역 프로세스를 매개하게 돼 부가적인 수익을 창출할 수 있
는 기반이 마련된다. 즉 전자인증서 발급 수수료 등 기초 수입 외에 회원은행간
제휴를 통하여 새로운 금융상품과 부가서비스를 만들어낼 수 있을 것이다. 또한
아이텐트러스트 가입 후 은행에서는 글로벌 기업이 모두 고객이 될 수 있기 때
문에 일단 수익증대를 기대할 수 있고 자행 브랜드를 세계에 인지시킬 수 있으
며 이에 따라 보다 효율적이고 고객 중심적인 서비스를 중점적으로 수행할 수
있다. 고객입장에서도 거래비용 및 시간을 절감할 수 있으며 국제전자무역거래
로 인한 리스크를 줄일 수 있으며, 영업망 확대로 수익률이 높아진다는 이점이
있다.

　한편, 볼레로 예비실험(bolero pilot test)[33] 결과 탄생된 볼레로넷(bolero.net)

---

31) 그 밖에 인증서발급 은행이 인증서 보유회사를 보증(warranty)하는 서비스도 제공한다.

32) 레벨 1 자격을 부여받기 위해서는 해당 국가의 신용등급에서부터 해당 기관의 신용 및
시스템 운영능력 등 종합적 사항에 대한 1년 이상의 심사과정을 거치며, 아이텐트러스트
는 PKI기술과 암호화시스템을 갖춘 첨단 데이터센터를 갖출 것을 회원은행들에게 요구
하고 있다.

33) Bolero란 "Bill of Lading Electronic Registry Organisation"의 약칭으로 선화증권 전자등
록기구를 말한다; UNCTAD, Electronic Commerce Development, 2000, p. 45.; 볼레로
예비실험은 ① 선화증권 및 기타 선적서류의 전자화를 실현하기 위해서 서비스 제공자인
신뢰할 수 있는 제3자(Trusted Third Party: TTP)와 전자서명(Electronic Signature)을
이용한 예비실험의 구조를 구축하고 실시하고, ② 보안요건을 충족시키기 위해 서비스제
공자 시스템과 전자서명에 관한 기술적인 인프라가 유효하게 기능하는지 여부를 확인하
고, ③ 법적 및 상업적으로 수용 가능한 전자적 서비스의 시스템을 개발하는 것을 목적으
로 하였다. 현재의 볼레로넷(bolero.net)은 세계은행간 금융데이터통신협회(스위프트)
와 화물배상책임보험조합(Through Transport Club: TT Club)의 합작투자로 이루어졌다.

은 및 스위프트넷 등과 전략적 제휴를 맺어 "위험 및 관리를 위한 결제 유틸리티"(Settlement Utility for Managing Risk and Finance: SURF)나 이페이먼츠플러스, 트러스트엑트 등의 보안·인증기반을 지원하고 있다. 아이텐트러스트가 주목해야 할 새로운 전략은 그 동안의 인증인프라 뿐만 아니라, 결제기반 부문까지 비즈니스 모델을 개발하고 있다는 점이다.

일부 은행에서는 아이텐트러스트는 인증 인프라로서, 인프라의 안정된 구축에만 주력하고 선화증권의 온라인화를 시작으로 구축된 스위프트의 자회사인 볼레로(Bolero)의 "볼레로시스템", ABN/AMRO은행을 중심으로 구축된 결제시스템인 "BeXcom" 그리고 국내에서는 외환은행과 KTnet이 제휴하여 무역, 통관, 물류업체의 거래단계별로 발생되는 제반 수수료와 관세 및 물품대금의 결제를 위하여 만든 인터넷무역결제시스템인 "cTradebank" 등이 은행과 기업간의 네트워크로서 결제시스템 또는 결제솔루션들을 구축하고 있다.[34]

국제전자무역거래 활성화되기 위해서는 전자문서의 무결성 등에 대한 거래당사자들의 신뢰형성이 중요하다. 전자상거래의 안전성과 비대면간의 사용자 신뢰 확보를 위하여 거래상대방의 관련 정보 및 사용자 인증 및 보안에 대한 글로벌시스템 구축이 필요하다.

특히 전자무역거래에서의 전자인증은 상대방이 신뢰할 수 있는 인증기관이 아니라면 의미가 없다. 이는 국제거래당사자간 인증서의 신뢰성이 기술수준과 안전성 등을 고려하여 법적효력 인정 여부가 논란이 될 수 있다. 국제적인 신뢰성을 가지고 있는 인증기관은 미국계의 인증기관으로, 전자상거래 전자인증서비스를 행하는 베리사인(VeriSign)[35]이 대표적이고, 그 외에 사이버 트러스트(CyberTrust), RSA 시큐러티(RSA Security), 피닉스 테크놀로지(Phoenix Technologies) 등을 들 수 있다.

인증기관이 발급한 전자인증서는 그 소지인의 상업상의 신원을 보장하는 것

---

34) 김시홍, 전게자료, 9~10면.

35) 베리사인사는 1955년에 미국 캘리포니아주에서 설립되었고, AT&T, 마이크로소프트, 소프트뱅크, 비자 등이 출자하고 있다.

이기 때문에 인증기관이 지켜야 할 규칙과 책임을 규정한 법률이 마련되고 있다. 그 예로 국제상업회의소의 디지털로 보장되는 국제전자상거래의 일반관례(GUIDEC)에 대한 보고서[36]를 보면 상업적인 적용을 보장하고 확인하는 일반적인 국제규칙을 개략적으로 다루고 있다. GUIDEC은 보장, 인증, 검증 절차와 관련된 현존하는 법규 및 관행을 재정립하고 그 조화를 기하기 위하여 작성된 것이다.

유엔 국제무역법위원회(UNCITRAL)의 전자서명에 관한 표준법(Uniform Rules on Electronic Signature)에서는 이 법은 전자서명이 상사적 활동(commercial activities)과 관련하여 사용되는 경우에 적용하도록 하고[37] 전자적 정보는 인증서(certificate)[38]에 의하여 신뢰성을 확보하도록 하고 있다. 이 표준법[39]에서는 입법

---

36) ICC, GUIDEC (General Usage for International Digitally Ensured Commerce), http://www1.kcci.or.kr/trade/civil/icc/guided.htm

37) UNCITRAL, Uniform Rules on Electronic Signature, Article 1.

38) UNCITRAL, Uniform Rules on Electronic Signature Article 2-(b) ; "인증서"(Certificate)라 함은 서명인과 서명생성 데이터 사이의 연관을 확인하는 데이터메시지 기타의 기록을 말한다. 한국의 전자서명법에서는 "인증"이라 함은 전자서명생성정보가 가입자에게 유일하게 속한다는 사실을 확인하고 이를 증명하는 행위를 말하며(제2조의6) "인증서"라 함은 전자서명생성 정보가 가입자에게 유일하게 속한다는 사실을 확인하고 이를 증명하는 전자적 정보를 말한다(제2조의7)라고 규정하고 있다.

39) UNCITRAL, Uniform Rules on Electronic Signature Article 12에서는 "외국인증서의 승인과 전자서명"에 관하여 다음과 같이 규정하고 있다.
(1) 인증서 또는 전자서명이 법적 효력이 있는가 여부나 그 범위를 결정함에 있어서는 다음의 사항을 고려하여서는 안 된다.
  (a) 인증서가 발행되거나 전자서명이 생성 또는 사용된 지리적 위치.
  (b) 발행자 또는 서명인의 영업소의 지리적 위치.
(2) 입법국 외에서 발행된 인증서는 실질적으로 동등한 수준의 신뢰성을 제공하는 경우에는 입법국에서 발행된 것과 같이 입법국에서 동일한 법적 효력이 있다.
(3) 입법국 외에서 생성 또는 사용된 전자서명은 실질적으로 동등한 수준의 신뢰성을 제공하는 경우에는 입법북에서 생성 또는 사용된 같이 입법국에서 동일한 법적 효력이 있다.
(4) 제2항 및 제3항의 규정에 관하여 인증서 또는 전자서명이 실질적으로 동등한 수준의 신뢰성을 제공하는가 여부를 결정함에 있어서는 승인된 국제표준과 기타의 관련 요소를 고려하여야 한다.
(5) 제2항, 제3항 및 제4항의 규정에 불구하고, 당사자가 특정 유형의 전자서명 또는 인

국 외에서 발행된 인증서는 실질적으로 동등한 수준의 신뢰성을 제공하는 경우에는 입법국에서 발행된 것과 같이 입법국에서 동일한 법적 효력이 있고 입법국 외에서 생성 또는 사용된 전자서명은 실질적으로 동등한 수준의 신뢰성을 제공하는 경우에는 입법국에서 생성 또는 사용된 같이 입법국에서 동일한 법적 효력이 있다고 하여 상호인증(cross certification)의 활용가능성을 시사하고 있다.

한국도 전자서명의 상호인정을 위하여 외국정부와 협정을 체결할 수 있도록 하고 있다. 이와 같이 협정을 체결하는 경우에는 외국의 인증기관 또는 외국의 인증기관이 발급한 인증서에 대하여 이 법에 의한 공인인증기관 또는 공인인증서와 동일한 법적 지위 또는 법적 효력을 부여하는 것을 그 협정의 내용으로 하고 있다.[40] 한국의 전자서명법에서는 정보통신부장관은 공인인증업무를 안전하고 신뢰성 있게 수행할 능력이 있다고 인정되는 자를 공인인증기관으로 지정할 수 있도록 하고 있다.[41]

6. 전자신용장의 활용

종이문서에 기반을 둔 전통적인 신용장과는 달리, 전자신용장은 신용장 발행 및 통지는 물론 전자선화증권 전송 등이 즉시 이루어져 전자결제가 신속하게 이루어질 수 있는 기반을 제공하게 된다. 전자신용장은 다른 국제결제수단보다 신용장의 모든 장점을 살릴 수 있을 뿐 아니라 신용장 시스템의 안전성을 개선할 수 있다.

증서의 사용에 합의한 경우, 그 합의는 국경초월의 승인을 위하여 충분한 것으로 인정된다. 다만, 그 합의가 적용 가능한 법에 의하여 유효하지 않거나 효력을 발생하지 아니하는 경우에는 그러하지 아니하다.

[40] 한국 전자서명법 제27조의2(상호인정).

[41] 한국 전자서명법 제4조. 2002년 현재 한국의 공인인증기관은 다음과 같다. ① 한국정보인증(http://www.signgate.com), ② 금융결제원(http://www.yessign.or.kr) ③ 한국증권전산(http://www.signkorea.com), ④ 한국전산원(http://www.nca.or.kr) ⑤ 한국전자인증(http://www.crosscert.com), ⑥ 한국무역정보통신(http://www. tradesign.net).

종이문서와 대조적으로 전자문서는 신속히 발행되므로 그 이동은 상당히 자동화되어 있고 수신인에게 신속하게 전달된다. 따라서 전자문서화는 종이문서에서 발생하는 지연을 경감시킬 수 있다. 그러나 신용장이 무서류 거래에 사용된다면 비용산정 체계는 변할 수 있다. 예를 들면, 자동화는 서류의 일치성 판단에 있어 전자서류를 분류하고 점검하는 시간을 줄일 수 있을 것이며 사용자들에게 비용을 감소시킬 수 있을 것이다.[42] 그러나 초기 비용은 오히려 증대될 수 있다.

또한 디지털화는 서류에 대하여 보다 효율적인 관리와 함께 빠르면서 쉬운 인증방식에 따라 사기의 발생 가능성을 줄일 수 있지만[43] 그러나 인증을 증명하는 시간이 걸리고 전자시스템에서 잠재적 사기가 상당히 존재하므로 이러한 견해를 수용함에 있어 주의가 요구된다.[44]

또한 전자신용장 시스템을 완성하는데 주요한 장애는 신용장 전송의 디지털화가 아니라 전자선화증권의 유통성 시스템과 인증시스템 등의 연동 구축과 저변확대의 지연에 기인되고 있다. 따라서 전자신용장은 앞으로 스위프트 시스템과 볼레로넷(bolero.net) 기반[45] 및 기타 TTP를 통하여 운영됨으로써 시스템의 연동과 그 위상이 어떻게 정립시킬 수 있는지에 대한 과제를 안고 있다.

신용장의 전자화를 위한 제도적 기반은 국제상업회의소 은행위원회가 중심이 되어 전자적 제시를 위한 화환신용장통일규칙 및 관례의 추록인 "eUCP"를 제정하여 2002년 4월 1일부터 적용되고 있다. eUCP의 제정은 지금까지 종이문서를 기반으로 하는 신용장거래가 전자무역거래에 부응할 수 있도록 전자적 제시

---

42) Emmanuel T. Laryea, "Payment for Paperless Trade: Are There Viable Alternatives to The Documentary Credit?" *Law and Policy in International Business*, Fall, 2001, p. 19.

43) Boris Kozolchyk, "The Paperless Letters of Credit and Related Documents of Title", *L. & Contemp. Probs.*, Summer 1992, pp. 89~92.

44) Subcommittee on Payments of the UCC, "Deterring Check Fraud: The Model Positive Pay Services Agreement and Commentary", 54 *BUS. LAW.* 637, 1999, pp. 637~42; Regina v. Governor of Brixton Prison, 3 W.L.R. 117 (H.L. 1997); Emmanuel T. Laryea, *op cit.*, p. 20.

45) Emmanuel T. Laryea, *op cit.*, pp. 47~48; Emmanuel T. Laryea, "Paperless Shipping Documents: An Australian Perspective", 25 *TUL. MAR. L.J.* 231, 2000, pp. 286~288.

를 통하여 무역대금결제가 전자적으로 이루어지는 획기적인 전기가 마련되게 되었다 할 것이다.

신용장에 의한 전자결제가 활성화 되고 현재의 종이문서 기반에서의 신용장거래가 전자적 제시에 의하여 명실상부한 전자신용장으로 발전하기 위해서는 기존의 스위프트 시스템 네트워크를 금융기관 외의 이해 당사자간에게도 스위프트넷 솔루션 등의 이용이 보편화 되어야 한다. 따라서 볼레로넷, 매매당사자 그리고 기타 신뢰성 있는 제3자 등과의 제휴 또는 회원관계 등을 유지하고, 안정적이고 범용적인 문서 형식의 개발, 전자선화증권의 유통과 실용화를 위한 등록기관과 국제공인인증기관의 저변확대도 이루어져야 전자신용장 활용이 증대될 수 있을 것이다.

7. 전자신용장 활용을 위한 ICC의 eUCP 제정

7.1 eUCP의 제정 배경과 특징

(1) 제정 배경

2000년 5월 24일 파리에서 개최된 국제상업회의소 은행위원회에서는 전자무역에 관심이 모아져 UCP와 종이신용장에 상응하는 전자적 자료처리에 있어 가교역할의 필요성을 확인하였다. UCP는 지난 60년에 걸쳐 신용장을 취급하는 업계를 위한 자체규정을 제공하는 데 있어 큰 성공을 거두었으나, 기술적 변화들을 수용하기 위하여 UCP를 보완하여야 할 필요성이 제기되었다.

종이신용장에서 전자신용장으로의 점진적 변화와 더불어, 업계는 국제상업회의소가 이러한 변화에 대한 지침을 제공하여 줄 것을 기대하였다. 이에 부응하여 은행위원회는 UCP의 추록(supplement)으로 적절한 규칙을 마련하기 위하여 UCP, 전자무역, 법적 문제 그리고 운송 관련 산업계의 전문가로 구성된 작업반을 설치하였다. 동 작업반은 미국의 테일러(Dan Taylor)와 스위스의 뮐러(Rene

Muller)가 공동의장을 맡고 미국의 빈(James E. Byrne) 등 19명의 위원으로 구성하였다.

이 작업반은 제1차 초안[46]을 2000년 12월 말 세계 각 국의 국내위원회(National Committee)로 보내고 2001년 2월 12일 접수된 의견들을 검토하였다. 2001년 수차례의 검토된 의견들을 종합하고 심의를 거쳐 2001년 11월 7일 독일 프랑크프르트에서 개최된 국제상업회의소 은행위원회에서 동 규칙 추록을 최종 승인하였다. 이와 같이 국제상업회의소 은행위원회는 18개월에 걸친 작업반의 집중적인 노력의 결과 전자적 제시를 위한 화환신용장통일규칙 및 관례의 새로운 추록 즉, "eUCP"를 제정하여 2002년 4월 1일부터 적용될 수 있도록 하였다.

그러나 UCP 500 적용 당시에 제정된 eUCP는 2007년 7월 1일부터 새로 적용되는 UCP 600에 부응하기 위하여 UCP의 추록으로서 기술적인 약간의 용어 수정을 하였으나 12개 조항의 내용은 버전 1.0의 내용과 같다. 즉, ICC는 은행위원회의를 통하여 종전의 "전자적 제시를 위한 UCP 500의 추록 버전 1.0" (Supplement to UCP 500 for Electronic Presentation Version 1.0) 대신 "전자적 제시를 위한 UCP의 추록 버전 1.1"(Supplement to the Uniform Customs and Practice for Documentary Credits for Electronic Presentation (eUCP) Version 1.1)로 수정하였다.

(2) eUCP의 특징

전자무역거래에서 대금결제와 관련하여 전자적 제시를 위한 현행 UCP의 추록, 즉 eUCP의 특징을 살펴보면 다음과 같다.

① eUCP는 UCP의 개정이 아니다. 따라서 UCP는 앞으로도 종이신용장을 기반으로 하는 규정을 계속적으로 제공하게 된다. 또한 eUCP도 UCP와 함께 사용하면서 신용장거래상의 종이문서에 상응하는 전자적 제시를 위하여 필요한 규정들을 계속적으로 제공하게 된다는 점이다.

② eUCP는 전자적 제시에 적용할 수 있는 용어의 정의 조항을 두고 있다.

---

46) 이 작업의 공식명칭으로 당초에는 "UCP Supplement for Electronic Presentation : eUCP" 로 하고 약어로 "eUCP"를 사용하기로 하였다.

즉 현행 UCP의 용어를 전자적 제시에 적용할 수 있도록 정의하고, UCP와 eUCP가 함께 사용될 수 있는 필요한 규정들을 제공하고 있다.

③ eUCP는 완전히 전자적으로 제시하거나 또는 종이문서와 전자적 제시를 혼용할 수 있도록 하고 있다. 비록 관행이 발전되고 있다 하더라도 전적으로 전자적 제시만을 제공하는 것은 현재로서는 비현실적이며, 더욱이 완전한 전자적 제시로의 변화를 촉진시킬 수도 없을 것임을 지적하고 있다.

④ eUCP는 신용장의 전자적 발행 또는 전자적 통지와 관련하여 아무 것도 제시하고 있지 않다. 그 이유는 현 시장관행과 UCP가 오랫동안 신용장의 발행 또는 통지를 전자적으로 행할 수 있도록 허용하여 왔기 때문이다. 이러한 점에서, eUCP의 사용자들은 UCP의 여러 조항이 종이문서에 상응한 전자적 제시에 의하여 아무런 영향을 받지 않으며 또한 eUCP를 적용하기 위한 어떠한 변화도 요구하지 않고 있음을 인식하여야 한다. 따라서 UCP와 eUCP를 함께 해석하면, 이들은 이와 같은 관행을 충분히 수용하고 있다는 사실을 확인할 수 있다는 점이다.

⑤ eUCP는 기술이 발전됨에 따라 개정되어야 할 것임을 지적하고 있다. 그러한 이유로 eUCP는 필요시 개정 또는 후속 버전이 나올 수 있도록 버전번호를 부여하여 제정 당시에는 버전은 1.0으로 하였으나 UCP 600 제정과 함께 버전을 1.1로 하였다.

⑥ eUCP는 특정기술 및 개발되고 있는 전자상거래시스템과 독립적으로 초안되고 또한 특정기술이나 전자적 제시를 촉진시키기 위하여 필요한 시스템을 제시하거나 정의하고 있지 않고 "기술중립성 원칙"을 견지하고 있다는 점이다. 따라서 이러한 기술들은 계속적으로 개발되고 있으므로 eUCP는 사용될 기술이나 시스템에 대하여 당사자들이 자유롭게 합의할 수 있도록 하고 있다. 또한 eUCP는 전자통신문의 전송에 사용될 형식(예를 들어, 전자우편이나 다양한 문서처리 프로그램 중 하나)을 명시하지 않고 있다. 이 또한 당사자들이 결정하여야 할 문제로 보고 있다.

⑦ eUCP의 모든 조항은 특별히 전자적 제시와 관련된 경우를 제외하고는,

UCP의 조항과 일치한다.

⑧ UCP의 조항과 eUCP 조항간의 혼란을 피하기 위하여 eUCP의 각 조 번호 앞에는 "e"가 표기되어 있다.

⑨ 신용장이 전자문서 또는 종이와 전자문서의 혼용을 허용하도록 하기 위하거나 또는 당사자들이 eUCP를 적용하기를 원할 경우, eUCP를 명시적으로 삽입하여야 한다는 점이다. 그러나 UCP와 eUCP 모두를 삽입할 필요는 없다.[47]

7.2 eUCP의 구성

eUCP는 버전 1.1에서 ① eUCP의 적용범위(제e1조), ② UCP에 대한 eUCP의 관계(제e2조), ③ 용어의 정의(제e3조), ④ 형식(제e4조), ⑤ 제시(제e5조), ⑥ 심사(제e6조), ⑦ 거절통지(제e7조), ⑧ 원본 및 사본(제e8조), ⑨ 발행일자(제e9조), ⑩ 운송(제e10조), ⑪ 제시 이후 전자기록의 변형(제e11조), ⑫ eUCP하의 전자기록 제시의무에 대한 추가적인 면책(제e12조)에 관하여 총 12조로 구성하고 있다.

7.3 eUCP의 내용과 검토

(1) eUCP의 적용범위

eUCP의 적용범위(Scope of the eUCP)를 보면 다음과 같다.

첫째, "전자적 제시(electronic presentation)를 위한 화환신용장통일규칙 및 관례의 추록(eUCP)은 전자기록 자체(만)의 또는 종이문서와 결합된 제시에 적용할 목적으로 화환신용장통일규칙 및 관례(UCP)를 보충한다"[48]라고 하여 eUCP의 목적과 역할을 명시하고 있다.

전자적 제시라고 한 것은 지금까지 UCP에 의한 제시는 전통적인 거래에서

---

47) ICC, *Supplement to UCP 500 for Electronic Presentation: eUCP*, ICC Publication 500/2 ~500/3, 2002, pp. 53~55; 강원진, eUCP와 ICC 신용장거래해석에 관한 설명회 자료, 대한상공회의소·ICC한국위원회, 2002. 4. 8, pp. 3~7.

48) eUCP Article e1-a.

주로 사용하여 오던 방식을 종이문서의 제시로 보고, 전자상거래 시대의 전자무역거래에서는 전자적 제시의 방식이라는 점을 고려하여 제시방법에 대한 용어를 차별화하고 있다.

　　eUCP에서는 전자적(electronic)에 대한 용어를 정의하고 있지 않으나 미국의 통일전자거래법(Uniform Electronic Transactions Act: UETA)에 의하면 "전자적이라 함은 전기적, 디지털, 자기적, 무선의, 광학적, 전자기적 또는 이와 유사한 능력을 가지는 기술과 관련되는 것을 의미하는 것"[49]으로 규정하고 있어 여기에서도 같은 의미로 볼 수 있다. eUCP는 완전히 온라인상에서의 전자적 거래뿐만 아니라 전통적인 종이문서에 기반을 둔 거래와 혼합하여 적용할 수 있으며 UCP를 보충하는 것을 목적으로 하고 있다.

　　둘째, "eUCP는 신용장이 eUCP에 따른다는 명시가 있는 경우 UCP의 추록(supplement)으로 적용한다"[50]고 하여 신용장 본문에 eUCP를 적용한다는 문언, 즉 "… Subject to the Supplement to Uniform Customs and Practice for Electronic Presentation(eUCP) Version 1.1"과 같은 명시가 있어야 적용된다. 신용장통일규칙은 강행법규가 아니고 임의 규칙이기 때문에 법적 구속력을 갖기 위해서는 신용장 본문에 준거문언을 삽입하여야 당사자를 구속하게 된다.[51] 이는 UCP의 적용범위[52]와 같은 취지이다.

　　셋째, "이 버전은 1.1이다. 신용장은 적용하는 eUCP 버전을 반드시 명시하여야 한다. 신용장이 버전을 명시하지 아니할 경우, 신용장이 발행된 일자에 시

---

49) Uniform Electronic Transactions Act 2001, Section 2-(5).

50) eUCP Article e1-b.

51) H.C. Gutteridge, Maurice Megrah, *The Law of Banker's Commercial Credits*, 7th. ed., Europa Publications Limited, London, 1984, p. 6.

52) 현행, 2007년 개정 국제상업회의소 간행물번호 600의 "화환신용장통일규칙 및 관례" (Uniform Customs and Practice for Documentary Credits, 2007 Revision, ICC Publication No. 600)(UCP 600)는 신용장 본문에 UCP 600에 관한 준거문언, 즉 "This credit … Subject to Uniform Customs and Practice for Documentary Credits, 2007 Revision, ICC Publication No. 600"이라는 명시가 있어야 UCP 600에 의거 관계당사자를 구속하게 된다.

행되는 버전에 따르고 또는 수익자가 승낙한 조건변경이 eUCP에 따르도록 되어 있을 경우, 조건변경일자에 시행되는 버전에 따른다"⁵³⁾라고 규정하여 eUCP를 적용하는 신용장은 그 본문에 eUCP를 적용한다는 문언과 함께 적용 버전, 즉 "eUCP Version 1.1"과 같은 명시가 있어야 한다. 이와 같이 eUCP에 적용되는 버전은 특정할 경우와 특정하지 아니한 경우를 구분하여 신용장발행과 조건변경시의 적용 버전에 관하여 규정하고 있다.

(2) UCP와 eUCP의 관계

eUCP 는 UCP를 대체하는 것이 아니다. 즉 eUCP는 오직 UCP의 추록으로 UCP 500과 eUCP를 함께 보완하여 사용하도록 하고 있다.

첫째, "eUCP를 준거로 하는 신용장(eUCP 신용장)은 화환신용장통일규칙 및 관례(UCP)의 원용을 명시하지 아니하더라도 또한 화환신용장통일규칙 및 관례를 적용한다"⁵⁴⁾고 규정하고 있다. 따라서 eUCP에 준거하는 것으로 명시된 신용장의 경우, UCP의 준거문언이 명시되지 아니하여도 UCP를 적용할 수 있다.⁵⁵⁾

둘째, "eUCP가 적용되는 경우, 그 조항은 UCP의 적용과 다른 결과를 발생시키는 범위 내에서 우선한다"⁵⁶⁾고 규정하여 eUCP와 UCP 적용상 상충이 될 경우에는 eUCP를 우선 적용하는 것으로 하고 있다.

셋째, "eUCP 신용장이 수익자가 종이문서(paper documents) 또는 전자기록(electronic records)의 제시 및 종이문서 제시만을 선택하는 것을 허용할 경우,

---

53) eUCP Article e1-c.

54) eUCP Article e2-a.

55) 스위프트 시스템에 의한 신용장 통지의 경우, 신용장에 UCP 적용에 관하여 명시하지 아니 한 경우에도 신용장은 UCP를 적용할 수 있는지 여부에 대한 질의에 대하여, ICC 은행위원회는 이와 같은 신용장 형식은 UCP에 준거하는 것으로 오랫동안 받아들여져 왔고, 승인된 하나의 관습이 되어 왔으므로 비록 신용장이 UCP를 준거한다는 명시가 없더라도 스위프트 시스템에 의한 신용장 통지에서는 UCP를 적용할 수 있다는 결정을 내린 바 있다. 따라서 스위프트 시스템에 의하여 통지된 신용장은 UCP를 적용할 수 있다 할 것이다; Gary Collyer, More Queries and Responses on UCP 500, ICC Publishing S.A., 1999, R.248.

56) eUCP Article e2-b.

UCP는 그와 같은 제시에 독자적으로 적용된다. 오직 종이문서가 eUCP 신용장 하에서 허용될 경우, UCP는 독자적으로 적용된다"[57]고 하여 eUCP는 완전한 전 자적 제시 또는 종이문서제시와 전자문서 제시의 혼합된 형태로 적용할 수 있으 나 이 경우 UCP는 독자적으로 적용됨을 규정하고 있다.

(3) 용어의 정의

용어의 정의(definitions)에 대해서는 UCP에서 사용되고 있는 용어 중에 eUCP 신용장하에서 적용될 경우의 포함 내용과 전자적 제시를 위하여 eUCP에 서 사용되는 새로운 용어를 구분하여 정의하고 있다.

첫째, "다음과 같은 용어가 eUCP에 사용될 경우, UCP를 eUCP 신용장하에 서 제시된 전자기록에 적용하기 위하여 그 용어, 즉: (1) "문면상"(appears on its face) 또한 이와 유사한 표현은 전자기록의 자료내용(data content)[58]의 심사에 적 용한다. (2) "문서"(document)는 전자기록(electronic record)을 포함한다. (3) 전 자기록의 "제시장소"(place for presentation)는 전자주소(electronic address)를 의 미한다. (4) "서명"(sign) 또한 이와 유사한 표현은 전자서명(electronic signature) 을 포함한다. (5) "부기된"(superimposed), "표기"(notation) 또는 "스템프된" (stamped)이라 함은 전자기록에서 보충하는 성격의 분명한 자료 내용을 의미한 다"[59]라고 규정하고 있다.

eUCP를 적용할 경우라도 eUCP는 전자기록의 제시에 관하여 최소한의 지침 을 eUCP에서 반영하고 있기 때문에 특히 서류심사 기준 및 서류에 관련된 여러 조항에 관하여 UCP에 반영하고 있는 "문면상, 문서, 제시장소, 서명, 부기된, 표 기, 스템프된"이라는 용어는 eUCP하에서 전자기록을 보충하는 자료내용을 의미 하는 것으로 하고 있다.

---

57) eUCP Article e2-c.
58) 국제상업회의소 은행위원회의 작업과정에서는 "content"로 한 바 있으나 UCP 500, Article 21의 자료내용(data content)이라는 용어와 일치시키고, 회원국 국내위원회의 의 견 등을 참조하여 "data content"로 변경하였다; ICC Document 470/941, April 2, 2001.
59) eUCP Article e3-a.

둘째, "eUCP에 사용된 다음의 용어는 다음과 같은 의미를 갖는다:

(1) "전자기록"(electronic record)이라 함은 전자적 수단에 의하여 작성 (created), 생성(generated), 송신(sent), 통신(communicated), 수신(received), 또는 저장된(stored) 자료, 송신자의 분명한 신원(identity) 및 그 속에 포함된 자료의 분명한 출처, 또한 완전하고 무변조 상태로 남아 있는지 여부에 관하여 인증될 수 있는 것, 그리고 eUCP 신용장 거래조건과의 일치(성)에 대하여 심사할 수 있는 것을 의미한다.

(2) "전자서명"(electronic signature)이라 함은 전자기록에 첨부된 또는 논리적으로 결합시키는 또한 신원을 식별하기 위하여 또한 전자기록의 특정인의 인증(authentication)을 표시하기 위하여 수행되고 채택된 자료처리과정(data process)을 의미한다.

(3) "형식"(format)이라 함은 전자기록(electronic record)이 표시되거나 또는 그것이 참조하는 자료구성(data organisation)을 의미한다.

(4) "종이문서"(paper document)라 함은 전통적인 종이형식의 문서를 의미한다.

(5) "수신"(received)이라 함은 어떠한 전자기록이 특정 시스템에 의하여 받아들여질 수 있는 형식으로 적절한 수신자의 정보시스템(information system)에 들어가는 시점을 의미한다. 어떤 수신확인도 eUCP 신용장하에서 전자기록의 승낙 또는 거절을 암시하지 아니한다"[60]고 규정하고 있다.

전자기록의 정의는 eUCP 규정제정 보다 앞서 입법화된 미국의 통일전자거래법상의 용어의 정의와 유사하다. 즉 "전자기록이라 함은 전자적 방식으로 작성, 생성, 송신, 교환, 또는 저장되는 기록을 말한다"[61]와 같이 규정한 용어의 정의와 크게 다르지 않다. 다만 전자기록이라 하더라도 신용장에 의한 전자적 제시를 고려하여 송신자의 신원 및 자료의 출처 파악 또한 인증할 수 있고 신용장조

---

60) eUCP Article e3-b.

61) UETA, Section 2-(7); "Electronic record" means a record created, generated, sent, communicated, received, or stored by electronic means.

건과 일치성을 심사할 수 있는 것으로 하여 보다 구체적으로 정의되고 있다 할
것이다.

또한 eUCP에서는 정보시스템에 대한 정의는 없으나 유엔 국제무역법위원
회의 전자상거래에 관한 표준법에서는 "정보시스템이라 함은 데이터메시지를 생
성, 송신, 수신 기타의 처리를 하기 위한 시스템을 말한다"[62]라고 정의하고 있다.

(4) 형식 및 제시

eUCP 신용장에서는 전자기록 제시의 형식(format)을 강조하고 있다. "eUCP
신용장은 전자기록이 제시되는 형식을 반드시 명시하여야 한다. 만일 전자기록
의 형식이 그와 같이 명시되지 아니하였다면, 그것은 어떠한 형식으로도 제시되
어 질 수 있다"[63]고 규정하고 있어 제시되는 문서뿐 아니라 그 형식도 명시하여
야 한다.

eUCP 전자적 제시 형식과 관련하여 특히 볼레로넷(bolero.net)[64]에서는 전
자무역거래의 이점을 극대화하기 위하여 이미 일련의 표준전자문서(standard
electronic documents)[65]를 제공하기 위한 "boleroXML" 솔루션을 통하여 자동화된

---

62) UNCITRAL Model Law on Electronic Commerce 1996, Article 2-f.

63) eUCP Article e4.

64) 볼레로는 선화증권전자등록기구(Bill of Lading Electronic Registary Organization:
Bolero)이다. 이 운영 주체인 볼레로넷의 eUCP의 전자적 제시와 관련하여 문서의 형태
와 형식(Document Type and Format) 항목에서 "구조화된 BoleroXML 버전"을 이용하
여 제시하고 있는 상업송장 형식과 "비구조화된 기타 전자적 형식"에서 등록증
(Certificate of Registry) 형식의 예를 보면 다음과 같다; bolero.net, *eUCP XML Guide*,
2002, p. 5.

    Document Name: Commercial Invoice 380
      Document Format
      ☒ Bolero Xml Version Word: V1 R8P
      ☐ Other Electronic Format:

    Document Name: Certificate of Registry 798 Document Format
      ☒ Bolero Xml Version Word:
      ☐ Other Electronic Format: Word 6.0/95

65) 국제상업회의소는 1986년 EDI 에 참여하는 당사자간에 합의된 행위규범으로서 전자문서

전자적 교환을 용이하게 하는데 허용되는 형식의 예를 이미 검토한 바 있다.

한편 eUCP에서는 신용장에서 제시(presentation)와 관련된 제시장소, 제시방법, 수익자의 통지의무, 동일성 확인, 전자기록의 수신 및 인증에 관하여 비교적 상세히 규정하고 있다.

첫째, "eUCP 신용장이 제시를 허용함에 있어: (1) 전자기록은 전자기록의 제시장소(place for presentation)를 반드시 명시하여야 한다. (2) 전자기록(electronic records)만이 아니라 종이문서(paper documents)도 반드시 종이문서의 제시장소를 또한 명시하여야 한다"[66]라고 규정하고 있다.

이와 같은 전자기록 또는 종이문서의 제시는 UCP에서의 서류제시 규정과 다른 점을 검토할 수 있다. 즉 UCP 600에서는 "신용장은 제시를 위한 유효기일을 명기하여야 하며 인수·지급 또는 매입을 위하여 명기된 유효기일은 제시를 위한 유효기일로 본다.

또한 신용장이 사용가능한 은행의 장소는 제시장소이며 발행은행 이외의 제시장소는 발행은행의 장소에 추가한 것이다"[67]라고 규정하고 있어 UCP에서는 자유매입신용장의 경우 서류제시의 장소를 명시할 필요가 없으나, eUCP 신용장에서는 전자기록만이 아닌 종이문서도 반드시 제시장소를 명시하여야 하므로 신용장의 유형에 관계없이 제시장소를 명시하여야 하는 것으로 볼 수 있다. 신용장의 유효기일에 관해서는 UCP 600 신용장이나 eUCP 신용장도 같이 취급된다.

둘째, "전자기록은 독립적으로 제시될 수 있으나 동시에 제시될 필요는 없

교환의 사용촉진에 기여할 목적으로 EDI 교환약정에 대한 국제적인 표준을 제시하기 위하여 "전송에 의한 무역자료교환을 위한 통일규칙(Uniform Rules of Conduct for Interchange of Trade Data by Teletransmission: UNCID)을 제정하였으나 다른 사용자 그룹의 다양한 요구를 수용하지 못한 한계로 인하여 당사자간의 EDI 교환 약정에 대한 국제적인 표준으로 채택되지 못하였다. 그러나 국제상업회의소는 1998년 상이한 법체제 하에서 현행법 및 관행상으로 디지털메시지를 어떻게 보장하고 증명할 것인가에 대한 일반적인 틀을 마련하기 위한 목적으로 "디지털로 보장되는 국제전자상거래의 일반관례"(General Usage for International Digitally Ensured Commerce: GUIDEC)를 제정하였다; http://www.iccwbo.org/ home/guidec/guidec.asp

66) eUCP Article e5-a.

67) UCP 500, Article 6-d.

다"[68]고 규정하여 지금까지 종이문서를 기반으로 하는 신용장거래 관행은 수익자가 서류를 일괄 준비하여 매입은행에 제시하여 수출환어음(서류)를 매입하였으나 eUCP 신용장하에서는 수익자가 은행에 직접 제시하는 전자기록이나 종이문서와는 별도로 운송인이나 보험자 또는 신뢰성 있는 제3자(Trusted Third Party: TTP)가 매입은행 등으로 제시할 수 있는 특수성을 고려하고 있다.

셋째, "eUCP 신용장이 하나의 또는 그 이상의 전자기록의 제시를 허용하는 경우, 수익자(beneficiary)는 제시가 완성될 때 제시가 표명되어진 은행에게 통지를 행할 책임이 있다. 완료통지는 전자기록 또는 종이문서로서 이루어져야 하며 관련되는 eUCP 신용장과의 동일성을 반드시 확인하여야 한다. 제시는 수익자의 통지가 수신되지 아니한 경우 이루어지지 아니한 것으로 간주된다"[69]고 규정하여 전자기록의 제시시에 대한 수익자의 통지의무를 강조하고 있다.

넷째, "eUCP 신용장하에서 전자기록의 제시 및 종이문서의 제시는 제시되어지는 eUCP 신용장과의 동일성을 반드시 확인하여야 하며, 이와 같은 동일성 확인을 하지 아니한 제시는 수신되지 아니한 것으로 취급된다"[70]고 규정하여 신용장 번호, 전자기록의 내용, 서류제시의 형식 등 신용장과 제시되는 전자기록상의 동일성을 확인하도록 하고 있다.

다섯째, "경우에 따라, 제시가 이루어지는 은행이 영업을 하고 있으나 그 시스템이 약정된 유효기일 및/또는 제시를 위하여 선적일자 이후 제시를 행하여야 할 최종일에 전송된 전자기록을 수신할 수 없는 경우, 은행은 폐점된 것으로 간주되며 제시를 위한 기일 및/또는 유효기일은 그와 같은 은행이 전자기록을 수신할 수 있는 다음 첫 은행영업일까지 연장된다. 만일 제시되기 위하여 남아 있는 유일한 전자기록이 완료 통지라면 통신 또는 종이문서에 의하여 제공된 것으로 볼 수 있으며 또한 전자기록이 은행이 전자기록을 수신하기 이전에 송신되어졌다면 적시로 간주된다"[71]고 규정하여 은행이 영업중이더라도 은행시스템 장애

---

68) eUCP Article e5-b.

69) eUCP Article e51-c.

70) eUCP Article e5-d.

71) eUCP Article e5-e.

등 은행의 귀책사유에 기인하여 전송된 전자기록을 수신할 수 없을 경우의 제시 유예기간을 고려하고 있다.

여섯째, "인증될 수 없는 전자기록은 제시가 완료되지 아니한 것으로 간주한다"[72]고 규정하고 있다. 그러나 전자기록의 인증방법에 대해서는 구체적인 규정이 없다. UCP 500에서 종이문서의 인증(authentication)방법은 서면상의 표시(written representations)에 의존하여야 하므로 서류가 인증되기 위해서는 서명(signature), 표지(mark), 스탬프(stamp), 또는 부전(label)에 의하여 충족시키도록 규정하고 있다.[73]

그러나 전자적 제시에 있어서 인증은 종이문서와 달리 전자적 제시자 또는 송신자의 신원을 확인하는 것으로 일반적으로 폐쇄형 네트워크에서는 사용자 이름(user name)과 패스워드(password)를 이용하지만, 개방형 네트워크에서는 사전에 사용자의 데이터베이스가 없으므로 제3자를 개입시킴으로서 본인의 진정성을 확인(certification)하게 된다.

유엔 국제무역법위원회의 전자지급이체에 관한 표준법에서는 "'인증'(authentication)이라 함은 지급지시나 그 정정 또는 취소가 송신자로 지정된 자에 의하여 발행되었는가 여부를 결정하기 위하여 협약에 의하여 설정된 절차를 말한다"[74]라고 포괄적인 용어의 정의를 하고 있고, 미국 통일컴퓨터정보거래법(Uniform Computer Information Transactions Act: UCITA)에서는 "'인증'이라 함은 기록에 서명할 의향으로 그러한 기록을 언급하거나, 첨부하거나, 내용에 포함시키거나 또는 논리적으로 결합되어 있는 전자적 상징, 음성, 통신 또는 과정을 이행하거나 채택하는 것을 의미한다"[75]고 하여 이는 eUCP상의 전자기록에 대한 인

---

72) eUCP Article e5-f.

73) UCP 600, Article 17.

74) UNCITRAL Model Law on Electronic Credit Transfers 1992, Article 2-i.

75) UCITA, Section 102-(6); "Authenticate" means: (A) to sign; or (B) with the intent to sign a record, otherwise to execute or adopt an electronic symbol, sound, message, or process referring to, attached to, included in, or logically associated or linked with, that record.

증의 의미와 부합되는 것으로 볼 수 있다.

(5) 심사 및 거절통지

전자기록의 심사(examination)에 관해서는 외부시스템 연결을 포함하거나 또는 참조하여 이루어질 때 전자기록의 진정성, 거절과 관련된 발행은행과 확인은행의 불능과 관련된 규정을 두고 있다.

첫째, "전자기록이 외부의 시스템에 하이퍼링크(hyperlink)[76]를 포함하거나 또는 전자기록이 외부시스템을 참조하여 심사되어질 수 있다는 것을 명시하는 경우 하이퍼링크에 있는 전자기록 또는 관련시스템은 심사가 이루어진 전자기록으로 간주된다. 심사시점에 요구된 전자기록에 대하여 지시된 시스템으로의 접근실패는 불일치(discrepancy)를 구성한다"[77]고 하여 전자기록이 은행 자체의 시스템과 직접 통신되거나 은행 자체에 저장된 자료 등을 참조하여 심사되지 아니하더라도 접근될 수 있는 외부시스템의 하이퍼링크를 포함하거나 외부시스템을 참조하더라도 심사가 이루어진 전자기록으로 간주됨을 규정하고 있다.

둘째, "지정에 따른 지정은행(Nominated Bank)의 전자기록의 발송은 전자기록에 대한 외관상의 진정성(authenticity)을 점검하였다는 것을 의미한다"[78]고 규

---

76) 하이퍼링크(hyperlink)란 하이퍼 텍스트 문서 또는 다른 형태의 문서내의 요소 사이의 연결을 말한다. 링크란 웹에서 지정된 글자 또는 그림 등을 마우스 커서로 눌러 웹제작자가 지정해 놓은 특정한 페이지 또는 특정 주소, 특정파일 등으로 이동하도록 하게 하는 수단이다. 링크할 수 있는 종류로는 관련 사이트 연결(http://www.yahoo.co.kr), 전자우편 주소 연결(mail to: wonjkang@hotmail.com), 특정 파일의 지정된 위치로 연결 (http://www.calfed. com/commbank/index_ch.htm), 이미지 연결 및 각종 프로토콜 연결 등이 있다. 따라서 월드와이드웹은 하이퍼링크를 통해 인터넷상에서 어떠한 문서라도 즉시 연결할 수 있게 된다. 하이퍼링크는 표준범용문서 생성언어(SGML)와 하이퍼텍스트 생성언어(HTML) 등의 문서 생성언어의 태그, 즉 꼬리표 (tag)를 사용하여 구조화시킨다. 태그는 아래의 예와 같이 "〈" 표시로 시작되고, "〉" 표시로 마감된다 하이퍼링크의 예) 〈AHREF="http://www.calfed.com/commbank/index_ch.htm"〉.....〈/A〉; http://infocomdic.encyber.com/default.php 및 http://myhome.hananet. net/~madeweb/참조.

77) eUCP Article e6-a.

78) eUCP Article e6-b.

정하고 있다. 예로 지급은행이나 매입제한은행과 같은 지정은행은 수익자나 운송인 등 제3자가 제시한 전자기록을 1차적으로 점검하였기 때문에 점검된 것으로 인정하지만, 지정은행으로부터 제시받은 전자기록이 불일치를 구성할 경우, 발행은행이 최종적인 인수·지급과는 별개의 사안이 될 것이다.

셋째, "eUCP 신용장에 의하여 요구되는 형식의 전자기록 또는 아무런 형식이 요구되지 아니한 경우 제시된 형식에서 전자기록을 심사함에 있어 발행은행(Issuing Bank), 확인은행(Confirming Bank)(있을 경우)의 불능(inability)은 거절을 위한 근거가 되지 아니한다"[79]고 규정하고 있다. 이 조항에서는 불능에 관하여 그 내용이나 범위를 설정하고 있지 않다. 이는 발행은행에서 eUCP 신용장을 발행할 경우 전자기록의 형식을 지정하여 발행할 것을 강조하고 있는 것으로 추정할 수 있으며 그러하지 아니함으로 기인되는 발행은행이나 확인은행의 불능은 전자기록의 거절을 위한 사유가 되지 않음을 규정하고 있다 할 것이다.

한편, 거절통지(notice of refusal)는 서류심사기간 개시 시기와 거절통지에 관하여 규정하고 있다.

첫째, "(1) 서류심사를 위한 기간은 수익자의 완료통지가 수신된 은행영업일(banking day)의 다음날 은행영업일에 개시된다. (2) 서류의 제시 또는 완료통지를 위한 기간이 연장된 경우, 서류심사기간은 제시가 이루어지거나 완료통지를 수신한 은행의 다음 첫 은행영업일에 개시된다"[80]고 하여 서류심사의 기간 개시시기를 분명히 하고 있다. 그러나 신용장발행 통지, 기간연장 통지를 수신한 이후 다음날 첫 은행영업일에 심사기간 개시는 이루어지나 발행은행이나 확인은행의 경우 서류를 심사하여 수리하거나 거절을 통지하기 위하여 UCP 600의 서류심사기간[81]과 같이 서류수령 다음날부터 제5은행 영업일의 범위에서 상당한 기간을 향유할 수 있는지 여부에 관해서는 명확한 규정을 두지 않고 있다. 그러나 서류심사기간은 UCP 600에 준거하여 해석하여야 한다.

---

79) eUCP Article e6-c.

80) eUCP Article e7-a.

81) UCP 500, Article 13-b.

둘째, "발행은행, 확인은행(있을 경우), 또는 그들을 대신하여 행동하는 지정 은행이 전자기록을 포함하는 제시에 대한 거절통지(notice of refusal)를 행한 경우 또한 거절통지가 전자기록의 처분을 위하여 발신된 거절통지일자로부터 30일(曆日; calendar days) 이내 발신된 거절통지의 당사자로부터 지시를 수신하지 아니한 경우, 은행은 이전에 제시인에게 반송하지 아니한 모든 종이문서를 반송할 수 있으며 아무런 책임 없이 적절하다고 간주된 방법으로 전자기록을 처분할 수 있다"[82]고 하여 거절통지와 함께 종이문서의 반송 및 전자기록의 처분방법에 관하여 규정하고 있다.

(6) 전자기록의 원본과 사본의 충족과 발행일자

전자기록의 원본과 사본(originals and copies)에 대하여 eUCP는 "어떠한 전자기록의 하나 또는 그 이상의 원본과 사본의 제시를 위한 UCP 또는 eUCP 신용장의 모든 요구는 하나의 전자기록 제시에 의하여 충족되어진다"[83]고 규정하여 eUCP 신용장하에서 제시되는 전자기록은 신용장에 하나(한 통) 또는 그 이상의 원본과 사본을 요구하더라도 하나(한 통)만 제시하여도 신용장 조건을 충족하는 것으로 간주하게 되었다. 이는 전자기록의 특성을 감안한 전자기록의 원사본과 제시 통수에 관한 지침이다.

UCP 600에서는 "신용장이 "2통(in duplicate)", "2부(in two fold)" 또는 "2통(in two copies)"과 같은 용어를 사용함으로써 수통의 서류제시를 요구하는 경우, 이것은 서류자체에 별도의 표시가 있는 경우를 제외하고, 적어도 원본 1통 및 사본으로 된 나머지 통수의 제시에 의하여 충족된다"고 규정하여 종이문서를 제시하는 기준으로 볼 수 있다.

한편, 발행일자(date of issuance)에 관하여 eUCP는 "전자기록이 특정한 발행일자를 포함하지 아니하는 경우, 그것이 발행인에 의하여 송신[84]이 완료된 것으

---

82) eUCP Article e7-b.

83) eUCP Article e8.

84) 데이터메시지의 송신은 작성자와 수신자 사이에 다른 합의가 없는 한, 데이터메시지가 정보시스템에 입력 되어 작성자 또는 그를 대리하여 데이터메시지를 전송하는 자의 지배

로 보이는 일자는 발행일자로 간주된다. 수신일자[85]는 다른 어떠한 일자가 분명하지 않을 경우 송신된 일자로 간주된다"[86]고 하여 전자기록상에 발행일자에 관하여 특별한 명시가 있으면 당해 일자가, 명시가 없으면 송신일자가 발행일로 간주되며 수신일자는 불명확할 경우 송신일자로 간주된다고 하여 전자기록의 발행일자를 분명히 하고 있다.

또한 "운송(transport)을 명시하고 있는 전자기록이 선적(shipment) 또는 발송(dispatch) 일자를 명시하고 있지 아니할 경우, 전자기록의 발행일자는 선적 또는 발송일자로 간주된다. 그러나 전자기록이 선적 또는 발송 일자를 명시하는 부기(notation)가 포함된 경우, 부기일자는 선적 또는 발송일자로 간주된다. 부가적인 일자내용을 보여주는 표기는 독립적으로 서명 또는 별도로 인증을 요하지 아니한다"[87]고 규정하고 있다. 물품운송이 수반되는 전자기록, 즉 전자선화증권상에 선적일자나 발송일자가 명시되지 아니한 경우에는 전자선화증권의 발행일자가 선적 및 발송일자로 간주되며, 선적일자나 발송일자를 표기하고 있는 경우에는 그 표기일자가 선적 및 발행일자로 간주된다. 이와 같이 전자적으로 발행되는 전자선화증권(전자운송서류)의 발행일자는 선적 또는 발송일자로 단순화시키고 있다.

(7) 제시 이후 전자기록의 변형과 전자기록 제시 의무에 대한 추가적인 면책

전자기록은 바이러스의 감염이나 기타 전산처리상에 제시 이후 전자기록의

를 벗어난 때에 발생한다; UNCITRAL Model Law on Electronic Commerce 1996, Article 15-(1).

85) 데이터메시지의 수신시기는 작성자와 수신자 사이의 다른 합의가 없는 한, 다음에 의하여 결정된다. (a) 수신자가 데이터메시지를 수신할 목적으로 정보시스템을 지정한 경우에, 수신은 (i) 데이터메시지가 지정 된 정보시스템에 입력된 때, 또는 (ii) 데이터메시지가 지정된 정보시스템이 아닌 수신자의 정보시스템으로 전송된 경우에는 데이터메시지가 수신자에 의하여 검색된 때에 발생한다. (b) 수신자가 정보시스템을 지정하지 아니한 경우에, 수신은 데이터메시지가 수신자의 정보시스템에 입력된 때에 발생한다; UNCITRAL Model Law on Electronic Commerce 1996, Article 15-(2).

86) eUCP Article e9.

87) eUCP Article e10.

변형(corruption of an electronic record after presentation)이 될 가능성이 있다. 이와 같이 eUCP는 다음과 같이 규정하고 있다.

첫째, "발행은행, 확인은행, 또는 다른 지정은행이 수신한 전자기록이 변형된 것으로 보이는 경우, 은행은 제시자에게 통지할 수 있으며 또한 그 전자기록의 재제시를 요구할 수 있다"[88]라고 규정하여 발행 또는 확인은행 또는 지정은행의 변형된 전자기록에 대한 통지 및 재제시 요구 가능성을 고려하고 있다.

둘째, "은행이 전자기록 재제시를 요구하는 경우 (1) 심사기간은 정지되며 제시자가 전자기록을 재제시할 때 재개된다. 그리고 (2) 지정은행은 확인은행이 아닌 경우, 발행은행 및 어떠한 확인은행에게 재제시 요청에 대한 통지를 반드시 행하여야 하며 또한 정지에 관한 통지를 하여야 한다. 그러나 (3) 동일한 전자기록이 30일(역일; calendar days) 이내에 재제시되지 아니한 경우, 은행은 전자기록이 제시되지 아니한 것으로 취급한다; 그리고 (4) 어떠한 최종기간(deadlines)도 연장되지 아니한다"[89]라고 규정하고 있다. 그러나 여기에서 전자기록의 재제시는 eUCP하의 신용장 유효기일 내에서 이루어져야 한다.

한편 UCP 600에서 규정하고 있는 송달 및 번역에 대한 면책(disclaimer on the transmission and translation) 규정[90]에서 "은행은 모든 통신, 서신 또는 서류가 신용장에 명시된 요건에 따라 송달 또는 송부된 경우, 또는 은행이 신용장에 그러한 지시가 없으므로 인도서비스의 선택에 있어서 주도적 역할을 하였다 하더라도, 은행은 그러한 통신의 송달 또는 서신이나 서류의 인도 중 지연, 분실, 훼손 또는 기타 오류로 인하여 발생하는 결과에 대하여 아무런 의무 또는 책임을 부담하지 아니 한다"고 규정한 조항 중 "통신송달 중 훼손 또는 기타의 오류에 대해서도 의무 또는 책임을 부담하지 아니한다"는 점과 eUCP 규정 추록 제12조의 "전자기록 제시의무에 대한 추가적인 면책조항" 등을 고려할 때 고의나 중과실 등 불법행위가 아닌 한 은행은 면책된다 할 것이다.

---

88) eUCP Article e11-a.
89) eUCP Article e11-b.
90) UCP 600, Article 35.

이와 같이 은행은 수신된 전자기록에 대하여 추가적인 면책(additional disclaimer)을 인정하고 있다. 즉 "전자기록의 외관상 진정성(authenticity)을 점검함으로써 은행은 수신, 인증, 및 전자기록의 확인(identification)을 위하여 상업적으로 인정할 수 있는 자료처리의 사용에 의하여 수신된 전자기록을 제외하고 송신자의 신원, 정보의 출처, 또는 전자기록이 외관상 정보의 완전성과 무변조성에 대하여 아무런 의무를 부담하지 아니 한다"[91]고 하여 UCP 600의 서류의 효력에 관한 면책[92] 및 통신송달에 관한 면책[93] 규정에 추가하여 수신된 전자기록의 송신자의 신원, 정보의 출처 및 외관상의 문자에 대하여 면책이 됨을 규정하고 있다.

8. 전자적 제시를 위한 UCP의 추록(eUCP)-버전1.1

Supplement to the Uniform Customs and Practice for Documentary Credits for Electronic Presentation (eUCP) Version 1.1

[Article e1] Scope of the eUCP

[추록 제 1 조] eUCP의 적용범위

PART 06

  a. The Supplement to the Uniform Customs and Practice for Documentary Credits for Electronic Presentation ("eUCP") supplements the Uniform Customs and Practice for Documentary Credits(2007 Revision ICC Publication No. 600) ("UCP") in order to accommodate presentation of electronic records alone or in combination with paper documents.

  a. 전자적 제시를 위한 화환신용장통일규칙 및 관례의 추록(eUCP)은 전자기록 자체의 또는 종이문서와 결합된 제시에 적용할 목적으로 화환신용장통일규칙 및 관례(2007년 개정 국제상업회의소 간행물번호 600)(UCP)를 보충한다.

  b. The eUCP shall apply as a supplement to the UCP where the Credit indicates that is subject to eUCP.

---

91) eUCP Article e12.

92) UCP 600, Article 35.

93) UCP 600, Article 34.

b. eUCP는 신용장이 eUCP에 따른다는 명시가 있는 경우 UCP의 추록으로 적용한다.

c. This version is Version 1.1. A Credit must indicate the applicable version of the eUCP. If it does not do so, it is subject to the version in effect on the date the Credit is issued or, if made subject to eUCP by an amendment accepted by the Beneficiary, on the date of that amendment.

c. 이 버전은 1.1이다. 신용장은 적용하는 eUCP 버전을 반드시 명시하여야 한다. 신용장은 이를 명시하지 아니할 경우, 신용장이 발행된 일자에 시행되는 또는 수익자가 승낙한 조건변경이 eUCP에 따르도록 되어 있을 경우, 조건변경일자에 시행되는 버전에 따른다.

[Article e2] Relationship of the eUCP to the UCP

[추록 제 2 조] UCP에 대한 eUCP의 관계

a. A Credit subject to the eUCP("eUCP Credit") is also subject to the UCP without express incorporation of the UCP.

a. eUCP에 따르는 신용장(eUCP 신용장)은 화환신용장통일규칙 및 관례(UCP)의 원용을 명시하지 아니하더라도 또한 화환신용장통일규칙 및 관례에 따른다.

b. Where the eUCP applies, its provision shall prevail to the extent that they would produce a result different from application of the UCP.

b. eUCP가 적용되는 경우, 그 조항은 UCP의 적용과 다른 결과를 발생시키는 범위 내에서 우선한다.

c. If an eUCP Credit allows the Beneficiary to choose between presentation of paper documents or electronic records and it chooses to present only paper documents, the UCP alone shall apply to that presentation. If only paper documents are permitted under an eUCP Credit, the UCP alone shall apply.

c. eUCP 신용장이 수익자가 종이문서 또는 전자기록의 제시 및 종이문서 제시만을 선택하는 것을 허용할 경우, UCP는 그와 같은 제시에 독자적으로 적용된다. 오직 종이문서가 eUCP 신용장하에서 허용될 경우, UCP는 독자적으로 적용된다.

[Article e3] Definitions

[추록 제 3 조] 용어의 정의

a. Where the following terms are used in the UCP, for the purposes of applying the UCP to an electronic record presented under an eUCP credit, the term:

a. 다음과 같은 용어가 UCP에 사용될 경우, UCP를 eUCP 신용장하에서 제시된 전자기록에 적용하기 위하여 그 용어, 즉:

i. "appears on its face" and the like shall apply to examination of the data content of an electronic record.

i. "문면상" 또한 이와 유사한 표현은 전자기록의 자료내용의 심사에 적용한다.

ii. "document" shall include an electronic record.

ii. "문서"는 전자기록을 포함한다.

iii. "place for presentation" of electronic records means an electronic address.

iii. 전자기록의 "제시장소"는 전자주소를 의미한다.

iv. "sign" and the like shall include an electronic signature.

iv. "서명" 또한 이와 유사한 표현은 전자서명을 포함한다.

v. "superimposed", "notation" or "stamped" means data content whose supplementary character is apparent in an electronic record.

v. "부기된", "표기" 또는 "스템프된" 이라 함은 전자기록에서 보충하는 성격이 분명한 자료 내용을 의미한다.

b. The following terms used in the eUCP shall have the following meanings:

b. eUCP에 사용된 다음과 같은 용어는 다음과 같은 의미를 갖는다.

i. "electronic record" means

- data created, generated, sent, communicated, received, or stored by electronic means

- that is capable of being authenticated as to the apparent identity of a sender and the apparent source of the data contained in it, and as to whether it has remained complete and unaltered, and

- is capable of being examined for compliance with the terms and conditions of the eUCP Credit.

i. "전자기록"이라 함은

- 전자적 수단에 의하여 작성, 생성, 송신, 통신, 수신, 또는 저장된 자료

- 송신자의 분명한 신원 및 그 속에 포함된 자료의 분명한 출처, 또한 완전하고 변하지 않은 상태로 남아 있는지 여부에 관하여 인증될 수 있는 것, 그리고

- eUCP 신용장 거래조건과의 일치(성)에 대하여 심사할 수 있는 것을 의미한다.

ii. "electronic signature" means a data process attached to or logically associated with an electronic record and executed or adopted by a person in order to identify that person and to indicate that person authentication of the electronic record.

ii. "전자서명"이라 함은 전자기록에 첨부된 또는 논리적으로 결합시키는 또한 신

원을 식별하기 위하여 또한 전자기록의 특정인의 인증을 표시하기 위하여 수
행되고 채용된 자료처리 과정을 의미한다.

iii. "format" means the data organisation in which the electronic record is expressed or to which it refers.

iii. "형식"이라 함은 전자기록이 표시되거나 또는 그것이 참조하는 자료구성을 의미한다.

iv. "paper document" means a document in a traditional paper form.

iv. "종이문서"라 함은 전통적인 종이형식의 문서를 의미한다.

v. "received" means the time when an electronic record enters the information system of the applicable recipient in a form capable of being accepted by that system. Any acknowledgement of receipt does not imply acceptance or refusal of the electronic record under an eUCP Credit.

v. "수신"이라 함은 어떠한 전자기록이 특정 시스템에 의하여 받아들여질 수 있는 형식으로 적절한 수신자의 정보시스템에 들어가는 시점을 의미한다. 어떤 수신 확인도 eUCP 신용장하에서 전자기록의 승낙 또는 거절을 암시하지 아니한다.

[Article e4] Format

[추록 제 4 조] 형   식

An eUCP Credit must specify the formats in which electronic records are to be presented. If the format of the electronic record is not so specified, it may be presented in any format.

eUCP 신용장은 전자기록이 제시되는 형식을 반드시 명시하여야 한다. 만일 전자기록의 형식이 그와 같이 명시되지 아니하였다면, 그것은 어떠한 형식으로도 제시될 수 있다.

[Article e5] Presentation

[추록 제 5 조] 제   시

a. An eUCP Credit allowing presentation of:

a. eUCP 신용장이 제시를 허용함에 있어:

i. electronic records must state a place for presentation of the electronic records.

i. 전자기록은 전자기록의 제시장소를 반드시 명시하여야 한다.

ii. both electronic records and paper documents must also state a place for presentation of the paper documents.

ii. 전자기록만이 아니라 종이문서도 종이문서의 제시장소를 반드시 명시하여야 한다.

b. Electronic records may be presented separately and need not be presented at the same time.

b. 전자기록은 독립적으로 제시될 수 있으나 동시에 제시될 필요는 없다.

c. If an eUCP Credit allows for presentation of one or more electronic records, the Beneficiary is responsible for providing a notice to the Bank to which presentation is made signifying when the presentation is complete. The notice of completeness may be given as an electronic record or paper document and must identify the eUCP Credit to which it relates. Presentation is deemed not to have been made if the Beneficiary notice is not received.

c. eUCP 신용장이 하나의 또는 그 이상의 전자기록의 제시를 허용하는 경우, 수익자는 제시가 완성될 때 제시가 표명되어진 은행에게 통지를 행할 책임이 있다. 완료통지는 전자기록 또는 종이문서로서 이루어져야 하며 관련되는 eUCP 신용장과의 동일성을 반드시 확인하여야 한다. 제시는 수익자의 통지가 수신되지 아니한 경우 이루어지지 아니한 것으로 간주된다.

d. i. Each presentation of an electronic record and the presentation of paper documents under an eUCP Credit must identify the eUCP Credit under which it is presented.

d. i. eUCP 신용장하에서 전자기록의 제시 및 종이문서의 제시는 제시되어지는 eUCP 신용장과의 동일성을 반드시 확인하여야 한다.

ii. A presentation not so identified may be treated as not received.

ii. 이와 같은 동일성 확인을 하지 아니한 제시는 수신되지 아니한 것으로 취급된다.

e. If the Bank to which presentation is to be made is open but its system is unable to receive a transmitted electronic record on the stipulated expiry date and/or the last day of the period of time after the date of shipment for presentation, as the case may be, the Bank will be deemed to be closed and the date for presentation and/or the expiry date shall be extended to the first following banking day on which such Bank is able to receive an electronic record. If the only electronic record remaining to be presented is the notice of completeness, it may be given by telecommunications or by paper document and will be deemed timely, provided that it is sent before the bank is able to receive an electronic record.

e. 경우에 따라, 제시가 이루어지는 은행이 영업을 하고 있으나 그 시스템이 약정된 유효기일 및/또는 제시를 위하여 선적일자 이후 제시를 행하여야 할 최종일에 전송된 전자기록을 수신할 수 없는 경우, 은행은 폐점된 것으로 간주되며 제시를 위한 기일 및/또는 유효기일은 그와 같은 은행이 전자기록을 수신할 수 있는 다음 첫 은행영업일까지 연장된다. 제시되기 위하여 남아 있는 유일한 전자기록이 완료통지의 경우 통신 또는 종이문서에 의하여 제공된 것으로 볼 수 있으며 또한 전자기록이 은행이 전자기록을 수신하기 이전에 송신되어졌다면 적시로 간주된다.

f. An electronic record that cannot be authenticated is deemed not to have been presented.

f. 인증될 수 없는 전자기록은 제시가 완료되지 아니한 것으로 간주된다.

[Article e6] Examination

[추록 제 6 조] 심　사

a. If an electronic record contains a hyperlink to an external system or a presentation indicates that the electronic record may be examined by reference to an external system, the electronic record at the hyperlink or the referenced system shall be deemed to be the electronic record to be examined. The failure of the indicated system to provide access to the required electronic record at the time of examination shall constitute a discrepancy.

a. 전자기록이 외부의 시스템에 하이퍼링크를 포함하거나 또는 전자기록이 외부시스템을 참조하여 심사되어질 수 있다는 것을 명시하는 경우 하이퍼링크에 있는 전자기록 또는 관련시스템은 심사가 이루어진 전자기록으로 간주된다. 심사시점에 요구된 전자기록에 대하여 지시된 시스템으로의 접근실패는 불일치를 구성한다.

b. The forwarding of electronic record by a Nominated Bank pursuant to its nomination signifies that it has checked the apparent authenticity of the electronic records.

b. 지정에 따른 지정은행의 전자기록의 발송은 전자기록에 대한 외관상의 진정성을 점검하였다는 것을 의미한다.

c. The inability of the Issuing Bank, or Confirming Bank, if any, to examine an electronic record in a format required by the eUCP Credit or, if no format is required, to examine it in the format presented is not a basis for refusal.

c. eUCP 신용장에 의하여 요구되는 형식의 전자기록 또는 아무런 형식이 요구되지 아니한 경우 제시된 형식에서 전자기록을 심사함에 있어 발행은행, 확인은행(있을 경우)의 불능은 거절을 위한 근거가 되지 아니한다.

[Article e7] Notice of Refusal

[추록 제 7 조] 거절통지

   a. i. The time period for the examination of documents commences on the banking day following the banking day on which the Beneficiary notice of completeness is received.

   a. i. 서류심사를 위한 기간은 수익자의 완료통지가 수신된 은행영업일의 다음날 은행영업일에 개시된다.

     ii. If the time for presentation of documents or the notice of completeness is extended, the time for the examination of documents commences on the first following banking day on which the bank to which presentation is to be made is able to receive the notice of completeness.

     ii. 서류의 제시 또는 완료통지를 위한 기간이 연장된 경우, 서류심사기간은 제시가 이루어지거나 완료통지를 수신한 은행의 다음 첫 은행영업일에 개시된다.

   b. If an Issuing Bank, the Confirming Bank, if any, or a Nominated Bank acting on their behalf, provides a notice of refusal of a presentation which includes electronic records and does not receive instructions from the party to which notice of refusal is given within 30 calendar days from the date the notice of refusal is given for the disposition of electronic records, the Bank shall return any paper documents not previously returned to the presenter but may dispose of the electronic records in any manner deemed appropriate without any responsibility.

   b. 발행은행, 확인은행(있을 경우), 또는 그들을 대신하여 행동하는 지정은행이 전자기록을 포함하는 제시에 대한 거절통지를 행한 경우, 또한 거절통지가 전자기록의 처분을 위하여 발신된 거절통지일자로부터 30일(曆日)이내 발신된 거절통지의 당사자로부터 지시를 수신하지 아니한 경우, 은행은 이전에 제시인에게 반송하지 아니한 모든 종이문서를 반송할 수 있으며 아무런 책임 없이 적절하다고 간주된 방법으로 전자기록을 처분할 수 있다.

[Article e8] Originals and Copies

[추록 제 8 조] 원본 및 사본

   Any requirement of the UCP or an eUCP Credit for presentation of one or more originals or copies of an electronic record is satisfied by the presentation of one electronic record.

   어떠한 전자기록의 하나 또는 그 이상의 원본과 사본의 제시를 위한 UCP 또는 eUCP

신용장의 모든 요구는 하나의 전자기록 제시에 의하여 충족되어진다.

[Article e9] Date of Issuance
[추록 제 9 조] 발행일자

Unless an electronic record contains a specific date of issuance, the date on which it appears to have been sent by the issuer is deemed to be the date of issuance. The date of receipt will be deemed to be the date it was sent if no other date is apparent.

전자기록이 특정한 발행일자를 포함하지 아니하는 경우, 그것이 발행인에 의하여 송신이 완료된 것으로 보이는 일자는 발행일자로 간주된다. 수신일자는 다른 어떠한 일자가 분명하지 않을 경우 송신된 일자로 간주된다.

[Article e10] Transport
[추록 제10조] 운　송

If an electronic record evidencing transport does not indicate a date of shipment or dispatch, the date of issuance of the electronic record will be deemed to be the date of shipment or dispatch. However, if the electronic record bears a notation that evidences the date of shipment or dispatch, the date of the notation will be deemed to be the date of shipment or dispatch. A notation showing additional date content need not be separately signed or otherwise authenticated.

운송을 명시하고 있는 전자기록이 선적 또는 발송일자를 명시하고 있지 아니할 경우, 전자기록의 발행일자는 선적 또는 발송일자로 간주된다. 그러나 전자기록이 선적 또는 발송일자를 명시하는 부기가 포함된 경우, 부기일자는 선적 또는 발송일자로 간주된다. 부가적인 일자내용을 보여주는 부기는 독립적으로 서명 또는 별도로 인증을 요하지 아니한다.

[Article e11] Corruption of an Electronic Record after Presentation
[추록 제11조] 제시 이후 전자기록의 변형

a. If an electronic record that has been received by the Issuing Bank, Confirming Bank, or another Nominated Bank appears to have been corrupted, the Bank may inform the presenter and may request that the electronic record be re-presented.

a. 발행은행, 확인은행, 또는 다른 지정은행이 수신한 전자기록이 변형된 것으로 보이는 경우, 은행은 제시자에게 통지할 수 있으며 또한 그 전자기록의 재제시를 요구할 수 있다.

b. If the Bank requests that an electronic record be re-presented:

b. 은행이 전자기록 재제시를 요구하는 경우:

　i. the time for examination is suspended and resumes when the presenter re-presents the electronic record; and

　i. 심사기간은 정지되며 제시자가 전자기록을 재제시할 때 재개된다; 그리고

　ii. if the Nominated Bank is not the Confirming Bank, it must provide the Issuing Bank and any Confirming Bank with notice of the request for re-presentation and inform it of the suspension; but

　ii. 지정은행이 확인은행이 아닌 경우, 발행은행 및 어떠한 확인은행에게 재제시 요청에 대한 통지를 반드시 행하여야 하며 또한 정지에 관한 통지를 하여야 한다; 그러나

　iii. if the same electronic record is not re-presented within thirty(30) calender days, the Bank may treat the electronic record as not presented, and

　iii. 동일한 전자기록이 30일(曆日) 이내에 재제시되지 아니한 경우, 은행은 전자기록이 제시되지 아니한 것으로 취급한다; 그리고

　iv. any deadlines are not extended.

　iv. 어떠한 최종기간도 연장되지 아니한다.

[Article e12] Additional Disclaimer of Liability for Presentation of Electronic Records under eUCP

[추록 제12조] eUCP하의 전자기록 제시 의무에 대한 추가적인 면책

By checking the apparent authenticity of an electronic record, Banks assume no liability for the identity of the sender, source of the information, or its complete and unaltered character other than that which is apparent in the electronic record received by the use of a commercially acceptable data process for the receipt, authentication, and identification of electronic records.

전자기록의 외관상 진정성을 점검함으로써 은행은 수신, 인증, 및 전자기록의 확인을 위하여 상업적으로 인정할 수 있는 자료처리의 사용에 의하여 수신된 전자기록을 제외하고 송신자의 신원, 정보의 출처, 또는 전자기록이 외관상 정보의 완전성과 무변조성에 대하여 아무런 의무를 부담하지 아니한다.

|참|고|문|헌|

〈동양문헌〉

강원진, "국제상업회의소의 UCP 600 완성초안에서 제시된 주요내용의 검토", 「국제상학」, 제
　　　21권 2호, 한국국제상학회, 2006.

_____, "국제전자결제를 위한 SWIFT 전송신용장의 활용과 과제", 「무역학회지」, 제62권 제
　　　3 호, 2001.

_____, "글로벌 전자상거래 활성화를 위한 제도적 모델정립과 과제", 「e-비즈니스」, 제1권
　　　제 1 호, 국제e-비즈니스학회, 2000.

_____, "신용장서류심사를 위한 ICC 국제표준은행관행의 일반원칙에 관한 고찰", 「국제상
　　　학」 제18권 제3호, 한국국제상학회, 2003.

_____, 「신용장론」 제5판, 박영사, 2007.

_____, 「전자결제시스템」, 삼영사, 2000.

_____, "전자무역거래 활성화를 위한 전자결제시스템의 요건과 과제", 「국제상학」 제17권
　　　제3호, 한국국제상학회, 2002.

_____, "화환신용장 조건변경의 효력", 「국제상학」 제11권 2호, 한국국제상학회, 1996.

_____, eUCP와 ICC 신용장거래해석에 관한 설명회 자료, 대한상공회의소·ICC 한국위원
　　　회, 2002.

_____, "UCP 600 상의 불일치서류의 권리포기 요건과 적용에 관한 연구", 「무역학회지」,
　　　제32권 제2호, 한국무역학회, 2007.

강현구, "Internet Escrow 결제의 법적 검토", 인터넷법률 제8호, 2001.

고일동, "남북한 청산결제제도의 운용방안과 정책과제", 한국개발연구원, 1994.

김시홍, "국제 B2B 결제·인증 네트워크 확산과 은행권의 대응과제", 조사연구자료 2002-3-
　　　02, 금융결제원, 2002.

김한수, 「신용장론」, 육법사, 1991.

대한상공회의소, 「제5차 개정화환신용장통일규칙 및 관례」, 1993.

_____, 전국은행연합회, 「UCP 600 공식번역 및 해설서」, 2007.

_____, 「포페이팅통일규칙(URF800) 공식번역 및 실무가이드」, 2013.

박대위, 「무역사례Ⅱ」, 법문사, 1987.

_____, 「신용장」, 법문사, 1989.

서돈각, 「상법강의(하)」, 법문사, 1990.

서헌제, 「국제거래법」, 법문사, 1996.

_____,「통상문제와 법」, 율곡출판사, 1994.

석광현,「국제사법과 국제소송」, 박영사, 2001.

소건영,「리스거래법론」, 법원사, 1997.

송상현, "보증신용장의 독립성에 관한 소고",「법학」, 제26권 2·3호, 서울대학교 법학연구소,
    1985.

심영수, "신용장양도에 관한 연구", 중앙대학교대학원 박사학위논문, 1987.

양영환, 서정두,「국제무역법규」제4판, 삼영사, 2003.

요하네스짜안 저, 강갑선 역,「무역결제론」, 법문사, 1977.

유선기, "전자자금이동제도에 관한 법적 연구", 박사학위논문, 성균관대학교 대학원, 1997.

유중원,「신용장-법과 관습(상)」, 청림출판, 2007.

_____,「신용장의 법리」, 육법사, 1998.

윤용석, 임재호, 최광준, "새로운 형태의 거래행위-리스, 프랜차이징, 팩토링에 관한 연구"
    「법학연구」, 제36권 제1호, 부산대학교 법과대학, 1995.

이강남,「국제금융론」, 법문사, 1999.

이승영,「무역결제론」, 법문사, 1990.

이재홍, "신용장조건에 불합치한 선적서류",「판례월보」, 제181호, 판례월보사, 1985.

이태희, "국제물품매매계약에 관한 UN 협약상의 당사자의 의무",「삼지원」, 1991.

이효정,「국제사법」, 경문사, 1983.

임홍근,「무역신용장」, 삼영사, 1981.

_____,「하환신용장의 법적 구조」, 삼지원, 1991.

전순환, 신용장통일규칙(UCP 600), 한올출판사, 2007.

주재훈,「e-비즈니스: 전자상거래」, 비봉출판사, 2000.

채동헌, "제6차개정 신용장통일규칙(UCP 600)에 따른 법률관계",「금융」, 1월호, 전국은행
    연합회, 2007.

최기원,「어음·수표법」, 박영사, 1991.

_____,「상법학신론(하)」, 박영사, 1989.

최석범, "글로벌 전자무역시대에서의 볼레로 선화증권의 기능과 문제점",「무역상무연구」제
    14권, 한국무역상무학회, 2000.

_____, "사이버무역시대의 효율적인 글로벌 B-to-B 전자상거래모델구축",「국제상학」제17
    권 제2호, 한국국제상학회, 2002.

최봉혁, "신용장의 법적 성질에 관한 고찰",「무역학회지」, 1990.

한국은행 금융결제부, 지급결제정보, 1996. 12.

한국은행, 우리나라의 지급결제제도, 2000. 2.

_____, "전자상거래 지급결제수단 현황", 지급결제정보, 제2000-2호, 2000.

_____, 지급결제제도 개관, 2000.

한국외환은행,「실무교본」, 1988.

한명준, "온라인 에스크로 서비스와 은행의 역할", 「우리조사」 여름호·통권14호, 2002.

한주섭, 「최신신용장론」, 동성사, 1987.

허해관, "2012년 제정 ICC 포페이팅통일규칙(URF)에 관한 소고", 「무역상무연구」, 제58권, 2013.

江頭憲治郎, "電子式船荷證券のためのCMI規則について", 「海法會誌」 復刊 第34號, 1990.

橋本喜一, 「荷爲替信用狀の法理槪論」, 九州大學出版會, 1994.

及川竹夫, 「新しい統一規則にする信用狀取引の實務」, ダイアモンド社, 1989.

桐谷芳和, 「貿易取引と信用狀」, 經濟法令硏究會, 1987.

東京銀行, 「貿易と信用狀」, 實業之日本社, 1987.

木下 毅, 「英美契約法の理論」, 東京大學出版會, 1979.

飯田勝人, "信用狀の基本的原理", 「金融法務事情」 No. 1097, 金融財政事情硏究會, 1985.

森岡峰子, "船荷證券のEDI化", 「國際商務論の諸問題」, 同文長, 1998.

小峯 登, 「信用狀統一規則(上卷)」, 外國爲替貿易硏究會, 1977.

新堀聰, "いわゆる電子式船荷證券について", 「國際商事法務」 Vol. 19, No. 8, 1991.

伊澤孝平, 「商業信用狀論」, 有斐閣, 1986.

朝岡良平, 「實務家のための信用狀統一規則」, 金融財政事情硏究會, 1985.

(財)金融情報ツステムセソタ, 「金融情報ツステム白書」, 財經詳報社, 1996.

井上能行, 「電子決濟システムのしくみ」, 日本實業出版社, 2000.

井上能行, 「入門eビジネス 電子決濟システムのしくみ」, 日本實業出版社, 2000.

村田薄積, "アメリカ統一商事法典における信用狀", 「大阪商業大學論文集」 第74號, 1985.

八尾 晃, 「國際取人と電子決濟」, 東京經濟情報出版社, 1997.

荒畑治雄, "EDIにおける資金振替に關する硏究", 「國際商務論の諸問題」, 同文長, 1998.

河崎正信, 「D/P·D/A 手形の性質」, 外國爲替貿易硏究會, 1980.

〈서양문헌〉

Alces Peter A., *Payment Systems*, West Publishing Co., 1993.

Anderson, Milton M., "The Electronic Check Architecture", *Financial Services Technology Consortium*, 1998.

Anderson Ronald A. & Kumpf Walter A., *Business Law*, 6th ed., South-Western Pubblishing Co., 1961.

Arora Dr. Anu, "The Dilemma of an Issuing Bank : to Accept or Reject Documents Tendered under a Letter of Credit", *Lloyd Maritime and Commercial Law*, February 1984.

Barnes James G. and Byrne James E.", E-Commerce and Letter of Credit Law and Practice", *Symposium on Borderless Electronic Commerce*, American Bar Association, 2001.

Basile Andrew R. Jr., & Others, *Online Law*, Addison-Wesley Developers Press, 1996.

Baxter Thomas C. Jr. and Freis James H. Jr., "Electronic Payment Systems; Electronic Commerce and Transactions-Article 4A and Electronic Payment", *ALI-ABA*, December 10, 1998.

Beard D. B., "Preliminary Issues, Apr. 1997 Reporter Memorandom; Second Draft of the Uniform Electronic Transactions Act", *Reporter Memorandom*, Nov. 1997.

Bergsten Eric E., "A New Regime for International Independent Guarantees and Stand-by Letters of Credit; The UNCITRAL Draft Convention on Guaranty Letters", *The International Lawyer*, Vol. 27, 1993.

Bills of Exchange Act, 1882.

Boersma Michael E., "International Business Transactions, the Internet, and the Convention on the International Sale of Goods", *Journal of International Law and Practice*, Vol. 7, Summer 1998.

Boss Amelia H. and Winn Jane Kaufman, "The Emerging Law of Electronic Commerce", *Business Lawyer*, Vol. No. 52, August 1997.

Boss A., "Electronic Data Interchange Agreements: Private Contracting Toward a Global Environment, *Nw.J. Int L & Bus*. Vol. No. 31, 1992.

bolero.net, *eUCP XML Guide*, 2002.

Brannen Beutel , *Negotiable Instrument Law*, 7th ed., Cincinnati, 1948.

Busto Charles del, *Case Studies on Documentary Credits under UCP 500*, ICC Publishing S.A., 1995.

_____, *Documentary Credits "UCP 500" & 400 Compared*, ICC Publishing S. A, 1993.

_____, *The New Standard Documentary Credit Forms for the UCP 500*, ICC Publishing S.A., 1993.

Byrne James E. , "Overview of Letter of Credit Law & Practice in 2005", *2006 Annual Survey of Letter of Credit Law & Practice*, The Institute of International Banking law & Practice, Inc., 2006.

Byrne James and Taylor Dan, *ICC Guide to the eUCP*, ICC Publication No.639, ICC Publishing S.A., 2002.

Caplehorn Robert, "Journal of International Banking and Financial Law", Bolero International Ltd, 1999.

Chandler George F., "Maritime Electronic Commerce for the Twenty-First Century", *Tulane Maritime Law Journal*, Vol. 22, Summer 1998.

CMI Rules for Electronic Bill of Lading, 1990.

CMI Uniform Rules for Sea Waybills, 1990.

Collyer Gary, *More Queries and Responses on UCP 500*, ICC Publishing S.A., 1999.

Crede Andreas, "Electronic Commerce and the Banking Industry: The Requirement and Opportunities for New Payment Systems Using the Internet", *JCMC*, 1995.

David Whitaker R., "Electronic Documentary Credits", *Business Lawyer*, August 1991.

Davis A. G., *The Law Relating to Commercial Letters of Credit*, London, Sir Isaac Pitman & Sons Ltd., 1963.

Dekker Jan, *More Case Studies on Documentary Credits*, ICC Publishing, S. A., 1991.

Dolan John F., *The Law of Letters of credit*, 2nd ed., Warren, Gorham & Lamont, Inc., 1996.

Edwards George W., *Foreign Commercial Credit*, McGraw-Hill, New York, 1922.

Effros Robert C., "A Banker Primer on the Law of Electronic Fund Transfers", *The Banking Law Journal*, November-December 1988.

Ellinger E. P., *Documentary Letter of Credit*, University of Singapore Press, 1970.

Farra Stanly F. and Landau Henry, "Letters of Credit", *The Business Lawyer*, Vol. 40, May 1985.

Finkelstein, Herman N., *Legal Aspects of Commercial Letters of Credit*, Columbia University Press, New York, 1930.

Galen Robert J. Van, "Guarantees and letters of Credit: Avoiding Risks, 2001 Annual Survey of Letter of Credit Law and Practice", The Institute of International Banking Law & Practice, Inc. 2001.

Getz Herbert A., "Enjoining the International Standby Letter of Credit: The Iranian Letter of Credit Cases", *Harvard International Law Journal*, Vol. 21, winter, 1980.

Gillette Clayton P., and Schwartz Alan and Scott Robert E., *Payment Systems and Credit Instruments*, Foundation Press, 1996.

Guest A. G., *Benjamin Sale of Goods*, Sweet & Maxwell Ltd., 1987.

Guild Ian & Harris Rhodri, *forfaiting*, Woodhead-Faulkner and Euromoney Publications, 1985.

Gutteridge H. C. and Megrah Maurice, *The Law of Banker's Commercial Credits*, Europa Publications Ltd., London, 1984.

Harfield Henry, "Guaranties, Standby Letters of Credit, and Ugly Ducklings", *Uniform Commercial Code Law Journal*, Volume 26, Number 3, Winter 1994.

Harrell Alvin C., "Electronic Checks", *Consumer Finance Law Quarterly Report*, 2001.

Harvard University, "Fraud in the Transaction: Enjoining Letters of Credit During the Iranian Revolution", *Harvard Law Review*, Vol. 93, No. 5, March 1980.

Johannes C. D. Jahn, *Zahlung und Zahlungssicherung im Aussenhandel*, Walter de Gruyter & Co., Berlin·New York, 1976.

ICC, *Case Studies on Documentary Credits*, Problems, Queries, Answers, ICC Publishing S.A., 1989.

____, Edited by Gary Collyer & Ron Katz, *ICC Banking Commission Collected Opinions 1995-2001*, ICC Publication No. 632, ICC Publishing S.A. 2002.

____, *Funds Transfer in International Banking*, ICC Publication No. 497, 1992.

____, *General Usage for International Digitally Ensured Commerce*: GUIGE, 1997.

____, *Guide to the prevention of International Trade Fraud*, ICC Publishing S.A., 1985.

____, *Guide to Documentary Credit Operation*, ICC Publishing S.A., 1985.

____, *International Standard Banking Practice for the Examination of Documents under Documentary Credits(ISBP)*, ICC Publication No. 645, ICC Publishing S.A., 2003.

____, *International Standard Banking Practice for the Examination of Documents under UCP 600*, ICC Publication No.745E, ICC Services., 2013.

____, *Supplement to UCP 500 for Electronic Presentation*: eUCP, ICC Publication 500/2-500/3, 2002.

____, *Supplement to the Uniform Customs and Practice for Documentary Credits for Electronic Presentation (eUCP)* Version 1.1, 2007.

____, *UCP 1974/1983, Revisions Compared and Explained*, ICC Pubushing S. A., 1984.

____, *Uniform Customs and Practice for Documentary Credits*, 2007.

____, *Uniform Rules for Collections*, 1995.

Kozolchyk Boris, "Chapter 5-Letters of Credit", *International Encyclopedia of Comparative Law*, 1979.

_____, *Commercial Letters of Credit in the Americas*, Mattew Bender & Company, 1976.

_____, "Evolution of the Ocean Bill of Lading from a Banking Law Perspective", *Journal of Maritime Law and Commerce*, Vol. 23, No.2, 1992.

_____, "Legal Aspects of Letters of Credit and Related Secured Transactions", *Lawyer of the America Journal of Int Law*, 1979.

_____, "The Paperless Letter of Credit and Related Documents of Title", *Law and Contemporary Problem*, Vol. 55, No. 3, Duke University Summer 1992.

Laryea Emmanuel T., "Paperless Shipping Documents: An Australian Perspective", *Tulane Maritime Law Journal*. Vol. 25, 2000.

Ly Filip De, "The United Nations Convention on Independent Guarantees and Stand-by Letters of Credit", *International Lawyer*, American Bar Association, Fall 1999.

Mann Ronald J., *Payment Systems and Other Financial Transactions*, A Division of Aspen Publishers, Inc., 1999.

_____, *Payment Systems and Other Financial Transactions*, Aspen law &

Business, Aspen Publishers, Inc., 1999.

Matthew Bender & Co. Inc., *The Law of Electronic Fund Transfers*, 2003.

McCurdy William E. "Commercial Letters of Credit", *Harvard Law Review* Vol. 35, 1921.

Mclaughlin Chester B., "The Letter of Credit Provisions of the Proposed Uniform Commercial Code", *Harvard Law Review*, Vol. 63, 1950.

Miller Fred H., "A Report on the New Payments Code", *The Business Lawyer*, Vol. 39, 1984.

_____, "Reporter on the New Payment Code", *The Business Lawyer*, Vo.l. 41, 1986.

Matti, Kurkela, *Letters of Credit under International Trade Law*, Oceana Publications, Inc., 1950.

Nilson, Ake, "What's the latest on ICC rules for electronic trade", *Documentary Credits Insight*, Vol. 6 No. 1, No. 3. Summer, Winter 2000.

O'Mahony Donal, Peirce Michael and Tewari Hitesh, *Electronic Payment Systems*, Artech House, Inc., 1997.

Patchel Kathleen and Meadows Robyn L. and Bjerre Carl S., "The Uniform Commercial Code Survey: Introduction", *The Business Lawyer*, Vol. 54, August 1999.

Schmitthoff, Clive M. *Export Trade*, 9th ed., Stevens & Sons, 1990.

Spalding William F., *Banker Credits*, 3rd ed., 1930.

Stankey Robert F., "Internet Payment Systems: Legal Issuies Facing Businesses, Consumers and Payment Service Providers", *ComLaw Conpectus*, Vol. 6, Catholic University of America, Winter 1998.

Ramberg Jan, *Guide to Incoterms*, ICC Publishing S.A., 1999.

Reuterskiold, Carl, *SWIFT*, JASTPRO(ed.), 1979.

Ronald A. Anderson & Walter A. Kumpf, *Business Law*, 6th ed., SouthWestern Publishing Co., 1961.

Rosenblith Robert M., "Current Development in Letters of Credit Law", *Uniform Commercial Law Journal*, Vol. 21, Fall 1988.

_____, "Letter-of-credit Practice : Revisiting Ongoing Problems", *Uniform Commercial Code Law Journal*, Vol. 24, No. 2, Fall 1991.

Sabett Randy V., "International Harmonization in Electronic Commerce and Electronic Data Interchange: A Proposed First Step toward Signing on the Digital Dotted Line", *American University Law Review*, Vol. 46, December 1996.

Sarna Lazar, *Letter of Credit-the Law and Current Practice*, Caswell Publication, 1984.

Stern Michael, "The Independence Rule in Stand by Letters of Credit", *The University of Chicago Law Review*, Vol. 52, No. 1, Winter 1985.

SWIFT, *Annual Report*, 2002.

_____, *SWIFTNet solutions for bulk payments*, Version 4, September 2002, 4.

SWIFT User Handbook, *Corporate Rules*, January 2003.

Symons Edward L., "Letter of Credit : Fraud, Good Faith and The Basis for Injunctive Relief", *Tulane Law Review*, Vol. 54, 1980.

Taylor Dan, *ICC Guide to Bank-to-Bank Reimbursements under Documentary Credits: A Practical Guide to Daily Operations*, ICC Publishing S.A., 1997.

The Bolero Project, The Bolero Service-Business Requirements Specification, Version 2.0, 9 January, 1998.

Todd Paul, *Bills of Lading and Bankers Documentary Credits*, Lloyd's of London Press, 1997.

TradeCard, "The TradeCard Solution for Online Marketplaces", TradeCard. Com, 2000.

Trimble R. J., "The Law Merchant and the Letter of Credit", *Harvard Law Review*, Vol. 61, 1948.

UNCITRAL, Draft Uniform Rules on Electronic Signature, 1988.

_____, Model Law on Electronic Commerce, 1996.

_____, Model Law on International Credit Transfers, 1992.

_____, *Report of the United Nations Commission on International Trade Law on the Work of Its Thirty-third Session*, A/55/17, New York, 12 June-7 July 2000.

_____, Uniform Rules on Electronic Signature, 2001.

_____, United Nations Convention on International Bills of Exchange and International Promissory Notes, 1998.

UN Economic and Social Council, "The Commercial Use of Interchange Agreements for Electronic Data Interchange", TRADE/WP. 4/R. 1133/Rev.1. 1995.

UNIDROIT Convention on International Factoring, 1988.

UNIDROIT Convention on International Financial Leasing, 1988.

Uniform Commercial Code, 1997.

Uniform Electronic Transactions Act, 2001

Ventris F. M., *Banker Documentary Credits*, 3rd ed., Lloyd of London Press Ltd., 1990.

Walden Ian and Savage Nigel, "The Legal Problems of paperless Transactions", *The Journal of Business Law*, Stevens & Sons Ltd., March 1989.

Williams Stasia M., "The Bill of Lading in the Days of EDI", *Transnational Law and Contemporary Problems*, Vol.1, Fall 1991.

Winn Jane Kaufman, "Clash of the Titans : Regulating the Competition between and Emerging Electronic Payment Systems", *Berkely Technology Law Journal*, Vo. 14, Spring 1999.

Worthy John and Morrison Charles, "Entering the Digital Age with the eUCP", *Trade and Forfaiting Review*, April 2002.

Wunnicke Brooke and Wunnicke Diane B., *Standby Letters of Credit*, Wiley law Publications, 1989.

〈URL〉

Bank of Korea, http://www.bok.or.kr

Bolero International Ltd., http://www.bolero.net/aboutus/corporate/

Department of the Treasury Financial Managenent Service
    http://www.fms.treas.gov/eft/GENERAL.HTML#Introduction

Financial Management Service, http://www.fms.treas.gov/eft/question.html

Financial Services Technology Consorsium, http://www.fstc.org/about.htm

Global Finance Online Ltd., http://www.globalfinanceonline.com/
    trade-finance-forfaiting-guide.html

GTNexus, http://www.gtnexus.com/

Identrust, http://www.identrust.com/

Korea Exchange Bank, http://koexbank.co.kr/inform/law/data/data5_03.htm

Korea Exim Bank, http://www.koreaexim.go.kr/oiis/oiistext/areainfo/asia/asi991101.htm

Korea Financial Telecommunications & Clearings Institute,
    http://www.kftc.or.kr/product/pr_greet.html

Korea Trade Insurance Corporation, http://www.ksure.or.kr/

Kyungwon University, http://www.kyungwon.ac.kr/~profsjh/eft/

SWIFT, http://www.swift.com

TradeCard, http://www.tradecard.com/

University of Pennsylvania, http://www.law.upen.edu/library/ulc/ucc2b/2b898.htlm.

Woori Bank, http://nbank.wooribank.com/nonbank/hanvit/plaza/research/

World Trade Centers Association, http://iserve.wtca.org/index_text.html

|국|문|색|인|

|영|문|색|인|

ᴄꜱ 저자 약력 ᴤᴑ

강원진(姜元辰)

부산대학교 상과대학 무역학과 졸업
연세대 경제학 석사, 중앙대 경영학 박사(국제상학 전공)
부산대학교 조교수, 부교수, 교수
미국 University of Washington, School of Law 객원교수
부산대학교 국제전문대학원 원장
대한상사중재원 중재인
한국국제상학회 회장
한국무역학회 부회장
한국무역상무학회 및 국제e-비즈니스학회 부회장
한국무역학회 및 한국국제상학회 논문심사위원장
중앙인사위원회 국가공무원고시 출제위원
관세청 관세사자격시험 출제위원
대한상공회의소 무역영어검정시험 출제위원
대기업 무역부 및 외국환은행에서 다년간 실무경험
정부 수출입절차 간소화작업위원
현, 부산대학교 무역학부 명예교수

[주요 저서 및 논문]

무역계약론(박영사)	무역실무연습(삼영사)
신용장론(박영사)	무역영어연습(박영사)
국제무역상무론(법문사)	국제상거래론–공저(삼영사)
국제상무론(법문사)	국제통상과 국제거래론–공저(두남)
무역실무(박영사)	ICC추심에 관한 통일규칙–감수(대한상공회의소)
무역영어(박영사)	강원진 교수의 무역실무 문답식 해설(두남)
무역결제론(박영사)	최신국제상무론(두남)
국제비즈니스영어–공저(박영사)	신용장 분쟁사례(두남)
전자결제시스템(삼영사)	최신 국제상거래론–공저(박영사)

학술지 게재 논문 "신용장거래에서 Fraud Rule의 적용 요건에 관한 고찰", 「국제상학」 제25권
　　제3호, 한국국제상학회, 2010. 등 82편.

*저자 홈페이지 http://wonjin.net

제 3 판
무역결제론

초판발행	2004년 2월 28일
개정판발행	2007년 9월 1일
제3판인쇄	2015년 5월 20일
제3판발행	2015년 5월 30일

지은이	강원진
펴낸이	안종만

편 집	김선민 · 전채린
기획/마케팅	최준규
표지디자인	홍실비아
제 작	우인도 · 고철민

펴낸곳	㈜ **박영사**
	서울특별시 종로구 새문안로3길 36, 1601
	등록 1959. 3. 11. 제300-1959-1호(倫)
전 화	02)733-6771
f a x	02)736-4818
e-mail	pys@pybook.co.kr
homepage	www.pybook.co.kr
ISBN	979-11-303-0193-8 93320

copyright©강원진, 2015, Printed in Korea

정 가   33,000 원